VÖLKERRECHT UND POLITIK

Band 8

Ernst R. Zivier

Der Rechtsstatus des Landes Berlin

ISBN 3-87061-320-3

Ernst R. Zivier

Der Rechtsstatus des Landes Berlin

VIERTE, erweiterte und aktualisierte Auflage

BERLIN VERLAG
Arno Spitz

CIP-Kurztitelaufnahme der Deutschen Bibliothek

Zivier, Ernst R.:
Der Rechtsstatus des Landes Berlin / Ernst R. Zivier. –
4., erw. u. aktualisierte Aufl. – Berlin: Berlin Verlag
Arno Spitz, 1987
(Völkerrecht und Politik; Bd. 8)
ISBN 3-87061-320-3

NE: GT

Engl. Ausg. u.d.T.: Zivier, Ernst R.: The legal status
of the land Berlin

BERLIN VERLAG Arno Spitz * Pacelliallee 5 * 1000 Berlin 33

INHALTSVERZEICHNIS

Vorwort zur Vierten Auflage 11

Erster Teil **HISTORISCHER ÜBERBLICK**

1. Kapitel **Die administrative Aufteilung Berlins** 13
Besatzungsrechtliche Grundlagen 13
Einrichtung der Viermächte-Verwaltung 15
Die Urabstimmung der Berliner SPD und die Wahlen zur Stadtverordnetenversammlung 17
Das Ende der Viermächte-Verwaltung 18
Die Währungsreform 20
Der Staatsstreich in Ost-Berlin und die Wahlen in West-Berlin 21
Das Problem der Zufahrtswege 22
Blockade und Luftbrücke 23
Die Verhandlungen während der Blockade 24

2. Kapitel **Die Entwicklung in der gespaltenen Stadt** 26
Die Entstehung der Bundesrepublik und der DDR 26
Die Bindung der Westsektoren an die Bundesrepublik 27
Die Eingliederung des Ostsektors in die DDR 28
Die Verfassung von Berlin 29
Sonstige Entwicklung in Deutschland und Berlin 30
Von der Berliner Konferenz (1954) bis zur zweiten Berlin-Krise 31
Beginn der zweiten Berlin-Krise 34
Die Genfer Außenministerkonferenz 36
Von der Genfer Konferenz bis zum Wiener Gipfeltreffen 37
Die Spaltung der Stadt und der Bau der Berliner Mauer 38

3. Kapitel **Viermächte- und innerdeutsche Verhandlungen** 41
Die Situation der Westsektoren 41
Das Verhalten der UdSSR und der DDR 42
Die Passierscheinverhandlungen 43
Weitere Maßnahmen der UdSSR und der DDR 44
Die Viermächte-Verhandlungen und der Abschluß der Berlin-Vereinbarungen 45
Entwicklung seit Inkrafttreten des Viermächte-Abkommens 49

Zweiter Teil **DER BERLIN-STATUS ALS RECHTSPROBLEM**

4. Kapitel **Der besatzungsrechtliche Status** 53
Das originäre Besatzungsrecht der Westmächte 53
Der Wortlaut der Viermächte-Vereinbarungen 55
Die Eroberung Berlins durch die Rote Armee 57
Die Praxis der Viermächte-Verwaltung und das spätere Verhalten der Hauptsiegermächte 58
Die Sonderbeziehungen zur Sowjetischen Besatzungszone und die „Hauptstadtfunktion" Berlins 59
Die Moskauer Direktive 60
Der Fortbestand des Viermächte-Status 61
Die Rechtsauffassung der Sowjetunion und der DDR 61
Gründe für eine Beendigung des Besatzungsrechts 64
Ost-Berlin als Hauptstadt der DDR 69
Ergebnis 70

5. Kapitel **Besatzungsrecht und deutsche Staatsgewalt in Berlin** 71
Rechtsfolgen der politischen Entwicklung 71
Relikte der Viermächte-Verwaltung 71
Die Dreimächte-Verwaltung der Westsektoren 72
Besatzungsrecht und deutsche Staatsgewalt in den Westsektoren 74
Rechtsschutz gegen besatzungsrechtliche Maßnahmen? 79
Entmilitarisierung 85

6. Kapitel **Der Rechtsstatus des Ostsektors** 88

Rechtsentwicklung 88

Rechtliche und politische Besonderheiten des Ostsektors 93

Die Rechtslage des Ostsektors – Hauptstadtfunktion 97

7. Kapitel **Die Bindung Berlins an den Bund** 99

1. Unterkapitel

Die Bindungen in der Praxis 99

Die Bestimmungen des Deutschland-Vertrages über Berlin 99

Die Rechtslage nach deutschem Verfassungsrecht und nach Besatzungsrecht 100

Die Geltung des Grundgesetzes in Berlin 102

Die Übernahme einfacher Bundesgesetze 104

Rechtsprechung 109

Bundesverfassungsgericht 111

Exekutive 120

Auswärtige Beziehungen 126

Die Einbeziehung Berlins in die Europäischen Gemeinschaften 130

Die Teilnahme Berlins am politischen Leben des Bundes 134

Die Bundespräsenz in Berlin 136

2. Unterkapitel

Die Natur des Rechtsverhältnisses Bund – Berlin 139

Die Zulässigkeit der Bindungen 139

Die Rechtsnatur der Bindungen 142

Die Entscheidung des Bundesverfassungsgerichts zum Grundvertrag 153

Die Rechtsqualität des in Berlin übernommenen Bundesrechts 156

Fragen der Gesetzgebungskompetenz 164

3. Unterkapitel

Die einheitliche Staatsangehörigkeit 166

8. Kapitel **Die Zufahrtswege** 173

Die Rechtsfrage 173

Das Transitrecht als Auswirkung des Besatzungsrechts 176
Vertragliche Grundlagen des Transitverkehrs 176
Die praktische Regelung des Durchgangsverkehrs 180

9. Kapitel **Rechtslage der Reichsbahn und der Schleusen in Berlin** 183
Rechtslage des Reichsbahnvermögens bis zur S-Bahn-Vereinbarung 1983/84 183
Die S-Bahn-Vereinbarung 189
Die Vereinbarung über Veränderung von Eisenbahnanlagen im Südbereich von Berlin 191
Die Rechtslage der Schleusen in Berlin 192

Dritter Teil **DAS VIERMÄCHTE-ABKOMMEN**

10. Kapitel **Die Bestandteile des Vertragswerks und ihre Rechtsnatur** 193
Die Viermächte-Vereinbarungen 193
Die Bestandteile und Begleitdokumente des Abkommens 194
Rechte und Pflichten für die deutschen Staatsorgane 200
Die innerdeutschen Vereinbarungen 204
Die Vertragspartner der innerdeutschen Vereinbarungen 206
Das Verhältnis der innerdeutschen Ausführungsvereinbarungen zum Viermächte-Abkommen (rechtliche Bedeutung des Schlußprotokolls) 207
Verfassungsrechtliche Problematik 210

11. Kapitel **Der Inhalt des Viermächte-Abkommens** 215
Die Präambel und die Allgemeinen Bestimmungen 215
Die Rechte und Verantwortlichkeiten der Vier Mächte 215
Das betreffende Gebiet 218
Der Vorbehalt der unterschiedlichen Rechtsauffassungen 224

Die bestehende Lage 225
Der Gewaltverzicht, die Bezugnahme auf die Charta der Vereinten Nationen und die Pflicht zur Entspannung 229
Absatz 7 der Präambel 231
Das Schlußprotokoll 231

12. Kapitel **Der Rechtsstatus der Berliner Westsektoren** 233
Der Gebietsstand der Westsektoren 233
Die Bindungen der Westsektoren an die Bundesrepublik 233
Die Entwicklungsklausel 239
Konkrete Regelungen: die Suspendierung von Verfassungsvorschriften 242
Die Aktivität von Bundesorganen in Berlin 243

13. Kapitel **Außenbeziehungen** 247
Grundlagen 247
Konsularische Aufgaben 250
Reisedokumente 251
Verträge 253
Sonstiger internationaler Verkehr 254
Vereinte Nationen 255
Europäische Gemeinschaften 256
Das sowjetische Generalkonsulat und die kommerziellen Vertretungen der Sowjetunion 260

14. Kapitel **Transitverkehr und Fernmeldewesen** 261
Vertragliche und vorvertragliche Grundlagen des zivilen Durchgangsverkehrs 261
Der Gegenstand der Regelungen 263
Der Begriff des Transitverkehrs 263
Die Transitbestimmungen des Viermächte-Abkommens und das innerdeutsche Transit-Abkommen 264
Die allgemeinen Bestimmungen über den Transitverkehr 265
Die Grenzübergangsstellen und Zufahrtswege 267
Personenverkehr 269

Güterverkehr 273
Kraftfahrzeuge 274
Die gemeinsame Kommission 275
Transit-Abkommen und Allgemeiner Verkehrsvertrag 275
Telefon- und Telegrafenverbindungen 276

15. Kapitel **Regelungen zwischen dem Senat von Berlin und der DDR** 278
Besuchs- und Reiseverkehr (Rechtsgrundlagen) 278
Die angrenzenden und die nicht angrenzenden Gebiete 278
Die vergleichbaren Bedingungen 279
Der Kreis der begünstigten Personen 279
Die zeitliche Beschränkung 281
Einreise und Ausreise 281
Mindestumtausch von Zahlungsmitteln 282
Räumliche Begrenzung – Einreise mit Kraftfahrzeugen 284
Die Ausstellung der Berechtigungsscheine 285
Die Büros für Besuchs- und Reiseangelegenheiten 287
Gemeinsame Kommissionen 287
Der Gebietsaustausch 288

16. Kapitel **Autonome innerdeutsche Verträge** 291
Ausführungsvereinbarungen zum Viermächte-Abkommen und andere innerdeutsche Verträge 291
Vereinbarungen zwischen dem Land Berlin und der DDR 293
Berlin-Regelung und Grundvertrag 294

Dokumentation 298

Abkürzungen 436
Literaturverzeichnis 437
Autorenregister 440
Sachregister 442

VORWORT ZUR VIERTEN AUFLAGE

Es ist zu begrüßen, daß auch in Zeiten, in denen die politische Lage in und um Berlin vergleichsweise ruhig ist, das Interesse an der Rechtslage der Stadt nicht nachläßt. Dies zeigt sich besonders in den zahlreichen rechts- und politikwissenschaftlichen Veröffentlichungen zu diesem Thema. Es hat auch dazu geführt, daß noch immer ein Bedarf an meiner Monographie besteht. Nachdem die Dritte Auflage und die englische Übersetzung vergriffen sind, nehme ich die Gelegenheit gerne wahr, eine Vierte überarbeitete Auflage zu veröffentlichen. Während die ersten beiden Fassungen nur geringfügig voneinander abwichen, hatte ich den Text für die Dritte Auflage erheblich erweitert und überarbeitet. Bei der vorliegenden Neubearbeitung habe ich mich für eine "mittlere Lösung" entschieden. Es sind zwei größere Ergänzungen hinzugekommen: Ein Abschnitt im 5. Kapitel befaßt sich mit der in der letzten Zeit viel diskutierten Frage, ob gegen besatzungsrechtliche Maßnahmen in Berlin Rechtsschutz – insbesondere auch vor den Heimatgerichten der betreffenden Besatzungsmacht – in Anspruch genommen werden kann; außerdem hat der Abschluß der S-Bahn-Vereinbarung – einer der wichtigsten Erfolge praktischer Berlin-Politik in den letzten Jahren – dazu geführt, daß ich die Rechtslage des Reichsbahnvermögens und der Schleusen in Berlin, der ich bisher nur eine Fußnote gewidmet hatte, in einem eigenen Kapitel behandele. Eine Anzahl weiterer Änderungen betrifft politische Ereignisse der Zwischenzeit, soweit sie für den Rechtsstatus Berlins von Bedeutung sind, und die in der Zwischenzeit erschienene umfangreiche Literatur zu dem Thema. Im letzten Punkt erhebe ich keinen Anspruch auf Vollständigkeit; dies gilt insbesondere für die zahlreichen Veröffentlichungen, die keinen eindeutig juristischen, sondern eher einen politologischen, politischen oder zeitgeschichtlichen Inhalt haben.

An einigen Stellen habe ich mißverständliche Formulierungen und Darstellungen berichtigt. Ich danke allen Kollegen, die mir durch Rezensionen oder private Hinweise Anregungen dazu gegeben haben. Die wichtigste derartige Änderung betrifft den sogenannten entmilitarisierten Status Berlins. Während die Formulierung in der Dritten Auflage den Eindruck erweckt, daß das Verbot deutscher militärischer Aktivitäten in Berlin auf das sogenannte Potsdamer Abkommen zurückgeht, habe ich jetzt klargestellt, daß es nicht unmittelbar die Potsdamer Beschlüsse sind, auf denen der entmilitarisierte Status beruht, sondern die Proklamationen und Gesetze des Kontrollrats, die die vier Hauptsiegermächte – zunächst für ganz Deutschland – erlassen haben und die für Berlin noch in Kraft geblieben sind.

Schwierigkeiten hat mir seit der Dritten Auflage die Gliederung des zweiten (mittleren) Teils meiner Monographie bereitet. In den ersten Auflagen wurden die Bindungen Berlins an den Bund in einem Kapitel behandelt. Dieses war in der Dritten Auflage so stark angewachsen, daß ich es in zwei Kapitel aufteilte, von denen das erste den praktischen Bereich und das zweite die grundsätzliche rechtliche Problematik behandelte. Damit war zwar der Übersichtlichkeit gedient, der Aufbau war aber unter systematischen und logischen Gesichtspunkten unbefriedigend. In der vorliegenden Bearbeitung habe ich den gesamten Komplex der Bindungen Berlins an den Bund wieder zu einem Kapitel zusammengefaßt, dies aber in drei Unterkapitel (praktischer Bereich, rechtswissenschaftliche Problematik, einheitliche Staatsangehörigkeit) aufgeteilt. Ich hoffe, daß ich damit einen brauchbaren Kompromiß zwischen Übersichtlichkeit und systematischer Klarheit gefunden habe.

Berlin im September 1986 *Ernst R. Zivier*

ERSTER TEIL
HISTORISCHER ÜBERBLICK

ERSTES KAPITEL
DIE ADMINISTRATIVE AUFTEILUNG BERLINS

Besatzungsrechtliche Grundlagen

Der territoriale Bestand des Landes Berlin ergibt sich im wesentlichen aus dem Preußischen Gesetz über die Bildung einer *Stadtgemeinde Berlin* vom 27.4.1920, durch das 8 Stadtgemeinden, 59 Landgemeinden und 27 Gutsbezirke zu einer Gebietskörperschaft zusammengefaßt wurden. Durch § 14 des Gesetzes in Verbindung mit Anlage 2 wurde die neue Gebietskörperschaft in 20 Verwaltungsbezirke eingeteilt, die mit einigen Grenzänderungen, hauptsächlich im Jahre 1936, noch heute existieren und auch die Grundlage für die Einteilung der Sektoren bilden.[1]

Von grundlegender Bedeutung für den besatzungsrechtlichen Status, und damit für die gegenwärtige Rechtslage, Berlins ist das *Londoner Protokoll* vom 12. September 1944 über die Besatzungszonen in Deutschland und die Verwaltung von Groß-Berlin mit Ergänzungsabkommen vom 14. November 1944 und 26. Juli 1945 (Dokumente S. 301 - 306). Dieses Abkommen, das ursprünglich von Großbritannien, der Sowjetunion und den Vereinigten Staaten unterzeichnet und genehmigt wurde und dem Frankreich später beitrat, sah vor, daß Deutschland in drei (später vier) Besatzungszonen und ein besonderes Berliner Gebiet eingeteilt werde. Das Berliner Gebiet sollte die Stadt Berlin umfassen, wie sie in dem Preußischen Gesetz vom 27.4.1920 beschrieben war, und unter gemeinsamer Besatzung (joint occupation) der beteiligten Mächte stehen. Ferner wurden in dem Londoner Protokoll die

1 Gesetz über die Bildung einer neuen Stadtgemeinde Berlin vom 27. April 1920, Preußische Gesetzsammlung 1920 Nr. 19.

Grenzen der Berliner Besatzungssektoren umschrieben und die Bildung einer interalliierten Regierungsbehörde für Berlin (Kommandatura, hier meistens als Kommandantur bezeichnet) vorgesehen. Von Bedeutung ist auch das "Londoner Abkommen über die Kontrolleinrichtungen in Deutschland" (ebenfalls vom 14. November 1944. Dokument S. 304). Dieses Abkommen bestimmte, daß die Kommandantur unter der allgemeinen Aufsicht des Kontrollrats arbeiten. und über den Koordinierungsausschuß Befehle erhalten solle.

Die militärische Entwicklung bei Kriegsende führte dazu, daß Berlin allein von Truppen der Roten Armee erobert wurde. Weite Gebiete, die nach dem Londoner Protokoll zur östlichen (sowjetischen) Besatzungszone gehören sollten, wurden dagegen von britischen und amerikanischen Truppen besetzt. – Am 2.5.1945 kapitulierten die deutschen Truppen in Berlin. Bereits am 28.4. hatte Generaloberst Bersarin durch den Befehl Nr.1 bekanntgegeben, daß er zum Chef der Besatzung und zum Stadtkommandanten von Berlin ernannt worden sei[2]. Die endgültige Kapitulation aller deutschen Truppen wurde im Namen des Oberkommandos der Wehrmacht am 7. Mai 1945 in Reims und am 8. Mai 1945 in Berlin unterzeichnet. Durch eine „Erklärung" vom 5. Juni 1945 gaben die vier Hauptsiegermächte bekannt, daß sie die Regierungsgewalt in Deutschland übernommen hätten; am selben Tag veröffentlichten sie eine „Feststellung über die Besatzungszonen in Deutschland" und eine „Feststellung über die Beratung mit den Regierungen anderer Vereinter Nationen". Der Inhalt dieser Erklärungen bestand, soweit er hier interessiert, in einer zusammengefaßten Wiedergabe der bereits zitierten interalliierten Abkommen mit einigen Änderungen, die sich aus der späteren Beteiligung Frankreichs ergaben[3].

Die westlichen Besatzungstruppen marschierten – nach einigen Meinungsverschiedenheiten mit der Sowjetunion – Anfang Juli 1945 in Berlin ein; zur gleichen Zeit zogen sie sich aus den von ihnen besetzten Teilen der Sowjetischen Besatzungszone zurück. In Berlin bestand zu diesem Zeitpunkt bereits eine von der sowjetischen Besatzungsmacht eingesetzte deutsche Verwaltung. Am 11. 7.1945 konstituierte sich die Alliierte Kommandantur. Am 30.7.

2 Heidelmeyer-Hindrichs, Dokumente zur Berlin-Frage 1944 - 1962, München 1962, Nr. 6. Im folgenden zitiert als Dokumente zur Berlin-Frage.

3 Riklin, Das Berlinproblem, Köln 1964, S. 32.

fand die konstituierende Sitzung des Kontrollrats statt. Die Beschlüsse waren in beiden Organen einstimmig zu fassen[4].

In der Zeit vom 17.7. bis 2.8.1945 fand zwischen den Regierungschefs Großbritanniens, der Sowjetunion und der USA die Potsdamer Konferenz statt. Am 2.8.1945 wurde eine Verlautbarung über das Ergebnis veröffentlicht. Diese oft als „Potsdamer Abkommen" bezeichnete Mitteilung über das Konferenzergebnis kann als letzte grundlegende Vereinbarung der Siegermächte über Deutschland angesehen werden[5]. Die an der Konferenz beteiligten Mächte bestimmten hier unter anderem, welche Ziele und Grundsätze sie während der Anfangsperiode der Besatzung in Deutschland befolgen wollten. Regelungen, die sich speziell auf das Land Berlin beziehen, enthält das Potsdamer Abkommen allerdings nicht. Auf seinen Inhalt und auf die Frage, welche Bedeutung ihm für das Land Berlin zukommt, wird später einzugehen sein.

Einrichtung der Viermächte- Verwaltung

Mit dem Einzug der westlichen Besatzungstruppen in Berlin und ihrem Rückzug aus den von ihnen besetzten Teilen der Ostzone war im wesentlichen der Gebietsstand hergestellt, den die Londoner Protokolle vorsahen. Bei der Aufteilung der Berliner Flugplätze unter den Besatzungsmächten wurden im August 1945 noch einige Änderungen im Grenzverlauf vereinbart. So wurden im Bereich des Flughafens Gatow die außerhalb der Berliner Stadtgrenze gelegenen Ortsteile Groß-Glienicke-Ost und Weinmeisterhöhe (auch Seeburger Zipfel genannt) britisches Interessengebiet, während in dem zum Britischen Sektor gehörenden Bezirk Spandau der westliche Teil des Ortsteils Staaken zum sowjetischen Interessengebiet erklärt wurde[6].

Weinmeisterhöhe und Groß-Glienicke-Ost sind rechtlich und verwaltungstechnisch in das Land Berlin einbezogen worden, ohne daß ein formeller Umgemeindungsakt stattgefunden hat. Ihre Bewohner nehmen seit 1958 an den Wahlen zum Abgeordnetenhaus teil.

4 Im einzelnen vgl. ebd. S. 29 ff.

5 Im Zusammenhang mit dem Grundvertrag zwischen der Bundesrepublik und der DDR abgegebene Erklärungen bleiben hier außer Betracht.

6 Beschluß des Kontrollrats vom 30. August 1945; der genaue Grenzverlauf wurde später von einer Kommission der Kommandantur festgelegt.

Der westliche Teil von Staaken, der zunächst eine Sonderstellung eingenommen hatte, wurde am 1. Februar 1951 gegenüber den Westsektoren abgeriegelt und der Verwaltung des Berliner Ostsektors, später der Verwaltung des Bezirks Potsdam, unterstellt.

Ein französisches Interessengebiet, das die Ortschaft Stolpe umfaßte, wurde am 3. Januar 1949 der sowjetischen Besatzungsmacht zurückgegeben.

Trotz wachsender Meinungsverschiedenheiten setzten die Organe der Viermächte-Verwaltung ihre Tätigkeit unter den Besatzungsmächten bis zum Jahre 1948 fort. – Die Lage in Berlin spiegelte in vieler Hinsicht die Lage in Gesamt-Deutschland wider, aber es bestanden auch einige wesentliche Unterschiede. Deutsche Zentralverwaltungen für alle Besatzungsgebiete wurden – entgegen den Beschlüssen der Potsdamer Konferenz – nicht gebildet. Der Kontrollrat, dessen Funktionsfähigkeit durch das Prinzip der Einstimmigkeit ohnehin beschränkt war, befaßte sich im wesentlichen nur mit Fragen, die Deutschland als Ganzes betrafen. In den einzelnen Besatzungszonen stand die Regierungsgewalt den Militärgouverneuren zu.

In Berlin wurde die oberste Gewalt dagegen trotz der Sektoreneinteilung von den Siegermächten gesamthänderisch ausgeübt. Aufgaben, für die in den vier Zonen die Militärgouverneure zuständig waren, wurden in Berlin im allgemeinen von der Kommandantur, und nicht von den Sektorenkommandanten, wahrgenommen. Eine zentrale Stadtverwaltung für Berlin war bereits vor Einmarsch der westlichen Besatzungstruppen von dem sowjetischen Stadtkommandanten eingesetzt worden.

Durch BK/O (46) 326 vom 13. August 1946 verabschiedete die Kommandantur eine vorläufige Verfassung von Groß-Berlin. Die gewählten Vertreter wurden durch die Anordnung der Kommandantur beauftragt, unverzüglich mit der Ausarbeitung einer Verfassung auf breiterer Basis für die Stadt Berlin zu beginnen[7]. Durch das Kontrollratsgesetz Nr. 46 vom 25. Februar 1947 wurde der Staat Preußen, dessen Existenz bereits im Jahre 1945 erloschen war, auch formell aufgelöst; die Gebietskörperschaft Groß-Berlin wurde damit aus dem Rang einer Stadtgemeinde in den Rang eines Landes erhoben[8].

7 Dokumente zur Berlin-Frage Nr. 27. A, B.

8 Bereits in Art. 1 der Vorläufigen Verfassung wurde „Groß-Berlin" als die für sein Gebiet „alleinige berufene öffentliche Gebietskörperschaft" bezeichnet.

Aufgrund der historischen, wirtschaftlichen und verkehrstechnischen Verflechtung bestanden zwischen dem Berliner Besatzungsgebiet und der Sowjetischen Besatzungszone (SBZ) einige Sonderbeziehungen. Während die Sowjetzone gegenüber den Westzonen hermetisch abgeschlossen wurde, blieb die Grenze zwischen Berlin und der SBZ bis zum Jahre 1952 offen, so daß Berliner aus allen Sektoren in der Stadt in die SBZ und Bewohner der SBZ nach Berlin einreisen konnten. Erst am 1. Juli 1952 wurde die SBZ für Bewohner der Berliner Westsektoren grundsätzlich gesperrt. Von diesem Zeitpunkt an konnten die Bewohner der Westsektoren bis zur endgültigen Spaltung der Stadt im August 1961 – von Ausnahmen abgesehen – nur noch in den Ostsektor der Stadt einreisen. Die Zentralverwaltungen der SBZ – und später der DDR – hatten ihren Sitz im Ostsektor der Stadt[9]. Die enge verkehrstechnische Verflechtung zwischen Berlin und den angrenzenden Gebieten der SBZ führte auch dazu, daß Verwaltungsorganen der SBZ in ganz Berlin Befugnisse zum Betrieb der Eisenbahn einschließlich der Stadtbahn, sowie zum Betrieb der Schleusen eingeräumt wurden[10].

Die Urabstimmung der Berliner SPD und die Wahlen zur Stadtverordnetenversammlung

Am 20.10.1946 fanden die in der Vorläufigen Verfassung vorgesehenen allgemeinen Wahlen zur Berliner Stadtverordnetenversammlung statt. Für das Wahlergebnis war es von entscheidender Bedeutung, daß die Sozialdemokratische Partei (SPD) in Berlin gegenüber der kommunistisch beherrschten Sozialistischen Einheitspartei (SED) ihre Unabhängigkeit bewahrt hatte. Während es in der Ostzone unter dem Druck der sowjetischen Besatzungsmacht zu einer Vereinigung von SPD und KPD kam, führte die Berliner SPD am 30.3.1946 eine geheime Urabstimmung aller Mitglieder über diese Frage durch. Die Abstimmung durfte zwar nur in den Westsektoren stattfinden, hier entschieden sich aber mehr als

9 So erklärt es sich, daß der Kontrollrat in einem Bericht vom 24. Februar 1947 an die Moskauer Außenminister-Konferenz ausführte, daß Berlin als Hauptstadt (capital city) der Sowjetischen Besatzungszone fungiere; vgl. Baumeister, Recht und Politik, Heft 1/1971 S. 50. Zur rechtlichen Bedeutung dieser Formulierung vgl. auch Teil II, Kapitel 4, S. 69 f.

10 Vgl. hierzu Zivier, Recht und Politik, Heft 2/1970 S. 10.

vier Fünftel der Mitglieder gegen die Vereinigung. Aufgrund einer Entscheidung des Koordinierungskomitees des Alliierten Kontrollrats vom 28.5.1946, die von der Kommandantur am 31.5. bekanntgegeben wurde, wurden in Berlin sowohl die SED als auch die SPD anerkannt[11].

Bei den Wahlen zur Stadtverordnetenversammlung erhielt die SPD 48,7 % der Stimmen und damit 63 Sitze in der Stadtverordnetenversammlung, die CDU 22,2 % und 29 Sitze, die SED 19,8 % und 26 Sitze und die LPD 9,3 % und 12 Sitze[12]. Dieses Ergebnis zeigte, daß es der SED nicht möglich war, die Berliner Gesetzgebungs- und Verwaltungsorgane unter Wahrung demokratischer Formen unter ihre Kontrolle zu bringen. Damit war das Wahlergebnis für das Verhalten der SED-Führung und für die gesamte weitere politische Entwicklung in Berlin von entscheidender Bedeutung.

Das Ende der Viermächte-Verwaltung

Die Organe der Viermächte-Verwaltung wurden im Laufe des Jahres 1947 durch die zunehmenden Zerwürfnisse der vier Hauptsiegermächte in ihrer Arbeitsfähigkeit beeinträchtigt. Die Außenministerkonferenzen von Paris (25.4. bis 15.5. und 15.6. bis 12.7. 1946), von Moskau (10.3. bis 24.4.1947) und von London (25.11. bis 15.12.1947) brachten in der Deutschlandfrage keinen wesentlichen Fortschritt.

Die Uneinigkeit führte u.a. zu der sogenannten Bürgermeisterkrise im Jahre 1947. Nach den Wahlen vom 20. Oktober 1946 war entsprechend der Vorläufigen Verfassung ein neuer Magistrat unter der Leitung des sozialdemokratischen Oberbürgermeisters Dr. Ostrowski gebildet worden. Da nach Artikel 3 Abs. 2 der Vorläufigen Verfassung alle zugelassenen Parteien im Magistrat vertreten sein mußten, waren die Verhandlungen über die Besetzung der Stadtratsposten sehr schwierig. Am 10. Dezember 1946 genehmigte die Alliierte Kommandantur den Rücktritt des alten Magistrats; die Bildung des neuen Magistrats war aber erst am 23. Januar 1947 abgeschlossen, wobei einige Abteilungen interimistisch verwaltet wurden.

11 Archiv der Gegenwart 1946 S. 700 C; Riklin S. 45 f.

12 Archiv der Gegenwart 1946 S. 903 L; Riklin S. 52.

Der neue Oberbürgermeister Dr. Ostrowski (SPD) verlor bald das Vertrauen seiner eigenen Partei, nachdem er in verschiedenen politischen Fragen stark auf die Vorschläge der SED eingegangen war. Er erklärte am 17. April 1947 seinen Rücktritt. Zum neuen Oberbürgermeister wählte das Abgeordnetenhaus Ernst Reuter (SPD). Der sowjetische Vertreter in der Kommandatur weigerte sich jedoch, seiner Bestätigung zuzustimmen, wahrscheinlich weil Reuter als ehemaliger Kommunist ("Renegat") der sowjetischen Besatzungsmacht und der SED suspekt war. Nach umfangreichen Debatten in der Kommandatur, dem Koordinierungsausschuß und dem Kontrollrat mußten die Alliierten mitteilen, daß die Kommandanten nicht für möglich befunden hätten, die Wahl Ernst Reuters zu bestätigen. Bereits vorher war durch BK/O (47) 145 vom 11. Juni 1947 der Rücktritt Dr. Ostrowskis bestätigt und Louise Schroeder provisorisch mit der Funktion des Oberbürgermeisters betraut worden. Ernst Reuter wurde nach der administrativen Spaltung der Stadt am 7. Dezember 1948 erneut zum Oberbürgermeister und nach Inkrafttreten der neuen Verfassung zum ersten Regierenden Bürgermeister von Berlin gewählt[12a].

Durch ein Abkommen, das am 1.1.1947 in Kraft trat, wurden die Britische und die Amerikanische Besatzungszone zu einem einheitlichen Wirtschaftsgebiet (Bizone) verschmolzen. Später wurden die drei Westzonen in das OEEC-Abkommen vom 16.4.1948 einbezogen[13]. Sowohl die Westmächte als auch die Sowjetunion begannen, die von ihnen besetzten Teile Deutschlands in ihren jeweiligen Machtbereich zu integrieren.

Schließlich wurden die Organe der Viermächte-Verwaltung sowohl auf der gesamtdeutschen Ebene als auch in Berlin von der Sowjetunion gesprengt. Am 20.3.1948 zog sich die sowjetische Delegation aus dem Kontrollrat zurück. Der Kontrollrat ist seitdem nicht mehr zusammengetreten[14].

Am 16.6.1948 verließen die sowjetischen Vertreter auch die Kommandantur. Am 1. Juli teilten sie mit, daß sie zukünftig an den Stabssitzungen der Kommandantur nicht mehr teilnehmen würden. In der folgenden Zeit verließen sie auch die meisten Aus-

12a Berlin: Quellen und Dokumente 1945-1941 2. Halbband S. 1177, 1186, 1716.

13 Archiv der Gegenwart 1946 S. 941 D, 1948 S. 1464 F; Riklin S. 64.

14 Archiv der Gegenwart 1948 S. 1428 H.

schüsse der Kommandantur mit Ausnahme der Luftsicherheitszentrale[15]. Anders als im Fall des Kontrollrats entschlossen sich die Westmächte aber, die Arbeit in der Kommandantur auf Dreimächte-Basis fortzusetzen[16].

Die Währungsreform

Nachdem der Kontrollrat endgültig aktionsunfähig geworden war, entschlossen sich die Westmächte, in ihren Zonen – nicht aber in den Berliner Westsektoren – eine separate Währungsreform durchzuführen. Der sowjetische Militärgouverneur wurde hiervon durch ein Schreiben des britischen Militärgouverneurs vom 18. Juni 1948 informiert[17]. Über eine Währungsreform in Berlin wurden die Verhandlungen zunächst fortgeführt, jedoch kam es zwischen den vier Besatzungsmächten zu keiner Einigung. Die Sowjetunion vertrat die Ansicht, daß sie für eine Währungsreform in Berlin, das wirtschaftlich zu ihrer Zone gehöre, allein zuständig sei. Die Westmächte erklärten sich zwar bereit, die Währung der Sowjetzone auch in Berlin als gesetzliches Zahlungsmittel zuzulassen, bestanden aber auf einer gemeinsamen Zuständigkeit aller Vier Mächte.

Am 22. Juni 1948 um 24.00 Uhr ließ die sowjetische Militärregierung dem amtierenden Oberbürgermeister von Berlin den Befehl Nr. 111 aushändigen, durch den eine Währungsreform für die Sowjetische Besatzungszone und für ganz Berlin angeordnet wurde[18]. Demgegenüber stellten die westlichen Besatzungsmächte durch einen Befehl fest, daß die sowjetischen Anordnungen für die Westsektoren nichtig seien und dort keine Anwendung fänden. Es wurden Vorkehrungen angekündigt, in den Westsektoren die in den Westzonen in Umlauf befindliche Währung einzuführen[19].

Der Berliner Magistrat verkündete auf einer Sitzung der Stadtverordnetenversammlung am 23.6. seinen Beschluß, daß der Befehl Nr. 111 nur für den Ostsektor Gültigkeit habe und in den Westsektoren die Befehle der westlichen Stadtkommandanten zu befolgen

15 Riklin S. 74, 81; im einzelnen s. Teil II, Kapitel 5.

16 Erklärung der Kommandanten der Westsektoren vom 21. Dezember 1948, Dokumente zur Berlin-Frage Nr. 78; im einzelnen vgl. Teil II, Kapitel 5.

17 Dokumente zur Berlin-Frage Nr. 49.

18 Archiv der Gegenwart 1948 S. 1440 B; Riklin S. 77.

19 Dokumente zur Berlin-Frage Nr. 55.

seien. Die Stadtverordnetenversammlung sprach dem Magistrat gegen die Stimmen der SED das Vertrauen aus.

Die Währungsreform wurde in den Westsektoren zunächst in der Weise durchgeführt, daß hier die westdeutsche und die ostdeutsche Währung als offizielles Zahlungsmittel anerkannt waren. Erst am 20. März 1949 wurde die westdeutsche Währung alleiniges Zahlungsmittel in den Westsektoren[20].

Der Staatsstreich in Ost-Berlin und die Wahlen in West-Berlin

Die Sitzung der Stadtverordnetenversammlung vom 23.6.1948 war von kommunistischen Demonstranten mit Unterstützung der Polizei und der sowjetischen Besatzungsmacht erheblich gestört worden. In den folgenden zwei Monaten konnte die Stadtverordnetenversammlung zwar in dem im Ostsektor gelegenen Stadthaus tagen, jedoch war die Verwaltung ständig den Drohungen und einseitigen Einmischungsversuchen der sowjetischen Besatzungsmacht ausgesetzt. Im Stadthaus wurden Westberliner Journalisten und Ordner der Stadtverordnetenversammlung verhaftet.

Am 6.9.1948 sah sich die Stadtverordnetenversammlung – mit Ausnahme der SED-Fraktion – gezwungen, ihren Sitz in die Westsektoren zu verlegen. Der Magistrat folgte Anfang Oktober 1948[21]. Auch die Gewerkschaften und die bürgerlichen Parteien CDU und LDP spalteten sich im Laufe des Jahres 1948.

Die SED-Fraktion der Stadtverordnetenversammlung hatte an den Sitzungen in West-Berlin nicht teilgenommen und den Standpunkt vertreten, daß alle Beschlüsse, die außerhalb des Sowjetsektors gefaßt wurden, ungültig seien. Der Stadtverordnetenvorsteher wies demgegenüber darauf hin, daß die Versammlung weder durch die Verfassung noch durch die Geschäftsordnung an einen bestimmten Ort gebunden sei.

Nach propagandistischer Vorbereitung durch den von der SED beherrschten „Demokratischen Block" berief der Stellvertretende

20 Dokumente zur Berlin-Frage Nr. 79. Die in Berlin in Umlauf gesetzten Banknoten der westdeutschen Währung waren zunächst durch einen Stempel mit dem Buchstaben B gekennzeichnet.

21 Zu den Einzelheiten der administrativen Spaltung vgl. Riklin S. 99, 100, 104, 110. Zur Geschichte der politischen Parteien und Gewerkschaften in Berlin (West) vgl. 2.Kap. Fn. 5.

Stadtverordnetenvorsteher Geschke (SED) eine als „Außerordentliche Stadtverordnetenversammlung" bezeichnete Versammlung ein, an der sich außer den 23 Mitgliedern der SED-Fraktion 1616 Delegierte beteiligten, die zum Teil von Berliner Betrieben, zum Teil vom „Demokratischen Block" und anderen kommunistisch beherrschten Organisationen entsandt worden waren.

Dieses in der Verfassung nicht vorgesehene Gremium erklärte den Magistrat für abgesetzt und wählte einen provisorischen Magistrat unter der Leitung von Fritz Ebert (SED). Die Beschlüsse der Versammlung wurden von den Teilnehmern einer bestellten Massendemonstration durch Handaufheben gebilligt. Der „Provisorische Magistrat" wurde gegen den Protest der westlichen Stadtkommandanten von der sowjetischen Militärregierung als einzige rechtmäßige Stadtverwaltung anerkannt[22].

Fünf Tage später fanden in den Westsektoren gemäß der Vorläufigen Verfassung allgemeine Wahlen zur Stadtverordnetenversammlung statt, an denen sich trotz des Boykottaufrufs der SED 86,3 % der Wahlberechtigten beteiligten.

Parallel mit diesen Ereignissen, die zum Ende der Viermächte-Verwaltung und zur administrativen Spaltung der Stadt führten, lief die Berliner Blockade, der Versuch der sowjetischen Besatzungsmacht, den Westmächten und der Berliner Bevölkerung ihren Willen dadurch aufzuzwingen, daß sie die Zufahrtswege zwischen den Westzonen und Berlin sperrte.

Das Problem der Zufahrtswege

Das Besatzungsrecht der Westmächte in Berlin beruht unmittelbar auf der gemeinsamen Okkupation Deutschlands und ist außerdem durch eindeutige Vereinbarungen mit der Sowjetunion abgesichert (vgl. Teil II)[23]. Über ein Recht auf freie Zufahrt von und nach Berlin enthielten die Londoner Protokolle und die anderen grundlegenden Abkommen der Besatzungsmächte über Deutschland dagegen keine Bestimmungen. Zwar vertraten die Westmächte den Standpunkt, daß ihr Besatzungsrecht in Berlin ein Recht auf freien Zugang impliziere. Außerdem hatten sich die amerikanische

22 Archiv der Gegenwart 1948 S. 1719 H; Schreiben des sowjetischen Stadtkommandanten vom 2. Dezember 1948, Dokumente zur Berlin-Frage Nr. 77; Riklin S. 116.

23 Riklin, S. 71 ff., 79.

und britische Regierung zur Räumung der Teile der Sowjetischen Besatzungszone, die von ihren Truppen erobert worden waren, u.a. nur unter der Voraussetzung bereiterklärt, daß der Zugang durch zufriedenstellende Übereinkünfte gesichert werde[24]. Eine klare Abmachung kam aber nur über den Luftverkehr zustande (vgl. Kapitel 8).

Blockade und Luftbrücke

Bereits seit der Londoner Außenministerkonferenz (25.11. bis 15.12.1947) hatte die Sowjetunion begonnen, durch Drosselung des Berlin-Verkehrs politischen Druck auf die Westmächte auszuüben. Im Laufe des Juni und Anfang Juli 1948 wurden dann sämtliche Bahn-, Straßen- und Binnenschiffahrtsverbindungen zwischen Berlin und den Westzonen für den zivilen Personenverkehr und den Gütertransport gesperrt. Gleichzeitig wurde die Lieferung von Lebensmitteln und anderen lebenswichtigen Gütern aus der Sowjetischen Besatzungszone in die Westsektoren eingestellt. Dabei war die Sowjetunion offensichtlich bemüht, die Gefahr eines Krieges mit den Westmächten zu vermeiden. Sie verhängte die Blockademaßnahmen nicht gleichzeitig, sondern ging schrittweise vor. Ausserdem begründete sie ihr Verhalten mit angeblichen technischen Störungen und nachteiligen Wirkungen auf ihre eigene Zone, so daß ihr im Ernstfall die Möglichkeit blieb, die Blockademaßnahmen ohne großen Gesichtsverlust aufzuheben[25].

Der militärische Verkehr der westlichen Besatzungsgarnisonen, der vor der Blockade gelegentlich ebenfalls behindert worden war, wurde nach Verhängung der eigentlichen Blockademaßnahmen nicht mehr gestört. Auch im Bereich des Luftverkehrs, an dem die Blockade schließlich scheitern sollte, beschränkte sich die Sowjetunion auf einige Störmaßnahmen und Proteste, versuchte aber nicht, die Luftverbindung zwischen den Westzonen und den Berliner Westsektoren zu sperren.

Die Blockade scheiterte an zwei Faktoren, die die Sowjetunion nicht einkalkuliert hatte: an dem Widerstand der Berliner Bevölkerung und an der technischen Leistungsfähigkeit der Westmächte, insbesondere der Amerikaner. Die rückhaltlose Ablehnung, mit der

24 Vgl.: Note der amerikanischen Regierung an die Sowjetunion vom 6. Juli 1948, Dokumente zur Berlin-Frage Nr. 58.

25 Riklin S. 79, 85.

die Berliner der SED und den Einschüchterungsversuchen der sowjetischen Besatzungsmacht entgegentraten, fand Resonanz in der Öffentlichkeit aller nichtkommunistischen Länder. Dies machte es den Westmächten schwer, die isolierte Position in den Berliner Westsektoren einfach aufzugeben, was um so näher gelegen hätte, als sich die Bildung zweier Teilstaaten in Deutschland bereits abzuzeichnen begann. Der Versuch, die Westsektoren (mit damals fast 2,4 Millionen Einwohnern) durch eine Luftbrücke zu versorgen, war zunächst nur als Übergangsmaßnahme gedacht, um Zeit für Verhandlungen zu gewinnen[26]. Die Luftbrücke erwies sich aber nach einigen Anfangsschwierigkeiten als so erfolgreich, daß man sich zu dem Versuch entschloß, mit ihrer Hilfe die Blockade zu überstehen. Daß dieses in der Geschichte bisher einmalige Unternehmen schließlich zum Erfolg führte, ist bekannt.

Die Verhandlungen während der Blockade

Während der gesamten Zeit der Berliner Blockade fanden auf verschiedenen Ebenen Verhandlungen zwischen den Hauptsiegermächten statt. Die Kontakte der Militärgouverneure untereinander wurden auch nach dem Ende der Viermächte-Verwaltung nicht vollständig abgebrochen. Im Juni und später noch einmal im September 1948 kam es zu einem Notenwechsel auf Regierungsebene, der jedoch keine Annäherung der Standpunkte brachte. Dagegen schienen die Verhandlungen, die Ende Juli und im August 1948 zwischen den Botschaftern der Westmächte in Moskau und der sowjetischen Regierung geführt wurden, zeitweilig Erfolg zu versprechen. Sie führten zu der „Moskauer Direktive" vom 30.8.1948, die die Aufhebung der Blockade und die Einführung der ostdeutschen Währung in den Westsektoren vorsah. Die Militärgouverneure waren jedoch nicht imstande, diese Direktive auszuführen, vor allem weil sie keine Einigung über die Frage erzielten, ob die Ostwährung in Berlin unter Viermächte-Kontrolle oder in alleiniger Zuständigkeit der sowjetischen Besatzungsmacht eingeführt werden sollte. Auch vor dem Sicherheitsrat und der Vollversammlung der Vereinten Nationen wurde die Berlin-Frage erörtert, ohne daß die Krise dort gelöst werden konnte[27].

26 Riklin S. 86.

27 Dokumente zur Berlin-Frage Nr. 57 bis 61 und 64 bis 68; Riklin S. 231.

Das Ende der Blockade
(New Yorker Abkommen und Pariser Konferenz von 1949)

Ende Januar 1949 deutete die Sowjetregierung zum ersten Mal an, daß eine Verständigung der vier Besatzungsmächte über Berlin möglich sei, ohne daß die Währungsfrage im Sinne der Sowjetunion gelöst zu werden brauche. In den folgenden Monaten fanden Verhandlungen zwischen dem stellvertretenden amerikanischen Delegationsleiter im Sicherheitsrat, Jessup, und dem sowjetischen Delegationsleiter Malik statt, die schließlich zu dem New Yorker Viermächte-Abkommen vom 4. Mai 1949 und damit zur Aufhebung der Blockade führten. Nach der Vereinbarung, die auch als *Jessup-Malik-Abkommen* bezeichnet wird, waren alle von den Besatzungsmächten in Deutschland verhängten Verkehrsbeschränkungen am 12. Mai 1949 aufzuheben und der Status quo ante vom 1.3.1948 wieder herzustellen. Damit waren sowohl die Berliner Blockade als auch die gelegentlich als „Gegenblockade" bezeichneten Retorsionsmaßnahmen der westlichen Besatzungsmächte aufgehoben[28].

Wie in der New Yorker Vereinbarung vorgesehen, fand in der Zeit vom 23.5. bis 20.6.1949 eine Außenministerkonferenz der Vier Mächte in Paris statt. Das Ergebnis der Konferenz wurde in einem Schlußkommuniqué festgehalten. Danach vereinbarten die Vier Mächte, ihre Bemühungen zur Wiedervereinigung Deutschlands fortzusetzen. Außerdem verpflichteten sie sich u.a., das normale Funktionieren des Verkehrs zwischen der Ostzone und den Westzonen sowie zwischen den Zonen und Berlin sicherzustellen, zu verbessern und zu vervollkommnen und in ihren Zonen die hierfür erforderlichen Maßnahmen zu treffen[29] (vgl. Kapitel 8).

28 Archiv der Gegenwart 1949 S. 1919 F; Dokumente zur Berlin-Frage Nr. 81.

29 Archiv der Gegenwart 1949 S. 1978 C; Dokumente zur Berlin-Frage Nr. 89.

ZWEITES KAPITEL
DIE ENTWICKLUNG IN DER GESPALTENEN STADT

Die Entstehung der Bundesrepublik und der DDR

Nach dem Ende der Blockade verlor das Berlin-Problem für fast zehn Jahre an weltpolitischer Aktualität. Die Ereignisse in Berlin wurden weitgehend durch die Entwicklung in Gesamt-Deutschland bestimmt, vor allem also dadurch, daß zwei deutsche Staaten mit gegensätzlicher Verfassung und Gesellschaftsordnung entstanden und sich konsolidierten.

Die Entstehung der Bundesrepublik und der DDR begann sich bereits im Jahre 1948 abzuzeichnen. Gemäß den Empfehlungen der Londoner Sechsmächte-Konferenz (23.2. bis 6.3. und 20.4. bis 7.6.1948), an der die drei westlichen Hauptsiegermächte und die Benelux-Staaten teilgenommen hatten, wurden die Ministerpräsidenten der elf westdeutschen Länder ermächtigt, eine verfassunggebende Versammlung für Westdeutschland einzuberufen. Am 1.9. 1948 konstituierte sich der Parlamentarische Rat, der das Grundgesetz für die Bundesrepublik Deutschland ausarbeitete.

Das Grundgesetz wurde am 8.5.1949 verabschiedet und, nachdem es von den westlichen Militärgouverneuren gebilligt und in allen westdeutschen Ländern (mit Ausnahme Bayerns) durch die Volksvertretungen angenommen worden war, am 23.5.1949 verkündet. Es trat mit Ablauf des Tages seiner Verkündung in Kraft (Art. 145 Abs. 2). Am 14.8.1949 fanden die Wahlen zum Ersten Deutschen Bundestag statt. Am 12.9. wurde Theodor Heuss zum ersten Bundespräsidenten gewählt[1].

In der Sowjetischen Besatzungszone war am 6./7. Dezember 1947 zum ersten Mal ein „Deutscher Volkskongreß für Einheit und gerechten Frieden" zusammengetreten. Am 17./18. März 1948 wählte der „Zweite Volkskongreß", an dem außer 1450 Delegierten aus der SBZ und Ost-Berlin auch 500 Delegierte aus West-

1 Vgl. Dokumente zur Berlin-Frage, Synopse Tafel III.

deutschland teilnahmen, einen „Volksrat". Ein Ausschuß dieses Volksrats arbeitete den Entwurf der ersten DDR-Verfassung aus. Am 15./16. Mai 1949 fanden im sowjetisch besetzten Teil Deutschlands allgemeine Wahlen zum Dritten Volkskongreß statt, wobei nach dem in den Volksdemokratien üblichen System der Einheitslisten verfahren wurde. Der neugewählte Volkskongreß nahm den Entwurf der DDR-Verfassung am 30. Mai 1949 an.

Der neugewählte Volksrat fungierte entgegen dem Wortlaut der Verfassung zunächst als Provisorische Volkskammer und verabschiedete am 7. Oktober 1949 das Gesetz über die Verfassung der DDR. Erst am 15. Oktober 1950 fanden allgemeine Wahlen zur Volkskammer statt, wobei wieder das System der Einheitslisten angewandt wurde[2].

Die Militärgouverneure der Westmächte wurden nach Gründung der Bundesrepublik durch Hohe Kommissare ersetzt, an die Stelle der Sowjetischen Militäradministration trat nach Gründung der DDR eine Kontrollkommission[3].

Die Bindung der Westsektoren an die Bundesrepublik

Im Parlamentarischen Rat waren die Berliner Westsektoren durch eine Delegation vertreten, die mit Rücksicht auf die Vorbehalte der Westmächte nur mit beratender Stimme an der Arbeit der Versammlung teilnehmen konnte. Die Stadtverordnetenversammlung verabschiedete am 19. Mai 1949 einen Beschluß, in dem es heißt, daß sie sich trotz formaler Trennung eng an die Bundesrepublik Deutschland gebunden fühle und ihren Willen bekunde, im Rahmen der von den westlichen Alliierten eingeräumten Möglichkeiten ihre Arbeit mit der Entwicklung der Bundesrepublik zu koordinieren.[4]

Nach Art. 23 des Bonner Grundgesetzes sowie nach Art. 1 Abs. 2 der Berliner Verfassung vom 1. September 1950 ist Berlin ein

2 Vgl. Magen, Staatsrecht, 4. Aufl. Bad Godesberg 1970, S. 120 f.

3 Riklin S. 143.

4 Beschluß des Parlamentarischen Rats vom 1. September 1948, Dokumente zur Berlin-Frage Nr. 62; Beschluß der Stadtverordnetenversammlung von Berlin vom 19. Mai 1949, Dokumente zur Berlin-Frage Nr. 86 b. Der in der Dokumentensammlung unter 86 a wiedergegebene Antrag wurde zurückgezogen.

Land der Bundesrepublik Deutschland. Außerdem enthalten das Grundgesetz in Art. 144 Abs. 2 und die Berliner Verfassung in Art. 87 Übergangsvorschriften für die Zeit, in der Berlin noch nicht voll in die Bundesrepublik einbezogen werden kann. Der Anwendbarkeit dieser Verfassungsvorschriften stehen Vorbehalte der westlichen Besatzungsmächte entgegen. Von grundlegender Bedeutung ist vor allem, daß Berlin nach dem Genehmigungsschreiben der Militärgouverneure zum Grundgesetz keine Vertreter mit vollem Stimmrecht in den Bundestag und den Bundesrat entsenden und nicht vom Bund regiert werden darf. Außerdem bestehen eine Reihe von speziellen Vorbehalten, durch die die Zuständigkeit von Bundesorganen für Berlin ausgeschlossen oder eingeschränkt wird.

Andererseits sind mit Zustimmung der Westmächte enge Bindungen zwischen den Westsektoren und der Bundesrepublik Deutschland hergestellt worden, durch die West-Berlin auf rechtlichem und wirtschaftlich-finanziellem Gebiet, aber auch in vielen Bereichen der Politik, praktisch in die Bundesrepublik eingegliedert worden ist. Auf den Umfang und die Rechtsnatur dieser Bindungen wird in Teil II näher eingegangen werden[5].

Die Eingliederung des Ostsektors in die DDR

Nach Art. 2 Abs. 2 der ersten DDR-Verfassung sowie nach Art. 1 Abs. 2 der Verfassung vom 6. April 1968 ist Berlin die Hauptstadt der DDR. Eine entsprechende Vorschrift enthält die Geschäftsordnung des Ostberliner Magistrats vom 29. März 1950[6]. Da die erste DDR-Verfassung einen gesamtdeutschen Geltungsanspruch erhob, hätte der Sinn des Art. 2 Abs. 2 zweifelhaft sein

5 Zur Geschichte der politischen Parteien und Gewerkschaften in Berlin (West) nach 1945 insbesondere zu ihrer Lösung von den Partei- und Gewerkschaftsorganisationen der SBZ und ihrer Eingliederung in die entsprechenden westdeutschen Organisationen vergl. Fijalkowski, Hauck, Holst, Kemper, Mintzel: Berlin – Hauptstadtanspruch und Westintegration – Köln und Opladen 1967 S. 3 ff. Als einzige Partei in den Berliner Westsektoren blieb zunächst die Sozialistische Einheitspartei Deutschlands (SED) mit dem entsprechenden Parteiapparat der SBZ (später DDR) verbunden. Der Berliner Landesverband der SED nannte sich seit 1962 SED-Westberlin; im Jahre 1969 wurde er unter der Bezeichnung Sozialistische Einheitspartei Westberlins (SEW) formalrechtlich von der SED der DDR getrennt.

6 Verordnungsblatt für Groß-Berlin I 1950 S. 69, auszugsweise in: Dokumente zur Berlin-Frage Nr. 150.

können; es zeigte sich jedoch sofort, daß mit dieser Formulierung nicht nur die Hauptstadt einer in Zukunft zu schaffenden gesamtdeutschen demokratischen Republik gemeint war, sondern daß die Regierung der DDR daraus das Recht herleitete, den Berliner Ostsektor als Hauptstadt für ihren auf die Sowjetische Besatzungszone beschränkten Teilstaat in Anspruch zu nehmen. Die zentralen Staatsorgane der DDR nahmen – wie schon vorher die zentralen Organe der SBZ – ihren Sitz in Ostberlin. Ab 1953 wurde die rechtliche wirtschaftliche und administrative Eingliederung des Ostsektors in die DDR zügig vorangetrieben. Ein wesentlicher Unterschied zum Status der Westsektoren besteht darin, daß der Ostsektor auch im militärischen Bereich in die DDR integriert ist. Trotzdem wird der besondere Status der Stadt noch in einigen Punkten berücksichtigt. Allerdings sind im verfassungsrechtlichen Bereich mit der Direktwahl der Berliner Abgeordneten zur Volkskammer und der Einstellung des Verordnungsblatts für Groß-Berlin die letzten Besonderheiten entfallen (wegen der Einzelheiten vergleiche Teil II, Kapitel 6).

Die Verfassung von Berlin

Nach Artikel 35 Abs. 2 der Vorläufigen Verfassung war die Stadtverordnetenversammlung verpflichtet, den Entwurf einer neuen Verfassung auszuarbeiten und den Alliierten bis zum 1. Mai 1948 zur Genehmigung vorzulegen. Von den vier Fraktionen hatten drei, nämlich die SPD-, die CDU- und die SED-Fraktion, eigene Verfassungsentwürfe vorgelegt. Der Verfassungsausschuß der Stadtverordnetenversammlung war bemüht, eine Verfassung zu entwerfen, die möglichst die Zustimmung aller Fraktionen und aller vier Besatzungsmächte erhalten konnte. Obgleich zahlreiche Verfassungsvorschriften unterdessen Kompromißcharakter trugen und die SED im Verfassungsausschuß an ihrer Formulierung mitgewirkt hatte, verweigerte sie im Plenum dem vorgelegten Verfassungstext ihre Zustimmung. Die neue Verfassung wurde am 22. April 1948 gegen die Stimmen der SED von der Stadtverordnetenversammlung verabschiedet.

Zu einer Genehmigung durch die Alliierten kam es jedoch nicht, weil die Sowjets ihre Mitwirkung im Kontrollrat und in der Kommandantur einstellten. Im November 1949 wurden die Beratungen über eine Verfassung von Berlin von der nunmehr in den Westsektoren tagenden Stadtverordnetenversammlung wieder aufgenommen. Der verabschiedete Verfassungstext wurde mit dem Ziel einer Anpassung an das Bonner Grundgesetz und einer Einbeziehung Berlins in die Bundesrepublik Deutschland überarbeitet. Das Plenum der Stadtverordnetenversammlung verabschiedete die neue Verfassung am 4. August 1950; die jetzt auf Dreimächte-Basis arbeitende Kommandantur genehmigte sie mit Schreiben vom 25. August 1950, machte aber einige Vorbehalte hinsichtlich der Einbeziehung Berlins in den Bund (im einzelnen vgl. Teil II, Kapitel 7 (Unterkapitel 1 und 2). Die Verfassung von Berlin trat am 1. Oktober 1950 in Kraft[7].

Sonstige Entwicklung in Deutschland und Berlin

Nachdem die Westmächte die Arbeit in der Kommandantur am 21. Dezember 1948 auf Dreimächte-Basis wieder aufgenommen hatten, verkündeten sie am 14. Mai 1949 ein Besatzungsstatut für Berlin[8]. Dieses „Kleine Besatzungsstatut" wurde in den folgenden Jahren mehrfach geändert, bildet aber in seiner revidierten Fassung noch heute die Grundlage für die Beziehungen zwischen der deutschen Staatsgewalt und den Westmächten in Berlin.

Am 3.12.1950 fanden in den Westsektoren die ersten Wahlen zum Abgeordnetenhaus nach der neuen Verfassung statt. Alle Versuche, freie Wahlen in ganz Berlin zu erreichen, waren an dem Widerstand der sowjetischen Besatzungsmacht gescheitert[9].

Auch nach dem Ende der Blockade beruhigte sich die politische Lage in Berlin erst allmählich. In den folgenden Jahren versuchte die sowjetische Besatzungsmacht häufig, durch gezielte Maßnahmen gegen den Berlin-Verkehr oder die Berliner Wirtschaft Druck auf die Westmächte auszuüben. Erst ab Mitte 1953 bis zur zweiten Berlin-Krise 1958 ließ diese Politik der Nadelstiche nach[10]. Weitere Beunruhigungen für die Westsektoren hatten auch das Pfingsttref-

7 Verfassung von Berlin (VvB) vom 1. September 1950, VOBl. I S. 433; zu den Vorbehalten der Westmächte vgl. Dokumente zur Berlin-Frage Nr. 121 B.

8 Dokumente zur Berlin-Frage Nr. 87.

9 Riklin S. 146; Dokumente zur Berlin-Frage Nr. 114 - 120.

10 Riklin S. 163.

fen der FDJ in Ostberlin (1950) und das Welt-Jugend-Festival (1951)[11] gebracht. Die West-Berliner Exklave Steinstücken wurde im Oktober 1951 für fünf Tage von sowjetischen Truppen und Volkspolizisten besetzt.

Von einschneidender Bedeutung für Berlin waren die Maßnahmen, die von der DDR mit Wirkung vom 1. Juli 1952 verfügt wurden. Die Grenzen der DDR gegenüber der Bundesrepublik und West-Berlin wurden gesperrt, während die Grenze zwischen dem Ostsektor und den Westsektoren noch offenblieb, obgleich auch hier der Verkehr erschwert wurde. Der Aufenthalt von Westdeutschen und West-Berlinern in der DDR wurde von einer Aufenthaltserlaubnis abhängig gemacht, die insbesondere für West-Berliner nur in Ausnahmefällen erteilt wurde. Grundstücke von West-Berlinern in der DDR und im Sowjetsektor wurden zum Teil enteignet, zum Teil unter staatliche Verwaltung gestellt[12].

Ein Ereignis, das nicht unerwähnt bleiben kann, obgleich es sich auf den Rechtsstatus Berlins nicht unmittelbar auswirkte, ist der Arbeiteraufstand, der am 17. Juni 1953 im Berliner Ostsektor begann, sich von dort über die ganze DDR ausbreitete und schließlich von sowjetischen Besatzungstruppen niedergeschlagen wurde.

Von der Berliner Konferenz (1954) bis zur zweiten Berlin-Krise

Die politische Entwicklung der folgenden Jahre ist dadurch gekennzeichnet, daß sich die beiden Teilstaaten, die in Deutschland entstanden waren, zunehmend gegeneinander abgrenzten und fest in das westliche bzw. in das kommunistische Bündnissystem eingegliedert wurden.

Allerdings blieb die Wiedervereinigung Deutschlands zunächst auf beiden Seiten erklärtes Ziel der Deutschland-Politik. Von der Bundesrepublik und ihren Verbündeten ist der Grundsatz, daß Deutschland trotz der Entstehung der Bundesrepublik und der DDR als einheitliches Völkerrechtssubjekt fortbesteht und die po-

11 Archiv der Gegenwart 1950 S. 2407 G, 1951 S. 3078 G.

12 Archiv der Gegenwart 1952 S. 3495 A, Riklin S. 151 ff.

litische Einheit Deutschlands wieder hergestellt werden muß, bis in die jüngste Zeit nicht aufgegeben worden. Die Sowjetunion und die DDR betonten bis etwa Anfang 1955 den Gedanken der deutschen Einheit; danach vertraten sie die Ansicht, daß Deutschland als Völkerrechtssubjekt durch Dismembration untergegangen sei, und richteten ihre Deutschland-Politik überwiegend auf die Erhaltung des Status quo[13].

Auf der Berliner Außenministerkonferenz (25. Januar bis 18. Februar 1954) wurden von beiden Seiten Pläne für die Wiedervereinigung Deutschlands vorgelegt; jedoch blieb die Konferenz ohne Ergebnis[14].

Im Laufe der Jahre 1954/55 gewährten die Westmächte der Bundesrepublik und die Sowjetunion der DDR größere Unabhängigkeit. Gleichzeitig wurden beide Teilstaaten in die jeweiligen Paktsysteme eingegliedert.

Am 25. März 1954 erklärte die sowjetische Regierung, daß sie mit der DDR die gleichen Beziehungen aufnehme wie mit anderen souveränen Staaten, behielt sich aber unter anderem die Funktionen vor, die sich aus den Verpflichtungen zur Erfüllung der Viermächte-Abkommen ergaben[15]. Durch einen Erlaß vom 25. Januar 1955 erklärte das Präsidium des Obersten Sowjets den Kriegszustand mit Deutschland für beendet[16].

Am 14.5.1955 wurde der Warschauer Pakt als multilaterales Verteidigungsbündnis des Ostblocks begründet; der Vertrag wurde auch von der DDR unterzeichnet[17]. Schließlich wurde am 20. September 1955 der Moskauer Vertrag zwischen der Sowjetunion und der DDR geschlossen, durch den der DDR formell die volle Souveränität gewährt wurde. Durch einen Beschluß des Ministerrats der UdSSR vom gleichen Tag wurde der Sowjetische Hohe Kommissar durch einen Botschafter in der DDR ersetzt, auf den die Funktionen übertragen wurden, die sich aus den Viermächte-Beschlüs-

13 Riklin – S. 174 – hat an Hand von sowjetischen Äußerungen festgestellt, daß der Kurswechsel der kommunistischen Deutschland-Politik zwischen dem 2. Dezember 1954 und dem 15. Januar 1955 eingetreten sein muß.

14 Zum Verlauf der Konferenz vgl. Archiv der Gegenwart 1954 S. 4361 A, 4372 A und 4383 C.

15 Dokumente zur Berlin-Frage Nr. 43.

16 Dokumente zur Berlin-Frage Nr. 196.

17 Dokumente zur Berlin-Frage Nr. 197 A, B, C.

sen über Gesamt-Deutschland ergaben. Zugleich wurde die DDR ermächtigt, die Verkehrskontrolle an den Demarkationslinien und auf den Verbindungswegen nach Berlin auszuüben; lediglich die Kontrolle des Militärverkehrs der Westmächte von und nach Berlin blieb den sowjetischen Truppen vorbehalten[18].

Am 18. Januar 1956 ging aus der bisherigen Kasernierten Volkspolizei, die zu dieser Zeit bereits über 12000 Mann, die zum Teil mit schweren Waffen ausgerüstet waren, verfügte, die Nationale Volksarmee hervor, die am 28. Januar in die Streitkräfte des Warschauer Paktes eingegliedert wurde[19].

Die Bundesrepublik wurde, nachdem der Plan einer Europäischen Verteidigungsgemeinschaft gescheitert war, durch die Pariser Verträge, die am 23. Oktober 1954 unterzeichnet wurden und am 5.5.1955 in Kraft traten, in das Nordatlantische Verteidigungsbündnis (NATO) aufgenommen. Mit Inkrafttreten der Verträge wurde der Bundesrepublik die Souveränität übertragen und das Besatzungsregime beendet. Jedoch behielten sich die Westmächte verschiedene Befugnisse, insbesondere ihre Rechte in bezug auf Berlin und auf Deutschland als Ganzes einschließlich der Wiedervereinigung Deutschlands und einer friedensvertraglichen Regelung vor. Die Hohen Kommissare wurden durch Botschafter ersetzt. Das Schlußprotokoll zu den Pariser Verträgen enthält die Formulierungen, die in der folgenden Zeit die offizielle Grundlage für die westliche Deutschland-Politik bildeten. Insbesondere heißt es dort, daß die Regierungen der drei westlichen Besatzungsmächte die Regierung der Bundesrepublik Deutschland als die einzige deutsche Regierung betrachten, die frei und rechtmäßig gebildet und daher berechtigt ist, für Deutschland als Vertreterin des deutschen Volkes in internationalen Angelegenheiten zu sprechen[20]. Damit hatten die Westmächte den „Alleinvertretungsanspruch" der Bundesrepu-

18 Moskauer Vertrag vom 20. September 1955, Dokumente zur Berlin-Frage Nr. 198; Beschluß des Ministerrats der Sowjetunion vom 20. September 1955, Dokumente zur Berlin-Frage Nr. 200; Schreiben des Außenministers der DDR an den Außenminister der Sowjetunion, Dokumente zur Berlin-Frage Nr. 199.

19 Riklin S. 176

20 Dokumente zur Berlin-Frage Nr. 170; allerdings wurde durch ein Interpretationsprotokoll klargestellt, daß die Bundesregierung auch von den Westmächten nicht als De-jure-Regierung ganz Deutschlands anerkannt wurde.

blik anerkannt, den diese in den folgenden Jahren mit Hilfe der sogenannten *Hallstein-Doktrin* global durchzusetzen versuchte[21].

In den Berliner Westsektoren kamen – anders als im Gebiet der ehemaligen drei Westzonen – eine Beendigung des Besatzungsregimes und eine Übertragung der vollen Souveränität auf deutsche Staatsorgane nicht in Betracht. Zwar wurden bei Inkrafttreten der Pariser Verträge durch eine Änderung des „Kleinen Besatzungsstatuts" die Befugnisse der deutschen Behörden in Berlin erweitert, jedoch verblieb die Gebietshoheit (supreme power) bei den westlichen Besatzungsmächten[22].

Die Jahre 1954 bis 1957 verliefen für Berlin verhältnismäßig ruhig[23]. Die Bindung der Westsektoren an die Bundesrepublik wurde ebenso wie die Bindung des Ostsektors an die DDR verstärkt. Im übrigen wurde trotz einiger Zwischenfälle der Status quo auch von der Sowjetunion und der DDR nicht ernsthaft in Frage gestellt. Dies sollte sich erst in der zweiten Berlin-Krise (ab Anfang 1958) ändern.

Beginn der zweiten Berlin-Krise

Ab Ende 1957 deuteten verschiedene Äußerungen und Maßnahmen der DDR-Führung darauf hin, daß neue Aktionen der kommunistischen Staaten in der Berlin-Frage zu erwarten waren[24].

21 Die Hallstein-Doktrin besagte in ihrer maßgeblichen Formulierung, daß die Bundesrepublik jede Intensivierung der Beziehungen zur DDR als unfreundliche Handlung ansehen und entsprechende Konsequenzen ziehen müsse; vgl. die Erklärung des Auswärtigen Amtes vom 11. Dezember 1956; Zivier, Die Nichtanerkennung im moderenen Völkerrecht, S. 42. In der Praxis wurde sie allerdings so gehandhabt, daß die Bundesrepublik es ablehnte, volle diplomatische Beziehungen zu Staaten aufzunehmen oder aufrecht zu erhalten, die ihrerseits volle diplomatische Beziehungen zur DDR aufgenommen hatten. Eine Ausnahme von diesem Grundsatz wurde zunächst nur im Falle der Sowjetunion für zulässig gehalten. Später wurden zu Rumänien diplomatische Beziehungen aufgenommen und die abgebrochenen diplomatischen Beziehungen zu Jugoslawien wiederhergestellt.

22 Erklärung der Alliierten Kommandantur vom 5. Mai 1955, Dokumente zur Berlin-Frage Nr. 194 A, B.

23 Riklin S. 184.

24 Riklin, Das Berlinproblem, S. 187.

Die zweite Berlin-Krise begann dann mit den sowjetischen Noten vom 27. November 1958 an die Westmächte und an die Bundesrepublik[25]. Die Sowjetunion erklärte, daß sie das Londoner Protokoll vom 12. September 1944 als nicht mehr in Kraft befindlich betrachte und daß die Westmächte ihre Besatzungsrechte durch groben Mißbrauch sowie durch Mißachtung der im Potsdamer Abkommen niedergelegten Ziele verwirkt hätten[26]. Die richtigste und natürlichste Lösung des Problems sei eine Wiedervereinigung beider Teile Berlins, wodurch Berlin zu einer Stadt im Bestande des Staates werden würde, auf dessen Gebiet sie sich befinde. Die sowjetische Regierung halte es jedoch für möglich, die Frage durch Umwandlung West-Berlins in eine Freie Stadt zu lösen. Man könne sich insbesondere darüber einigen, das Territorium dieser freien Stadt zu entmilitarisieren. An der Wahrung ihres Status könnten auch die Vereinten Nationen in irgendeiner Form beteiligt werden. Diesen Vorschlag hatte die Sowjetunion ultimativ an eine sechsmonatige Frist geknüpft; sollte es innerhalb dieser Zeit zu keiner Einigung kommen, so würde der DDR die volle Souveränität zu Lande, zu Wasser und in der Luft übertragen werden.

Die diplomatische Offensive, die die Sowjetunion auf diese Weise begonnen hatte, wurde in der folgenden Zeit mit wechselnder Intensität fortgesetzt; sie war zum Teil mit Behinderungen auf den Zufahrtswegen nach Berlin und mit massiven militärischen Drohungen verbunden. Die Forderung, die Berliner Westsektoren in eine „entmilitarisierte Freie Stadt" zu verwandeln, wurde in den Jahren 1959 - 1961 von den kommunistischen Staaten in verschiedenen Variationen ständig wiederholt. Die Sowjetunion und die DDR konnten am Anfang einige Erfolge verbuchen: Insbesondere wurde auf der Seite der Westmächte die „Agententheorie" entwikkelt, die es den Westmächten ermöglichen sollte, eine Kontrolle durch DDR-Organe auf allen Zufahrtswegen zu akzeptieren. Auch in der Frage der Flughöhe in den Luftkorridoren beugten sich die Westmächte schließlich den sowjetischen Forderungen[27]. Andererseits wurde die ultimative Sechsmonatsfrist, die in der sowjetischen Note vom 27. November 1958 enthalten war, immer wieder verlängert und schließlich ganz fallengelassen.

25 Dokumente zur Berlin-Frage Nr. 241, 242.

26 Vgl. auch Teil II, Kapitel 4.

27 Mahnke, Deutschland-Archiv Heft 4, 1972, S. 364 - 371.

Die diplomatische Auseinandersetzung über Berlin wurde mit den Verhandlungen über die Deutschland-Frage und über andere weltpolitische Konflikte verbunden. Die Westmächte wiesen das sowjetische Ultimatum und die sowjetischen Auffassungen über den besatzungsrechtlichen Status Berlins zurück und schlugen Verhandlungen über die Deutschland-Frage und die europäische Sicherheit vor, waren aber bereit, in diese Verhandlungen auch das Berlin-Problem einzubeziehen[28]. Die Sowjetunion forderte eine Friedenskonferenz und legte einen Friedensvertragsentwurf für Deutschland vor, mit dem sie unter anderem eine Neutralisierung der beiden deutschen Staaten und eine Anerkennung der Oder-Neiße-Linie ins Spiel brachte[29].

Die Genfer Außenministerkonferenz

Gemäß einem Vorschlag, den die Westmächte der Sowjetunion in einer Note vom 16. Februar 1959 unterbreitet hatten, trat am 11. Mai 1959 in Genf eine Außenministerkonferenz zusammen, an der außer den Delegationen der vier Hauptsiegermächte auch Beraterdelegationen der DDR und der Bundesrepublik teilnahmen. Die Konferenz verlief in zwei Phasen vom 11. Mai bis 20. Juni und vom 13. Juli bis 5. August 1959. Sie brachte kein Ergebnis in der Deutschland- und Berlin-Frage, jedoch zeichnete sich in den sowjetischen Vorschlägen eine gewisse, allerdings nur graduelle Mäßigung ab. So sah unter anderem der sowjetische Vorschlag vom 10. Juni 1959 vor, daß Truppen der Westmächte „von symbolischer Bedeutung" für eine begrenzte Zeit in Berlin bleiben könnten. Auf die Vorschläge, die die Konferenzparteien im einzelnen zur Deutschland- und Berlin-Frage unterbreiteten, braucht hier nicht eingegangen zu werden, weil die Konferenz ohne Ergebnis endete. Der einzige Punkt, über den schließlich eine gewisse Einigkeit zustande kam, bestand darin, daß die Westmächte erklärten, in Berlin keine Raketen- oder Atomwaffenlager errichten zu wollen[30].

28 Noten vom 10. Januar 1959, Dokumente zur Berlin-Frage Nr. 255.

29 Entwurf eines Friedensvertrages vom 10. Januar 1959; abgedruckt in: Internationales Recht und Diplomatie, 1959, S. 206 ff.

30 Im einzelnen vgl. Riklin, a.a.O., S. 193 ff., Mahnke, a.a.O., S. 370.

Von der Genfer Konferenz bis zum Wiener Gipfeltreffen

In den folgenden Monaten, die im Zeichen einer allgemeinen weltpolitischen Entspannung standen, waren die sowjetischen Äusserungen zur Berlin-Frage verhältnismäßig zurückhaltend. Auf dem Treffen zwischen Chruschtschow und Eisenhower in Camp David (September 1959) wurde vereinbart, die Berlin-Verhandlungen auf einer Gipfelkonferenz fortzusetzen. Ab Januar 1960 ließ die sowjetische Führung die Zurückhaltung in der Berlin-Frage wieder fallen, jedoch reagierten die Westmächte jetzt mit größerer Entschlossenheit als in den Jahren 1958/59.

Im Mai 1960 nahm Chruschtschow den Abschuß eines amerikanischen Spionageflugzeuges (U 2) über der Sowjetunion zum Anlaß, das Gipfeltreffen in Paris vor Beginn der eigentlichen Konferenz unter Brüskierung des amerikanischen Präsidenten zu verlassen. – Der mehrfach angekündigte Separat-Friedensvertrag zwischen der Sowjetunion und der DDR wurde jedoch wieder verschoben; andererseits blieb aber die Drohung bestehen, einen solchen Friedensvertrag mit seinen angeblichen rechtlichen Konsequenzen für die Zufahrtswege abzuschließen[31].

Im Sommer 1960 kam es zu Behinderungen auf den Zufahrtswegen nach Berlin; außerdem wurde für Bewohner der Bundesrepublik (nicht aber für Bewohner der Westsektoren) der Zugang zum Berliner Ostsektor von einer Genehmigung abhängig gemacht und zeitweilig unterbunden. Danach trat in den Monaten ab Oktober 1960 eine gewisse Beruhigung in der Berlin-Frage ein.

Im Frühsommer 1961 und besonders auf der Wiener Gipfelkonferenz am 3./4. Juni 1961 wurde die diplomatische Offensive der Sowjetunion gegen West-Berlin wieder verschärft. Die Sowjetunion wiederholte ihre Forderung, die Westsektoren in eine „entmilitarisierte Freie Stadt" zu verwandeln, und schlug diesmal vor, daß der Status dieses Gebildes durch symbolische Kontingente aller vier Hauptsiegermächte (also auch der Sowjetunion) oder durch Kontingente neutraler Staaten unter der Schirmherrschaft der Vereinten Nationen garantiert werden könnte. Für den Fall, daß keine Einigung zustande käme, wurde wiederum angedroht, spätestens bis zum Jahresende einen Separat-Friedensvertrag mit der DDR zu schließen. Überdies gab die DDR-Führung zu erkennen, daß nach

31 Riklin, a.a.O., S. 197.

ihrer Auffassung auch die „Freie Stadt West-Berlin" territorial zur DDR gehöre und jede gegen die DDR gerichtete politische Tätigkeit einschließlich der Notaufnahme von Flüchtlingen eingestellt werden müsse [32].

Die Westmächte, insbesondere die USA, reagierten auf diese erneuten Drohungen wiederum mit größerer Entschlossenheit als im Jahre 1958. Präsident Kennedy verkündete in einer Erklärung vom 25. Juli 1961 die drei unabdingbaren Grundsätze („Three Essentials"), die gewahrt werden müßten, wenn eine Berlin-Regelung die Zustimmung der Vereinigten Staaten finden sollte. Es handelte sich um

das Recht der Westmächte auf „Anwesenheit in West-Berlin",

das Recht auf „Zugang durch Ostdeutschland",

die Möglichkeit der Bevölkerung West-Berlins, ihre eigene Zukunft zu bestimmen und ihre eigene Lebensweise zu wählen [33].

Diese Erklärung zeigte, daß man entschlossen war, die Freiheit und Lebensfähigkeit der Berliner Westsektoren unter allen Umständen zu wahren. Sie ließ allerdings auch erkennen, daß bei einer sonst akzeptablen Regelung die westlichen Rechtsauffassungen zur Berlin-Frage modifiziert werden konnten.

Die Spaltung der Stadt und der Bau der Berliner Mauer

Die feste Haltung der Westmächte und der ständig wachsende Flüchtlingsstrom aus der DDR scheinen die Führung der Sowjetunion und die DDR-Führung veranlaßt zu haben, ihren Kurs in der Berlin-Frage radikal zu ändern. Nachdem sich die Versuche, die Westsektoren unter eigene Kontrolle zu bekommen oder wenigstens zu neutralisieren, als wirkungslos erwiesen hatten, schaltete man sie als Störfaktor aus, indem man das eigene Herrschaftsgebiet hermetisch von ihnen abschloß. Aufgrund eines Beschlusses des Ministerrates der DDR vom 12. August 1961 wurden in den frühen Morgenstunden des 13. August strenge Kontrollmaßnahmen an

32 Riklin, a.a.O., S. 200 f.

33 Die Berlin-Regelung, herausgegeben vom Presse- und Informationsamt der Bundesregierung, Bonn 1972, S. 242. Im folgenden zitiert als Die Berlin-Regelung.

den Grenzen zwischen der DDR und dem Ostsektor einerseits und den Berliner Westsektoren andererseits eingeführt[34].

Nachdem man provisorische Sperren errichtet hatte, begann man unverzüglich mit der Errichtung umfangreicher Grenzsicherungsanlagen, insbesondere mit dem Bau der Berliner Mauer, die bis heute ein Symbol der Spaltung Berlins und der kommunistischen Herrschaft in der DDR geblieben ist. Der Verkehr zwischen den Westsektoren und dem Ostsektor wurde auf wenige Grenzübergangsstellen beschränkt. Die Ausreise in die Berliner Westsektoren wurde für die Bewohner der DDR und des Ostsektors theoretisch von einer Genehmigung abhängig gemacht; praktisch war sie ihnen verboten. Bewohner der Berliner Westsektoren konnten nach dem Beschluß des Ministerrats vom 12. August 1961 den Ostsektor weiterhin unter Vorlage des Personalausweises besuchen, jedoch entfiel diese Möglichkeit bereits nach 10 Tagen[35]. Für die Bewohner der westdeutschen Bundesländer und Ausländer dagegen blieb die Möglichkeit, den Ostsektor zu besuchen, bestehen.

Die Reaktion der Westmächte und der deutschen Bundesregierung auf diese Maßnahme ließ erkennen, daß man zwar entschlossen war, die Freiheit und Lebensfähigkeit der Westsektoren zu erhalten, daß aber keine Möglichkeit bestand, gegen die faktische Spaltung der Stadt wirksame Maßnahmen zu ergreifen. Man begnügte sich im wesentlichen mit scharfen Protesten. Der Berliner Senat und vor allem die Bevölkerung der Westsektoren reagierten wesentlich heftiger, konnten aber an den vollendeten Tatsachen ebenfalls nichts ändern.

Für die Sowjetunion und die DDR dagegen hatte das Berlin-Problem durch die Maßnahmen vom 13. August 1961 an Bedeutung verloren. Die Forderung, West-Berlin in eine Freie Stadt zu verwandeln, wurde zwar offiziell nicht aufgegeben, jedoch wurde die Anwesenheit der Westmächte in den Berliner Westsektoren nicht mehr ernsthaft in Frage gestellt. Der Druck der Sowjetunion und der DDR richtete sich seit diesem Zeitpunkt hauptsächlich gegen die Zufahrtswege und gegen die Akivität der Bundesrepublik in West-Berlin.

34 Beschluß des Ministerrats der DDR vom 12. August 1961, Dokumente zur Berlin-Frage Nr. 319.

35 Bekanntmachung des Ministerrates der DDR vom 22. August 1961, Dokumente zur Berlin-Frage Nr. 326.

In der Frage der Zufahrtswege erwogen die Vereinigten Staaten eine Lösung, durch die die Landverbindungen und die Luftkorridore unter die Kontrolle einer internationalen Behörde gestellt worden wären; sogar die Beteiligung der DDR an dieser Behörde wurde als akzeptabel angesehen. Die Sowjetunion und die DDR gingen auf dieses Lösungsmodell, das auch von der deutschen Bundesrepublik abgelehnt wurde, jedoch nicht ein.

Am 22. August 1962 wurde das Amt des sowjetischen Stadtkommandanten aufgelöst[36]. Die Sowjetunion und die DDR unterstrichen dadurch ihre Rechtsauffassung, daß von einem besatzungsrechtlichen Status allenfalls noch im Hinblick auf die Westsektoren gesprochen werden könne, daß der Ostsektor aber die Hauptstadt der DDR sei und damit ihrer Souveränität unterstehe.

36 Mahnke, Deutschland-Archiv Heft 4, 1972, S. 364 - 377.

DRITTES KAPITEL
VIERMÄCHTE- UND INNERDEUTSCHE VERHANDLUNGEN

Die Situation der Westsektoren

Das Problem, das die Ereignisse des 13. August 1961 für die Bevölkerung der Berliner Westsektoren und ihre politischen Organe mit sich brachten, bestand darin, daß es sich nicht, wie bei der Blockade oder bei den diplomatischen Offensiven zwischen 1958 und 1961, um einen zeitlich begrenzten Angriff auf die eigene Freiheit handelte, sondern daß hier vollendete Tatsachen geschaffen worden waren, mit deren Existenz man sich auf unabsehbare Zeit abfinden mußte. West-Berlin hatte seine Funktion als „Schaufenster des Westens" und als Durchgangslager für die DDR-Flüchtlinge verloren. Alle Sympathiebekundungen und Unterstützungsmaßnahmen konnten nicht darüber hinweg täuschen, daß es kaum möglich war, den Westsektoren eine neue gleichwertige Funktion zu übertragen. Sie waren zu einer isolierten Millionenstadt geworden, die sich von den anderen Großstädten der Bundesrepublik nur durch ihre ungünstigere geographische und politische Lage unterschied. Von diesem Zeitpunkt an traten die innenpolitischen Probleme gegenüber dem außenpolitischen Geschehen, das bis dahin das Schicksal Berlins bestimmt hatte, in den Vordergrund.

Unmittelbar nach den kommunistischen Maßnahmen vom 13. August 1961 hätte vielleicht die Möglichkeit bestanden, die Bindungen zur Bundesrepublik mit Zustimmung der Westmächte wesentlich zu verstärken und die Rechtsstellung der Westsektoren dem Status der übrigen Bundesländer weiter anzugleichen. Wenn diese Möglichkeit bestanden hat, so ist sie jedenfalls nicht genutzt worden; es erfolgte lediglich eine quantitative Verstärkung der Bundespräsenz in Berlin, die jedoch nicht geeignet war, den Funktionsverlust, den die Stadt erlitten hatte, voll auszugleichen. Im übrigen zeigte sich bei den westlichen Besatzungsmächten bald wieder die Tendenz, ihre Vorbehalte gegen eine zu weit gehende Einbeziehung der Westsektoren in die Bundesrepubiik aufrechtzuerhalten und die bestehenden Bindungen im wesentlichen auf das Maß zu begrenzen, das man schon bis zum Jahre 1961 für zulässig gehalten hatte. Diese Tendenz erklärt sich vielleicht daraus, daß die Vier Großmächte sich spätestens seit 1962 bemühten, in der Berlin-Frage eine Entspannung zu erreichen[1].

Das Verhalten der UdSSR und der DDR

Am 12. Juni 1964 schlossen die UdSSR und die DDR einen Freundschaftsvertrag, in dem sie sich verpflichteten, „West-Berlin als selbständige politische Einheit zu betrachten"[2]. Diese Formulierung ließ erkennen, daß man an der Forderung, die Westsektoren in eine „entmilitarisierte freie Stadt" zu verwandeln, nicht länger festhielt, und daß auch der Plan eines Separatfriedensvertrages zwischen der UdSSR und der DDR mit den sich angeblich daraus ergebenden Rechtsfolgen für die Zufahrtswege stillschweigend fallen gelassen worden war. Andererseits zeigten der Vertrag und das Verhalten der DDR und der UdSSR in der folgenden Zeit aber auch, daß sich die Stoßrichtung ihrer Berlin-Politik weiterhin gegen die Bundespräsenz in Berlin und die Zufahrtswege richtete. Die DDR hielt an dem Standpunkt fest, daß die Westsektoren rechtens zu ihrem Territorium gehörten[3].

Die Sowjetunion vertrat jetzt die Ansicht, daß die Westmächte dadurch, daß sie weitgehende Bindungen zwischen den Westsektoren und der Bundesrepublik und die Bundespräsenz in Berlin zuließen, jene Grundlagen untergrüben, auf die sie sich zur Rechtfertigung des weiteren Aufenthalts ihrer Besatzungstruppen in Berlin beriefen[4]. Im Juni 1964 protestierten die UdSSR und die DDR bei den Westmächten gegen die geplante Sitzung der Bundesversammlung und die Wahl des Bundespräsidenten in den Westsektoren. Zu

1 Mahnke, a.a.O., S. 377.

2 Freundschaftsvertrag zwischen der DDR und der UdSSR vom 12. Juni 1964, abgedruckt in: Neues Deutschland vom 13. Juni 1964.

3 Memorandum vom 13. Juli 1964; vergl. Mahnke, a.a.O., S. 378 Fußnote 283.

4 Erklärung der Regierung der UdSSR vom 18. Juli 1964, vergl. Mahnke, a.a.O., S. 378 Fußnote 284; Die Berlin-Regelung S. 247.

wesentlich ernsthafteren Auseinandersetzungen kam es anläßlich einer Berliner Sitzung des Bundestages am 7. April 1965, zu der auch die Westmächte nur widerwillig ihre Zustimmung gegeben hatten[5]. Die DDR erließ eine Durchreisesperre für die Teilnehmer der Sitzung und unterbrach den Landverkehr nach Berlin später zeitweise ganz. Auch der Flugverkehr wurde behindert. Die Bundestagssitzung selbst wurde durch Tiefflüge sowjetischer und DDR-Flugzeuge mit Durchbrechungen der Schallmauer gestört[6]. Die Westmächte und die Bundesrepublik protestierten zwar, jedoch wurden von diesem Zeitpunkt an keine Plenarsitzungen des Bundestages oder des Bundesrates in Berlin abgehalten. Ausschuß- und Fraktionssitzungen fanden in den Westsektoren aber weiterhin statt; sie wurden während sogenannter Berlinwochen demonstrativ gehäuft.

Die Passierscheinverhandlungen

Die menschlichen Härten, die sich aus der Spaltung der Stadt ergaben, konnten zeitweilig dadurch gemildert werden, daß es den Bewohnern der Westsektoren aufgrund von Passierscheinregelungen zeitweilig ermöglicht wurde, Verwandte im Ostsektor der Stadt zu besuchen. Die entsprechenden Vereinbarungen wurden von Vertretern des Berliner Senats und des Ministerrats der DDR abgeschlossen. Es kamen vier Passierscheinregelungen mit allgemeinen Besuchsmöglichkeiten zustande, nämlich am 17. Dezember 1963, für die Zeit um Weihnachten und Neujahr 1963/64, am 24. September 1964, für zwei Besuchszeiträume für 1964 und 1965, am 25. November 1965 für die Zeit um Weihnachten und Neujahr 1965/66 und vom 7. März 1966 für die Zeit um Ostern und Pfingsten 1966[7]. Eine weitere Regelung vom 6. Oktober 1966 beschränkte sich auf dringende Familienangelegenheiten; sie war auf die Zeit vom 10. Oktober 1966 bis 31. Januar 1967 beschränkt, wurde aber auch nach dem Endtermin weiterhin angewandt, obgleich eine neue Vereinbarung hierüber nicht zustande kam. Bei den Passierscheinverhandlungen versuchten beide Seiten,

5 Plenarsitzungen des Bundestags fanden in Berlin statt: am 19./20. Oktober 1955, am 8. Oktober 1956, am 15. Oktober 1957 und am 7. April 1965. Vergl.: Die Berlin-Regelung, S. 233. Vgl. auch S. 136, Fn. 87.

6 Die Berlin-Regelung, S. 249.

7 Die Berlin-Regelung, S. 245.

ihre entgegengesetzten Rechtsauffassungen zur Berlin- und Deutschlandfrage um jeden Preis zu wahren. Für die DDR waren die Vereinbarungen vor allem ein Mittel, um einer völkerrechtlichen Anerkennung zumindest näher zu kommen und ihren Herrschaftsanspruch über den Berliner Ostsektor zu bekräftigen. Zugleich versuchte sie, das Verfahren bei der Entgegennahme der Anträge und der Ausgabe der Passierscheine in einer Weise zu gestalten, daß es als eine hoheitliche oder quasi-konsularische Tätigkeit der DDR in den Berliner Westsektoren angesehen werden konnte. Der Berliner Senat mußte aufgrund seiner eigenen Rechtsauffassung und vor allem auch mit Rücksicht auf die Politik der Bundesregierung den Eindruck vermeiden, daß man dem Rechtsstandpunkt der DDR zu weit entgegenkam. Der Kompromiß, den man schließlich erreichte, bestand bei dem Passierscheinabkommen von 1963 darin, daß in Berlin-West Passierscheinstellen eingerichtet wurden, in denen Postangestellte der DDR die Anträge entgegennahmen und die im Ostsektor ausgestellten Passierscheine an die Antragsteller aushändigten. Das Hausrecht in den Passierscheinstellen stand jedoch den West-Berliner Behörden zu. In den späteren Passierscheinvereinbarungen war ein Verfahren vorgesehen, nach dem Postangestellte der DDR und West-Berliner Postbeamte bei der Entgegennahme der Anträge und der Aushändigung der Passierscheine zusammenwirkten. Auch der Text der Vereinbarungen und die Unterschriftsformel waren von dem Bestreben beider Seiten geprägt, die unterschiedlichen Rechtsstandpunkte zu wahren. Der Ostsektor wurde als „Berlin (OST)/Hauptstadt der DDR" bezeichnet; die Protokolle enthielten eine Klausel, in der festgestellt wurde, daß sich die Seiten über gemeinsame Orts-, Behörden- und Amtsbezeichnungen nicht einigen konnten. Der Vertreter des Berliner Senats unterzeichnete die Protokolle „auf Weisung des Chefs der Senatskanzlei, die im Auftrage des Regierenden Bürgermeisters von Berlin gegeben wurde"[8].

Nach 1966 kamen trotz der Bemühungen des Senats keine weiteren Passierscheinvereinbarungen mehr zustande.

Weitere Maßnahmen der UdSSR und der DDR

Im Jahre 1968 verlieh die DDR ihrem Rechtsstandpunkt durch verschiedene Maßnahmen auf den Zufahrtswegen neuen Nach-

8 Vergl. Zivier, Die Nichtanerkennung im modernen Völkerrecht, S. 264, 328.

druck. Durch eine Anordnung vom 10. März 1968 wurde ein Durchreiseverbot für Mitglieder und Sympathisanten der NPD begründet. Durch eine weitere Anordnung vom 13. April 1968 wurde leitenden Beamten der Bundesregierung die Durchreise in die Westsektoren verboten. Am 11. Juni 1968 wurde die Benutzung der Landwege nach Berlin von der gebührenpflichtigen Erteilung eines Durchreisevisums abhängig gemacht. Zugleich wurde für Durchreisende mit dem Wohnsitz in Westdeutschland der Paßzwang eingeführt[9]. Weitere Maßnahmen richteten sich gegen den Gütertransport zwischen Berlin und Westdeutschland.

Zu einer erneuten Zuspitzung kam es anläßlich der Wahl des Bundespräsidenten, die am 5. März 1969 in Berlin stattfand. Die Durchreise von Mitgliedern der Bundesversammlung und der Transport von Arbeitsmaterial für dieses Gremium wurden verboten. Es kam auch zu Drohungen gegen die Sicherheit in den Luftkorridoren, jedoch waren die tatsächlichen Störungen geringer als bei der Bundesratssitzung vom 7. April 1965. Bevor die Bundesversammlung nach Berlin einberufen wurde, hatten die Sowjetunion und die DDR angedeutet, daß sie bei einem Verzicht auf die Sitzung in Berlin zu einer Verbesserung der Beziehungen, möglicherweise zu einem erneuten Passierscheinabkommen bereit wären. Die diesbezüglichen Sondierungen blieben jedoch ohne Erfolg[10].

Die Viermächte-Verhandlungen und der Abschluß der Berlin-Vereinbarungen

Während die Maßnahmen der DDR im Jahre 1968 auf eine Verhärtung in der Berlin-Frage schließen ließen, deuteten verschiedene Äußerungen auf sowjetischer Seite eher auf eine kompromißbereite Haltung hin. In einem Schreiben vom 6. Januar wandte sich die Sowjetunion zwar wiederum gegen bestimmte Bundesaktivitäten in Berlin, die nach ihrer Auffassung gegen den Rechtsstatus der Stadt verstießen, jedoch wurde eine Änderung dieses Status nicht mehr verlangt[11]. Auch auf seiten der Westmächte und der Bundes-

9 Vergl. Mahnke, a.a.O., S. 379. Für Bewohner der Westsektoren wird das Visum in einer Anlage zum behelfsmäßigen Personalausweis erteilt.

10 Mahnke, a.a.O., S. 380 f.

11 Die Berlin-Regelung, S. 250.

republik wurde in Betracht gezogen, daß man auf bestimmte Formen der Bundespräsenz verzichten könnte, wenn im übrigen ein befriedigender Kompromiß, insbesondere in der Frage der Zufahrtswege, zustande käme.

Der amerikanische Präsident Nixon deutete in einer Rede, die er am 27. Februar 1969 anläßlich seines Deutschlandbesuchs in Berlin hielt, an, daß die USA zu Verhandlungen über die Berlin-Frage bereit seien. In einer Rede vom 10. Juli 1969 erklärte der sowjetische Außenminister Andrej Gromiko, daß die UdSSR zu einem Meinungsaustausch über die künftige Verhütung von „Komplikationen um West-Berlin" bereit sei[12]. Ab August 1969 wurden die Berlin-Verhandlungen der vier Hauptsiegermächte diplomatisch vorbereitet. Am 26. März 1970 traten die Botschafter der drei Westmächte in Bonn und der sowjetische Botschafter in Ost-Berlin zu ihrer ersten Sitzung in dem im amerikanischen Sektor von Berlin gelegenen ehemaligen Kontrollratsgebäude zusammen.

Die Verhandlungen waren von ständigen Konsultationen zwischen den Westmächten und der Bundesrepublik einerseits und der Sowjetunion und der DDR andererseits begleitet. Nach der Unterzeichnung des Moskauer Vertrages vom 12. August 1970 zwischen der Sowjetunion und der Bundesrepublik traten auch die Berlin-Gespräche der vier Hauptsiegermächte in ein konkretes Stadium.

Auf seiten der Bundesrepublik wurde die Ratifikation des Moskauer Vertrags von einer befriedigenden Berlin-Regelung abhängig gemacht, obwohl die Sowjetunion ein formelles Junktim ablehnte. Ab Oktober 1970 wurden die Sitzungen der Botschafter durch Expertengespräche vorbereitet. Der spätere Aufbau des Vertragswerks (Viermächte-Abkommen, deutsche Ausführungsvereinbarungen, Viermächte-Schlußprotokoll) begann sich abzuzeichnen. In der Zeit von März bis August 1971 wurde dann das Viermächte-Abkommen mit seinen Anlagen und dem Schlußprotokoll in intensiven und zähen Verhandlungen erarbeitet. Das Abkommen wurde am 3. September 1971 unterzeichnet. Auch das in Abschnitt III des Abkommens vorgesehene Schlußprotokoll wurde in seinem Text festgelegt und paraphiert. Es sollte erst unterzeichnet werden, wenn die innerdeutschen Ausführungsvereinbarungen, die im II. Teil des Abkommens und in den Anlagen vorgesehen waren, vorlägen; das ganze Vertragswerk sollte dann mit Unterzeichnung

12 Die Berlin-Regelung, S. 255 f.

des Schlußprotokolls (oder an einem im Schlußprotokoll festzusetzenden Termin) in Kraft treten[13].

Die Verhandlungen, die zwischen der Regierung der DDR einerseits und der Bundesregierung und dem Berliner Senat auf der anderen Seite geführt wurden, wurden dadurch erschwert, daß sich beide Seiten nicht auf eine für beide verbindliche deutsche Übersetzung der Viermächte-Vereinbarungen einigen konnten. Zwar hatten die Westmächte und die Bundesrepublik durchgesetzt, daß noch vor Unterzeichnung des Viermächte-Abkommens von den Experten beider Seiten eine deutsche Übersetzung erarbeitet wurde. Diese Übersetzung sollte nach Auffassung der Bundesregierung und des Berliner Senats bei den innerdeutschen Verhandlungen als Grundlage dienen. Die DDR veröffentlichte jedoch bereits am Tag nach der Unterzeichnung eine eigene Übersetzung und weigerte sich, unter Desavouierung ihrer eigenen Übersetzerdelegation, die gemeinsam erarbeitete Übersetzung bei den innerdeutschen Verhandlungen als verbindlich anzuerkennen[14].

Die innerdeutschen Verhandlungen wurden schließlich fortgesetzt, ohne daß die Parteien einen deutschen Text zugrundelegen konnten, der von beiden Seiten als verbindlich anerkannt wurde. Auch über den Inhalt der Vereinbarungen und über formelle Fragen, insbesondere darüber, ob der Berliner Senat als besondere Vertragspartei in das Transitabkommen einzubeziehen war, mußten zähe Verhandlungen geführt werden.

Ein erster Erfolg der innerdeutschen Verhandlungen bestand darin, daß am 30. September 1971 von den Postministerien der Bundesrepublik und der DDR die Vereinbarung über die Verbesserung des Telefonverkehrs und einen Gebührenausgleich geschlossen wurde, die die in Anlage III des Viermächte-Abkommens vorgesehenen Erweiterungen des Telefon- und Telegrafenverkehrs zwischen den Westsektoren einerseits und der DDR andererseits verwirklichte[15].

Schließlich konnte auch das Transitabkommen zwischen der Bundesregierung und der Regierung der DDR am 17. Dezember

13 Zum Verlauf der Verhandlungen vergl. Die Berlin-Regelung, S. 254 ff., Mahnke, Deutschland-Archiv 1972 Heft 4, S. 379 ff.

14 Zum Streit über den deutschen Text vergl. Tagesspiegel vom 16. und 17. September 1971. Die Übersetzung der DDR ist abgedruckt im Neuen Deutschland vom 4. September 1971.

15 Vergl. Die Berlin-Regelung, S. 175 f.

1971 und die Vereinbarungen zwischen dem Berliner Senat und der DDR-Regierung über die Besuchsregelungen und über den Gebietsaustausch am 20. Dezember 1971 unterzeichnet werden. In allen drei Abkommen ist vorgesehen, daß sie zusammen mit dem Viermächte-Abkommen vom 3. September 1971 in Kraft treten und zusammen mit ihm in Kraft bleiben.

Die Unterzeichnung des Schlußprotokolls und damit das Inkrafttreten des gesamten Vertragswerks verzögerte sich nunmehr dadurch, daß die Ratifikation des deutsch-sowjetischen Vertrages vom 12. August 1970 durch die Bundesrepublik ungewiß wurde. Die Sowjetunion, die zunächst ein Junktim zwischen dem Moskauer Vertrag und den Berlin-Vereinbarungen abgelehnt hatte, nahm nunmehr eine abwartende Haltung ein und machte die Unterzeichnung des Schlußprotokolls von der Ratifikation des deutsch-sowjetischen Vertrages abhängig.

Durch eine Verordnung vom 23. Februar 1972 setzte die DDR die Regelung über den Reise- und Besuchsverkehr als Geste des guten Willens bereits vor Inkrafttreten der Vereinbarungen für den Oster- und Pfingstzeitraum 1972 (29. März bis 5. April und 17. bis 24. Mai 1972) in Kraft.

Nachdem der deutsche Bundestag dem Vertrag zwischen der Sowjetunion und der Bundesrepublik vom 12. August 1970 zugestimmt und der Bundesrat keinen Einspruch eingelegt hatte, konnte auch das Vertragswerk über Berlin in Kraft gesetzt werden. Am 3. Juni 1972 unterzeichneten die Außenminister der vier Hauptsiegermächte im Berliner Kontrollratsgebäude das Schlußprotokoll zum Abkommen über Berlin, während am selben Tag in Bonn die Ratifikationsurkunden zum deutsch-sowjetischen Vertrag ausgetauscht wurden[15a].

15a Zum Verlauf der Verhandlungen und ihrem politisch-diplomatischen Hintergrund vergleiche die ausführliche und lebhafte Darstellung bei Honoré M. Catudal, The Diplomacy of the Quadripartite Agreement on Berlin, Berlin Verlag Arno Spitz, Berlin 1978. Aus der Sicht des maßgeblichen sowjetischen Verhandlungsführers wird das Zustandekommen der Berlinregelung geschildert bei Abrassimow, West-Berlin gestern und heute, Staatsverlag der DDR, Berlin (Ost) 1981, vergleiche dazu auch meinen Beitrag in Recht und Politik, Heft 1 1984, S. 31 (32 f.).
Zur allgemeinen Bewertung des Viermächte-Abkommens aus rechtlicher und politischer Sicht vergleiche u.a. Zieger, Die Perspektiven des Berlin-Abkommens 10 Jahre Berlin-Abkommen 1971-1981 – Schriften zur Rechtslage Deutschlands – herausgegeben von Gottfried Zieger Band V

Entwicklung seit Inkrafttreten des Viermächte-Abkommens

Wie vorauszusehen war, hat das Viermächte-Abkommen nicht alle Meinungsverschiedenheiten behoben, die zwischen den beteiligten Staaten über die Berlin-Frage bestanden. Auch über die Auslegung des Vertragswerks selbst besteht in verschiedenen Punkten Uneinigkeit. Die bisherigen Erfahrungen deuten darauf hin, daß sich die vereinbarten praktischen Regelungen ungeachtet einiger Vertragsverletzungen und Kontroversen bewährt haben. Die grundsätzlichen Meinungsverschiedenheiten über den Status der Stadt sind dagegen durch die Verträge nicht entschieden worden, vielmehr hat man sie durch den Vorbehalt der unterschiedlichen Rechtsauffassungen und zum Teil durch absichtlich zweideutige Kompromißformeln ausgeklammert. Die Hoffnung, daß diese Fragen im Laufe eines fortschreitenden politischen Entspannungsprozesses an Bedeutung verlieren würden, hat sich bisher aber nicht erfüllt.

Im Bereich der praktischen Regelungen wurde die Durchführung des Abkommens über den Reise- und Besuchsverkehr in den Jahren 1973/74 zeitweilig durch die Erhöhung der Mindestumtauschsätze beeinträchtigt; diese ist inzwischen allerdings weitgehend wieder rückgängig gemacht worden. Zur Frage der Sofortbesuche konnte durch pragmatische Regelungen zwar keine volle Übereinstimmung, aber eine weitgehende Annäherung der Standpunkte erzielt werden. Zu Verstößen gegen die Transitregelung kam es vor allem im Juni/Juli 1974, als die Behörden der DDR die Durchfahrt von Angehörigen und von Material des Umweltbundesamtes in die Berliner Westsektoren zu verhindern suchte, und im August 1976, als die Teilnehmer einer von der CDU veranstalteten Sternfahrt, die sich in den Berliner Westsektoren am 13. August an einer Pro-

Karl Heymanns Verlag Köln-Berlin-Bonn-München 1983 S. 253, Baumeister, Der offenkundige Nutzen des Berlin-Abkommens nach 10 Jahren Vertragsdauer, ebenda S. 13, Hacker, Die außenpolitische Resonanz des Berlin-Abkommens, ebenda S. 217, Zivier, Anwendung und Beachtung des Berlin-Abkommens aus östlicher und westlicher Sicht, ebenda S. 191, Catudal, A Balance Sheet of the Quadripartite Agreement on Berlin, Berlin Verlag Arno Spitz, Berlin 1978, Wettig, Das Vier-Mächte-Abkommen in der Bewährungsprobe, Berlin Verlag Arno Spitz, Berlin 1981, Schweisfurth, Berlin – quo vaditur, Deutschland-Archiv 1981 S. 1304 ff. mit teilweise kritischer Stellungnahme zu den Beiträgen in ‚10 Jahre Berlin-Abkommen...'.

testdemonstration beteiligen wollten, wegen angeblichen Mißbrauchs der Transitstrecken zurückgewiesen wurden.

Dem steht auf der positiven Seite gegenüber, daß die vereinbarten praktischen Regelungen sich für den Normalfall bewährt haben und – wenn man von den erwähnten Behinderungen absieht – im allgemeinen korrekt erfüllt werden. In den Verhandlungen der Bundesregierung und des Senats mit der DDR konnten auch zahlreiche praktische Verbesserungen herbeigeführt oder vereinbart werden.

Zu *grundsätzlichen* Auseinandersetzungen über die Auslegung des Vertragswerks und die Fragen des Berlin-Status kam es vor allem in den Fällen, in denen die westlichen Vertragspartner von der im Viermächte-Abkommen ausdrücklich vorgesehenen Möglichkeit, die Bindungen der Berliner Westsektoren an die Bundesrepublik zu entwickeln, in nennenswertem Umfang Gebrauch machten. Dies war insbesondere bei der Errichtung des Umweltbundesamtes in Berlin der Fall. –

Schwierigkeiten, die zum Teil bis jetzt noch nicht gelöst sind, ergaben sich auch bei der außenpolitischen Interessenvertretung der Berliner Westsektoren durch den Bund. So kamen verschiedene, an sich unterzeichnungsreife, Verträge der Bundesrepublik mit der Sowjetunion, der DDR und anderen osteuropäischen Staaten nicht zustande, weil man sich über die Einbeziehung Berlins nicht einigen konnte. Die Beteiligung Berlins an internationalen Aktivitäten der Bundesrepublik im „vorstaatlichen Bereich", insbesondere die Durchführung internationaler Sportveranstaltungen in den Westsektoren, wurden durch politisch motivierte Absagen aus den Ostblockstaaten und durch überzogene Forderungen der Sowjetunion hinsichtlich der Einladungspraxis behindert.

Schließlich lösten alle westlichen Aktivitäten, die mit der Einbeziehung Berlins in die Europäischen Gemeinschaften im Zusammenhang standen (z.B. Errichtung eines EG-Instituts in Berlin, Teilnahme Berlins an den Wahlen zum Europäischen Parlament) unfreundliche und zum Teil heftige Reaktionen der Sowjetunion aus. Ergänzt werden diese vergleichsweise schwerwiegenden Angriffe durch die Praxis der DDR und der Sowjetunion, bei allen nur denkbaren Gelegenheiten gegen Aktivitäten des Bundes in Berlin Stellung zu nehmen oder zu protestieren[16].

16 Hierbei begnügte man sich zum Teil mit Presse- oder Rundfunkkommenta-

An Versuchen, die Streitfragen, die sich bei der Anwendung des Viermächte-Abkommens ergeben haben, auf politischem Wege zu lösen, hat es nicht gefehlt. Ein Resultat dieser Bemühungen ist die sog. *Brandt-Brežnev-Formel,* die bei dem Besuch des Generalsekretärs der KPdSU in der Bundesrepublik am 18. Mai 1973 vereinbart wurde und in dem Kommunique über diesen Besuch enthalten ist. Hiernach besteht Übereinstimmung, daß die strikte Einhaltung und volle Anwendung des Abkommens eine wesentliche Voraussetzung für eine wahrhafte Entspannung im Zentrum Europas und für eine Verbesserung der Beziehungen zwischen den entsprechenden Staaten – insbesondere zwischen der Bundesrepublik Deutschland und der Sowjetunion – sind[17].

Der Sinn dieser Erklärung ist nur aus dem historisch-politischen Zusammenhang verständlich; sie modifiziert den Wortlaut früherer sowjetischer Erklärungen, die sich gegen die Einbeziehung Berlins in Aktivitäten des Bundes richteten und in denen nur von einer „strikten Einhaltung" die Rede war[18]. – Der Begriff der „vollen Anwendung" weist darauf hin, daß nicht nur die restriktiven Bestimmungen des Abkommens zu erfüllen sind, durch die die Zuordnung der Berliner Westsektoren zur Bundesrepublik begrenzt wird, sondern daß alle Vertragsvorschriften als gleichwertig zu behandeln sind, einschließlich der Passage, daß die Bindungen zwischen den Berliner Westsektoren und dem Bund entwickelt werden. Es hat sich freilich gezeigt, daß auch durch die *Brandt-Brežnev-Erklärung* – die ebenso wie verschiedene Passagen im Viermächte-Abkommen selbst als Kompromißformel anzusehen ist – weder die grundsätzlichen rechtlichen Meinungsverschiedenheiten zur Berlin-Frage behoben, noch die politische Praxis der beteiligten Mächte wesentlich geändert werden konnte. Andererseits gelang es, bei diplomatischen Verhandlungen zu Einzelfragen – beispielsweise wenn es um die Einbeziehung in außenpolitische Verträge

ren, während in anderen Fällen offiziell protestiert wurde. Aufstellungen über derartige Proteste der Sowjetunion und der DDR finden sich u.a. bei Nawrocki Deutschland-Archiv 1974, Heft 6, S. 582 (586) und bei Baumeister/Zivier, Die Statusbestimmungen des Viermächte-Abkommens und die Zukunft Berlins, S. 7 ff.; vergl. hierzu auch: Hennig, Die Bundespräsenz in West-Berlin, S. 93 f.

17 Bulletin des Presse- und Informationsamtes der Bundesregierung Nr. 59 vom 22. Mai 1973. Vergl. hierzu auch: Hennig a.a.O., S. 96.

des Bundes ging – in vielen, wenn auch nicht in allen, Fällen Regelungen zu finden, die für alle Beteiligten akzeptabel waren.

Von entscheidender Bedeutung für die Deutschlandfrage, von der die Berlin-Frage weder juristisch noch politisch getrennt werden kann, war der Abschluß des Vertrages über die Grundlagen der Beziehungen zwischen der Bundesrepublik Deutschland und der DDR vom 21. Dezember 1972, der Beitritt der beiden deutschen Staaten zu den Vereinten Nationen und der Austausch Ständiger Vertretungen. Das Urteil des Bundesverfassungsgerichts vom 31. Juli 1973 über die Verfassungsmäßigkeit des Grundlagenvertrages mit der DDR enthält in seinen tragenden Gründen Ausführungen zur Deutschland- und Berlin-Frage, die für die deutsche Staatsrechtslehre und die Praxis der deutschen Verfassungsorgane von richtungweisender Bedeutung sind.

Einschneidende Ereignisse, die speziell die Rechtslage Berlins oder der Westsektoren grundlegend geändert hätten, sind seit der Unterzeichnung des Viermächte-Schlußprotokolls (bis zum Abschluß des Manuskripts zur 4. Auflage dieser Monographie im September 1986) nicht eingetreten. Dagegen ist die Lage des Ostsektors durch verschiedene einseitige Maßnahmen der DDR, die in der 3. Auflage nur zum Teil berücksichtigt werden konnten, geändert worden. Während die Rechte, die den westlichen Besatzungsmächten in bezug auf den Ostsektor zustehen, weiterhin respektiert werden, wurden die letzten Besonderheiten, durch die sich dieser Teil der Stadt im staatsrechtlichen Bereich von der DDR unterschied, in der Zwischenzeit beseitigt (im einzelnen vgl. Teil II, Kapitel 6, S. 94 ff.).

Auf der positiven Seite stehen dem verschiedene praktische Verbesserungen und Ubereinkommen mit der DDR gegenüber; hierzu gehören u.a. die Eröffnung der Autobahn nach Hamburg als Transitstrecke und die S-Bahn-Vereinbarung, die am 29. Dezember 1983 paraphiert wurde und am 9. Januar 1984 in Kraft trat (vgl. Teil II, Kapitel 9, S. 189 ff.).

18 So insbesondere in der „Breznev-Honecker-Formel"; vergl. das Kommuniqué über den Besuch Breznevs in der DDR Neues Deutschland vom 14.5.73. In dieser Erklärung heißt es außerdem, daß West-Berlin „nach dem vierseitigen Abkommen nicht zur BRD gehöre und auch künftig von ihr nicht regiert werde", während man den Passus, nach dem die Bindungen aufrechterhalten und entwickelt werden, übergeht.

ZWEITER TEIL
DER BERLIN-STATUS ALS RECHTSPROBLEM

VIERTES KAPITEL
DER BESATZUNGSRECHTLICHE STATUS

Das originäre Besatzungsrecht der Westmächte[1]

Für alle Rechtsfragen, mit denen das Berlin-Problem verbunden ist, ist der besatzungsrechtliche Status der Stadt von grundlegender Bedeutung. Von ihm hängen nicht nur das Recht der Westmächte zur militärischen Anwesenheit in Berlin ab, sondern auch alle Fragen, die zwischen den beteiligten Mächten streitig sind, z.B. das Recht der Zufahrtswege und die Befugnisse, die der DDR im Ostsektor und der Bundesrepublik in den Westsektoren zustehen. Nach übereinstimmender Rechtsauffassung der Westmächte und der Bundesrepublik können die Westmächte ihr Recht, in Berlin als Besatzungsmächte zu fungieren, unmittelbar aus der militärischen Okkupation und der bedingungslosen Kapitulation

1 Die Diskussion über den besatzungsrechtlichen Status Berlins ist auch nach Inkrafttreten des Viermächte-Abkommens auf politischer und auf rechtswissenschaftlicher Ebene fortgesetzt worden, ohne daß die eine oder die andere Seite wesentliche neue Gesichtspunkte in die Debatte eingeführt hat.
Schweisfurth hat bereits im Jahre 1971 ausgeführt, daß auch in der wissenschaftlichen Diskussion auf bereits widerlegte Thesen, die erneut vorgebracht werden, erwidert werden muß, „selbst wenn dies bisweilen ennuyierend wirkt", weil sonst der Eindruck der Rechtsverschweigung entstehen könnte. Vergl. Schweisfurth, Kritische Anmerkungen zur ersten marxistischen Monographie der Westberlin-Frage, Recht und Politik 1971, Heft 4, S. 149.
Aus der neueren westdeutschen Literatur sei – ohne Anspruch auf Vollständigkeit – auf folgende Veröffentlichungen hingewiesen: Mahnke, Zum Status von Berlin, Deutschland-Archiv 1975, Heft 8, S. 835 ff.; Schieder-

Deutschlands herleiten[2]. Ihnen steht also in Berlin ein originäres und nicht bloß ein von der Sojwetunion abgeleitetes (derivatives) Besatzungsrecht zu. In dem Londoner Protokoll vom 12. September 1944 mit seinen Ergänzungsabkommen und den anderen Vereinbarungen und Erklärungen, die die Behandlung Deutschlands nach dem Kriege betreffen, sind lediglich die Grenzen der Besatzungsgebiete und die Modalitäten der Besetzung geregelt. Aber auch aus diesen Vereinbarungen und Erklärungen geht hervor, daß Berlin in der Zeit der Viermächte-Verwaltung ein besonderes Besatzungsgebiet unter gemeinsamer Okkupation der vier Hauptsiegermächte war, und nicht – wie die Sowjetunion und die DDR annehmen – ein Teil der Sowjetischen Besatzungszone mit Sonderstatus. Der Viermächte-Status gilt nach der Auffassung der Bundesrepublik und der Westmächte de jure für ganz Berlin weiter, obgleich sich die Sowjetunion aus der gemeinsamen Verwaltung der Stadt zurückgezogen hat[3].

Demgegenüber bestreiten die Sowjetunion und die DDR, daß

mair , Der völkerrechtliche Status Berlins nach dem Viermächte-Abkommen, S. 5 ff.; Gerhard Wettig, Die Rechtslage Berlins aus sowjetischer Sicht, Deutschland-Archiv1974, Heft 7, S. 378 ff. Bei Wettig a.a.O. findet sich eine umfassende Darstellung der bis dahin erschienenen sowjetischen Literatur zu dieser Frage. Zusätzlich ist auf die 1974 in Moskau herausgegebene deutschsprachige Monographie von V.Wyssozki: West-Berlin, hinzuweisen. Auf das Verhältnis des Viermächte-Abkommens zum besatzungsrechtlichen Status Berlins wird im dritten Teil der vorliegenden Monographie gesondert eingegangen.

2 Nach Riklin, Das Berlin-Problem, S. 229 ff., 237 beruht die Rechtsstellung der Besatzungsmächte nur auf der Occupatio bellica, weil an Stelle der ursprünglich vorgesehenen bedingungslosen Kapitulation Deutschlands infolge eines Versehens nur eine militärische Kapitulationsurkunde unterschrieben worden ist. Das Verhalten der Besatzungsmächte selbst und aller deutschen Staatsorgane nach der Kapitulation zeigt aber, daß die Befugnisse der Hauptsiegermächte nicht auf das militärische Besatzungsrecht im Sinne der Haager Landkriegsordnung beschränkt waren. Dies geht auch aus der „Erklärung in Anbetracht der Niederlage Deutschlands und der Übernahme der obersten Gewalt . . ." vom 4. Juni 1945 hervor. In jüngster Zeit hat der britische Außenminister gegenüber dem High Court of Justice erklärt, daß der britische Stadtkommandant gemeinsam mit seinem amerikanischen und französischen Kollegen in Berlin als Regierung von Deutschland tätig wird. (Vgl. Kapitel 5, S. 82 f.).

3 Vergleiche hierzu die Erklärung der Kommandanten der Westsektoren vom 21. Dezember 1948, Dokumente zur Berlin-Frage Nr. 78.

den drei Westmächten in Berlin originäre Besatzungsrechte zustehen. Nach ihrer Auffassung war das Stadtgebiet nach 1945 ein Teil der Sowjetischen Besatzungszone; die westlichen Alliierten seien durch die Viermächte-Vereinbarung lediglich an der Verwaltung der Stadt beteiligt gewesen. Es habe sich also um eine Verwaltungszession gehandelt, die überdies zweckgebunden gewesen sei und nur der gemeinsamen Besatzungspolitik bezüglich ganz Deutschlands gedient habe, deren Ziele insbesondere im Potsdamer Abkommen niedergelegt seien. Auf den Viermächte-Status können sich die Westmächte nach Ansicht der kommunistischen Staaten aus verschiedenen Gründen nicht mehr berufen; der Ostsektor sei rechtlich die Hauptstadt und damit ein Bestandteil der DDR. Das einzige, worüber man allenfalls verhandeln könne, sei der besondere Status West-Berlins[4].

Der Wortlaut der Viermächte-Vereinbarungen

Die These, daß Berlin ein besonderes Besatzungsgebiet unter gemeinsamer Besetzung der vier Siegermächte war und den Westmächten somit originäre Besatzungsrechte in Berlin zustehen, kann sich vor allem auf das Londoner Protokoll vom 12. September 1944 (mit den späteren Ergänzungsabkommen) sowie auf die diesen Protokollen beigefügten Karten stützen. In Ziffer 1 des Londoner Protokolls ist vorgesehen, daß Deutschland in drei Zonen eingeteilt wird, von denen je eine den drei Mächten zugewiesen wird und in ein besonderes Berliner Gebiet, das unter gemeinsamer Besetzung (joint occupation) der drei Mächte sein wird. In Ziffer 2 werden die drei ursprünglichen Zonen und das Berliner Gebiet territorial umschrieben. In Ziffer 5 ist die Bildung einer interalliierten Regierungsbehörde vorgesehen, die die gemeinsame Verwaltung des Gebietes Groß-Berlin leiten soll. In den Karten, die diesem Protokoll und den Ergänzungsabkommen beigefügt sind, ist das Berliner Gebiet von der Sowjetischen Besatzungszone ebenso wie die Besatzungszonen untereinander durch schwarz-rote Linien abge-

4 So zum Beispiel Boldyriew, Völkerrechtliche Aspekte der Stellung Westberlins, in: Dokumentation der Zeit 1969 1/2, S. 3 ff. (Berlin); Petrenkow, Über einige völkerrechtliche Aspekte des Status von Westberlin, Deutsche Außenpolitik 2/1969, S. 152 ff. (Berlin); Wyssozki, West-Berlin, S. 2259 ff.
Nach Wettig a.a.O. handelt es sich bei den Autorennamen Boldyriew und Wyssozki um Pseudonyme von V.N. Belecki, so daß ein großer Teil der sowjetischen Literatur zur Berlin-Frage aus derselben Feder stammt.

grenzt. Ferner sieht das Londoner Abkommen über die Kontrolleinrichtungen in Deutschland vom 14. November 1944 in Art. 3 b IV und 7 c vor, daß die Kommandantur unter der allgemeinen Aufsicht des Kontrollrats arbeitet und über den Koordinierungsausschuß Befehle erhält. Wäre Berlin ein Teil der Sowjetischen Besatzungszone gewesen, so hätte der Kontrollrat bezüglich Berlins der Oberhoheit des sowjetischen Oberbefehlshabers unterstanden, was eine unsinnige Annahme wäre[5]; mindestens hätte aber die Sonderstellung der sowjetischen Besatzungsmacht bezüglich Berlins in den Abkommen erwähnt werden müssen.

Zugunsten der sowjetischen Rechtsauffassung läßt sich in diesem Zusammenhang nur anführen, daß in der Überschrift des Londoner Protokolls von der Besatzung (occupation) Deutschlands, aber nur von der Verwaltung (administration) Berlins die Rede ist. Ebenso heißt es in der Feststellung der vier Hauptsiegermächte über das Kontrollverfahren in Deutschland vom 5. Juni 1945 unter Nr. 7, daß die Verwaltung des Gebietes von Groß-Berlin von einer interalliierten Behörde geleitet wird, die unter Leitung des Kontrollrates arbeitet und aus vier Kommandanten besteht[6]. Dieser Wortwahl kommt jedoch, wie vor allem Mahnke[7] nachgewiesen hat, keine Bedeutung zu. Insbesondere ist die Überschrift des Londoner Protokolls angesichts des eindeutigen Vertragsinhalts unerheblich; außerdem ist im Text des Protokolls nicht nur von der Verwaltung Berlins sondern auch von der gemeinsamen Besatzung (joint occupation) des Berliner Gebiets die Rede. Auch wenn man schließlich annimmt, daß die Kommandantur nur Verwaltungsaufgaben und keine Regierungsfunktionen wahrzunehmen hatte, so folgt daraus noch nicht die Oberhoheit der sowjetischen Besatzungsmacht über das Berliner Gebiet. Vielmehr muß man in diesem Fall annehmen, daß die Regierungsfunktionen bezüglich Berlins in den Händen des Kontrollrats und des Koordinierungskomitees lagen.

5 Mahnke, Berlin – 5. Besatzungszone oder Teil des sowjetischen Besatzungsgebietes? – Deutschland-Archiv 5/1969, S. 473.

6 Dokumente zur Berlin-Frage Nr. 11.

7 Mahnke a.a.O., S. 478 gegen Boldyriew a.a.O., S. 4; Memorandum der Regierung der DDR vom 9. Januar 1959, Neues Deutschland vom 10. Januar 1959.

Die Eroberung Berlins durch die Rote Armee

Die These, daß den Westmächten in Berlin nur ein abgeleitetes, durch Verträge begründetes Besatzungsrecht zugestanden habe, wird von der Sowjetunion und der DDR ferner darauf gestützt, daß Berlin von den Truppen der Roten Armee erobert und für etwa zwei Monate ausschließlich von der sowjetischen Besatzungsmacht verwaltet wurde[8]. Demgegenüber wird in westlichen Publikationen oft darauf hingewiesen, daß große Teile der späteren Sowjetischen Besatzungszone von den westlichen Alliierten erobert wurden; wollte man der sowjetischen Argumentation folgen, so müßte man konsequenterweise annehmen, daß der Sowjetunion in diesen Teilen ihrer Besatzungszone ebenfalls nur ein abgeleitetes Besatzungsrecht zugestanden hätte. Man darf dieses Argument allerdings nicht dahin mißverstehen, daß es sich um eine Art Tauschgeschäft gehandelt habe. Entscheidend ist, daß die Einteilung und der Rechtsstatus der Besatzungsgebiete in Deutschland nicht mit der militärischen Lage bei Kriegsende zu tun hatte sondern sich ausschließlich nach dem Londoner Protokoll vom 12. September 1944 und den anderen Vereinbarungen der Hauptsiegermächte richtete.

Ein wesentliches Indiz hierfür ist, daß die grundlegenden Abkommen bereits im September/Oktober 1944 geschlossen wurden, also lange vor Kriegsende und zu einem Zeitpunkt, als die militärische Lage beim Zusammenbruch des Gegners jedenfalls in den Einzelheiten noch nicht abzusehen war. Der frühe Abschluß der Vereinbarungen und das Verhalten der damaligen Alliierten zeigen, daß man Deutschland gemeinsam besiegen und besetzen wollte; die Einteilung der Besatzungsgebiete sollte durch Vereinbarungen geregelt, und nicht der militärischen Entwicklung überlassen bleiben. Hieran hatte auch die Sowjetunion großes Interesse[9].

Soweit die militärische Entwicklung dazu führte, daß eine der verbündeten Mächte Gebiete eroberte, die vertragsgemäß einer anderen zustanden, so verstand es sich von selbst, daß sie dieses Ter-

8 Vergleiche Teil I, Kapitel 1.

9 Die von den Westmächten eroberten Gebiete umfaßten Thüringen, Sachsen-Anhalt, wesentliche Teile Sachsens sowie Teile Brandenburgs und Mecklenburgs. Vom Bevölkerungspotential und der Wirtschaftskraft her gesehen dürften diese Gebiete den wesentlichen Bestand der heutigen DDR ausmachen.

ritorium bis zur Herstellung des vertragsgemäßen Zustandes provisorisch verwaltete. Als es dann bereits vor Einmarsch der westlichen Alliierten in Berlin zu Meinungsverschiedenheiten zwischen den Hauptsiegermächten kam, blieben die Westmächte allerdings so lange in den von ihnen besetzten Teilen der Ostzone, bis der vertragsgemäße Zustand Zug um Zug hergestellt wurde[10].

Die Praxis der Viermächte-Verwaltung und das spätere Verhalten der Hauptsiegermächte

Weder die Praxis der Viermächte-Verwaltung noch das spätere Verhalten oder die Äußerungen der Besatzungsmächte deuten darauf hin, daß Berlin ein Teil der Sowjetischen Besatzungszone gewesen sei. Es ist bemerkenswert, daß die Sowjetunion dies zum ersten Mal frühestens Ende März 1947 behauptet hat. Die Westmächte haben der sowjetischen Rechtsauffassung, wann immer sie vorgebracht wurde, stets energisch widersprochen[11]. Die Praxis der Viermächte-Verwaltung in Berlin unterschied sich auch deutlich von der Praxis in den vier Zonen. In den Besatzungszonen waren die jeweiligen Militärregierungen weitgehend unabhängig; der Kontrollrat, dessen Funktionsfähigkeit durch das Prinzip der Einstimmigkeit ohnehin beeinträchtigt war, hatte nur die Aufgabe, ein einheitliches Vorgehen der Oberbefehlshaber zu gewährleisten, Pläne aufzustellen und gemeinsame Entscheidungen von grundsätzlicher Bedeutung zu fällen, die Deutschland als Ganzes betrafen. Außerdem hatte er die Verwaltung von Groß-Berlin mit Hilfe der hierzu bestellten Organe zu leiten; seine vierte Aufgabe, die in dem Londoner Abkommen vom 14. November 1944 vorgesehen war, nämlich die deutsche Zentralverwaltung zu überwachen, lief leer, weil eine deutsche Zentralverwaltung nicht gebildet wurde. Dagegen übten die Besatzungsmächte die oberste Gewalt in Berlin ungeachtet der Sektoreneinteilung gesamthänderisch aus; dies entsprach auch dem Londoner Protokoll vom 12. September 1944, wonach Berlin unter gemeinsamer Besetzung (joint occupation)

10 Vergleiche Riklin, a.a.O., S. 33-36 und die dort zitierten Telegramme, die Truman und Churchill am 15.6.1945 an Stalin richteten. Es ist bemerkenswert, daß in diesen Telegrammen auch die Frage der Zufahrtswege angeschnitten wurde.

11 Baumeister, Sowjetische Asymmetrie des Berlin-Status, Recht und Politik 2/1971, S. 49; Riklin, a.a.O., S. 246; Mahnke a.a.O., S. 474.

der Vier Mächte stehen sollte. Wenn ein Erlaß des Kontrollrats von den Zonenbefehlshabern durchzuführen war oder eine Ermächtigung zugunsten der Befehlshaber enthielt, wurden die entsprechenden Funktionen regelmäßig von der Kommandantur und nie von der Sowjetischen Militärregierung wahrgenommen[12]. Allerdings konnten auch die Sektorenkommandanten Befehle erlassen, deren Wirkung auf ihren jeweiligen Sektor beschränkt war; von dieser Möglichkeit wurde in größerem Umfange aber erst Gebrauch gemacht, als die Viermächte-Verwaltung der Stadt bereits in Zerfall begriffen war.

Die Sonderbeziehungen zur Sowjetischen Besatzungszone und die „Hauptstadtfunktion" Berlins

Auch die Sonderbeziehungen, die zwischen Berlin und der Sowjetischen Besatzungszone bestanden (vergleiche Teil I Kapitel 1), bieten keinen Anhaltspunkt dafür, daß Berlin ein Teil der Sowjetischen Besatzungszone gewesen sei. Für die sowjetische Rechtsauffassung könnte allenfalls das Betriebsrecht sprechen, das den Verwaltungsorganen der SBZ (später der DDR) an den Anlagen der Reichsbahn und den Schleusen in ganz Berlin zustand und noch heute zusteht. Es deutet jedoch nichts darauf hin, daß diesen Rechten – unabhängig davon, ob man sie als rein fiskalisch ansieht oder ihnen zum Teil auch einen hoheitlichen Charakter beimißt – über den verkehrstechnischen Bereich hinaus eine Bedeutung für den Rechtsstatus von Berlin zukäme[13].

Von der Sowjetunion und der DDR wird schließlich auch darauf hingewiesen, daß die Militärregierung und die Hauptverwaltungen der Sowjetischen Besatzungszone ebenso wie später die Regierungsorgane der DDR ihren Sitz im Berliner Ostsektor hatten, und die Stadt daher gewissermaßen als Hauptstadt der SBZ fungierte. Dieser Sachverhalt führte dazu, daß in einem Bericht des Kontrollrats vom 24. Februar 1947 für die Moskauer Außenministerkonferenz Groß-Berlin als Gebiet unter Viermächte-Verwaltung und gleichzeitig als Hauptstadt (capital city, ville principale) bezeichnet

12 Dies geschah auch, wenn die entsprechende Bestimmung des Kontrollrats keine ausdrückliche Ermächtigung an die Kommandantur enthielt. Vgl. die eingehende Darstellung bei Riklin, a.a.O., S. 250 ff.

13 Vgl. hierzu Teil II, Kapitel 9.

wurde[14]. Abgesehen von der Frage, ob die verwendeten englischen und französischen Ausdrücke wirklich mit „Hauptstadt" zu übersetzen sind, lassen sich hieraus keine weitergehenden Folgerungen ziehen. Mit ausdrücklicher oder stillschweigender Zustimmung der für Berlin zuständigen Viermächte-Organe konnte die sowjetische Besatzungsmacht ihre Hauptverwaltung selbstverständlich in Berlin errichten oder beibehalten; hiergegen bestanden schon deswegen keine Bedenken, weil Deutschland von allen Vier Mächten zunächst als einheitliches Staatsgebiet behandelt wurde und mit einer vollständigen Spaltung des Landes nicht zu rechnen war.

Die Moskauer Direktive

Zur Unterstützung der kommunistischen Rechtsauffassung wird schließlich auch die Moskauer Direktive vom 30. August 1948 herangezogen, in der unter anderem eine Aufhebung der sowjetischen Blockademaßnahmen und die Einführung der ostdeutschen Währung in ganz Berlin vorgesehen war (vgl. Teil I, Kapitel 1, S. 23 f). Hierbei handelte es sich um einen zwischen den Botschaftern der Westmächte und der sowjetischen Regierung erarbeiteten Kompromiß, durch den die mit der Berliner Blockade verbundene weltpolitische Krise beigelegt werden sollte. Die in der Moskauer Direktive vorgesehene Regelung wurde jedoch nie durchgeführt. Die Westmächte waren zwar bereit, die ostdeutsche Währung für ganz Berlin zu akzeptieren, verlangten aber, daß diese Währung unter Verantwortung und Kontrolle aller Vier Mächte eingeführt würde. Der vorgesehene Kompromiß scheiterte unter anderem an dieser Frage. Selbst wenn die Moskauer Direktive verwirklicht worden wäre, hätte Berlin zwar eine Währungsunion mit der Sowjetischen Besatzungszone gebildet, jedoch wäre politisch der Viermächte-Status erhalten geblieben[15].

Die übrigen Handlungen und Erklärungen der Besatzungsmächte, auf die die Sowjetunion und die DDR ihre Rechtsauffassung stützen, daß Berlin ein Teil der Sowjetischen Besatzungszone gewesen sei, brauchen hier im einzelnen nicht erörtert zu werden. Es handelt sich entweder um Vorgänge, die die reinen verkehrstechni-

14 Vgl. Teil I, Kapitel 1, Fußnote 9 zur Bedeutung der zitierten englischen und französischen Ausdrücke vgl. Wettig in: Aus Politik und Zeitgeschichte (Beilage zur Wochenzeitung „Das Parlament") vom 22.5.1971 S. 22 (9).

15 Vergleiche Dokumente zur Berlin-Frage Nr. 60 und 61.

schen Befugnisse der SBZ-Behörden betreffen, oder um einseitige Versuche der sowjetischen Besatzungsmacht, sich über den Viermächte-Status der Stadt hinwegzusetzen, denen die Westmächte stets mit der gebotenen Energie entgegengetreten sind.

Als Zwischenergebnis kann man feststellen, daß den Westmächten originäre Besatzungsrechte in Berlin zustehen und daß die Stadt – wenigstens in der Zeit der Viermächte-Verwaltung – ein besonderes Besatzungsgebiet unter gemeinsamer Besatzung der vier Hauptsiegermächte war. Für die entgegengesetzte Rechtsauffassung der Sowjetunion und der DDR lassen sich keine überzeugenden Argumente vorbringen.

Der Fortbestand des Viermächte-Status

Eine weitere Frage, die zwischen den am Berlin-Konflikt beteiligten Mächten streitig ist, ist die, ob sich an dem besatzungsrechtlichen Status der Stadt durch die spätere politische Entwicklung oder auch durch den bloßen Zeitablauf etwas geändert hat. Nach Auffassung der Westmächte und der Bundesrepublik besteht der Viermächte-Status de jure für ganz Berlin fort. Nach Auffassung der Sowjetunion und der DDR besteht ein besatzungsrechtlicher Status allenfalls noch für die Westsektoren.

Die Rechtsauffassung der Sowjetunion und der DDR

Im übrigen hat sich die Rechtsauffassung der Sowjetunion und der DDR zum Status der Westsektoren mehrfach geändert; die offiziellen Äußerungen und die Äußerungen der kommunistischen Völkerrechtslehrer zu dieser Frage sind auch keineswegs eindeutig.

Während der zweiten Berlin-Krise (1958) vertraten die kommunistischen Staaten zeitweilig den Standpunkt, daß das Recht der Westmächte, in den Westsektoren besatzungsrechtliche Befugnisse auszuüben, bereits erloschen sei[16]. Später wurde anerkannt, daß die Westmächte gewisse legitime Rechte haben, sich in Berlin auf-

16 Zum Beispiel Note der Sowjetunion an die Westmächte vom 27. November 1958, Dokumente zur Berlin-Frage Nr. 241 sowie die sowjetischen Noten an die Regierungen der DDR und der Bundesrepublik vom gleichen Datum, Dokumente zur Berlin-Frage Nr. 242 und 243; ähnlich auch die Note der sowjetischen Regierung an die amerikanische Regierung vom 10. Januar 1959, Dokumente zur Berlin-Frage Nr. 255.

zuhalten; allerdings würden diese Rechte erlöschen, sobald die Sowjetunion einen Friedensvertrag mit der DDR unterzeichnet habe[17]. Einen Friedensvertrag mit diesem Inhalt hat die Sowjetunion mit der DDR jedoch nicht geschlossen; es kam lediglich zu dem Freundschaftsvertrag vom 12.6.1964, nach dem die Vertragspartner West-Berlin als „selbständige politische Einheit" betrachten. Auch der Freundschafts- und Beistandspakt zwischen der DDR und der Sowjetunion vom 7. Oktober 1975 hat insoweit an der Rechtslage nichts geändert[18].

Nachdem im August 1961 durch den Bau der Mauer und die vollständige Spaltung der Stadt West-Berlin als Störfaktor für die DDR an Bedeutung sehr verloren hatte, richteten sich die Angriffe der kommunistischen Staaten weniger gegen die Präsenz der Westmächte als gegen die Bindungen zwischen West-Berlin und der Bundesrepublik. Die Forderung, West-Berlin in eine entmilitarisierte freie Stadt zu verwandeln, wurde aufgegeben. West-Berlin wurde als „selbständige" (später meistens „besondere") „politische Einheit" bezeichnet, von der es manchmal hieß, daß sie „auf dem Boden" und manchmal daß sie „inmitten der DDR" liege. Nach dem Freundschaftsvertrag zwischen der Sowjetunion und der DDR vom 12.6.1964 werden die Parteien West-Berlin als selbständige politische Einheit betrachten[19], in den späteren Äußerungen ist dagegen zumeist von einer besonderen politischen Einheit die Rede.

Wie diese politische Einheit nach kommunistischer Rechtsauffassung zu definieren ist, ist allerdings zweifelhaft. Die besatzungsrechtlichen Befugnisse der Westmächte in den Westsektoren scheinen nicht mehr in Frage gestellt zu werden. Die Äußerungen der kommunistischen Völkerrechtslehrer zum Status von West-Berlin sind keineswegs eindeutig. Es ist davon die Rede, daß West-Berlin völkerrechtlich und staatsrechtlich in der Luft hänge; Boldyriew

17 So zum Beispiel das Memorandum der sowjetischen Regierung an die Bundesregierung vom 17. Februar 1961 und das Memorandum der sowjetischen Regierung vom 4. Juni 1961 zur Deutschland-Frage, Dokumente zur Berlin-Frage Nr. 278 und 279.

18 Vertrag über Freundschaft, Zusammenarbeit und gegenseitigen Beistand zwischen der Deutschen Demokratischen Republik und der Union der Sozialistischen Sowjetrepubliken vom 7. Oktober 1975 GBl. der DDR Teil II Seite 237.

19 Vertrag zwischen der Sowjetunion und der DDR, abgedruckt in v. Münch, Dokumente des geteilten Deutschland, Stuttgart 1968, S. 450 ff.

bezeichnet West-Berlin als Völkerrechtssubjekt mit beschränkter Handlungsfähigkeit; nach seiner Auffassung soll es zum Typ der Territorien und Freien Städte gehören, ohne daß es dem genannten Typ in vollem Umfang entspricht[20].

In seiner 1974 erschienenen deutschsprachigen Monographie äußert sich Wyssozki ähnlich. Es heißt dort, daß West-Berlin zu den besonderen staatspolitischen Gebilden vom Typ der „internationalisierten" oder „freien" Territorien und „Freistädten" gezählt werden könnte, mit dem Vorbehalt, daß die nicht geregelte völkerrechtliche Lage der Stadt und die ausländische Besetzung neben den rechtswidrigen Ansprüchen der Regierungen Adenauer, Erhard und Kiesinger sie in der Vergangenheit daran gehindert hatten, diese Eigenschaften in ausreichendem Maße zu entwickeln. Unter Berufung auf politische Äußerungen von Honecker und anderen betont Wyssozki vor allem, daß West-Berlin kein Bestandteil irgendeines Staates sei und insbesondere nicht zur Bundesrepublik gehöre[21].

In dem – nach dem Inkrafttreten des Viermächte-Abkommens geschlossenen – Freundschafts- und Beistandspakt zwischen der DDR und der Sowjetunion vom 7. Oktober 1975 wird der Begriff der „selbständigen oder „besonderen politischen Einheit" nicht mehr verwendet. Es heißt in Artikel 7, daß die Parteien in Übereinstimmung mit dem vierseitigen Abkommen ihre Verbindungen zu West-Berlin ausgehend davon unterhalten werden, daß es kein Bestandteil der Bundesrepublik Deutschland ist und auch weiterhin nicht von ihr regiert wird[22].

20 Boldyriew, a.a.O., S. 13, Zur kommunistischen Rechtsauffassung vergleiche auch Kröger, Fragen des staatsrechtlichen Status von Berlin, Deutsche Außenpolitik 1958 Heft 1; Arzinger/Poeggel, Westberlin – selbständige politische Einheit, Berlin 1965; Steiniger, Westberlin – Ein Handbuch zur Westberlin-Frage, Berlin 1959. Ein Hinweis auf eine neuere sowjetische Veröffentlichung zur Berlin-Frage findet sich bei Schweisfurth, Kritische Anmerkungen zur „ersten marxistischen Monographie der Westberlin-Frage", Recht und Politik 4/1971, S. 149. In der dort zitierten Monographie von Vysocki heißt es, daß Westberlin „ein im Entstehungsprozeß befindliches Völkerrechtssubjekt mit eng begrenzter Handlungsfähigkeit" sei. Vergleiche Schweisfurth, a.a.O., S. 153. Ferner werden vage Formeln wie die von einem „eigenartigen staatlich-politischen Organismus" oder von einer „besonderen verwaltungsterritorialen Einheit" verwendet. Vergleiche Schweisfurth, a.a.O., S. 150.

21 Wyssozki: West-Berlin, S. 295 ff., insbesondere S. 297 und S. 299.

22 Vgl. Fußnote 18. Zur Bedeutung dieses Passus in dem Freundschafts- und

Gründe für eine Beendigung des Besatzungsrechts

Ihre Auffassung, daß sich die Westmächte auf den Viermächte-Status Berlins nicht mehr berufen können, begründen die Sowjetunion und die DDR unter anderem damit, daß die Westmächte selbst die Viermächte-Verwaltung gesprengt hätten. Dies ist nachweislich historisch falsch. Es war die Sowjetunion, die am 1. Juli 1948 erklärte, daß sie zukünftig an den Stabssitzungen der Kommandantur nicht mehr teilnehmen könne, und die sich in der folgenden Zeit auch aus allen Ausschüssen und Einrichtungen der Kommandantur mit Ausnahme der Luftsicherheitszentrale zurückzog. Die Gründe, die sie hierfür vorbrachte, waren offensichtlich vorgeschoben sowie rechtlich unerheblich. Unter anderem begründete die Sowjetunion ihr Verhalten damit, daß der amerikanische Stadtkommandant eine vorhergehende Stabssitzung verlassen und damit die sowjetische Delegation beleidigt habe. In Wahrheit hatte der amerikanische Stadtkommandant sich von dem französischen Stadtkommandanten, der an diesem Tage den Vorsitz führte, beurlauben lassen und die Leitung seiner Delegation seinem Stellvertreter übertragen[23]. Auch auf die Tatsache, daß die Westmächte in ihren Sektoren die westdeutsche Währung einführten, läßt sich die sowjetische Rechtsauffassung nicht stützen. Nachdem die sowjetische Besatzungsmacht durch den Befehl Nr. 111 (vergleiche Teil I Kapitel 1) versucht hatte, die ostdeutsche Währung ohne Rücksicht auf die Viermächte-Verwaltung in ganz Berlin einzuführen und diesen Befehl in ihrem Sektor auch durchgesetzt hatte, waren die Westmächte praktisch gezwungen, in ihren Sektoren entsprechende Maßnahmen zu ergreifen. Selbst wenn man in der Einführung der Westmächte einen Verstoß gegen den Viermächte-Status sehen könnte, müßte die Sowjetunion sich insoweit den Einwand „tu quoque“ entgegenhalten lassen.

Im übrigen haben die Sowjetunion und die DDR im wesentlichen drei Gründe für eine Beendigung des Viermächte-Status geltend gemacht, nämlich Vertragsverletzung durch die Westmächte, veränderte Umstände und Zeitablauf.

Was die angebliche Vertragsverletzung durch die Westmächte betrifft, so ist zunächst darauf hinzuweisen, daß eine Vertragsverlet-

Beistandspakt vgl. auch Mahnke, Deutschland-Archiv 1975, Heft 11, S. 1160 ff. (1166 ff.).

23 Riklin, a.a.O., S. 74, 81.

zung, selbst wenn sie vorliegt, das Vertragsverhältnis nicht ohne weiteres zum Erlöschen bringt, sondern nach völkerrechtlichen Grundsätzen allenfalls ein Rücktrittsrecht des geschädigten Partners begründen kann. Die Sowjetunion ist aber von den Berlin betreffenden Viermächte-Vereinbarungen nie formell zurückgetreten. Vielmehr hat sie in den Noten vom 27. November 1958 und 10. Januar 1959 erklärt, daß sie diese Abkommen aufgrund der de facto eingetretenen Situation als nicht mehr in Kraft befindlich betrachte[24]. Dies kann nur als juristische Meinungsäußerung und kaum als eine auf Vertragsauflösung gerichtete Willenserklärung verstanden werden.

Aber selbst wenn man die Erklärungen der Sowjetunion als Rücktrittserklärungen umdeutet, so könnte dies an der Fortgeltung des Viermächte-Status unter anderem deshalb nichts ändern, weil Vertragsverletzungen der Westmächte, die ein Rücktrittsrecht der Sowjetunion begründen könnten, nicht vorliegen. Als angebliche Vertragsverletzung der Westmächte wird von der Sowjetunion vor allem ein Verstoß gegen die im Potsdamer Abkommen vom 2. August 1945 niedergelegten Ziele der gemeinsamen Besatzungspolitik geltend gemacht. Die Ziele und Grundsätze des Potsdamer Abkommens bezüglich Gesamt-Deutschlands sind im Verlauf der späteren politischen Entwicklung nicht verwirklicht worden; hieran trifft die Sowjetunion ein mindestens ebenso großes Verschulden wie die anderen Hauptsiegermächte.

Eine einseitige Vertragsverletzung durch die Westmächte, die erforderlich wäre, um ein Rücktrittsrecht der Sowjetunion zu begründen, läßt sich ohne Verfälschung der politischen und historischen Zusammenhänge nicht feststellen. Aber selbst wenn die Westmächte das Potsdamer Abkommen einseitig verletzt hätten, könnte die Sowjetunion hieraus kein Recht zur einseitigen Auflösung des für den Berlin-Status entscheidenden Londoner Abkommens herleiten.

Dies folgt zunächst daraus, daß es sich um selbständige Verträge mit unterschiedlichem Inhalt handelt. Das Potsdamer Abkommen enthält keine speziellen Bestimmungen über Berlin. Man kann zwar nicht sagen, daß es für Berlin schlechthin irrelevant wäre, jedoch betreffen seine Bestimmungen über die politische und wirtschaftliche Behandlung Deutschlands nur die Anfangsperiode der Besat-

24 Vgl. Fußnote 16.

zung. Dagegen enthalten die Londoner Abkommen ausdrückliche Bestimmungen über Berlin; sie regeln die Einteilung der Besatzungsgebiete und sind zeitlich nicht begrenzt. Überdies handelt es sich bei den Londoner Protokollen, jedenfalls in ihrer endgültigen Fassung, um einen Viermächte-Vertrag, während an dem Potsdamer Abkommen nur drei Mächte beteiligt sind.[25]

In Publikationen der Sowjetunion und der DDR wird demgegenüber die Ansicht vertreten, daß die Londoner Protokolle und die anderen Viermächte-Vereinbarungen über Deutschland und Berlin den im Potsdamer Abkommen niedergelegten Besatzungszielen untergeordnet gewesen seien. Dies kann schon deshalb nicht zutreffen, weil die Londoner Protokolle zeitlich weit vor das Potsdamer Abkommen zurückgehen; außerdem ist auch in diesem Zusammenhang zu berücksichtigen, daß das Potsdamer Abkommen ausdrücklich nur die Behandlung Deutschlands während der Anfangsperiode der Besatzung regelt. Schließlich hat das Potsdamer Abkommen den Komplex der Londoner Vereinbarungen auch nicht unter dem Gesichspunkt der „lex posterior" außer Kraft gesetzt, weil es keine Bestimmungen enthält, die im Widerspruch zu den älteren Verträgen stehen oder diese ausdrücklich aufheben[26].

Eine Vertragsauflösung wegen veränderter Umstände, das heißt aufgrund der sogenannten clausula rebus sic stantibus, wird in der Völkerrechtslehre zwar im Prinzip überwiegend anerkannt, es besteht aber keine Einigkeit, welche Voraussetzungen vorliegen müssen, damit die clausula rebus sic stantibus mit vertragsauflösender Wirkung geltend gemacht werden kann. Auf der Londoner Konfe-

25 Der Hinweis auf die Anfangsphase der Besetzung in Art. 10 des Londoner Abkommens über die Kontrolleinrichtungen in Deutschland betrifft nur die Tätigkeit der in dem Abkommen vorgesehenen alliierten Kontrollorgane, nicht aber die originären besatzungsrechtlichen Befugnisse der Hauptsiegermächte selbst. Die Vorschrift kommt im übrigen nicht zum Tragen, weil das in Art. 11 vorgesehene Änderungsabkommen zwischen den Vier Mächten nicht zustandegekommen ist.

26 Zur Frage, ob die Potsdamer Schlußerklärung für den besatzungsrechtlichen Status Berlins von Bedeutung ist, vgl. Legien, Die Viermächtevereinbarungen über Berlin. 2. Aufl. Berlin 1961, S. 21 ff. Aus der neueren Literatur vor allem Rschewski, Der völkerrechtliche Status West-Berlins, in: Sowjetunion heute, hrsg. von der Sowjetischen Botschaft in der Bundesrepublik Deutschland, Heft 5/1971, S. 31. Dagegen Baumeister, a.a.O., S. 52. Zu den Argumenten, die gegen die kommunistische Rechtsauffassung sprechen, vgl. statt vieler anderer auch Riklin, a.a.O., S. 276 ff.

renz vom 17. Januar 1871 wurde festgestellt, daß ein Staat sich nach Völkerrecht von einem Vertrag nur nach gepflogenem Einvernehmen mit den Partnern lossagen könne. Dies wird heute überwiegend so verstanden, daß ein Partner den Vertrag wegen veränderter Umstände nur für aufgehoben erklären kann, wenn er vorher die anderen Vertragsteile verständigt und mit ihnen das Einverständnis gesucht hat[27]. Die sowjetischen Noten vom 27.11.1958 dürften diese Voraussetzungen nicht erfüllen. Im übrigen dürfte ein Rücktrittsrecht der Sowjetunion wegen veränderter Umstände schon deshalb nicht in Betracht kommen, weil sie die Änderungen der politischen Verhältnisse, auf die sie sich berufen könnte, unter Verletzung ihrer Rechtspflichten selbst herbeigeführt hat[28].

Soweit die veränderten Umstände darin zu sehen sind, daß die Viermächte-Verwaltung im Laufe des Jahres 1948 zusammenbrach und im Jahre 1949 die Bundesrepublik und die DDR entstanden, so ist auch zu berücksichtigen, daß die Sowjetunion das Besatzungsrecht der Westmächte in Berlin durch mehrere Erklärungen und durch konkludentes Verhalten anerkannt hat, nachdem die neuen Tatsachen bereits eingetreten waren oder erkennbar bevorstanden. Von Bedeutung sind vor allem das Jessup-Malik-Abkommen vom 4. Mai 1949, in dem die Aufhebung der Blockademaßnahmen vereinbart wurde, und die Mitteilung über die Pariser Außenministerkonferenz vom 20. Juni 1949, in der vorgesehen war, daß Handel, Verkehr, Transport usw. zwischen der Ostzone,

27 Vgl. Verdroß, Völkerrecht, 5. Aufl. Berlin – Heidelberg – New York 1964, S. 181 f. Zur Frage der clausula rebus sic stantibus vgl. auch Rottmann, Der Viermächte-Status Berlins, 2. Aufl. Bonn und Berlin 1959, S. 72 ff.

28 Eingehende Regelungen über die Vertragsauflösung wegen veränderter Umstände sind jetzt in der Wiener Vertragsrechtskonvention (Artikel 62) enthalten. Die Vorschriften dieser Konvention finden auf früher abgeschlossene Verträge zwar keine Anwendung, ihnen kommt aber als Kodifikation und Fortentwicklung des Völkergewohnheitsrechts auch insoweit eine gewisse Bedeutung zu. Die Forderung, daß ein Rücktritt vom Vertrag wegen veränderter Umstände erst zulässig sein soll, wenn die zurücktretende Partei vergeblich eine einverständliche Regelung mit den anderen Parteien gesucht hat, hat sich in der Konvention nicht durchsetzen können. Dagegen werden die anderen Gesichspunkte, die gegen ein Rücktrittsrecht der Sowjetunion sprechen, bestätigt, insbesondere der Grundsatz, daß ein Rücktritt unzulässig ist, wenn die zurücktretende Partei die Änderung der Umstände selbst rechtswidrig verursacht hat.

den Westzonen und Berlin erweitert und erleichtert werden sollten. Durch den Inhalt dieser Erklärungen sowie durch die Tatsache, daß sie mit den Westmächten überhaupt Vereinbarungen über Berlin abschloß, erkannte die Sowjetunion an, daß der besatzungsrechtliche Status Berlins und damit die Besatzungsrechte der Westmächte fortbestehen sollten, obgleich die Viermächte-Verwaltung in Deutschland und Berlin nicht mehr bestand und das Grundgesetzt für die Bundesrepublik Deutschland zumindest bei Abschluß der Pariser Außenministerkonferenz schon in Kraft getreten war. In den neun Jahren zwischen dem Ende der Blockade und der zweiten Berlin-Krise (1958) hat die Sowjetunion die Rechte der Westmächte in Berlin politisch respektiert und nicht angezweifelt. Nachdem sie auf diese Weise wenigstens konkludent anerkannt hatte, daß der Rechtsstatus der Stadt trotz der veränderten Umstände fortbestand, konnte sie die clausula rebus sic stantibus nicht mehr rechtswirksam geltend machen[29].

Auch die veränderten Umstände, die nach 1949 eintraten, haben den besatzungsrechtlichen Status der Stadt nicht geändert. Als die Westmächte mit Inkrafttreten der Pariser Verträge am 5. Mai 1955 der Bundesrepublik die Souveränität übertrugen, behielten sie sich ihre Rechte in bezug auf Berlin und auf Deutschland als Ganzes vor[30]. Die Sowjetunion hat sich bei Abschluß des Moskauer Vertrages vom 20. September 1955 nur die Rechte und Funktionen vorbehalten, die sich aus den internationalen Vereinbarungen und den Viermächte-Erklärungen über Deutschland als Ganzes ergeben[31]. Sie konnte aber durch eine zweiseitige Vereinbarung mit der DDR den besatzungsrechtlichen Status Berlins und die Rechte

29 Riklin, a.a.O., S. 283. Nach Riklin hat die Sowjetunion den Fortbestand der Besatzungsrechte außer durch das Jessup-Malik-Abkommen und die Pariser Schlußerklärung durch eine Reihe von weiteren Erklärungen implizit oder ausdrücklich anerkannt, nämlich durch die Erklärung des Obersten Sowjet vom 25.11.1955 sowie durch die Erklärung der Sowjetregierung vom 25.3.1954, den Vertrag mit der DDR vom 20.9.1955 und die an die Westmächte gerichteten Noten vom 18.10.1955.

30 Vgl. Art. II des Deutschland-Vertrages vom 26. Mai 1952 in der durch das Protokoll vom 23. Oktober 1954 abgeänderten Fassung. Dokumente zur Berlin-Frage Nr. 171.

31 Das ergibt sich aus der Eingangsformel des Moskauer Vertrages sowie aus dem Beschluß des Ministerrates der UdSSR über die Auflösung der Sowjetischen Hohen Kommission vom 20.9.1955. Dokumente zur Berlin-Frage Nr. 198 und 200.

der Westmächte nicht beeinflussen. Ein Recht der Sowjetunion, wegen veränderter Umstände von den Londoner Vereinbarungen zurückzutreten, kann der Abschluß des Moskauer Vertrages und die daraus resultierende politische Entwicklung auch deshalb nicht begründen, weil es sich hierbei um Tatsachen handelt, die die Sowjetunion selbst herbeigeführt hat[32].

Schließlich ist auch der bloße Zeitablauf nicht geeignet, den besatzungsrechtlichen Status Berlins zu ändern. Im Gegensatz zu dem Potsdamer Abkommen, dessen wirtschaftliche und politische Grundsätze nur für die Anfangsperiode der Besatzung gelten sollten, sind die für Berlin maßgeblichen Verträge, nämlich das Londoner Protokoll und seine Ergänzungsprotokolle nicht befristet und werden daher durch Zeitablauf nicht aufgelöst[33].

Die sowjetische Rechtsauffassung, daß das Londoner Protokoll mit seinen Ergänzungsprotokollen nicht mehr rechtsverbindlich sei, läßt sich also nicht begründen. Im übrigen muß auch in diesem Zusammenhang noch einmal darauf hingewiesen werden, daß die Westmächte ihr Besatzungsrecht in Berlin nicht aus diesen Vereinbarungen sondern unmittelbar aus der militärischen Besatzung und der Kapitulation Deutschlands herleiten. Selbst wenn die Londoner Protokolle also nicht mehr in Kraft wären, würde dies den besatzungsrechtlichen Status Berlins nicht beeinflussen.

Ost-Berlin als Hauptstadt der DDR

Schließlich berufen sich die kommunistischen Staaten darauf, daß Berlin nach der Verfassung der DDR die Hauptstadt der Deutschen Demokratischen Republik ist, und die zentralen Staatsorgane der DDR auch tatsächlich ihren Sitz im Ostsektor der Stadt haben[34]. Dieser Gesichtspunkt kann allerdings die Rechtsposition der Westmächte in ihren Sektoren nicht berühren; er könnte allenfalls die These stützen, daß das Besatzungsrecht für den Ostsektor erlo-

32 Riklin, a.a.O., S. 283.

33 Riklin, a.a.O., S. 279 ff. Vgl. auch Fn. 25.

34 Riklin, a.a.O., S. 159 f. weist darauf hin, daß die Westmächte es unterlassen haben, hiergegen Protest einzulegen. Den Grund hierfür kann man darin sehen, daß der Bezeichnung als Hauptstadt weder nach allgemeinem Völkerrecht noch unter den besonderen Aspekten der Besatzungsrechte eine rechtserhebliche Bedeutung zukommt. Vergleiche hierzu aber Kapitel 6, Seite 97 f.

schen sei und ein besatzungsrechtlicher Status nur noch für die Westsektoren bestehe.

Der Ostsektor ist im verfassungsrechtlichen Bereich inzwischen allerdings lückenlos in die DDR einbezogen worden. Dagegen sind die besatzungsrechtlichen Befugnisse, die den Westmächten auch in bezug auf den Ostsektor zustehen, von der DDR bis jetzt nicht angetastet worden (im einzelnen vgl. hierzu Kapitel 6).

Ergebnis

Zusammenfassend läßt sich feststellen, daß ganz Berlin kein Teil der Sowjetischen Besatzungszone, sondern ein besonderes Besatzungsgebiet unter Viermächte-Verwaltung war, und daß dieser Rechtsstatus trotz der seit 1948 eingetretenen veränderten Umstände de jure noch heute fortbesteht.

FÜNFTES KAPITEL
BESATZUNGSRECHT UND DEUTSCHE STAATSGEWALT IN BERLIN

Rechtsfolgen der politischen Entwicklung

Aus dem Ergebnis des vorangegangenen Kapitels kann man nicht schließen, daß die politische Entwicklung, die seit 1948 in Berlin eingetreten ist, rechtlich irrelevant wäre. Wenn die Westmächte und die Bundesrepublik Deutschland daran festhalten, daß der Viermächte-*Status* für ganz Berlin de jure fortgilt, so heißt dies nicht, daß sie von der Fiktion einer fortbestehenden Viermächte-*Verwaltung* ausgehen.

Das Verhalten der Sowjetunion (ihr Rückzug aus fast allen Organen der Viermächte-Verwaltung und die fast lückenlose Eingliederung des Ostsektors in die SBZ und später in die DDR) ist als Rechtsverletzung zu werten und kann daher keine Rechte der Sowjetunion und der DDR begründen. Trotzdem können diese Tatsachen nicht außer Betracht bleiben, wenn man den Rechtsstatus der Stadt definieren will.

Relikte der Viermächte-Verwaltung

Bevor auf die unterschiedliche Rechtsentwicklung in den Westsektoren und im Ostsektor der Stadt näher eingegangen werden kann, muß darauf hingewiesen werden, daß die Zusammenarbeit der Vier Mächte gerade in Berlin auch im Jahre 1948 nicht vollständig zum Erliegen gekommen ist. Es bestehen in Berlin mindestens zwei Institutionen aus der Zeit der Viermächte-Verwaltung, die ihre Arbeit bis heute fortsetzen.

Hierher gehört in erster Linie die Luftsicherheitszentrale, die ihre Funktion unter Mitwirkung der vier Hauptsieger-Mächte gemäß den Luftsicherheitsvorschriften für die Luftkorridore und die Kontrollzone Berlin wahrnimmt[1].

1 DAIR/P (45) 71 in der Fassung vom 22. Oktober 1946, Dokumente zur Berlin-Frage Nr. 37.

Unter gemeinsamer Verwaltung der vier Hauptsieger-Mächte steht ferner im britischen Sektor von Berlin das Gefängnis für die vom Nürnberger Tribunal verurteilten Hauptkriegsverbrecher, in dem zur Zeit nur noch ein Verurteilter (Rudolf Hess) seine lebenslängliche Freiheitsstrafe verbüßt. Diese gemeinsame Einrichtung hat ihre Rechtsgrundlage allerdings nicht in dem Viermächte-Status Berlins, sondern in den Vereinbarungen der Vier Mächte über ganz Deutschland[2].

Ein weiteres Relikt aus der Zeit der Viermächte-Verwaltung sind die Militärmissionen, die von verschiedenen Staaten, die im Zweiten Weltkrieg mit den Siegermächten verbündet waren oder von ihnen befreit wurden, heute noch in Berlin unterhalten werden; einen ähnlichen Status hat die Österreichische Mission[3].

Die Dreimächte-Verwaltung der Westsektoren

Nach dem Ende der Viermächte-Verwaltung im Jahre 1948 nahm die Entwicklung in Berlin einen anderen Verlauf als auf der gesamtdeutschen Ebene. Während der Kontrollrat seit dem Auszug der sowjetischen Vertreter nicht mehr einberufen wurde, nahm die Kommandantur ihre Tätigkeit nach einer Pause von etwa einem halben Jahr auf Dreimächte-Basis wieder auf. In der Erklärung der westlichen Stadtkommandanten vom 21. Dezember 1948 heißt es hierzu, daß die Tätigkeit der Viermächte-Verwaltung wieder aufgenommen werden könne, wenn die Sowjetbehörden sich jetzt oder später entschließen sollten, sich an die Abkommen zu halten, an die die Vier Mächte gebunden seien. Während ihrer Abwesenheit würden die drei westlichen Alliierten die Funktionen der Kommandantur ausüben, obwohl klar sei, daß es ihnen aufgrund der sowjetischen Obstruktionspolitik nur möglich sein werde, ihre Entscheidungen in den westlichen Sektoren durchzuführen[4].

2 Mampel, Der Sowjetsektor von Berlin, Frankfurt a.M. und Berlin 1963, S. 385.

3 Grundlage für die Einrichtung der Militärmissionen ist Artikel 8 des Londoner Abkommens über den Kontrollmechanismus in Deutschland vom 14. November 1944, vgl. Heidelmeyer, ZaöRV 1968, S. 704-722. Zur Rechtsstellung der Militärmissionen vergleiche auch die ausführliche Darstellung bei Schröder, Die ausländischen Vertretungen in Berlin, Nomos Verlagsgesellschaft, Baden-Baden 1983, S. 70 ff. und 99 ff.

4 Dokumente zur Berlin-Frage Nr. 78. Vergl. auch Menzel „Die vier Grund-

Der Inhalt dieser Erklärung ist aus zwei Gründen bemerkenswert. Sie zeigt, daß für die Westsektoren kein neues Verwaltungsorgan der Besatzungsmächte geschaffen wird, sondern daß es sich um die in den Viermächte-Vereinbarungen vorgesehene Kommandantur handelt, die ihre Arbeit lediglich aufgrund der politischen Verhältnisse auf Dreimächte-Basis fortsetzen muß. Der Sowjetunion wird ausdrücklich die Möglichkeit gelassen, in die Kommandantur zurückzukehren[5]; Voraussetzung hierfür wäre allerdings, daß sie die Verpflichtungen, die sich aus den Viermächte-Abkommen ergeben, auch hinsichtlich des Ostsektors wieder erfüllt. Die Viermächte-Verwaltung und die Rechte der Kommandantur müßten also für ganz Berlin wieder hergestellt werden. Wie dies in der Praxis bewerkstelligt werden könnte, ist zweifelhaft, denn man könnte die politische Entwicklung, die seit 1948 in beiden Teilen der Stadt eingetreten ist, nicht einfach rückgängig machen und den Status quo ante wieder herstellen. Diese rein hypothetische Frage soll hier aber nicht näher untersucht werden. Solange die Viermächte-Verwaltung für ganz Berlin nicht wieder hergestellt ist, hat die Sowjetunion jedenfalls keinen Anspruch darauf, an der Verwaltung der Westsektoren mitzuwirken; etwas anderes gilt nur insoweit, als einzelne Institutionen der Viermächte-Verwaltung ihre Arbeit fortgesetzt haben, vor allem also im Bereich der Luftsicherheit (s. unten Seite 177). Die Westmächte haben zwar stets großen Wert darauf gelegt, daß ihr Verhalten in den Westsektoren dem Viermächte-Status der Stadt und den für diesen Status maßgeblichen Vereinbarungen entspricht; selbst wenn die Westmächte jedoch in einzelnen Fragen gegen den Viermächte-Status verstoßen

auffassungen über die gegenwärtige völker- und staatsrechtliche Stellung Berlins" – Veröffentlichungen des Instituts für internationales Recht an der Universität Kiel, Nr. 66 S. 207 - 209. Menzel nimmt an, daß die Westmächte die territoriale Verkleinerung auf West-Berlin de facto anerkannt hätten. Um eine Anerkennung de facto – deren Bedeutung umstritten ist und die sich in ihren Auswirkungen kaum von einer Anerkennung de jure unterscheidet – dürfte es sich aber schon deshalb nicht handeln, weil nicht anzunehmen ist, daß die Westmächte hier gegenüber der Sowjetunion oder gar gegenüber der DDR eine völkerrechtlich verbindliche Willenserklärung abgeben wollten.

5 Dies wird auch durch verschiedene Äußerlichkeiten symbolisiert, z.B. steht vor dem Gebäude der Kommandantur in Berlin (West) neben den Flaggen der drei Westmächte eine vierte Fahnenstange für die sowjetische Flagge bereit.

hätten, könnte die Sowjetunion keine Rechte daraus herleiten, weil sie sich den Einwand „tu quoque" entgegenhalten lassen müßte.

Bemerkenswert an der Erklärung vom 21. Dezember 1948 ist aber auch die einschränkende Formulierung, durch die die Westmächte der Tatsache Rechnung tragen, daß die Anordnungen der auf Dreimächte-Basis arbeitenden Kommandantur nur in den Westsektoren durchsetzbar sind. Man hält zwar im Prinzip daran fest, daß die Kommandantur, auch wenn sie nur auf Dreimächte-Basis weiterarbeitet, in die Rechtsstellung der Viermächte-Kommandantur eingetreten ist; man verzichtet aber auf die Fiktion, daß eine effektive Viermächte-Verwaltung für ganz Berlin fortbesteht. Dies gilt im übrigen nicht nur für die Ebene der besatzungsrechtlichen Organe sondern auch für die Organe der deutschen Staatsgewalt in Berlin. Zwar betrachten sich das Abgeordnetenhaus und der Senat als die rechtmäßigen deutschen Staatsorgane für ganz Berlin, jedoch beansprucht das von ihnen geschaffene Recht keine Geltung für den Ostsektor[6].

Besatzungsrecht und deutsche Staatsgewalt in den Westsektoren

Da die Westmächte und die Bundesrepublik daran festhalten, daß der besatzungsrechtliche Status für Berlin fortbesteht, kann in den Westsektoren die volle Souveränität der deutschen Staatsgewalt nicht hergestellt werden. Während der Bundesrepublik mit Inkrafttreten der Pariser Verträge am 5. Mai 1955 also die nahezu unbeschränkte Souveränität übertragen wurde, haben sich die Alliierten ihre Rechte und Verantwortlichkeiten bezüglich Berlin vorbehalten[7]. Durch die fortbestehende oberste Gewalt (supreme authority)[8] der Besatzungsmächte und durch die auf dieser obersten

6 Wengler, Die Übernahme von Bundesgesetzen in Berlin, in: Festschrift für Leibholz, Tübingen 1966, S. 942, Fußnote 12.

7 Artikel 2 des Vertrages vom 26. Mai 1952 in der Fassung des Protokolls vom 23. Oktober 1954, Dokumente zur Berlin-Frage Nr. 171.

8 Riklin, Das Berlinproblem S. 250, verwendet den Begriff der Gebietshoheit, um die oberste Gewalt, die ein Staat auf fremdem Staatsgebiet ausübt, von der Souveränität auf eigenem Staatsgebiet zu unterscheiden. Daß die Gebietshoheit weitergehende Befugnisse umfaßt, als sie das Kriegsvölkerrecht im Normalfall für eine Besatzungsmacht vorsieht, ergibt sich aus der Erklärung der vier Hauptsiegermächte „in Anbetracht der Niederlage Deutschlands und der Übernahme der obersten Regierungsgewalt...." vom 5. Juni 1945.

Gewalt beruhenden besatzungsrechtlichen Vorbehalte werden sowohl die Zugehörigkeit Berlins zur Bundesrepublik Deutschland als auch die Befugnisse der deutschen Staatsorgane in Berlin beschränkt[8a].

Dies bedeutet aber nicht, daß die Befugnisse der deutschen Staatsorgane in Berlin auf einer Delegation der Besatzungsmächte beruhen. Sowohl die Staatsorgane des Landes Berlin als auch die Bundesorgane, die mit Zustimmung der Alliierten in Berliner Sachen tätig werden, üben autochthone deutsche Staatsgewalt aus, die durch das in Berlin fortbestehende Besatzungsrecht zwar beschränkt wird aber nicht von den Besatzungsmächten abgeleitet ist. Auch wenn die deutschen Staatsorgane in den „vorbehaltenen Gebieten" der Besatzungsmächte (vgl. unten S. 76) tätig werden, üben sie grundsätzlich deutsche Staatsgewalt aus. Der Vorbehalt bedeutet lediglich, daß sich die Besatzungsmächte erweiterte Kontroll- oder Eingriffsmöglichkeiten vorbehalten. Etwas anderes gilt nur, wenn im Einzelfall aus den Anordnungen der Siegermächte oder aus dem Sachzusammenhang hervorgeht, daß deutsche Staatsorgane im Auftrage oder kraft Delegation der Besatzungsmächte tätig werden.

Die Bindungen, die mit Zustimmung der Westmächte zwischen Berlin und der Bundesrepublik hergestellt worden sind, werden im folgenden 7. Kapitel gesondert behandelt. Die Kompetenzabgrenzung zwischen den Westmächten und den deutschen Behörden in Berlin ist grundlegend in dem Schreiben der Alliierten Kommandantur vom 14. Mai 1949, dem sogenannten Kleinen Besatzungsstatut, geregelt, das durch zwei Erklärungen vom 7. März 1951 und vom 5. Mai 1955 abgeändert worden ist[9]. Durch beide Ände-

8a Außer den Stadtkommandanten, die die Rechte der Besatzungsmacht jeweils einzeln für ihren Sektor und für Berlin gemeinsam in der Kommandantur ausüben, wird die oberste Gewalt der Westmächte über Berlin auch durch ihre Botschafter in der Bundesrepublik ausgeübt, auf die insoweit die Restbefugnisse der Hohen Kommissare bzw. der Militärgouverneure übergegangen sind (vgl. hierzu Schröder a.a.O., S. 67 f.).

9 Schreiben der Alliierten Kommandantur vom 14. Mai 1949, Dokumente zur Berlin-Frage Nr. 87; Erste Abänderungsurkunde vom 7. März 1951 BK/L (51) 29, Dokumente zur Berlin-Frage Nr. 129a und b; Erklärung über Berlin vom 5. Mai 1955 BKC/L (55) 3, Dokumente zur Berlin-Frage Nr. 194. Die Abänderungsurkunde vom 7. März 1951 wurde durch die Erklärung vom 5. Mai 1955 aufgehoben.

rungen wurden die Vorbehalte der Besatzungsmächte eingeschränkt und die Befugnisse der deutschen Behörden erweitert.

Nach der jetzt geltenden Regelung behalten sich die Alliierten Behörden das Recht vor, soweit sie es für notwendig halten, Maßnahmen zu ergreifen, die zur Erfüllung ihrer internationalen Verpflichtungen zur Sicherung der öffentlichen Ordnung, zur Erhaltung des Status und der Sicherheit Berlins, seiner Wirtschaft, seines Handels und seiner Verbindungswege notwendig sind. Die Alliierten Behörden werden ihre Machtbefugnisse „normalerweise" nur in bestimmten Gebieten (den sogenannten vorbehaltenen Gebieten) ausüben[10]. Die Formulierung, insbesondere das Wort „normalerweise" zeigt, daß die Alliierten, wenn sie es für notwendig halten, kraft ihrer obersten Gewalt auch außerhalb ihrer vorbehaltenen Rechte tätig werden können. Zu den vorbehaltenen Gebieten gehören Sicherheit, Interessen und Immunität der Alliierten Streitkräfte, Abrüstung und Entmilitarisierung, Deckung der Besatzungskosten und die Befehlsbefugnis über die Berliner Polizei, soweit sie zur Gewährleistung der Sicherheit Berlins notwendig ist. Die Beziehungen Berlins zu ausländischen Behörden gehören ebenfalls zu den vorbehaltenen Gebieten, doch ist die außenpolitische Vertretung Berlins mit Zustimmung der Alliierten weitgehend der Bundesrepublik übertragen worden. In einigen anderen Bereichen behalten sich die Alliierten ein Eingriffsrecht vor, soweit es mit den Prinzipien, die die Grundlage der Beziehungen zwischen den Alliierten und der Bundesrepublik Deutschland bilden, vereinbar ist, oder wenn die Handlungsweise der Berliner Behörden sich nicht mit diesen Grundsätzen vereinbaren läßt. Hierher gehören die Gebiete der Rückerstattung, Reparationen, Dekartellisierung, Entflechtung, ausländische Interessen in Berlin und Ansprüche gegen Berlin, die Angelegenheiten verschleppter Personen, die Aufnahme von Flüchtlingen und schließlich die Überwachung der Strafvollstreckung gegen Personen, die von Alliierten Gerichten verurteilt worden sind, soweit die Strafe in deutschen Gefängnissen vollstreckt wird[11].

10 Artikel II und III der Erklärung vom 5. Mai 1955 (vgl. Fußnote 9).

11 Im einzelnen siehe Artikel V der Erklärung vom 5. Mai 1955. Anordnungen der Alliierten Kommandantur, die unmittelbar für und gegen jedermann wirken, werden als BK/O (Order) erlassen und im Normalfall im Berliner Gesetz- und Verordnungsblatt veröffentlicht. Anordnungen, die sich an eine Berliner Behörde richten und zumeist nicht veröffentlicht werden,

Rechtsvorschriften der Besatzungsmächte können von den deutschen Gesetzgebungsorganen in Berlin nur mit vorheriger Genehmigung der Alliierten Kommandantur aufgehoben werden; dies gilt sowohl für das Besatzungsrecht aus der Zeit der Viermächte-Verwaltung als auch für Vorschriften, die später von den westlichen Besatzungsmächten erlassen worden sind[12]. Jedoch bedürfen die Akte der deutschen Gesetzgebung in Berlin keiner vorherigen Genehmigung. Sie können aber von der Kommandantur nachträglich aufgehoben werden. In der Praxis wird die Aufhebung allerdings zumeist durch vorhergehende Konsultationen vermieden. Die hier geschilderten Beschränkungen der deutschen Gesetzgebung in Berlin gelten sowohl für Berliner Landesrecht als auch für Bundesrecht, das in Berlin übernommen werden soll[13].

Im Bereich der Exekutive haben die Westmächte die Befugnisse der deutschen Behörden in den vorbehaltenen Bereichen durch verschiedene Anordnungen abgegrenzt. So untersteht nach BK/O (59) 3 die Berliner Polizei grundsätzlich dem Senat, jedoch haben sich die Besatzungsmächte eine Reihe von Kontrollbefugnissen (auch im Bereich der Stellenbesetzung vom Oberkommissar[14] auf-

werden als BK/L (Letter) bezeichnet. Daneben wird auch noch gelegentlich die Bezeichnung BK/CL (Commanding Letter) verwendet. Die einzelnen Stadtkommandanten haben das Recht, Anordnungen mit Wirkung in ihrem jeweiligen Sektor zu erlassen. Gelegentlich ergehen auch Anordnungen, die nicht von der Kommandantur verabschiedet, aber von allen drei Stadtkommandanten gleichlautend in ihrem jeweiligen Sektor in Kraft gesetzt werden (z.B. in Fragen des Straßenverkehrs).

12 Für Kontrollratsgesetze ist durch BK/L (57) 39 vom 30. September 1957 klargestellt worden, daß die Kommandantur ihre Aufhebung nur unter dem Vorbehalt genehmigt, daß diese Entscheidung durch den Kontrollrat widerrufen werden konnte. Vgl. Dokumente zur Berlin-Frage, Fußnote 5 zu Dokument 194. Die Anordnungen der Kommandantur, die durch die Kontrollratsgesetze aufgehoben wurden, enthielten ursprünglich folgende salvatorische Klausel:

> Falls der Kontrollrat seine Tätigkeit wieder aufnehmen sollte, kann diese Anordnung geändert werden.

Seit 1974 ist diese Klausel entfallen, vgl. z.B. BK/O 749 vom 14. August 1974 (GVBl. S. 1919) zur Aufhebung des Kontrollratsgesetzes Nr. 16.

13 Lush, The relationship between Berlin and the Federal Republic of Germany, The International and Comparative Law Quarterly 1965, S. 742 ff. – 762 – Gesetz Nr. 7 vom 17. März 1950 VOBl. I S. 89.

14 Entscheidend ist die Besoldungsgruppe (ab A 15). Die bei Erlaß der BK/O geltende Dienstbezeichnung (Oberkommissar) BO trifft heute nicht mehr zu.

wärts) vorbehalten. Durch BK/O (62) 9 ist die Überwachung des Grenzaufsichtsdienstes und der Berliner Zollverwaltung geregelt. Weitere Regelungen der Westmächte (die im allgemeinen von den deutschen Dienststellen in Berlin auszuführen sind) bestehen beispielsweise für die Kontrolle der Reisedokumente auf den Flugplätzen oder für die Überwachung des Aufenthalts von Ausländern in den Westsektoren[15].

Die Registrierung der Berliner Einwohner und die Ausgabe von behelfsmäßigen Personalausweisen sind durch Vorschriften aus der Zeit der Viermächte-Verwaltung (BK/O (46) 61)) geregelt, die von den Westmächten später mehrfach geändert, aber nicht aufgehoben wurden. Die Ausgabe von Reisepässen richtet sich dagegen nach dem Bundespaßgesetz, das in Berlin nur mit einer Einschränkung betreffend Militärpersonen übernommen wurde[16].

Den deutschen Gerichten sind in Berlin durch die Erklärung über Berlin vom 5. Mai 1955 und durch das Kommandanturgesetz Nr. 7 bestimmte Beschränkungen auferlegt[17]. Nach Artikel 3 des Gesetzes dürfen sie die Gesetzgebung der Besatzungsmächte nicht für ungültig erklären und müssen, wenn Zweifel über den Bestand oder über den Inhalt Alliierter Anordnungen besteht, eine Auskunft des zuständigen Sektorenkommandanten einholen, die für sie verbindlich ist. Nach Artikel 1 und 2 dürfen sie die Strafgerichtsbarkeit und die sonstige Gerichtsbarkeit über Angehörige der Besatzungsmacht nur mit Genehmigung der Alliierten Kommandantur oder

15 Vgl. BK/O (58) 3 vom 14. März 1958, GVBl. S. 304 (betr. Überwachung der Berliner Polizei); BK/O (62) 9 vom 24. Oktober 1962, GVBl. S. 1255 (betr. Überwachung des Grenzaufsichtsdienstes und der Berliner Zollverwaltung); BK/O (70) 3 vom 29. Juni 1970, GVBl. S. 1138 (betr. Kontrolle von Reisedokumenten auf den Berliner Flughäfen); BK/O (67) 7 vom 17. Juli 1967, GVBl. S. 1028 (betr. Aufenthalt von Ausländern). Zitiert nach Kuhle/Steuerwald, Berliner Gesetze.

16 Vgl. BK/O (46) 61 vom 24. Januar 1946, zuletzt geändert durch BK/O (65) 8 vom 23. Juni 1965, GVBl. S. 848 (betr. Personalausweise); BK/O (61) 16 vom 5. Oktober 1961, GVBl. S. 1616 (betr. Übernahme des Bundesgesetzes über Reisepässe usw.). Zitiert nach Kuhle/Steuerwald, Berliner Gesetze.

17 Gesetz Nr. 7 vom 17. März 1950, VOBl. I S. 89 i.d.F. des Änderungsgesetzes vom 27. August 1971, GVBl. S. 639. Vergl. ferner das Auslegungsgesetz Nr. 21 vom 20. Februar 1952, GVBl. S. 148 sowie die Durchführungsbestimmungen Nr. 2 und 3, GVBl. 1962 S. 276 und Amtsblatt der Alliierten Kommandantur 1963 S. 1158.

des zuständigen Sektorenkommandanten ausüben. Das gleiche gilt u.a. bei Straftaten, die gegen Angehörige der Besatzungsmacht verübt worden sind oder gegen besatzungsrechtliche Vorschriften verstoßen, sowie in allen Fällen, in denen eine der zu entscheidenden Fragen das Kontrollrecht einer der Besatzungsmächte antasten könnte oder eine Angelegenheit betrifft, die aus der Erfüllung von Pflichten oder Leistung von Diensten für die Alliierten Streitkräfte oder in Verbindung damit entstanden ist. Die Kommandanten haben außerdem das Recht, auch in anderen Fällen die deutsche Gerichtsbarkeit auszuschließen oder Urteile zu suspendieren, doch wird von diesen Rechten kaum Gebrauch gemacht[18]. Eine wesentlich größere Bedeutung kommt dagegen der Möglichkeit zu, die Ausübung deutscher Gerichtsbarkeit in den Fällen nicht zuzulassen, die die Erfüllung von Pflichten und Leistung von Diensten für die Alliierten Streitkräfte betreffen. Hierdurch sind wiederholt u.a. verwaltungsgerichtliche Klagen gegen Bauvorhaben angeschlossen worden, die von den Besatzungsmächten oder von deutschen Dienststellen und Firmen im Auftrag der Besatzungsmächte durchgeführt wurden.

Rechtsschutz gegen besatzungsrechtliche Maßnahmen?

In den letzten Jahren ist zunehmend diskutiert worden, ob eine Möglichkeit besteht oder geschaffen werden sollte, in derartigen Fällen eine gerichtliche Kontrolle herbeizuführen. Von rechtlichem Interesse sind vor allem die Versuche, Rechtsschutz bei den Gerichten der betreffenden Besatzungsmacht selbst zu suchen. Dabei kann es sich sowohl um besondere Gerichte handeln, die aufgrund besatzungsrechtlicher Vorschriften für Berlin gebildet worden sind, als auch um Heimatgerichte der betreffenden Besatzungsmacht.

Besondere Gerichte für Berlin sind zwar in einschlägigen Vorschriften der drei westlichen Besatzungsmächte vorgesehen, werden aber im allgemeinen nur bei besonderen Anlässen gebildet; insbesondere um Strafverfahren durchzuführen, die die unmittelbaren rechtlichen und politischen Belange der Besatzungsmächte berühren. Eine Ausnahme bildet insoweit das französische Gericht für Übertretungssachen gem. Verordnung des Hohen Kommissars der Französischen Republik vom 16.02.1954, das vor allem bei Verlet-

18 Lush, a.a.O., S. 779.

zungen der Straßenverkehrsordnung durch deutsches Personal der französischen Streitkräfte tätig wird[19].

Ein amerikanisches Gericht für Berlin war im Jahr 1978 zum ersten Mal gebildet worden, um zwei Deutsche abzuurteilen, die ein polnisches Verkehrsflugzeug zur Landung auf dem Flugplatz Tempelhof (amerikanischer Sektor) gezwungen hatten. Zum Vorsitzenden wurde der amerikanische Bundesrichter Herbert J. Stern ernannt, nachdem der zunächst ernannte 72jährige Vorsitzende (Dudley Bonsal) den Posten kurz nach seiner Ankunft in Berlin niedergelegt hatte und ein weiterer Richter (Leo Goodman) nur vorübergehend zur Verfügung stand.

Richter Stern entschied – entgegen der Rechtsauffassung der Anklage und des amerikanischen State Department – daß die Verfassung der USA in dem Verfahren unbeschränkt anwendbar sei – also Vorrang gegenüber dem Besatzungsrecht genoß – und die Angeklagten daher Anspruch auf ein Geschworenengericht hätten. Das Verfahren wurde unter Mitwirkung deutscher Geschworener nach amerikanischem Verfahrensrecht und deutschem materiellem Strafrecht durchgeführt. Gegen einen der Angeklagten erging eine Freiheitsstrafe, die durch Anrechnung der Untersuchungshaft verbüßt war[20].

Das Verfahren gegen die Flugzeugentführer und das selbstbewuß-

19 Amerikanischer Sektor: Gesetz Nr. 45 des US-Hochkommissars vom 28.4. 1985 – Amtsblatt der Alliierten Kommandantur II S. 1056; Britischer Sektor: Verordnung Nr. 68 i.d.F. vom 27.3.1950 – Amtsblatt der Alliierten Hohen Kommission S. 179; Französischer Sektor: Verordnung Nr. 242 des Hohen Kommissars der Französischen Republik vom 1.6.1950 – Amtsblatt der Alliierten Hohen Kommission S. 421; Verordnungsblatt für Berlin S. 291. Verordnung des Hohen Kommissars der Französischen Republik vom 16.2.1954 – Amtsblatt der Alliierten Hohen Kommission S. 2865. Vgl. Dieter Schröder, Besatzungsgewalt und Rechtsschutz in Berlin, Recht und Politik, Heft 1, 1985 S. 24 ff. Fußnote 32.

20 Über den Verlauf des Verfahrens hat der vorsitzende amerikanische Richter eine lebhafte Darstellung gegeben in: Herbert J. Stern, Judgment in Berlin, Universe Books, New York 1985 (deutsche Übersetzung: Ein Richter für Berlin, Roitmann Verlag, München 1984). Stern übt in seiner Veröffentlichung lebhafte Kritik an der Praxis der Besatzungsbehörde in Berlin, insbesondere an der von der Anklage und dem State Department zunächst vertretenen Auffassung, daß die amerikanische Verfassung nur in dem Umfang anwendbar sei, in dem die Besatzungsbehörden dies zuließen. Kritisch gegenüber der Darstellung von Stern: Schröder, a.a.O.

te Auftreten des amerikanischen Richters dürften der Anlaß dafür gewesen sein, daß sich eine Gruppe deutscher Bürger, die schon vorher vergeblich versucht hatte, vor deutschen und amerikanischen Gerichten gegen ein Bauvorhaben auf dem Düppeler Feld in Berlin-Zehlendorf vorzugehen, an das amerikanische Gericht wandte. Gegenstand des Verfahrens waren Wohnungsbauten, die von einer deutschen Behörde (Sondervermögens- und Bauverwaltung) unter Heranziehung deutscher Firmen im Auftrag der amerikanischen Besatzungsmacht durchgeführt werden sollten. Der Versuch, vor dem deutschen Verwaltungsgericht hiergegen vorzugehen, war gescheitert, weil der amerikanische Stadtkommandant die Ausübung deutscher Gerichtsbarkeit gemäß Gesetz Nr. 7 abgelehnt hatte.

Die Kläger hatten daraufhin versucht, den Fall vor einem amerikanischen Bundesgericht (Bezirksgericht in Washington D.C.) entscheiden zu lassen; dieses erklärte sich jedoch für unzuständig, nachdem das amerikanische State Department dem Gericht mitgeteilt hatte, daß es sich um einen Rechtsstreit zwischen deutschen Staatsangehörigen und deutschen Behörden handele.

Der Anwalt der Kläger wandte sich am 24.05.1979 an das amerikanische Gericht in Berlin, das gerade in der Angelegenheit der Flugzeugentführer tagte. Es kam jedoch zu keiner Sachentscheidung über die Klage. In einem Schreiben vom 27. Mai 1979 vertrat der amerikanische Botschafter die Auffassung, daß dieses Gericht nur für Strafsachen zuständig sei und daher in dem Verfahren über das Bauvorhaben auf dem Düppeler Feld nicht tätig werden könne. Das Schreiben und die Ausführungen, die der Vertreter des State Department vor dem Gericht machte, ließen erkennen, daß dieser Rechtsstandpunkt nach Auffassung der Besatzungsbehörden für das Gericht verbindlich war. Das Gericht begann am 28.05.1979 mit der Erörterung dieses Falles; am 29.05. entließ der amerikanische Botschafter den vorsitzenden Richter rückwirkend zum 28.05., da das Strafverfahren gegen die Flugzeugentführer erledigt sei[21].

Die Kläger wandten sich danach an das US-Distriktgericht in Washington D.C. mit dem Antrag, das State Department zur Wiedereröffnung des US-Gerichts in Berlin zu verurteilen. Das Verfahren wurde in zwei Instanzen (Distriktgericht und Appellationsgerichtshof in Washington) durchgeführt. Im Ergebnis hatten die Kläger keinen Erfolg. Das Distriktgericht wies die Klage mit der Be-

21 Stern, a.a.O. S. 341 ff., 361, 374.

gründung ab, daß internationale Beziehungen dem Urteil der Exekutive überlassen seien. Das Appellationsgericht bestätigte diese Entscheidung; es führte in der Begründung aus, daß Berlin ein amerikanisches Besatzungsgebiet sei, in dem örtliche Regierung, Einrichtungen und Gerichte "Creatures" der amerikanischen Besatzungsorgane seien. Es führte aber – ohne daß dies die Entscheidung im Ergebnis beeinflußte, aus, daß die amerikanischen Behörden die Grundrechte in bezug auf „befreundete Ausländer" zu beachten hätten[22].

In dem Verfahren, das ein Bauvorhaben der britischen Besatzungsmacht für einen Schießplatz in Gatow betraf, hatte der zuständige Sektorenkommandant ebenfalls die Ausübung deutscher Gerichtsbarkeit gemäß Gesetz Nr. 7 nicht zugelassen. Ein britisches Besatzungsgericht mit Zuständigkeit für Berlin ist in der Verordnung Nr. 68 des britischen Militärgouverneurs in der Fassung vom 27.03.1950 (Amtsblatt der Alliierten Kommissionen S. 179) ausdrücklich nur für Strafverfahren vorgesehen. Die Kläger wandten sich an den High Court in London; sie hatten im Endergebnis keinen Erfolg. Der Verlauf des Verfahrens, in dem mehrere – zum Teil selbständig anfechtbare – Zwischenentscheidungen in verschiedenen Zweigen der britischen Justiz ergingen, kann hier nur in groben Zügen dargestellt werden. Die vorbeugende Unterlassungsklage (quia timet action) vor der Chancery Division des High Court of Justice, die sich zunächst gegen den britischen Verteidigungsminister gerichtet hatte, wurde als unzulässig abgewiesen, aber zunächst gegen den Attorney General und den britischen Stadtkommandanten in Berlin zugelassen. Nachdem die Zulassung gegen den Attorney General in der zweiten Instanz aufgehoben worden war, blieb nur noch die Klage gegen den britischen Stadtkommandanten in Berlin anhängig.

Die Beklagten hatten vor der Chancery Division drei Erklärungen des britischen Außenministers (vom 03.11.83, vom 17.09. und 01.11.84) vorgelegt. In der Bescheinigung vom 03.11.83 erklärte der Außenminister gemäß Abschnitt 3 Nr. 40 a des Crown Proceeding Act (Gesetz über Zivilklagen der Krone oder gegen die Krone von 1947), daß eine etwaige Haftung der Krone jedenfalls nicht im Hinblick auf die Regierung ihrer Majestät im Vereinigten Königreich bestand. In den Bescheinigungen vom 17.09.84 und 01.11.84

22 Schröder, a.a.O. S. 25.

heißt es an den entscheidenden Stellen, daß Deutschland ein Staat im Sinne des Teils I des State Immunity Act von 1978 sei und daß zu den Personen, die im Sinne des Teils I dieses Gesetzes als Regierung von Deutschland zu betrachten sind, die Mitglieder der Alliierten Kommandatura Berlin einschließlich des britischen Militärkommandanten gehören. Diese ministeriellen Bescheinigungen waren nach den Vorschriften des Crown Proceeding Act und des State Immunity Act für die Gerichte der Chancery Division verbindlich. Die Kläger versuchten in einem weiteren Teilverfahren eine richterliche Überprüfung der Bescheinigung vor der Queen's Bench Division des High Court of Justice herbeizuführen, wurden jedoch in erster und zweiter Instanz abgewiesen. Die Gerichte bestätigten erneut die Verbindlichkeit der Regelungen und führten u.a. aus, daß Fragen, die die Anerkennung ausländischer Staaten betreffen sowie Fragen der Rechte und Vorrechte, die den Vertretern der ausländischen Staaten einzuräumen sind, in den Bereich der königlichen Hoheitsrechte fallen und deshalb einer gerichtlichen Überprüfung (jedenfalls grundsätzlich) nicht unterliegen[23].

Den zitierten ministeriellen Bescheinigungen, insbesondere den Erklärungen vom 17.9. und 1.11.1984, kommt eine grundsätzliche Bedeutung für den Rechtsstatus Deutschlands und Berlins zu, auf die an anderer Stelle einzugehen ist. Für das Verfahren hatten sie die Konsequenz, daß der britische Stadtkommandant in Berlin vor den einschlägigen Gerichten als Mitglied einer ausländischen Regierung anzusehen war und daher insoweit einer Kontrolle durch die britische Justiz nicht unterlag.

Im Ergebnis muß man sich auf die fast tautologische Feststellung beschränken, daß die Möglichkeit Rechtsschutz gegen Maßnahmen der Besatzungsbehörden bei den Heimatgerichten der betreffenden Staaten zu erlangen, von der Rechtsordnung der jeweiligen Besatzungsmacht abhängt. Nach den bisherigen Erfahrungen sind die Aussichten für eine solche Klage nicht als günstig zu betrachten. Aus rechtlichen und praktischen Gründen aussichtslos ist jeder Versuch, Rechtsschutz gegen Maßnahmen in Anspruch zu nehmen, die drei Besatzungsmächte gemeinsam im Rahmen der Kommandatura beschlossen haben. Auch der Versuch, in einem solchen Fall, übereinstimmende Entscheidungen bei den Heimat-

23 Vgl. Times Law Report vom 18.4.1985 (zur Entscheidung im Berufungsverfahren Times Law Report vom 21.2.1986).

gerichten aller drei Besatzungsmächte zu erreichen, kann nicht zum Erfolg führen. Gleichgültig ob man sich der Auffassung anschließt, daß die Kommandantur als Regierungsorgan des Staates Deutschland tätig wird, müßte nämlich beispielsweise das britische Gericht über Maßnahmen entscheiden, die (auch) von dem amerikanischen und französischen Stadtkommandanten beschlossen worden sind usw. Damit würden die Gerichte gegen völkerrechtliche Grundsätze verstoßen, insbesondere gegen das Prinzip der staatlichen Immunität und gegen den Grundsatz, daß über gemeinsame Völkerrechtsakte von dem Gericht eines der beteiligten Staaten nicht einseitig entschieden werden darf.

Dieser Rechtszustand, der in der letzten Zeit wiederholt kritisiert worden ist, kann auf die Dauer sicher nicht befriedigen. Eine rechtliche Kontrolle der Exekutive (wenn auch nicht unbedingt in der lückenlosen Form, wie sie das Grundgesetz und die Verwaltungsgerichtsordnung der Bundesrepublik Deutschland vorsehen), gehört sicher zu den Prinzipien, für die die Westmächte und die Deutschen in Berlin gemeinsam einstehen. Es erscheint auch problematisch, sich 40 Jahre nach Beendigung der Kampfhandlungen auf Machtbefugnisse zu berufen, die ihre Rechtfertigung weitgehend in dem kriegerischen Zweck der Occupatio bellica haben. Andererseits darf man nicht übersehen, daß das Besatzungsrecht nach wie vor die Grundlage für die Anwesenheit der Westmächte und die Existenz des freien Berlins bildet.

Die politische Diskussion über die Frage, ob eine Kontrolle der besatzungsrechtlichen Befugnisse herbeigeführt werden kann, ohne das Besatzungsrecht der Westmächte prinzipiell in Frage zu stellen, ist nicht genügend ausgereift, um hier erörtert zu werden. Soweit die Bildung von gemischten, deutsch-alliierten oder internationalen Gerichten in Betracht gezogen wird, müßte auch berücksichtigt werden, daß – abgesehen von politischen und rechtlichen Bedenken, die aus der Sicht der Besatzungsmächte hiergegen bestehen könnten, durch solide Institutionen auch die Rechtseinheit zwischen der Bundesrepublik und Berlin vermindert werden könnte[24].

Ein realistisches Ziel politischer Bemühungen könnte eine Bereitschaft der Westmächte sein, bei der Anwendung des Gesetzes

24 In diesem Sinn z.B. Stern a.a.O. sowie der Bericht über eine Tagung der Friedrich-Ebert-Stiftung in Königslutter unter dem Motto „Mehr Souveränität wagen" ppp vom 29.4.1985. So auch Schröder a.a.O., S. 29.

Nr. 7 größere Selbstbeschränkung zu üben. Als Maßstab hierfür kämen Grundgedanken in Betracht, die in den Nummern I, II und III der Erklärung über Berlin vom 5. Mai 1955 verankert sind. Denkbar wäre, daß die Alliierten sich bereit erklärten, die Ausübung deutscher Gerichtsbarkeit nur auszuschließen, wenn dies zur Erfüllung internationaler Verpflichtungen, zur Sicherheit der öffentlichen Ordnung und zur Erhaltung der Sicherheit Berlins erforderlich ist, oder wenn die Sicherheit oder die (grundsätzliche) Immunität ihrer eigenen Streitkräfte dies erfordern. Dagegen sollte die Immunität der Streitkräfte nicht als Hebel benutzt werden, um die deutsche Gerichtsbarkeit bei Vorhaben auszuschließen, die aus der Sicht der Besatzungsmächte zwar nützlich erscheinen mögen, aber für ihre Sicherheit oder die Sicherheit Berlins nicht zwingend erforderlich sind.

Entmilitarisierung

Zu den Grundsätzen, über die sich die vier Mächte in den ersten Jahren der Nachkriegszeit einig waren, gehörte die vollständige Entmilitarisierung Deutschlands einschließlich des Verbots einer Kriegsindustrie. In dem Potsdamer Abkommen (vgl. Seite 301), das allerdings ohne Beteiligung Frankreichs zustande kam, hatten sich die Vertragspartner untereinander zur Entmilitarisierung Deutschlands verpflichtet. In Abschnitt III der Potsdamer Schlußakte heißt es:
“Die Ziele der Besetzung Deutschlands, durch welche der Kontrollrat sich leiten lassen soll, sind: völlige Abrüstung und Entmilitarisierung Deutschlands und die Ausschaltung der gesamten deutschen Industrie, welche für eine Kriegsproduktion benutzt werden kann oder deren Überwachung.”

Konkrete Regelungen, die selbstverständlich für ganz Deutschland und nicht nur für Berlin rechtsverbindlich waren, wurden vom Kontrollrat erlassen; zu erwähnen sind vor allem die Gesetze Nr. 2, Nr. 8 und Nr. 43 sowie die Proklamation Nr. 2. Durch Gesetz Nr. 2 über die Auflösung und Liquidierung der Nazi-Organisationen wurden auch alle halbmilitärischen Organisationen der NSDAP verboten. Durch das Gesetz Nr. 8 wurde jede mittelbare und unmittelbare Ausbildung (durch Verbände, Vereine, Gruppen oder Einzelpersonen) untersagt, die Theorie, Grundsätze, Technik oder Mechanik des Krieges lehrten oder irgendwelche kriegerischen Handlungen vorbereiteten. Nach dem Gesetz Nr. 43 ist schließlich die

Herstellung, die Einfuhr, die Ausfuhr, die Beförderung und die Lagerung von Kriegsmaterial verboten[25].

Während die Entmilitarisierungsvorschriften des Kontrollrats in den übrigen Teilen Deutschlands durch die politische Entwicklung obsolet wurden und inzwischen aufgehoben worden sind, sind sie für Berlin – und zwar de jure für ganz Berlin, de facto freilich nur für die Westsektoren – in Kraft geblieben. Eine Aufhebung der betreffenden Kontrollratsgesetze wäre für Berlin nur durch einen übereinstimmenden Beschluß aller vier Siegermächte möglich; für die Westsektoren wäre die Alliierte Kommandantur zu einem entsprechenden Gesetzgebungsakt befugt. Die Westmächte haben jedoch konsequent den Standpunkt vertreten, daß jede Aufhebung oder Verletzung der Entmilitarisierungsvorschriften in Ost- ebenso wie in West-Berlin nach ihrer Auffassung mit dem Status der Stadt nicht vereinbar ist.

Es kann dagingestellt bleiben, ob dieser Standpunkt auf Rechtsgründen beruht oder ob es sich hierbei um eine politische Entscheidung handelt. Angesichts der Einbeziehung des Ostsektors in das militärische Verteidigungssystem der DDR wäre es mindestens unter dem Gesichtspunkt des Tu quoque zulässig gewesen, wenigstens eine begrenzte militärische Aktivität der Bundesrepublik in den Berliner Westsektoren zuzulassen. Von dieser Möglichkeit haben die Westmächte aber keinen Gebrauch gemacht. Sie protestieren zwar regelmäßig gegen die militärischen Aktivitäten der DDR im Ostsektor – insbesondere wenn die Nationale Volksarmee der DDR dort an Paraden teilnimmt[26] – in ihren Sektoren halten sie

25 Die Darstellung in der Vorauflage, die den Eindruck erweckt, daß der entmilitarisierte Status Berlins unmittelbar auf dem Potsdamer Abkommen beruht, muß hier korrigiert werden. Maßgeblich ist nicht dieses Abkommen, das unmittelbare Rechtswirkungen nur zwischen den drei beteiligten Mächten entfaltet. Entscheidend sind vielmehr die Rechtsnormen, die die Besatzungsmächte – zum Teil in Erfüllung dieses Abkommens – in Deutschland in Kraft gesetzt haben.

26 Auf den entmilitarisierten Status Berlins haben sich die Westmächte auch in ihrer Erklärung vom 14.7.1976 berufen, in der sie eine Grenzverletzung verurteilen, die ein Angehöriger der NVA am 9. Juli 1976 an der Demarkationslinie zwischen dem Ostsektor und dem Amerikanischen Sektor begangen hat. Es heißt dort „Die Anwesenheit von bewaffnetem und uniformiertem Militär in Groß-Berlin widerspricht dem entmilitarisierten Status der Stadt. Die Alliierten verurteilen die Anwesenheit solchen Personals, auch wenn es nur kurz auftritt . . .". Vgl. Landespressedienst Berlin vom 10.8.1976.

aber strikt an der Einhaltung der Entmilitarisierungsvorschriften fest. Jede militärische Aktivität des Bundes oder einer anderen deutschen Gebietskörperschaft ist hier durch Alliierten-Vorbehalt ausgeschlossen. Bundesgesetze, die den Bereich der Landesverteidigung betreffen, können in Berlin nicht übernommen werden; Angehörige der Bundeswehr dürfen sich mit Waffen oder in Uniform nicht in den Westsektoren aufhalten. Deutsche, die ihren Wohnsitz in den Westsektoren haben, können hier nicht zur Bundeswehr einberufen werden[27]. Die Entmilitarisierung der Westsektoren in dem angedeuteten Umfang ist jetzt durch das Viermächte-Abkommen, insbesondere durch die Vorschriften, die auf den Status quo verweisen, vertraglich festgeschrieben.

27 Zum Inhalt der Alliierten-Vorschriften, die eine Einberufung von Deutschen mit Wohnsitz in Berlin verbieten, vgl. Amtsgericht Tiergarten, Beschlüsse vom 1.10.1969 und 16.2.1970, NJW 1970, S. 1281, 1283 mit Anmerkung von Finkelnburg, sowie Finkelnburg NJW 1970 S. 157 und Döring, NJW 1970 S. 1872. Entscheidend ist in jedem Fall, ob der Betroffene vor Zustellung des Einberufungsbescheids seinen ständigen Aufenthalt in Berlin hat. Vgl. auch: LG Marburg, NJW 1972 S. 1827; OLG Stuttgart, NJW 1972 S. 2324 und OLG Schleswig, NJW 1973 S. 2121; OLG Hamm, NJW 1974 S. 1293.

SECHSTES KAPITEL
DER RECHTSSTATUS DES OSTSEKTORS

Rechtsentwicklung

Nachdem die Viermächte-Verwaltung Berlins bereits im Juni 1948 zum Erliegen gekommen war, wurde die administrative Spaltung der Stadt auf der Ebene der deutschen Staatsorgane am 30. November 1948 vollendet, als eine im Sowjetsektor einberufene Versammlung ohne verfassungsrechtliche Grundlage den Magistrat für abgesetzt erklärte und einen neuen (provisorischen) Magistrat wählte, der von der sowjetischen Besatzungsmacht als einziges rechtmäßiges Organ der Stadtverwaltung anerkannt wurde [1]. Von diesem Zeitpunkt an bestanden in Berlin zwei deutsche Stadtverwaltungen, die Regierungsbefugnisse für die ganze Stadt beanspruchten, deren Wirkungsbereich de facto aber auf die Westsektoren bzw. auf den Ostsektor beschränkt war.

In den ersten Jahren nach der administrativen Spaltung der Stadt wurde der Viermächte-Status auch in Ost-Berlin bis zu einem gewissen Grad respektiert. Der Ostsektor wurde zunächst nicht voll in die Sowjetische Besatzungszone eingegliedert, er wurde aber durch Gesetzgebungsakte des Magistrats und anfangs auch durch Befehle des sowjetischen Stadtkommandanten dem politischen, rechtlichen und wirtschaftlichen System der SBZ und später dem der DDR angeglichen [2]. Diese Angleichung ging im Laufe der Entwicklung weiter, als es im Verhältnis zwischen den Westsektoren und der Bundesrepublik Deutschland möglich war. Sie führte dazu, daß der Ostsektor heute mit einigen Einschränkungen, die zwar

1 Vgl. Schreiben des sowjetischen Stadtkommandanten vom 2. Dezember 1948, Dokumente zur Berlin-Frage Nr. 77.

2 Vgl. Mampel, Der Sowjetsektor von Berlin, S. 71 ff.

rechtlich beachtlich sind, denen aber nur eine geringe politische Bedeutung zukommt, in die DDR eingegliedert ist.

Anders als in den Westsektoren wurden im sowjetischen Sektor die Kompetenzen zwischen der Besatzungsmacht und der deutschen Verwaltung nicht eingehend abgegrenzt. Im November 1949 wurden der Regierung der DDR die Verwaltungsfunktionen übertragen. Zugleich wurde die Sowjetische Militärverwaltung aufgelöst und durch eine Kontrollkommission ersetzt. In der Erklärung des Vorsitzenden dieser Kommission vom 11.11.1949 heißt es hierzu, daß ihre Aufgabe in der Kontrolle der Durchführung der Potsdamer Beschlüsse und der anderen von den Vier Mächten gemeinsam getroffenen Entscheidungen über Deutschland bestehe. Dem Vertreter der sowjetischen Kontrollkommission in Berlin wie auch ihren Vertretern in den anderen großen Städten und in den Ländern oblagen dieselben Kontrollaufgaben. – Somit gingen die Verwaltungsfunktionen auch im Berliner Ostsektor an die deutschen Staatsorgane über. In Übereinstimmung mit den bekannten internationalen Beschlüssen werde der Vertreter der sowjetischen Kontrollkommission in Berlin die erforderlichen Beziehungen mit den entsprechenden Vertretern der westlichen Besatzungsmächte aufrechterhalten[3].

Die sowjetische Besatzungsmacht mischte sich noch einmal massiv in die inneren Angelegenheiten des Ostsektors ein, als sie nach Ausbruch des Volksaufstandes vom 17. Juni 1953 den Ausnahmezustand im sowjetischen Sektor von Berlin erklärte[4]. Im übrigen machte die Sowjetunion von ihren besatzungsrechtlichen Befugnissen nur zurückhaltend Gebrauch und übertrug mit der Zeit weitere Befugnisse auf die deutschen Staatsorgane der DDR und des Ostsektors. Mit Abschluß des Moskauer Vertrages vom 20. September 1955 wurde das Amt des Hohen Kommissars der UdSSR in Deutschland aufgelöst und dieser durch einen Botschafter ersetzt[5]. Kurz darauf wurde die Grenzkontrolle an den Grenzen der DDR sowie an der Demarkationslinie um Berlin und der Sek-

3 Erklärung des Vertreters der sowjetischen Kontrollkommission vom 11.11.1949, Dokumente zur Berlin-Frage Nr. 109.

4 Befehl des Militärkommandanten des Sowjetischen Sektors von Berlin über die Erklärung des Ausnahmezustandes im Sowjetischen Sektor von Berlin. Vgl. Mampel, Der Sowjetsektor von Berlin, S. 384, Fußnote 83a.

5 Beschluß des Ministerrats der UdSSR vom 20. September 1955, Dokumente zur Berlin-Frage Nr. 200.

torengrenze, die bisher von sowjetischen Truppen ausgeübt worden war, von der Grenzpolizei der DDR übernommen. Lediglich die Kontrolle der Alliierten Militärtransporte von und nach Berlin blieb den sowjetischen Besatzungstruppen vorbehalten[6]. Spätestens seit der zweiten Berlin-Krise (1958) vertraten die kommunistischen Staaten mit zunehmender Intensität den Standpunkt, daß für Fragen des Berlin-Status und insbesondere des zivilen Verkehrs von und nach Berlin nicht mehr die sowjetische Besatzungsmacht, sondern die DDR zuständig sei. Am 22.8.1962 wurde die Kommandantur der sowjetischen Truppen in Berlin schließlich aufgelöst, nachdem die Westmächte während einer akuten Krise mehrfach vorgeschlagen hatten, Besprechungen aller vier Stadtkommandanten einzuberufen. Den Befehl über die sowjetischen Truppen, die zusammen mit den Truppen der Westmächte das Zuchthaus in Spandau bewachen und den Schutz für das Ehrenmal der sowjetischen Soldaten in Tiergarten stellen, übernahm der Oberbefehlshaber der sowjetischen Truppen in Deutschland unmittelbar[7]. Auf der Ebene der deutschen Verwaltung wurde die vorläufige Berliner Verfassung vom 13. August 1946 nach der administrativen Spaltung der Stadt im Ostsektor nicht mehr angewendet, obgleich sie nicht formell außer Kraft gesetzt wurde. Eine Volksvertretung bestand zunächst nicht; auch die „außerordentliche Stadtverordnetenversammlung" trat nach dem 30. November 1948 nicht mehr zusammen. Der Magistrat fungierte auch als Organ der Gesetzgebung. Erst am 29.5.1950 gab er sich eine Geschäftsordnung. Am 8.6.1950 erließ er eine „Hauptsatzung", die bis zum Jahre 1953 die verfassungsmäßige Grundlage für seine eigene Tätigkeit bildete[8].

Im Januar 1953 wurde die Verwaltungsstruktur des Ostsektors durch eine Reihe von Magistratsverordnungen dem zentralistischen Staatsaufbau, der in der DDR bereits im Jahre 1952 eingeführt worden war, weiter angeglichen. Es wurden wieder Volksvertretungen für Groß-Berlin (de facto also für den Ostsektor) und für die

6 Schreiben des Außenministers der DDR an den Außenminister der Sowjetunion vom 20. September 1955 und Mitteilung des Ministerpräsidenten der DDR vom 9. Dezember 1955 über die Bewachung und Kontrolle der Staatsgrenzen der DDR durch die Deutsche Grenzpolizei. Dokumente zur Berlin-Frage 109, 201.

7 Mampel, S. 384.

8 Mampel, S. 67 ff.

Stadtbezirke gebildet[9] . Die Legislative blieb aber weiterhin überwiegend dem Magistrat überlassen. Erst durch eine „Arbeitsordnung" des Magistrats vom 17.5.1955 wurde eine Rechtsgrundlage für seine Tätigkeit im Bereich der Gesetzgebung geschaffen[10] . Die Gesetze der DDR galten im Ostsektor von Berlin nicht unmittelbar; sie wurden dort zumeist durch einen Rechtssetzungsakt des Magistrats in Kraft gesetzt. Die Formen der Veröffentlichung im Verordnungsblatt für Groß-Berlin wurden nach Inkrafttreten der DDR-Verfassung vom 6. April 1968 vereinfacht (im einzelnen vgl. unten Seite 94).

In Artikel 2 Absatz 2 der ersten DDR-Verfassung wurde Berlin zur Hauptstadt der DDR erklärt; eine entsprechende Formulierung enthält Artikel 1 Absatz 2 der Verfassung vom 6. April 1968. Allerdings sind beide Verfassungen im Ostsektor nicht formell in Kraft gesetzt worden. Die Geschäftsordnung des Magistrats vom 29. März 1950 nahm jedoch indirekt auf Artikel 2 Absatz 2 der ersten DDR-Verfassung Bezug. Nach § 1 Nr. 1 Absatz 3 der Geschäftsordnung war der Oberbürgermeister für die Durchführung der politischen Grundsätze verantwortlich, nach denen die demokratische Verwaltung der Hauptstadt der Deutschen Demokratischen Republik auszuüben war[11] . Wie bereits festgestellt wurde, fungierte der Ostsektor auch tatsächlich als Hauptstadt der DDR, d.h. als Sitz der Regierungsorgane und der ausländischen diplomatischen Vertretungen.

Ein entscheidender Schritt zur Eingliederung des Berliner Ostsektors in die DDR erfolgte am 28.1.1957 mit der Übernahme des Gesetzes über die örtlichen Organe der Staatsmacht und mit dem Beschluß der Volksvertretung von Groß-Berlin über die Anwendung des Gesetzes über die Rechte und Pflichten der Volkskammer gegenüber den örtlichen Volksvertretungen. Obgleich das Gesetz über die örtlichen Organe der Staatsmacht mit der Einschränkung übernommen wurde, daß es in Berlin nur unter Berücksichtigung des Aufbaus und der Stellung der staatlichen Organe von Groß-Berlin gelte, ordnete sich mit Übernahme dieser Vorschriften die Volksvertretung des Sowjetsektors der Volkskammer und der Magistrat dem Ministerrat der DDR unter. Dieser Akt kam im Ergebnis einer

9 Mampel, S. 81. Dokumente zur Berlin-Frage Nr. 154.

10 Mampel, S. 90.

11 Dokumente zur Berlin-Frage Nr. 150.

Annexion des Ostsektors durch die DDR gleich[12]. Die Volksvertretung für Groß-Berlin bezeichnete sich von diesem Zeitpunkt an wieder als Stadtverordnetenversammlung; die Volksvertretungen der Stadtbezirke wurden als Bezirksverordnetenversammlungen bezeichnet.

Auch das Gesetz über die Vervollkommnung und Vereinfachung der Arbeit des Staatsapparats vom 11.2.1958 wurde durch Magistratsverordnung vom 14.2.1958 für den Sowjetsektor in Kraft gesetzt. Am 4.12.1959 gab sich der Magistrat eine neue Arbeitsordnung, die den Verwaltungsreformen von 1957 und 1958 Rechnung trug[13].

Ein weiterer Schritt zur Einbeziehung des Ostsektors in die DDR erfolgte, als durch Gesetz vom 12.9.1960 das Amt des Präsidenten der Republik in der DDR abgeschafft und durch ein kollektives Organ, den Staatsrat, ersetzt wurde. Während der Präsident der Republik in Ost-Berlin keine Befugnisse hatte und zum Beispiel das Gnadenrecht dort vom Magistrat ausgeübt wurde, wurden die Befugnisse des Staatsrats, der nicht nur als kollektives Staatsoberhaupt fungiert, sondern in der sitzungsfreien Zeit auch die Funktionen der Volkskammer wahrnimmt, auf den Berliner Ostsektor ausgedehnt[14].

Am 7.9.1961 erließ der Staatsrat aufgrund einer Vorlage des Magistrats Ordnungen über die Aufgaben und Arbeitsweise der Stadtverordnetenversammlung von Groß-Berlin und ihrer Organe sowie der Stadtbezirksversammlungen und ihrer Organe in den Stadtbezirken von Groß-Berlin. Die Ordnungen wurden in einem Sonderdruck des Gesetzblattes der DDR, nicht aber im Verordnungsblatt für Groß-Berlin veröffentlicht. Der Ostsektor wurde damit in einem weiteren wesentlichen Punkt den Großstädten der DDR gleichgestellt und trat praktisch in die Funktion eines Bezirks der DDR ein[15].

Im übrigen wurde der Berliner Ostsektor fast lückenlos in das Rechts-, Wirtschafts- und Verwaltungssystem der DDR einbezogen. Bereits im Jahre 1953 erhielten die Einwohner Ost-Berlins die Personalausweise der DDR. Auswärtige Beziehungen, Außen-

12 Mampel, S. 328 ff., 332 f., 336.

13 Mampel, S. 344, 354.

14 Mampel, S. 355, 358.

15 Mampel, a.a.O.,

handel und die Wirtschaftsverwaltung wurden den Organen der DDR unterstellt[16]. Die DDR-Gesetze vom 1.10.1959, durch die die Justiz im kommunistischen Sinne reformiert wurde, wurden durch Magistratsverordnung vom 27.11.1959 übernommen[17]. Anders als die Berliner Westsektoren, die von der Wiederbewaffnung der Bundesrepublik ausgeschlossen wurden, wurde der Ostsektor Berlins in die Militarisierung der DDR einbezogen. Seit dem 1. Mai 1956 nimmt die Nationale Volksarmee der DDR regelmäßig an den Mai-Paraden im Ostsektor teil. Durch Magistratsverordnung vom 26. Januar 1962 wurden das Verteidigungsgesetz, das Wehrpflichtgesetz und das Militärgesetz der DDR übernommen. Nach Auflösung der sowjetischen Kommandantur im Ostsektor wurde am 23.8.1962 ein deutscher „Stadtkommandant für die Hauptstadt der Deutschen Demokratischen Republik Berlin" eingesetzt[18].

Rechtliche und politische Besonderheiten des Ostsektors

Trotz der weitergehenden Eingliederung in die DDR verblieben dem Berliner Ostsektor zunächst einige Besonderheiten, von denen allerdings ein großer Teil im Laufe der politischen Entwicklung entfallen ist. Weder die erste, noch die zweite Verfassung der DDR sind formell für Ost-Berlin übernommen worden, obgleich die Volksabstimmung über die zweite DDR-Verfassung auch dort stattgefunden hat. Dagegen wurden die zahlreichen verfassungsdurchbrechenden Gesetze (die unter der Geltung der ersten Verfassung eine entscheidende Rolle für die staatliche Entwicklung der DDR spielten) ausdrücklich auch auf den Ostsektor ausgedehnt[19]. Nachdem im Jahre 1957 die Gesetze über die örtlichen Organe der Staatsmacht und über die Rechte und Pflichten der Volkskammer gegenüber den örtlichen Volksvertretungen übernommen worden waren, wurde der Ostsektor zunehmend wie ein Teil der DDR behandelt. Diese Tendenz verstärkte sich, als die Sowjetunion und die DDR im Laufe des Jahres 1958 den Standpunkt einnahmen, daß ganz Berlin auf dem Territorium der DDR liege[20]. Ein entscheidender Schritt zur Annexion des Ostsektors

16 Die Berlin-Regelung, S. 217.

17 Mampel, S. 351.

18 Dokumente zur Berlin-Frage Nr. 316. Mampel S. 325, Fußnote 96 c.

19 Mampel, S. 94.

20 Mampel, S. 336 ff.

war es, daß auf Anordnung des Ministerrats der DDR am 13. August 1961 die Mauer in Berlin gebaut und die Stadt damit endgültig gespalten wurde[21].

Im verfassungsrechtlichen Bereich sind die letzten Besonderheiten, durch die sich der Ostsektor vom Territorium der DDR unterschied, entfallen und zwar mit der Einstellung des Verordnungsblatts für Groß-Berlin (ab September 1976) und durch die unmittelbare Wahl der auf den Ostsektor entfallenden Volkskammerabgeordneten gemäß Beschluß der Volkskammer vom 28. Juni 1976.

Wie oben dargestellt wurde, galten die Gesetze der DDR im Berliner Ostsektor ursprünglich nicht unmittelbar; sie wurden vom Ostberliner Magistrat zumeist durch eine Verordnung übernommen und im Verordnungsblatt für Groß-Berlin veröffentlicht. Seit Inkrafttreten der 2. DDR-Verfassung vom 6. April 1968 wurden die übernommenen Gesetze im Ostberliner-Verordnungsblatt allerdings nicht mehr in ihrem Wortlaut wiedergegeben, sondern nur noch aufgezählt. Eine vorübergehende Änderung trat in der Zeit zwischen dem 9. April und dem 7. Mai 1974 ein; in dieser Zeit bezeichneten sich die Selbstverwaltungsorgane des Ostsektors als "Der Magistrat" bzw. "Die Stadtverordnetenversammlung der Hauptstadt der DDR". Seit dem 7. Mai 1974 wurde wieder die Bezeichnung "Groß-Berlin" verwendet. Ab September 1976 wurde das Verordnungsblatt für Groß-Berlin eingestellt, ohne daß dies von seiten der DDR offiziell bekanntgegeben oder begründet wurde[22].

Für die Wahlen zur Volkskammer der DDR unterschied noch das Wahlgesetz vom 31. Juli 1963 in der Fassung des Änderungsgesetzes vom 17. Dezember 1969 in § 7 zwischen den 434 "Abgeordneten" der Volkskammer und 66 (indirekt gewählten) "Vertre-

21 In den Verordnungsblättern, die zwischen dem 9. April und dem 7. Mai 1974 erschienen, bezeichneten sich die Selbstverwaltungsorgane des Ostsektors bei Unterzeichnung der Veröffentlichungen „Der Magistrat" bzw. „Die Stadtverordnetenversammlung der Hauptstadt der DDR". Seit dem 7. Mai 1974 wird wieder die Bezeichnung „Groß-Berlin" verwendet. Als Herausgeber wurde in der Titelleiste auch in dem erwähnten Zeitabschnitt unverändert der Magistrat von Groß-Berlin genannt.
Ab September 1976 wurde das Verordnungsblatt für Groß-Berlin ohne besondere Ankündigung eingestellt. Damit und mit der Direktwahl der Volkskammerabgeordneten sind die letzten Besonderheiten des Berliner Ostsektors im verfassungsrechtlichen Bereich entfallen.

22 Vergleiche hierzu auch Mampel in „10 Jahre Berlin-Abkommen . . .", S. 121 (132 ff.).

tern", die die "Hauptstadt der DDR Berlin" entsandte. In § 7 des Wahlgesetzes vom 24. Juni 1976 entfiel die Bezeichnung "Vertreter". Es hieß dort, daß die Volkskammer aus 500 Abgeordneten bestehe, von denen die Hauptstadt der Deutschen Demokratischen Republik Berlin 66 entsende. Aus der Wahlkreiseinteilung ging aber zunächst hervor, daß der Berliner Ostsektor nicht an der Direktwahl der Volkskammerabgeordneten beteiligt war. Dieser letzte Schritt wurde dann am 28.06.1979 durch eine Änderung des Wahlgesetzes vollzogen. Es heißt jetzt nur noch, daß die Volkskammer aus 500 Abgeordneten besteht. Bei den Volkskammerwahlen am 14.6.1981 wurde der Ostsektor zum ersten Mal in die unmittelbaren Wahlen einbezogen[22a].

Eine weitere Besonderheit bestand darin, daß bis September 1960 Deutsche, die in der Bundesrepublik oder die in den Westsektoren wohnten, und Ausländer den Ostsektor ohne besondere Formalitäten betreten konnten, während eine Einreise in die DDR seit dem 20. Mai 1952 nur mit Genehmigung möglich war. Durch einen Erlaß des Innenministers der DDR vom 8. September 1960 wurde die Einreise in den Ostsektor für Bewohner Westdeutschlands genehmigungspflichtig gemacht, jedoch ist eine Tagesaufenthaltsgenehmigung für den Ostsektor weiterhin leichter zu erlangen als die Aufenthaltsgenehmigung für die DDR[23]. Für Deutsche mit dem Wohnsitz in Westdeutschland und Ausländer änderte sich hieran auch nach der Spaltung der Stadt im August 1961 nichts. An die Stelle der vom Innenministerium ausgestellten Tagesaufenthaltsgenehmigungen, die westdeutsche Besucher für den Besuch des Ostsektors benötigen, ist neuerdings ein Visum getreten, das den Stempel des Außenministeriums trägt, aber ebenfalls unter leichteren Voraussetzungen erteilt wird.

Bewohner der Westsektoren konnten bis zur Spaltung der Stadt im August 1961 ohne Genehmigung in den Ostsektor einreisen. Von diesem Zeitpunkt an bis zum Jahre 1972 bestand eine Einreisemöglichkeit für sie nur noch vorübergehend aufgrund der Passierscheinvereinbarungen der Jahre 1963 bis 1966, die einen Verwandtenbesuch im Ostsektor, nicht aber in der DDR, vorsahen.

22a Vergleiche Mampel a.a.O.; zur Änderung des Wahlgesetzes: Neues Deutschland vom 29.6.1979; zu den Protesten der Westmächte: Tagesspiegel vom 29.6.1979.

23 Riklin, Das Berlinproblem, S. 198; Dokumente zur Berlin-Frage Nr. 451.

Bemerkenswert ist auch, daß die Sozialdemokratische Partei Deutschlands in Ost-Berlin, anders als in der DDR, zugelassen war, bis sie sich nach der Spaltung der Stadt am 13.8.1961 selbst auflöste.

Bestehen geblieben sind dagegen einige weitere Besonderheiten des Sowjetsektors, die sich schließlich aus dem besatzungsrechtlichen Status der Stadt ergeben. Die Angehörigen der Streitkräfte der drei Westmächte können den Sowjetsektor in Uniform betreten. Außerdem können sich Flugzeuge aller Besatzungsmächte gemäß den Flugvorschriften vom 22. Oktober 1946 in der Kontrollzone Berlin bewegen und dabei auch den Ostsektor überfliegen[24].

Zu Beginn des Jahres 1977 sind jedoch zwei rechtliche und administrative Besonderheiten des Ostsektors durch einseitige Akte des DDR-Regimes beseitigt worden. Aufgrund einer Änderung des Paßgesetzes der DDR benötigen Ausländer und Staatenlose, die von Berlin (West) in den Ostsektor einreisen, für einen Tagesaufenthalt ein Visum, das gegen Gebühr am Grenzübergang erteilt wird und – ohne Rücksicht auf die Stunde der Einreise – um 24 Uhr seine Gültigkeit verliert. Bis zu diesem Zeitpunkt hatten Ausländer und Staatenlose zur Einreise in den Ostsektor eine Bescheinigung erhalten, die zu einem vierundzwanzigstündigen Aufenthalt berechtigte.

Ebenfalls am 1. Januar 1977 sind die Kontrollen an den Strassenübergängen zwischen dem Berliner Ostsektor und der DDR stillschweigend aufgehoben worden[25].

24 Mampel, S. 385 f.

25 Die Westmächte haben zu diesen Maßnahmen des DDR-Regimes am 6.1.1977 eine Erklärung abgegeben, die auf eine Erklärung des Außenministeriums der DDR vom 31.12.1976 Bezug nimmt und in der es heißt: „Aus dieser Erklärung wird klar, daß der Zweck dieser Maßnahmen darin bestand, den Eindruck zu erwecken, daß die DDR durch einseitige Schritte unter Verletzung des Viermächte-Abkommens vom 3. September 1971, das auf ganz Berlin Anwendung findet, den Status von Groß-Berlin verändern könnte. Weder Handlungen noch Erklärungen dritter Staaten können die Rechte und Verantwortlichkeiten der Vier Mächte oder den Status von Groß-Berlin, die unverändert bleiben, berühren.
Die Regierungen der Vereinigten Staaten, Frankreichs und des Vereinigten Königreichs teilen mit der Regierung der Sowjetunion die Verantwortung für die Aufrechterhaltung des Status von Groß-Berlin, der nur durch Ver-

Die Rechtslage des Ostsektors – Hauptstadtfunktion

Wie bereits gezeigt wurde, ist der Ostsektor de jure Teil des Besonderen Besatzungsgebiets Berlin, in dem die oberste besatzungsrechtliche Gewalt den vier Hauptsiegermächten gemeinsam zusteht. Er war während der Zeit der intakten Viermächte-Verwaltung kein Teil der Sowjetischen Besatzungszone, und er kann daher rechtlich auch nicht als Bestandteil der DDR angesehen werden. Auch das Viermächte-Abkommen über Berlin hat an dieser Rechtslage nichts geändert; in dem Abkommen selbst hat man alle Formulierungen vermieden, durch die der Ostsektor eindeutig als Bestandteil der DDR anerkannt worden wäre (vgl. Teil III, S. 218 ff). Unterhalb der besatzungsrechtlichen Ebene ist der Ostsektor als Teil der deutschen Gebietskörperschaft Berlin anzusehen, der im Jahre 1946 staatliche Funktionen übertragen wurden und deren rechtmäßige Verfassungsorgane ihren Sitz in den Westsektoren haben[26]. Daß insbesondere die in den Westsektoren tätigen Staatsorgane keine Jurisdiktion über den Ostsektor beanspruchen, wurde bereits festgestellt[27].

Zur Unterstützung ihres Standpunktes – daß ein besatzungsrechtliches Regime nur noch in den Westsektoren besteht –, berufen sich die Sowjetunion und die DDR auch darauf, daß Berlin von der DDR bereits in ihrer ersten Verfassung als Hauptstadt in Anspruch genommen worden ist und der Berliner Ostsektor tatsächlich als ihre Hauptstadt fungiert[28]. Hieraus lassen sich jedoch keine

einbarung aller Vier Mächte verändert werden kann. Sie erwarten von der Regierung der Sowjetunion, daß sie ihren Verpflichtungen in bezug auf Berlin nachkommt". Die drei Westmächte werden der Sowjetunion diesen ihren Standpunkt in einer Démarche zur Kenntnis bringen.

26 Durch einen einseitigen Akt des DDR-Regimes oder der Ost-Berliner Verwaltung könnte weder das Berliner Besatzungsgebiet noch die deutsche Gebietskörperschaft Berlin in ihrem Gebietsstand verändert werden. Soweit die DDR zusätzliche Gebietsteile in den Ostsektor eingemeindet, liesse sich allerdings auch der Standpunkt vertreten, daß sie das eingemeindete Territorium dem besatzungsrechtlichen Viermächte-Status unterstellt hat.

27 Finkelnburg NJW 1974 S. 1969 (1970) spricht in diesem Zusammenhang von einem völkerrechtlichen Postulat ohne Blut und Leben. Eine praktische Notwendigkeit, darauf Bedacht zu nehmen, bestehe nicht mehr; nur rechtliche Vorsicht rate dazu, es nicht völlig zu vernachlässigen.

28 Riklin „Das Berlinproblem", S. 159 f., weist darauf hin, daß die Westmächte es unterlassen haben, hiergegen Protest einzulegen. Den Grund hierfür kann man darin sehen, daß der Bezeichnung „Hauptstadt" weder

Rückschlüsse auf den Rechtsstatus – insbesondere auf den besatzungsrechtlichen Status – des Ostsektors ziehen. Dem Wort „Hauptstadt" kommt im Völkerrecht keine besondere Relevanz zu. Die Hauptstadt ist im Normalfall die Stadt, in der die höchsten Organe eines Staates ihren Sitz haben. Obgleich Berlin nicht zur Sowjetischen Besatzungszone gehörte, hatten die Zentralverwaltungen dieser Zone schon zur Zeit der Viermächte-Verwaltung ihren Sitz im Ostsektor der Stadt (vgl. oben S. 59 f.). Wenn die Besatzungsmächte es jetzt dulden, daß die DDR den Berliner Ostsektor als Hauptstadt in Anspruch nimmt, so bedeutet dies nur, daß die Regierung und die Volkskammer der DDR – wie schon vorher die Zentralverwaltungen der SBZ – ihren Sitz dort errichten können. An dem besatzungsrechtlichen Status der Stadt hat sich dadurch nichts geändert[29].

Eine gewisse Unterstützung hat die Hauptstadt-These – nach Abschluß des Grundlagenvertrages zwischen der Bundesrepublik Deutschland und der DDR dadurch erhalten, daß die von den drei Westmächten zur DDR entsandten Botschaften ihren Sitz im Berliner Ostsektor haben. Auch hiermit haben die Westmächte aber die Zugehörigkeit des Ostsektors zur DDR nicht anerkannt. Zumindest der englische Sprachgebrauch, in dem nicht von einem „Botschafter in", sondern von einem „Botschafter bei" (ambassador to) die Rede ist, erleichtert es, ihren Standpunkt auch nach Aufnahme der diplomatischen Beziehungen aufrechtzuerhalten. Auch die Ständige Vertretung der Bundesrepublik ist nach ihrer offiziellen Bezeichnung „bei" und nicht „in" der DDR errichtet worden.

nach allgemeinem Völkerrecht, noch unter den besonderen Aspekten des Besatzungsrechts eine rechtserhebliche Bedeutung zukommt. Ferner ist zu berücksichtigen, daß gerade die erste DDR-Verfassung in ihrem 1. Artikel die Einheit Deutschlands und die Einheit Berlins betonte.

29 So auch Mampel „Der Sowjetsektor von Berlin", S. 93 f.; Zivier „Recht und Politik", 1/1970, S. 9-11. Silagi a.a.O. mißt der Hauptstadtfunktion des Ostsektors, und vor allem der Tatsache, daß die ausländischen diplomatischen Vertretungen dort ihren Sitz genommen haben, eine wesentlich größere Bedeutung bei. Er weist darauf hin, daß die meisten diplomatischen Vertretungen in Israel nicht ihren Sitz in dem umstrittenen Territorium Jeruslaem genommen haben. Dies deutet in der Tat darauf hin, daß man die verbalen Vorbehaltserklärungen, wie sie die Westmächte in bezug auf den Ostsektor abgegeben haben, nicht in allen Fällen für ausreichend hält.

Silagi weist außerdem darauf hin, daß die Hauptstadt nicht in allen Fällen mit dem Sitz der Regierungsorgane identisch zu sein braucht; als Gegenbeispiele führt er Bolivien und die Niederlande an.

SIEBENTES KAPITEL
DIE BINDUNG BERLINS AN DEN BUND

1. Unterkapitel
Die Bindungen in der Praxis

Die Bestimmungen des Deutschland-Vertrages über Berlin

Als mit Inkrafttreten der Pariser Verträge die Souveränität der Bundesrepublik hergestellt wurde, behielten sich die Westmächte ihre bisher ausgeübten Rechte in bezug auf Deutschland als Ganzes und auf Berlin vor[1]. Der Deutschland-Vertrag in der Fassung des Protokolls vom 23. Oktober 1954 enthält aber nicht nur diesen Vorbehalt, es werden auch gegenseitige vertragliche Verpflichtungen der Bundesrepublik Deutschland und der Westmächte begründet, die Berlin betreffen. Nach Artikel VI des Vertrages verpflichten sich die Westmächte, die Bundesrepublik hinsichtlich der Ausübung ihrer Rechte in bezug auf Berlin zu konsultieren; die Bundesrepublik ihrerseits erklärt, daß sie mit den drei Mächten zusammenwirken wird, um es ihnen zu erleichtern, ihren Verantwortlichkeiten in bezug auf Berlin zu genügen.

Weitere Bestimmungen enthalten das Schreiben der drei Hohen Kommissare an den Bundeskanzler über die Ausübung ihrer Rechte in bezug auf Berlin in der Fassung vom 23. Oktober 1954 und die Erklärung der Bundesregierung über Hilfeleistung für Berlin vom selben Tage[2]. Der Bund verpflichtet sich in seiner Erklärung zu umfangreichen Hilfsmaßnahmen für Berlin vor allem auf wirtschaftlichem und finanziellem Gebiet. Ferner wird festgestellt, daß die Bundesrepublik die Vertretung Berlins und der Berliner Bevölkerung nach außen sicherstellen und die Einbeziehung Berlins in die von der Bundesrepublik abgeschlossenen internationalen Ab-

1 Art. 2 des Deutschland-Vertrages vom 26. Mai 1952 in der Fassung des Protokolls vom 23. Oktober 1954. Dokumente zur Berlin-Frage Nr. 171.

2 Dokumente zur Berlin-Frage Nr. 177, 178.

kommen erleichtern wird, soweit dies nicht nach der Natur der betreffenden Abkommen ausgeschlossen ist. Die Hohen Kommissare erklären in ihrem Schreiben, das auf die Erklärung der Bundesrepublik ausdrücklich Bezug nimmt, daß sie ihre Rechte in bezug auf Berlin in einer Weise ausüben werden, die der Bundesrepublik die Erfüllung dieser Erklärung erleichtern und es den Bundesbehörden gestatten wird, die Vertretung Berlins und der Berliner Bevölkerung nach außen sicherzustellen. Außerdem würden sie keine Einwände dagegen erheben, daß Berlin in einem angemessenen, von der Alliierten Kommandantur zugelassenen Verfahren, Bundesgesetze übernimmt. Anschließend werden einige Rechtsgebiete aufgezählt, bei denen die Übernahme der Bundesgesetze durch Berlin ausdrücklich vorgesehen ist. Hierzu gehören die Gesetzgebung über Währung, Kredit und Devisen, Staatsangehörigkeit, Paßwesen, Ein- und Auswanderung, Auslieferung, Einheit des Zoll- und Handelsgebietes, Handels- und Schiffahrtsverträge, Freizügigkeit des Warenverkehrs sowie Außenhandels- und Zahlungsabkommen; diese Aufzählung hat aber keinen abschließenden Charakter.

Die Rechtsvorbehalte der Westmächte bezüglich Berlins bedeuten also nicht, daß die Bundesrepublik Deutschland auf völkerrechtlicher Ebene von den Entscheidungen über Berlin ausgeschlossen wäre, vielmehr wird die Bundesrepublik durch die im Deutschland-Vertrag vorgesehene Konsultationspflicht ausdrücklich in den Entscheidungsprozeß eingeschaltet. Bindungen zwischen der Bundesrepublik und den Westsektoren, z.B. im Bereich der Gesetzgebung und der außenpolitischen Vertretung, sowie eine Wirtschaftshilfe des Bundes für Berlin sind ausdrücklich vorgesehen.

Die Rechtslage nach deutschem Verfassungsrecht und nach Besatzungsrecht

Nach Artikel 23 des Bonner Grundgesetzes und nach Artikel 1 Absatz 2 der Verfassung von Berlin ist Berlin ein Land der Bundesrepublik Deutschland[3]. Nach Artikel 1 Absatz 3 der Verfassung

3 Nach Art. 1 Abs. 1 der Verfassung von Berlin ist Berlin ein deutsches Land und zugleich eine Stadt. Dies bedeutet, daß die Körperschaft Berlin sowohl die Aufgaben eines Bundeslandes als auch die kommunalen Aufgaben wahrnimmt. Diese Doppelstellung ist für den besatzungsrechtlichen Status der Stadt und die Bindungen zwischen Berlin und der Bundesrepublik ohne Bedeutung.

von Berlin sind das Grundgesetz und Gesetze der Bundesrepublik für Berlin bindend. Außerdem enthalten beide Verfassungen Übergangsbestimmungen für die Zeit, in der das Grundgesetz in Berlin nicht unbeschränkt anwendbar ist. In Artikel 144 Absatz 2 GG ist vorgesehen, daß eines der in Artikel 23 aufgeführten Länder, oder ein Teil eines solchen Landes, Vertreter in den Bundestag und den Bundesrat entsenden kann, soweit die Anwendung des Grundgesetzes dort Beschränkungen unterliegt. Artikel 87 der Verfassung von Berlin sieht in Absatz 2 für die Übergangszeit vor, daß Gesetze der Bundesrepublik Deutschland durch das Abgeordnetenhaus übernommen werden. Nach Absatz 3 sind die Bestimmungen des Grundgesetzes geltendes Recht, soweit ihre Anwendung keinen Beschränkungen unterliegt; sie gehen den Bestimmungen der Berliner Verfassung vor. Nach Absatz 4 sollen in der Übergangszeit die für das Verhältnis von Bund und Ländern maßgebenden Bestimmungen des Grundgesetzes so weit wie möglich als Richtlinien für die Gesetzgebung und Verwaltung beachtet werden.

Diese Verfassungsvorschriften sind jedoch durch Vorbehalte der Westmächte zum Teil suspendiert, zum Teil erheblich eingeschränkt worden. In dem Genehmigungsschreiben der Militärgouverneure zum Grundgesetz wird der Inhalt der Artikel 23 und 144 Absatz 2 GG dahingehend interpretiert, daß er eine Annahme des früheren Ersuchens der Militärgouverneure darstellt, demzufolge Berlin keine stimmberechtigte Vertretung im Bundestag oder Bundesrat erhalten und auch nicht durch den Bund regiert werden wird, daß es jedoch eine beschränkte Anzahl von Vertretern zur Teilnahme an den Sitzungen dieser gesetzgebenden Körperschaften benennen darf[4]. Nach dem Genehmigungsschreiben zur Verfassung von Berlin[5] sind Artikel 1 Absatz 1 und 2 der Berliner Verfassung suspendiert. Artikel 87 wird so interpretiert, daß Berlin während der Übergangsperiode keine Eigenschaften eines Bundeslandes besitzen wird. Ferner enthält dieses Genehmigungsschreiben einschränkende Bestimmungen über die Anwendbarkeit des Grundgesetzes in Berlin (im einzelnen vgl. unten S. 102 ff.). Unbeschadet dieser grundsätzlichen Vorbehalte bestehen mit Zustimmung der Westmächte enge Bindungen zwischen der Bundesrepu-

4 Genehmigungsschreiben der Militärgouverneure zum Grundgesetz vom 12. Mai 1949, Dokumente zur Berlin-Frage Nr. 94.

5 BK/O (50) 75 vom 29. August 1950 (VOBl. I S. 440).

blik Deutschland und Berlin. Die Berliner Westsektoren sind weitgehend in das rechtliche, wirtschaftliche, finanzielle und politische System der Bundesrepublik Deutschland eingegliedert worden.

Über die Rechtsnatur dieser Bindungen besteht allerdings zwischen den Westmächten und der Bundesrepublik keine volle Übereinstimmung. Nach der herrschenden deutschen Rechtslehre ist Berlin unbeschadet der Alliierten-Vorbehalte ein Land der Bundesrepublik Deutschland, in dem lediglich die Anwendung (nicht die Geltung) des Grundgesetzes aufgrund besatzungsrechtlicher Bestimmungen in einigen Punkten ausgeschlossen ist. Nach der Auffassung der westlichen Besatzungsmächte und einem Teil der deutschen Rechtslehre ist Berlin dagegen – ungeachtet der Bindungen an den Bund – nicht als Land der Bundesrepublik Deutschland anzusehen. Die lebhafte juristische Diskussion dieser Frage darf aber nicht darüber hinwegtäuschen, daß trotz der grundsätzlichen Meinungsverschiedenheit in den Einzelheiten weitgehende Übereinstimmung zwischen den Westmächten einerseits und der Bundesrepublik und den deutschen Staatsorganen in Berlin (West) auf der anderen Seite besteht. Auch die in Deutschland herrschende Integrationstheorie berücksichtigt, daß die Bindungen zwischen dem Bund und West-Berlin nur soweit ausgedehnt werden können, wie es die westlichen Besatzungsmächte kraft der ihnen in den Westsektoren zustehenden obersten Gewalt zulassen. Die praktische Ausgestaltung dieser Bindungen ist schon deshalb von größter Bedeutung, weil das Viermächte-Abkommen vom 3. September 1971 weitgehend auf den Status quo verweist, so daß diese Bindungen in ihrem derzeitigen Umfang zum größten Teil festgeschrieben werden. Der Frage, wie das Verhältnis des Landes Berlin zur Bundesrepublik Deutschland in seiner Rechtsnatur zu definieren ist, kommt dagegen eine mehr akademische Bedeutung zu; dieses Problem soll im folgenden Kapitel erörtert werden.

Die Geltung des Grundgesetzes in Berlin

Die Vorschrift des Artikel 1 Absatz 3 der Verfassung von Berlin, nach der das Grundgesetz und die Gesetze der Bundesrepublik Deutschland für Berlin bindend sind, ist durch das Vorbehaltsschreiben der Alliierten Kommandantur suspendiert. Nach Artikel 87 Absatz 3 sind die Bestimmungen des Grundgesetzes auch während der Übergangszeit für Berlin geltendes Recht, soweit die Anwendung des Grundgesetzes keinen Beschränkungen unterliegt; sie gehen im Prinzip den Bestimmungen der Berliner Verfassung vor. In Artikel 87 Absatz 3 Satz 2 ist vorgesehen, daß das Abgeordnetenhaus mit Zweidrittel-Mehrheit etwas Abweichendes beschließen kann, jedoch hat das Berliner Parlament auf diese Vorschrift, deren Geltung zumindest zweifelhaft ist, noch nie zurückgegriffen [6]. Nach dem Genehmigungsschreiben der Alliierten Kommandantur sind die Vorschriften dieses Artikels, die das Grundgesetz betreffen, nur insoweit anwendbar, als es notwendig ist, um einen Konflikt zwischen diesem Gesetz (d.h. dem Grundgesetz) und der Verfassung von Berlin zu vermeiden.

Dieser Vorbehalt hat für die Rechtspraxis allerdings nur eine geringe Bedeutung. Ein Konflikt besteht, wenn die Berliner Verfassung zu einem anderen Ergebnis führt als das Grundgesetz z.B. also auch, wenn ein Berliner Landesgesetz nach der Verfassung von Berlin gültig wäre, aber nach dem Grundgesetz verfassungswidrig ist. In diesen Fällen ist das Grundgesetz anzuwenden. Besteht kein Konflikt, so führt die Berliner Verfassung zum selben Ergebnis wie das Grundgesetz, so daß in der Praxis immer die Normen des Grundgesetzes maßgeblich sind.

Von größerer Bedeutung sind die Einschränkungen, die sich aus dem Genehmigungsschreiben der Alliierten Hohen Kommissare zum Grundgesetz ergeben: vor allem der Vorbehalt, daß Berlin nicht vom Bund regiert werden darf. Die Vorschriften des Grundgesetzes, die die Regierung der Länder durch den Bund betreffen, sind in Berlin jedenfalls insoweit nicht anwendbar, als dies ein „Regieren" des Bundes in Berlin, d.h. eine unmittelbare Ausübung von Staatsgewalt im gouvernementalen Bereich zur Folge hätte [7]. Andere Vorschriften des Grundgesetzes sind in Berlin unanwendbar, weil sie in den Bereich der hier fortbestehenden Alliierten-

6 Wie Mußgnug zutreffend feststellt, war diese Befugnis des Abgeordnetenhauses überdies auf die erste Legislaturperiode nach Inkrafttreten der Verfassung von Berlin beschränkt. Dies ergibt sich aus der in Art. 87 Abs. 3 Satz 4 VvB enthaltenen Verweisung auf Art. 85 VvB. Vgl. Mußgnug in Festschrift für Werner Weber, Berlin 1974, S. 157 (185).

7 Lush, a.a.O., S. 755, bezeichnet diese Vorschriften als in Berlin nicht anwendbar. Dies dürfte jedoch nur insoweit zutreffen, als ihre Anwendung eine Regierung der Berliner Westsektoren durch den Bund zur Folge hätte. Von den Berliner Staatsorganen dürften diese Vorschriften des Grundgesetzes jedoch mindestens insoweit zu beachten sein, als ihre Nichtanwendung zu einem Konflikt zwischen dem Grundgesetz und der Verfassung von Berlin führen würde. Vgl. Kapitel 5, S. 77, Fn. 13.

Vorbehalte fallen; dies gilt z.B. für die verteidigungsrechtlichen Vorschriften und die Notstandsbestimmungen des Grundgesetzes. Die Grenze zwischen gouvernementalen und nicht-gouvernementalen Vorschriften des Grundgesetzes ist allerdings im Einzelfall nicht immer leicht zu ziehen. Entschieden ist, daß in Berlin zumindest die Grundrechtsbestimmungen des Grundgesetzes innerhalb und außerhalb des Grundrechtskatalogs sowie die Grundsätze über die Gewaltenteilung, die Gesetzmäßigkeit der Verwaltung und die Rechtsstaatlichkeit[8] anwendbar sind[9].

Die Übernahme einfacher Bundesgesetze

Sonstige Bundesgesetze, durch die das Grundgesetz nicht geändert wird, gelten in Berlin, solange die Absätze 2 und 3 des Artikel 1 VvB suspendiert sind, nicht unmittelbar. Sie müssen gemäß Artikel 87 VvB vom Abgeordnetenhaus für Berlin in Kraft gesetzt werden. Das Verfahren ist in mehreren Anordnungen der Kommandantur geregelt und im Laufe der Zeit mehrfach vereinfacht worden. Das Genehmigungsschreiben zur Verfassung von Berlin bestimmte in Absatz 2 c, daß die Vorschriften von Bundesgesetzen in Berlin erst anwendbar waren, wenn das Abgeordnetenhaus als Berliner Gesetz sie verabschiedet hatte. Dementsprechend wurden Bundesgesetze in Berlin bis zum Jahre 1951 im Wege der „Parallelgesetzgebung", d.h. durch Verabschiedung eines gleichlautenden Berliner Landesgesetzes, übernommen.

Durch BK/O (51) 56 interpretierte die Kommandantur das Genehmigungsschreiben zur Verfassung von Berlin dahingehend, daß das Abgeordnetenhaus die Vorschriften eines Bundesgesetzes durch ein „Mantelgesetz" für anwendbar erklären kann. Dieses Verfahren gilt im Prinzip noch heute. Durch BK/L (52) 19 wurde zugelassen, daß mehrere Bundesgesetze in einem einheitlichen Mantelgesetz übernommen werden[10]. Das vom Berliner Senat vor-

8 BVerfGE 1 S. 70; BVerwGE 4 S. 317.

9 Die Berliner Landesbeamten werden nach § 23 LBG auf das Grundgesetz und die Landesverfassung vereidigt. In BK/L (56) 21 hat die Alliierte Kommandantur festgestellt, daß gegen diese Vereidigung keine Bedenken bestehen, weil die Eidesformel den in dem Genehmigungsschreiben zur Verfassung von Berlin enthaltenen Vorbehalten der Westmächte genügend Rechnung trägt.

10 BK/O (51) 56 in der Fassung der BK/O (55) 10, Dokumente zur Berlin-Frage Nr. 131; BK/L (52) 19, Dokumente zur Berlin-Frage Nr. 133.

gesehene Muster eines solchen Mantelgesetzes ist von der Kommandantur durch BK/L (52) 118 vom 4. Dezember 1952 bestätigt worden[11]. Nach der Geschäftsordnung des Abgeordnetenhauses von Berlin werden die Gesetze zur Übernahme von Bundesrecht in einem vereinfachten Verfahren verabschiedet. Seit Mai 1966 lautet ihre Überschrift nur noch „Gesetz zur Übernahme von Bundesgesetzen", ohne daß die übernommenen Bundesgesetze im einzelnen bezeichnet werden.

Das Berliner Mantelgesetz wird mit dem übernommenen Bundesgesetz als Anlage im Berliner Gesetz- und Verordnungsblatt verkündet. Dagegen gelten Bundesgesetze über internationale Verträge der Bundesrepublik als im Bundesgesetzblatt auch mit Wirkung für das Land Berlin verkündet, sobald ihre Anwendung in Berlin durch ein entsprechendes Landesgesetz festgestellt worden ist[12]. In diesem Fall wird nur das Berliner „Anwendungsgesetz" im Gesetz- und Verordnungsblatt für Berlin verkündet.

Bei Rechtsverordnungen des Bundes ist das Übernahmeverfahren unterschiedlich, je nachdem ob sie auf einer „vorkonstitutionellen" oder „nachkonstitutionellen" Ermächtigungsnorm beruhen. Beruht die Rechtsverordnung auf fortgeltendem Reichsrecht, so wird in einer Berlin-Klausel vorgesehen, daß sie auch im Land Berlin gilt, sofern sie dort in Kraft gesetzt wird. Die Übernahme er-

11 Die Mantelgesetze haben übereinstimmend folgenden Wortlaut:

Gesetz
zur Übernahme des Gesetzes über . . .
vom . . .

Das Abgeordnetenhaus hat das folgende Gesetz beschlossen:

Artikel I

Das Gesetz über. . . . . . vom . . . . . (BGBl.. . . . . .) – Anlage – findet in Berlin Anwendung.

Artikel II

Der Wortlaut von Rechtsverordnungen, die aufgrund des in Art. I genannten Gesetzes erlassen werden, wird im Gesetz- und Verordnungsblatt für Berlin, der Wortlaut der Verwaltungsvorschriften im Amtsblatt für Berlin, von dem zuständigen Mitglied des Senats veröffentlicht.

Artikel III

Dieses Gesetz und die in §§ 1 - 7 der Anlage treten mit Wirkung vom . . . , die übrigen Vorschriften der Anlage am . . . . in Kraft.

Vergleiche Dokumente zur Berlin-Frage Nr. 135.

12 Gesetz über die Verkündung von Gesetzen und Rechtsverordnungen vom 29. Januar 1953, Gesetz- und Verordnungsblatt für Berlin 1953 S. 106, Dokumente zur Berlin-Frage Nr. 141.

folgt durch eine Berliner Verordnung, die gemäß Artikel 47 VvB vom Senat zu erlassen ist. Sowohl die Übernahmeverordnung als auch die übernommene Verordnung werden im Gesetz- und Verordnungsblatt von Berlin veröffentlicht[13]. Rechtsverordnungen des Bundes, die auf einer nachkonstitutionellen Ermächtigungsnorm in einem Bundesgesetz beruhen, gelten nach § 14 des in Berlin übernommenen Dritten Überleitungsgesetzes auch in Berlin, sobald die gesetzliche Ermächtigungsnorm in Berlin übernommen worden ist. War die Ermächtigungsnorm schon vor Erlaß der Rechtsverordnung in Berlin übernommen, so gilt die Verordnung mit ihrem Inkrafttreten auch in Berlin. Auch in diesem Fall müssen die Verordnungen im Berliner Gesetz- und Verordnungsblatt veröffentlicht werden. Eine Übernahmeverordnung des Berliner Senats ist jedoch nicht erforderlich; die Veröffentlichung wird von dem zuständigen Senatsmitglied (bis Juli 1966 von dem jeweiligen Fachsenator, seitdem vom Senator für Justiz) veranlaßt[14]. Verwaltungsvorschriften, die der Bund zur Durchführung von Bundesgesetzen erläßt, werden von dem sachlich zuständigen Berliner Senatsmitglied im Amtsblatt veröffentlicht (nicht verkündet).

Die in der Erklärung vom 5. Mai 1955 vorgesehene Befugnis der Alliierten Kommandantur, deutsches Recht in Berlin zu annullieren, erstreckt sich auch auf die Mantelgesetze und das in Berlin übernommene Bundesrecht[15]. Im allgemeinen wird die nachträgliche Aufhebung dadurch vermieden, daß Bundesgesetze, gegen die ein Einspruch der Alliierten zu erwarten wäre, vom Abgeordnetenhaus nicht übernommen werden. Sie enthalten zumeist schon in

13 Vergleiche z.B. die Übernahmeverordnungen vom 20. April 1972 zur Bundestarifordnung Elektrizität, GVBl. 1972 S. 746. Der Text der Berlin-Klausel ergibt sich aus II 1 c des Kabinettsbeschlusses vom 6. Februar 1954 – vgl. Fußnote 21.

14 § 14 des Gesetzes über die Stellung des Landes Berlin im Finanzsystem des Bundes vom 4. Januar 1952 (3. Überleitungsgesetz) BGBl. I S. 1; GVBl. 1 S. 1; GVBl. S. 393 zuletzt geändert durch Gesetz vom 30. August 1971 (BGBl. S. 1426, GVBl. S. 1183). Die Notwendigkeit, auch die Verordnungen des Bundes, die nach § 14 3. ÜlG unmittelbar in Berlin gelten, im Berliner Gesetz- und Verordnungsblatt zu veröffentlichen, ergibt sich aus BK/L (52) 81 vom 28.8.1952, Dokumente zur Berlin-Frage Nr. 134. Der Wortlaut des § 14 3. ÜlG, der ohne Widerspruch der westlichen Besatzungsmächte in Berlin übernommen wurde, deutet darauf hin, daß der Veröffentlichung von Bundesverordnungen im Berliner Gesetz- und Verordnungsblatt nur eine deklatorische Bedeutung zukommt.

15 Lush, a.a.O., S. 762.

ihrer vom Bundestag beschlossenen Fassung keine Berlin-Klausel oder sogar eine negative Bestimmung, daß sie in Berlin nicht anwendbar sind[16]. Nicht übernommen wurden vor allem solche Bundesgesetze, deren Anwendung in Berlin nach Auffassung der Westmächte mit dem Rechtsstatus der Stadt unvereinbar ist oder welche die in der Grundsatzerklärung vom 5. Mai 1955 aufrechterhaltenen Alliierten-Vorbehalte verletzen würden. So sind insbesondere alle Bundesgesetze, die die Landesverteidigung betreffen, in Berlin nicht anwendbar[17].

Unter den Gesetzen, die aus statusrechtlichen Gründen trotz Berlin-Klausel nicht übernommen werden durften, ist vor allem das Gesetz über das Bundesverfassungsgericht zu erwähnen. Andere Gesetze, die den Rechtsstatus der Westsektoren oder den Bereich der Alliierten-Vorbehalte berühren, konnten zwar übernommen werden, wurden aber durch Anordnungen der Westmächte in einzelnen Punkten abgeändert oder in ihrer Anwendbarkeit beschränkt. So wurden durch Schreiben der Alliierten Hohen Kommission vom 17. Januar 1952 bestimmte Formulierungen des Dritten Überleitungsgesetzes vom 4. Januar 1952 außer Kraft gesetzt[18]; die Anwendbarkeit des Gesetzes zur Änderung des Luftverkehrsgesetzes vom 5. Dezember 1958 wurde durch BK/O (59) 9 beschränkt[19].

Oft wird bereits die deutsche Fassung der Bundesgesetze mit Rücksicht auf die Sonderstellung des Landes Berlin und den bekannten Rechtsstandpunkt der Westmächte modifiziert, z.B. indem die Geltung bestimmter Einzelvorschriften für Berlin ausgeschlossen wird. Dies geschah zeitweilig durch einen besonderen Zusatz in der Berlin-Klausel; in neuerer Zeit wird die Form der „modifizierten Berlin-Klausel" vermieden. Die Feststellung, daß einzelne Vorschriften eines Gesetzes in Berlin nicht gelten sollten, ist, wenn es sich um nur wenige Bestimmungen handelt, in den betreffenden Paragraphen selbst enthalten. Soll die Geltung in Berlin für zahlreiche Bestimmungen ausgeschlossen werden, so werden diese in einem besonderen Negativkatalog außerhalb der Berlin-Klausel

16 Lush, a.a.O., S. 767. Das Gesetz über die zivile Luftfahrt wurde aufgrund von Alliierten-Vorbehalten vom Abgeordnetenhaus nicht in Berlin übernommen, obgleich die Übernahme in der Berlin-Klausel vorgesehen war.

17 Lush, a.a.O., S. 766.

18 Dokumente zur Berlin-Frage Nr. 144, 146.

19 Lush, a.a.O., S. 768.

aufgezählt. Bei anderen Bundesgesetzen haben die Westmächte die Übernahme in Berlin weder untersagt noch eingeschränkt, aber rechtswahrende Erklärungen abgegeben, die entweder ihre eigene Rechtsstellung in Berlin oder das Verhältnis des Landes Berlin zum Bund betreffen. Ein Beispiel hierfür ist BK/O (51) 10, die die Anwendung des Gerichtsverfassungsgesetzes in Berlin betrifft (vgl. unten S. 100).

Die Voraussetzungen, unter denen das Land Berlin unbeschadet des Alliierten-Einspruchsrechts verpflichtet ist, Bundesgesetze zu übernehmen, sind in dem Gesetz über die Stellung des Landes Berlin im Finanzsystem des Bundes vom 4. Januar 1952 geregelt, das zumeist als Drittes Überleitungsgesetz bezeichnet wird[20]. Durch dieses Gesetz, das in Berlin im Wege der Mantelgesetzgebung in Kraft gesetzt worden ist, werden Rechtspflichten für den Bund und für das Land Berlin begründet. Nach § 16 erhält Berlin einen Bundeszuschuß zur Deckung seines Haushaltsfehlbedarfs, solange es am Finanzausgleich der Länder untereinander (Artikel 107 Absatz 2 GG) nicht teilnimmt. Nach § 13 Absatz 1 sind alle Bundesgesetze, deren Geltung für Berlin durch eine sogenannte Berlin-Klausel ausdrücklich vorgesehen ist, innerhalb eines Monats gemäß Artikel 87 Absatz 2 der Verfassung von Berlin in Kraft zu setzen[21].

20 Vgl. Fußnote 14.

21 Die Berlin-Klausel lautet im Normalfall:
Dieses Gesetz gilt nach Maßgabe des § 13 Abs. 1 des Dritten Überleitungsgesetzes vom 4. Januar 1952 (Bundesgesetzblatt I S. 1) auch im Land Berlin. Enthalten die Gesetze eine Ermächtigung zum Erlaß von Rechtsverordnungen, so ist folgender Satz hinzuzufügen:
Rechtsverordnungen, die aufgrund dieses Gesetzes erlassen werden, gelten im Land Berlin nach § 14 des Dritten Überleitungsgesetzes.
Im einzelnen vgl. den Kabinettsbeschluß der Bundesregierung über die Fassung der Vorschriften zur Erstreckung von Bundesrecht auf Berlin vom 6. Februar 1954. Dokumente zur Berlin-Frage Nr. 136.
Nach § 12 des Dritten Überleitungsgesetzes sind Bundesgesetze über die in Artikel 105 Grundgesetz bezeichneten Abgaben (Zölle und Monopole, sonstige Steuern) innerhalb eines Monats nach ihrem Inkrafttreten in Berlin in Kraft zu setzen, ohne daß dies in dem Gesetz ausdrücklich vorgesehen zu sein braucht. Man könnte eine Berlin-Klausel in diesen Gesetzen also für überflüssig halten. Es ist jedoch üblich und auch in dem Kabinettsbeschluß vom 6. Februar 1954 vorgesehen, auch die in § 12 ÜlG genannten Bundesgesetze mit einer Berlin-Klausel zu versehen, die allerdings auf § 12 ÜlG Bezug nimmt und nur deklamatorische Bedeutung haben dürfte.

Eine weitere Möglichkeit, Bundesrecht, das in Berlin zunächst nicht übernommen worden ist, nachträglich für Berlin in Kraft zu setzen, ist in § 15 Abs. 2 des dritten Überleitungsgesetzes vorgesehen. Hiernach ist die Bundesregierung ermächtigt, Bundesrecht (also auch Bundesgesetze und ehemaliges Reichsrecht im Bereich der Bundesgesetzgebung) durch eine Rechtsverordnung auf das Land Berlin zu erstrecken. Diese muß in Berlin allerdings nach Artikel 87 Abs. 2 der Verfassung, also durch ein Rahmengesetz, übernommen werden.

Die Frage, ob die übernommenen Bundesgesetze und -verordnungen in Berlin als Bundesrecht oder als Landesrecht gelten, hängt mit der Frage zusammen, wie man die Bindungen zwischen Berlin und dem Bund rechtlich definiert; sie soll im nächsten Unterkapitel erörtert werden. In der Praxis werden die übernommenen Gesetze jedenfalls insoweit als Bundesrecht behandelt, als sie im Konfliktfall entgegenstehendes Berliner Landesrecht entsprechend Artikel 31 GG außer Kraft setzen.

Rechtsprechung

Im Bereich der Rechtsprechung ist Berlin fast lückenlos in das Rechtssystem des Bundes eingegliedert. Eine einzige, allerdings wesentliche, Ausnahme hiervon besteht darin, daß das Bundesverfassungsgericht durch einen Vorbehalt der Westmächte gegen die Übernahme des Gesetzes über das Bundesverfassungsgericht von der Entscheidung in Berliner Sachen ausgeschlossen ist. Dagegen gelten die Prozeßordnungen und das Gerichtsverfassungsgesetz des Bundes in Berlin; gegen Entscheidungen der Berliner Gerichte sind die in den Prozeßordnungen vorgesehenen Rechtsmittel an die zuständigen Obersten Gerichtshöfe zulässig[22].

22 Die im Gerichtsverfassungsgesetz vorgesehenen Zuständigkeiten der Bundesanwaltschaft erstrecken sich auf Berlin. Eine Ausnahme von diesem Grundsatz haben die Westmächte im Hinblick auf eine neue Kompetenz des Generalbundesanwalts angeordnet, die nach Inkrafttreten des Viermächte-Abkommens durch das Bundesgesetz vom 18. August 1976 BGBl. I S. 2181 begründet worden ist. Durch Artikel 3 Nr. 2 (a) dieses Gesetzes ist in das Gerichtsverfassungsgesetz eine Bestimmung eingefügt worden, nach der dem Generalbundesanwalt bei Streitfällen zwischen den Ermittlungsbehörden eines Landes und des Bundes die letzte Entscheidung zusteht, wer die Strafverfolgung zu übernehmen hat. Durch BK/O (76) 8 (GVBl. S. 1950) ist angeordnet worden, daß diese Vorschrift in Berlin unwirksam ist.

In der BK/O (51) 10 hat die Alliierte Kommandantur die Übernahme des Gerichtsverfassungsgesetzes mit einigen Vorbehalten verbunden. Sie hat ausgeführt, daß der alleinige Zweck dieses Gesetzes darin besteht, unterschiedliche Entwicklungen zwischen dem Gerichtssystem und der Rechtsprechung Berlins und der des Bundesgebiets zu verhindern und diese beiden Systeme und diese beiden Rechtsprechungen soweit wie möglich in enge Übereinstimmung zu bringen. Ferner habe Berlin bei der Erstreckung der Zuständigkeit des Bundesgerichtshofs auf sein Gebiet nur von der in Artikel 88 des Gesetzes vorgesehenen Möglichkeit Gebrauch gemacht, nach der die Zuständigkeit dieses Gerichtsorgans außerhalb der Grenzen des Bundesgebietes ausgeübt werden könne. Aus diesem Grunde sei das Gesetz unter keinem Gesichtspunkt ein Schritt in Richtung auf die Verwandlung des Westsektors Berlins in ein zwölftes Land der Bundesrepublik[23]. Die Zuständigkeit der Bundesgerichte, in Berliner Sachen zu entscheiden, wird durch diese Vorbehalte aber nicht berührt.

Die Berliner Gerichte und die übrigen Gerichte der Bundesrepublik sind einander zur Rechtshilfe verpflichtet, genauso wie sich die Exekutivbehörden gegenseitig Amtshilfe leisten müssen (Artikel 35 Absatz 1 GG). Rechtskräftige Urteile, Beschlüsse oder Haftbefehle westdeutscher Gerichte sind in Berlin aufgrund des hier geltenden Prozeßrechts ohne weiteres vollstreckbar, und umgekehrt; die Vollstreckbarkeit hängt ebensowenig wie die Pflicht zur Amtshilfe davon ab, daß die materielle Rechtsvorschrift, auf der die Entscheidung oder das Rechtshilfeersuchen beruht, in Berlin übernommen ist.

Andererseits unterliegen auch die Obersten Gerichtshöfe, wenn sie in Berliner Sachen entscheiden, denselben Einschränkungen wie die Berliner Gerichte. Sie dürfen vor allem die Gültigkeit Alliierter Rechtsvorschriften nicht in Frage stellen und die Gerichtsbarkeit über Angehörige der Besatzungsstreitkräfte nur mit Genehmigung ausüben[24].

Da ein Berliner Verfassungsgerichtshof nicht besteht und die Zuständigkeit des Bundesverfassungsgerichts in Berliner Sachen ausgeschlossen ist, muß die Frage, ob ein Berliner Gesetz höherrangigem Recht widerspricht, in jedem Verfahren inzidenter von dem jeweils

23 Lush, a.a.O., S. 778; BK/O (51) 10, VOBl. 51, S. 106.

24 Lush, a.a.O., S. 779; vgl. auch Kapitel 5.

zuständigen Gericht geprüft werden. Diese Befugnis zur Normenkontrolle folgt aus Art. 19 4 GG. Die Vorschrift des Art. 64 Abs. 2 VvB, nach der die Gerichte nicht befugt waren, Gesetze, die das Abgeordnetenhaus beschlossen hatte, auf ihre Verfassungsmäßigkeit zu prüfen, widersprach dem Grundgesetz und wurde daher nicht angewandt. Diese Vorschrift ist durch ein verfassungsänderndes Gesetz vom 22.11.1974 aufgehoben worden (vgl. S. 161)[25].

Bundesverfassungsgericht

Anders als bei den in Art. 95 GG aufgezählten obersten Gerichten ist eine Zuständigkeit des Bundesverfassungsgerichts in „Berliner Sachen" durch Alliierten-Vorbehalt ausgeschlossen. Durch BK/O (52) 35 wurde die Übernahme des Gesetzes über das Bundesverfassungsgericht (BVGG) untersagt. Auch die Vorschriften des Gesetzes, die keine unmittelbare Zuständigkeit des Bundesverfassungsgerichts für die Westsektoren begründen würden, gelten nicht in Berlin. In der BK/O heißt es u.a., die Bestimmungen des BVGG seien so eng mit dem Grundgesetz verknüpft, daß seine Übernahme durch Berlin mit der in BK/O (50) 75 eingenommenen Rechtsauffassung unvereinbar wäre. Die Alliierte Kommandantur betrachte das Bundesverfassungsgericht als eines der Organe, in dem die oberste Regierungsgewalt der Bundesrepublik verankert sei. Würde die vorgesehene Ausdehnung der Zuständigkeit dieses Gerichts auf Berlin angenommen, so wäre dies gleichbedeutend mit einer Verletzung der Vorbehalte, die die Militärgouverneure in ihrem Genehmigungsschreiben zum Grundgesetz formuliert haben[26].

Die Tragweite dieses Vorbehalts ist in Literatur und Rechtsprechung mehrfach erörtert worden[26a]. Lerche hat darauf hingewiesen,

25 Als Beispiel für die Normenkontrolle durch ein Berliner Gericht kann das Urteil des Wahlprüfungsgerichts Berlin vom 12. November 1975 (DVBl. 76 S. 250) dienen. Das Wahlprüfungsgericht hat in dieser Entscheidung eine Vorschrift der Verfassung von Berlin, nämlich Art. 26 Abs. 2 Satz 1, wegen Verstoßes gegen die in Art. 28 Abs. 1 Satz 2 verankerten Wahlrechtsgrundsätze für nichtig erklärt.
Ungeklärt ist die Frage, ob die in Berlin übernommenen Bundesgesetze einer Normenkontrolle durch die Berliner Gerichte unterliegen. Vgl. hierzu Mußgnug, Festschrift für Werner Weber, Berlin 1974, S. 158 (159 Fn. 15).

26 BK/O (52) 35, Dokumente zur Berlin-Frage Nr. 97.

26a Aus der neueren Literatur vgl. auch die Darstellung von Apell, Das Bundesverfassungsgericht und Berlin, Heymann Köln-Berlin-Bonn-München 1984.

daß der Begriff der „Berliner Sache" keineswegs unproblematisch ist [27]. Nach der vom Bundesverfassungsgericht verwendeten Definition handelt es sich um eine Berliner Sache, wenn die Entscheidung des BVerfG Akte der Berliner Staatsgewalt in Mitleidenschaft ziehen würde. In späteren Entscheidungen hat das Gericht seine Auffassung unter Berufung auf den politischen Sinn der Alliierten-Vorbehalte dahingehend modifiziert, daß nur politisch bedeutsame Einwirkungen auf die Berliner Landesgewalt ausgeschlossen sind [28]. Nach der Auffassung von Lerche, der sich ebenfalls auf den politischen Zweck der Alliierten-Anordnungen beruft, kann es dagegen nicht darauf ankommen, ob durch die Bundesgewalt die Berliner Landesgewalt berührt wird, sondern allein darauf, ob die im Territorium Berlin bestehenden Rechtsverhältnisse durch die Entscheidung des BVerfG eine Änderung erfahren. Auch in diesem Fall soll allerdings nach der Ansicht von Lerche aus besonderen Gründen eine Entscheidung des Bundesverfassungsgerichts zulässig sein [29].

Lerche und dem Bundesverfassungsgericht ist zuzustimmen, wenn sie – insoweit übereinstimmend – annehmen, daß sich eine zutreffende Definition der „Berliner Sachen" nur aus dem politischen Zweck der Alliierten-Vorbehalte herleiten läßt. Von diesem Ansatzpunkt aus muß die Frage, in welchen Fällen eine Entscheidung des Bundesverfassungsgerichts unzulässig ist, eher kasuistisch als dogmatisch beantwortet werden. Es dürfte kaum möglich sein, eine befriedigende und begrifflich klare Faustregel zu formulieren; dies zeigt sich schon daran, daß sowohl das Bundesverfassungsgericht wie Lerche Ausnahmen von ihren Definitionen zulassen wollen, wenn die Auswirkungen auf Berlin „politisch unbedeutend" sind oder wenn „besondere Gründe" hierfür vorliegen.

Das von Lerche befürwortete Territorialitätsprinzip führt zu ebenso großen Schwierigkeiten wie die Definition des Bundesverfassungsgerichts. Ein Akt der Staatsgewalt, gegen den die Entschei-

27 Festschrift für Gerhard Leibholz, Tübingen 1966, S. 464 ff.

28 BVerfGE 10, S. 229 und die darauf fußenden Entscheidungen: Ähnliche Formulierungen finden sich auch in Stellungsnahmen der Westmächte, z.B. in dem Schreiben vom 14. Mai 1967 BK/L (67) 10 zur sog. Niekisch-Entscheidung des Bundesverfassungsgerichts.
BVerfGE 10, S. 229 (Ausgangsentscheidung), 19, S. 377 (384 f.).

29 Lerche a.a.O., S. 467, 478, ebenso Finkelnburg JuS 1968 S. 10 ff., AÖR 1970 S. 581 ff.

dung des Bundesverfassungsgerichts begehrt wird, kann Rechtswirkung gleichzeitig innerhalb und außerhalb Berlins entfalten. Auch die Entscheidung des Bundesverfassungsgerichts selbst wirkt sich dann zugleich auf die Rechtslage in Berlin und in Westdeutschland aus. Dies gilt vor allem in den Fällen, in denen ein in Berlin übernommenes Bundesgesetz für verfassungswidrig erklärt wird, denn aufgrund der herrschenden Nullum- oder Substrats-Theorie wird ein solches Gesetz auch in Berlin ex tunc als nichtig angesehen (im einzelnen vgl. unten S. 118 ff.). Aber auch im Bereich der Exekutive und der Rechtsprechung sind ähnliche Fälle denkbar. So kann ein Patent, das einem westdeutschen Antragsteller erteilt worden ist, in die Rechte eines in Berlin ansässigen Konkurrenten eingreifen; ein in Westdeutschland ergangenes Gerichtsurteil, ein dort erlassener Haftbefehl oder Beschlagnahmebeschluß können in Berlin vollstreckt werden oder umgekehrt.

Man kann versuchen, sich aus diesem Dilemma zu helfen, indem man auf den Wohn- oder Geschäftssitz des Beschwerdeführers bei einer Verfassungsbeschwerde (bzw. des Betroffenen bei einer Vorlage nach Art. 100 GG) abstellt. Aber auch dieser Weg führt nicht in allen denkbaren Grenzfällen zu einem überzeugenden Ergebnis. Abgesehen von der Möglichkeit, daß ein Betroffener während des Verfahrens seinen Wohnsitz von Berlin nach Westdeutschland oder von Westdeutschland nach Berlin verlegen kann, kann beispielsweise bei einem Zivilprozeß eine Partei in Berlin und die andere in Westdeutschland ansässig sein, oder zwei Berliner Parteien können einen westdeutschen Gerichtsstand vereinbart haben. Eine Entscheidung des Bundeskartellamtes kann sich gegen einen Konzern richten, der seinen Sitz in Westdeutschland und in Berlin oder seinen Sitz in Westdeutschland und eine von der Entscheidung betroffene Tochtergesellschaft in Berlin hat.

Zu einem überzeugenden Ergebnis, das dem politischen Sinn der Alliierten-Vorbehalte gerecht wird und den Rechtsschutz der Betroffenen so wenig wie möglich beeinträchtigt, kommt man in den meisten, wenn auch nicht in allen, derartigen Grenzfällen, indem man nicht auf den territorialen Wirkungsbereich der Entscheidung abstellt, sondern darauf, ob durch die Entscheidung des Bundesverfassungsgerichts ein Akt der Berliner Landes-Staatsgewalt in Mitleidenschaft gezogen würde [30]. Dem Territorialistätsprinzip ist

30 Wird ein westdeutsches Urteil oder ein westdeutscher Haftbefehl in Ber-

dagegen vor allem dann der Vorzug zu geben, wenn die beantragte Entscheidung des Bundesverfassungsgerichts nicht der Kontrolle anderer Staatsorgane dient, sondern selbst unmittelbare Rechtswirkungen entfaltet, also z.B. bei der Aberkennung von Grundrechten, bei Parteiverboten usw. Das gleiche gilt in den Fällen, in denen die Entscheidung einer in Berlin ansässigen Bundesbehörde in erster oder zweiter Instanz von einem Berliner Gericht überprüft worden ist [31].

Auch die konkrete Tragweite der Alliierten-Vorbehalte ist in Literatur und Rechtsprechung erörtert worden. Eindeutig ausgeschlossen sind nach der Definition des Bundesverfassungsgerichts Entscheidungen, durch die die Hoheitsakte von Berliner Staatsorganen unmittelbar überprüft würden, z.B. eine Vorlage nach Artikel 100 GG, die die Verfassungsmäßigkeit von Berliner Gesetzen betrifft oder eine Verfassungsbeschwerde, die sich unmittelbar gegen die Entscheidung eines Berliner Gerichts oder einer Berliner Behörde richtet. Zweifel können dagegen bestehen, wenn sich die Entscheidung des Bundesverfassungsgerichts mittelbar auf Akte der Berliner Staatsgewalt auswirkt.

Das Bundesverfassungsgericht hatte zunächst entschieden, daß in Berliner Sachen eine Verfassungsbeschwerde auch gegen die Entscheidung eines Obersten Gerichtshofes ausgeschlossen sei, wenn dadurch die Verfassungsmäßigkeit eines Berliner Gesetzes oder eines in Berlin geltenden Alliierten-Gesetzes unmittelbar oder mittelbar überprüft würde [32]. Dagegen hat es sich später unter teil-

lin vollstreckt, so kann sich eine Verfassungsbeschwerde gegen das Urteil oder den Haftbefehl selbst, nicht aber gegen die in Berlin ergangenen Vollstreckungsakte richten. Wird die westdeutsche Gerichtsentscheidung vom Bundesverfassungsgericht aufgehoben, so entfällt die Rechtsgrundlage für eine weitere Vollstreckung in Berlin. Der Beschwerdeführer ist von den Berliner Vollstreckungsorganen freizulassen; die „Nullum-Theorie", die für den Fall entwickelt wurde, daß ein in Berlin übernommenes Bundesgesetz vom Bundesverfassungsgericht für nichtig erklärt wurde, ist in diesem Fall sinngemäß auch auf Einzelentscheidungen anwendbar. Richtet sich die Verfassungsbeschwerde gegen die Vollstreckung eines in Berlin ergangenen Urteils oder Haftbefehls durch westdeutsche Vollstreckungsorgane, so ist es m.E. mit dem Sinn der Alliierten-Vorbehalte vereinbar, wenn das Bundesverfassungsgericht inzidenter auch die Verfassungsmäßigkeit der Berliner Gerichtsentscheidung überprüft.

31 Vgl. Fn. 38.

32 BVerfGE 10, S. 229.

weiser Überprüfung seines früheren Beschlusses für befugt gehalten, in einer Berliner Sache über die Verfassungsbeschwerde zu entscheiden, wenn lediglich das Verfahren eines Obersten Gerichtshofes bei der Anwendung von Bundesrecht gerügt wurde; es hat in diesem Zusammenhang ausgeführt, daß die in Berlin übernommenen Bundesgesetze auch dort als Bundesrecht gelten[33].

Zu dieser Entscheidung haben die Westmächte – wenn auch mit mehr als einjähriger Verzögerung – in einem Schreiben vom 24.5. an den Regierenden Bürgermeister und den Präsidenten des Abgeordnetenhauses sowie in übereinstimmenden Aide-mémoires an die Bundesregierung Stellung genommen[34]. In dem Schreiben vom 24.5.1967 haben sie erklärt, daß Berliner Gesetze, durch die bundesrechtliche Bestimmungen übernommen werden, gesetzgebende Handlungen des Abgeordnetenhauses von Berlin seien, die sich in rechtlicher Hinsicht von den betreffenden Bundesgesetzen unterschieden. Ferner heißt es, daß nach Ansicht der Alliierten Kommandantur das Bundesverfassungsgericht nicht zuständig sei, die Verfassungsmäßigkeit von Handlungen der Berliner Behörden oder die Verfassungsmäßigkeit von Berliner Gesetzen zur Übernahme von Bestimmungen der Bundesgesetzgebung zu überprüfen. Obgleich die Westmächte hiermit ihren Vorbehalt gegen die Zuständigkeit des Bundesverfassungsgerichts in Berliner Sachen erneut bekräftigt haben, geht aus der zitierten Formulierung nicht hervor, ob damit die Zuständigkeit des Bundesverfassungsgerichts, in Berliner Sachen die Entscheidung eines Obersten Gerichtshofs zu überprüfen, auch dann ausgeschlossen werden soll, wenn die Akte der Berliner Staatsgewalt mittelbar betroffen werden. Gegen eine Entscheidung des Bundesverfassungsgerichts können jedenfalls dann keine Bedenken bestehen, wenn durch die Verfassungsbeschwerde lediglich prozessuale Grundrechtsverstöße gerügt werden, die einem Obersten Gerichtshof des Bundes in einer Berliner Sache bei der Durchführung seines Revisionsverfahrens unterlaufen sind[35]. Die Problematik der Niekisch-Entscheidung liegt

33 BVerfGE 19, S. 377. Es handelt sich um den Beschluß vom 20. Januar 1966, der in der Literatur zumeist als Niekisch-Entscheidung bezeichnet wird.

34 BK/L (67) 10 abgedruckt in NJW 1967, S. 1742 f. Die Aide-mémoires an die Bundesregierung sind nicht veröffentlicht.

35 So überzeugend Mußgnug a.a.O., S. 164, Fn. 29.
Nach der Auffassung von Wengler, Festschrift für Leibholz, Tübingen

darin, daß der Wortlaut der Entscheidungsgründe und der Leitsatz auch in diesem Sinne verstanden werden könnten, daß es in der Sache aber um die materielle Überprüfung eines in Berlin übernommenen Bundesgesetzes ging, das in erster Instanz von einer Berliner Landesbehörde angewandt worden war.

Eine andere Gruppe von Entscheidungen des Bundesverfassungsgerichts, die bei Erlaß des Schreibens vom 24.5.1967 schon vorlagen, werden von dieser Stellungnahme nicht berührt. Hiernach stehen die Alliierten-Vorbehalte einer Entscheidung des Bundesverfassungsgerichts nicht entgegen, wenn Gegenstand des verfassungsgerichtlichen Verfahrens ein in Berlin ergangener Verwaltungsakt des Bundes ist, der nur nach Bundesrecht beurteilt wird und auf seine Vereinbarkeit mit dem Grundgesetz überprüft werden soll. Es handelte sich hier um die Verfassungsbeschwerde westdeutscher Beschwerdeführer, die sich gegen die Entscheidung einer in Berlin gelegenen Bundesoberbehörde richtet. Der Zuständigkeit des Bundesverfassungsgerichts steht in solchen Fällen auch nicht entgegen, daß die Entscheidung der in Berlin gelegenen Bundesbehörde in erster oder zweiter Instanz von einem Berliner Gericht (z.B. dem Kammergericht) überprüft worden ist[36].

Nach Inkrafttreten des Viermächte-Abkommens hat das Bundesverfassungsgericht in einer weiteren Grundsatzentscheidung zur Bedeutung der Alliierten-Berlin-Vorbehalte Stellung genommen[37]. Es hat zunächst ohne auf die Formulierungen des Vier-

1966, Bd. 2, S. 939 (956 ff.), JZ 1974, S. 528 (530) entscheiden die Bundesbehörden und Bundesgerichte in Berliner Sachen allerdings als Berliner Landesbehörden „in Personalunion". Demnach könnte auch die Prozeßführung eines Bundesgerichts in Berliner Sachen nicht vom Bundesverfassungsgericht überprüft werden. Dieses Ergebnis zeigt m.E. nur, daß die Als-ob-Theorie zu Konsequenzen führt, die über den politischen Sinn der Alliierten-Vorbehalte hinausgehen. Die Auffassung Wenglers führt überdies in allen Fällen in eine Sackgasse, in denen die Entscheidung der Bundesbehörde oder des Bundesgerichts Rechtswirkungen innerhalb und außerhalb Berlins entfaltet.

36 BVerfGE 20, S. 157, 271. Ungeklärt sind dagegen bisher die Fälle geblieben, daß sich ein Antragsteller mit Wohnsitz in Berlin gegen die Entscheidung einer Bundesbehörde mit Sitz in Westdeutschland wenden will oder daß sich die Beschwerde eines Berliners gegen die Entscheidung einer in Berlin gelegenen Bundesbehörde richtet, deren Rechtswirkung sich auf Westdeutschland erstreckt.

37 Beschluß vom 27.3.1974 (DÖV 1974, S. 309 f.), BVerfG 17, S. 57; in der Literatur zumeist als Brückmann-Entscheidung bezeichnet.

mächte-Abkommens einzugehen, an seiner Ansicht festgehalten, daß die in Berlin übernommenen Bundesgesetze durch den Übernahmeakt ihre Qualität als Bundesrecht nicht verlieren. Weiter hat es ausgeführt, daß die Verfassungsbeschwerde gegen ein in Berlin übernommenes Bundesgesetz „aus Anlaß" seiner Anwendung durch ein Berliner Gericht zulässig sei, obgleich die Entscheidung des Berliner Gerichts selbst keiner Kontrolle durch das Bundesverfassungsgericht unterliege. Die Entscheidungsgründe enthalten eingehende Anleitungen für eine verfassungskonforme Interpretation des betroffenen Bundesgesetzes[38].

Dieser Beschluß ist in der juristischen Literatur der Bundesrepublik zum Teil begrüßt, zum Teil kritisiert worden[39]. Problematisch ist vor allem, daß sich das Gericht mit den Stellungnahmen der Westmächte zur Niekisch-Entscheidung nicht auseinandergesetzt hat und daß der Beschluß daher geeignet war, weitere restriktive Anordnungen der Besatzungsmächte zu provozieren. Wenn die Westmächte ihren Rechtsstandpunkt wahren wollten, konnten sie es nicht zulassen, daß die Berliner Gerichte in dem konkreten Einzelfall, der der Verfassungsbeschwerde zugrunde lag, den Beschluß des Bundesverfassungsgerichts zur Grundlage ihrer eigenen Entscheidung machten[40]. Im Ergebnis wurde die Rechtseinheit zwischen dem Bund und Berlin durch diese Entscheidung daher eher beeinträchtigt als gefördert. Wengler ist zuzustimmen, wenn er annimmt, daß es sachdienlicher gewesen wäre, wenn das Bundesverfassungsgericht seine Zuständigkeit über die Verfassungsbeschwerde zu entscheiden, in vollem Umfang verneint und die Ausführungen zur verfassungskonformen Interpretation des betroffenen Bundesgesetzes als obiter dictum in die Entscheidung aufgenommen hätte[41].

38 Es handelt sich um das Gesetz über die innerdeutsche Rechts- und Amtshilfe in Strafsachen vom 2. Mai 1953 (BGBl. I S. 161, GVBl. S. 293) i.d.F. des Gesetzes vom 19.12.1964 (BGBl. I S. 1067, GVBl. 1965 S. 175).

39 Zustimmend: Finkelnburg NJW 1974 S. 1969 ff. Kritisch vor allem Wengler im JZ 1974, S. 528 ff.

40 Nach Pressemeldungen, die Wengler a.a.O., S. 534, zitiert, antwortete der britische Sektorenkommandant auf eine Anfrage des Kammergerichts, daß in dem Wiederaufnahmeverfahren der Beschwerdeführerin Ingrid Brückmann jedenfalls nicht auf die Entscheidung des Bundesverfassungsgerichts zurückgegriffen werden dürfe. Vgl. auch Finkelnburg a.a.O.

41 Wengler a.a.O., S. 531. M.E. müssen die Ausführungen des BVerfG zur verfassungskonformen Interpretation des RechtshilfeG ohnehin als obiter

Wenig geklärt ist bis jetzt die Frage, welche Bedeutung den Alliierten-Vorbehalten zukommt, wenn das Verfahren vor dem Bundesverfassungsgericht nicht auf eine Verfassungsbeschwerde zurückgeht. In BVerfGE 15 S. 25 f. hat das Gericht aufgrund einer Vorlage des BGH in einer Berliner Sache gemäß Art. 100 Abs. 2 GG über die Geltung einer Völkerrechtsnorm entschieden. Zu dem Beschluß haben die Westmächte, soweit ersichtlich, keine Stellungnahme abgegeben, jedoch wäre es voreilig, daraus zu schließen, daß Vorlagen nach Art. 100 GG in Berliner Sachen unbegrenzt zulässig seien [42]. Für Vorlagen nach Art. 100 Abs. 1, die ein in Berlin übernommenes Bundesgesetz betreffen, dürfte sinngemäß das gleiche gelten wie für Verfassungsbeschwerden gegen ein solches Gesetz. Das heißt, daß eine Vorlage von seiten eines Berliner Gerichts unzulässig und von seiten eines Bundesgerichts in einer Berliner Sache nur im Rahmen der Alliierten-Vorbehalte möglich sein dürfte. Unzulässig wäre die Entscheidung des Bundesverfassungsgerichts über eine Verfassungsstreitigkeit innerhalb Berlins oder über eine Streitigkeit zwischen dem Bund und dem Land Berlin gemäß § 13 Abs. 6 oder 7 BVerfGG.

Unabhängig von diesen Erwägungen, die die Zuständigkeit oder Unzuständigkeit des Bundesverfassungsgerichts im Einzelfall betreffen, ist die Frage zu beurteilen, inwieweit sich die in § 31 BVerfGG verankerte Bindungswirkung von Entscheidungen, die das Bundesverfassungsgericht in westdeutschen Sachen gefällt hat, auch auf Berlin erstreckt. Wird ein Bundesgesetz, das in Berlin übernommen worden ist, vom Bundesverfassungsgericht für nichtig erklärt, so wird es auch von den Behörden und Gerichten in Berlin – mit Rückwirkung – als nichtig behandelt und nicht angewandt. Ein besonderer Berliner Gesetzgebungsakt, durch den das verfassungswidrige Gesetz auch für Berlin aufgehoben wird, ist nicht erforderlich; ebensowenig ist es notwendig, daß die Entscheidung des Bundesverfassungsgerichts in einem Berliner Gesetz- oder Amtsblatt veröffentlicht wird. Die herrschende deutsche Rechtslehre begründet dies so, daß der Berliner Gesetzgeber, der ja ein Bundesgesetz übernehmen und kein gleichlautendes Berliner

dictum angesehen werden, da sie für den von dem Gericht entschiedenen Einzelfall keine Rechtswirkung entfalten konnten.

42 So aber Finkelnburg JuS 1968 S. 10 (13).

Landesgesetz in Kraft setzen wollte, in diesem Fall ein „Nullum" übernommen hat[43].

Diese Nullum- oder Substrattheorie ist allerdings auch in der juristischen Literatur der Bundesrepublik umstritten. Eine starke Mindermeinung nimmt an, daß sich die Berliner Gerichte und Behörden gewissermaßen nur aus eigener Überzeugung der Autorität des Bundesverfassungsgerichts unterwerfen[44]. Die Praxis der deutschen und Alliierten-Behörden spricht aber für die herrschende Lehre. Die Westmächte haben sich der Nullumtheorie zwar nie ausdrücklich angeschlossen, sie haben aber der von den deutschen Behörden befolgten Praxis und den Stellungnahmen, die der Berliner Senat insoweit abgegeben hat, nicht widersprochen. Sie haben es auch nur in Ausnahmefällen für erforderlich gehalten, die Nichtigkeit von Bundesgesetzen, die das Bundesverfassungsgericht aufgehoben hatte, für Berlin besonders anzuordnen. Dies geschah z.B. durch BK/O (68) 13 betr. die teilweise Nichtigkeit von § 30 Bundesrückerstattungsgesetz. Dort heißt es ausdrücklich, daß die Nichtigkeit von der Kommandantur angeordnet wird, um die Einheitlichkeit in der Anwendung der Gesetze in Rückerstattungssachen zwischen den zuständigen Gerichten und Behörden sicherzustellen. Die Kommandantur wollte sich also nicht von der Nullumtheorie distanzieren, sondern nur der Gefahr der Rechtsunsicherheit vorbeugen, die bestanden hätte, wenn das – international besetzte – Oberste Rückerstattungsgericht in Berlin dieser Theorie nicht gefolgt wäre[45].

Die Nullum-Theorie ist allerdings nur in den Fällen anwendbar, in denen das Bundesverfassungsgericht ein in Berlin übernommenes Bundesgesetz für nichtig erklärt. Sie hilft dagegen nicht weiter, wenn die Verfassungsmäßigkeit eines solchen Gesetzes vom Bun-

43 Die Nullum- oder Substrattheorie geht auf eine Stellungnahme des Berliner Finanzsenators an den Bundesfinanzhof aus dem Jahre 1962 zurück, die der Bundesfinanzhof in seinen Beschluß vom 22. Januar 1963 (BStBl. 1963 III, S. 189 f.) aufgenommen hat.

44 Gegen die Nullumtheorie hat sich vor allem Pestalozza, AÖR 96 (1971), S. 27 (76 ff.) geäußert, der annimmt, daß das Bundesverfassungsgericht auf diese Theorie nur Bezug nimmt; gegen diese Ansicht mit ausführlicher Begründung Mußgnug a.a.O., S. 166 ff., der annimmt, daß die Praxis der deutschen Staatsorgane zum Gewohnheitsrecht erstarkt ist.

45 Vgl. BK/O (68) 13 vom 21. Oktober 1968, GVBl. S. 1549. International besetzte Rückerstattungsgerichte bestehen in Berlin und Herford.

desverfassungsgericht angenommen wird (wobei Entscheidungsgründe häufig verbindliche Ausführungen über eine verfassungskonforme Interpretation enthalten) oder wenn die Entscheidung ein westdeutsches Landesgesetz betrifft, dessen Inhalt eine in Berlin bestehende landesrechtliche Vorschrift entspricht [46]. Das gleiche gilt, wenn die Entscheidung nicht die Gültigkeit oder Ungültigkeit von Gesetzen betrifft, also z.B. bei Organstreitigkeiten, Parteiverboten usw. In allen diesen Fällen haben die Berliner Gerichte, Behörden und Verfassungsorgane die Entscheidungen des Bundesverfassungsgerichts stets in dem Umfang als verbindlich behandelt, der sich aus § 31 BVerfGG und der einschlägigen verfassungsgerichtlichen Rechtsprechung ergibt. In der juristischen Literatur ist allerdings umstritten, ob dies aufgrund einer rechtlichen Bindungswirkung oder (nur) aus eigener Überzeugung geschieht [47]. Entscheidend ist, daß diese Praxis notwendig ist, um die Rechtseinheit zwischen den Berliner Westsektoren und dem Bund zu wahren, daß sie von den Westmächten geduldet wurde und bei Abschluß des Viermächte-Abkommens den Unterzeichnerstaaten bekannt war. Sie wird daher von den Bestimmungen des Viermächte-Abkommens gedeckt, die hinsichtlich der Bindungen Bund-Berlin auf den Status quo verweisen [48].

Exekutive

Bei der Ausführung der in Berlin übernommenen Bundesgesetze ist zu unterscheiden, ob es sich um Gesetze handelt, die nach Art. 83 ff. GG von den Ländern ausgeführt werden, oder ob hierfür bundeseigene Behörden vorgesehen sind. Soweit das Grundgesetz nichts anderes bestimmt oder zuläßt, führen die Länder die Bun-

46 Vgl. hierzu Mußgnug a.a.O., S. 168 ff.

47 Mußgnug a.a.O., S. 172 ff. leitet in den Fällen, in denen die Zuständigkeit eines der obersten Gerichtshöfe des Bundes gegeben ist, aus dem Gesichtspunkt her, daß dieser Gerichtshof an die Entscheidungen des Bundesverfassungsgerichts und das jeweils zuständige Berliner Gericht an die Entscheidung des Bundesgerichts gebunden sind. In den Fällen, in denen die Zuständigkeit eines Bundesgerichts fehlt, greift Mußgnug auf Art. 87 Abs. 4 VvB zurück.

48 Es handelt sich vor allem um die Bestimmung in II B des Viermächte-Abkommens, wonach die Bindungen zwischen den Westsektoren Berlins und der Bundesrepublik (mit bestimmten Einschränkungen) aufrechterhalten und entwickelt werden (vgl. Teil III, Kapitel 12, S. 239 ff.).

desgesetze nach Art. 83 GG als eigene Angelegenheit aus. In diesem Fall übt die Bundesregierung nur die Aufsicht darüber aus, daß die Bundesgesetze dem geltenden Recht gemäß ausgeführt werden (Art. 84 Abs. 3). Sie kann mit Zustimmung des Bundesrates allgemeine Verwaltungsvorschriften erlassen, jedoch steht ihr ein Recht, Einzelweisungen zu erteilen, nur ausnahmsweise zu (Art. 84 Abs. 2 und 5). In anderen Fällen ist vorgesehen, daß die Länder die Bundesgesetze im Auftrage des Bundes ausführen. In diesem Fall erstreckt sich die Bundesaufsicht auf Gesetzmäßigkeit und Zweckmäßigkeit der Ausführung. Die Bundesregierung kann mit Zustimmung des Bundesrates allgemeine Verwaltungsvorschriften erlassen. Die Landesbehörden unterstehen den Weisungen der zuständigen obersten Bundesbehörden (im einzelnen vgl. Art. 85 GG).

Soweit die in Berlin übernommenen Bundesgesetze von den Ländern als eigene Angelegenheiten oder im Auftrage des Bundes auszuführen sind, gelten die in den Artikeln 84, 85 GG vorgesehenen Kontroll- und Weisungsrechte des Bundes auch für Berlin. Die Übernahme eines Bundesgesetzes umfaßt in diesen Fällen auch das Verfahren bei seiner Ausführung. Ein „Regieren" des Landes Berlin durch den Bund, das gegen die Alliierten-Vorbehalte verstoßen könnte, kann hierin schon deshalb nicht gesehen werden, weil die Organe des Landes Berlin sowohl bei der Übernahme des Gesetzes als auch bei seiner Ausführung mitwirken müssen. Dies gilt auch, wenn eine Bundesbehörde den Berliner Landesbehörden gemäß Art. 85 Abs. 3 Satz 1 GG Weisungen erteilt. Allgemeine Verwaltungsvorschriften, die der Bund gemäß Art. 84 Abs. 2, 85 Abs. 2 erläßt, müssen in Berlin von dem zuständigen Senatsmitglied im Amtsblatt veröffentlicht werden[49].

In den Fällen, in denen die Bundesgesetze von bundeseigenen Behörden ausgeführt werden, bestehen in Berlin dagegen unterschiedliche Regelungen. Nach BK/O (51) 56 muß bei der Übernahme von Bundesgesetzen das Mantelgesetz grundsätzlich festlegen, daß alle Hinweise in den Bundesgesetzen, -verordnungen und -bestimmungen auf irgendeine Bundesstelle oder Bundesbehörde als Hinweise auf die zuständige Berliner Stelle oder Berliner Behörde ausgelegt werden sollen. Wenn Zweifel bestehen, welche Behör-

49 BK/L (52) 81 vom 28. August 1952 (Abs. 2), Dokumente zur Berlin-Frage Nr. 134; Nr. IV des Kabinettsbeschlusses von 1954, Dokumente zur Berlin-Frage Nr. 136.

de in Betracht kommt, so muß der Berliner Erlaß diesen Punkt klarstellen. Eine Ausnahme ist nur vorgesehen, wenn der Berliner Senat oder das Abgeordnetenhaus beschließt, daß die praktische Anwendung des Gesetzes dies erfordert[50]. In einem weiteren Schreiben vom 13. November 1951 hat die Alliierte Kommandantur klargestellt, daß die Befugnisse und Zuständigkeiten der Besatzungsbehörden von einer Übertragung irgendwelcher Befugnisse an Beamte oder Stellen außerhalb Berlins (insbesondere also auch Bundesbehörden) unberührt bleiben. Die Tätigkeit derartiger Beamter oder Stellen in Berlin einschließlich der Arbeiten, die unter ihrer Anweisung erfolgen, unterliegt den gleichen Bedingungen hinsichtlich der Befugnisse der Besatzungsbehörden wie die Arbeit der Berliner Behörden. Ferner wird klargestellt, daß Amtsgewalt solcher Behörden in Berlin von der Berliner gesetzgebenden Körperschaft oder Regierung abgeleitet wird[51].

In der Praxis werden exekutive Befugnisse, für die nach dem Grundgesetz bundeseigene Behörden vorgesehen sind, in Berlin nur im Bereich der Post und im Bereich der Finanzverwaltung von Berliner Landesbehörden wahrgenommen, nämlich von der Landespostdirektion und der Oberfinanzdirektion Berlin mit ihren nachgeordneten Dienststellen[52]. Beide Einrichtungen sind durch eine Reihe von Gesetzen und Verwaltungsvereinbarungen den entsprechenden Bundesbehörden weitgehend angeglichen worden. Insbesondere bestimmt ein in Berlin übernommenes Bundesgesetz vom 26. April 1957, daß für die Bediensteten dieser Stellen grundsätzlich die Vorschriften sinngemäß anzuwenden sind, die für die

50 BK/O (51) i.d.F. v. BK/O (55) 10 vom 14. Mai 1955, Dokumente zur Berlin-Frage Nr. 131.

51 BK/O (51) 63 vom 13. November 1951, Dokumente zur Berlin-Frage Nr. 132.

52 Fijalkowski u.a. Berlin – Hauptstadtanspruch und Westintegration, Köln und Opladen 1967 S. 158 f. – zieht daraus den Schluß, daß eine bundeseigene Verwaltung durch eigene Mittel- oder Unterbehörden in Berlin nicht besteht. Dem kann nur mit Vorbehalt zugestimmt werden, weil in Berlin eine Außenstelle der Bundesbahn besteht, die sich allerdings nur mit kommerziellen Aufgaben und Planungsangelegenheiten befaßt, und weil auch der auswärtige Dienst des Bundes an der Vertretung der Bundesregierung in Berlin beteiligt ist. Richtig ist allerdings, daß Mittel- und Unterbehörden des Bundes die für sie typischen Verwaltungsaufgaben in Berlin nicht wahrnehmen können.

Angehörigen der entsprechenden Bundesverwaltung gelten[53]. Beamte können bei Vorliegen eines dienstlichen Bedürfnisses von einer Bundesbehörde an eine entsprechende Berliner Behörde oder von der Berliner Behörde an die entsprechende Bundesbehörde versetzt werden. Der zuständige Bundesminister ist berechtigt, Weisungen für die dienstliche Tätigkeit der Beamten in den betreffenden Berliner Verwaltungen zu erteilen (§ 4). Auch die Zuständigkeit des Bundespersonalausschusses und der Disziplinarorgane des Bundes ist für die Beamten der Berliner Verwaltungen gegeben. Die aktiven Beamten der Landespostdirektion und der Oberfinanzdirektion Berlin werden aus dem Haushalt dieser Behörden besoldet, die Beamten im Ruhestand sind dagegen vom Bund zu versorgen (§ 6).

Der Präsident der Landespostdirektion Berlin wird vom Senat auf Vorschlag des für das Post- und Fernmeldewesen zuständigen Bundesministers ernannt. Nach § 10 des Dritten Überleitungsgesetzes sind die Einnahmen und Ausgaben des vom Berliner Senat verwalteten Post- und Fernmeldewesens mit Wirkung vom 1. April 1951 auf den Bund übergegangen. Der für das Post- und Fernmeldewesen zuständige Bundesminister kann den Berliner Postbehörden nach Anhörung des zuständigen Berliner Senators Weisungen erteilen, die Befugnisse, die dem Bundesfinanzminister gegenüber der Deutschen Bundespost zustehen, erstrecken sich auch auf die Verwaltung des Post- und Fernmeldewesens in Berlin. Auch das Gesetz über die Verwaltung der Deutschen Bundespost (Postverwaltungsgesetz) ist in Berlin übernommen worden. Nach § 3 Abs. 2 ist das dem Post- und Fernmeldewesen gewidmete Vermögen in Berlin (genauso wie das Postvermögen im übrigen Bundesgebiet) als Sondervermögen von dem übrigen Vermögen des Landes getrennt zu halten; für die Verbindlichkeiten der Berliner Post haftet auch die Bundespost. Dagegen haften beide Sondervermögen nicht für die sonstigen (nicht mit dem Post- und Fernmeldewesen zusammenhängenden) Verbindlichkeiten des Bundes oder des Landes Berlin[54].

53 Bundesgesetz zur Regelung der Rechtsverhältnisse der in einzelnen Verwaltungszweigen des Landes Berlin beschäftigten Personen vom 26. April 1957 (BGBl. I S. 397, GVBl. S. 430), zuletzt geändert durch das Finanzanpassungsgesetz vom 30. August 1971 (BGBl. I S. 1426, GVBl. S. 1745).

54 § 10 des Gesetzes über die Stellung des Landes Berlin im Finanzsystem des Bundes (Drittes Überleitungsgesetz) vom 4. Januar 1952 (BGBl. I S. 1,

Der Präsident der Oberfinanzdirektion in Berlin ist vom Berliner Senat im Einvernehmen mit dem Bundesfinanzminister zu ernennen; insoweit besteht kein wesentlicher Unterschied zu den Oberfinanzpräsidenten in den anderen Bundesländern, die als Leiter der Mittelbehörden im Bereich der Finanzverwaltung sowohl Bundes- als auch Landesaufgaben wahrnehmen und im Einvernehmen zwischen der Bundesregierung und der betreffenden Landesregierung zu ernennen sind[55]. Zur Oberfinanzdirektion Berlin gehören die Zoll- und Verbrauchssteuerverwaltung, der Devisenüberwachungsdienst und die für die Verwaltung des Bundesvermögens in Berlin zuständige Sondervermögens- und Bauverwaltung sowie als angeschlossene Dienststelle die Monopolverwaltung für Branntwein. Die Beamten, die in diesen Bereichen tätig sind, sind gemäß den Vorschriften des Gesetzes vom 26. April 1957 den Bundesbeamten gleichgestellt. Soweit die Berliner Behörden Abgaben verwalten, die in den anderen Ländern von Bundesfinanzbehörden verwaltet werden, das Bundesvermögen verwalten oder andere Aufgaben erfüllen, die sonst von Bundesfinanzbehörden wahrgenommen werden, unterliegen sie nach § 7 Abs. 2 des Dritten Überleitungsgesetzes in der Fassung des Finanzanpassungsgesetzes den unmittelbaren Weisungen des Bundesministers der Finanzen. Ferner haben der Bund und das Land Berlin ein Verwaltungsabkommen über die Berliner Zollverwaltung vom 31. Mai/24. Juli 1954 und eine Verwaltungsvereinbarung über die Vermögens- und Bauverwaltung vom 12. Januar/28. Februar 1953 geschlossen, durch die die materielle Eingliederung der Berliner Finanzverwaltung in das Finanzsystem des Bundes näher geregelt ist[56].

GVBl. S. 393), zuletzt geändert durch das Finanzanpassungsgesetz vom 30. August 1971 (BGBl. S. 1426, GVBl. S. 1745); § 3 des Postverwaltungsgesetzes vom 24. Juli 1953 (BGBl. I S. 676, GVBl. S. 1183).

55 Vergl. § 9 Abs. 2 des Gesetzes über die Finanzverwaltung (Finanzverwaltungsgesetz) in der Fassung des Finanzanpassungsgesetzes vom 30. August 1971 (BGBl. I S. 1426, GVBl. S. 1745): Der Oberfinanzpräsident ist sowohl Bundes- als auch Landesbeamter. Er wird auf Vorschlag des Bundesministers der Finanzen und der für die Finanzverwaltung zuständigen obersten Landesbehörde im gegenseitigen Einvernehmen zwischen der Bundesregierung und der zuständigen Landesregierung durch den Bundespräsidenten ernannt und entlassen.

56 Vergl. Czermak, Die Stellung Berlins in der Rechts-, Gerichts- und Finanzordnung der Bundesrepublik Deutschland. Diss. Bonn 1967, S. 153, 157. Besondere Regelungen, durch die eine Tätigkeit der zuständigen Bundes-

Soweit die in Berlin übernommenen Bundesgesetze dagegen gemäß Artikel 87 Absätze 2 und 3 von bundesunmittelbaren Körperschaften des öffentlichen Rechts oder von Bundesoberbehörden ausgeführt werden, erstreckt sich die Zuständigkeit dieser Behörden auch auf Berlin [57]. So können, um nur einige Beispiele zu nennen, das Bundespatentamt, das Bundeskartellamt und die Bundesversicherungsanstalt für Angestellte in Berliner Sachen tätig werden und Verwaltungsakte erlassen[58]. Zu beachten ist allerdings, daß in Berliner Sachen die Entscheidungsbefugnis aller Bundesbehörden genauso wie die Befugnisse der Berliner Landesbehörden durch die fortbestehende Gebietshoheit der westlichen Besatzungsmächte und die Alliierten-Vorbehalte beschränkt wird[59].

Eine besondere Vorschrift für die Ausführung in Berlin enthält das Bundesgesetz zur Regelung des öffentlichen Vereinsrechts (Bundesvereinsgesetz). Nach § 5 Abs. 2 sind Vereinbsverbote und ähnliche Verfügungen, die gemäß § 3 Abs. 2 Nr. 2 vom Bundesminister des Inneren erlassen worden sind, von der zuständigen Berliner Behörde zu vollziehen, wenn der Senat die Ausdehnung des Verbots oder der Verfügung auf das Land Berlin festgestellt hat[60].

behörden in Berlin ausgeschlossen wird, obgleich die einschlägigen Bundesgesetze z.T. übernommen werden konnten, bestehen im Bereich des zivilen Luftverkehrs und der friedlichen Nutzung der Kernenergie, vgl. Fijalkowski a.a.O., S. 156 ff. und die dort zitierten alliierten Anordnungen.

57 Dies gilt auch, wenn die bundesunmittelbare Körperschaft oder Anstalt Außenstellen errichtet, die in ihrer Funktion einem eigenen Verwaltungsunterbau nahekommen. So ist das Landesarbeitsamt Berlin ebenso wie die Arbeitsämter in den westdeutschen Bundesländern eine Zweigstelle der Bundesanstalt für Arbeit. Die verfassungsrechtliche Problematik einer solchen Konstruktion im Hinblick auf Art. 83, 87 Abs. 1 GG braucht in diesem Zusammenhang nicht untersucht zu werden.

58 Verschiedene bundesunmittelbare Körperschaften und Bundesoberbehörden haben ihren Sitz in Berlin z.B. die Bundesversicherungsanstalt für Angestellte, das Bundeskartellamt, das Bundesversicherungsamt und das Bundesaufsichtsamt für Versicherungs- und Bausparwesen. Im einzelnen vgl. unten S. 136 ff.

59 Dagegen begründet die bloße Tatsache, daß eine Bundesbehörde ihren Sitz in Berlin hat, keine Kontrollbefugnis der Westmächte, sofern die Behörde in westdeutschen Sachen entscheidet.

60 Vereinsgesetz vom 5. August 1964, BGBl. I S. 593.

Auswärtige Beziehungen

Die Beziehungen zu auswärtigen Behörden gehören in den Berliner Westsektoren zum vorbehaltenen Bereich der drei Besatzungsmächte. Nach Abs. 2 (c) der Grundsatzerklärung vom 14. Mai 1949 in der geänderten Fassung vom 7. März 1951 wird die Kommandantur es den Berliner Behörden allerdings gestatten, die Vertretung der Interessen Berlins im Ausland durch geeignete Maßnahmen zu gewährleisten[61]; von größerer Bedeutung als eine außenpolitische Interessenvertretung durch die Berliner Behörden ist es aber, daß eine weitgehende Einbeziehung Berlins in die auswärtigen Beziehungen der Bundesrepublik ermöglicht worden ist.

Die Voraussetzungen, unter denen Berlin in internationale Verträge und Verpflichtungen der Bundesrepublik einbezogen werden kann, sind in einer Erklärung der Alliierten Kommandantur vom 21. Mai 1952 niedergelegt[62]. Der Name Berlin soll in dem Wortlaut solcher Verträge und Übereinkommen genannt werden; soweit dies nicht möglich ist (vor allem bei multilateralen Verträgen), stellt die Bundesrepublik entweder in der Urkunde, durch die sie dem Vertrag beitritt, oder in einer gesonderten Erklärung fest, daß die Bestimmungen des Vertrages in Berlin angewandt werden. Bei Handels- und Zahlungsverträgen genügt die Angabe, daß das Anwendungsgebiet des Vertrages das Währungsgebiet der DM-West ist[63]. Berlin ist aus dem Anwendungsbereich des Vertrages ausgeschlossen, wenn die Alliierte Kommandantur innerhalb von 21 Tagen nach ihrer Benachrichtigung gegen die Einbeziehung Berlins Einwendungen erhebt. In vielen Fällen, in denen Verträge der Bundesrepublik den Bereich der Alliierten-Vorbehalte berührten, haben die Westmächte die Einbeziehung Berlins zwar nicht ausgeschlossen, aber eingeschränkt; in anderen Fällen hat die Bundesrepublik selbst im Vertragstext oder im Text des Ratifizierungsgesetzes die Anwendbarkeit in Berlin mit Rücksicht auf die Rechte

61 Vgl. Lush, a.a.O., S. 771.

62 BKC/L (52) 6 vom 21. Mai 1952 mit Anlage, Dokumente zur Berlin-Frage Nr. 138.

63 A.a.O., Ziffer 3, vgl. auch Dokumente zur Berlin-Frage Nr. 136 IV. Zur Übernahme von Ratifikationsgesetzen in Berlin vgl. oben S. 105. Das Inkrafttreten von außenpolitischen Verträgen des Bundes, in die Berlin einbezogen ist, wird im Berliner Gesetz- und Verordnungsblatt listenmäßig bekanntgegeben. Das gleiche gilt für die Wiederanwendungserklärungen der Bundesrepublik, die die Verträge des Deutschen Reiches betreffen.

der Alliierten beschränkt[64]. So heißt es in dem Zustimmungsgesetz zu dem Vertrag über das Verbot von Kernwaffenversuchen von 1962, daß dieses Gesetz auch im Land Berlin gilt, sofern das Land Berlin die Anwendung dieses Gesetzes feststellt, wobei die Rechte und Verantwortlichkeiten der Alliierten Behörden und die Befugnisse, die ihnen auf den Gebieten der Abrüstung und Entmilitarisierung zustehen, berücksichtigt werden[65].

In der Erklärung vom 21. Mai 1952 hatten die Westmächte das Verfahren zur Einbeziehung Berlins in Verträge der Bundesrepublik von einer entsprechenden Vereinbarung zwischen dem Senat und der Bundesregierung abhängig gemacht; diese Vereinbarung ist durch Briefwechsel zwischen dem Regierenden Bürgermeister von Berlin und dem Bundeskanzler vom 16.9./19.12.1952 abgeschlossen worden[66].

In einem Schreiben vom 23. Oktober 1954, das mit den Pariser Verträgen am 5. Mai 1955 in Kraft trat, erklärten die Westmächte unter anderem, daß sie beschlossen hätten, ihr Recht in bezug auf Berlin in einer Weise auszuüben, die es den Bundesbehörden gestatte, die Vertretung Berlins und der Berliner Bevölkerung nach außen sicherzustellen; in der Erklärung der Bundesregierung über Hilfeleistung für Berlin (ebenfalls vom 23. Oktober 1954) heißt es, daß die Bundesrepublik die Vertretung Berlins und der Berliner Bevölkerung nach außen sicherstellen und die Einbeziehung Berlins in die von der Bundesregierung abgeschlossenen internationalen Abkommen erleichtern wird, soweit dies nicht nach der Natur der betreffenden Abkommen ausgeschlossen ist[67]. Diese Formulierungen sind insoweit von Bedeutung, als sie nicht nur den Abschluß internationaler Verträge und Vereinbarungen betreffen, sondern auch als Grundlage für die Einbeziehung Berlins in die sonstigen außenpolitischen Beziehungen der Bundesrepublik (z.B. im Rahmen internationaler Organisationen oder in Fragen der konsularischen Betreuung) angesehen werden können.

64 Lush S. 776.

65 Vgl. Bothe, ZaöRV 1965 S. 223 - 347; –Buschbeck, ZaöRV 1966 S. 85 – 162 –. Die Berlin-Klausel des Vertrages über die deutsch-französische Zusammenarbeit vom 22. Januar 1963 nimmt die Bestimmungen über die Verteidigung von der Geltung in Berlin aus; vgl. Bothe a.a.O., S. 245 f.

66 Dokumente zur Berlin-Frage Nr. 140.

67 Dokumente zur Berlin-Frage Nr. 177, 178.

Das Verfahren bei der Einbeziehung Berlins in außenpolitische Verträge der Bundesrepublik wurde nach Inkrafttreten der Pariser Verträge nicht geändert. Es wurde im Verhältnis zu westlich orientierten und neutralen Staaten ohne Schwierigkeiten angewandt.

Dagegen setzten die Ostblockstaaten, insbesondere die Sowjetunion und die DDR, der Einbeziehung Berlins in die internationalen Verträge und sonstigen außenpolitischen Beziehungen der Bundesrepublik Widerstand entgegen. Bereits in einer Note vom 6. Januar 1958 an den Generalsekretär der Vereinten Nationen erklärte die Sowjetunion, daß Erklärungen der Bundesrepublik über die Einbeziehung des Landes Berlin in die von ihr geschlossenen Verträge unzulässig seien und zwar sowohl im Hinblick auf den völkerrechtlichen Status Berlins als auch im Hinblick auf die Tatsache, daß Berlin die Hauptstadt der DDR sei[68]. Mit ihren Bemühungen, Berlin auch in ihre Verträge mit den kommunistischen Staaten einzubeziehen, hatte die Bundesrepublik je nach der jeweiligen Interessenlage unterschiedlichen Erfolg. Bei Verhandlungen über die Verlängerung des deutsch-sowjetischen Handelsabkommens vom 25.4.1958 akzeptierte die Sowjetunion ein Schreiben der Bundesrepublik, durch das die faktische Einbeziehung der Berliner Westsektoren in dieses Abkommen gewährleistet wurde[69]. Nachdem das Abkommen am 31.12.1963 wiederum abgelaufen war, scheiterte die Erneuerung, weil über die Einbeziehung Berlins keine Einigkeit erzielt werden konnte. Mit anderen osteuropäischen Ländern (Polen, Ungarn und Bulgarien) konnte die Bundesrepublik dagegen in den Jahren 1963/64 Verträge über die gegenseitige Errichtung von Handelsmissionen, sowie über den Handels- und Zahlungsverkehr schließen, in die Berlin einbezogen wurde[70]. Im Jahre 1964 weigerte sich die Sowjetunion als Depositarmacht des Vertrages über das Verbot von Kernwaffenversuchen die Ratifikationsurkunde der Bundesrepublik entgegenzunehmen und begründete dies damit, daß die Bundesrepublik nicht berechtigt sei,

68 Dokumente zur Berlin-Frage Nr. 143.

69 Jurina, ZaöRV 1963 S. 405 – 458 –. Die entscheidende Stelle des Schreibens vom 21.12.1960 lautet: „Bei der praktischen Durchführung des Abkommens vom 25. April 1958 ergaben sich keine Meinungsverschiedenheiten. Die Bundesrepublik Deutschland wird davon ausgehen, daß der Anwendungsbereich des neuen bzw. verlängerten Abkommens keine Änderung erfährt".

70 Werbke, ZaöRV 1967 S. 139 – 213 –.

den Vertrag in Berlin in Kraft zu setzen[71]. Auch die Ausdehnung des Vertrages über die deutsch-französische Zusammenarbeit gab Anlaß zu einem sowjetischen Protest[72]. Die politisch-wirtschaftlichen und kulturellen Beziehungen der Bundesrepublik zu den osteuropäischen Staaten wurden zunehmend dadurch belastet, daß diese eine Einbeziehung Berlins ablehnten. Selbst bei Veranstaltungen mit rein wirtschaftlichem, kulturellem oder sportlichem Charakter versuchten die Sowjetunion und die DDR, eine möglichst weitgehende Trennung der Teilnehmer aus Berlin von den Teilnehmern aus der Bundesrepublik durchzusetzen. Seit 1960 wurden die Bundespässe, die die Bewohner der Westsektoren, gemäß dem in Berlin übernommenen Paßgesetz der Bundesrepublik erhalten, von der Sowjetunion nicht mehr anerkannt. Eine konsularische Betreuung von Reisenden aus Berlin war in der Sowjetunion nicht möglich. Schließlich versuchte die Sowjetunion, auch im Rahmen internationaler Organisationen und bei dem Abschluß multilateraler Verträge mit zunehmender Intensität eine Vertretung der Interessen Berlins durch die Bundesrepublik zu verhindern[73]. Auch durch die im Viermächte-Abkommen enthaltene Regelung sind die Streitigkeiten zwischen der Bundesrepublik und den Ostblockstaaten über die Einbeziehung Berlins in außenpolitische Verträge nicht vollständig behoben worden. Im einzelnen vergl. hierzu Teil III, Kapitel 13.

Die Leiter der Militärmissionen in Berlin (vgl. Kap. 5 Fn. 3) werden bei den Stadtkommandanten akkreditiert; Konsulate fremder Staaten werden in den Westsektoren ebenfalls von den Stadtkommandanten zugelassen. Hierfür ist ein Verfahren entwickelt worden, in das die Botschaften der Westmächte in Bonn und das Auswärtige Amt der Bundesrepublik eingeschaltet sind. Der Beitritt der Bundesrepublik zu den Wiener Abkommen über diplomatische und konsularische Beziehungen erstreckt sich auch auf Berlin, jedoch haben sich die Westmächte bei der Übernahme ihre Rechte vorbehalten. Insbesondere haben sie sich die Befugnis vorbehalten, über die Errichtung von konsularischen Vertretungen und die Bestellung und Zulassung ihrer Leiter zu entscheiden (vgl. BK/O (70) 8 vom 26. Oktober 1970 – GVBl. S. 2094).

71 Buschbeck, ZaöRV 1966 S. 85 – 162 –.

72 Bothe, ZaöRV 1965 S. 348.

73 Die Berlin-Regelung S. 275 f. Vgl. auch Internationales Recht und Diplomatie 1961 Zeittafel S. 617 ff.

Die Einbeziehung Berlins in die Europäischen Gemeinschaften

Unter den auswärtigen Beziehungen der Bundesrepublik, die sich auf Berlin erstrecken, nimmt die Mitgliedschaft in den Europäischen Gemeinschaften eine Sonderstellung ein, weil die Mitgliedstaaten (wie es für die Bundesrepublik in Artikel 24 Abs. 1 GG ausdrücklich vorgesehen ist) in erheblichem Umfang Hoheitsrechte auf diese Gemeinschaften übertragen haben. Die weitgehenden Kompetenzen, die den Gemeinschaftsorganen zustehen, insbesondere die Befugnis zur unmittelbaren Rechtsetzung, dürfen aber nicht darüber hinwegtäuschen, daß der EG-Bereich, jedenfalls was die Einbeziehung Berlins betrifft, der außenpolitischen Interessenvertretung zuzurechnen ist. Soweit sich aus besonderen Anordnungen der Westmächte nichts Abweichendes ergibt, finden also nur die für den außenpolitischen Bereich maßgeblichen Vorschriften Anwendung. Dieser Grundsatz gilt sowohl für die Erstreckung des primären Gemeinschaftsrechts auf Berlin als auch für die Frage, in welchem Umfange die Kompetenzen der Gemeinschaftsorgane in Berlin durch die Rechte und Verantwortlichkeiten der Westmächte beschränkt werden.

Was die Einbeziehung Berlins in die Gründungsverträge der Europäischen Gemeinschaften betrifft, so können Zweifel allenfalls bei der Europäischen Gemeinschaft für Kohle und Stahl (EGKS) bestehen. Weder in dem am 18. April 1951 unterzeichneten Gründungsvertrag noch in den Begleitdokumenten findet sich eine eindeutige Erklärung, daß sich die Mitgliedschaft der Bundesrepublik in der EGKS auf Berlin erstrecken soll. Der Geltungsbereich des Vertrages umfaßt nach Artikel 79 die europäischen Gebiete der Vertragsparteien sowie die europäischen Gebiete, deren auswärtige Angelegenheiten ein Unterzeichnerstaat wahrnimmt. Die zuletzt genannte Möglichkeit ist jedoch, anders als im Falle des Saarlandes, bezüglich Berlin nicht ausdrücklich nutzbar gemacht worden. Dabei ist zu berücksichtigen, daß zu diesem Zeitpunkt das Verfahren zur Einbeziehung Berlins in außenpolitische Verträge der Bundesrepublik noch nicht entwickelt worden war (vgl. oben S. 116 ff.)[74]. Aber auch aus der Anordnung der Alliierten Komman-

74 Noch in der Sitzung des Deutschen Bundestages vom 11. Januar 1952 hat sich der damalige Staatssekretär im Auswärtigen Amt zur Frage der Einbe-

dantur vom 21. Mai 1952[75], in der dieses Verfahren sanktioniert wurde, läßt sich für eine Erstreckung des EGKS-Vertrages auf Berlin unmittelbar nichts herleiten, weil diese Anordnung eine ausdrückliche Berlin-Klausel entweder in dem Vertragstext oder in den Beitrittsdokumenten der Bundesrepublik fordert, an denen es, wie oben festgestellt wurde, bei dem EGKS-Vertrag gerade fehlt. Andererseits ist bei der Anwendung dieses Vertrages Berlin stets in die Mitgliedschaft der Bundesrepublik einbezogen worden; man kann also aus der subsequent practice schließen, daß Berlin von vornherein zum Geltungsbereich des EGKS-Vertrages im Sinne von Artikel 79 gehört hat, wobei es dahingestellt bleiben kann, ob die erste oder die zweite Alternative dieser Vorschrift anwendbar ist. Schließlich ist die ausdrückliche Einbeziehung Berlins in die EGKS bei Abschluß des Vertrages am 8. April 1965 zur Einsetzung eines gemeinsamen Rates und einer gemeinsamen Kommission der drei Europäischen Gemeinschaften nachgeholt worden. Die Bundesrepublik hat bei Hinterlegung ihrer Ratifikationsurkunden zu diesem Vertrag und eine bereits bei Unterzeichnung angekündigte und von der Kommandantur genehmigte Erklärung abgegeben, daß dieser Fusionsvertrag ebenso wie der EGKS-Vertrag für das Land Berlin verbindlich sei[76].

Bei den am 25. März 1957 geschlossenen Römischen Verträgen über die Gründung der Europäischen Wirtschaftsgemeinschaft (EWG) und der Europäischen Atomgemeinschaft (EURATOM) war die Einbeziehung Berlins dagegen von vornherein eindeutig geregelt. Die Bundesrepublik hat eine Erklärung über die Einbeziehung Berlins bereits bei Unterzeichnung des Vertrages angekündigt und bei Hinterlegung der Ratifikationsurkunde abgegeben. Das Zustimmungsgesetz enthält die übliche Berlin-Klausel und ist in Berlin übernommen worden. Die Alliierte Kommandantur hat der Übernahme mit dem Vorbehalt zugestimmt, daß die Rechte und

ziehung Berlins in die EGKS sehr zurückhaltend geäußert, aber in der Sache erkennen lassen, daß er von einer Einbeziehung Berlins ausgehe.
Zur Einbeziehung Berlins in die Europäischen Gemeinschaften und insbesondere in die EGKS vgl. Zieger „Die Rechtstellung Berlins in den Europäischen Gemeinschaften", Festschrift für Menzel, Berlin 1975, S. 581 ff. und die dort zitierte Literatur.

75 BKC/L (52) 6, vgl. S. 126, Fn. 62.

76 Vgl. Zieger a.a.O., S. 586 f.

Verantwortlichkeiten der alliierten Behörden unberührt bleiben [77].

Mit dieser Einschränkung, der in der Praxis allerdings keine Bedeutung zukommt, erstreckt sich die Zuständigkeit der europäischen Gemeinschaftsorgane voll auf Berlin. Insbesondere gilt das sekundäre Gemeinschaftsrecht in Berlin, ohne daß ein Übernahmeakt des Berliner Abgeordnetenhauses oder des Senats erforderlich wäre. Der Alliierten Kommandantur steht ein Einspruchsrecht zu, das innerhalb von 21 Tagen geltend gemacht werden muß, nachdem ihr die Europäische Verordnung vom Senator für Bundesangelegenheiten zugestellt worden ist. Im Berliner Gesetz- und Verordnungsblatt wird das Inkrafttreten von Rechtsvorschriften der EG (EG-Verordnungen und verbindlichen Entscheidungen des Gerichts von der EG, nicht aber EG-Richtlinien) nachträglich bekanntgegeben, ohne daß der Text abgedruckt wird [78]. Verträge,

77 In dem Genehmigungsschreiben der Alliierten Kommandantur heißt es hierzu:

> „. . . daß die Alliierte Kommandantur keine Einwände gegen die Anwendung des obengenannten Vertrages auf Berlin erhebt, soweit es sich mit den in der Erklärung über Berlin vom 5. Mai 1955 festgesetzten Rechten und Verantwortlichkeiten der alliierten Behörden vereinbaren läßt. Diese müssen bei entstehenden Meinungsverschiedenheiten in bezug auf die Erfüllung der in diesem Dokument niedergelegten Verpflichtungen als ausschlaggebend angesehen werden. Die Einbeziehung Berlins in diesen Vertrag darf außerdem nicht so ausgelegt werden, als ob sie irgendwie die Aufhebung oder Änderung alliierter Rechtsvorschriften bedeutet . . .".

In der Erklärung über die Einbeziehung Berlins, die die Bundesregierung bei Hinterlegung der Ratifikationsurkunde abgegeben hat, heißt es:

> „Diese Erklärung läßt die Rechte und Verantwortlichkeiten Frankreichs, des Vereinigten Königreichs und der Vereinigten Staaten in bezug auf Berlin unberührt".

Vgl. hierzu sowie zu der Frage, ob die Einbeziehung Berlins einer besonderen Rechtsgrundlage in den EG-Verträgen selbst bedarf. Zieger a.a.O., S. 589 ff.

78 Nach dem Genehmigungsschreiben der Alliierten Kommandantur zur Einbeziehung Berlins in die Europäischen Verträge heißt es, daß die Kommandantur bezüglich der „Europäischen Verordnungen" auf den gleichen Bedingungen besteht, die für zu Bundesrechtsvorschriften herausgegebenen Verordnungen gelten. Das Verfahren, nach dem die Kommandantur ihr Einspruchsrecht geltend machen kann, lehnt sich aber an das Verfahren an, welches im Jahre 1955 auch für das Mantelgesetzverfahren vorgesehen wurde, vgl. Zieger a.a.O., S. 597. Soweit ersichtlich, hat die Alliierte Kommandantur von ihrem Einspruchsrecht gegenüber Europäischen Ver-

die die Europäischen Gemeinschaften im Rahmen ihrer Zuständigkeit selbständig mit Drittstaaten abschließen, erstrecken sich auch auf Berlin, ohne daß eine besondere Berlin-Klausel oder eine Übernahme durch das Abgeordnetenhaus oder den Senat erforderlich wäre. Dagegen unterliegen Vorschriften der Bundesrepublik zur Durchführung von Gemeinschaftsverträgen sowie sog. gemischte Verträge, bei denen die Gemeinschaften zusammen mit den Mitgliedstaaten als Vertragspartner auftreten, dem üblichen Übernahmeverfahren[79].

Dagegen werden die Abgeordneten der Bundesrepublik im Europäischen Parlament, die auf Berlin entfallen, nicht unmittelbar von der Bevölkerung, sondern – ähnlich wie die Berliner Bundestagsabgeordneten – vom Berliner Abgeordnetenhaus gewählt. Sie genießen im Europäischen Parlament aber unbeschränktes Stimmrecht[80].

ordnungen bisher keinen Gebrauch gemacht. Zieger a.a.O., S. 598 ff. wirft die Frage auf, ob das Einspruchsrecht der Westmächte nicht dadurch beschränkt ist, daß ihnen besatzungsrechtliche Befugnisse nur gegenüber den Organen der deutschen Staatsgewalt, nicht aber gegenüber den Partnerstaaten der EG zustehen. Nach seiner Ansicht beschränkt sich die Befugnis der Alliierten darauf, die Einhaltung der Grenze zwischen dem „vorbehaltenen Bereich" und dem an die Gemeinschaften „übertragenen" Kompetenzkomplex zu wahren, wobei ihnen allerdings die Kompetenz-Kompetenz zustehen soll. Der Gedanke besticht; man muß allerdings berücksichtigen, daß die Einbeziehung Berlins in die EG-Mitgliedschaft der Bundesrepublik mit dem Vorbehalt der Alliierten-Rechte und -Verantwortlichkeiten gewissermaßen belastet ist, was auch in dem oben (Fußnote 77) zitierten Text der von der Bundesregierung abgegebenen Einbeziehungserklärung zum Ausdruck kommt

79 Vgl. Zieger a.a.O., S. 601 f. Zur Frage, ob den Westmächten hinsichtlich der von den EG geschlossenen Verträgen ein Eingriffsrecht zusteht, vgl. Zieger a.a.O. Fn. 94 und die dort zitierte Literatur.

Zur Einbeziehung Berlins in die Aktivitäten der EG und zu den Unterstützungsmaßnahmen der EG für die Berliner Wirtschaft vgl. Zieger a.a.O. S. 602 ff. Von besonderer Bedeutung ist die Zweigstelle des Bonner Verbindungsbüros der EG in Berlin sowie die am 20. Januar 1975 vom Ministerrat der EG beschlossene Errichtung des Europäischen Berufsbildungszentrums in Berlin.

Zur Frage, ob eine Erweiterung dieser Aktivitäten und eine Einbeziehung Berlins in die Weiterentwicklung der Europäischen Gemeinschaften durch das Viermächte-Abkommen beschränkt wird, vgl. Teil III, S. 256 ff.

80 Vergleiche Teil III, Kapitel 13, S. 257 ff.

Die Teilnahme Berlins am politischen Leben des Bundes

Die Möglichkeiten Berlins, am politischen Leben der Bundesrepublik teilzunehmen, werden durch das Genehmigungsschreiben der Militärgouverneure der drei Westmächte zum Grundgesetz beschränkt. Hiernach darf Berlin keine abstimmungsberechtigte Mitgliedschaft im Bundestag oder Bundesrat erhalten, darf jedoch eine beschränkte Anzahl Vertreter zur Teilnahme an den Sitzungen dieser gesetzgebenden Körperschaften benennen. Artikel 144 Abs. 2 GG enthält eine Übergangsregelung, nach der ein Land oder der Teil eines Landes, in dem die Anwendung des Grundgesetzes Beschränkungen unterliegt, gemäß Artikel 38 GG Vertreter in den Bundestag und gemäß Artikel 50 GG Vertreter in den Bundesrat entsenden kann. Aufgrund der Alliierten-Vorbehalte können die Berliner Abgeordneten im Bundestag nicht direkt gewählt werden; ferner genießen weder die Berliner Bundestagsabgeordneten noch die Vertreter Berlins im Bundesrat in diesen Gremien volles Stimmrecht. Nach § 54 des in Berlin übernommenen Bundeswahlgesetzes wählt das Berliner Abgeordnetenhaus 22 Abgeordnete in den Bundestag sowie eine ausreichende Zahl von Ersatzmännern. Das Verfahren ist seit der Wahl zum 3. Bundestag im Bundeswahlgesetz geregelt. Der Wahlakt des Abgeordnetenhauses findet am Tage der Bundestagswahl in einer Sondersitzung statt. Das Mandat der Berliner Bundestagsabgeordneten gilt für die Wahlperiode des Bundestages, nicht für die des Abgeordnetenhauses[81]. Das Bundeswahlgesetz enthält eine Berlin-Klausel und ist in Berlin übernommen worden, obgleich die meisten Vorschriften des Gesetzes in Berlin nicht anwendbar sind. Für die Entsendung der Berliner Abgeordneten zum 2. Bundestag war das Verfahren in einem Berliner Landesgesetz geregelt; bei der Wahl zum 1. Bundestag fußte es unmittelbar auf der maßgeblichen Anordnung der Westmächte[82]. Die Berliner Abgeordneten können in den Plenarsitzungen des Bundestages zwar mitstimmen, jedoch werden bei der Abstimmung über Sachfragen (z.B. Gesetzesvorlagen) ihre Stimmen gesondert gezählt und bei der Ermittlung des Abstimmungsergebnis-

81 § 53 des Bundeswahlgesetzes vom 3. Mai 1956 in der Bekanntmachung vom 1. September 1975 (BGBl. I S. 2325), vgl. auch Fijalkowski a.a.O., S. 122 f.

82 Fijalkowski a.a.O., S. 121 f.

ses nicht berücksichtigt. Dagegen genießen sie bei allgemeinen Resolutionen und bei Beschlüssen, die nur die inneren Angelegenheiten des Bundestages betreffen (z.B. Geschäftsordnungsfragen, Wahl des Bundestagspräsidenten) sowie in allen Ausschußsitzungen volles Stimmrecht. Entsprechendes gilt für die Berliner Vertreter im Bundesrat. In dem Vermittlungsausschuß zwischen Bundestag und Bundesrat (Artikel 77 Absatz 2 GG) sind die Vertreter Berlins voll stimmberechtigt [83].

Abgesehen von dem beschränkten Stimmrecht im Plenum des Bundestages und des Bundesrates genießen die Vertreter Berlins in diesen Gremien die gleichen Rechte wie die übrigen Mitglieder. Sie können insbesondere den Vorsitz führen; sofern der Berliner Regierende Bürgermeister als Vorsitzender des Bundesrates fungiert, vertritt er gemäß Artikel 57 GG uneingeschränkt den Bundespräsidenten[84].

In der Bundesversammlung (Artikel 54 Absatz 3 GG) sind die Vertreter Berlins voll stimmberechtigt.

Wenn man von den beschränkten Mitwirkungsrechten in Bundesrat und Bundestag absieht, ist Berlin voll in das politische Leben der Bundesrepublik integriert. Deutsche Staatsangehörige mit dem Wohnsitz in Berlin können für alle politischen Ämter der Bundesrepublik kandidieren[85]. Ferner sind die im Berliner Abgeordne-

83 Die Frage, unter welchen Voraussetzungen die Stimmen der Berliner Bundestagsabgeordneten (bzw. der Berliner Vertreter im Bundesrat) berücksichtigt oder nicht berücksichtigt werden, ist weder in einem Gesetz, noch in den parlamentarischen Geschäftsordnungen geregelt. Die Praxis ist in Bundestag und Bundesrat nicht ganz einheitlich. Z.B. genießen die Berliner Abgeordneten im Bundestag nicht aber im Bundesrat (die Berliner Vertreter im Bundesrat) bei der ersten und zweiten Lesung von Gesetzen volles Stimmrecht. Lediglich bei der dritten Lesung, bei der die eigentliche Gesetzessanktion erteilt wird, werden die Stimmen der Berliner Bundestagsabgeordneten nicht berücksichtigt.

84 Korber in: „Die Entkrampfung Berlins" Hamburg 1972, S. 50 – 54 –.

85 Nach § 16 Bundeswahlgesetz hängt die Wählbarkeit nicht von einem Wohnsitz in Westdeutschland ab, so daß ein Deutscher mit dem Wohnsitz in Berlin über einen westdeutschen Wahlkreis oder eine westdeutsche Landesliste als vollstimmberechtigter Abgeordneter in den Bundestag einziehen kann.
Deutsche mit Hauptwohnung in Westdeutschland und Nebenwohnung in Berlin werden am Ort ihrer westdeutschen Hauptwohnung ohne weiteres in die Wählerliste für den Bundestag eingetragen. Deutsche mit Hauptwohnung in Berlin und Nebenwohnung in Westdeutschland können am Ort

tenhaus vertretenen politischen Parteien Landesverbände der entsprechenden Parteien in der Bundesrepublik; sie entsenden voll stimmberechtigte Delegierte in die Bundesparteitage und etwaige andere Parteiorgane, die auf Bundesebene arbeiten. Entsprechendes gilt für die meisten politischen Organisationen und die Gewerkschaften.

Die Bundespräsenz in Berlin

Mit „Bundespräsenz" wird zum Teil die Gesamtheit aller Verbindungen zwischen dem Bund und Berlin bezeichnet; hier soll unter diesem Begriff jedoch nur die zeitweilige oder dauernde Anwesenheit von Organen der Bundesrepublik in den Berliner Westsektoren verstanden werden[86]. Die Bundespräsenz in diesem Sinne ist der einzige Bereich, in dem die bis zum Jahre 1971 gewachsenen tatsächlichen Bindungen zwischen dem Bund und Berlin durch das Viermächte-Abkommen vom 3. September 1971 reduziert werden. Man unterscheidet oft zwischen der *„demonstrativen Bundespräsenz"*, das heißt der zeitweiligen Anwesenheit von Verfassungsorganen des Bundes, durch die die politische Zusammengehörigkeit zwischen dem Bund und Berlin bekräftigt werden soll, und den anderen Formen der Bundespräsenz, die sich auf den Bereich der Rechtsprechung und der Verwaltung beschränkt.

Zu den Formen der *demonstrativen* Bundespräsenz gehörte vor allem, daß seit 1954 die Wahl des Bundespräsidenten durch die Bundesversammlung in Berlin stattfand. Die Bundesversammlung tagte viermal in Berlin (1954, 1959, 1964 und 1969). Das Plenum des Bundestages tagte fünfmal in Berlin und zwar jeweils im Oktober 1955, 1956, 1957 und 1958 sowie nach einer längeren Pause im April 1965. Die letzte Tagung führte zu einer krisenhaften Konfrontation mit der DDR und der Sowjetunion[87].

ihrer westdeutschen Nebenwohnung ebenfalls an der Bundestagswahl teilnehmen jedoch ist hierfür seit der Wahl zum 8. Bundestag ein besonderer Antrag auf Eintragung in die Wählerliste erforderlich (vgl. § 16 Abs. 1 Nr. 1a der Bundeswahlordnung in der Fassung der Bekanntmachung vom 3. September 1975 (BGBl. I S. 2325).

86 Zur Bundespräsenz in Berlin, insbesondere auch in ihrer Entwicklung nach Inkrafttreten des Viermächte-Abkommens, vgl. jetzt auch die sehr ausführliche Darstellung von Ottfried Hennig: Die Bundespräsenz in Westberlin, Köln 1976.

87 Vgl. hierzu die Aufstellung von Hennig a.a.O., S. 359 ff. Im Rahmen der aufgeführten Tagungen fanden insgesamt 9 Plenarsitzungen des Bundestages in Berlin statt.

Dagegen fanden auch nach diesem Zeitpunkt häufig Ausschuß- und Fraktionssitzungen in Berlin statt, die zeitweilig bis zum Inkrafttreten des Viermächte-Abkommens während sogenannter Berlin-Wochen demonstrativ gehäuft wurden. Das Plenum des Bundesrats tagte insgesamt neunmal in Berlin, zuletzt im Jahre 1959[88]. Der Bundespräsident hält sich regelmäßig in Berlin auf. Er pflegte bis zum Abschluß des Viermächte-Abkommens hier auch Amtshandlungen vorzunehmen. Die Bundesregierung trat öfters (zunächst zu Kabinettsitzungen, später nur noch zu informellen Ministerbesprechungen) in Berlin zusammen[89]. Die hier geschilderten Formen der *demonstrativen* Bundespräsenz werden durch die Viermächte-Vereinbarung vom 3. September 1971 eingeschränkt; die Bundesversammlung sowie das Plenum des Bundestages und des Bundesrates dürfen in Berlin nicht mehr zusammentreten; die Befugnisse der übrigen Verfassungsorgane des Bundes, in Berlin zusammenzutreten und hier Amtsakte vorzunehmen, werden beschränkt (im einzelnen vergleiche Teil III, Kapitel 12, S. 243 ff.).

Eine Institution, die ebenfalls durch das Viermächte-Abkommen betroffen wird, ist das Amt des Bundesbevollmächtigten in Berlin, das durch Erlaß der Bundesregierung vom 30. November 1953 geschaffen wurde[90]. Hiernach repräsentierte der Bundesbevollmächtigte die Bundesrepublik in Berlin. Er vertrat die Bundesregierung gegenüber dem Senat und gegenüber den westlichen Stadtkommandanten. Er hatte ferner dafür Sorge zu tragen, daß die Dienststellen der Bundesrepublik in Berlin die vom Bundeskanzler festzusetzenden Richtlinien der Politik beachteten, und war von den Vertretungen, die fast alle Bundesministerien in Berlin eingerichtet hatten, über die wichtigsten Angelegenheiten zu informieren. Nach dem Viermächte-Abkommen ist das Amt des Bundesbevollmächtigten in eine Verbindungsbehörde umzuwandeln, die die Regierung der Bundesrepublik bei den Behörden der drei Westmächte und beim Senat vertritt. Die Berliner Zweigstellen der Bundesministerien sind in Abteilungen dieser Verbindungsbehörde umgewandelt worden, denen die Vertretung in ihrem jeweiligen Fachbereich obliegt (im einzelnen vergleiche Teil III, Kapitel 12, S. 245).

88 Hennig a.a.O., S. 364.

89 Vgl. Die Berlin-Regelung S. 230; Lush S. 780.

90 Dokumente zur Berlin-Frage Nr. 149.

Die übrigen Formen der Bundespräsenz, die weder politischen noch demonstrativen Charakter haben, werden durch die Viermächte-Vereinbarungen nicht berührt. Hierher gehört es vor allem, daß verschiedene Gerichte, Behörden und öffentlich-rechtliche Körperschaften des Bundes ihren Sitz in Berlin haben, unter anderem das Bundesverwaltungsgericht, der fünfte Strafsenat des Bundesgerichtshofs, das Bundeskartellamt, das Bundesaufsichtsamt für das Versicherungs- und Bausparwesen, das Bundesversicherungsamt und die Bundesversicherungsanstalt für Angestellte [91] . Ferner wurden verschiedene technische Einrichtungen, die zunächst den Berliner Behörden unterstanden hatten, als Bundesanstalten oder Teile von Bundesanstalten vom Bund übernommen (z.B. die Bundesanstalt für Materialprüfung). Auch die Behörden und Körperschaften des Bundes, die ihren Sitz nicht in Berlin haben, haben hier zum großen Teil Vertretungen oder Zweigstellen, so daß in Berlin insgesamt etwa 50 Bundesbehörden vertreten sind [92].

91 Die in Berlin ansässigen Bundesbehörden und Bundesgerichte unterliegen, soweit sie in westdeutschen Sachen entscheiden, keinem Weisungsrecht der Besatzungsmächte (vgl. S. 125, Fn. 59). Sie wenden in westdeutschen Angelegenheiten auch Bundesgesetze an, die in Berlin nicht übernommen sind. Entscheidend ist insoweit nicht das Recht, das am Sitz der Behörde gilt, sondern das Recht des Ortes, an dem sich die Entscheidung auswirkt.
Schwieriger ist die Frage zu beantworten, ob Berliner Gerichte und Behörden nicht übernommene Bundesgesetze u.U. nach den Regeln des interlokalen Straf- oder Zivilrechts anwenden können. Diese Frage dürfte sich nicht generell beantworten lassen, sie hängt vielmehr im Einzelfall von dem Sinn und dem Umfang der Alliierten-Vorbehalte ab.

92 Lush S. 779; die Berlin-Regelung S. 231 sowie insbesondere die Aufstellung der Dienststellen des Bundes in Berlin und der Anzahl der dort Beschäftigten bei Hennig a.a.O., S. 355 ff.

2. Unterkapitel

Die Natur des Rechtsverhältnisses Bund – Berlin

Die Zulässigkeit der Bindungen

Über den Umfang der Bindungen, die mit Zustimmung der Westmächte zwischen West-Berlin und der Bundesrepublik hergestellt worden sind, besteht, wie im vorigen Kapitel gezeigt wurde, also weitgehende Klarheit; dagegen ist die Rechtsnatur dieser Bindungen umstritten.

Bis zum Abschluß der Viermächte-Vereinbarungen vom 3. September 1971 haben die UdSSR und die DDR die Einbeziehung der Westsektoren in das rechtliche und politische System des Bundes und vor allem die Bundespräsenz in Berlin als rechtswidrig angesehen und oft sogar als „Versuch einer Annexion West-Berlins durch die Bundesrepublik" oder als Aggression bezeichnet[1]. Außerhalb der Ostblock-Staaten hat lediglich Riklin in einer relativ kurzen Bemerkung die Ansicht vertreten, daß es mit dem Viermächte-Status wohl unvereinbar sei, wenn beispielsweise Organe des Bundes in Berlin tagen oder ihren Sitz in Berlin haben. Riklin will dies aber als widerrufliche Repressalie gegen die viel weitergehende Einbeziehung des Ostsektors in die DDR rechtfertigen[2].

Die Rechtsauffassung der Sowjetunion und der DDR beruht auf einer falschen Voraussetzung, nämlich der, daß ganz Berlin ursprünglich ein Teil der SBZ unter Sonderstatus gewesen sei und den Westmächten hier nur abgeleitete Besatzungsrechte zustünden.

Aber auch der „Repressalien-Theorie" Riklins kann nicht gefolgt werden. Die Annahme, daß die Aktivität von Bundesorganen in Berlin (oder andere Bindungen zwischen dem Bund und den

1 Menzel in: Ostverträge – Berlin-Status – Veröffentlichungen des Instituts für internationales Recht an der Universität Kiel Nr. 66, S. 212. Zu den Auffassungen im Bereich der kommunistischen Völkerrechtslehre vgl. auch Hennig a.a.O., S. 147 ff.

2 Riklin: Berlin als völkerrechtliches Problem; Schweizer Monatshefte 1966 S. 707 – 716 –.

Westsektoren) mit dem Viermächte-Status der Stadt an sich unvereinbar wären, vermag jedenfalls in dieser allgemeinen Formulierung nicht zu überzeugen. Wie in den vorhergehenden Kapiteln festgestellt wurde, besteht der Viermächte-Status für ganz Berlin noch fort; die Vereinbarungen der vier Hauptsiegermächte, in denen die Einzelheiten der Viermächte-Verwaltung geregelt sind, sind weiterhin in Kraft. Das Organ der Viermächte-Verwaltung, das zu entscheiden hat, welche deutschen Behörden in Berlin tätig werden dürfen und welche Kompetenzen ihnen hier zustehen, ist die Alliierte Kommandantur. Die Sowjetunion hat sich ohne Rechtfertigung aus diesem Organ zurückgezogen und damit die Möglichkeit aufgegeben, an dieser Entscheidung mitzuwirken. Die Entscheidung der Kommandantur, daß die Behörden der Bundesrepublik bestimmte Funktionen in Berlin wahrnehmen können oder andere Bindungen zwischen dem Bund und Berlin hergestellt werden dürfen, stellt selbst noch keinen Verstoß gegen den Viermächte-Status dar; dies wäre nur der Fall, wenn die Tätigkeit der Bundesorgane in Berlin, oder ihre Duldung durch die Westmächte, gegen bestimmte Vorschriften der für den Viermächte-Status maßgeblichen Verträge oder gegen anerkannte Normen des Völkerrechts verstießen.

Die Westmächte haben aber unter Hinweis auf den Viermächte-Status eine vollständige Eingliederung Berlins in die Bundesrepublik verhindert; sie haben in ihren Antwortnoten auf die sowjetischen Proteste gegen bestimmte Bundesaktivitäten in Berlin stets betont, daß diese Aktivitäten mit dem besonderen Status der Stadt vereinbar seien. Riklin ist allerdings insoweit zuzustimmen, als die Sowjetunion, selbst wenn in einzelnen Fällen die Aktivität der Bundesrepublik gegen den Viermächte-Status der Stadt verstieße, sich hierauf nicht berufen könnte, sofern sie eine entsprechende oder weitergehende Aktivität der DDR im Ostsektor duldet. Meines Erachtens handelt es sich aber nicht um eine Repressalie, das heißt um eine Sanktion, die auf Wiederherstellung des rechtmäßigen Zustandes gerichtet ist, sondern um den völkerrechtlichen Einwand „tu quoque".

Die Repressalien-Theorie Riklins beruht möglicherweise auf der Annahme, daß die Westmächte, wenn sie bestimmte Aktivitäten der Bundesrepublik in Berlin zulassen, die Westsektoren der Stadt in die (ehemaligen) westlichen Besatzungszonen eingliedern und damit gegen den Viermächte-Status verstoßen. Dies wäre jedoch nur richtig, wenn es sich bei der Staatsgewalt der Bundesrepublik Deutschland um delegierte Staatsgewalt der Westmächte handelte. Tatsächlich handelt es sich aber bei den Befugnissen der Bundesrepublik in Berlin genau so wie bei den Befugnissen der West-Berliner Behörden um autochthone deutsche Staatsgewalt, die sich nach 1945 zwar mit Zustimmung der Besatzungsmächte und in den von den Besatzungsmächten gesetzten Grenzen schrittweise neu entwickelt hat, die aber nicht auf einer Delegation der besatzungsrechtlichen Befugnisse beruht[3].

Unvereinbar mit dem Viermächte-Status wäre es nur, wenn die Westmächte der Bundesrepublik unwiderruflich die uneingeschränkte Souveränität über die Westsektoren einräumten, denn durch diesen Akt würden sie ihre Gebietshoheit über Berlin, und damit ihre besatzungsrechtliche Stellung, endgültig aufgeben. Sieht man von dieser Einschränkung ab, so wäre es mit dem Viermächte-Status Berlins vereinbar gewesen, die Befugnisse der Bundesrepublik in Berlin und bezüglich Berlin noch weit über das bisherige Maß hinaus auszudehnen. Diese Möglichkeit unterliegt jetzt allerdings vertraglichen Beschränkungen, die sich aus dem Viermächte-Abkommen vom 3. September 1971 ergeben.

3 Vgl. Zivier, Recht und Politik 1970 Heft 1 S. 9 ff. – 11 –. Dies gilt übrigens auch für die Fälle, in denen die Berliner Behörden oder die in Berlin tätigen Bundesbehörden mit Zustimmung der Alliierten Befugnisse im Bereich der vorbehaltenen Gebiete ausüben. Der Vorbehalt bedeutet grundsätzlich nur, daß sich die Besatzungsmächte erweiterte Kontroll- und Eingriffsmöglichkeiten vorbehalten. Etwas anderes gilt nur, wenn aus den besatzungsrechtlichen Vorschriften eindeutig hervorgeht, daß deutsche Behörden unmittelbar im Auftrag der Besatzungsmächte handeln.
Das gleiche trifft für den Bereich der außenpolitischen Interessenvertretung zu. Demgegenüber nimmt Mahncke, Berlin im geteilten Deutschland, S. 61 in Anlehnung an eine unveröffentlichte Arbeit von Kewenig an, daß die Westmächte der Bundesrepublik ihre eigene Befugnis zur außenpolitischen Interessenvertretung der Westsektoren nur zum Gebrauch, nicht aber in der Substanz übertragen hätten. Dieser Auffassung folgt Schiedermair S. 135. Richtig daran ist, daß alle deutschen Staatsorgane bei der außenpolitischen Interessenvertretung Berlins ebenso wie im innenpolitischen Bereich der obersten Gewalt der drei Westmächte unterliegen. Die Formulierung ist aber irreführend, weil sie den Eindruck erweckt, daß die Bundesrepublik in diesem Bereich nur als Agent der Westmächte auftritt.

Die Rechtsnatur der Bindungen

Auch in der westlichen Rechtslehre umstritten ist dagegen die Frage, wie die Bindungen des Landes Berlin an die Bundesrepublik in ihrer Rechtsnatur zu definieren sind. Nach der in der Bundesrepublik herrschenden sogenannten Integrationstheorie sind die Vorbehalte, die die Alliierten zum Bonner Grundgesetz und zur Verfassung von Berlin abgegeben haben, so zu interpretieren, daß Berlin ein Land der Bundesrepublik Deutschland ist, in dem lediglich die Anwendung (nicht die Geltung) des Grundgesetzes aufgrund besatzungsrechtlicher Bestimmungen in einigen Punkten ausgeschlossen ist[4].

Nach der Auffassung der westlichen Besatzungsmächte ist Berlin dagegen (ungeachtet der Bindungen zum Bund) nicht als Land der Bundesrepublik anzusehen. Diese Ansicht ist wissenschaftlich vor allem von Lush untermauert worden[5]. Auch in der Rechtslehre der Bundesrepublik wird diese Auffassung vertreten, und zwar im allgemeinen in der Form der sogenannten „Als-ob-Theorie". Diese läßt sich dahingehend zusammenfassen, daß Berlin zwar völkerrechtlich kein Teil der Bundesrepublik Deutschland ist, daß die Staatsorgane der Bundesrepublik und des Landes Berlin aber kraft deutschen Verfassungsrechts verpflichtet sind, sich in dem Ausmaß, in dem die westlichen Alliierten es zulassen, so zu verhalten, als ob dies der Fall wäre[6] [7].

4 Für die deutsche herrschende Lehre s. z.B.: BVerfGE 7 S. 1 ff.; Kreutzer, Die Geltung von Bundesrecht in Berlin, JR 51 S. 641; ders., Berlin im Bund, Zeitschrift für Politik n.F., 1. Jg. S. 139 ff.; ders., West-Berlin Stadt und Land, in: Berlin, Brennpunkt deutschen Schicksals, Berlin 1960 S. ff.; Drath, Die staatsrechtliche Stellung Berlins AöR Band 82 S. 271 ff. Das Bundesverfassungsgericht hat in seiner Entscheidung zum Grundvertrag an der Integrationstheorie ausdrücklich festgehalten. Im einzelnen vgl. unten S. 141 ff. Für die Integrationstheorie treten auch von Lampe und Pfennig ein, in Pfennig/Neumann, Verfassung von Berlin, Walter de Gruyter Berlin-New York 1978 Rn 33 ff. zu Art. 1 der Verfassung von Berlin. Nach ihrer Auffassung (a.a.O. Nr. 35) beruhen die unterschiedlichen Auffassungen zwischen dem Bundesverfassungsgericht und den Westmächten gewissermaßen auf einem Mißverständnis, weil die „Zugehörigkeit" für die Bundesrepublik weder bedeutet, daß Berlin den vollen Status eines Bundeslandes hat, noch daß der Bundesrepublik die oberste Gewalt in Berlin zusteht. „Für die Westmächte ist hingegen die Aussage, daß Berlin ein Land der Bundesrepublik Deutschland ist, gleichbedeutend mit der Aussage, daß der Bund in Berlin Gebietshoheit ausübt."

5 Lush, a.a.O., S. 742.

Als vermittelnde Theorie kann man die Definition von Maunz ansehen, der die Bindungen zwischen Berlin und der Bundesrepublik als Rechtsverhältnis eigener Art bezeichnet, das neben einem potentiellen bundesstaatlichen Grundkern einzelne Momente staatenbundlicher Natur aufweist[8]. In jüngster Zeit hat schließlich Menzel in Anlehnung an Fahrni den Begriff der Assoziation von Staaten in die Diskussion eingeführt[9].

Es ist freilich zu betonen, daß der Frage, wie die Rechtsnatur der zwischen dem Bund und Berlin bestehenden Bindungen zu definieren ist für die rechtliche und politische Praxis fast keine Bedeutung zukommt; man kann diese Frage mit Kreutzer als rein akademisch bezeichnen[10]. Auch die Integrationstheorie berücksichtigt, daß in Berlin Besatzungsrecht herrscht und daher nicht die Bundesrepublik, sondern die Alliierten die Gebietshoheit ausüben, woran schon im Interesse der Stadt nichts geändert werden kann. Daraus folgt, daß die Bundesrepublik in Berlin Staatsgewalt nur in dem Umfang ausüben kann, in dem die Alliierten dies zulassen. Ebensowenig leugnen die Anhänger der Als-ob-Theorie, daß

6 Finkelnburg vertritt eine Auffassung, die im Ansatz der Als-ob-Theorie ähnelt, im Ergebnis aber mindestens für den staatsrechtlichen Bereich eine Bundeszugehörigkeit Berlins annimmt. Nach seiner Ansicht mag die für die Integrationstheorie grundlegende Entscheidung des Bundesverfassungsgerichts in Band 7 S. 1 ff., als sie erging, falsch gewesen sein, sie ist aber inzwischen gewohnheitsrechtlicher Bestandteil des Verfassungsrechts des Bundes und Berlins geworden. Für die staatsrechtliche Beurteilung der Rechtslage Berlins ist nach seiner Auffassung die völkerrechtliche Lage ohne Bedeutung. Vgl. insbesondere NJW 1974 S. 1969 ff.

7 Z.B. Wengler, Die Übernahme von Bundesgesetzen in Berlin, a.a.O., S. 640; Uhlitz, Völkerrecht und Außenpolitik – Viermächte-Status und Berlin-Politik, DÖV 1968, S. 524.

8 Maunz, Lehrbuch des deutschen Staatsrechts, 18. Aufl. München 1971, § 46; ähnlich Nagel, Die rechtliche Lage West-Berlins, Diss. Würzburg 1964, S. 161 ff., insbesondere S. 164.

9 Menzel, DÖV 1972, S. 1 – 11 ff. –; zur völkerrechtlichen Assoziation vgl. Fahrni, Die Assoziation von Staaten mit anderen Staaten, Zürich 1968, 4. Kapitel, S. 145 ff., zur staatsrechtlichen Assoziation vgl. ebd. 3. Kapitel, S. 75 ff.
Bemerkenswert ist, daß Fahrni, auf den sich Menzel in diesem Zusammenhang beruft, die Frage, ob Berlin als assoziiertes Land der Bundesrepublik angesehen werden kann, nicht eindeutig bejaht und den Abschluß eines entsprechenden Vertrages für erforderlich hält (S. 99).

10 Kreutzer, West-Berlin Stadt und Land, a.a.O., S. 74.

die staatlichen Befugnisse der Bundesrepublik in vielen Punkten rechtmäßig auf Berlin ausgedehnt worden sind. Als zu eng muß man allerdings die Formulierung von Wengler ansehen, daß der Bundesrepublik keine Staatsgewalt in Berlin zustehe[11]. Während man bei einem Bundesgesetz, das in Berlin übernommen wurde, noch Zweifel haben kann, ob es sich um einen Akt der Bundesgewalt oder der Berliner Staatsgewalt handelt, so tritt die Staatsgewalt des Bundes in Berlin doch eindeutig zutage, wenn eine Bundesbehörde (beispielsweise das Bundespatentamt oder das Bundeskartellamt) in einer Berliner Sache einen Verwaltungsakt erläßt, wenn die Bundesgerichte mit Ausnahme des Bundesverfassungsgerichts in Berliner Sachen tätig sind oder wenn eine Bundesbehörde einer Berliner Behörde im Rahmen der Auftragsverwaltung nach Artikel 85 GG Weisungen erteilt. Richtig ist, daß die Bundesrepublik keine Souveränität über Berlin ausübt und daß ihre Staatsgewalt in Berlin (ebenso wie die Staatsgewalt der Berliner Landesorgane) durch die oberste Gewalt der Alliierten beschränkt ist[12].

Gegen die Auffassung, daß Berlin ein Teil der Bundesrepublik Deutschland sei, lassen sich vor allem mehrere Äußerungen der westlichen Besatzungsmächte anführen, in denen erklärt wird, daß Berlin durch die bestehenden Bindungen zum Bund nicht die Eigenschaft eines Bundeslandes erwerben soll. Die für die deutsche Lehre maßgebliche Entscheidung des Bundesverfassungsgerichts in Band 7 S. 1 ff. beruht ausschließlich auf dem Wortlaut des Genehmigungsschreibens zum Grundgesetz und läßt andere Verlautbarungen der Westmächte unberücksichtigt. Kritik an dieser Entscheidung wird u.a. darauf gestützt, daß das Genehmigungsschreiben selbst auf „frühere Ersuchen" der Westmächte Bezug nimmt[13]; hierzu dürfte u.a. das Schreiben der Militärgouverneure

11 Wengler a.a.O., S. 941; bei Lush, auf den sich Wengler in diesem Zusammenhang z.T. bezieht, findet sich eine so weitgehende Formulierung nicht. Unter den ausländischen Autoren erwähnt Bathurst ausdrücklich, daß die „authority" der Bundesrepublik in vielen Punkten auf Berlin ausgedehnt worden sei; vgl. Bathurst, Legal Aspects of the Berlin Situation, British Yearbook of International Law 1962 S. 257 ff. – 271 –.

12 Vgl. Lush a.a.O.

13 „Wir interpretieren den Inhalt der Artikel 23 und 144 (2) des Grundgesetzes dahin, daß er die Annahme unseres früheren Ersuchens darstellt, demzufolge Berlin keine stimmberechtigte Vertretung im Bundestag oder Bundesrat erhalten und auch nicht durch den Bund regiert werden wird . . .".

vom 22. April 1949 zu zählen sein, in dem die Westmächte erklärten, daß sie einer Einbeziehung Berlins in die ursprüngliche Organisation der Bundesrepublik nicht zustimmen können[14]. Allerdings spricht gerade dieser Gesichtspunkt keineswegs eindeutig gegen die Integrationstheorie. Man kann die Verweisung im Genehmigungsschreiben zum Grundgesetz nämlich auch so verstehen, daß von den früheren Ersuchen nur noch die aufrechterhalten werden, die in diesem Schreiben ausdrücklich erwähnt sind, während die weitergehenden Vorbehalte zwar nicht aufgegeben, aber stillschweigend fallengelassen werden. Problematisch ist allerdings die Argumentation des Bundesverfassungsgerichts, daß die Alliierte Kommandantur (im Gegensatz zu den Militärgouverneuren) nur für Berlin, nicht aber für die Bundesrepublik zuständig sei und ihr im Genehmigungsschreiben zur Verfassung von Berlin aufrechterhaltener Vorbehalt daher nicht als ein besatzungsrechtlicher Eingriff gewertet werden könne, der die Geltung des Grundgesetzes mit Bezug auf Berlin weiter einschränke, als es sich aus dem Genehmigungsschreiben der Militärgouverneure ergäbe. Zugunsten der Integrationstheorie spricht aber vor allem der Umfang der Bindungen, die mit Zustimmung der Westmächte zwischen dem Bund und Berlin hergestellt worden sind und die so weit gehen, daß man sie nach ihrem Inhalt eher als eine durch Besatzungsrecht beschränkte staatsrechtliche Zugehörigkeit zur Bundesrepublik Deutschland und nicht als einen völkerrechtlichen Zusammenschluß ansehen muß[15]. Auch die Bestimmung des Viermächte-Abkommens, daß die Berliner Westsektoren kein Bestandteil (konstitutiver Teil) der Bundesrepublik sind, hilft bei der Entscheidung dieses Theorienstreits nicht weiter. Der Sinn dieser Formulierung wird im III. Teil eingehend erörtert werden[15a].

14 „A. Die Außenminister können gegenwärtig nicht zustimmen, daß Berlin als ein Land in die ursprüngliche Organisation der deutschen Bundesrepublik einbezogen wird."

. . .

Zitiert nach Dokumente zur Berlin-Frage Nr. 85.

15 Menzel a.a.O. weist zutreffend darauf hin, daß die Bindungen zwischen dem Bund und Berlin mehr staatsrechtlichen als völkerrechtlichen Charakter haben.

15a In jüngster Zeit haben Pestalozza und Sendler den Streit zwischen Integrations- und Als-ob-Theorie wieder aufgenommen (Pestalozza: Berlin – ein deutsches Land, Juristische Schulung 1983, S. 242, 1984, S. 430; Sendler: Berlin – nur ein „deutsches Land"?, Juristische Schulung 1983, S. 903,

An der Als-ob-Theorie besticht, daß sie den Widerspruch aufzulösen scheint, der zwischen der deutschen Rechtsauffassung und der Rechtsauffassung der Westmächte besteht. Lush und die Anhänger der Als-ob-Theorie haben vor allem bewiesen, daß die zwischen Berlin und der Bundesrepublik bestehenden Bindungen auch dann zulässig und rechtlich möglich sind, wenn man mit der Rechtsauffassung der Westmächte davon ausgeht, daß Berlin kein Land der Bundesrepublik Deutschland sei. Dies folgt vor allem daraus, daß ein Staat auch außerhalb seines Herrschaftsgebietes hoheitlich tätig werden kann, wenn der Inhaber der Gebietshoheit dem zustimmt[16]. Andererseits führt die Als-ob-Theorie zu Schwierigkeiten, wenn man die Bindungen des Landes Berlin an den Bund im einzelnen zu definieren versucht. Es kann nach dieser Theorie zum Beispiel nur mit Hilfe komplizierter Rechtskonstruktionen begründet werden, daß ein in Berlin übernommenes Landesgesetz den Berliner Gesetzen, einschließlich der Berliner Verfassung in der Anwendung übergeordnet ist; noch kompliziertere Konstruktionen, die den Intentionen der beteiligten Staatsorgane nicht entsprechen sind erforderlich, wenn man etwa die Tätigkeit von Bundesbehörden in Berlin rechtlich qualifizieren will[17].

1984, S. 432. Vgl. hierzu auch meinen Beitrag: Berlin – ein deutsches Streitobjekt, Juristische Schulung 1984, S. 991). Pestalozza geht insoweit über die Thesen hinaus, die herkömmlicherweise von den Anhängern der Als-ob-Theorie vertreten werden, als er eine Nichtzugehörigkeit Berlins zur Bundesrepublik nicht nur aus den Vorschriften der Alliierten herleiten will, sondern auch aus dem deutschen Verfassungsrecht, zu dessen Interpretation er die besatzungsrechtlichen Bestimmungen heranzieht: ,,Daß Berlin kein Land der Bundesrepublik ist, ergibt sich aus der Verfassung selbst (i.V. mit dem Besatzungsrecht), nicht aus dem Besatzungsrecht gegen die Verfassung" (a.a.O. S. 252). Dies führt zu Konsequenzen, durch die die bestehenden Bindungen Berlins an den Bund rechtlich – und damit indirekt auch politisch – in Frage gestellt werden und die weit über die Beschränkungen hinausgehen, die die Alliierten in ihren rechtsverbindlichen Erklärungen dem Land Berlin und dem Bund auferlegt haben. An die Stelle der Rechtseinheit soll eine bloße Rechtsgleichheit treten; das Grundgesetz soll nicht kraft seines eigenen Geltungsanspruchs, sondern nur aufgrund von Art. 87 VvB in Berlin anwendbar sein. Hiergegen – und nicht so sehr gegen die bloßen Zweifel an der Integrationstheorie – richtet sich die Gegenstellungnahme Sendlers.

16 Vgl. hierzu auch Wengler, Lehrbuch des Völkerrechts, Berlin – Heidelberg – New York 1964, S. 968.

17 Wengler in: Festschrift für Leibholz a.a.O., S. 959 f. nimmt an, daß es sich

Auch der Begriff der Assoziation, den Menzel in Anlehnung an Fahrni verwenden will, um das Verhältnis zwischen der Bundesrepublik Deutschland und Berlin zu definieren, ist zur Lösung dieses Problems schon deshalb nicht geeignet, weil er zweideutig ist. Die Assoziierung zweier Staaten oder staatsähnlicher Gebilde kann zu einer staatsrechtlichen Einheit (Binnenassoziation) oder zu einer nur völkerrechtlichen Verbindung (Außenassoziation) führen. Die Frage, wie die Rechtsnatur der Bindungen zwischen dem Bund und Berlin zu definieren ist, bliebe also auch bei Verwendung des Begriffes Assoziation ungelöst. Ferner kennzeichnet der Begriff der Assoziation ein rein bilaterales Verhältnis, während der Status der Berliner Westsektoren dadurch gekennzeichnet ist, daß eine durch die oberste Gewalt begründete Bindung an die Westmächte und zugleich eine Bindung an die Bundesrepublik besteht[18].

Da über den Umfang der zwischen dem Bund und Berlin bestehenden Bindungen weitgehende Einigkeit besteht, liegt es nahe, auf den Versuch, für die Rechtsnatur dieser Bindungen eine plakative Bezeichnung zu finden, ganz zu verzichten und sich auf den Standpunkt des „Je suis que je suis" zurückzuziehen. Maunz und Nagel dürfte darin zuzustimmen sein, daß es sich um ein Rechtsverhältnis eigener Art handelt; allerdings ist dieses Rechtsverhältnis einem Bundesstaat ähnlicher als einem Staatenbund, denn die Bindungen zwischen dem Bund und Berlin sind unabhängig davon, ob man Berlin als ein Land der Bundesrepublik bezeichnen kann oder nicht, ihrer Natur nach staatsrechtlich, und nicht völkerrechtlich.

Dies folgt daraus, daß die Bundesrepublik und Berlin Teile des fortbestehenden Völkerrechtssubjekts Deutschland sind. Diese Feststellung ist gewissermaßen der gemeinsame Grundsockel, auf dem die in der Bundesrepublik herrschende Integrationslehre und die Rechtsauffassung der Westmächte basieren. Deutschland wurde, auch nach dem Zusammenbruch der deutschen Staatsgewalt im Jahre 1945, von den Siegermächten als einheitliches Staatsgebiet mit einem einheitlichen Staatsvolk behandelt; im Kontrollrat

bei der Tätigkeit von Bundesbehörden in Berliner Sachen um einen Fall der Organunion handelt.

18 Vgl. Fußnote 9.

19 Es ist in diesem Zusammenhang unerheblich, ob die Befugnisse des Kontrollrats aus der militärischen Besetzung folgen oder ob es sich um eine treuhänderische Wahrnehmung deutscher Staatsgewalt handelt.

existierte zunächst auch noch ein Regierungs- und Gesetzgebungsorgan, dessen Zuständigkeit sich über alle Besatzungsgebiete erstreckte[19]. Nach der offiziellen Rechtsauffassung der Westmächte und der Bundesrepublik und der in diesen Staaten herrschenden Rechtslehre ist davon auszugehen, daß das Deutsche Reich ungeachtet seiner politischen Handlungsunfähigkeit als Völkerrechtssubjekt fortbesteht. Eine Mindermeinung im Bereich des nichtkommunistischen Völkerrechts nimmt dagegen an, daß das Völkerrechtssubjekt Deutschland im Jahre 1945 durch Fortfall der Staatsgewalt untergegangen sei (Debellationstheorie)[20]. Diese Ansicht konnte sich aber nicht durchsetzen und ist auch durch das Verhalten der Siegermächte und die internationale Praxis nach 1945 widerlegt worden.

Gerade die Sowjetunion und die DDR betonten, wie insbesondere auch aus Artikel 1 der ersten DDR-Verfassung hervorgeht, mit besonderem Nachdruck die Einheit Deutschlands. Erst ab 1955 änderten sie ihre Auffassung und vertraten den Standpunkt, daß das Deutsche Reich als Völkerrechtssubjekt durch Dismembration, d.h. durch Entstehung zweier neuer Staaten (und eines besonderen Gebietes) auf seinem Territorium untergegangen sei[21]. Die rechtliche Diskussion um den Fortbestand oder den Untergang des Völkerrechtssubjekts Deutschland braucht hier nicht weiter verfolgt zu werden. Da sich die Westmächte ihre Rechte be-

20 Die These vom Untergang des deutschen Völkerrechtssubjekts im Jahre 1945 ist vor allem von Kelsen vertreten worden in: AJIL 1945, S. 518 – 549 –; ihm gefolgt sind u.a. Nawiaski in: Die Grundgedanken des Grundgesetzes für Deutschland, Stuttgart & Köln 1954, S. 3 - 12; Nawiaski-Leusser-Lechner, Die Verfassung des Freistaats Bayern, München 1953, Ergänzungsband, S. 2; Virally, L'administration de l'Allemagne du 8. mai 1945 au 24. avril 1947, Baden-Baden 1948. Demgegenüber lehnt die herrschende deutsche und ausländische Rechtslehre die Debellationstheorie ab. Nachweise für die Untergangs- und Fortbestandslehre bei Krülle, Die völkerrechtlichen Aspekte des Oder-Neiße Problems, Berlin 1970, Teil 2 S. 80 ff., insbesondere Fn. 60 ff.

21 Erstaunlicherweise werden als Zeitpunkt des Unterganges in den meisten Veröffentlichungen der Sowjetunion und der DDR aber nicht die Jahre 1949/50 angenommen, in der die beiden Nachfolgestaaten entstanden; vielmehr wird der Untergang des deutschen Völkerrechtssubjekts zumeist auf das Jahr 1945 zurückdatiert. Zur Rechtsauffassung der DDR vgl. vor allem Hacker: Der Rechtsstatus Deutschlands aus der Sicht der DDR, Köln, 1974.

züglich ganz Deutschland in dem Deutschlandvertrag vom 26. Mai 1952 und bei Inkrafttreten des Pariser Vertragswerks am 5. Mai 1955 vorbehalten haben, könnte auch die Bundesrepublik ohne Zustimmung der Westmächte diese Rechtsposition nicht durch einen einseitigen Akt – etwa die Anerkennung der DDR – aufgeben. Selbst wenn man aber annehmen wollte, daß das deutsche Völkerrechtssubjekt 1949 oder 1955 durch die Entstehung (bzw. die Souveränität) der DDR und der Bundesrepublik untergegangen sei, so würde diese Dismembration doch nur das Verhältnis BRD-DDR betreffen, deren staatliche Zusammengehörigkeit faktisch weitgehend erloschen ist. Im Verhältnis zwischen der Bundesrepublik und den Berliner Westsektoren wäre die staatsrechtliche Einheit Deutschlands dann gewissermaßen als Relikt bestehen geblieben.

Schwieriger ist die Frage zu beantworten, wie das Verhältnis der Bundesrepublik (und der DDR) zu dem handlungsunfähigen Völkerrechtssubjekt Deutschland zu definieren ist und welche Stellung dem Land Berlin in diesem Rechtsverhältnis zukommt[22]. Vor allem Ipsen hat darauf hingewiesen, daß alle in der westdeutschen Rechtslehre entwickelten Theorien zur Deutschlandfrage im Hinblick auf Berlin zu logischen Schwierigkeiten führen[23]. Dies spricht aber nicht gegen die These, daß das Verhältnis Bund/Berlin wesentlich durch die gemeinsame Zugehörigkeit zu dem fortbestehenden deutschen Völkerrechtssubjekt bestimmt wird; es zeigt vielmehr nur, daß die Rechtslehre bei der Entwicklung ihrer Deutschlandtheorien das Berlin-Problem weitgehend außer Betracht gelassen hat[24]. Im übrigen sind die logischen Schwierigkeiten, auf die Ipsen in diesem Zusammenhang hingewiesen hat, nicht unüberwindlich.

Die von der Staatsrechtslehre der Bundesrepublik entwickelten Deutschlandtheorien lassen sich in zwei Gruppen zusammenfas-

22 Vgl. hierzu auch Fijalkowski a.a.O., S. 115 ff. sowie Ipsen, Jahrbuch für Internationales Recht, Band 16 (1973) S. 266 ff., S. 267 (285 ff.).

23 Vgl. Ipsen a.a.O., S. 286 ff.

24 Hierauf weist auch Ipsen a.a.O., insbesondere auf S. 282 und S. 287 hin. Man muß sich darüber klar sein, daß es sich bei den verschiedenen Deutschlandtheorien nicht um die Versuche handelt, eine objektive Wahrheit abzubilden, sondern um Denkmodelle, deren Zweck es ist, die im Grundgesetz verankerten rechtlichen Postulate mit der politischen Realität in Einklang zu bringen.

sen, nämlich in die der Identitätstheorien, die von einer (rechtlich oder faktisch beschränkten) Identität der Bundesrepublik mit dem Deutschen Reich ausgehen, und die Gruppe der Teilordnungs- oder Dachtheorien, die annehmen, daß die Bundesrepublik und die DDR als staatliche Teilordnungen dem fortbestehenden, aber handlungsunfähigen Völkerrechtssubjekt Deutschland untergeordnet sind[25]. Vergleichsweise einfach ist die rechtliche Einordnung Berlins, wenn man von einer Teilordnungslehre ausgeht; in diesem Fall bildet unterhalb des Reichsdachs die Bundesrepublik ohne Berlin eine engere Teilordnung und die Bundesrepublik einschließlich Berlin eine erweiterte Teilordnung. Zu größeren Schwierigkeiten führt die Identitätstheorie in ihren verschiedenen Varianten, weil es bei oberflächlicher Betrachtung unlogisch erscheint, daß die Bundesrepublik mit dem Völkerrechtssubjekt Deutschland identisch sei und gleichzeitig in ihrem Verhältnis zum Land Berlin durch die gemeinsame Zugehörigkeit zu diesem Völkerrechtssubjekt bestimmt werden soll. Dieser scheinbare Widerspruch läßt sich jedoch ohne Schwierigkeiten lösen, wenn man beispielsweise die sog. Staatskerntheorie zugrundelegt, nach der das Staatsgebiet der Bundesrepublik, welches das gesamte Territorium des Deutschen Reiches umfaßt, sich nicht mit ihrem Verfassungsgebiet deckt[26]. Es besteht kein zwingender Grund, warum neben dem Teil des Staatsgebiets, in dem die Verfassung unbeschränkt, und den Gebieten, in denen diese Geltung ausgeschlossen ist, nicht auch ein

25 Auch die vom Bundesverfassungsgericht in dem Urteil vom 31. Juli 1973 entwickelte Lehre von der „Teilidentität" steht der hier vertretenen These nicht entgegen. Die Ausführungen des Bundesverfassungsgerichts bieten allerdings auch keinen Hinweis für die Lösung der Frage, wie das Verhältnis Berlins zu dem gesamten deutschen Völkerrechtssubjekt zu definieren ist. Das Bundesverfassungsgericht hatte keinen Anlaß, sich hiermit auseinanderzusetzen, weil es hinsichtlich der Zugehörigkeit Berlins zum Bund an der Integrationstheorie festgehalten hat. Im einzelnen vgl. die Darstellung im folgenden Unterabschnitt.

26 Ipsen a.a.O., S. 287 f. nimmt an, daß man bei Zugrundelegung einer Identitätstheorie entweder von der Zugehörigkeit Berlins zum Bund ausgehen müsse – dann setze man sich in Widerspruch zu dem Vorbehalt der Alliierten – oder daß man die Staatsgewalt des Landes Berlin als eigenständige Staatsgewalt auf dem Territorium des vormaligen Deutschen Reiches ansehen müsse. Gerade diese Alternative erscheint aber nicht zwingend, weil die Staatsgewalt des Bundes unbeschadet der alliierten Vorbehalte parziell auf das Land Berlin erstreckt worden ist.

Territorium bestehen soll, in dem die Verfassung zwar gilt, aber nur beschränkt anwendbar ist[27].

Die gemeinsame Zugehörigkeit der Bundesrepublik und des Landes Berlin zu dem einheitlichen Rechtssubjekt Deutschland ist zwar in der nichtkommunistischen Völkerrechtslehre, soweit ersichtlich, nie bezweifelt worden, man hat diesen Gesichtspunkt in dem Theorienstreit, ob Berlin ein Land der Bundesrepublik sei oder nicht, im einzelnen aber nicht genügend beachtet. Die Einbeziehung Berlins in die außenpolitischen Beziehungen der Bundesrepublik ist zum Teil darauf gestützt worden, daß Berlin ein Teil Deutschlands ist und zwar insbesondere bei den Vereinbarungen über die Wiederanwendung von Vorkriegsverträgen des Deutschen Reiches[28].

27 So erklärt es sich, daß die westdeutschen Bundesländer und die Berliner Westsektoren bei der Anwendung der in Berlin übernommenen Bundesgesetze als einheitliches Rechtsgebiet, und nicht als zwei Rechtsgebiete mit inhaltsgleichen Normen behandelt werden. Auch die Frage der Staatsangehörigkeit läßt sich aufgrund der hier vertretenen These befriedigend lösen (im einzelnen vgl. Kapitel 7, 3. Unterkapitel).

28 Vgl. Lush, a.a.O., S. 774. Die These, daß das Verhältnis Berlins zur Bundesrepublik entscheidend durch die gemeinsame Zugehörigkeit zu einem rechtlich fortbestehenden, wenn auch handlungsunfähigen Völkerrechtssubjekt Deutschland mitbestimmt wird, hat in der rechtswissenschaftlichen Diskussion der Bundesrepublik kein starkes Echo gefunden. Als Beispiel hierfür können die Beiträge von Pestalozza und Sendler erwähnt werden. Beide nehmen zwar in den Überschriften auf die Eigenschaft Berlins als „deutsches Land" Bezug; im Text leiten sie hieraus aber keine Rechtsfolgen her, sondern erschöpfen sich in einer Fortsetzung des alten Streits zwischen Integrationstheorie und Als-ob-Theorie.
Bestätigt wird meine These dagegen durch die Erklärungen, die der britische Außenminister am 17.9.1984 und 1.11.1984 gegenüber dem High Court of Justice abgegeben hat (vgl. S. 82 f.). Es heißt dort u.a., daß Deutschland ein Staat im Sinne des Teils I des State Immunity Act von 1978 sei und daß zu den Personen, die im Sinne dieses Gesetzes als Regierung von Deutschland zu betrachten sind, die Mitglieder der Alliierten Kommandatura einschließlich des britischen Militärkommandanten gehören.
Diese Erklärung zeigt, daß wenigstens nach Auffassung der britischen Regierung Deutschland nicht nur ein geographischer Begriff, sondern ein Staat ist, daß Berlin zu diesem Staat gehört und daß die Besatzungsmächte – jedenfalls in Berlin – noch bestimmte Regierungsaufgaben für diesen Staat ausüben. Aus der Erklärung geht freilich nicht klar hervor, welchen territorialen Bestand der britische Außenminister dem Völkerrechtssubjekt Deutschland zubilligt. Die Wortwahl läßt aber klar erkennen, daß der Staat

Entscheidend ist, daß die Bundesrepublik und Berlin (West) nicht zwei selbständige Völkerrechtssubjekte sind, zwischen denen zu irgendeinem Zeitpunkt bestimmte Bindungen hergestellt wurden, sondern daß es sich um Teile eines einheitlichen Staatsgebietes handelt, die von einem einheitlichen Staatsvolk (im Sinne des Völkerrechts, des Staatsrechts und des Staatsangehörigkeitsrechtes) bewohnt werden. Eine einheitliche Staatsgewalt ist allerdings nur partiell, nämlich in dem Ausmaß vorhanden, in dem die drei in der Kommandantur vertretenen Mächte als Inhaber der obersten Gewalt in Berlin dies zulassen. Wichtig ist, daß sich an dieser rechtlichen Zusammengehörigkeit zwischen dem Bund und Berlin auch durch den Abschluß des Grundvertrages zwischen der Bundesrepublik und der DDR nichts geändert hat. Dies folgt schon daraus, daß die Bundesrepublik aufgrund der Alliierten-Vorbehalte weder über ihr Verhältnis zu ganz Deutschland noch über ihr Verhältnis zu Berlin verfügen kann. Aber selbst wenn man, entgegen der Ansicht des Bundesverfassungsgerichts, davon ausginge, daß mit dem Abschluß dieses Vertrages die staatsrechtlichen Bindungen zwischen der Bundesrepublik und der DDR erloschen sind, würde dies an der Rechtsbeziehung zwischen dem Bund und Berlin nichts ändern[29]. Die Staatskerntheorie wäre dann durch eine Schrumpfstaattheorie zu ersetzen, d.h. daß die Bundesrepublik mit dem ehemaligen Deutschen Reich rechtsidentisch bliebe, daß die DDR (ebenso die von Polen annektierten Ostgebiete) aus diesem Staatsverband ausgeschieden wären. Der deutsche Reststaat wäre aber nicht auf das Territorium der westdeutschen Bundesländer beschränkt; er würde auch das Land Berlin umfassen. Auch in

„Deutschland", der hier erwähnt wird, nicht auf Berlin oder gar auf die Berliner Westsektoren zusammengeschrumpft ist. Legt man den normalen Sprachgebrauch zugrunde, so muß man davon ausgehen, daß der Staat „Deutschland" mindestens die Bundesrepublik, die DDR und ganz Berlin umfaßt.

29 Die Staatsgewalt des ehem. Deutschen Reiches wird – soweit sie nicht auch in Westdeutschland auf die Bundesländer übergegangen ist – in den Berliner Westsektoren von drei verschiedenen Rechtsträgern wahrgenommen: soweit die Organe der Bundesrepublik in Berlin oder in bezug auf Berlin tätig werden können vom Bund, soweit dies aufgrund der alliierten Vorbehalte nicht möglich ist – gewissermaßen treuhänderisch – von den Organen des Landes Berlin und schließlich in einigen vorbehaltenen Gebieten von den Alliierten selbst.

diesem Fall bliebe also im Verhältnis zwischen der Bundesrepublik und Berlin die gemeinsame Zugehörigkeit zu dem Rechtssubjekt Deutschland gewissermaßen als Relikt der deutschen Einheit bestehen[30].

Die Entscheidung des Bundesverfassungsgerichts zum Grundvertrag

Grundlegende Ausführungen zur Rechtslage Deutschlands und Berlins sind in dem Urteil vom 31. Juli 1973 enthalten, in dem sich das Bundesverfassungsgericht mit dem Vertrag über die Grundlagen der Beziehungen zwischen der Bundesrepublik Deutschland und der DDR befaßt[31]. Das Gericht, das aufgrund einer Normenkontrollklage der bayerischen Staatsregierung[32] das Zustimmungsgesetz und den Vertrag auf seine Verfassungsmäßigkeit zu überprüfen hatte, hat mit dem zitierten Urteil festgestellt, daß das Zustimmungsgesetz und der Vertrag in der sich aus der Urteilsbegründung ergebenden Auslegung mit dem Grundgesetz vereinbar sind.

Damit hat das Gericht dem Handlungsspielraum der politischen Staatsorgane bestimmte rechtliche Grenzen gesetzt. Die Vertragsauslegung des Bundesverfassungsgerichts, soweit sie sich aus den Entscheidungsgründen ergibt, nimmt an der Gesetzeskraft gem. § 31 Abs. 2 und an der Bindungswirkung gem. § 31 Abs. 1 BVerfGG teil. Ferner hat das Bundesverfassungsgericht in den Entscheidungsgründen selbst festgestellt, daß alle Ausführungen der Urteilsbegründung – auch die, die sich nicht ausschließlich auf den Inhalt des Vertrages beziehen – für das Ergebnis notwendig sind, also zu den tragenden Gründen im Sinne der Rechtsprechung des Bundesverfassungsgerichts gehören. Die Teile der Entschei-

30 Das gleiche gilt, wenn die Bundesrepublik später bereit wäre, die DDR im Rahmen einer vertraglichen Regelung oder einseitig unbeschränkt, d.h. ohne den Vorbehalt „besonderer Beziehungen" anzuerkennen. Dies wäre, wie bereits festgestellt wurde, nur mit Zustimmung der Westmächte möglich.

31 Urteil über die Verfassungsmäßigkeit des Gesetzes zu dem Vertrag vom 21. Dezember 1972 zwischen der Bundesrepublik Deutschland und der Deutschen Demokratischen Republik über die Grundlagen der Beziehungen zwischen der Bundesrepublik Deutschland und der Deutschen Demokratischen Republik vom 6. Juni 1973 (BGBl. Teil II S. 421) BVerfGE 36 S. 1 ff.

32 Artikel 93 Abs. 1 Nr. 2 GG i.V. mit § 13 Nr. 6 und § 76 Nr. 1 BVGG.

dungsgründe, die sich nicht unmittelbar mit der Auslegung des Grundvertrages befassen, nehmen daher ebenfalls an der Bindungswirkung gem. § 31 Abs. 1 BVerfGG, nicht aber an der Gesetzeskraft gem. § 31 Abs. 2, teil[33]. Die Gründe des Urteils sind also in ihrer Gesamtheit für alle Staatsorgane der Bundesrepublik Deutschland verbindlich[34].

Das Gericht hält an dem Fortbestehen eines gesamtdeutschen Völkerrechtssubjekts fest. Es sieht in dem Grundvertrag einen Vertrag zwischen zwei Staaten, für den die Regeln des Völkerrechts gelten und der Geltungskraft wie jeder andere völkerrechtliche Vertrag besitzt, aber zwischen zwei Staaten, die Teile eines noch immer existierenden, wenn auch handlungsunfähigen, weil noch nicht reorganisierten umfassenden Staates Gesamtdeutschland, mit einem einheitlichen Staatsvolk sind[35]. Das Verhältnis der Bundesrepublik zu diesem fortbestehenden Völkerrechtssubjekt Deutschland wird in Anlehnung an frühere Entscheidungen i.S. einer räumlich beschränkten Identität (Teilidentität) definiert[36]. Die Bundesrepublik umfaßt, was ihr Staatsvolk und ihr Staatsgebiet anbelangt, nicht das ganze Deutschland, unbeschadet dessen, daß sie ein einheitliches Staatsvolk dieses Völkerrechtssubjekts, zu dem die eigene Bevölkerung als untrennbarer Teil gehört, und ein einheitliches Staatsgebiet anerkennt, zu dem ihr eigenes Staatsgebiet als ebenfalls nicht abtrennbarer Teil gehört. Sie beschränkt staatsrechtlich ihre Hoheitsgewalt auf den „Geltungsbereich des Grundgesetzes", fühlt sich aber auch verantwortlich für das ganze Deutschland. Zur Zeit besteht sie aus den in Art. 23 GG genannten Ländern, einschließlich Berlin; der Status des Landes Berlin der Bundesrepublik, ist nur gemindert und belastet durch den sogenannten Vorbehalt der Gouverneure der Westmächte. Die Deutsche Demokratische Republik gehört zu Deutschland und kann im Verhältnis zur Bundesrepublik daher nicht als Ausland angesehen werden.

33 Vgl. Kimminich DVBl. 1973 S. 657 (658).

34 Es ist allerdings umstritten, ob das Bundesverfassungsgericht zu einer solchen authentischen Interpretation der eigenen Entscheidungsgründe befugt ist. Kriele – NJW 1976 S. 777 (779) hält die Ausführungen des Gerichts zur Verbindlichkeit der Entscheidungsgründe selbst für ein obiter dictum.

35 B IV 3 der Urteilsgründe.

36 B III 1 der Urteilsgründe in Anlehnung an BVerfGE 3 S. 288 (319 f.); S. 309 (338, 363).

Das Bundesverfassungsgericht hält also bezüglich Berlin an der Integrationstheorie fest. Eine Auseinandersetzung mit den Formulierungen des Viermächte-Abkommens und den von den Westmächten im Zusammenhang mit diesem Abkommen abgegebenen Erklärungen enthält das Urteil nicht.

Weitere Ausführungen, die Berlin betreffen, enthalten die Entscheidungsgründe unter V. 8. Das Gericht stellt fest, daß der Vertrag zwischen der Bundesrepublik und der DDR nichts an der Rechtslage Berlins ändert, wie sie seit je von den Verfassungsorganen des Bundes und der Länder verteidigt worden sei. Das Grundgesetz verpflichte auch für die Zukunft alle Verfassungsorgane in Bund und Ländern, diese Rechtsposition ohne Einschränkung geltend zu machen und dafür einzutreten. Das in den Erklärungen beider Seiten zu Berlin (West) erklärte Einvernehmen, wonach die Ausdehnung von Abkommen und Regelungen, die im Zusatzprotokoll zu Art. 7 vorgesehen sind, in Übereinstimmung mit dem Viermächte-Abkommen auf Berlin (West) im jeweiligen Fall vereinbart werden kann, schränke in keiner Weise die grundgesetzliche Pflicht der für die Bundesrepublik Deutschland handelnden Organe ein, bei jedem Abkommen und bei jeder Vereinbarung mit der DDR, die ihrem Inhalt nach auf das Land Berlin und seine Bürger ausgedehnt werden können, auf der Ausdehnung auf Berlin zu bestehen und nur abzuschließen, wenn der Rechtsstand Berlins und seiner Bürger gegenüber dem für den Geltungsbereich des Grundgesetzes geltenden Rechtsstand – vorbehaltlich des für Berlin geltenden Alliierten-Vorbehalts – und die Übereinstimmung mit dem Viermächte-Abkommen nicht verkürzt wird. Entsprechendes gelte für die Vereinbarung in Abs. 2 der Erklärungen, wonach die Ständige Vertretung der Bundesrepublik Deutschland in der DDR die Interessen von Berlin (West) vertreten wird. – Schließlich sei festzuhalten, daß die in Abs. 3 vorgesehene Möglichkeit von „Vereinbarungen zwischen der Deutschen Demokratischen Republik und dem Senat" das Land Berlin nicht von der Beachtung der grundgesetzlichen Ordnung befreit.

Von praktischer Bedeutung ist vor allem die Feststellung, daß die Bundesregierung bei Vertragsschlüssen mit der DDR verpflichtet ist, auf einer Einbeziehung Berlins zu bestehen, wenn die Vereinbarung ihrem Inhalt nach auf das Land Berlin und seine Bürger ausgedehnt werden kann. Hierdurch wird der politische Handlungsspielraum der Bundesregierung gegenüber der DDR beschränkt. Diese Pflicht zur Einbeziehung Berlins besteht auf seiten des Bundes nicht nur, wenn ein Abkommen oder eine Vereinbarung in vollem Umfange auf Berlin ausgedehnt werden kann; auch in den Fällen, in denen die volle Erstreckung eines Vertrages auf Berlin nicht vorgesehen ist, einzelne Vertragsbestimmungen aber in Berlin angewandt werden können, muß der Bund auf einer Regelung bestehen, durch die wenigstens eine partielle Erstreckung des Vertrages auf Berlin sichergestellt wird[37]. Die Formulierung des Bundesverfassungsgerichts, daß durch den Abschluß von Abkommen und Vereinbarungen mit der DDR der Rechtsstand Berlins und seiner Bürger gegenüber dem für den Geltungsbereich des Grundgesetzes geltenden Rechtsstand nicht verkürzt werden darf, ist problematisch, weil das Grundgesetz nach der ständigen Rechtsprechung des Bundesverfassungsgerichts auch in Berlin gilt und hier nur in seiner Anwendbarkeit beschränkt ist[38]. Dieser Teil der Ausführungen muß so verstanden werden, daß durch Verträge mit der DDR die verfassungsmäßigen und rechtlichen Bindungen Berlins an den Bund nicht vermindert werden dürfen.

Die Feststellung des Bundesverfassungsgerichts, daß der Bund bei Abschluß zwischenstaatlicher Verträge im Rahmen des rechtlich Möglichen auf einer Einbeziehung Berlins bestehen muß, bezieht sich ihrem Wortlaut nach nur auf Abkommen und Vereinbarungen mit der DDR. Sinngemäß muß aber das gleiche bei Vertragsschlüssen mit anderen Staaten gelten.

Die Rechtsqualität des in Berlin übernommenen Bundesrechts

Nach der Rechtsprechung des Bundesverfassungsgerichts und der herrschenden deutschen Rechtslehre gelten die in Berlin übernommenen Bundesgesetze dort als Bundesrecht. Die Übernahme durch den Berliner Landesgesetzgeber hat nur die Bedeutung einer auctoritatis interpositio[39]. Andererseits bestreiten einige juristi-

37 Im Falle des Grundvertrages selbst ist dies durch die Erklärung beider Seiten in bezug auf Berlin (West) und die Erklärung über die Ausdehnung der Vereinbarung über Arbeitsmöglichkeiten für Journalisen auf Berlin (West) geschehen.

38 Vgl. Kapitel 7, S. 102 ff.

39 BVerfGE 19 S. 377; Sendler in JR 1958 S. 81, 83.

sche Autoren die Bundesrechtsqualität der in Berlin übernommenen Bundesgesetze[40].

Die Stadtkommandanten der Westmächte haben in ihren Stellungnahmen zu der Niekisch-Entscheidung des Bundesverfassungsgerichts festgestellt, daß es sich zumindest bei den Mantelgesetzen, durch die Bundesgesetze übernommen werden, um Gesetzgebungsakte des Berliner Abgeordnetenhauses handelt, die sich rechtlich von den betreffenden Bundesgesetzen unterscheiden[41]. Zu der Rechtsqualität der übernommenen Bundesgesetze selbst haben sie sich nicht geäußert, jedoch haben sie in dem Dritten Überleitungsgesetz und in anderen Bundesgesetzen, die in Berlin übernommen wurden, die Formulierungen aufgehoben, aus denen ausdrücklich hervorgeht, daß die in Berlin übernommenen Bundesgesetze dort als Bundesrecht gelten[42]. Andererseits haben die Westmächte nie verlangt, daß diese Gesetze bei ihrer Anwendung dem einfachen Berliner Landesrecht gleichgestellt werden. Das von ihnen zugelassene Verfahren zur Übernahme von Bundesrecht hatte stets das Ziel, unterschiedliche Entwicklungen zwischen dem Rechtssystem und der Rechtsprechung Berlins und des Bundesgebietes zu verhindern und diese Systeme in eine möglichst enge Übereinstimmung zu bringen[43]. Hierfür hätte es nicht ausgereicht, wenn man es dem Berliner Gesetzgeber nur ermöglicht hätte, Landesgesetze zu erlassen, die inhaltlich mit den entsprechenden Bundesgesetzen übereinstimmen. Es mußte vielmehr eine legislative Einheit zwischen dem Bund und Berlin hergestellt werden. Das in Berlin übernommene Bundesrecht mußte mindestens bei seiner Anwendung dem unmittelbar geltenden Bundesrecht gleichgestellt werden. Übernimmt Berlin ein Bundesgesetz, so stellen der Bundesgesetzgeber und der Berliner Landesgesetzgeber gemeinsam in einem von den Alliierten gebilligten Verfahren die Rechtseinheit in dem gemeinsamen Staatsgebiet her. Es entspräche weder den In-

40 Z.B. Wengler, vgl. Fußnote 7.

41 BK/L (67) 10 vom 24. Mai 1967 und Aide-memoire der Westmächte an die Bundesregierung vom 18. April 1967.

42 Vgl. Schreiben der Alliierten Hohen Kommission an den Bundeskanzler vom 17. Januar 1952; Dokumente zur Berlin-Frage Nr. 146.

43 Dies geht für den Bereich der ordentlichen Justiz ausdrücklich aus BK/O (51) hervor, die die Übernahme des Gesetzes zur Änderung des Gerichtsverfassungsgesetzes betrifft. VOBl. 1951 S. 106; vgl. auch Lush S. 778.

tentionen des Bundesgesetzgebers, der die Übernahme in einer Berlin-Klausel anordnet, noch den Intentionen des Berliner Landesgesetzgebers, daß lediglich inhaltsgleiches Berliner Landesrecht geschaffen wird; dies wäre aber auch nicht der Sinn der Alliierten-Vorbehalte.

Die legislative Einheit zwischen dem Bund und Berlin – im Gegensatz zur bloßen Rechtsgleichheit – zeigt sich zunächst darin, daß Berlin (West) und das übrige Bundesgebiet für die übernommenen Bundesgesetze (ebenso wie für das als Bundesrecht fortgeltende vorkonstitutionelle Recht) ein einheitliches Geltungsgebiet bilden. Daß Berlin (West) und Westdeutschland bei der Rechtsanwendung im Verhältnis zueinander nicht als "Ausland" zu behandeln sind (z.B. im Sinne von §§ 917 Absatz 2 ZPO, 159 Absatz 1 Nr. 2 BGB oder 14 VerwZustG), ergibt sich schon aus der gemeinsamen Zugehörigkeit zum deutschen Staatsgebiet. Aber auch in den weit häufigeren Fällen, in denen nicht die Begriffe „Inland" und „Ausland" verwendet werden, sondern in denen von dem Geltungsbereich des jeweiligen Gesetzes die Rede ist (z.B. §§ 117 Absatz 1 StGB, 113 Absatz 2 Nr. 2 StPO), handelt es sich nicht um zwei Rechtsgebiete mit gleichlautenden Vorschriften, sondern um ein einheitliches Geltungsgebiet. So ist eine in Berlin abgeurteilte Straftat auch von einem westdeutschen Gericht als rückfallbegründend gemäß § 17 Absatz 1 Satz 1 StGB zu berücksichtigen; ein Wohnsitz in Berlin (West) muß bei der Frage, ob Untersuchungshaft anzuordnen ist, als inländischer Wohnsitz gemäß § 113 Absatz 2 StPO berücksichtigt werden; die Versorgungsbezüge eines Bundesbeamten ruhen nicht, wenn er in Westdeutschland in den Ruhestand versetzt wurde und dann seinen Wohnsitz nach Berlin (West) verlegt hat. Ferner werden durch das in Berlin übernommene Bundesrecht Leistungspflichten des Bundes und der bundesunmittelbaren Körperschaften begründet (z.B. nach dem Lastenausgleichsgesetz, dem Bundesrückerstattungsgesetz oder dem Angestelltenversicherungsgesetz); dies wäre nicht möglich, wenn es sich um einfaches Berliner Landesrecht handelte[44]. Schließlich werden die in Berlin übernommenen Bundesgesetze im Revisionsverfahren vor den Obersten Gerichtshöfen als Bundesrecht im Sinne der einschlägigen prozes-

44 Sendler JR 1958 S. 81 – 83 –. Die Verpflichtung des Bundes durch in Berlin übernommene Bundesgesetze ließe sich andernfalls nur begründen, wenn man in der Berlin-Klausel eine Schuldübernahme sieht.

sualen Vorschriften angesehen. In allen diesen Fragen wird die Rechtseinheit zwischen dem Bund und Berlin auch von den Autoren nicht in Zweifel gezogen, die der Auffassung sind, daß es sich bei den übernommenen Bundesgesetzen um Landesrecht, oder jedenfalls nicht um Bundesrecht handelt[45].

Eine weitere Konsequenz, die sich aus der legislativen Einheit zwischen dem Bund und Berlin ergibt, besteht in der Überordnung der in Berlin übernommenen Bundesgesetze über das Berliner Landesrecht einschließlich der Verfassung von Berlin. Das Ziel, das Rechts- und Rechtsprechungssystem im Bund und in den Westsektoren zu vereinheitlichen (vgl. oben Seite 100), wäre nicht zu erreichen, wenn das in Berlin übernommene Bundesrecht als ranggleich mit den Berliner Landesgesetzen behandelt würde. Demgemäß sind alle Behörden und Gerichte des Landes Berlin und des Bundes stets davon ausgegangen, daß das in Berlin übernommene genauso wie das unmittelbar geltende Bundesrecht den Landesgesetzen einschließlich der Landesverfassungen im Konfliktfall übergeordnet ist. Die Westmächte haben es vermieden, zu dieser Frage ausdrücklich Stellung zu nehmen, haben jedoch die ständige Praxis der deutschen Gerichte und Behörden akzeptiert, ohne von ihrem Aufhebungs- oder Suspendierungsrecht Gebrauch zu machen. Umstritten ist lediglich, wie die Unterordnung des Berliner Landesrechts unter das Bundesrecht zu begründen ist. Insbesondere ist streitig, ob Artikel 31 GG (Bundesrecht bricht Landesrecht) in Berlin gilt.

Aber diese Frage ist nur von akademischer Bedeutung. Gegen eine Anwendbarkeit von Art. 31 GG könnte sprechen, daß die in Berlin übernommenen Bundesgesetze nach Auffassung der Westmächte in Berlin nicht als Bundesrecht gelten. Andererseits haben die Westmächte, wie bereits festgestellt wurde, nicht verlangt, daß die übernommenen Bundesgesetze bei der Anwendung dem Landesrecht gleichgestellt werden. Für eine Anwendbarkeit von Art. 31 GG läßt sich vor allem anführen, daß es sich bei dieser Vorschrift nicht nur um eine bundesstaatliche Organisationsnorm handelt, die die Gliedstaaten der Bundesgesetzgebung unterordnet, sondern auch um eine Kollisionsnorm, die bei widersprüchlichen Gesetzestexten die Harmonie der Rechtsordnung wiederherstellt. Wenigstens in dieser Eigenschaft dürfte Art. 31 GG auch in Berlin

45 Wengler, Festschrift für Leibholz, a.a.O.; Uhlitz a.a.O.

anwendbar sein. Dies gilt vor allem in den Fällen, in denen sich die Überordnung der übernommenen Bundesgesetze nicht aus der Verfassung von Berlin ergibt, also ein Konflikt zwischen dieser Verfassung und dem Grundgesetz besteht (vgl. oben S. 103)[46]. Ein unzulässiges „Regieren" des Bundes in Berlin ist hierin schon deshalb nicht zu sehen, weil der Berliner Landesgesetzgeber durch den Übernahmeakt bei dem Erlaß der höherrangigen Rechtsnorm mitgewirkt hat. Selbst wenn man die Anwendbarkeit des Art. 31 GG auf das in Berlin übernommene Bundesrecht ablehnen wollte, so müßte man doch annehmen, daß die von den Westmächten akzeptierte ständige Praxis aller deutschen Gerichte und Behörden zu Gewohnheitsrecht erstarkt ist. Es bestünde dann ein gewohnheitsrechtlicher Satz, der im Rang über der Berliner Verfassung stünde und nach dem das in Berlin übernommene Bundesrecht dem Berliner Landesrecht einschließlich der Verfassung von Berlin im Konfliktfall übergeordnet ist[47].

In zwei Fällen waren die Westmächte allerdings nicht bereit, eine Privilegierung der in Berlin übernommenen Bundesgesetze gegenüber dem Berliner Landesrecht zuzulassen: Die Verfassung von Berlin sah bis zum Jahre 1974 in Art. 49 vor, daß Landesgesetze durch Volksentscheid verabschiedet werden konnten. Das für die Durchführung eines solchen Volksentscheids erforderliche Ausführungsgesetz kam jedoch nicht zustande. Die Westmächte gaben bereits bei den vorangehenden Konsultationen zu erkennen, daß sie nicht bereit seien, einer Regelung zuzustimmen, die erforderlich

46 Für eine Anwendbarkeit des Art. 31 GG vgl. auch Mußgnug a.a.O., S. 176. Dagegen führt die Auffassung von Czermak, der die Überordnung der übernommenen Bundesgesetze aus Art. 87 der Verfassung von Berlin herleiten will, in allen Fällen zu Schwierigkeiten, in denen ein übernommenes Bundesgesetz im Widerspruch zur Verfassung von Berlin (insbesondere zu dem Grundrechtskatalog dieser Verfassung) steht.

47 Dagegen sind die in Berlin fortgeltenden alliierten Rechtsvorschriften sowohl dem übernommenen Bundesrecht wie dem Berliner Landesrecht übergeordnet.
Geht man davon aus, daß Berlin zur Übernahme der Bundesgesetze verpflichtet ist, so impliziert dies zugleich ein Verbot, die übernommenen Vorschriften eigenmächtig wieder außer Kraft zu setzen oder Landesgesetze zu schaffen, die dem übernommenen Bundesrecht widersprechen. Die Pflicht zur Übernahme und die Überordnung des übernommenen Bundesrechts über das Landesrecht lassen sich also wechselweise auseinander begründen.

war, damit die in Berlin übernommenen Bundesgesetze nicht durch einen Berliner Volksentscheid aufgehoben oder abgeändert werden konnten. Als nach Inkrafttreten des Viermächte-Abkommens feststand, daß die Alliierten nicht bereit waren, ihren Standpunkt zu ändern, wurde Art. 49 der Verfassung von Berlin durch ein verfassungsänderndes Gesetz vom 22.11.1974 aufgehoben. Ein Volksbegehren ist seitdem nur noch mit dem Ziel einer Auflösung des Abgeordnetenhauses vorgesehen (Art. 39 VvB).

Ein vergleichbares Problem bestand bis zum Inkrafttreten dieser Verfassungsänderung für die richterliche Normenkontrolle. Die Verfassung von Berlin bestimmte in Art. 64 Abs. 2, daß Gerichte nicht befugt sind, vom Abgeordnetenhaus beschlossene Gesetze und Verordnungen auf ihre Verfassungsmäßigkeit zu prüfen. In Art. 72 war die Bildung eines Verfassungsgerichtshofs vorgesehen, bei dem dieses Recht monopolisiert sein sollte. Auch hier verweigerten die Westmächte die Zustimmung zu einer Regelung, die sichergestellt hätte, daß übernommene Bundesgesetze von der Überprüfungsbefugnis des Berliner Staatsgerichtshofs ausgenommen gewesen wären. Durch die Verfassungsänderung vom 22.11.1974 wurde Art. 64 Abs. 2 aufgehoben und Art. 72 durch einen neu eingefügten Artikel 87a suspendiert[48].

In engem Zusammenhang mit der Überordnung der übernommenen Bundesgesetze über das Berliner Landesrecht steht die in § 13 des 3. Überleitungsgesetzes begründete Pflicht des Berliner Abgeordnetenhauses, alle Bundesgesetze in Berlin in Kraft zu setzen, sofern sie eine Berlin-Klausel enthalten und sofern alliierte Vorbehalte der Übernahme nicht entgegenstehen. – Einige Autoren vertreten die Ansicht, daß der Berliner Landesgesetzgeber das Mantelgesetz, durch das das Dritte Überleitungsgesetz in Berlin übernommen wurde, aufheben oder im Einzelfall durchbrechen könnte. Dem steht aber entgegen, daß die maßgebliche Rechtsvor-

48 Dies ist der einzige Fall, daß eine Bestimmung der Verfassung von Berlin nicht durch alliierte Vorschriften, sondern durch die Verfassung selbst suspendiert worden ist. Der suspendierte Artikel bleibt Bestandteil des Verfassungstextes und damit potentiell geltendes Recht. Allerdings würde er nicht automatisch wieder in Kraft treten, wenn die für seine Suspendierung maßgeblichen Umstände entfielen, vielmehr wäre für seine Anwendbarkeit eine erneute Verfassungsänderung, nämlich die Aufhebung des Art. 87a erforderlich. Grundsätzliche Kritik an dem Verzicht auf ein Berliner Verfassungsgericht übte Dehnhard in DVBl. 1986, S. 176 ff.

schrift (§ 13, 3. ÜlG) als übernommenes Bundesrecht, wie oben festgestellt wurde, dem Berliner Landesrecht übergeordnet ist[48a].

In der Rechtslehre vertritt vor allem Lush, der sich allerdings mit der Frage der Überordnung nicht auseinandersetzt, die Ansicht, daß § 13, 3. ÜlG für Berlin nicht rechtlich, sondern nur politisch verbindlich sei[49]. Lush weist vor allem darauf hin, daß im Dritten Überleitungsgesetz gegenseitige Pflichten für den Bund und für das Land Berlin begründet werden; er vergleicht diese Pflichten mit einer constitutional convention im Sinne der angelsächsischen Verfassungspraxis, deren Verbindlichkeit mehr auf politischen und moralischen als auf rechtlichen Gründen beruht. Betont man die in dem Gesetz begründeten gegenseitigen Verpflichtungen, so könnte man in der Verabschiedung des Dritten Überleitungsgesetzes durch den Bund und seine Übernahme in Berlin allerdings auch den konkludenten Abschluß eines Staatsvertrages sehen, der für die beteiligten Parteien rechtsverbindlich wäre. Für die Praxis ist diese Frage von untergeordneter Bedeutung, weil die Pflicht zur Übernahme von Bundesgesetzen nie bezweifelt worden ist und im Notfall auch mit politischen Mitteln durchgesetzt werden könnte.

Die von den Westmächten gebilligte Praxis der deutschen Staatsorgane geht also dahin, daß mindestens bei der Rechtsanwendung kein Unterschied zwischen dem in Berlin übernommenen und dem unmittelbar geltenden Bundesrecht gemacht wird. Die Vorbehalte, die die Westmächte dagegen geltend gemacht haben, daß das in Berlin übernommene Recht ausdrücklich als Bundesrecht bezeichnet wird, können sich also nur darauf beziehen, daß dieses Recht in Berlin nicht unmittelbar aufgrund einer Sanktion des Bundesgesetzgebers in Kraft tritt, sondern daß eine Mitwirkung der Berliner Staatsorgane erforderlich ist. In BK/L (67) 10 haben die Westmächte festgestellt, daß es sich bei den Berliner Mantelgesetzen, durch die Bundesrecht übernommen wird, um Gesetzgebungsakte des Berliner Abgeordnetenhauses handelt. Daraus folgt aber nicht, daß die übernommenen Bundesgesetze selbst ihre Geltung nur aus der Sanktion des Berliner Gesetzgebers herleiten, vielmehr handelt es sich um einen gemeinsamen Gesetzgebungsakt des Bundesgesetzgebers und des Berliner Gesetzgebers. Hierfür spricht außer den

48a Zur Verfassungspflicht Berlins, die Bundesgesetze unverändert zu übernehmen und der Qualifikation der übernommenen Bundesgesetze, vgl. auch Lampe/Pfennig a.a.O. Rn 51 f.

49 Lush a.a.O., S. 761.

geschilderten Einzelheiten bei der Übernahme und bei der Anwendung von Bundesgesetzen in Berlin auch der ausdrückliche Hinweis der Westmächte, daß ein Bundesgesetz erst dann in Berlin übernommen werden kann, wenn es im Bundesgesetzblatt bereits verkündet worden ist[50]. Die Veröffentlichung in einem Publikationsorgan des Bundes wäre unerheblich, wenn es sich ausschließlich um einen Akt des Berliner Gesetzgebers handelte. Die übernommenen Gesetze können daher auch nicht einseitig durch ein Berliner Gesetz aufgehoben werden. Hierfür ist vielmehr ebenfalls ein Aufhebungsgesetz des Bundes erforderlich, das in dem hierfür vorgesehenen Verfahren in Berlin übernommen werden muß.

Umstritten ist auch, ob die Artikel 124 und 125 GG, nach denen vorkonstitutionelles Recht unter bestimmten Voraussetzungen als Bundesrecht fortgilt, in Berlin-West anwendbar sind. Hierfür spricht schon die Tatsache, daß es zu einem Konflikt zwischen dem Grundgesetz und der Verfassung von Berlin führen würde, wenn der Berliner Gesetzgeber gemäß Artikel 48 der Verfassung von Berlin vorkonstitutionelle Gesetze ändern könnte, die nach Artikel 124 und 125 GG einer Änderung durch den Landesgesetzgeber entzogen sind. Es würde auch zu widersinnigen Ergebnissen führen und eine Vereinheitlichung der Rechtsprechung erheblich erschweren, wenn vorkonstitutionelle Vorschriften im Bereich der ausschließlichen oder der konkurrierenden Bundesgesetzgebung dem Berliner Landesrecht gleichgestellt wären, während andere Vorschriften möglicherweise in den selben Gesetzen, die nach Inkrafttreten des Grundgesetzes geändert wurden, bei ihrer Anwendung als Bundesrecht zu behandeln wären[51].

Schließlich ist auch die sogenannte Nullum- oder Substrattheorie umstritten, nach der ein in Berlin übernommenes Bundesgesetz, das vom Bundesverfassungsgericht für nichtig erklärt worden ist, auch in Berlin – ex tunc – als ungültig behandelt werden muß, ohne daß ein besonderer Gesetzgebungs- oder Verkündungsakt in Berlin erforderlich wäre[52]. Aus der Tatsache, daß die Westmächte die Übernahme des Gesetzes über das Bundesverfassungsgericht untersagt haben, folgt nicht, daß nach ihrem Willen die Entscheidungen des Bundesverfassungsgerichts im Amts- oder Gesetzblatt des Landes Berlin veröffentlicht werden müßten.

50 Lush a.a.O., S. 779.

51 Vgl. Sendler, JR 1958, S. 81, 83 f.

52 Vgl. Kapitel 7, S. 109, Fn. 44.

Die Praxis der deutschen und alliierten Behörden spricht für die „Nullum Theorie". Die Westmächte haben es nur in Ausnahmefällen für erforderlich gehalten, die Nichtigkeit von Bundesgesetzen, die das Bundesverfassungsgericht aufgehoben hatte, für Berlin anzuordnen. Dies geschah z.B. durch BK/O (68) 13 betr. der teilweisen Nichtigkeit von § 30 Bundesrückerstattungsgesetz. Dort heißt es ausdrücklich, daß die Nichtigkeit von der Kommandantur angeordnet wird, um die Einheitlichkeit in der Anwendung der Gesetze in Rückerstattungssachen zwischen den zuständigen Gerichten und Behörden sicherzustellen. Die Kommandantur wollte sich also nicht von der Nullum Theorie distanzieren, sondern nur der Gefahr der Rechtsunsicherheit vorbeugen, die bestanden hätte, wenn das – international besetzte – oberste Rückerstattungsgericht in Berlin dieser Theorie nicht gefolgt wäre[53].

Fragen der Gesetzgebungskompetenz

Ebenso wie Art. 31 GG sind auch die Vorschriften über die Gesetzgebungskompetenz (Art. 70 bis 75 GG) mit gewissen Einschränkungen, die sich aus den Vorbehalten der Westmächte ergeben, in Berlin anwendbar. Auch diese Normen dienen in erster Linie dem Zweck, die Harmonie der Rechtsordnung in Bund und Gliedstaaten aufrecht zu erhalten; ihre Anwendung in Berlin ist daher nicht als ein Regieren dieses Landes durch den Bund anzusehen[54]. Allerdings ist der besondere Rechtsstatus Berlins bei der Auslegung der Art. 70 bis 75 GG zu berücksichtigen. Die verfassungsrechtliche Lage ist unterschiedlich, je nachdem ob es sich um den Bereich der konkurrierenden Gesetzgebung (einschl. Rahmengesetzgebung) oder um den Bereich der ausschließlichen Gesetzgebung des Bundes handelt.

Im Bereich der konkurrierenden Gesetzgebung hat das Land Berlin – ebenso wie jedes andere Bundesland – die Befugnis zur Gesetzgebung, soweit der Bund von seinem Gesetzgebungsrecht keinen Gebrauch gemacht hat (vgl. Art. 72 Abs. 1 GG). Kommt ein Bundesgesetz im Bereich der konkurrierenden Gesetzgebung

53 Vgl. BK/O (68) 13 vom 21. Oktober 1968, GVBl. S. 1549. International besetzte Rückerstattungsgerichte bestehen in Berlin und Herford.

54 A.A. Mußgnug, a.a.O., S. 176 ff., der zwar Art. 31 GG, nicht aber die Art. 70 bis 75 in Berlin für anwendbar hält, hinsichtlich der Gesetzgebungskompetenz aber auf Art. 87 Abs. 4 VvB zurückgreift.

zustande, so ist Berlin grundsätzlich zur Übernahme dieses Gesetzes verpflichtet; Berliner Landesgesetze, die dem Bundesgesetz widersprechen, gelten allerdings bis zum Abschluß des Übernahmeverfahrens weiter. Kann das Bundesgesetz aufgrund eines besatzungsrechtlichen Vorbehalts nicht übernommen werden, so könnte aus dem Wortlaut des Art. 72 Abs. 1 gefolgert werden, daß die Gesetzgebungsbefugnis des Landes Berlin in diesem Bereich trotzdem erloschen ist, weil der Bund von seinem Gesetzgebungsrecht Gebrauch gemacht hat.

Diese Auslegung entspricht aber nicht dem Sinn der Vorschrift. Art. 72 Abs. 1 setzt vielmehr voraus, daß ein Bundesgesetz wirksam zustande gekommen ist. Tritt diese Voraussetzung in dem Gebiet eines Bundeslandes nicht ein, so ist die Rechtslage in diesem Land die gleiche, als ob das Bundesgesetz überhaupt nicht in Kraft getreten wäre, d.h. die Gesetzgebungsbefugnis des Landesgesetzgebers bleibt bestehen. Nach Art. 87 Abs. 4 ist der Berliner Gesetzgeber in diesem Fall allerdings gehalten, die landesgesetzliche Regelung dem Bundesgesetz so weit anzugleichen, wie es die besondere Lage Berlins zuläßt. In vielen Fällen dürfte sich der Ermessensspielraum des Landesgesetzgebers sogar darauf beschränken, ein dem nicht übernommenen Bundesgesetz inhaltsgleiches Landesgesetz zu erlassen[55].

Kann dagegen ein Bundesgesetz im Bereich der ausschließlichen Gesetzgebung nicht in Berlin übernommen werden, so steht dem Berliner Landesgesetzgeber nach deutschem Verfassungsrecht grundsätzlich keine subsidiäre Gesetzgebungsbefugnis zu (vgl. Art. 71 GG). U.U. kann ein gesetzliches Vakuum in Berlin dadurch vermieden werden, daß das Land durch Bundesgesetz zur Gesetzgebung in dem betreffenden Bereich ermächtigt wird. Fehlt es an einer solchen Ermächtigungsnorm oder kann sie ebenfalls nicht in Berlin übernommen werden, so kann der Berliner Landesgesetzgeber nur tätig werden, wenn er von den Besatzungsmächten hierzu angewiesen oder ermächtigt wird[56].

55 Hierbei handelte es sich dann allerdings um ein echtes Landesgesetz, das dem übrigen Landesrecht gleichgestellt und der Verfassung von Berlin untergeordnet wäre.

56 In vielen Fällen dürfte sich allerdings der besatzungsrechtliche Vorbehalt nicht nur gegen eine Übernahme der Bundesgesetze, sondern auch gegen eine Tätigkeit des Berliner Landesgesetzgebers richten. Man denke z.B. an den Bereich der Verteidigung (Art. 73 Nr. 1).

3. Unterkapitel
Die einheitliche Staatsangehörigkeit

Die Frage, ob eine besondere Staatsangehörigkeit für die Berliner Westsektoren besteht oder im Laufe einer zukünftigen Entwicklung entstehen könnte, ist in nennenswertem Umfang erst nach Inkrafttreten der Berlin-Regelung und des Viermächte-Abkommens erörtert worden. Soweit die Bestimmungen des Viermächte-Abkommens und der innerdeutschen Ausführungsvereinbarungen für die Bewohner der Westsektoren gelten, knüpfen sie ausschließlich an den Wohnsitz an, der durch den in Berlin(West) gültigen Personalausweis oder ein besonderes Ausweisdokument nachgewiesen wird[1].

Zum Grundvertrag hat die Bundesrepublik eine Protokollerklärung abgegeben, daß Staatsangehörigkeitsfragen durch den Vertrag nicht geregelt worden sind. Dem steht eine Erklärung der DDR gegenüber, nach der diese davon ausgeht, daß der Vertrag eine Regelung der Staatsangehörigkeitsfragen erleichtern wird; diese Formulierung zeigt, daß auch nach der Auffassung der DDR die Fragen der Staatsangehörigkeit noch regelungsbedürftig, also durch den vorliegenden Vertrag nicht geregelt worden sind[2]. Das Bundesverfassungsgericht hat in seinem Urteil vom 31. Juli 1973 festgestellt, daß der Grundvertrag auch keine unbeabsichtigten Auswirkungen auf die deutsche Staatsangehörigkeit im Sinne der Artikel 16, 116 GG hat, die im Widerspruch zu den genannten Verfassungsvorschriften stehen.

Auf die Rechtsstellung der deutschen Staatsangehörigen mit Wohnsitz in den Berliner Westsektoren kann der Grundvertrag im

1 Vgl. z.B. Artikel 2 Abs. 1 und 4 der Vereinbarung über den Reise- und Besuchsverkehr, S. 266; siehe auch S. 156.

2 Vgl. Dokumente S. 401.

übrigen auch deshalb keine Auswirkungen haben, weil er nur in den Punkten auf dieses Gebiet anwendbar ist, die in den Erklärungen beider Seiten bezüglich Berlin(West) ausdrücklich genannt werden[3]. Selbst wenn der Grundvertrag also entgegen der Auffassung des Bundesverfassungsgerichts (unbeabsichtigte) Auswirkungen auf die einheitliche deutsche Staatsangehörigkeit hätte, wäre dies nur für die deutschen Staatsangehörigen von Bedeutung, die von der DDR als eigene Staatsbürger in Anspruch genommen werden. Die Frage, ob sich an der Rechtsstellung der deutschen Staatsangehörigen mit Wohnsitz in den Berliner Westsektoren etwas geändert hat, ist dagegen anhand des Viermächte-Abkommens in Verbindung mit der bei Abschluß dieses Abkommens bestehenden Rechtslage (also dem rechtlichen Status quo) zu beantworten.

Gegen eine einheitliche Staatsangehörigkeit, die (mindestens) die Bundesrepublik und die Berliner Westsektoren umfaßt, könnte allenfalls die Formulierung in II, B 2. Halbsatz des Viermächte-Abkommens sprechen, nach der die Westsektoren kein Bestandteil (konstitutiver Teil) der Bundesrepublik sind. Diese These wird in der Literatur der Sowjetunion und der DDR zum Viermächte-Abkommen vertreten[4], sie berücksichtigt aber weder den übrigen Vertragstext, noch die Rechtslage bei Vertragsabschluß. Auszugehen ist von dem 1. Halbsatz der zitierten Vorschrift: Die Westmächte erklären, daß die Bindungen zwischen den Westsektoren Berlins und der Bundesrepublik aufrechterhalten und entwickelt werden. Diese Bindungen werden durch das Viermächte-Abkommen nicht näher qualifiziert oder auf bestimmte Sachbereiche beschränkt. Sie werden, soweit im einzelnen nichts anderes bestimmt wird, in allen Lebensbereichen aufrechterhalten, so wie sie bei Vertragsschluß bestanden. Auch die einschränkenden Formulierungen im 2. Halbsatz der zitierten Vertragsvorschrift verweisen, wie vor allem die Worte „weiterhin" und „wie bisher" zeigen, auf den Status quo[5]

3 Die Erklärung betrifft die Zuständigkeit der Vertretung der Bundesrepublik bei der DDR für Berlin und die Erstreckung der in dem Zusatzprotokoll zu Art. 7 vorgesehenen sogenannten Folgeverträge auf Berlin; ferner ist die Ausdehnung der Vereinbarung über Arbeitsmöglichkeiten für Journalisten auf Berlin (West) vorgesehen (vgl. S. 296 f.).

4 Z.B. Boldyriew: Das vierseitige Abkommen über Westberlin . . . DAP 1973 S. 888. Es heißt dort, daß die Bewohner Westberlins nach der zitierten Vorschrift die Staatsangehörigkeit der Bundesrepublik nicht erhalten(!) dürften.

5 Vgl. Teil III, S. 238.

Auch aus den Vorschriften des Viermächte-Abkommens, die die konsularische Betreuung betreffen (II, D in Verbindung mit 2 Buchst. a Anlage IV), lassen sich keine Rückschlüsse auf eine besondere Staatsangehörigkeit der Berliner Westsektoren ziehen, weil diese Vertragsvorschriften nur klarstellen, nicht aber rechtsbegründenden Charakter haben[6].

Zu den Bindungen, deren Bestand einschließlich der Entwicklungsmöglichkeiten durch das Viermächte-Abkommen besatzungsrechtlich garantiert werden, gehört auch die einheitliche deutsche Staatsangehörigkeit. Die besondere Bedeutung, die diesem Bindungselement für das Verhältnis der Berliner Westsektoren zum Bund zukommt, wird leicht übersehen, weil die deutsche Staatsangehörigkeit nach der bis jetzt ungeänderten Rechtsauffassung der Bundesrepublik und der Westmächte auch die Bürger der DDR umfaßt[7].

Daß die einheitliche deutsche Staatsangehörigkeit nach dem Zusammenbruch der deutschen Staatsgewalt im Jahre 1945 fortbestand, ist weder in der Rechtslehre, noch in der Staatenpraxis der Nachkriegszeit bezweifelt worden[8]. Eine Aufhebung der deutschen Staatsangehörigkeit war von den vier Hauptsiegermächten

6 Man kann daher nicht argumentieren, daß diese Vertragsvorschrift überflüssig wäre, wenn die Bewohner der Berliner Westsektoren die Staatsangehörigkeit der Bundesrepublik besäßen, weil der Bundesrepublik in diesem Fall das Recht zur konsularischen Betreuung ipso iure zustünde.

7 Die Probleme, die sich aus der Annahme einer fortbestehenden deutschen Staatsangehörigkeit angesichts der politischen Spaltung Deutschlands und des entgegengesetzten Rechtsstandpunkts der DDR ergeben, können im Rahmen dieser Arbeit, die sich auf die Rechtslage des Landes Berlin beschränkt, nicht eingehend erörtert werden. Der Rechtsstandpunkt der Bundesrepublik ist m.E. als Festhalten an einer einheitlichen Staatsangehörigkeit bei Respektierung getrennter Regelungskompetenzen zu definieren. Vgl. Zieger, Staatsangehörigkeit im geteilten Deutschland, Deutschland-Archiv 1972 S. 247 (279). Für die Einführung einer Staatsangehörigkeit der Bundesrepublik Deutschland bei gleichzeitiger Beibehaltung der deutschen Staatsangehörigkeit vgl. Meessen: Das Problem der deutschen Staatsangehörigkeit nach dem Grundvertrag, Europa-Archiv 1973 S. 515.

8 Zieger, das Staatsbürgerschaftsgesetz der DDR, Frankfurt am Main, Berlin 1969 S. 7, insbesondere Fußnote 1) und die dort zitierte Literatur. Bemerkenswert ist, daß auch Kelsen, der den Untergang des deutschen Staats im Jahre 1945 annimmt, daraus nicht die Konsequenz eines Unterganges der deutschen Staatsangehörigkeit gezogen hat, ferner, daß in der Literatur der DDR, in der ein Untergang der deutschen Staatsangehörigkeit angenommen wird, über den Zeitpunkt des Erlöschens keine Klarheit besteht.

auch nicht beabsichtigt. Dies zeigt, abgesehen von ihrer allgemeinen Praxis in der Nachkriegszeit, vor allem die Tatsache, daß weder das Reichs- und Staatsangehörigkeitsgesetz, noch die Verordnung über die deutsche Staatsangehörigkeit außer Kraft gesetzt wurden[9].

Auch die Gründung und Konsolidierung der Bundesrepublik und der DDR änderten hieran zunächst nichts. Das Grundgesetz geht in Art. 16 und 116 von dem Fortbestand einer einheitlichen deutschen Staatsangehörigkeit aus[10]. Die erste Verfassung der DDR (vom 7. Oktober 1949) betonte in Art. 1 Abs. 4 sogar ausdrücklich den Fortbestand einer einheitlichen deutschen Staatsangehörigkeit. Erst ab 1957 ging man in der DDR dazu über, eine eigene Staatsangehörigkeit in Anspruch zu nehmen[11]. Mit dem Erlaß des Staatsbürgerschaftsgesetzes vom 20. Februar 1967 (GBl. I S. 3) hat die dortige Rechtsentwicklung ihren einstweiligen Abschluß gefunden.

Für die deutschen Staatsangehörigen mit Wohnsitz in den Berliner Westsektoren konnte die Rechtsentwicklung in der DDR – unabhängig davon, welche Folgen sie für das Verhältnis BRD/DDR hat – schon angesichts der obersten Gewalt, die den drei westlichen Besatzungsmächten in den Westsektoren zusteht, keine Rechtswirkung entfalten. Das Staatsbürgerschaftsgesetz der DDR

9 Reichs- und Staatsangehörigkeitsgesetz vom 22. Juli 1913 mit zahlreichen Änderungen (RGBl. S. 583; BGBl. III Nr. 102-1) sowie die Verordnung über die deutsche Staatsangehörigkeit vom 5. Februar 1934 (RGBl. I S. 659; BGBl. III Nr. 102-1-1).

10 Dies hat das Bundesverfassungsgericht in seiner Entscheidung zum Grundvertrag unter V 5 erneut bekräftigt. Vgl. auch Zieger, a.a.O. S. 249 ff. Fußnote 24. Für den Fortbestand der deutschen Staatsangehörigkeit ist es unerheblich, ob unterhalb dieser einheitlichen Staatsangehörigkeit die durch die Verordnung von 1934 aufgehobene Staatsangehörigkeit der Länder wieder aufgelebt ist. Dies wird von der herrschenden Lehre und Rechtsprechung selbst bei den Ländern abgelehnt, deren Verfassung eine Landesstaatsangehörigkeit vorsieht. Dagegen nimmt Makarov unter Hinweis auf die föderalistische Struktur der Bundesrepublik eine Staatsangehörigkeit der Länder an. Angesichts der in Art. 3 und 30 vorgeschriebenen Gleichbehandlung aller Deutschen wäre eine solche Landesangehörigkeit auf das aktive und passive Wahlrecht im betreffenden Bundesland beschränkt. Vgl. hierzu: Makarov, Deutsches Staatsangehörigkeitsrecht, 2. Aufl., Frankfurt am Main/Berlin 1971, S. 239 f.

11 Vgl. hierzu Zieger, a.a.O. S. 25 ff.

beansprucht auch keine Geltung für die Bewohner dieses Gebiets. Eine besondere Bürgerschaft oder Staatsbürgerschaft für die Berliner Westsektoren hätte nur durch einen Akt der westlichen Besatzungsmächte geschaffen werden können.

Ihr Verhalten zeigt jedoch eindeutig, daß sie die Bundesrepublik und die Berliner Westsektoren nicht nur im Bereich der Staatsangehörigkeit und des Staatsangehörigkeitsrechts als eine Einheit betrachten, sondern daß sie der Bundesrepublik hinsichtlich der deutschen Bewohner West-Berlins stets die Befugnisse eingeräumt haben, die einem Staat in bezug auf seine Staatsangehörigen zustehen. Soweit die Befugnisse der Bundesrepublik für die Berliner Westsektoren durch Vorbehalte oder Bestimmungen der Westmächte beschränkt werden, handelt es sich stets um eine Beschränkung oder einen Ausschluß der Territorialhoheit, nicht aber der Personalhoheit[12]. Betreffen die Beschränkungen einen bestimmten Personenkreis, so entscheidet stets (wie auch im Viermächte-Abkommen) der Wohnsitz oder der ständige Aufenthalt. Durch die Vorbehalte der Westmächte wird die Ausübung der mitgliedschaftlichen Rechte und die Erfüllung der staatsbürgerlichen Pflichten im Bund für die in West-Berlin ansässigen deutschen Staatsangehörigen zwar teilweise ausgeschlossen, die mitgliedschaftliche Stellung selbst wird hierdurch jedoch ebensowenig berührt, wie bei einem deutschen Staatsangehörigen, der seinen Wohnsitz im Ausland hat und dem unmittelbaren Zugriff der Bundesorgane dann oft in einem viel weitergehenden Umfang entzogen ist als ein Bewohner der Berliner Westsektoren.

Daß es sich bei der einheitlichen Staatsangehörigkeit um eine effektive Bindung der Westsektoren an den Bund, und nicht um eine reine Rechtskonstruktion handelt, zeigt sich vor allem im Bereich der konsularischen und diplomatischen Betreuung. Das Recht der Bundesrepublik, deutschen Staatsangehörigen mit Wohnsitz in den Berliner Westsektoren diplomatischen oder konsularischen Schutz zu gewähren, wurde – anders als gegenüber den DDR-Bürgern[13] – weder von den Westmächten, noch von anderen

12 Ähnlich Meessen, Das Problem der Staatsangehörigkeit nach dem Grundvertrag, Europa-Archiv 1973, S. 518.

13 Dagegen wurde ein Recht der Bundesrepublik, Angehörigen der DDR in Drittstaaten diplomatischen Schutz zu gewähren, seit 1962 selbst von den USA nicht mehr anerkannt; vgl. Meessen a.a.O., S. 515, 516 Fn. 5, und das dort zitierte Schreiben des amerikanischen Department of State.–

Staaten außerhalb des kommunistischen Machtbereichs in Zweifel gezogen.[14]

Das Reichs- und Staatsangehörigkeitsgesetz und die Verordnung über die deutsche Staatsangehörigkeit vom 5. Februar 1934 gelten in Berlin ebenso wie im übrigen Bundesgebiet weiter. In dem Schreiben der drei Hohen Kommissare vom 26. Mai 1952 (in der Fassung des Briefes X vom 23. Oktober 1954) ist ausdrücklich vorgesehen, daß die Gesetzgebung der Bundesrepublik über Staatsangehörigkeit in dem von der Alliierten Kommandantur zugelassenen Verfahren in Berlin übernommen werden kann. Hiermit sollte offensichtlich nicht nur eine Möglichkeit für die inhaltliche Übernahme von Gesetzen geschaffen, sondern die Einheit der Bundesrepublik und der Westsektoren im Bereich der Staatsangehörigkeit und des Staatsangehörigkeitsrechts umfassend sichergestellt werden. Daß nur die Übernahme der staatsangehörigkeitsrechtlichen Gesetzgebung, und nicht die einheitliche Staatsangehörigkeit selbst erwähnt wird, dürfte darauf zurückzuführen sein, daß bei Übersendung des Dokuments die einheitliche deutsche Staatsangehörigkeit als selbstverständlich vorausgesetzt wurde. Die Rechtsqualität des in Berlin übernommenen Bundesrechts ist in diesem Zusammenhang unerheblich; die einheitliche deutsche Staatsangehörigkeit

Hier zeigt sich der Qualitätsunterschied zwischen der staatsangehörigkeitsrechtlichen Zuordnung der Berliner zum Bund und der rechtlichen Bedeutung, die der einheitlichen Staatsangehörigkeit auch im Verhältnis zu den Bewohnern der DDR zukommt.

14 Daß die staatsangehörigkeitsrechtliche Zuordnung der West-Berliner zum Bund an dem Umfang der Besatzungsvorbehalte nicht scheitern würde und daß sie zudem effektiv ist, die vom Internationalen Gerichtshof im Nottebohm-Fall aufgestellte Angehörigkeitsbedingung also erfüllt, nimmt auch Grawert – Der Staat 1973 S. 289 ff. – an. Grawert bezweifelt aber angesichts der „Mediat-Stellung" der West-Berliner zum Bund, daß das in der neueren staatsangehörigkeitsrechtlichen Literatur zum Teil geforderte „rechtliche Band der Staatsangehörigkeit" (le lien juridique de la nationalité) besteht, und verwendet für die Zuordnung der West-Berliner zum Bund schließlich den Begriff einer „konventionalen Staatsangehörigkeit" oder einer „Staatsangehörigkeit im Wartestand" (S. 303 bis 305, 308). Abgesehen davon, daß der von Grawert verwendete materielle Staatsangehörigkeitsbegriff sich in der internationalen Rechtslehre und Rechtsprechung bis jetzt nicht durchgesetzt hat, ist dagegen einzuwenden, daß die „Mediat-Stellung" der Berliner Westsektoren, wie oben festgestellt wurde, auf einer Beschränkung der Territorial-Hoheit, und nicht der Personal-Hoheit des Bundes beruht.

wurde nicht durch die Übernahme der einschlägigen Bundesgesetze in Berlin begründet, sie war vielmehr Voraussetzung für die Übernahme dieser Gesetze. Die gesamte Gesetzgebung der Bundesrepublik zum Staatsangehörigkeitsrecht, insbesondere die Änderungsgesetze zum Reichs- und Staatsangehörigkeitsgesetz sowie die Gesetze zur Regelung von Fragen der Staatsangehörigkeit vom 22. Februar 1955 und vom 17. Mai 1956, sind in Berlin übernommen worden[15].

Bei Inkrafttreten des Viermächte-Abkommens bestand also nicht nur eine einheitliche Staatsangehörigkeit, die die Bundesrepublik und die Berliner Westsektoren umfaßte. Die Westsektoren gehörten auch im Bereich des Staatsangehörigkeitsrechts zum Rechts- und Gesetzgebungskreis der Bundesrepublik. Diese Zuordnung gehört zu den bestehenden Bindungen im Sinne von II, B des Vertrages. Von besonderer Bedeutung ist in diesem Zusammenhang, daß die Westmächte in dem Interpretationsschreiben II zum Viermächte-Abkommen ausdrücklich an das Schreiben der drei Hohen Kommissare vom 26. Mai 1952 in der Fassung des Briefes X vom 23. Oktober 1954 erinnert haben.

15 Ipsen a.a.O., S. 296 ff. schließt aus den Anordnungen der Westmächte, die eine Übernahme der Bundesgesetze im Bereich des Staatsangehörigkeitsrechts vorsehen, daß sich diese Rechtseinheit nicht nur auf die die Staatsangehörigkeit ausformenden Normen, sondern auch auf die Staatsangehörigkeit selbst erstreckt. Er kommt also auf dem Weg über die von ihm so bezeichnete „Notbrücke" der Rechtseinheit zu dem richtigen Ergebnis. Der Unterschied der Ansicht Ipsens und der hier vertretenen Auffassung besteht darin, daß Ipsen die Zugehörigkeit zu einem rechtlich fortbestehenden, wenn auch handlungsunfähigen gesamtdeutschen Völkerrechtssubjekt als Anknüpfungspunkt für die einheitliche Staatsangehörigkeit ablehnt; vgl. oben Kapitel 7, 3. Unterkapitel.

ACHTES KAPITEL
DIE ZUFAHRTSWEGE

Die Rechtsfrage

Die Frage, ob ein Recht auf ungehinderten Verkehr zwischen dem Gebiet der ehemaligen drei Westzonen und den Berliner Westsektoren besteht, war bis zum Abschluß des Viermächte-Abkommens vom 3. September 1971 und der innerdeutschen Ausführungsvereinbarungen unter den beteiligten Mächten umstritten. Vor allem kam es wegen des zivilen Verkehrs auf den Land- und Binnenschiffahrtswegen durch die DDR immer wieder zu rechtlichen und politischen Auseinandersetzungen. Zwar wurde auch der zivile Landverkehr seit dem Ende der Blockade nur noch für kurze Zeiträume vollständig gesperrt (z.B. am 7. April 1965 im Zusammenhang mit der Bundestagssitzung in Berlin), jedoch wurde er von den Organen der DDR häufig schwer behindert, z.B. durch eingehende Kontrollen, lange Wartezeiten oder durch Zurückweisung bestimmter Personen und Personengruppen. Die DDR benutzte den zivilen Landverkehr häufig als Hebel, um ihrem Souveränitätsanspruch und ihren Rechtsstandpunkten in der Deutschland- und Berlin-Frage Nachdruck zu verleihen; dies war beispielsweise bei der Einführung des Paß- und Visumzwanges durch die Fünfte Durchführungsverordnung zum Paßgesetz der DDR im Juni 1968 der Fall[1]. Der militärische Verkehr der westlichen Besatzungsgarnisonen wurde dagegen schon seit dem Beginn der Blockade nicht mehr ernsthaft beeinträchtigt; das gleiche galt (mit wenigen Ausnahmen) von dem militärischen und zivilen Luftverkehr der Westmächte auf den hierfür vorgesehenen Routen (Luftkorridoren).

1 Vgl. auch Mahnke in Deutschland-Archiv 1972 S. 142 und 364 - 379.

Durch die Berlin-Vereinbarungen dürften die Fragen des Berlin-Verkehrs einen großen Teil ihrer rechtlichen und politischen Bedeutung verloren haben, doch muß der Stand der Diskussion und die tatsächliche Entwicklung bis zum 3. September 1971 an dieser Stelle schon deshalb noch einmal zusammengefaßt werden, weil das Vertragswerk in der Frage der Zufahrtswege genauso wie in verschiedenen anderen Fragen weitgehend auf dem Status quo aufbaut.

Die DDR vertrat bis zum Abschluß der Vereinbarungen mit Unterstützung der Sowjetunion den Standpunkt, daß sie spätestens seit Inkrafttreten des Moskauer Vertrages vom 20. September 1955 alle Hoheitsrechte auf ihrem Territorium einschließlich des Luftraums ausübe und daher befugt sei, den Verkehr zwischen der Bundesrepublik und den Westsektoren zu kontrollieren oder auch zu unterbinden. Ein Rechtsanspruch auf unbehinderten Durchgangsverkehr bestehe nicht; er könne weder aus allgemeinem Völkergewohnheitsrecht, noch aus der besatzungsrechtlichen Position der Westmächte in Berlin, noch aus den Vereinbarungen der Siegermächte aus der Kriegs- und Nachkriegszeit hergeleitet werden.

Da West-Berlin vollständig vom Territorium der DDR umgeben ist, sei seine Position einem „Binnenstaat" (z.B. San Marino) vergleichbar. Solchen Staaten stehe nach internationalem Gewohnheitsrecht ein „Notwegrecht" nicht zu. Ihr Außenverkehr durch das Territorium des umgebenden Staates hänge davon ab, daß eine entsprechende Vereinbarung zwischen den beiden Staaten geschlossen wird. Auch im internationalen Exklavenrecht bestehe ein Anspruch auf Durchgang nur, wenn er zwischen den beteiligten Staaten vertraglich begründet ist. Aus der besatzungsrechtlichen Stellung der Westmächte und den Vereinbarungen der Siegermächte könne jedenfalls kein Anspruch auf Gewährung des zivilen Durchgangsverkehrs von und nach Berlin hergeleitet werden. Der Durchgangsverkehr von und nach Berlin werde daher von der DDR „einseitig", d.h. ohne Rechtsgrundlage gewährleistet. Hieran könne nur etwas geändert werden, wenn Verträge zwischen der DDR auf der einen Seite und der Bundesrepublik und West-Berlin auf der anderen Seite geschlossen würden[2].

2 Zur kommunistischen Rechtsauffassung vgl. Görner in Deutsche Außenpolitik 1968 S. 1321; Steiniger in Außenpolitische Korrespondenz 1968 Nr. 26 S. 219.

Bevor die Verhandlungen, die zum Abschluß des Viermächte-Abkommens führten, in ein konkretes Stadium traten, hat die Sowjetunion den Rechtsstandpunkt der DDR unterstützt und mehrfach zu erkennen gegeben, daß sie sich wenigstens für die Fragen des zivilen Durchgangsverkehrs von und nach Berlin nicht mehr als zuständig betrachte. In den Briefen, die bei Abschluß des Moskauer Vertrages vom 20. September 1955 zwischen der Sowjetunion und der DDR ausgetauscht wurden, ist allerdings nur davon die Rede, daß die DDR die Bewachung und Kontrolle des Verkehrs an ihren Grenzen und auf ihrem Territorium ausübe, während die Kontrolle des militärischen Verkehrs der in West-Berlin stationierten Garnisonen von den Truppen der Sowjetunion ausgeübt werde[3]. Diese Formulierung läßt es offen, ob hiermit der DDR die volle Souveränität über die Zufahrtswege (mit Ausnahme des Militärverkehrs der Westmächte) übertragen wurde, oder ob sie nur mit der Ausübung bestimmter Kontrollfunktionen betraut werden sollte, während die Sowjetunion Inhaberin dieser Kontrollrechte blieb[4]. Bemerkenswert ist auch die während der zweiten Berlin-Krise ab 1958 wiederholt geäußerte Drohung, daß nach Abschluß eines Friedensvertrages zwischen der Sowjetunion und der DDR die DDR die volle Souveränität über ihr Territorium zu Lande, zu Wasser und in der Luft ausüben werde[5]. Dies deutet darauf hin, daß nach Auffassung der Sowjetunion vor Abschluß eines solchen Friedensvertrages, der nicht zustande kam, die volle Souveränität hinsichtlich des Durchgangsverkehrs noch nicht auf die DDR übergegangen ist. Möglicherweise bezieht sich diese Ein-

3 Schreiben des Außenministers der Sowjetunion an den Außenminister der DDR vom 20. September 1955, Dokumente zur Berlin-Frage Nr. 199.

4 Vgl.: Schröder, Recht in Ost und West, 1967, S. 104; ders. in: Frankfurter Allgemeine Zeitung vom 4. September 1968, S. 12.

5 Vgl. z.B. die Note der Sowjetunion an die Westmächte vom 27. November 1958 (Dokumente zur Berlin-Frage Nr. 241), in der allerdings noch nicht von einem Friedensvertrag die Rede ist, sondern davon, daß die Sowjetunion durch ein Abkommen mit der DDR die geplanten Maßnahmen verwirklichen werde. Deutlicher: Die Note der sowjetischen Regierung an die amerikanische Regierung vom 2. März 1959 (Dokumente zur Berlin-Frage Nr. 257): „. . . Wie soll man in einer solchen Situation die im Westen ausgestoßenen Drohungen bewerten, . . . wenn die DDR als souveräner Staat, mit dem ein Friedensvertrag unterzeichnet sein wird, völlig frei über die Verbindungswege zwischen Westberlin und der Deutschen Bundesrepublik verfügen wird?"

schränkung aber nur auf den militärischen Transitverkehr der Westmächte und auf den Flugverkehr.

Das Transitrecht als Auswirkung des Besatzungsrechts

Der Rechtsstandpunkt der DDR zur Frage des Transitverkehrs ist im westlichen Völkerrecht von verschiedenen Autoren – und zwar im wesentlichen mit gleichlautenden Argumenten – widerlegt worden. Das Recht auf einen ungehinderten militärischen und zivilen Durchgangsverkehr ergibt sich als Rechtsreflex aus den originären Besatzungsrechten der Westmächte in Berlin. Durch das Recht zur Besetzung einer Besatzungsenklave erwarben die Westmächte ein gegen alle wirkendes Verkehrsservitut auf dem Territorium der Sowjetischen Besatzungszone und damit der späteren DDR[6]. Dieses Recht steht zwar nur den Westmächten zu, es umfaßt aber nicht nur den militärischen Verkehr der Berliner Besatzungsgarnisonen, sondern auch den zivilen Verkehr von und nach Berlin, denn nur wenn dieser Verkehr gewährleistet ist, können die Westmächte ihrer in Art. 43 der Haager Landkriegsordnung begründeten Verpflichtung nachkommen, in dem besetzten Gebiet zivilisierte Zustände aufrecht zu erhalten. Die Sowjetunion und die DDR können durch einen Vertrag, den sie miteinander schließen, über die Rechte, die den Westmächten zustehen, nicht verfügen; das Verkehrsservitut wurde also durch die Souveränitätsübertragung und den Moskauer Vertrag von 1955 ebenso wenig berührt, wie es durch einen zwischen der Sowjetunion und der DDR abgeschlossenen Friedensvertrag aufgehoben werden könnte.

Vertragliche Grundlagen des Transitverkehrs

Da sich das Recht auf unbehinderten Zugang gewissermaßen mit dinglicher Wirkung unmittelbar aus der besatzungsrechtlichen Position der Westmächte ergibt, waren keine Verträge oder Vereinbarungen erforderlich, um dieses Recht zu begründen. Den Verträgen und Vereinbarungen, die diese Frage berühren, kommt aber trotzdem eine große Bedeutung zu, weil in ihnen zum Teil die Modalitäten des Transitverkehrs geregelt sind; überdies können sie als In-

6 So z.B. Mahnke in: Berliner Stimme vom 8. März 1969 sowie in Deutschland-Archiv 1969 Heft 2 S. 40 ff.; Riklin, Das Berlin-Problem, S. 268; Schröder a.a.O.

diz dafür gewertet werden, daß das Verkehrsservitut der Westmächte von der Sowjetunion mehrfach anerkannt worden ist.

Eindeutige Bestimmungen der vier Hauptsiegermächte aus der Zeit der Viermächte-Verwaltung sind allerdings nur im Bereich des Luftverkehrs zustande gekommen; die Flugvorschriften, die den Verkehr von und nach Berlin in den drei Luftkorridoren regeln, haben nicht nur technische Bedeutung, sie sind vielmehr als verbindliche Vereinbarung der vier Hauptsiegermächte anzusehen[7]. Im übrigen wurde die Frage des freien Zugangs zwar in dem Briefwechsel zwischen den Westmächten und der sowjetischen Regierung vom Juni 1945 angeschnitten, die Westmächte begnügten sich schließlich aber damit, daß ihnen in Berlin die Besatzungsrechte eingeräumt wurden, die ihnen nach den Londoner Protokollen zustanden, ohne daß über die Frage des Transits eindeutige Abmachungen zustande gekommen waren[8]. Die Frage des Land- und Binnenschiffahrtsverkehrs wurde in der Zeit der Viermächte-Verwaltung dann mehrfach im Kontrollrat und im Koordinierungskomitee behandelt. Soweit hier Beschlüsse zustande kamen, handelte es sich aber im wesentlichen um technische Bestimmungen, von denen es zumindest zweifelhaft ist, ob sie von den beteiligten Mächten als rechtsverbindlich angesehen wurden[9].

Umso größer ist die Bedeutung, die dem Viermächte-Abkommen vom 4. Mai 1949 (dem sogenannten Jessup-Malik-Abkommen) und dem Schlußkommuniqué vom 20. Juni 1949 über die Pariser Außenministerkonferenz zukommt[10]. In beiden Fällen handelt es sich um rechtsverbindliche Abkommen, obgleich die gegenseitigen Verpflichtungen nicht in einer Vertragsurkunde, sondern jeweils in einer gemeinsamen Erklärung der vier Hauptsiegermächte niedergelegt wurden. Dies entspricht der Praxis, die die

7 Flugvorschriften für die Luftkorridore und die Kontrollzone Berlin i.d.F. vom 22. Oktober 1946, Dokumente zur Berlin-Frage Nr. 37; vgl. auch den sowjetischen Bericht vom 5. Februar 1947, nach dem die Zuteilung der Luftkorridore auf einer Vereinbarung der Vier Mächte beruht (Dokumente zur Berlin-Frage Nr. 38).

8 Vgl. Dokumente zur Berlin-Frage Nr. 15 A-C. Zum Verhalten der Westmächte in der Schlußphase des 2. Weltkrieges und der ersten Nachkriegszeit vgl. auch Mahnke a.a.O., S. 140 f.

9 Vgl. z.B. die Kommuniqués des Kontrollrats, Dokumente zur Berlin-Frage Nr. 31 A-G.

10 Dokumente zur Berlin-Frage Nr. 81, 89. Vgl. auch S. 66.

Siegermächte auch in dem sogenannten Potsdamer Abkommen befolgten, das formell ebenfalls nur in einer gemeinsamen Erklärung über die Ergebnisse der Dreimächte-Konferenz besteht. In dem New Yorker Abkommen vom 4. Mai 1949 heißt es überdies, daß die beteiligten Mächte das „folgende Übereinkommen" erzielt hätten; der Abschluß des Abkommens wurde von den Westmächten offiziell dem Generalsekretär der Vereinten Nationen mitgeteilt und in die Vertragssammlung der Vereinten Nationen aufgenommen[11].

In dem Jessup-Malik-Abkommen erklärten die Vier Mächte, daß am 12. Mai 1949 alle Beschränkungen aufgehoben werden würden, die sie seit dem 1. März 1948 über die Verbindungswege, das Transportwesen und den Handelsverkehr zwischen Berlin und der Ostzone und zwischen den Westzonen und der Ostzone verhängt hatten. Aus der Form der Erklärung und dem historischen Zusammenhang ergibt sich eindeutig, daß hier nicht nur bestimmte technische Maßnahmen angekündigt wurden, sondern daß eine gegenseitige rechtliche Verpflichtung der Parteien begründet werden sollte, die seit dem 1. März 1948 verhängten Sperrmaßnahmen aufzuheben. Damit wurde auch für den Land- und Binnenschiffahrtsverkehr von und nach Berlin eine Vertragsgrundlage geschaffen. Der Status quo ante vom 1. März 1948 wurde als Minimum garantiert. Daß am 1. März 1948 noch keine klaren Vereinbarungen über den Land- und Binnenschiffahrtsverkehr bestanden, ist unerheblich; durch das Abkommen wurde der rein tatsächlichen Praxis, so wie sie bis zu diesem Zeitpunkt bestand, eine rechtliche Bedeutung verliehen. Dies folgt außer aus dem Viermächte-Kommuniqué selbst auch aus der späteren Praxis der beteiligten Mächte, insbesondere aus dem Befehl Nr. 56, durch den der Chef der Sowjetischen Militärverwaltung die Vertragspflichten der Sowjetunion erfüllte[12]. Daß das Abkommen nicht nur den Militärverkehr der drei Westmächte, sondern auch den deutschen Zivilverkehr betraf, ergibt sich ebenfalls aus seinem Wortlaut, in dem das Wort „Verkehr" ohne Beschränkung verwendet wird, und aus der späteren Praxis der beteiligten Mächte bei der Erfüllung des Abkommens.

Auch in dem Schlußkommuniqué der Pariser Außenministerkonferenz wurden gegenseitige Verpflichtungen der beteiligten

11 Dokumente zur Berlin-Frage Nr. 81 A.

12 Befehl Nr. 56 vom 9. Mai 1949, Dokumente zur Berlin-Frage Nr. 82.

Mächte begründet; ein Teil der Zielsetzungen, die in dieser gemeinsamen Erklärung niedergelegt sind, wurde allerdings nicht erreicht; insbesondere blieben die Bemühungen zur Wiederherstellung der wirtschaftlichen und politischen Einheit Deutschlands, zu denen sich die Besatzungsmächte in Nr. 1, 2 verpflichtet hatten, ohne Erfolg. Die Bestimmungen der Schlußerklärung über den innerdeutschen Verkehr werden durch diese Entwicklung nicht außer Kraft gesetzt. Die Parteien hatten sich nämlich nur zu „Bemühungen" verpflichtet, die Einheit Deutschlands wiederherzustellen, während hinsichtlich des Verkehrs eindeutige und unmittelbare Pflichten begründet worden waren. In 1, 3 der Schlußerklärung waren Beratungen der Vier Mächte vorgesehen, die unter anderem dem Zweck dienen sollten, eine Erleichterung des Personen- und Güterverkehrs und des Austausches von Nachrichten zwischen den Westzonen und der Ostzone sowie zwischen Berlin und den Zonen herbeizuführen. Unter 1, 5 heißt es, daß das New Yorker Abkommen vom 4. Mai 1949 in Kraft bleiben soll. Um die in den vorausgehenden Absätzen genannten Ziele weiterhin zu fördern sowie diese und andere Abmachungen und Übereinkünfte bezüglich des Personen-, Güter- und Nachrichtenverkehrs zwischen der Ostzone und den Westzonen und zwischen den Zonen und Berlin sowie bezüglich des Durchgangsverkehrs zu verbessern und zu vervollständigen, wird für die Besatzungsbehörden darüber hinaus die Verpflichtung begründet, in ihren eigenen Zonen die nötigen Maßnahmen zu ergreifen, damit ein normales Funktionieren und ein normaler Gebrauch der Schienen-, Wasser- und Straßenverbindungen für den Personen- und Güterverkehr sowie der Post-, Telefon- und Telegrafenverbindungen sichergestellt wird. – Hier wurde also die Rechtsverbindlichkeit des Jessup-Malik-Abkommens durch eine weitere Vereinbarung der Vier Mächte bestätigt; zugleich wurde über den im Jessup-Malik-Abkommen garantierten Status quo ante hinaus eine Verbesserung und Erleichterung des Verkehrs, also ein Status quo plus garantiert.

Abgesehen von der Bedeutung, die dem Jessup-Malik-Abkommen und dem Pariser Schlußkommuniqué als vertraglicher Grundlage für den Durchgangsverkehr unmittelbar zukommt, impliziert der Abschluß dieser Vereinbarungen durch die Sowjetunion auch eine Anerkennung der Transitrechte, die die Westmächte aus ihrem originären Besatzungsrecht in Berlin herleiten können.

Die praktische Regelung des Durchgangsverkehrs

Ungeachtet der grundlegenden Meinungsverschiedenheiten zwischen den beteiligten Mächten hatte sich für den Durchgangsverkehr von und nach Berlin eine Praxis entwickelt, deren Rechtsgrundlage zwar umstritten war, die aber – wenn man von vorübergehenden Beeinträchtigungen in Krisenzeiten absieht – auch von der DDR eingehalten wurde. Diese Verhältnisse im Transitverkehr die bei Abschluß des Viermächte-Abkommens vom 3. September 1971 bestanden, können hier nur in groben Zügen umrissen werden[13]. Sie sind auch nach Inkrafttreten der Neuregelung von Bedeutung, weil in Nr. II A des Abkommens unter anderem Erleichterungen des Verkehrs vorgesehen sind, also ein Status quo plus garantiert wird. Überdies verbleibt es in allen Bereichen, über die das Vertragswerk keine Regelungen enthält, bei dem bisherigen Zustand (im einzelnen vgl. S. 225 ff. und Kapitel 14).

Der Flugverkehr ist in den vom Luftfahrtdirektoriat des Kontrollrats verabschiedeten Flugvorschriften in der Fassung vom 22. Oktober 1946 geregelt. Vorgesehen sind drei jeweils 32 km breite Luftkorridore von Berlin nach Frankfurt, Bückeburg und Hamburg, die von zivilen und militärischen Flugzeugen der vier Hauptsiegermächte ohne zahlenmäßige Beschränkung und ohne Kontrolle beflogen werden dürfen. Streitig ist, ob die für die Flugzeuge der Westmächte zulässige Höhe in den Luftkorridoren beschränkt ist. Nach sowjetischer Ansicht besteht eine Begrenzung auf höchstens 3050 m; die Westmächte bestreiten zwar, daß eine solche Beschränkung besteht, verzichten aber seit 1960 darauf, in größeren Höhen zu fliegen[14]. Für die technische Überwachung des Flugverkehrs in den Luftkorridoren und in der sogenannten Kontrollzone Berlin ist die Luftsicherheitszentrale zuständig, die als einziges Organ der Viermächte-Verwaltung ihre Arbeit auf Viermächte-Basis fortsetzt. Die Kontrollzone Berlin umfaßt den Luftraum innerhalb eines Kreises mit einem Radius von 32 km, gerechnet vom Sitz der Luftsicherheitszentrale und in einer Höhe bis zu 3000 m. Er kann von den Flugzeugen aller vier Hauptsiegermächte nach Maßgabe der Flugsicherheitsvorschriften beflogen werden.

13 Änderungen, die sich aus dem Viermächte-Abkommen und den innerdeutschen Abkommen ergeben, sind in dieser Darstellung nicht berücksichtigt. Vgl. auch Teil III, Kapitel 14.

14 Mahnke, Deutschland-Archiv 1972, Heft 4 S. 364 - 371.

Die persönlichen und sachlichen Voraussetzungen zum Führen von Kraftfahrzeugen waren schon vor Inkrafttreten der Berlin-Regelung im wesentlichen die gleichen, die jetzt vereinbart worden sind. Der Fahrer mußte im Besitz der Fahrerlaubnis und der Wagenpapiere sein, die in der Bundesrepublik erforderlich sind. Die Bau- und Betriebsvorschriften richteten sich nach dem Zulassungsort, das Verhalten im Straßenverkehr dagegen nach den Vorschriften des Gebietes, in dem die Straße verläuft.

Im Eisenbahnverkehr wird das Zugpersonal von der Bahnverwaltung gestellt, in deren Gebiet sich der Zug befindet; das Schlaf- und Speisewagenpersonal wird dagegen von der Verwaltung gestellt, der der Wagen gehört. Einheitliche Tarife bestehen nicht mehr; es werden aber durchgehende Fahrkarten von Berlin zum Zielbahnhof in Westdeutschland ausgestellt, Rückfahrkarten aber nur bis zum westdeutschen Bahnhof am Grenzübergang[14a].

Für die Benutzung der Land- und Binnenschiffahrtswege zwischen Berlin und Westdeutschland ist seit dem Inkrafttreten der fünften Durchführungsverordnung zum Paßgesetz der DDR im Juni 1968 ein Transitvisum erforderlich. Dieses Visum wird für Bewohner der Westsektoren auf einer Anlage zum behelfsmäßigen Personalausweis, für Bewohner Westdeutschlands und für Ausländer im Reisepaß erteilt[15]. Für die Erteilung wurde bis zum Inkrafttreten des Viermächte-Abkommens und der innerdeutschen Ausführungsvereinbarungen eine individuelle Gebühr erhoben[16]. Bestimmte Personengruppen waren aufgrund von Anordnungen der DDR-Behörden vom Durchgangsverkehr ausgeschlossen[17].

Für Warensendungen war aufgrund alliierter Vorschriften aus der Zeit der Viermächte-Verwaltung ein Warenbegleitschein erforderlich, der in Berlin vom Senator für Wirtschaft und in Westdeutschland von den zuständigen Landesbehörden zu genehmigen war. Die Zollkontrolle bei der Einfahrt in die DDR und beim Verlassen der DDR erstreckte sich auf die Übereinstimmung mit dem

14a Auf eine Aufzählung der Transitstrecken und die Darstellung einiger Einzelheiten im Bereich des Eisenbahnwesens, die in den Vorauflagen enthalten waren, wird hier verzichtet.

15 Hieran haben auch das Viermächte-Abkommen und die Transitregelung nichts geändert.

16 Vgl. Mahnke a.a.O., S. 379.

17 Ebd.

Warenbegleitschein. Sie erfolgte seit Ende 1960 jedoch nur noch stichprobenweise.

Das Verfahren zur Ausstellung der Warenbegleitscheine ist durch die Neuregelung vereinfacht worden; die Scheine werden von dem Anmelder ausgefüllt und bedürfen keiner Genehmigung durch die Behörden der Bundesrepublik.

Für den Verkehr mit Kraftfahrzeugen wurde von der DDR eine Straßenbenutzungsgebühr erhoben; ferner bestand für die gewerbsmäßige Beförderung von Personen und Gütern eine Steuerausgleichsabgabe. Diese sowie alle anderen Individualgebühren sind seit Inkrafttreten der Neuregelung durch eine Pauschalleistung der Bundesrepublik ersetzt worden.

NEUNTES KAPITEL

RECHTSLAGE DER REICHSBAHN UND DER SCHLEUSEN IN BERLIN

Rechtslage des Reichsbahnvermögens bis zur S-Bahn-Vereinbarung 1983/84

Zu den Besonderheiten Berlins gehört es, daß die Befugnis zum Betrieb der Reichsbahnanlagen, soweit diese dem Verkehr dienen, in der ganzen Stadt, also auch in den Westsektoren, der Reichsbahnverwaltung der DDR wahrgenommen wird. Dies galt bis zum Jahr 1983 in vollem Umfang; seit Inkrafttreten der S-Bahn-Vereinbarung am 9. Januar 1984 hat sich insoweit eine Veränderung ergeben, als der Betrieb der S-Bahn in den Westsektoren auf die West-Berliner BVG (Berliner Verkehrs-Betriebe – Eigenbetrieb des Landes Berlin) übergegangen ist.

Die Rechtslage des Reichsbahnvermögens in Berlin läßt sich nur historisch – insbesondere aus der Entwicklung in der Nachkriegszeit – erklären. Die Deutsche Reichsbahn wurde auf der Grundlage von Artikel 92 der Weimarer Reichsverfassung im Jahre 1920 durch einen Staatsvertrag zwischen dem Reich und den Ländern gegründet. Durch zwei Reichsgesetze vom 10. Februar 1937 und vom 4. Juli 1939 wurde die Verwaltung der Reichsbahn reorganisiert. 1939 verlor sie trotz fortbestehender Prozeßfähigkeit ihre Rechtsstellung als selbständige juristische Person. Das gesamte Reichsbahnvermögen wurde von diesem Zeitpunkt an als Sondervermögen des Reichs verwaltet.

Der Eisenbahnverkehr in Berlin und Umgebung, der zum Kriegsende vollständig zum Erliegen gekommen war, wurde Ende Mai/Anfang Juni 1945 streckenweise wieder aufgenommen. Aufgrund eines Befehls (Nr. 17) der Sowjetischen Militärverwaltung vom 27. Juli 1945 wurde eine Zentralverwaltung für Verkehr errichtet, die für das gesamte sowjetische Besatzungsgebiet und ganz Berlin zuständig war. Weitere sowjetische Anordnungen, die den Betrieb und die Organisation der Reichsbahn im sowjetischen Besatzungsgebiet und Berlin betrafen, ergingen am 1. und am 11. August 1945[1]. Die westlichen Besatzungsmächte waren bereit, den Betrieb der Reichsbahn einschl. der S-Bahn den zuständigen Stellen der damaligen sowjetischen Besatzungszone zu überlassen, ohne daß hierüber jedoch eine Vereinbarung mit der Sowjetunion geschlossen wurde[2].

1 Vgl. Dieter Schröder: Der Status der Deutschen Reichsbahn in Berlin, Recht in Ost und West Heft 6/1982 S. 237 ff., Posth: Rechtliche Grundlagen der Deutschen Reichsbahn in West-Berlin (Dissertation Göttingen 1973 S. 14 ff.).

Zum Umfang und zur Rechtsnatur dieser Betriebsrechte vergleiche Wengler, Juristische Rundschau 1950, S. 641 und 676. Zur rechtlichen Bedeutung dieser Befugnisse vergleiche auch Mahnke a.a.O., S. 480. Die Befugnisse der West-Berliner Polizei und der zum Personal der Reichsbahn gehörenden Bahnpolizei auf dem Bahngelände sind von den Westmächten in BK/O (62) 6 vom 21. August 1962 – GVBl. S. 1098 – geregelt worden. Nach richtiger Auffassung haben die Betriebsrechte, die der Bahnverwaltung der SBZ – später der Bahnverwaltung der DDR – in ganz Berlin eingeräumt worden sind, keinen hoheitlichen Charakter.

Zur Rechtslage des Reichsbahnvermögens in den Berliner Westsektoren vergl. auch Posth, Rechtliche Grundlagen der Deutschen Reichsbahn in West-Berlin (Göttingen 1973). Posth ist aber nicht zuzustimmen, wenn er (S. 46 ff.) aufgrund zweifelhafter Anhaltspunkte Rückschlüsse auf die Existenz einer alliierten Vereinbarung über das Eisenbahnwesen in Berlin zieht und diese Vereinbarung als völkerrechtlichen Vertrag qualifiziert. Zieger, Berlin-Fibel S. 11 (19) betont mit Recht, daß die Westmächte das Eisenbahngelände in den Westsektoren als ihrer Verfügungsmacht unterliegend ansehen. Vergl. hierzu aus jüngster Zeit: BK/O (75) 15 vom 19.12. 1975 über Änderungen im Betrieb der Deutschen Reichsbahn in den Westsektoren von Berlin und an den diesem Betrieb dienenden Einrichtungen (GVBl. 1976 S. 76).

Die Deutsche Bundesbahn unterhält in Berlin (W) eine Dienststelle, die der Bundesbahndirektion Hamburg untersteht und Versorgungs- und Planungsfunktionen sowie kommerzielle Aufgaben wahrnimmt.

Das nicht zum Betriebsvermögen gehörende Vermögen der ehemaligen Reichsbahn wird in den Berliner Westsektoren von einer besonderen Behörde verwaltet, die dem Senator für Finanzen untersteht.

2 Den Abschluß einer solchen Vereinbarung nimmt Posth a.a.O. S. 46 an, obgleich auch er feststellt, daß eine schriftliche Vereinbarung nicht bekannt ist. Dagegen zutreffend Schröder a.a.O. S. 239. Posth beruft sich auf einen angeblichen Passus des Potsdamer Abkommens, der in einem Urteil des Landgerichts Berlin vom 12.6.1950 zitiert wird. Der dort zitierte Wortlaut ist jedoch in den Schlußerklärungen der Potsdamer Konferenz nicht enthalten. Das Zitat im Urteil des Landgerichts Berlin geht vermutlich auf den Vortrag des damaligen Strafverteidigers Rechtsanwalt Prof. Kaul zu-

Für das Verhalten der Westmächte dürften vor allem praktische Erwägungen maßgeblich gewesen sein. Mindestens die Briten und die Amerikaner gingen auch davon aus, daß die gesamte Eisenbahn und andere Verkehrseinrichtungen in absehbarer Zeit von zentralen deutschen Behörden unter Aufsicht des Kontrollrats verwaltet werden würden, wie es auch das Potsdamer Abkommen vorsah. Daß die Bildung dieser Zentralbehörden zunächst an französischem Widerstand und später an den Meinungsverschiedenheiten zwischen der Sowjetunion und den Westmächten scheitern sollte, war zunächst nicht abzusehen.

Daß die Verkehrsbehörden der Sowjetischen Besatzungszone für den Betrieb der Reichsbahn in ganz Berlin zuständig waren, bedeutet nicht, daß sie über das Reichsbahnvermögen verfügen konnten. Das Vermögen des Deutschen Reichs (zu dem auch das Sondervermögen „Reichsbahn" gehört) wurde im Bereich der westlichen Truppen durch das Gesetz Nr. 52 und im sowjetischen Bereich durch den Befehl Nr. 124 beschlagnahmt und den Weisungen der Verwaltung, der Aufsicht und sonstigen Kontrolle der jeweiligen Militärregierung unterstellt. Das Gesetz Nr. 52 trat für die Westsektoren Berlins am 24. August 1945 in Kraft[3]. Aufgrund dieser Beschlagnahme verfügten die westlichen Militärregierungen durch übereinstimmende Befehle vom 31. Mai 1949, daß sämtliche Einnahmen aus der Vermietung oder Verpachtung der in den Westsektoren gelegenen Grundstücke des Reichs auf ein Sperrkonto einzuzahlen waren, über das nur mit Zustimmung der von den Alliierten errichteten Währungsüberwachungsstelle verfügt werden durfte. Unter diese Befehle fielen auch die in den Westsektoren gelegenen Grundstücke der Deutschen Reichsbahn, die nicht unmittelbar dem Betrieb dienten (sogenanntes Vorratsvermögen). Da die Reichsbahndirektion Berlin den Anordnungen der Westmächte nicht nachkam, wurde dieser Vermögensteil zunächst verschiedenen Finanzämtern als Verwaltern übertragen und schließlich der dem Senator für Finanzen unterstehenden „Verwaltung des ehemaligen Reichsbahnvermögens (Vorratsvermögen) in Berlin (West)" unterstellt[4].

rück, der – nach Posth Fn. 167 – insoweit aber nur Bleistiftnotizen vorlegen konnte, die keinen Anspruch auf Vollständigkeit und Endgültigkeit erhoben.

3 Schröder a.a.O. S. 239; Posth S. 161 ff.

4 Vgl. hierzu Schröder a.a.O. S. 242 f. Schröder weist darauf hin, daß aufgrund einer Verwaltungsvereinbarung zwischen dem Land Berlin, vertreten

An der Rechtslage des Reichsbahnvermögens, so wie sie sich in den ersten Nachkriegsjahren entwickelt hatte, hat sich durch die spätere politische Entwicklung nichts Grundlegendes geändert. Die Befugnisse, die der Reichsbahnverwaltung der Sowjetischen Besatzungszone zustanden, sind auf die Reichsbahnverwaltung der DDR übergegangen. Eigentümer der Reichsbahneinrichtungen und Träger der damit verbundenen Rechte und Pflichten ist weiterhin das Deutsche Reich[5]; das Reichsbahnvermögen zerfällt jedoch in zwei – seit Inkrafttreten der S-Bahn-Vereinbarung am 9. Januar 1984 sogar in drei – Teile mit unterschiedlicher Verwaltung: Das „Vorratsvermögen", das von einer dem Berliner Finanzsenator unterstehenden Dienststelle verwaltet wird[6], die Anlagen, die von der Reichsbahnverwaltung der DDR betrieben werden, und schließlich die Einrichtungen, die dem Betrieb der S-Bahn in den Westsektoren dienen und die mit Inkrafttreten der S-Bahn-Vereinbarung vom Land Berlin übernommen wurden.

Die Befugnisse, die der Reichsbahnverwaltung der DDR an dem Betriebsvermögen in Berlin zustehen, unterliegen demnach vier wesentlichen Beschränkungen:

1. Eigentümer des Reichsbahnvermögens und Träger aller damit verbundenen Rechte und Pflichten ist nicht die DDR oder die Reichsbahn der DDR, sondern das rechtlich fortbestehende, wenn auch handlungsunfähige Deutsche Reich[7].

durch den Senator für Finanzen und der Deutschen Bundesbahn vom 5. August 1953 das Personal der bis dahin bei der Landesfinanzverwaltung für die Verwaltung des Reichsbahngrundbesitzes entstandenen Verwaltung den Bundesbahndienst übernahm und danach wieder zum Dienst bei der dem Senator für Finanzen unterstehenden Verwaltung des ehemaligen Reichsbahnvermögens abordnete.

5 Beschluß des großen Zivilsenats des BGH vom 20. Mai 1954 njw 1954 S. 1073; Wengler: Die Rechtslage der Eisenbahnen und Wasserstraßen in Berlin (Juristische Rundschau 1950 S. 641 ff. und 667 ff.). Rechtsgrundlage für die Tätigkeit der Bahn in Berlin (mindestens in den Westsektoren) ist, soweit nicht das allgemeine Eisenbahngesetz und die zu ihm ergangenen Rechtsverordnungen anwendbar sind, das Reichsbahngesetz von 1939 einschließlich der Verwaltungsordnung der Deutschen Reichsbahn (Schröder a.a.O. S. 243; Posth a.a.O. S. 146 f.). Die Deutsche Bundesbahn unterhält in Berlin (West) eine Dienststelle, die der Bundesbahndirektion Hamburg untersteht und Versorgungs- und Planungsfunktionen sowie kommerzielle Aufgaben wahrnimmt.

6 Vgl. Fn. 4.

7 Vgl. Fn. 5.

2. Das Betriebsvermögen unterliegt der Kontrolle und Weisungsbefugnis der Westmächte; dies ergibt sich einmal aus der allgemeinen Gebietshoheit, die die Westmächte in ihren Sektoren ausüben, im besonderen aber auch aus der Beschlagnahme des deutschen Reichsvermögens gemäß Gesetz Nr. 52.
3. Die Befugnisse der DDR-Reichsbahnverwaltung dienen ausschließlich dem Bahnbetrieb. Daraus ergeben sich nicht nur inhaltliche Beschränkungen; das Recht zur Verwaltung der Eisenbahneinrichtungen hängt auch davon ab, daß diese tatsächlich zum Eisenbahnbetrieb verwendet werden. Sobald der Eisenbahnbetrieb auf einem Teil des Westberliner Streckennetzes eingestellt wird oder die Bahneinrichtungen für diesen Betrieb nicht mehr verwendet werden, entfällt damit auch die Rechtsgrundlage für die Verwaltung durch die Reichsbahn der DDR[8].
4. Aus dieser Zweckbindung folgt schließlich auch, daß es den Behörden des Landes Berlin keinesfalls verwehrt ist, im Rahmen ihrer Zuständigkeit auf dem Reichsbahngelände in den Westsektoren oder in bezug auf die dort gelegenen sonstigen Teile des Betriebsvermögens tätig zu werden. Insoweit unterliegen die Westberliner Behörden allerdings einer besonderen besatzungsrechtlichen Kontrolle und bestimmten Beschränkungen, die jedoch ausschließlich auf den Anordnungen der Westmächte und nicht auf einem originären Recht der DDR-Reichsbahnverwaltung beruhen. So sind beispielsweise die Befugnisse der Berliner Polizei auf den Bahnhöfen und dem sonstigen Reichsbahngelände durch BK/O vom 21. August 1962 geregelt. Durch die gleiche Anordnung der Westmächte werden die Bewaffnung und die Befugnisse der Bahnpolizei, die der DDR-Reichsbahnverwaltung untersteht, eingeschränkt.

Im einzelnen ist der Status der Reichsbahn in Berlin – insbesondere des Betriebsvermögens – allerdings mit verschiedenen Streitfragen verbunden. Zweifel ergeben sich schon daraus, daß in der deutschen Rechtslehre seit jeher diskutiert wird, in welchem Umfang die Tätigkeit staatlicher Eisenbahnen als privatrechtlich und inwieweit sie als öffentlich-rechtlich anzusehen ist. Außerdem haben die Organe der DDR-Reichsbahnverwaltung zum Teil Befugnisse für sich in Anspruch genommen, die ihnen nach den Anord-

8 Die Abgrenzung ist nach Schröder a.a.O. S. 243 nicht immer einfach, insbesondere wenn Strecken stillgelegt werden.

nungen der Kommandanten nicht zustehen. Dies ist westlichen Behörden in manchen Fällen nicht oder erst nachträglich bekanntgeworden, oder es wurde aus praktischen Gründen stillschweigend hingenommen, ohne daß deshalb das Verhalten der DDR als rechtmäßig anerkannt wurde.

Die Rechte und Pflichten der Berliner Polizei und der Bahnpolizei auf dem „Westberliner Gelände der S- und Reichsbahn" sind durch BK/O (62) 6 geregelt. Hiernach ist die Bahnpolizei auf die Befugnisse beschränkt, die sich aus der Verordnung vom 17. Juli 1928 (Eisenbahn-Bau- und Betriebsordnung) ergeben; der Besitz von Waffen außer Gummiknüppeln ist ihr untersagt[9]. Trotzdem hat die Bahnpolizei bei Unfällen und kriminalpolizeilichen Ermittlungen gelegentlich ihre Befugnisse überschritten, und die Tätigkeit der Berliner Polizei behindert.

Noch größere Probleme haben sich aus der arbeitsrechtlichen Stellung der in den Westsektoren tätigen Reichsbahnangehörigen ergeben. Sie wurden veranlaßt, arbeitsrechtliche Ansprüche vor sogenannten Konfliktkommissionen geltend zu machen, die in das Rechtsprechungssystem der DDR eingegliedert sind[10]. Die Zuständigkeit der Gerichte in West-Berlin für derartige Streitigkeiten wird dadurch jedoch nicht ausgeschlossen.

Obgleich die Behörden der DDR sich bemühen, als Reichsbahnpersonal in den Westsektoren loyale SED-Anhänger einzusetzen, ist es wegen der Arbeits- und Zahlungsbedingungen zweimal – nämlich in den Jahren 1949 und 1980 – zu Reichsbahnerstreiks gekommen[11].

9 BK/O (62) 6 vom 21.8.1962, GVBl. S. 1098.

10 Posth a.a.O. S. 180, dort finden sich auch Ausführungen zur Versorgung, Versicherung usw. der Eisenbahnbediensteten.

11 Vgl. Schröder a.a.O. S. 241; zum Streikrecht von 1949, vgl. auch „Berlin – Quellen und Dokumente von 1945-1951 Heinz Spitzing Verlag Berlin 1964 S. 1747 ff.". Der Streik führte bezüglich der Lohnforderungen zu einem Teilerfolg der Streikenden; die Reichsbahnverwaltung erklärte sich bereit, bei den in den Westsektoren beschäftigten Bediensteten 60 % der Löhne und Gehälter in Westgeld auszuzahlen; die restlichen 40 % wurden von der Berliner Währungsausgleichskasse umgetauscht. Dagegen wurde die Zusicherung der östlichen Reichsbahnverwaltung, keine Repressalien gegen die am Streik beteiligten Eisenbahner durchzuführen, in der folgenden Zeit weitgehend gebrochen.

Die S-Bahn-Vereinbarung

Nach dem Bau der Berliner Mauer (1961) wurde die S-Bahn von der Bevölkerung der Berliner Westsektoren – die darin von den politischen Organen und Parteien bestärkt wurde – weitgehend boykottiert. Ihre Benutzer stiegen auf die Verkehrsmittel der BVG um. Obgleich die Boykottbewegung in den folgenden Jahren (insbesondere nach dem Abschluß des Viermächte-Abkommens) langsam abbröckelte, hatte die S-Bahn ihre Bedeutung als wichtigstes innerstädtisches Verkehrsmittel verloren. Dies lag teilweise daran, daß die BVG Bus- und U-Bahnlinien eingerichtet hatte, die in Konkurrenz zur S-Bahn standen. Außerdem unterließ die Reichsbahnverwaltung der DDR, für die der Betrieb der S-Bahn in den Westsektoren keinen Profit brachte, notwendige Investitionen und Reparaturen, so daß die Benutzung der S-Bahn für die Bevölkerung unattraktiv wurde.

Nach dem Eisenbahnerstreik von 1980 legte die Deutsche Reichsbahn vier der sieben S-Bahnstrecken in den Westsektoren vollkommen still; auf den restlichen drei Strecken wurde der Verkehr drastisch eingeschränkt.

Das Verhalten der DDR wurde auf westlicher Seite zwar heftig kritisiert; insbesondere wurde auch darauf hingewiesen, daß das Betriebsrecht in den Westsektoren auch mit einer Betriebspflicht verbunden sei[12]. Zu wirksamen Gegenmaßnahmen kam es jedoch nicht.

Andererseits führte die weitgehende Stillegung der S-Bahn in den Westsektoren dazu, daß man sich stärker als bisher darum bemühte, das Problem durch Verhandlungen mit der DDR-Reichsbahnverwaltung – gleichzeitig aber auch in vollem Einverständnis mit den Westmächten – zu lösen[13]. Eine Integration der S-Bahn in das West-

12 Meines Erachtens stellte die weitgehende Einstellung des S-Bahn-Verkehrs auch eine einseitige Änderung des Status quo „in dem betroffenen Gebiet" und damit einen Verstoß gegen die Bestimmungen im allgemeinen Teil des Viermächte-Abkommens (Abschn. I Nr. 4) dar. Vgl. meinen Beitrag „Anwendung und Beachtung des Berlin-Abkommens aus östlicher und westlicher Sicht" in „10 Jahre Berlin-Abkommen 1971-1981" – Schriften zur Rechtslage Deutschlands, Carl Heymanns Verlag, Köln-Berlin-Bonn-München 1983.

13 Zur Rechtslage und wirtschaftlichen Bedeutung der S-Bahn vergleiche auch Seiffert, Gesamt-Berliner Probleme der S-Bahn in: 10 Jahre Berlin-Abkommen, Fußnote 12, S. 177.

berliner Verkehrssystem war seit dem Bau der Mauer zum erstenmal im Jahre 1974 ernsthaft erwogen worden. Am 26. März 1976 hatte die Presse der DDR zu erkennen gegeben, daß man bereit sei, die S-Bahn an den Senat zu verpachten. Dieser Vorschlag wurde auf westlicher Seite (auch aus Statusgründen) abgelehnt.

Im Jahre 1981 enthielten die Regierungserklärung des Senats Dr. Vogel (SPD) vom 12. Februar ebenso wie die Regierungserklärung, die sein Nachfolger von Weizsäcker (CDU) am 2. Juli abgab, Passagen, in denen die Senate ihr Interesse an einer Lösung des S-Bahnproblems bekundeten. Im Oktober 1983 wurden Verhandlungen zwischen Delegationen des Berliner Senats und der Reichsbahnverwaltung der DDR geführt. Das Ergebnis war die S-Bahn-Vereinbarung, die am 29. Dezember 1983 mit Zustimmung der Westmächte von den Delegationsleitern paraphiert wurde. Der wesentliche Inhalt besteht aus der Feststellung, daß die Deutsche Reichsbahn den Betrieb der S-Bahn in Berlin (West) am 9. Januar 1984 um 3.00 Uhr einstellt und die Betriebsdurchführung . . . aller S-Bahnstrecken . . . vom gleichen Zeitpunkt an von einer vom Senat zu bestimmenden Stelle aus Berlin (West) wahrgenommen wird. Statusfragen bleiben durch diese Vereinbarung unberührt (I 2). Die Nrn. II bis V sowie die Protokollvermerke regeln u.a. finanzielle Ausgleichsleistungen für die Mitbenutzung von Stellwerken durch die S-Bahn und eine Beteiligung Berlins an den Kosten für den Streckenabschnitt Friedrichstraße-Lehrter Stadtbahnhof, auf dem die S-Bahnzüge mit Personal der Deutschen Reichsbahn betrieben werden. Ein weiterer Protokollvermerk betrifft das in West-Berlin gelegene Verkehrs- und Baumuseum, dessen Verwaltung am 1. April 1984 von der Reichsbahn der DDR auf eine Stelle in Berlin (West) überging[14].

Der Betrieb und die damit verbundenen Rechte und Pflichten der S-Bahn in den Berliner Westsektoren sind seit Inkrafttreten des Abkommens auf einen Eigenbetrieb des Landes Berlin, die BVG, übergegangen[15].

14 Text der Vereinbarung siehe S. 419 ff.

15 Die BVG (Berliner Verkehrs-Betriebe) sind ein nichtrechtsfähiges wirtschaftliches Unternehmen Berlins (Eigenbetrieb). Die Eigenbetriebe handeln im Namen ihres Aufgabenbereichs mit unmittelbarer Wirkung für und gegen Berlin. Sie treten im Rechtsverkehr unter ihrem Namen mit dem Zusatz „Eigenbetrieb von Berlin" auf (vgl. §§ 1, 2 des Gesetzes über die Eigenbetriebe des Landes Berlin i.d.F. vom 1. Oktober 1973, GVBl. S. 1742).

Zur gesetzlichen Regelung des S-Bahnverkehrs wurde das Allgemeine Eisenbahngesetz der Bundesrepublik vom 29. März 1951, das bis zu diesem Zeitpunkt nicht in Berlin gegolten hatte, durch ein Übernahmegesetz vom 21. Dezember 1984 (GVBl. S. 1784) übernommen. Rechtsgrundlage hierfür war eine Verordnung der Bundesregierung vom 15. November 1984 (BGBl. I S. 1369, GVBl. S. 1842), die gemäß § 15 Abs. 2 des Dritten Überleitungsgesetzes erlassen worden war. Der Verkehr der S-Bahn in den Berliner Westsektoren regelt sich seitdem nach dem Allgemeinen Eisenbahngesetz und den Rechtsverordnungen der Bundesrepublik, die aufgrund dieses Gesetzes erlassen worden sind. Laut BK/O (84) 11 gelten diese Gesetze und Verordnungen jedoch nur für die S-Bahn und private Eisenbahnen (Kleinbahnen und Privatanschlußbahnen)[16].

Die Vereinbarung über Veränderung von Eisenbahnanlagen im Südbereich von Berlin

Zwischen dem Berliner Senator für Bau- und Wohnungswesen und der Reichsbahndirektion Berlin, mit Sitz in Ost-Berlin, wurde am 21.2.1974 eine Grundsatzvereinbarung über die Umgestaltung von Verkehrsanlagen im Südbereich Berlins geschlossen; im einzelnen wurden die betreffenden Maßnahmen am 24.1.1980 gemeinsam festgelegt. Vorgesehen ist der Bau eines Südgüterbahnhofs; das Land Berlin darf eine Stadtautobahn (die Westtangente) auf der Trasse der Wannseebahn bauen und einige Hauptverkehrsstraßen (u.a. am Sachsendamm in der Nähe des S-Bahnhofs Papestraße) unter Änderung bestehender Eisenbahnanlagen erweitern. Außerdem ist vereinbart, daß das Eisenbahnbetriebsgelände in einem Umfang von etwa 63 ha für städtebauliche Zwecke freigegeben wird[17]. Die vereinbarten Maßnahmen sind bis jetzt wegen innenpolitischer Widerstände in Berlin (West) – insbesondere gegen den Bau des Südgüterbahnhofs – nicht verwirklicht worden.

16 GVBl. S. 1845.

17 Zu den Einzelheiten vgl. Abgeordnetenhaus-Drs. 8/36 vom 11.5.1979 im Anhang.

Die Rechtslage der Schleusen in Berlin

Eine ähnliche Entwicklung wie bei dem Reichsbahnvermögen in Berlin hat dazu geführt, daß die Befugnis zum Betrieb der Berliner Schleusen, auch in den Westsektoren der Stadt, dem Wasserstraßenhauptamt in Berlin-Ost, einer nachgeordneten Behörde des DDR-Ministeriums für Verkehrswesen, zusteht. Eine Ausnahme bildet insoweit die Neuköllner Schleuse, weil es sich bei dem Neuköllner Schiffahrtskanal einschließlich der dazugehörigen Schleuse nicht um einen Teil der ehemaligen Reichswasserstraßen, sondern um eine städtische Wasserstraße handelt.

Im Jahre 1951 kam es zu einem Konflikt zwischen den Westmächten und der sowjetischen Besatzungsmacht über Fragen der Schleusenverwaltung und der Benutzung der Wasserstraßen in den Berliner Westsektoren. Die Schleusen in den Westsektoren wurden vorübergehend auf Anordnung der Westmächte von West-Berliner Personal besetzt und bedient. Nach Verhandlungen am 22. März, 20. April und 4. Mai 1951 wurde der Konflikt durch eine Vereinbarung beigelegt, die zwischen den britischen Besatzungsbehörden (zugleich für die amerikanische und französische Besatzungsmacht) und den sowjetischen Besatzungsbehörden abgeschlossen wurde[18].

An praktischen Vereinbarungen, wie sie im Viermächte-Abkommen vorgesehen sind, ist im Bereich des Schleusenwesens die technische Vereinbarung vom 1. Dezember 1977 zwischen dem Berliner Senator für Bau- und Wohnungswesen und dem Ministerium für Verkehrswesen der DDR zu erwähnen, in der der Ausbau einer zweiten Schleusenkammer in Spandau vorgesehen ist[19].

18 Die Vereinbarung ist (verkürzt) wiedergegeben in F.K. Clajus Schiffahrtsmerkbuch, Deutscher Zentralverlag Berlin (Ost) 1952. Die betroffenen Schleusen in Berlin (West) liegen alle im britischen Sektor.

19 Abgedruckt in „10 Jahre Deutschland-Politik" herausgegeben vom Bundesministerium für innerdeutsche Beziehungen Bonn 1980 S. 322. Eine weitere wichtige, praktische Vereinbarung im Bereich des Wasserstraßenwesens betrifft die Baumaßnahmen und finanziellen Leistungen zur Wiedereröffnung des Teltow-Kanals, vgl. hierzu „10 Jahre Berlin-Abkommen" S. 347 ff. Zu den Problemen der Schleusen und Wasserstraßen in den Westsektoren vergleiche auch Catudal A Balance Sheet of the Quadripartite Agreement on Berlin, Berlin Verlag Arno Spitz, Berlin 1978, S. 64-69.
Die Zustimmung der Westmächte zu den Vereinbarungen ist erklärt in BK/O (77) 11 vom 30.11.1977 – GVBl. S. 2292 (Spandauer Schleuse) und BK/O (78) 9 vom 16.11.1978 – GVBl. S. 2204 (Teltowkanal).

DRITTER TEIL
DAS VIERMÄCHTE-ABKOMMEN

ZEHNTES KAPITEL
DIE BESTANDTEILE DES VERTRAGSWERKS UND IHRE RECHTSNATUR

Die Viermächte-Vereinbarungen

Das Vertragswerk, durch das unbeschadet der unterschiedlichen Rechtsauffassungen ein modus vivendi für Berlin begründet werden soll, besteht aus zwei Hauptteilen, nämlich den von den vier Hauptsiegermächten geschlossenen Vereinbarungen und den von den zuständigen deutschen Behörden vereinbarten Regelungen.

Der Komplex der Viermächte-Vereinbarungen enthält die grundlegenden Bestimmungen des Vertragswerks. Er begründet keinen neuen Berlin-Status und bringt keine abschließende Lösung der Berlin-Frage[1]. Jedoch werden durch die Viermächte-Vereinbarung und ihre Begleitdokumente die meisten Fragen, die in der Vergangenheit zwischen den am Berlin-Konflikt beteiligten Mächten streitig waren, praktisch geregelt. Das Abkommen ist ein völkerrechtlicher Vertrag zwischen den vier Hauptsiegermächten, der durch Unterzeichnung des Schlußprotokolls ohne Ratifikation in Kraft gesetzt worden ist. Im Text des Abkommens ist stets nur davon die Rede, daß sich die Regierungen der vier beteiligten Mächte zu einem bestimmten Verhalten verpflichten. Es kann aber nach dem

1 Die Berlin-Regelung S. 281. Durch das Vertragswerk wird weder ein neuer besatzungsrechtlicher Status für Berlin geschaffen, noch werden die Bindungen der Westsektoren an die Bundesrepublik von Grund auf neu geregelt. Für alle Besatzungsmächte werden dagegen bestimmte vertragliche Beschränkungen ihrer Dispositionsgewalt begründet, die jedoch rein obligatorischen Charakter haben. Aus diesem Grunde sollte der von Ress verwendete Begriff eines „paktierten Berlin-Status“ m.E. vermieden werden. Vgl. Doehring-Ress: Staats- und völkerrechtliche Aspekte der Berlin-Regelung, Frankfurt/M. 1972, S.

Wortlaut und dem Sinn des Vertragswerks kein Zweifel bestehen, daß nicht nur die Regierungen, sondern auch die von ihnen vertretenen Staaten vertraglich gebunden werden sollen.

Die Bestandteile und Begleitdokumente des Abkommens

Zu den schwierigsten Aufgaben, denen man bei der Interpretation des Viermächte-Abkommens und der innerdeutschen Vereinbarungen gegenübersteht, gehört die rechtliche Qualifikation der Begleitdokumente. Bei verschiedenen Dokumenten können Zweifel bestehen, ob sie als Vertragsbestandteil anzusehen sind und, sofern man dies nicht annehmen kann, in welchem Zusammenhang sie mit dem Vertragsschluß stehen.

Zu dem Vertragstext des Viermächte-Abkommens gehören unstreitig das Abkommen selbst mit seinen drei Hauptteilen und der Präambel sowie das Schlußprotokoll. Bei den vereinbarten Verhandlungsprotokollen I und II könnten Zweifel bestehen, ob es sich um Vertragsbestandteile handelt oder um Dokumente, die lediglich in Zusammenhang mit dem Abkommen stehen. Da in diesen Protokollen wechselseitige Verpflichtungen der Parteien begründet werden, muß man annehmen, daß ihnen Vertragscharakter zukommt.

Auch die Anlagen I bis IV müssen ebenso wie die Präambel als Bestandteile des Vertragstextes angesehen werden. Dies entspricht der herkömmlichen Staatenpraxis, die ihren Niederschlag auch in Artikel 31 der Wiener Vertragsrechtskonvention gefunden hat[2]. Allerdings ist diese Annahme, die zunächst von der gesamten Literatur zum Viermächte-Abkommen ausdrücklich oder stillschweigend geteilt wurde, von Schiedermair hinsichtlich der Anlagen I bis III bezweifelt worden[3].

2 Vgl. Artikel 31 der Wiener Konvention über das Recht der Verträge vom 23. Mai 1969 (zitiert in ZaöRV 1969 S. 711 ff.). Die Wiener Konvention ist zwar noch nicht in Kraft getreten und daher auf das Viermächte-Abkommen nicht anwendbar, sie kann aber weitgehend als Kodifikation des geltenden Völkergewohnheitsrechts zur Interpretation des Vertragswerks herangezogen werden; vgl. auch den Fisheries Jurisdiction Case (United Kingdom vs. Iceland und Federal Republic of Germany VS Iceland), ICJ Reports (1973) jeweils S. 18.

3 Schiedermair: „Der völkerrechtliche Status Berlins nach dem Viermächte-Abkommen vom 3. Sepbember 1971“ Berlin, Heidelberg, New York 1975 S. 77 ff., insbesondere S. 83 f. und 88 ff. sowie 113 ff.

Nach Ansicht von Schiedermair ist nur die Anlage IV, die die außenpolitische Interessenvertretung der Berliner Westsektoren betrifft, als Vertragsbestandteil anzusehen, weil aus der Verweisungsformel in II D eindeutig hervorgeht, daß die in der Anlage vorgesehene Regelung für die Vertragsparteien verbindlich ist. Dagegen soll es sich bei den drei übrigen Anlagen um Dokumente (instruments) handeln, die zwar in einem Zusammenhang mit dem Vertragsschluß stehen, aber nicht dem Vertragstext im engeren Sinne zuzurechnen sind. Schiedermair begründet dies vor allem damit, daß das Viermächte-Abkommen selbst auf diese Anlagen nur mit vergleichsweise nichtssagenden Formulierungen verweist[4].

Dieser Annahme allein käme zwar eine gewisse dogmatische, aber keine allzu große praktische Bedeutung zu. Auch wenn man die Anlagen I bis III nur als Dokumente ansieht, die mit dem Vertragsschluß in Zusammenhang stehen, gehören sie zu den privilegierten Auslegungsmitteln im Sinne von Artikel 31 der Wiener Vertragsrechtskonvention. Da andererseits die entscheidenden Formulierungen in II A bis C des Viermächte-Abkommens recht allgemein gehalten und auslegungsbedürftig sind, käme dem Inhalt der Anlagen auf dem Umweg über die Interpretation praktisch eine vertragsähnliche Verbindlichkeit zu[4a].

Schiedermair geht aber noch einen Schritt weiter. Er will die Bedeutung der Anlagen I bis III darauf beschränken, daß hier die Geschäftsgrundlage umschrieben wird, von der die Vier Mächte bei Abschluß des Abkommens ausgegangen sind[5]. Konsequenz sei-

4 Vgl. II A B und C (jeweils Abs. 2) des Abkommens:
Die diesen zivilen Verkehr betreffenden konkreten Regelungen, wie sie in Anlage I niedergelegt sind, werden von den zuständigen deutschen Behörden vereinbart.
Konkrete Regelungen, die das Verhältnis zwischen den Westsektoren Berlins und der Bundesrepublik Deutschland betreffen, sind in Anlage II niedergelegt.
Konkrete Regelungen, die die Reisen, die Kommunikationen und den Gebietsaustausch betreffen, wie in Anlage III niedergelegt, werden zwischen den zuständigen deutschen Behörden vereinbart.

4a Gegen die Annahme, daß die Anlagen I bis III nicht als Bestandteil des Vertragswerks anzusehen sind, äußert sich auch Hillenbrand in seinem Beitrag „Zur rechtlichen Lage Berlins" in „Die Zukunft Berlins" Berlin 1981 S. 315 ff. (316).

5 Schiedermair a.a.O. S. 83 f., 114 f. Schiedermair stützt seine Auffassung auch auf den Wortlaut des Viermächte-Schlußprotokolls (Ziffer 3), wo-

ner Ansicht ist es, daß es im Verhältnis der Vier Mächte untereinander nicht als Vertragsverletzung, sondern (nur) als Fortfall der Geschäftsgrundlage angesehen werden kann, wenn beispielsweise die Vorschriften der Transitregelung nicht eingehalten werden oder wenn in den Berliner Westsektoren gegen die in Anlage II verankerten Beschränkungen der Bundespräsenz verstoßen wird.

Schiedermair ist zuzustimmen, wenn er annimmt, daß es den vier Hauptsiegermächten freisteht, sich für eine Bezeichnung der Vertragsbestandteile und Nebendokumente zu entscheiden, die von der in Artikel 31 der Wiener Vertragsrechtskonvention vorgesehenen Regelung abweicht. Diese Möglichkeit bestünde sogar, wenn die Wiener Konvention unmittelbar auf das Viermächte-Abkommen anwendbar wäre. Andererseits kann man aber eine solche Abweichung von der gewohnheitsrechtlich verfestigten und in der Vertragsrechtskonvention codifizierten Staatenpraxis nur annehmen, wenn zwingende Anhaltspunkte dafür sprechen, daß dies dem Willen der Vertragsparteien entspricht. Bevor geprüft wird, ob dies im Falle der Anlagen I bis III zutrifft, stellt sich aber die Frage, ob die von Schiedermair angenommene Umschreibung der Geschäftsgrundlage überhaupt mit der völkerrechtlichen Doktrin von der Vertragsauflösung wegen veränderter Umstände in Einklang zu bringen ist. Artikel 62 der Wiener Vertragsrechtskonvention spricht gegen diese Annahme. Nach dieser Vorschrift handelt es sich bei der Geschäftsgrundlage gerade um die Tatsachen, von deren Bestand die Parteien bei Vertragsschluß ausgegangen sind, und deren Änderung sie nicht vorausgesehen haben. Wenn sie es für notwendig halten, bestimmte Tatsachenkomplexe entweder in dem Vertragstext selbst oder in den Begleitdokumenten zu fixieren, um die Vertragserfüllung mit dem Bestand dieser Tatsachen zu verknüpfen, so dürfte der in Artikel 62 der Vertragsrechtskonvention umschriebene Begriff der Geschäftsgrundlage schon aus Definitionsgründen nicht anwendbar sein. Bei Verträgen, auf die die Wiener Vertragsrechtskonvention nicht unmittelbar anzuwenden ist, besteht in der Völkerrechtslehre zwar keine vollkommene Einigkeit über diese Frage, jedoch wird vor allem in der neueren Literatur überwiegend angenommen, daß die Lehre vom Fortfall der Geschäftsgrundlage jedenfalls dann nicht zur Anwendung

nach die innerdeutschen Vereinbarungen „wichtige Fragen regeln, die im Verlauf der Verhandlungen erörtert wurden“.

kommt, wenn veränderte Umstände eintreten, für die der Vertrag explizite oder implizite eine Regelung enthält[6]. Es braucht daher in diesem Zusammenhang nicht abschließend untersucht zu werden, ob eine Umschreibung der Geschäftsgrundlage überhaupt denkbar ist und unter welchen Voraussetzungen sie angenommen werden kann. Entscheidend ist, daß das Viermächte-Abkommen selbst in Nr. 4 des Schlußprotokolls ein Konsultationsverfahren vorschreibt, wenn bei der Anwendung dieses Abkommens oder der innerdeutschen Ausführungsvereinbarungen Schwierigkeiten auftreten[7]. Damit entfällt sowohl die Notwendigkeit wie die Mög-

6 So ausdrücklich z.B. A. Maresca: Il Dritto dei Trattati, Milano 1971, S. 701 para. 417 f.; ebenso Verdross in seinen Diskussionsbeiträgen zu den Beratungen der International Law Commission, 694. Sitzung, YBILC 1963 Vol. I S. 139 para 38.
Die Vorentwürfe von 1963 und 1966 zur Vertragsrechtskonvention, die der ILC vorlagen, enthielten zunächst die ausdrückliche Bestimmung, daß die Vorschrift über den Fortfall der Geschäftsgrundlage keine Anwendung finden sollte, wenn der Vertrag selbst eine Regelung für den Fortfall oder die Änderung der maßgeblichen Tatsachen enthielte. Die Bedenken, die hiergegen vorgebracht werden, richteten sich weniger gegen den Inhalt dieser Bestimmung als gegen die Möglichkeit, daß sie mißverstanden oder sinnwidrig ausgelegt werden könnte. Vgl. die Diskussionsbeiträge von Castren in der 833. Sitzung (YBILC 1966 Vol. I S. 76 para 66) sowie von Yasseen, Ago und Castren in der 834. Sitzung (YBILC 1966 Vol. I S. 78 ff. para 28, 29, 49 und 73). Eine ausführliche Schilderung über die Diskussion dieser Frage findet sich bei Schwelb ZaöRV 29 (1969) S. 39 (50 ff.). Danach scheinen die Völkerrechtler aus den Ostblockstaaten und einigen Entwicklungsländern vor allem deshalb gegen die Aufnahme einer entsprechenden Formulierung in die Konvention opponiert zu haben, weil sie befürchteten, daß die Anwendung der clausula rebus sic stantibus durch restriktive Vorschriften in völkerrechtlichen Verträgen unmöglich gemacht oder erheblich erschwert werden könnte. Wie Schwelb a.a.O. S. 53 überzeugend ausführt, kommt die allgemeine Vorschrift über veränderte Umstände jedenfalls dann nicht zur Anwendung, wenn der Vertrag Regelungen enthält, aus denen ersichtlich ist, daß die Parteien die konkrete Änderung der Umstände vorausgesehen haben. Dies muß sinngemäß auch für Begleitdokumente gelten.

7 Wären die Anlagen I bis III nicht als Bestandteil des Vertragstextes anzusehen, so hätte man sie in dem Schlußprotokoll ausdrücklich erwähnen müssen, um die Regelungen des Schlußprotokolls, insbesondere das unter Nr. 4 vorgesehene Konsultationsverfahren, auch auf den Inhalt dieser Anlagen zu erstrecken. Es ist nämlich nicht anzunehmen, daß dieses Konsultationsverfahren nach dem Willen der Vertragspartei nur in Betracht kommen soll, wenn sich Schwierigkeiten bei der Durchführung der Regelungen ergeben,

lichkeit auf die völkerrechtliche Lehre vom Fortfall der Vertragsgrundlage zurückzugreifen.

Es bleibt freilich zu klären, welche Bedeutung den Formulierungen zukommt, mit denen in den Unterabschnitten A, B und C des II. Vertragsabschnitts auf die Anlagen I bis III verwiesen wird[8]. Mit der nichtssagenden Formulierung der Vertragsklauseln dürfte nicht bezweckt sein, den Inhalt der Anlagen aus dem Vertragstext auszuklammern; es handelt sich vielmehr um Beispiele für die raffinierte Formulierungstechnik des Viermächte-Abkommens, durch die in wichtigen Fragen praktische Regelungen vereinbart werden konnten, ohne daß die beteiligten Mächte ihre unterschiedlichen Rechtspositionen aufzugeben brauchten.

Ein Problem, das bei den Vertragsverhandlungen zu lösen war, bestand darin, daß die Sowjetunion die vertragliche Garantie für die vorgesehene Transit- und Besuchsregelung übernehmen mußte, daß man aber gleichzeitig Formulierungen vermeiden wollte, die eindeutig als Souveränitätsbeschränkung der DDR zu verstehen gewesen wären. Die Formulierung, daß die den zivilen Verkehr (bzw. die die Reisen und Kommunikationen) betreffenden konkreten Regelungen, wie sie in Anlage I (bzw. in Anlage III) niedergelegt sind, von den zuständigen deutschen Behörden vereinbart werden, entspricht beiden Bedürfnissen; das gleiche gilt von der in den Anlagen VI verwendeten Formulierung, nach der Regelungen zur Durchführung und Ergänzung der in den vorhergehenden Absätzen genannten Bestimmungen zwischen den zuständigen deutschen Behörden vereinbart werden.

die in dem Kerntext des Abkommens (ohne Anlagen I bis III) und in den aufgezählten innerdeutschen Vereinbarungen verankert sind. Die Ansicht von Schiedermair könnte in letzter Konsequenz zu dem Ergebnis führen, daß bei Nichteinhaltung einer der Regelungen, die ausschließlich in den Anlagen I bis III verankert sind, die geschädigte Partei zwar nicht das Konsultationsverfahren einleiten, aber unmittelbar die Rechtsfolgen geltend machen könnte, die sich aus einem Fortfall der Geschäftsgrundlage ergeben. Das hieße mit anderen Worten, daß diese Partei auf die Möglichkeit verwiesen wäre, ohne vorherige Konsultation von dem Vertrag zurückzutreten oder die Vertragserfüllung zu suspendieren. Diese Konsequenz lehnt Schiedermair (a.a.O. S. 84 f.) allerdings ausdrücklich ab; er nimmt an, daß die Vier Mächte in dem Schlußprotokoll eine Regelung getroffen haben, die von dem Normalfall der Veränderung oder des Wegfalls der Geschäftsgrundlage abweicht.

8 Vgl. Fn. 4.

Ein ähnlicher Interessenkonflikt mit umgekehrter Frontstellung war durch II B des Abkommens in Verbindung mit Anlage II zu lösen. Die Westmächte mußten hier der Sowjetunion vertraglich zusichern, daß man bestimmte Praktiken, die z.B. die Bundespräsenz in Berlin betrafen, nicht einseitig ändern würde; zugleich mußte aber jede Formulierung vermieden werden, die so gedeutet werden könnte, als ob der Sowjetunion oder gar der DDR ein Mitspracherecht in den Berliner Westsektoren eingeräumt werden sollte oder als ob die Sowjetunion bei Abschluß des Viermächte-Abkommens bereits von einem solchen Mitspracherecht Gebrauch gemacht hätte.

Der verschachtelte Aufbau des Vertragswerkes und die gewählten Formulierungen sollen also die für die Westsektoren so wichtigen praktischen Regelungen in den Anlagen I bis III nicht aus dem Synallagma des Viermächte-Abkommens ausschließen, sie haben vielmehr gerade den Zweck, diese Regelungen in das Vertragsverhältnis einzubeziehen, ohne daß eine der beteiligten Mächte ihre Rechtsposition aufgeben muß oder in ihrem Souveränitätsanspruch beeinträchtigt wird. Zusammenfassend bleibt festzustellen, daß man also nicht nur die Anlage IV, sondern auch die Anlagen I bis III des Abkommens als Vertragsbestandteile ansehen muß.

Der Notenwechsel, durch den die in Anlage II niedergelegten Bestimmungen über das Verhältnis Berlins zur Bundesrepublik näher erläutert werden, kann dagegen nicht als Bestandteil des Abkommens angesehen werden, wohl aber als Dokument, das die Parteien im Zusammenhang mit dem Vertrag abgegeben und angenommen haben und das daher für die Vertragsauslegung als verbindlich anzusehen ist[9]. Das Schreiben, mit dem die Botschafter der Westmächte den deutschen Bundeskanzler von ihrer Unterzeichnung des Viermächte-Abkommens unterrichten, gehört weder zu den Vertragsbestandteilen, noch zu den Begleitdokumenten im engeren Sinne. Dieses Schreiben ist der Sowjetunion nicht offiziell mitgeteilt worden und ist daher nur im Verhältnis zwischen den Westmächten und der Bundesrepublik maßgeblich. Es enthält aber ebenfalls wesentliche Hinweise für die Auslegung des Vertrags-

9 Hier wird das Interpretationsschreiben der Westmächte, das von der Sowjetunion im Rahmen des Notenwechsels offiziell zur Kenntnis genommen worden ist, als „Interpretationsschreiben I", und das Schreiben der Westmächte an den Bundeskanzler vom 3. September 1971, das der Sowjetunion nicht offiziell mitgeteilt wurde, als „Interpretationsschreiben II" bezeichnet.

werks, wobei vor allem auch zu berücksichtigen ist, daß es veröffentlicht wurde und daher allen beteiligten Mächten bei Unterzeichnung des Schlußprotokolls bekannt war.

Unabhängig von der Frage, wie die einzelnen Begleitdokumente rechtlich zu qualifizieren sind, muß das Viermächte-Abkommen bei der Interpretation mit allen seinen Bestandteilen und Nebendokumenten als einheitliches Vertragswerk angesehen werden[10]. Auch die innerdeutschen Vereinbarungen können zur Auslegung des Viermächte-Abkommens und seiner Begleitdokumente herangezogen werden, da das Schlußprotokoll ausdrücklich auf sie Bezug nimmt. Daß die innerdeutschen Regelungen, die der Ausführung der Viermächtevereinbarungen dienen, ihrerseits in Übereinstimmung mit diesem Vertragswerk auszulegen sind, versteht sich von selbst.

Rechte und Pflichten für die deutschen Staatsorgane

Vertragsparteien der Viermächte-Vereinbarung sind nur die vier Hauptsiegermächte des Zweiten Weltkriegs; Rechte und Pflichten aus der Vereinbarung werden in erster Linie für die Vier Mächte begründet. Sie garantieren einander, daß der in dem Abkommen vorgesehene Zustand herbeigeführt und aufrechterhalten wird, ohne daß diese Vertragspflicht davon abhängt, wie sie die Einhaltung der Vertragsvorschriften durch die Bundesrepublik und die DDR erzwingen können.

Trotzdem begründet das Viermächte-Abkommen auch Rechtspflichten für die Träger der deutschen Staatsgewalt. Daß dies den Intentionen der Vertragspartner entspricht, kann man aus dem Sinn und dem Wortlaut der Vorschriften entnehmen, die ein bestimmtes Verhalten der deutschen Staatsorgane und Behörden garantieren. Zum Beispiel erklärt die Regierung der UdSSR, „daß der Transitverkehr . . . zwischen den Westsektoren Berlins und der Bundesrepublik . . . ohne Behinderung *sein wird*“ (II A); die Regierungen der Westmächte erklären in Anlage II Nr. 2, daß bestimmte Staatsorgane der Bundesrepublik in Berlin keine Verfassungs- oder

10 Die in Artikel 31 der Wiener Konvention aufgeführten priviligierten Interpretationsmittel sind für die Zwecke der Auslegung nicht als ein hierarchisches System, sondern als ein zusammenhängender Gesamttext anzusehen, vgl. T.O. Elias: The Modern Law of Treaties, Leiden 1974.

Amtsakte *vornehmen werden,* die im Widerspruch zu Absatz 1 stehen. Hier sollen die zuständigen Organe der Bundesrepublik und der DDR offensichtlich unmittelbar zu einem bestimmten Verhalten verpflichtet und nicht nur eine Einwirkungspflicht der vier Vertragsparteien begründet werden.

Zweifelhaft ist nur, wie die Befugnis der Hauptsiegermächte, eine für die deutschen Staatsorgane verbindliche Regelung zu vereinbaren, rechtlich begründet werden kann. Das Verfahren scheint bei oberflächlicher Betrachtung im Widerspruch zu dem Grundsatz zu stehen, daß durch völkerrechtliche Verträge Rechte und Pflichten dritter Staaten nicht begründet werden[11]. Dieser Rechtssatz steht einer Verpflichtung der Bundesrepublik und der DDR durch die Vier Mächte aber nicht entgegen, weil die Souveränität der deutschen Staaten in der Berlin-Frage durch die fortbestehenden Besatzungsrechte der vier Hauptsiegermächte beschränkt wird. Der besatzungsrechtliche Viermächte-Status besteht de jure noch heute für ganz Berlin und wirkt sich auch auf das Recht der Zufahrtswege aus (vgl. Teil II, Kapitel 8). Da den Vier Mächten die oberste Gewalt bezüglich Berlins zusteht, können sie also über den Vertragsgegenstand auch mit Wirkung für und gegen die Träger der deutschen Staatsgewalt verfügen[12].

Dies dürfte mindestens im Verhältnis zwischen der Bundesrepublik und den Westmächten unstreitig sein, da sich die Westmächte bei Inkrafttreten der Pariser Verträge ihre Rechte und Verantwortlichkeiten bezüglich Berlins vorbehalten haben (vgl. Teil I, Kapitel 2, Teil II, Kapitel 4 u. 5). Für den Berliner Senat und die anderen deutschen Staatsorgane in den Westsektoren ist das Viermächte-Abkommen mit seinen Begleitdokumenten aufgrund der Gebietshoheit der Westmächte unmittelbar verbindlich. Was das Verhältnis der Sowjetunion zu der DDR betrifft, so enthält der Moskauer Vertrag vom 20.9.1955, durch den die Beziehungen zwischen der Sowjetunion und der DDR geregelt wurden, einen Vorbehalt nur hinsichtlich der Verpflichtungen, die sich aus bestehenden internationalen Abkommen über Deutschland als Ganzes ergeben. Zu diesen Abkommen gehören auch die für den Berlin-Status maßgeblichen Viermächte-Vereinbarungen (also insbesondere die

11 Vgl. Art. 34 der Wiener Konvention über das Recht der Verträge vom 23. Mai 1969 – vgl. Fn 2.

12 Vgl. Wengler, Völkerrecht, Bd. I S. 244 ff.

Londoner Protokolle sowie das Flugsicherheitsabkommen, das Jessup-Malik-Abkommen und das Schlußkommuniqué der Pariser Außenministerkonferenz 1949 (vgl. Teil I, Kapitel 1, Teil II, Kapitel 8). Aufgrund des Souveränitätsvorbehalts kann die Sowjetunion daher ebenso wie die Westmächte über den Vertragsgegenstand (insbesondere über die Zufahrtswege von und nach Berlin) verfügen[13]. Allerdings hat die Sowjetunion lange den Standpunkt vertreten, daß mindestens die Fragen des zivilen Durchgangsverkehrs von und nach Berlin sowie die Kommunikation zwischen den Westsektoren und der DDR in die souveräne Zuständigkeit der DDR fielen. Die Anlagen I und III zum Viermächte-Abkommen enthalten ein verbales Zugeständnis an diese Rechtsauffassung. Es heißt dort, daß die UdSSR ihre Erklärungen, die den Transitverkehr von und nach Berlin und die Kommunikation zwischen den Westsektoren und der DDR betreffen „nach Konsultationen und in Übereinkunft mit der Regierung der Deutschen Demokratischen Republik" abgibt. Durch diese Formulierung soll der Souveränitätsanspruch der DDR gewahrt werden; zugleich wird die DDR gerade durch diesen Nebensatz zu einem vertragskonformen Verhalten verpflichtet, wobei die Sowjetunion die Einhaltung der Vertragsvorschriften garantiert. Es ist bemerkenswert, daß in dem Text des Viermächte-Abkommens selbst eine entsprechende Formulierung fehlt.

Die Regierungen der Bundesrepublik und der DDR und der Berliner Senat haben durch den Abschluß der innerdeutschen Ausführungsvereinbarungen die Voraussetzungen für das Inkrafttreten des Viermächte-Abkommens geschaffen und gleichzeitig zu erkennen gegeben, daß sie die Vorschriften dieses Abkommens für sich als verbindlich anerkennen. Hierfür spricht auch die in den innerdeutschen Vereinbarungen enthaltene Formulierung, nach der die jeweiligen Regelungen „in Übereinstimmung mit den Regelungen" des Viermächte-Abkommens vereinbart worden sind[14]. Vertragli-

13 Ähnlich: Kriele, Zeitschrift für Rechtspolitik 1971, S. 261-262.

14 Eine ausdrückliche Unterwerfungserklärung unter die in einem Vertrag Dritter vorgesehene Verpflichtung (vgl. Art. 35 der Wiener Konvention über Vertragsrecht) dürfte in dem Abschluß der innerdeutschen Ausführungsvereinbarungen allerdings nicht zu sehen sein. Die Verpflichtung der deutschen Verhandlungspartner beruht auf besatzungsrechtlichem Souveränitätsvorbehalt, und nicht auf einer Unterwerfungserklärung; sie ist durch den Abschluß der innerdeutschen Vereinbarungen – mit ausdrücklicher Be-

che Beziehungen zwischen der DDR und den Westmächten, oder der Bundesrepublik bzw. dem Land Berlin und der Sowjetunion, werden dagegen durch das Vertragswerk nicht hergestellt; die Vertragsbestimmungen sind vielmehr aufgrund der besatzungsrechtlichen Souveränitätsvorbehalte für die deutschen Staatsorgane in Kraft gesetzt worden. Verletzt einer der deutschen Staaten die Vertragsbestimmungen, so müssen die Westmächte die Bundesrepublik und die Sowjetunion die DDR zu vertragskonformem Verhalten veranlassen; erforderlichenfalls ist das im Schlußprotokoll vorgesehene Konsultationsverfahren durchzuführen. Zugleich bildet die Viermächte-Vereinbarung mit den Begleitdokumenten einen rechtlichen Rahmen, den die deutschen Verhandlungspartner, auch wenn sie im Einvernehmen miteinander handelten, weder bei Abschluß der Ausführungsvereinbarungen noch bei späteren Verhandlungen ohne Zustimmung der Vier Mächte überschreiten konnten oder können[15].

Fraglich ist, ob die Viermächte-Vereinbarungen in ihrer Gesamtheit für die Bundesrepublik und die DDR verbindlich sind, oder ob die beiden deutschen Staaten jeweils nur an die Vertragsbestimmungen gebunden sind, durch die sie zu einem bestimmten Verhalten verpflichtet werden. Die bereits zitierte Formulierung, daß die Sowjetunion die Erklärungen über den Transitverkehr und die Kommunikation zwischen den Westsektoren und der DDR „nach Konsultation und in Übereinkunft mit der Regierung der Deutschen Demokratischen Republik" abgegeben hat, zeigen eindeutig, daß diese Vertragsbestimmungen für die DDR verbindlich sein sollen; ebenso werden die Vorschriften, die das Verhältnis zwischen dem Bund und Berlin betreffen, durch das in dem vertragsbegleitenden Notenwechsel vorgesehene Interpretationsschreiben für die Bundesrepublik in Kraft gesetzt. Bei den anderen Vertragsbestimmungen fehlt dagegen ein Hinweis, daß sie auch für die deutschen Staatsorgane verbindlich sein sollen. Andererseits ist zu berücksich-

zugnahme auf das Viermächte-Abkommen – nicht begründet, sondern anerkannt worden.

15 Die Bundesrepublik kann also die Rechte, die ihr nach dem Viermächte-Abkommen in Berlin und bezüglich Berlins zustehen, nicht durch einen Vertrag mit der DDR aufgeben. Es wäre allenfalls denkbar, daß sie – z.B. als Gegenleistung für ein Entgegenkommen der DDR in der Verkehrsfrage, das über die in der Transitvereinbarung vorgesehenen Regelungen hinausgeht – auf die Ausübung bestimmter Rechte verzichtet.

tigen, daß das Viermächte-Abkommen mit allen Begleitdokumenten ein einheitliches Vertragswerk bildet. Die Vertragsvorschriften, die für die deutschen Staaten nicht ausdrücklich in Kraft gesetzt worden sind, können daher mindestens zur Interpretation herangezogen werden, wenn der Umfang der Verpflichtungen zu ermitteln ist, die sich für die deutschen Staaten aus den Viermächte-Vereinbarungen ergeben. Dies gilt vor allem für die Absätze I, 2 und I, 4 des Viermächte-Abkommens, also für das Gewaltverbot und das Verbot einer einseitigen Änderung des Status quo.

Während man also annehmen muß, daß durch die Viermächte-Vereinbarungen Rechtspflichten für die Bundesrepublik und die DDR begründet werden, ist es zweifelhaft, ob die deutschen Staaten aus dem Komplex der Alliierten-Vereinbarungen unmittelbare Rechte herleiten können. Allerdings wird die Bundesrepublik (z.B. durch die Transitbestimmungen) und die DDR (z.B. durch die Bestimmungen über die Beschränkung der Bundespräsenz in Berlin) begünstigt; der Vertragstext deutet aber nicht darauf hin, daß es sich um einen Vertrag zugunsten Dritter handelt, aus dem die deutschen Staaten Rechte auch gegenüber den Siegermächten herleiten könnten. Hierfür spricht schon, daß im Konfliktfall Konsultationen der Vier Mächte untereinander, nicht aber Konsultationen der deutschen Partner vorgesehen sind. Im Verhältnis der deutschen Verhandlungspartner untereinander müssen die Viermächte-Vereinbarungen allerdings wenigstens insoweit als verbindlich angesehen werden, als die von den zuständigen deutschen Stellen geschlossenen Ausführungsvereinbarungen auf dem Viermächte-Abkommen und seinen Begleitdokumenten basieren.

Die innerdeutschen Vereinbarungen

Der Komplex der innerdeutschen Ausführungsvereinbarungen umfaßt das von der Regierung der Bundesrepublik und der Regierung der DDR geschlossene Transitabkommen vom 11. Dezember 1971, die Punkte Nr. 6 und 7 des Protokolls über den Post- und Fernmeldeverkehr vom 30. September 1971 und die Vereinbarungen zwischen dem Berliner Senat und der Regierung der DDR über den Reise- und Besuchsverkehr sowie über den Gebietsaustausch vom 20. Dezember 1971.

Dem Transitabkommen ist eine Anlage beigefügt, die wie die Anlagen zum Viermächte-Abkommen als Vertragsbestandteil zu werten ist. Durch Nr. III dieser Anlage ist die Information der Zollverwaltung der DDR über die Bedingungen für das Mitführen und den Transport bestimmter Gegenstände sowie lebender Tiere im Transitverkehr in das Abkommen einbezogen worden. Der Briefwechsel zwischen den Staatssekretären Bahr und Kohl betreffend Art. 18 des Abkommens sowie der Briefwechsel zwischen den Abteilungsleitern Sahm und Seidel über die Ausfertigung und Behandlung der Warenbegleitscheine haben als akzessorische Dokumente ebenfalls Vertragscharakter. Die veröffentlichten Protokollvermerke sind zwar eng mit dem eigentlichen Vertragstext verflochten, dürften aber nur als – allerdings verbindliche – Erklärungen zur Vertragsauslegung anzusehen sein. Die Protokollnotiz, in der u.a. festgestellt wird, daß die Warenbegleitscheine nicht der Genehmigung durch die Behörden der Bundesrepublik bedürfen, dokumentiert die Übereinstimmung der Parteien in wesentlichen Fragen der Regelung und muß daher als Vertragsbestandteil angesehen werden.

Die Protokollvermerke zur Vereinbarung über den Reise- und Besuchsverkehr sind in drei Gruppen zusammengefaßt, die hier als Protokollvermerk I, II und III bezeichnet werden. Der Protokollvermerk III, in dem die Parteien übereinkommen, die Kommunikationen zu verbessern, dürfte Vertragscharakter haben, die anderen Protokollvermerke sind mindestens als Instrumente der Vertragsauslegung verbindlich. Der Schriftwechsel zwischen Senatsdirektor Seidel und Staatssekretär Florin betreffend die Grenzübergänge hat Vertragscharakter; das gleiche gilt für die mündliche Erklärung des Staatssekretärs Kohrt bei der Unterzeichnung.

Bei der Vereinbarung über den Gebietstausch muß schließlich die Schlußerklärung als Bestandteil der Vereinbarung angesehen werden. Auch das Vermessungsprotokoll, auf das die Schlußerklärung Bezug nimmt, hat Vertragscharakter[16].

Bei den innerdeutschen Ausführungsvereinbarungen handelt es sich ebenso wie bei der Viermächte-Vereinbarung um Verträge, die von den deutschen Partnern zwar in Erfüllung eines Auftrages der Vier Mächte, aber im eigenen Namen abgeschlossen worden sind.

16 Zur Bedeutung der von der DDR abgegebenen „Erklärung zur Durchführung des Reise- und Besuchsverkehrs von Personen mit ständigem Wohnsitz in Berlin (West)“, die die Frage der sog. Mindestumtauschsätze betrifft, vgl. Kapitel 15, S. 282 ff.

Ob die Vereinbarungen ihrer Rechtsnatur nach als völkerrechtliche Verträge anzusehen sind, oder ob es sich um innerdeutsche Staatsverträge mit besonderem Rechtscharakter handelt, bleibt offen. Für die Rechtsverbindlichkeit der Vereinbarungen ist diese Frage ohne Bedeutung. Bei der Auslegung kann auf die Vorschriften des Völkerrechts zurückgegriffen werden, ohne daß es auf die Rechtsnatur der innerdeutschen Ausführungsvereinbarungen ankommt. Allerdings dürften die allgemeinen Regeln des Völkerrechts nur anwendbar sein, soweit das Viermächte-Abkommen mit seinen Begleitdokumenten und die anderen Vereinbarungen und Beschlüsse der Vier Mächte, auf die dieses Abkommen in der Präambel Bezug nimmt, nichts anderes bestimmen.

Die Vertragspartner der innerdeutschen Vereinbarungen

In der Überschrift der Vereinbarungen werden nicht die DDR und die Bundesrepublik, bzw. das Land Berlin, als Vertragspartner genannt, sondern ebenso wie in dem Viermächte-Abkommen nur die jeweiligen Regierungen und der Berliner Senat, der überdies nicht mit seiner offiziellen Bezeichnung (Senat von Berlin), sondern nur als „Senat" aufgeführt wird. Es besteht aber auch hier kein Zweifel, daß durch die Abkommen nicht nur die jeweiligen Regierungen, sondern die DDR einerseits und die Bundesrepublik, bzw. das Land Berlin, vertraglich gebunden werden sollen.

Vertragspartner des Transit-Abkommens vom 17. Dezember 1971 sind die Bundesrepublik und die DDR. Das Land Berlin tritt nicht als selbständiger Vertragspartner in Erscheinung; die Bundesregierung hat dieses Abkommen auch mit Wirkung für die Berliner Westsektoren geschlossen[17]. Bei dem Protokoll über das Post- und Fernmeldewesen, das am 30. September 1971 von Vertretern des

17 In BKC/L (71) 3 stellt die Kommandantur fest, daß das innerdeutsche Transit-Abkommen vom 17. Dezember 1971 am Tage der Unterzeichnung des Viermächte-Schlußprotokolls in den Westsektoren in Kraft tritt. Der Senat wird ermächtigt und aufgefordert, soweit erforderlich bei der Durchführung des Abkommens mitzuwirken. (Vgl. Dokum. S. 367 sowie die von Presse- und Informationsamt des Landes Berlin herausgegebene Dokumentation S. 18).
Der Inhalt der BK/O wurde anläßlich der Verhandlungen zwischen der DDR-Regierung und dem Senat über die Reise- und Besuchsregelung den Vertretern der DDR inoffiziell mitgeteilt.

Bundespostministeriums und des Postministeriums der DDR unterzeichnet wurde, ergibt sich die Geltung für die Berliner Westsektoren aus dem Inhalt.

Bei den Vereinbarungen über den Reise- und Besuchsverkehr und über den Gebietsaustausch vom 20. Dezember 1971 sind die DDR und das Land Berlin Vertragspartner. Die Bindungen Berlins an den Bund werden dadurch ebensowenig in Frage gestellt wie bei den Passierscheinabkommen der Jahre 1963-66. Abgesehen davon, daß es sich bei den innerdeutschen Abkommen und Vereinbarungen nach Auffassung der Bundesrepublik nicht um völkerrechtliche Verträge handelt, können auch die Länder der Bundesrepublik nach Art. 32 Abs. 3 GG in beschränktem Umfang Verträge mit auswärtigen Staaten abschließen. Im übrigen ist bei den vom Land Berlin geschlossenen Ausführungsvereinbarungen weder die Vereinbarkeit mit dem Grundgesetz, noch die Vereinbarkeit mit der Verfassung von Berlin zu prüfen, weil der Senat bei Abschluß der Vereinbarungen in Erfüllung eines von den westlichen Besatzungsmächten erteilten Auftrages gehandelt hat. Ebensowenig berührt der Abschluß der Vereinbarungen durch den Berliner Senat den Viermächte-Status, der de jure für ganz Berlin fortbesteht. Der Grundsatz des Viermächte-Abkommens, wonach die Parteien bei Wahrung ihrer unterschiedlichen Rechtsauffassungen von der tatsächlich bestehenden Lage ausgehen, greift auch auf die innerdeutschen Ausführungsvereinbarungen durch. Praktisch heißt dies, daß der Senat verbindliche Erklärungen nur für das Gebiet der drei Westsektoren abgibt, während die von der DDR abgegebenen Erklärungen auch für den Ostsektor gelten. Die Rechtsstellung Gesamt-Berlins nach Besatzungsrecht und nach deutschem Staatsrecht wird dadurch nicht berührt.

Das Verhältnis der innerdeutschen Ausführungsvereinbarungen zum Viermächte-Abkommen (rechtliche Bedeutung des Schlußprotokolls)

Über das Verhältnis der innerdeutschen Ausführungsvereinbarungen zu dem Viermächte-Abkommen werden in der kommunistischen und in der westlichen Rechtslehre unterschiedliche Auffassungen vertreten. Nach dem Standpunkt der in den Ostblock-Staaten herrschenden Völkerrechtslehre, die vor allem die Souveränität der DDR betont, handelt es sich um Vereinbarungen, in denen die DDR mit der Bundesregierung und dem Senat Fragen geregelt hat, die in ihren Kompetenzbereich fielen[18]. Durch das Schlußprotokoll wurde – nach dieser Auffassung – das Viermächte-Abkommen in Kraft *gesetzt,* während die innerdeutschen Vereinbarungen zur gleichen Zeit in Kraft *traten*[19]. Andererseits wird freilich eingeräumt, daß das Viermächte-Abkommen in II A und C sowie in den Anlagen I und III „die Verbindungen der Stadt mit der Außenwelt, insbesondere . . . mit der DDR und der BRD, geordnet“ worden sind[20]. Damit steht fest, daß das Viermächte-Abkommen verbindliche Bestimmungen gerade für die Fragen enthält, die im einzelnen in den innerdeutschen Vereinbarungen geregelt werden.

Der Standpunkt der sowjetischen Autoren, daß diese Vereinbarungen von den deutschen Staatsorganen in eigener souveräner Zuständigkeit abgeschlossen worden sind, führt also zu einem Widerspruch, der auch dadurch nicht ausgeräumt werden kann, daß die Sowjetunion ihre Erklärungen in Anlage I und III zum Viermächte-Abkommen „nach Konsultationen und Übereinkunft mit der Regierung der Deutschen Demokratischen Republik“ abgegeben hat.

Im übrigen ist diese Rechtsauffassung selbst mit dem isolierten Wortlaut des Schlußprotokolls nicht in Übereinstimmung zu bringen. Sie erweist sich vollends als unhaltbar, wenn man die Bestandteile des Vertragswerks im Zusammenhang liest. Als vergleichsweise schwach und möglicherweise zweideutig ist insoweit nur die Formulierung in Nr. 2 des Schlußprotokolls anzusehen, nach der die Vier Mächte davon ausgehen, daß die dort aufgezählten innerdeutschen Regelungen gleichzeitig mit dem Viermächte-Abkommen in Kraft treten. Aber bereits aus dem folgenden Absatz ist der Wille der vier Hauptsiegermächte, das gesamte Vertragswerk einheitlich in Kraft zu setzen, klar ersichtlich. Das Viermächte-Abkommen und die innerdeutschen Ausführungsvereinbarungen „regeln wichtige Fragen, die im Laufe der Verhandlungen erörtert wurden *und bleiben zusammen in Kraft*“. Das Konsultationsverfahren nach Nr. 4 des Schlußprotokolls erstreckt sich ebenfalls auf die innerdeutschen Vereinbarungen. Noch wichtiger als der Wort-

18 So insbesondere: Vysocki, West-Berlin, Moskau 1975, S. 420 ff.

19 Vysocki, S. 229 f. Hervorhebung von mir.

20 Vgl. Vysocki, S. 220.

laut des Schlußprotokolls sind die Formulierungen in II A und C sowie in den Anlagen I und III des Viermächte-Abkommens, durch die nicht nur der Verhandlungsspielraum der deutschen Staatsorgane begrenzt, sondern die von ihnen getroffenen Regelungen auch in das vertragliche Synallagma einbezogen und von der Sowjetunion garantiert werden[21].

Durch den besatzungsrechtlichen Befehl und die besatzungsrechtliche Ermächtigung wurden die deutschen Staatsorgane bei Abschluß dieser Vereinbarungen sachlich und zeitlich begrenzt. Die innerdeutschen Vereinbarungen stehen nach Inkrafttreten des Viermächte-Abkommens nicht mehr zur Disposition der deutschen Vertragspartner. Sie können mit anderen Worten ohne Zustimmung der Hauptsiegermächte durch die deutschen Vertragspartner nicht mehr geändert, einseitig aufgehoben oder suspendiert werden[22].

Die im Abkommen selbst und im Schlußprotokoll verankerte Einbindung der innerdeutschen Vereinbarungen in das Viermächte-Abkommen geht in ihrer rechtlichen Bedeutung allerdings noch weiter. Die vier Hauptsiegermächte sind zwar nicht Vertragspartner der innerdeutschen Regelungen, sie garantieren durch das Viermächte-Abkommen aber ihre Erfüllung. Außerdem haben die Hauptsiegermächte durch das Schlußprotokoll im Wege einer authentischen Interpretation zu erkennen gegeben, daß die von den deutschen Verhandlungspartnern vereinbarten Einzelregelungen den Bestimmungen des Viermächte-Abkommens entsprechen.

Das gesamte Vertragswerk, das den Komplex der Viermächte-Vereinbarungen und den Komplex der innerdeutschen Vereinbarungen umfaßt, wurde von den vier Hauptsiegermächten durch Unterzeichnung des Schlußprotokolls einheitlich in Kraft gesetzt. Sobald dies geschehen war, endete der Verhandlungsspielraum, den

21 Ähnlich wie im Schlußprotokoll nimmt auch hier der Wortlaut – nicht aber der sachliche Gehalt – der Vertragsbestimmung auf den Souveränitätsanspruch der DDR Rücksicht. Insbesondere aus der Tatsache, daß die Sowjetunion die entsprechenden Erklärungen innerhalb Teil II des Abkommens selbst abgegeben hat, ergibt sich aber, daß auch die innerdeutschen Regelungen in das Synallagma des Viermächte-Abkommens einbezogen werden sollen. Schiedermair zieht aus dem Wortlaut der Verweisungsformeln den Schluß, daß die Anlagen I bis III nicht als Vertragsbestandteile, sondern als Umschreibung der Geschäftsgrundlage anzusehen sind, vgl. oben S. 194 ff.

22 So Schiedermair, S. 186 f.

das Viermächte-Abkommen den zuständigen deutschen Behörden gelassen hatte (II A Abs. 2 und II C Abs. 3 des Viermächte-Abkommens). Etwaige spätere Vereinbarungen zwischen den deutschen Behörden, die Berlin betreffen, bedürfen der ausdrücklichen oder stillschweigenden Genehmigung durch die vier Hauptsiegermächte[23]. Eine Verletzung der deutschen Ausführungsvereinbarungen durch deutsche Behörden ist zugleich als Verletzung der Viermächte-Vereinbarungen selbst anzusehen (vgl. S. 200 ff.); Es steht allerdings im Ermessen der Besatzungsmächte, ob sie sofort selbst einschreiten, oder ob sie bei kleineren Vertragsstörungen die Initiative zunächst den deutschen Stellen, insbesondere der in Artikel 19 des Transitabkommens vorgesehenen gemischten Kommission überlassen wollen.[24].

Verfassungsrechtliche Problematik

In der juristischen Literatur der Bundesrepublik ist die Frage aufgeworfen worden, ob die Regelungen des Viermächte-Abkommens, durch die die Bindungen Berlins an den Bund auf einen Status quo minus beschränkt werden, gegen das im Bonner Grundgesetz verankerte Wiedervereinigungsgebot[25] verstoßen könnte. Nach einer von Doehring und Ress vertretenen These kann ein verfassungswidriges Verhalten der Bundesregierung bereits darin gesehen werden, daß sie durch Abschluß der Transit- sowie der Post- und Fernmeldevereinbarung an dem Zustandekommen der Gesamtregelung mitgewirkt und damit das Inkrafttreten des Viermächte-Abkommens ermöglicht hat[26]. Dies wird damit begründet, daß die

23 Im Fall der Vereinbarung über den Gebietswechsel am Potsdamer Bahnhof ist dies auf westlicher Seite durch BK/O (72) 9 geschehen, vgl. Dok. S. 387. Von der DDR kann angenommen werden, daß sie generell zum Abschluß derartiger Vereinbarungen ermächtigt ist.

24 Die Garantie des Viermächte-Abkommens erstreckt sich allerdings grundsätzlich nur auf die innerdeutschen Vereinbarungen, die in Nr. 2 des Schlußprotokolls aufgezählt sind, nicht aber auf spätere Vereinbarungen des Berliner Senats oder der Bundesregierung mit der Regierung der DDR. Vgl. auch unten S. 291 ff. (Kapitel 16).

25 Zum Wiedervereinigungsgebot vgl. BVerfGE 5 S. 85 und die daran anknüpfende Rechtsprechung und Literatur.

26 Doehring-Ress: Staats- und völkerrechtliche Aspekte der Berlin-Regelung, Frankfurt a.M. 1972.

Westmächte bis zum Inkrafttreten der Gesamtregelung wenigstens rechtlich die Möglichkeit gehabt hätten, ihre Vorbehalte gegen eine volle Zugehörigkeit Berlins zur Bundesrepublik Deutschland ganz[27] oder mindestens weitgehend aufzugeben[28]; dem stehe nach Inkrafttreten des „paktierten Berlinstatus" ein Vetorecht der Sowjetunion entgegen.

Diesen Thesen ist vor allem Menzel entgegengetreten[29]. Er bezieht mit Recht die politischen Machtverhältnisse in seine Argumentation ein und weist darauf hin, daß ein Ende des Besatzungsregimes das Ende West-Berlins und damit auch der Wiedervereinigungsfrage bedeutet hätte. Mit diesem Argument sind die verfassungsrechtlichen Bedenken von Ress und Doehring allerdings nur zum Teil widerlegt, nämlich insoweit, als es um die Möglichkeit der Westmächte geht, ihre besatzungsrechtlichen Befugnisse in Berlin ganz aufzugeben. Dagegen ist Ress zuzustimmen, wenn er darauf hinweist, daß das Recht der Westmächte unter Aufrechterhaltung des Besatzungsregimes weitere Bindungen Berlins an den Bund zuzulassen, nunmehr einem vertraglich eingeräumten Vetorecht der Sowjetunion unterliegt.

Die Diskussion über dieses inzwischen nur noch akademische Thema ist auch nach Inkrafttreten der Berlin-Regelung fortgesetzt worden. Schiedermair[30] meint, daß die bisherigen Stellungnahmen in der Literatur der verfassungsrechtlichen Brisanz der Frage nicht gerecht werden; er versucht, die staatsrechtlichen Bedenken von Ress und Doehring unter Hinweis auf die völkerrechtliche Lage Berlins zu entkräften, und zwar mit dem Argument, daß die Westmächte schon vor Inkrafttreten des Viermächte-Abkommens das Recht verwirkt haben, den besatzungsrechtlichen Status Berlins einseitig zu beenden, weil sie sich in Kenntnis der ständigen sowjetischen Rechtsverletzungen stets auf den Fortbestand dieses Viermächtestatus berufen haben[31].

27 So Doehring a.a.O. Fn 2 S. 6 ff.

28 So Ress a.a.O. Fn. 2 insbesondere Seite 44.

29 Menzel NJW 1972 S. 2290.

30 Schiedermair: „Der völkerrechtliche Status Berlins nach dem Viermächte-Abkommen vom 3. September 1971, Berlin, Heidelberg, New York 1975, S. 166 ff.

31 Ress hält diesem Argument wohl mit Recht entgegen, daß die Einbeziehung des Ostsektors in die DDR als Dauerverletzung des Viermächte-Status gewertet werden muß. Daher können sich die Westmächte zunächst auf

Was die Möglichkeit betrifft, neue Bindungen Berlins an den Bund zuzulassen, ohne deshalb das Besatzungsregime zu beenden, so nimmt Schiedermair an, daß sich die Westmächte insoweit durch die Entwicklungsklausel in II B des Viermächte-Abkommens einen erheblichen Freiraum vorbehalten hätten, der allerdings durch das vertragliche Anschlußverbot begrenzt würde. Die in Anlage II und den Interpretationsschreiben verankerten konkreten Beschränkungen sind nach Auffassung Schiedermairs nicht Vertragsbestandteil und können auch nicht dem im Viermächte-Abkommen definierten Status quo (im Sinne von I, 4 des Vertragstextes) zugerechnet werden, weil das Interpretationsschreiben dem Deutschen Bundeskanzler erst nach Unterzeichnung des Abkommens offiziell übersandt wurde[32]. Diese Argumentation kann freilich nur überzeugen, wenn man die Auffassung Schiedermairs zur Qualifikation der Begleitdokumente zugrunde legt[33].

Die von Doehring und Ress vertretene These läßt sich m.E. aber auch ohne Rückgriff auf völkerrechtliche Gesichtspunkte mit rein verfassungsrechtlichen Argumenten widerlegen. Dies folgt vor allem aus der Annäherungstheorie, die das Bundesverfassungsgericht im Saar-Urteil entwickelt und seitdem vertreten hat[34]. Hiernach ist die Staatsgewalt der Bundesrepublik zwar auch bei Abschluß völkerrechtlicher Verträge an das Grundgesetz gebunden, jedoch sind auch solche Vereinbarungen als verfassungsmäßig anzuerkennen, die dem Grundgesetz nicht voll entsprechen, wenn die im Vertrag vorgesehenen Maßnahmen mit dem Willen unternommen sind und die Tendenz in sich tragen, dem vollverfassungsmäßigen Zustand wenigstens insoweit, wie es politisch erreichbar ist, näher zu kommen und seiner Erreichung vorzuarbeiten. Allerdings haben sich Doehring und Ress mit diesem Gesichtspunkt ausführlich auseinandergesetzt; ihre Ansicht, daß die Annäherungstheorie des Bundesverfassungsgerichts nicht ausreicht, um die Mitwirkung des Bundes

den Fortbestand der Rechtslage berufen, ohne deshalb ihr Recht zu verwirken, bei anhaltender Rechtsverletzung von den zugrundeliegenden Verträgen zurückzutreten. Vgl. Ress: Festschrift zum 100jährigen Bestehen der KAV Suevia Berlin 1975, S. 42 ff. (47).

32 Schiedermair, a.a.O., S. 174 ff.

33 Vgl. oben S. 194 ff. Den Argumenten Menzels und Schiedermairs ist Ress in einer neuerlichen Veröffentlichung entgegengetreten. Vgl. Fußnote 31.

34 BVerfGE 4 S. 157 ff.

am Zustandekommen der Berlin-Regelung zu rechtfertigen, kann m.E. jedoch nicht überzeugen.

Fraglos bestehen zwischen dem Saar-Abkommen, mit dem sich das Bundesverfassungsgericht in BVerfGe 4 S. 157 ff. beschäftigt, und der Berlin-Regelung erhebliche Unterschiede. Daß das Viermächte-Abkommen anders als das Saar-Abkommen nicht auf einen allmählichen Abbau des Besatzungsregimes gerichtet sein kann, wurde bereits festgestellt. Das Besatzungsrecht der Westmächte ist nicht nur die entscheidende Voraussetzung für die Freiheit und Lebensfähigkeit West-Berlins, es ist für absehbare Zeit auch die politische und rechtliche Grundlage dafür, daß die Bindungen der Berliner Westsektoren an die Bundesrepublik überhaupt hergestellt und aufrechterhalten werden können[35]. Auch der Gesichtspunkt, daß das Saar-Abkommen den Rechtsstatus des Saarlandes nur für eine Übergangszeit regeln sollte, rechtfertigt es aus diesem Grunde nicht, die Berlin-Regelung anders zu beurteilen. Im übrigen ist aus den Entscheidungsgründen des Saar-Urteils zu entnehmen, daß das Bundesverfassungsgericht unter der „Übergangszeit" die Zeit bis zum Abschluß eines Friedensvertrages (n.b. aller vier Hauptsiegermächte mit einer gesamtdeutschen Regierung) verstand. Das Ende dieser „Übergangszeit" war schon bei Erlaß des Saar-Urteils ebensowenig abzusehen, wie heute.

Ress betont außerdem, daß die Bundesrepublik durch ihr Mitwirken an der Berlin-Regelung nicht nur die von einer Besatzungsmacht einseitig geschaffene Lage hinnehme, sondern selbst an der Schaffung einer neuen Rechtslage beteiligt sei.

Die hier aufgeführten Unterschiede sind sicherlich beachtlich, jedoch ändert dies nichts daran, daß die Berlin-Regelung das zentrale Erfordernis der Annäherungstheorie erfüllt: Das Abkommen trägt die Tendenz in sich, dem vom Grundgesetz geforderten Zustand näher zu kommen, *soweit dies politisch erreichbar ist.* Bei der rechtlichen Beurteilung kann insoweit – worauf vor allem Menzel zutreffend hingewiesen hat – die politische Macht- und Interessenlage nicht außer Betracht bleiben.

35 Abgesehen davon, müssen die Rechte, die sich die Hauptsiegermächte in bezug auf Berlin und auf Deutschland als Ganzes vorbehalten haben, als rechtliche Klammer angesehen werden, die die verschiedenen Teile Deutschlands noch miteinander verbinden; aus diesem Grund muß man, gerade wenn man das Einheitswahrungs- und das Wiedervereinigungsgebot betont, nicht den Abbau, sondern die Aufrechterhaltung der Alliierten-Vorbehalte fordern.

Die Möglichkeit, Berlin voll in die Bundesrepublik einzubeziehen, besteht zwar rechtlich, sie würde aber eine Aufhebung des Besatzungsrechts der Westmächte in Berlin implizieren und muß daher aus politischen Gründen als rein hypothetisch angesehen werden. Aber auch eine wesentliche Erweiterung der Bindungen war in den letzten zehn Jahren vor Abschluß des Viermächte-Abkommens nicht mehr zu erreichen. Die vertraglichen Beschränkungen, die das Viermächte-Abkommen insoweit begründet, betreffen also im wesentlichen eine nicht durchsetzbare Rechtsposition. Dem stehen auf der Positivseite nicht nur die praktischen Verbesserungen, insbesondere im Bereich des Durchgangsverkehrs, gegenüber, sondern auch die Tatsache, daß die besatzungsrechtlichen Befugnisse der Westmächte wenigstens in den Westsektoren von der Sowjetunion und der DDR nicht mehr in Frage gestellt werden und daß die Gegenseite die bestehenden Bindungen Berlins an den Bund einschließlich der Entwicklungsmöglichkeiten grundsätzlich hinnimmt.

ELFTES KAPITEL

DER INHALT DES VIERMÄCHTE-ABKOMMENS

Die Präambel und die Allgemeinen Bestimmungen

Die Präambel ist Bestandteil des Vertragswerkes; sie begründet vertragliche Rechte und Verpflichtungen und hat nicht nur programmatische Bedeutung[1]. Sie bildet mit den Vorschriften des Viermächte-Abkommens vom 3. September 1971 eine Einheit und muß bei der Interpretation des Abkommens ebenso wie bei der Auslegung der anderen Vertragsbestandteile berücksichtigt werden. Eine besonders enge Bindung besteht zwischen der Präambel und dem I. Hauptteil des Viermächte-Abkommens, weil einige Grundprinzipien des gesamten Vertragswerkes sowohl in der Präambel als auch in den Allgemeinen Bestimmungen erwähnt werden. Dies gilt insbesondere für den Fortbestand der gemeinsamen und individuellen Rechte und Verantwortlichkeiten (Absatz 3 der Präambel; I, 3 der Allgemeinen Bestimmungen), für die Berücksichtigung der tatsächlich bestehenden Lage (Absatz 4 der Präambel; I, 4 der Allgemeinen Bestimmungen) und für den Vorbehalt der unterschiedlichen Rechtsauffassungen (Absatz 6 der Präambel; I, 4 der Allgemeinen Bestimmungen).

Die Rechte und Verantwortlichkeiten der Vier Mächte

Nach Absatz 3 der Präambel handeln die Vertragspartner auf der Grundlage der Viermächte-Rechte und -Verantwortlichkeiten und den entsprechenden Vereinbarungen und Beschlüssen der Vier Mächte aus der Kriegs- und Nachkriegszeit, die nicht berührt werden; nach I, 3 der Allgemeinen Bestimmungen werden die vier Regierungen ihre individuellen und gemeinsamen Rechte und Verantwortlichkeiten, die unverändert bleiben, gegenseitig achten. Diese

1 Zur Gleichstellung der Präambel mit dem übrigen Vertragstext vgl. auch Art. 31 Abs. 2 der Wiener Konvention über das Recht der Verträge.

Formulierungen zeigen in Verbindung mit dem Vorbehalt der unterschiedlichen Rechtsauffassungen (Absatz 6 der Präambel und I, 4 der Allgemeinen Bestimmungen), welche Fragen durch das Vertragswerk nicht geregelt werden sollten. Das Viermächte-Abkommen soll die bestehenden Rechte und Verträge der Hauptsiegermächte nicht ablösen; es soll also kein neuer Berlin-Status geschaffen, sondern der bestehende Rechtsstatus der Stadt mindestens insoweit außer Streit gestellt werden, als er auf den Rechten und Vereinbarungen der Vier Mächte beruht[1a]. Welche Rechte und Verantwortlichkeiten, Vereinbarungen und Beschlüsse im einzelnen bestätigt werden und zu achten sind, geht aus dem Vertragstext nicht hervor. In erster Linie sind hiermit die Rechte und Verantwortlichkeiten gemeint, die sich aus der gemeinsamen Eroberung und Besetzung Deutschlands, der Kapitulation und der Übernahme der Regierungsgewalt im Jahre 1945 ergeben. Aus der Bestätigung dieser Rechte und aus der Bezugnahme auf die tatsächlich bestehende Lage (Abs. 4 der Präambel und I, 4 der Allgemeinen Bestimmungen) folgt, daß die Sowjetunion die besatzungsrechtliche Stellung der Westmächte in den Westsektoren nicht mehr in Frage stellt. Es bleibt allerdings weiter offen, ob es sich hierbei um originäres oder um abgeleitetes Besatzungsrecht handelt. Die Rechtsposition aus den sogenannten „Feindstaatenklauseln (Art. 53 und 107 der Charta der Vereinten Nationen) dürfte dagegen nicht unter den Begriff der Viermächte-Rechte fallen; dies folgt aus I, 2 der Allgemeinen Bestimmungen, wo ausdrücklich festgestellt wird, daß die Parteien ihre Verpflichtungen nach der Charta der Vereinigten Nationen berücksichtigen, ohne daß von etwaigen Rechten aus dieser Charta die Rede ist (vgl. unten S. 207 f.).

Während in I, 3 der Allgemeinen Bestimmungen festgestellt wird, daß die Vertragsparteien ihre individuellen und gemeinsamen Rechte und Verantwortlichkeiten gegenseitig achten werden, ist in Abs. 3 der Präambel nur von den „Viermächte-Rechten und -Verantwortlichkeiten", also von den gemeinsamen Rechtspositionen und Pflichten, die Rede. Zugleich werden in Absatz 3 der Prä-

1a Das Viermächte-Abkommen kann daher auch nicht als „Statusvertrag" angesehen werden, das heißt als einen Vertrag, durch den für ein bestimmtes Gebiet ein „objektives Regime", das heißt eine für alle Mitglieder der Völkerrechtsgemeinschaft verbindliche Ordnung, geschaffen wird. A.A. Klein: Statusverträge im Völkerrecht, Springer Verlag Berlin-Heidelberg-New York 1980, vgl. dazu meine Rezension in Recht und Politik 1983 S. 104 ff.

ambel – nicht aber in den Allgemeinen Bestimmungen – die „entsprechenden" Vereinbarungen und Beschlüsse der Vier Mächte aus der Kriegs- und Nachkriegszeit erwähnt. Der Zusammenhang und der Sinn der Vorschrift zeigen, daß damit nur die gemeinsamen Vereinbarungen und Beschlüsse gemeint sind, nicht aber individuelle Beschlüsse oder Vereinbarungen einzelner Besatzungsmächte mit dritten Staaten. Zu den Vereinbarungen und Beschlüssen, auf die das Viermächte-Abkommen Bezug nimmt, gehören das Londoner Protokoll vom 12. September 1944 mit seinen Ergänzungsprotokollen und die Erklärungen vom 5. Juni 1945 über die Übernahme der obersten Regierungsgewalt in Deutschland und über die Besatzungszonen in Deutschland; auch das Londoner Abkommen vom 14. November 1944 über die Kontrolleinrichtungen in Deutschland in der Fassung vom 1. Mai 1945 und die Erklärung vom 5. Juni 1945 über das Kontrollverfahren in Deutschland dürften hierzu gehören[2]. Zweifelhaft ist es, ob auch das Ergebnis der Potsdamer Konferenz von dem Viermächte-Abkommen erfaßt wird, weil an dieser Konferenz Frankreich nicht beteiligt war, es sich also nicht um eine Vereinbarung oder einen Beschluß der vier Hauptsiegermächte handelt. Vom Absatz 3 der Präambel erfaßt werden dagegen die Vereinbarungen und Beschlüsse der Vier Mächte, die die Verkehrswege von und nach Berlin betreffen, insbesondere also die Flugvorschriften für die Luftkorridore und die Kontrollzone Berlin in der Fassung vom 22. Oktober 1946, das Jessup-Malik-Abkommen und die Schlußerklärung über die Pariser Außenministerkonferenz von 1949. Diese Vereinbarungen werden, soweit sie den Verkehr von und nach Berlin betreffen, durch die spezielleren Vorschriften des Viermächte-Abkommens und der innerdeutschen Ausführungsvereinbarungen zum Teil überlagert aber nicht außer Kraft gesetzt[3]. Ob außer den genannten noch

2 Londoner Protokoll vom 12. September 1944 mit Ergänzungsabkommen vom 14. November 1944 und 26. Juli 1945; Londoner Abkommen über die Kontrolleinrichtungen in Deutschland vom 14. November 1944 i.d.F. 1. Mai 1945 (Anhang S. 301 - 306). Erklärung in Anbetracht der Niederlage Deutschlands und der Übernahme der obersten Regierungsgewalt in Deutschland vom 5. Juni 1945; Feststellung über das Kontrollverfahren in Deutschland vom 5. Juni 1945, Feststellung über die Besatzungszonen in Deutschland. Dokumente zur Berlin-Frage Nr. 10 - 12.

3 Flugvorschriften für Flugzeuge, die die Luftkorridore in Deutschland und die Kontrollzone Berlin befliegen i.d.F. v. 22. Oktober 1946, Dokumente

weitere Vereinbarungen und Beschlüsse der Vier Mächte von Absatz 3 der Präambel und I, 3 der Allgemeinen Bestimmungen erfaßt werden, soll im Rahmen dieser Arbeit nicht untersucht werden.

Offen bleibt dagegen die Frage, welche Rechte und Pflichten die beteiligten Mächte im einzelnen aus den Viermächte-Vereinbarungen und Beschlüssen herleiten können und wie ihre „Rechte und Verantwortlichkeiten" im einzelnen zu definieren sind. Eine weitere Schwierigkeit für die Interpretation ergibt sich daraus, daß die Vereinbarungen und Beschlüsse, auf die das Abkommen Bezug nimmt, sich überwiegend auf ganz Deutschland beziehen und nur zum Teil spezielle Vorschriften für Berlin enthalten. Das Viermächte-Abkommen betrifft dagegen nur Berlin – nach politischen Verlautbarungen in der Sowjetunion und der DDR sogar nur die Westsektoren; es wirkt sich, soweit es den Verkehr von und nach Berlin und die Besuchsregelung betrifft, auch auf das Territorium der DDR aus, betrifft aber nicht Deutschland als Ganzes. Die Frage, ob und in welchem Umfang die Rechte und Verantwortlichkeiten, Erklärungen und Beschlüsse der Vier Mächte noch heute auf Deutschland als Ganzes anwendbar sind, wird von dem Abkommen nicht beantwortet; sie kann nur nach den Regeln des allgemeinen Völkerrechts entschieden werden, wobei die Vorbehaltserklärungen der Siegermächte berücksichtigt werden müssen, die sowohl im Deutschland-Vertrag in der abgeänderten Fassung vom 23. Oktober 1954 als auch in dem Moskauer Vertrag zwischen der Sowjetunion und der DDR vom 20. September 1955 enthalten sind[4].

Das betreffende Gebiet

In engem Zusammenhang mit dem Vorbehalt der unterschiedlichen Rechtsauffassungen steht die Frage, was unter dem „betreffenden Gebiet" im Sinne der Präambel und der Allgemeinen Bestimmungen des Viermächte-Abkommens zu verstehen ist. Für diese Frage liegen widersprüchliche Erklärungen vor, die maßgebliche Vertreter der beteiligten Mächte außerhalb der Vertragsverhand-

zur Berlin-Frage Nr. 36. New Yorker Abkommen vom 4. Mai 1949; Kommuniqué vom 20. Juni 1949 über die 6. Tagung des Rats der Außenminister in Paris; vgl. Dokumente zur Berlin-Frage Nr. 81, 89.

4 Vgl. Teil II, Kapitel 4 und 5.

lungen abgegeben haben. Am 12. September 1971 erklärte der sowjetische Botschafter Abrassimov in einer Rede anläßlich seiner Ernennung zum Ehrenbürger der Hauptstadt der DDR, daß das sozialistische Berlin nie Gegenstand der Verhandlungen gewesen sei[5]. Demgegenüber hieß es in einer Rede, die der amerikanische Botschafter in Bonn, Kenneth Rush, am 22. September 1971 vor der Berliner Handelskammer hielt, daß das Abkommen sich auf ganz Berlin erstrecke und nicht nur auf die Westsektoren. Rush räumte ein, daß sich die Bestimmungen eines Teils des Abkommens nur auf die Westsektoren bezögen, führte aber aus, daß die Präambel und Teil I ganz Berlin beträfen[6].

Eine übereinstimmende authentische Interpretation der Vertragspartner, durch die das „betreffende Gebiet" definiert wird, ist also nicht zu erwarten. Der Wortlaut, die Systematik und der Sinn des Abkommens sprechen allerdings dafür, daß unter dem „betreffenden Gebiet" in der Präambel und im ersten Teil des Abkommens ganz Berlin zu verstehen ist. Die Bestimmungen, die ausschließlich die Westsektoren betreffen, sind, wie sich auch aus der Unterüberschrift ergibt, in Teil II des Abkommens zusammengefaßt. Wären mit dem „betreffenden Gebiet" in der Präambel und im ersten Teil ebenfalls nur die Westsektoren gemeint, so wäre die Gliederung des Abkommens in Präambel und zwei Hauptabschnitte überflüssig und unverständlich. Ferner ist zu berücksichtigen, daß sich die Rechte und Verantwortlichkeiten der Vier Mächte sowie ihre Vereinbarungen und Beschlüsse aus der Kriegs- und Nachkriegszeit, die nach der Präambel und I, 3 unberührt bleiben, nicht auf die Westsektoren beschränkten. Tatsächlich enthält Teil 2 des Viermächte-Abkommens die ersten Vereinbarungen und Beschlüsse der Hauptsiegermächte, die nur die Berliner Westsektoren betreffen[7]. Schließlich hätten die meisten Bestimmungen des Allge-

5 Neues Deutschland vom 13. September 1971 S. 2.

6 Die Berliner Wirtschaft Nr. 10 vom 1. Oktober 1971 S. 796 ff. Eine Kompromißformel, die dem sowjetischen Rechtsstandpunkt weitgehend entgegenkommt, enthält das Schlußkommuniqué über den Moskaubesuch des damaligen US-Präsidenten Nixon vom 29. Mai 1972. Vgl. dazu Mahnke, Deutschland-Archiv, 1975 Heft 8 S. 835 (841).

7 Sicher stand es den Vier Mächten frei, auch unter Bezugnahme auf die früheren Vereinbarungen und Beschlüsse Regelungen zu treffen, die sich auf die Westsektoren beschränken – im II. Abschnitt des Abkommens haben sie dies unstreitig getan. Die Tatsache, daß auf diese Beschlüsse und Ver-

meinen Teils offensichtlich keinen Sinn, wenn sie nur auf die Berliner Westsektoren angewandt würden. Hierzu gehören zum Beispiel der Gewaltverzicht und die Pflicht zur gegenseitigen Achtung der individuellen und gemeinsamen Rechte und Pflichten, den Status quo nicht einseitig zu ändern[8].

Allerdings ist die Schlüssigkeit dieser Argumentation auch in der juristischen Literatur der Bundesrepublik bezweifelt worden. Einige Autoren weisen darauf hin, daß der Begriff „Betreffendes Gebiet" das Ergebnis eines Formelkompromisses ist; die Frage der Einbeziehung des Berliner Ostsektors in das Viermächte-Abkommen sollte „ausgeklammert (also weder im positiven noch im negativen Sinne) entschieden werden. Beiden Parteien bleibt es daher unbenommen, ihren Rechtsstandpunkt weiter zu vertreten. Aus diesem Grunde sollen beide Rechtsstandpunkte nach dem Viermächte-Abkommen völlig gleichwertig nebeneinander stehen, und es sei nicht zulässig, etwa im Wege einer „gekünstelten Interpretation" des Abkommens dem einen Rechtsstandpunkt den Vorzug vor dem anderen zu geben[9].

Diese Argumentation berührt die grundsätzliche Frage, wie derartige Kompromißformeln, die in der modernen Vertragspraxis häufig verwendet werden, zu interpretieren sind. M.E. ist ein Formelkompromiß von einem echten „vereinbarten Dissens" zu unterscheiden, wie er beispielsweise im 5. Abschnitt der Präambel des Grundvertrages zwischen der Bundesrepublik Deutschland und der DDR – insbesondere im Zusammenhang mit der nationalen Frage – verankert ist. Nur in dem zuletzt genannten Fall kann man davon ausgehen, daß die gegensätzlichen Auffassungen der Partei-

einbarungen ohne einschränkende Formulierung Bezug genommen wird, muß aber in Verbindung mit der Systematik des Vertragstextes als ein starkes Argument zugunsten dieser Annahme gewertet werden.

8 Ebd. S. 797. Den von Rush begründeten Standpunkt vertreten mit weitgehend übereinstimmenden Argumenten Mahnke a.a.O. (6) Schweisfurth, Recht und Politik 7 (1971) S. 149 ff., ders. Recht und Politik 11 (1975) S. 17 ff., Doeker/Melsheimer/Schröder AJIL 67 (1973) S. 44 ff. (55).

9 So z.B. Schiedermair a.a.O., S. 42 ff., insbesondere 43 und 47 f. Einen im wesentlichen gleichen Standpunkt vertritt Jung, Recht in Ost und West 1975 S. 217 ff., der von einem „agreement not to agree" spricht und der Meinung ist, daß die Frage nicht an Hand „exegetischer Übungen" an dem Vertragstext gelöst werden kann. Vergleiche dazu meine Stellungnahme in Recht in Ost und West 1975, S. 223 ff.

en nach dem Abkommen gleichwertig nebeneinanderstehen sollen. Im Rahmen des Viermächte-Abkommens kann man den Vorbehalt der unterschiedlichen Rechtsauffassungen (Abs. 6 der Präambel und I, 4 der Allgemeinen Bestimmungen) als echten „vereinbarten Dissens" ansehen: Er dürfte sich aber nur auf die unterschiedlichen Rechtspositionen der Parteien beziehen, die bereits bei Abschluß des Viermächte-Abkommens bestanden, nicht aber auf die Auslegung des Abkommens selbst.

Der Zweck einer Kompromißformel[10] ist es dagegen, die unterschiedlichen Standpunkte der Parteien durch eine absichtlich unklare Formulierung zu überbrücken. Der Wille der Vertragspartner ist in solchen Fällen nicht auf eine Vereinbarung gerichtet, nach der die unterschiedlichen Rechtsauffassungen gleichwertig nebeneinanderstehen sollen, sondern darauf, daß jede Partei an ihrer Auffassung (als der einzig richtigen) festhält, daß aber in voller Kenntnis dieser Meinungsverschiedenheit ein wirksamer Vertrag geschlossen werden soll. Grundlage dieses Verfahrens ist die Annahme, daß die fortbestehende rechtliche Meinungsverschiedenheit der praktischen Durchführung des Abkommens nicht im Wege steht.

Die Lehre vom „offenen" und „versteckten" Dissens bei Vertragsabschlüssen hilft bei der Auslegung solcher absichtlich unklaren Vertragsvorschriften nicht weiter. Sie befaßt sich mit der Frage, ob ein Vertrag als nichtig oder (ausnahmsweise) als wirksam anzusehen ist, wenn die Parteien über einen wesentlichen Streitpunkt keine Einigung erzielt haben. Fehlt es an einer Einigung über den Regelungsgegenstand, so dürfte das Abkommen nach einhelliger Auffassung als nichtig anzusehen sein. Gerade dieses Ergebnis wollten die Vertragspartner aber durch die Kompromißformel ausschließen. Ihr – insoweit übereinstimmender – Wille war darauf gerichtet, daß ein Vertrag trotz der fehlenden Einigung über wesentliche Fragen wirksam zustandekommen sollte.

In diesem Fall ist davon auszugehen, daß keine Partei der Gegenseite vertragswidriges Verhalten vorwerfen kann, wenn diese an ihrer bei Vertragsschluß bekannten Rechtsauffassung festhält[11].

10 Z.B. also die Kompromißformel vom „betroffenen Gebiet".

11 Aus diesem Gesichtspunkt ergibt sich der Sinn der widersprechenden Erklärungen, die beide Seiten nach Unterzeichnung, aber vor Inkrafttreten des Viermächte-Abkommens zur Frage des „betroffenen Gebiets" abgegeben haben.

Andererseits kann sich keine Partei auf ihre umstrittene Rechtsauffassung berufen, um die Durchführung der Vertragsbestimmungen zu verweigern, von deren Durchführbarkeit die Parteien in Kenntnis der bestehenden Meinungsverschiedenheiten ausgegangen sind. Kommt es dagegen bei der praktischen Durchführung des Vertrages entgegen der ursprünglichen Annahme der Parteien auf die Interpretation der Kompromißformel an, so ist die Lage weitgehend die gleiche, als ob es sich um einen Interpretationsstreit handelt, der erst nach Vertragsschluß entstanden ist.

Bei der Interpretation unklarer oder zweideutiger Vertragsvorschriften kann es mit anderen Worten nicht von entscheidender Bedeutung sein, ob die Zweideutigkeit von den Parteien beabsichtigt war oder nicht; man kann zur Lösung der Streitfrage in beiden Fällen auf den Vertragstext und die üblichen Interpretationsmittel zurückgreifen. Dies gilt vor allem, wenn die Interpretation nicht zwischen den Vertragsparteien unmittelbar, sondern gegenüber Drittstaaten oder vor einem internationalen Forum, z.B. den Vereinten Nationen, streitig wird. Es wäre zwar unzulässig oder mindestens zwecklos, wenn man in diesem Fall zu verheimlichen versuchte, daß hier eine Meinungsverschiedenheit besteht, die den Parteien bei Vertragsschluß bekannt war. Es ist aber durchaus legitim, wenn man auf westlicher Seite darauf hinweist, daß die Systematik des Viermächte-Abkommens und der Wortlaut der Allgemeinen Bestimmungen zugunsten des von den Westmächten und der Bundesrepublik vertretenen Rechtsstandpunkts sprechen[12].

Der räumliche Geltungsbereich des Viermächte-Abkommens ist auch nach Abschluß der 3. Auflage dieser Monografie in der Rechtslehre der Bundesrepublik lebhaft diskutiert worden. Auf dem Sym-

12 Schwieriger ist die Frage zu beurteilen, ob auch aus dem 2. Teil des Abkommens, der sich ausdrücklich auf die Berliner Westsektoren bezieht, Rückschlüsse auf den Status des Ostsektors gezogen werden können. Der 2. Abschnitt enthält insbesondere i.V. mit der Transitvereinbarung und der Besuchsregelung Bestimmungen, die nicht nur den Ostsektor, sondern das gesamte Gebiet der DDR betreffen und er wirkt sich durch die Erklärung, daß widersprechende Vorschriften des Grundgesetzes suspendiert bleiben, auch auf das Territorium der gesamten Bundesrepublik aus. Der Annahme, daß Gegenstand des Vertrages nicht nur Berlin, sondern die gesamte DDR oder möglicherweise ganz Deutschland sein sollte, steht der historisch bekannte Wille – und insoweit übereinstimmende – der 4 Vertragsparteien entgegen. Jung dürfte insoweit zuzustimmen sein, wenn er den Regelungsgegenstand des Vertrages seinem Anwendungsbereich gegenüberstellt.

posium „Zehn Jahre Berlin-Abkommen 1971-1981" am 15./16. Oktober 1981 befaßten sich zwei Beiträge mit dieser Frage[12a].

Mampel stimmt im Ergebnis mit der hier vertretenen Auffassung überein. Er übernimmt die Unterscheidung zwischen vereinbartem Dissens und Formelkompromiß, meint aber, daß es sich im vorliegenden Fall um eine in einen Formelkompromiß gekleidete Einigung über die Nichteinigung handele (S. 122). Die Konsequenz ist, daß beide Seiten an ihren unterschiedlichen Rechtsstandpunkten festhalten können; dritten Staaten steht es frei, für welche Position sie sich entscheiden. Ob sie dabei gehalten sind, die grammatischen, logischen und systematischen Gesichtspunkte zu berücksichtigen, die auch nach der Ansicht von Mampel für die westliche Auffassung sprechen, erscheint zweifelhaft. Auf jeden Fall ist Mampel zuzustimmen, wenn er ausführt, daß es ein Fehler wäre, den Status von Berlin (Ost) allein unter dem Aspekt des Geltungsbereichs des Viermächte-Abkommens zu betrachten[12b].

Silagi räumt zwar ein, daß mindestens die Systematik für eine Einbeziehung des Ostsektors in den Geltungsbereich des Abkommens spricht und daß diese Argumente zwingend wären, wenn es sich bei dem Vertragstext um ein innerstaatliches Gesetz handelte. Im Fall des Viermächte-Abkommens hält er dieses Ergebnis aber nicht für überzeugend und zwar aus Gründen, die in der Natur der Sache liegen und sich aus den unterschiedlichen Strukturprinzipien einerseits des Völkerrechts und andererseits des staatlichen Rechts ergeben[12c]. „Im zwischenstaatlichen Recht gibt es keine Gesetzesunterworfenen in diesem Sinne. Gesetzesanwender sind zugleich auch die Herren des Gesetzes." Hieraus soll sich im Völkerrecht neben den Auslegungsgrundsätzen, die ihren Niederschlag in Art. 31 der Wiener Vertragsrechtskonvention gefunden haben, auch ein Grundsatz, der „interpretatio in favorem debitoris" ergeben – auch als „in dubio contra stipulatorem" oder häufig auch als Grundsatz der souveränitätsfreundlichen Auslegung bezeichnet. Mir erscheint zweifelhaft, ob dieser Grundsatz anwendbar ist, wenn, wie im vorliegenden Fall, die volle Souveränität einer Vertragspartei über einen (möglichen) Teil des Vertragsgegenstandes

12a Mampel: Der Status von Berlin (Ost) in ... S. 121 ff. Silagi: Der Geltungsbereich des Viermächte-Abkommens ... S. 103 ff.

12b Mampel a.a.O. S. 123.

12c Silagi a.a.O. S. 111 ff.

umstritten ist. Außerdem dürfte dieser Grundsatz, selbst wenn er im Rahmen der Auslegung zwischenstaatlicher Verträge anerkannt sein sollte, nicht ausreichen, um alle logischen und systematischen Gesichtspunkte (die sich aus dem "context" im Sinne von Art. 31 der Wiener Vertragsrechtskonvention ergeben) außer Kraft zu setzen.

Die politische Entwicklung seit Inkrafttreten des Viermächte-Abkommens scheint allerdings eher den Skeptikern Recht zu geben. Die DDR hat die bestehende Lage im Ostsektor Berlins nach Inkrafttreten des Viermächte-Abkommens mindestens in zwei wesentlichen Punkten geändert, nämlich durch die Einstellung des Verordnungsblatts für Groß-Berlin und die unmittelbare Beteiligung des Ostsektors an der Wahl zur Volkskammer. Die Westmächte haben ihren Rechtsstandpunkt zwar durch Proteste gewahrt; letzten Endes sind die von den Gegenseite geschaffenen vollendeten Tatsachen aber akzeptiert worden[12d].

Der Vorbehalt der unterschiedlichen Rechtsauffassungen

Im Absatz 6 der Präambel wird festgestellt, daß die Parteien die folgenden Vereinbarungen „unbeschadet ihrer Rechtspositionen" geschlossen haben. In I, 4 der Allgemeinen Bestimmungen verpflichten sich die vier Regierungen, den Status quo „ungeachtet der Unterschiede in den Rechtsauffassungen" nicht einseitig zu verändern. Von diesen beiden Bestimmungen, in denen sich die Parteien ihre unterschiedlichen Rechtsauffassungen vorbehalten, hat der Vorbehalt in der Präambel die größere Bedeutung, weil er sich auf das gesamte nachfolgende Vertragswerk bezieht, während der Vorbehalt in I, 3 der Allgemeinen Bestimmungen, jedenfalls nach dem Wortlaut, nur die in diesem Absatz niedergelegte Vertragspflicht betrifft.

In welchen Fragen sich die Rechtsauffassungen der Parteien unterscheiden, geht aus dem Wortlaut der Vorbehaltsbestimmungen nicht hervor. Gemeint sind insbesondere die grundsätzlichen Meinungsverschiedenheiten zwischen den Westmächten und der So-

12d Kritisch zu der Tendenz – auch der Bundesrepublik – die ‚Einschmelzung des Ostsektors in die DDR' hinzunehmen, ist außer Mampel a.a.O. auch Zieger in „10 Jahre Berlin-Abkommen" S. 253 (271 ff.).

wjetunion, die den Rechtsstatus Berlins betreffen: in erster Linie also die Frage, ob die Befugnisse der Westmächte in Berlin auf originärem oder auf abgeleitetem Besatzungsrecht beruhen, und ob der besatzungsrechtliche Viermächte-Status für ganz Berlin de jure fortbesteht (vgl. Teil II, Kapitel 4). Außerdem bleiben alle Fragen offen, die durch das Abkommen nicht geregelt sind[13].

So konnten die Westmächte der Bundesrepublik und dem Berliner Senat den Auftrag erteilen, mit den zuständigen Behörden der DDR die Ausführungsvereinbarungen abzuschließen, ohne daß sie sich deshalb in der Frage einer etwaigen Anerkennung der DDR festlegen. Ebensowenig wird durch die Erklärungen, die die Sowjetunion z.B. über den Transitverkehr abgibt, der Souveränitätsanspruch der DDR grundsätzlich berührt.

Zugleich hat der Vorbehalt der unterschiedlichen Rechtsauffassungen aber auch die Bedeutung, daß die Verbindlichkeit der Vertragsbestimmungen von den rechtlichen Meinungsverschiedenheiten der Parteien nicht berührt werden soll. Vor allem der Vorbehalt in der Präambel ist im Zusammenhang mit dem vorangehenden Absatz zu lesen, wonach die Parteien von dem Wunsch geleitet werden, zu praktischen Verbesserungen der Lage beizutragen. Grundsätzliche Unterschiede in der Rechtsauffassung werden dabei ausgeklammert. Den Pflichten, die durch das Vertragswerk selbst begründet werden, kann sich keine der Parteien mit einem Hinweis auf den Vorbehalt der unterschiedlichen Rechtsauffassungen entziehen.

Die bestehende Lage

Auch der Status quo wird in der Präambel und in den Allgemeinen Bestimmungen des Abkommens erwähnt. Aus Abs. 4 der Präambel geht hervor, daß die Vertragsparteien die folgenden Vereinbarungen „unter Berücksichtigung der bestehenden Lage in dem betreffenden Gebiet" geschlossen haben. In I, 4 der Allgemeinen Bestim-

13 Soweit mit Bedacht Formulierungen gewählt wurden, die unterschiedliche Rechtsauffassungen der Parteien unberührt lassen, gelten die Grundsätze, die oben (S. 218 ff.) in Zusammenhang mit dem „betreffenden Gebiet" entwickelt worden sind. Der Vorbehalt der unterschiedlichen Rechtsauffassungen betrifft, wie dort bereits festgestellt wurde, die rechtlichen Meinungsverschiedenheiten, die bei Abschluß des Viermächte-Abkommens bestanden, nicht aber die Auslegung des Vertragswerks selbst.

mungen wird der Status quo dann zum Gegenstand einer vertraglichen Verpflichtung gemacht. Die vier Regierungen stimmen darin überein, daß die Lage, die sich in diesem Gebiet entwickelt hat und wie sie in diesem Abkommen sowie in den anderen in diesem Abkommen genannten Vereinbarungen definiert ist, nicht einseitig verändert wird. Der Status quo, der nach dieser Vertragsvorschrift zu respektieren ist, beruht also auf drei Grundlagen: dem Abkommen selbst, den in dem Abkommen genannten Vereinbarungen und der tatsächlichen Entwicklung. Der Begriff des „Abkommens" im Sinne dieser Vertragsvorschrift muß weit ausgelegt werden; er dürfte nicht nur das Viermächte-Abkommen selbst, sondern auch die Anlagen, das Schlußprotokoll und die Begleitdokumente umfassen[14].

Zu den „anderen in diesem Abkommen genannten Vereinbarungen" gehören die Viermächte-Vereinbarungen aus der Kriegs- und Nachkriegszeit und die innerdeutschen Ausführungsvereinbarungen zum Viermächte-Abkommen, sofern sie nicht als Teil des Abkommens anzusehen sind.

Soweit der Status quo von den Vorschriften des Viermächte-Abkommens abweicht, gebührt dem Viermächte-Abkommen selbst einschließlich der Anlagen, Begleitdokumente und innerdeutschen Ausführungsvereinbarungen der Vorrang, denn die bestehende Lage wird durch dieses Vertragswerk in vielen Punkten ausdrücklich geändert. Die entsprechenden Vertragsvorschriften liefen leer, wenn eine der Parteien sich ihnen unter Berufung auf den Status quo entziehen könnte. Den Vertragspflichten können sich die Parteien mit einem Hinweis auf die bestehende Lage ebensowenig entziehen wie mit einem Hinweis auf den Vorbehalt der unterschiedlichen Rechtsauffassungen. Absatz 4 der Präambel und I, 4 der Allgemeinen Bestimmungen können aber, soweit der Vertragstext Lücken enthält oder unklar ist, als Auslegungsregeln herangezogen werden. Im Zweifel wird dabei das Abkommen so auszulegen sein, daß eine Änderung der bestehenden Lage nicht beabsichtigt ist. Dabei ist allerdings zu berücksichtigen, daß neben der tatsächli-

14 Nach Auffassung von Schiedermair (s. Fn. 9) gehören die im Interpretationsschreiben I verankerten Beschränkungen der Bundespräsenz nicht zur bestehenden Lage im Sinne I, 4 der Allgemeinen Bestimmungen, weil in dem begleitenden Notenwechsel ausdrücklich vorgesehen ist, daß dieses Schreiben der Bundesregierung erst nach Unterzeichnung des Schlußprotokolls zugestellt wird.

chen Lage auch die Vereinbarungen und Beschlüsse aus der Kriegs- und Nachkriegszeit als „andere in diesem Abkommen genannte Vereinbarungen" zur Definition des Status quo heranzuziehen sind. Da über die Auslegung und Bedeutung dieser Abkommen zwischen den Parteien aber größtenteils keine Einigkeit besteht und insoweit der Vorbehalt der unterschiedlichen Rechtsauffassungen durchgreift, dürfte die praktische Bedeutung dieser Vereinbarungen nur gering sein.

Soweit weder das Viermächte-Abkommen noch die in ihm genannten anderen Vereinbarungen Auskunft über die Lage geben, verpflichten sich die Parteien, die tatsächlich bestehende Lage, also den Status quo, nicht einseitig zu ändern. Vertragsgegenstand sind die „bestehende Lage in dem betreffenden Gebiet" (Präambel) und „die Lage, die sich in diesem Gebiet entwickelt hat" und wie sie in diesem Abkommen sowie in den anderen in diesem Abkommen genannten Vereinbarungen definiert ist (I, 4 der Allgemeinen Bestimmungen). Darunter ist, wie oben festgestellt wurde, ganz Berlin zu verstehen. Auch im Ostsektor darf die bestehende Lage daher nicht einseitig geändert werden[15].

15 Soweit die DDR den Status quo im Ostsektor nach Inkrafttreten des Viermächte-Abkommens einseitig geändert hat, hat sie damit also nicht nur die besatzungsrechtlichen Befugnisse der Westmächte verletzt, sondern auch gegen das Abkommen verstoßen. Dies gilt mindestens für die Einführung des Visumzwanges für Ausländer, die aus den Westsektoren in den Ostsektor einreisen, und für den anscheinend beabsichtigten stillschweigenden Verzicht auf eine Verkündung der im Ostsektor übernommenen DDR-Gesetze im Verordnungsblatt für Groß-Berlin.
Bei der Einführung des Visumzwanges für Ausländer kommt hinzu, daß hier die Kommunikationen zwischen den Westsektoren und den angrenzenden Gebieten entgegen der in II c des Viermächte-Abkommens gegebenen Zusicherung – wenn auch nur in einem eng begrenzten Teilbereich – nicht verbessert, sondern verschlechtert worden sind.
Bei der Aufhebung der Ausweiskontrollen an der Grenze zwischen dem Ostsektor und der DDR kann man allerdings bezweifeln, ob hier eine Verletzung des vertraglich geschützten Status quo vorliegt, weil die westlichen Vertragspartner kaum ein Interesse an der Aufrechterhaltung dieser Kontrollen haben dürften. Es ist in diesem Fall also fraglich, ob hier eine „Aussenwirkung" besteht. Dagegen berührt jede einseitige Änderung der verfassungsrechtlichen Besonderheiten schon deshalb die Interessen der Westmächte, weil ihre besatzungsrechtlichen Befugnisse in bezug auf den Ostsektor damit demonstrativ geleugnet werden und das Gleichgewicht zwischen dem Status des Ostsektors und der Westsektoren noch weiter zugunsten der DDR verschoben wird.

Von dem Verbot der einseitigen Änderung werden alle Bereiche erfaßt, die eine gewisse Außenwirkung entfalten und die rechtlichen oder politischen Interessen der Vertragspartner berühren. Änderungen, die ausschließlich von innenpolitischer Bedeutung für die Westsektoren oder für den Ostsektor sind, fallen dagegen nicht hierunter, z.B. Gesetzesänderungen oder Verfassungsänderungen, die nicht „statusrelevant" sind. Von I, 4 des Abkommens erfaßt werden dagegen auch Maßnahmen, die nicht in dem betreffenden Gebiet stattfinden, sich aber unmittelbar auf dieses Gebiet auswirken, z.B. Störungen auf den Zufahrtswegen.

Stichtag für die Ermittlung der „bestehenden Lage" ist der Tag der Unterzeichnung des Viermächte-Abkommens, also der 3. September 1971[16]. Einseitige Änderungen nach diesem Zeitpunkt gehören nicht zum Status quo im Sinne von I, 4. Einseitig ist jede Änderung, die von einer der Vertragsparteien oder von einer deutschen Behörde herbeigeführt wird, ohne daß die vier Hauptsiegermächte ihr zustimmen. Allerdings muß angenommen werden, daß diese Zustimmung auch stillschweigend erteilt werden kann.

Neben der allgemeinen Bezugnahme auf die bestehende Lage in Absatz 4 der Präambel und in I, 4 der Allgemeinen Bestimmungen verweist das Vertragswerk in verschiedenen speziellen Vorschriften auf den Status quo. Hierher gehört zum Beispiel die Formulierung in II B, nach der die bestehenden Bindungen zwischen den

Zu den einseitigen Maßnahmen der DDR in der zweiten Jahreshälfte 1976 und zum Jahreswechsel 1976/77 vgl. Kapitel 6, S. 94 f.

Wie oben (S. 218 ff.) erörtert wurde, ist die Frage, ob die Allgemeinen Bestimmungen des Viermächte-Abkommens auch den Ostsektor betreffen, freilich umstritten. Als vermittelnde Stellungnahme kann insoweit die Auffassung angesehen werden, die Schiedermair (S. 52) vertritt. Hiernach stehen sich die Auffassungen der Vertragspartner, was die Einbeziehung des Ostsektors anbelangt, zwar gleichwertig gegenüber; eine einseitige Änderung des Status quo im Ostsektor könnte jedoch von den Westmächten als Schwierigkeit bei der Anwendung des Viermächte-Abkommens angesehen und zum Gegenstand des in Nr. 4 des Schlußprotokolls vorgesehenen Konsultationsverfahrens gemacht werden.

16 Es ließe sich auch der Standpunkt vertreten, daß der für die Definition des Status quo maßgebliche Zeitpunkt nicht die Unterzeichnung des Viermächte-Abkommens, sondern sein Inkrafttreten durch Unterzeichnung des Schlußprotokolls, also der 3. Juni 1972 ist. Die praktische Bedeutung dieser Frage ist gering, weil keine der Vertragsparteien in der Zwischenzeit wesentliche Änderungen des Status quo vorgenommen hat.

Westsektoren und der Bundesrepublik Deutschland aufrechterhalten werden, soweit das Vertragswerk im einzelnen nichts anderes bestimmt.

Der Gewaltverzicht, die Bezugnahme auf die Charta der Vereinten Nationen und die Pflicht zur Entspannung

Nach I, 2 des Abkommens stimmen die Vertragsparteien unter Berücksichtigung ihrer Verpflichtungen aufgrund der Charta der Vereinten Nationen darin überein, daß in dem betreffenden Gebiet keine Anwendung oder Androhung von Gewalt erfolgen soll und daß Streitigkeiten ausschließlich mit friedlichen Mitteln beizulegen sind.

Fraglich ist, ob die Bezugnahme auf die VN-Satzung auch die Rechtsposition der Siegermächte aus den „Feindstaatenklauseln" umfaßt. Dies ist nicht anzunehmen, weil in der Vertragsvorschrift nur von den Verpflichtungen, nicht aber von den Rechten aus der Satzung die Rede ist. Als ein Verweis auf die Feindstaatenklauseln könnten allenfalls die Formulierungen in Absatz 3 der Präambel und I, 3 der Allgemeinen Bestimmungen angesehen werden, wonach die Rechte und Verantwortlichkeiten der Siegermächte unberührt bleiben. Die Pflicht zum Gewaltverzicht aus I, 2 der Allgemeinen Bestimmungen gilt diesen Vorschriften aber als lex specialis vor. Keine der Vertragsparteien kann sich also auf die Feindstaatenklauseln berufen, um sich dieser Vertragspflicht zu entziehen. Im übrigen ist nicht anzunehmen, daß die Rechtspositionen aus den Artikeln 53 und 107 der VN-Satzung überhaupt Gegenstand des Abkommens sein sollen[17]. Die Frage, ob den Siegermächten heute überhaupt noch ein Recht aus den Feindstaatenartikeln zusteht und worin dieses Recht gegebenenfalls bestehen könnte, bleibt also unentschieden; sie fällt unter den Vorbehalt der unterschiedlichen Rechtsauffassungen.

Der sprachliche und systematische Zusammenhang, den das Ab-

17 Vgl. hierzu die sehr eingehenden Untersuchungen von Schiedermair S. 26 ff. Schiedermair ist zuzustimmen, wenn er (S. 30) darauf hinweist, daß durch das Viermächte-Abkommen eine im gegenseitigen Einvernehmen durchgeführte Kollektivintervention aller Vier Mächte in Berlin nicht ausgeschlossen wird. Dies folgt m.E. auch schon aus dem besatzungsrechtlichen Status der Stadt; ein Rückgriff auf die Artikel 53 und 107 der VN-Satzung wäre gar nicht erforderlich.

kommen zwischen den Verpflichtungen aus der VN-Satzung und der Vertragspflicht zum Gewaltverzicht herstellt, zeigt, daß die entsprechenden Bestimmungen der Satzung zur Interpretation dieser Vertragsvorschrift herangezogen werden können. Dabei ist aber zu berücksichtigen, daß die in dem Vertrag niedergelegte Verpflichtung zur Gewaltlosigkeit weiter geht als die entsprechenden Verpflichtungen aus Artikel 2 der VN-Satzung; insbesondere heißt es, daß Streitigkeiten ausschließlich mit friedlichen Mitteln beizulegen sind und daß keine Anwendung oder Androhung von Gewalt erfolgt, ohne daß die in Artikel 2 Absatz 4 der Satzung enthaltenen einschränkenden Formulierungen erwähnt werden. Ausgeschlossen wird in erster Linie jede Anwendung oder Androhung von Gewalt in dem betreffenden Gebiet, die sich gegen einen der Vertragspartner richtet oder seinen Besitzstand verletzt. Auch die Träger der deutschen Staatsgewalt sind an die Vorschriften gebunden; sie können aber, wie oben festgestellt wurde, keine unmittelbaren Rechte aus ihr herleiten.

Die Bestimmung, daß Streitigkeiten mit friedlichen Mitteln beizulegen sind, wird durch Absatz 4 des Schlußprotokolls konkretisiert, in dem bei Schwierigkeiten in der Anwendung des Viermächte-Abkommens ein Konsultationsverfahren vorgesehen ist.

In I, 1 der Allgemeinen Bestimmungen heißt es schließlich, daß die vier Regierungen bestrebt sein werden, die Beseitigung von Spannungen und die Verhütung von Komplikationen in dem betreffenden Gebiet zu fördern. Die Formulierung, insbesondere der verwendete Begriff „bestrebt sein" lassen es zweifelhaft erscheinen, ob hier echte Vertragspflichten begründet werden sollen, oder ob es sich um eine mehr oder weniger unverbindliche politische Absichtsäußerung handelt. Schiedermair[18] ist jedenfalls zuzustimmen, wenn er annimmt, daß dieser Vorschrift eine eigenständige rechtliche Bedeutung nicht zukommt, und daß ein bestimmtes Verhalten zur Beseitigung von Spannungen und Verhütung von Komplikationen nur insoweit geschuldet wird, als beides in den übrigen Vertragsvorschriften näher konkretisiert ist. Zwar ist davon auszugehen, daß in I, 1 der Allgemeinen Bestimmungen Vertragspflichten begründet und nicht nur eine Absichtserklärung abgegeben werden soll, es ist aber zu berücksichtigen, daß sich die Parteien für die bisherigen Spannungen und Komplikationen ge-

18 Schiedermair S. 19 ff. (insbesondere S. 24).

genseitig verantwortlich gemacht haben. Insoweit greift der Vorbehalt der unterschiedlichen Rechtsauffassungen durch. Festzuhalten ist vor allem, daß weder für die eine noch für die andere Seite eine allgemeine Wohlverhaltenspflicht begründet wird. Keine Partei wird mit anderen Worten verpflichtet, ihre Rechtsauffassung (oder ihre im Status quo verankerte Praxis) dem Standpunkt der Gegenseite anzugleichen.

Absatz 7 der Präambel

Der 7. Absatz der Präambel, aus dem hervorgeht, daß die Parteien den folgenden Vertragstext vereinbart haben, ist vor allem für die Auslegung des zweiten Hauptabschnitts und der Anlagen von Bedeutung. Diese Teile des Vertragswerks könnten nach ihrem Wortlaut so verstanden werden, als ob sie keinen von den Parteien vereinbarten Text, sondern nur einseitige Erklärungen enthielten, die zum Teil von der Sowjetunion und zum Teil von den Westmächten abgegeben worden sind. Der Wortlaut der Präambel zeigt aber, daß es sich auch hierbei um Vertragsbestimmungen (Vereinbarungen), und nicht um einseitige Erklärungen handelt.

Das Schlußprotokoll

Die Bedeutung, die dem Schlußprotokoll für das Verhältnis des Viermächte-Abkommens zu den innerdeutschen Ausführungsvereinbarungen zukommt, wurde bereits oben (S. 207 ff.) erörtert. Durch das Schlußprotokoll haben die vier Hauptsiegermächte das Viermächte-Abkommen mit seinen Begleitdokumenten und die innerdeutschen Vereinbarungen zu einem einheitlichen Vertragswerk verbunden und in Kraft gesetzt. Nach Nr. 3 bleiben die verschiedenen Teile des Vertragswerks zusammen in Kraft.

Von großer Bedeutung ist das in Abs. 4 vorgesehene Streitbeilegungsverfahren. Bei Nichtdurchführung der aufgezählten Regelungen sowie im Fall von Schwierigkeiten bei der Durchführung, die eine der vier Regierungen als ernst ansieht, hat jede der vier Regierungen das Recht, Konsultationen einzuleiten, um die Einhaltung der eingegangenen Verpflichtungen sicherzustellen und die Situation mit dem Viermächte-Abkommen und dem Schlußprotokoll in Einklang zu bringen. Gegenstand der Verhandlungen können nicht nur eindeutige Fälle der Nichterfüllung oder der Leistungsstörung sein, sondern auch Meinungsverschiedenheiten über die Auslegung des Vertragswerks, sofern sich hieraus Schwierigkeiten bei der Durchführung der Vereinbarungen ergeben haben.

Es handelt sich um ein „Pactum de negotiando", durch das sich alle Beteiligten zu ernsthaften Verhandlungen mit dem in dem Schlußprotokoll niedergelegten Ziel verpflichtet haben[19]. Ein Erfolg der Verhandlungen ist auch durch diese Verpflichtung freilich nicht sichergestellt. Aus dem Wortlaut ist nicht eindeutig zu entnehmen, ob weitergehende Befugnisse, die eine Vertragspartei aus einer Nichterfüllung herleiten könnte, (z.B. Suspendierung einiger Vertragsleistungen oder im Extremfall Rücktritt vom Vertrag) ausgeschlossen werden sollen. Mit dem Zweck des Viermächte-Abkommens und dem auch im völkerrechtlichen Vertragsrecht verankerten Prinzip von Treu und Glauben dürfte es nicht vereinbar sein, wenn eine Partei zu derartig schwerwiegenden Maßnahmen greift, ohne die Vertragsstörung vorher zum Gegenstand des Streitbeilegungsverfahrens gemacht zu haben. Im übrigen könnten in diesem Fall die anderen Vertragsparteien ihrerseits das Konsultationsverfahren einleiten. Das Schlußprotokoll begründet eine von den übrigen Vertragsvorschriften unabhängige Pflicht zur Teilnahme und ernsthaften Verhandlung. Diese ist gerade für den Fall der Nichterfüllung oder der Leistungsstörung vorgesehen; keine Partei kann sich daher dieser Verpflichtung mit dem Hinweis auf tatsächliche oder angebliche Vertragsverletzungen der anderen Parteien entziehen[20].

19 Schiedermair S. 193.

20 Zur Auslegung des Viermächte-Abkommens in der sowjetischen Rechtslehre vgl.: Boldyriev in Deutsche Außenpolitik 5/1972 S. 872 ff. Vysocki, West-Berlin, Moskau 1975 sowie in der westdeutschen Literatur die Darstellungen von Schweisfurth, Recht und Politik 1971 S. 149 ff. und 1975 S. 17 ff. und von Wettig, Deutschland-Archiv 1974 Heft 4 S. 378 ff.

ZWÖLFTES KAPITEL
DER RECHTSSTATUS DER BERLINER WESTSEKTOREN

Der Gebietsstand der Westsektoren

Im Gegensatz zu der Präambel und den Allgemeinen Bestimmungen betreffen die unter II zusammengefaßten Vertragsbestimmungen sowie die Anlagen und Begleitdokumente, die sich auf diesen Abschnitt beziehen, nur die Berliner Westsektoren[1]. Maßgeblich sind, soweit sich aus den innerdeutschen Vereinbarungen über den Gebietstausch nichts anderes ergibt, die Demarkationslinien, so wie sie am Tag der Unterzeichnung verliefen. Zu den Westsektoren gehören also die britischen Interessengebiete in Gatow, nicht aber der Westteil von Staaken (vgl. Teil I, Seite 15 f.). Soweit später kleinere Gebietsteile gemäß II C, Absatz 2 des Viermächte-Abkommens in Verbindung mit den entsprechenden innerdeutschen Ausführungsvereinbarungen ausgetauscht werden, erstrecken sich die Bestimmungen des zweiten Abschnitts auch auf die Gebietsteile, die in die Westsektoren einbezogen werden, während ihre Wirkung für die Gebietsteile erlischt, die die DDR erwirbt.

Die Bindungen der Westsektoren an die Bundesrepublik

Durch das Abkommen wird der Rechtsstatus der Berliner Westsektoren ebensowenig wie der Rechtsstatus von Gesamt-Berlin umfassend geregelt, jedoch enthält das Vertragswerk eingehende Be-

1 Schiedermair, S. 63, weist auf einen bemerkenswerten Stilunterschied zwischen dem I. und II. Hauptteil des Abkommens hin. Der Stil der Allgemeinen Bestimmungen entspricht einem multilateralen Abkommen; die Parteien unterwerfen sich einem gemeinsamen vertraglichen Band, in dem jeder gegenüber jedem berechtigt und verpflichtet ist. Der II. Hauptteil ähnelt dagegen einem bilateralen Vertrag. Auf der einen Seite stehen die Westmächte, auf der anderen steht die Sowjetunion; die in den Unterabschnitten verankerten Vertragspflichten stehen in einem Leistungs- und Gegenleistungs-Verhältnis.

stimmungen, die sich mit den Bindungen der Westsektoren an die Bundesrepublik Deutschland befassen (II, B in Verbindung mit Anlage II und dem vereinbarten Notenwechsel), sowie über die außenpolitische Vertretung der Westsektoren (Anlage IV und das vereinbarte Verhandlungsprotokoll I).

In der grundlegenden Vorschrift (II B des Abkommens) erklären die westlichen Vertragspartner, daß die Bindungen der Westsektoren an die Bundesrepublik Deutschland aufrechterhalten und entwickelt werden, wobei sie berücksichtigen, daß die Westsektoren so wie bisher kein Bestandteil (konstitutiver Teil) der Bundesrepublik Deutschland sind und weiterhin nicht von ihr regiert werden.

Wenn man die politische Interessenlage bei Abschluß des Vertragswerks berücksichtigt, ist es nicht verwunderlich, daß die Interpretation gerade dieser Bestimmungen Anlaß zu heftigen Kontroversen zwischen den beteiligten Mächten gegeben hat. In politischen Verlautbarungen und juristischen Veröffentlichungen der Sowjetunion und der DDR werden vor allem die Satzteile in den Vordergrund gestellt, die die Bindungen der Berliner Westsektoren an den Bund beschränken. Von diesen Formulierungen, die zum Teil in stark vereinfachter oder entstellter Form wiedergegeben werden, heißt es, daß sie den „wichtigsten Grundsatz" oder das „Rückgrat" des Abkommens bilden[2]. Aus den in dieser Weise umgewerteten Vertragsbestimmungen werden dann nach Bedarf alle erdenklichen Forderungen hergeleitet, u.a. sogar die, daß die Aktivität des Bundes in Berlin abgebaut werden müsse[3].

Diese Art der Interpretation ist freilich nicht nur als fehlerhaft zurückzuweisen, sie muß geradezu als ein Versuch gewertet werden, den Inhalt der einschlägigen Vertragsbestimmungen in sein Gegenteil zu verkehren. Mit dem gleichen Recht könnte man sich auf den Satzteil beschränken, nach dem die Bindungen der Berli-

2 Vgl. z.B. V. Wyssozki „West Berlin", deutsche Übersetzung, Verlag Progreß, Moskau 1974 S. 219, sowie für die politischen Äußerungen der Sowjetunion die Zitate bei Wettig, Fünf Jahre Berlin-Abkommen, in Politik und Zeitgeschichte (Beilage zur Wochenzeitung Das Parlament), B 42/76, S. 24 ff.

3 Etwas zurückhaltender als die entsprechenden politischen Verlautbarungen sind die Formulierungen in den sowjetischen völkerrechtlichen Veröffentlichungen z.B. bei Wyssozki a.a.O., wo es heißt, daß das Viermächte-Abkommen eine Einstellung der unrechtmäßigen Tätigkeit der Bundesrepublik in Berlin vorsehe. Bei dieser Formulierung bleibt in der Schwebe, welche Formen der Bundespräsenz als unrechtmäßig angesehen werden.

ner Westsektoren an den Bund aufrechterhalten und entwickelt werden, und die Formulierungen, durch die die Entwicklungsmöglichkeit beschränkt wird, als nebensächlich beiseite schieben. Sicher mußte die Aktivität des Bundes in Berlin aufgrund des Abkommens eingeschränkt werden; eine Vertragsverpflichtung hierzu bestand und besteht aber nur in dem klar abgegrenzten Umfang, der sich aus Anlage II in Verbindung mit dem Interpretationsschreiben I ergibt.

Wenn man die Bestimmungen des Vertragswerks, die die Bindungen der Berliner Westsektoren an den Bund regeln, interpretieren will, muß man berücksichtigen, daß das Abkommen auch hier in erster Linie auf den Status quo verweist. Dies geht vor allem aus den Worten „continue to" und „continuent" hervor; im russischen Originaltext und in der deutschen Übersetzung treten an die Stelle des einheitlichen verbalen Ausdrucks zwei adverbiale Bestimmungen, nämlich „pro wpresnemu" – „wie bisher" und „i wpred" – „auch weiterhin". Die Formulierung, daß die Bindungen „aufrechterhalten werden" („will be maintained", „seront maintenus") deutet ebenfalls darauf hin, daß der bisherige Zustand aufrechterhalten werden soll, jedoch enthält diese Vertragsvorschrift ein dynamisches Element, weil sie vorsieht, daß die Bindungen auch entwickelt werden können.

Zwischen den deutschen Verhandlungspartnern war die Übersetzung verschiedener Worte streitig, die in dem englischen, französischen und russischen Originaltext dieses Abschnitts verwendet worden sind. Dies gilt zunächst für den Begriff „ties, liens, svjazi", der von der Bundesrepublik mit „Bindungen", von der DDR aber mit „Verbindungen" übersetzt worden ist.

Unter philologischen Gesichtspunkten scheint insoweit eine gewisse Diskrepanz zwischen den verschiedenen Vertragstexten zu bestehen. Zugunsten der von der DDR vertretenen Version (Verbindungen) läßt sich der russische Text anführen, während die englischen und französischen Texte zugunsten der von der Bundesrepublik bevorzugten Übersetzung (Bindungen) sprechen. Schiedermair weist darauf hin, daß nach den Grundsätzen der internationalen Vertragsauslegung der englischen Fassung in diesem Fall ein gewisses Übergewicht zukommt, weil es sich um eine Mitteilung der Westmächte an die Sowjetunion handelt und der russische Text aus dem englischen hervorgegangen ist[4].

4 Schiedermair S. 9311, Fußnote 238 unter Berufung auf Doeker/Melshei-

Bedenklicher als die von der DDR bevorzugte Wortwahl sind die politischen und rechtlichen Folgerungen, die die Sowjetunion und die DDR aus ihrer Version des Vertragstextes herleiten möchten. Offensichtlich wollen sie bestimmte Verhandlungspositionen, die sie bei Vertragsabschluß selbst nicht durchsetzen konnten, nachträglich in den Vertragstext hineininterpretieren, indem sie die „Verbindungen" der Berliner Westsektoren mit dem Bund auf bestimmte Lebensbereiche (etwa Wirtschaft, Finanzen, Kultur, Verkehr usw.) beschränken[5]. Weiter versuchen sie, die Bindungen zwischen dem Bund und Berlin in ihrer rechtlichen Bedeutung dadurch zu relativieren, daß sie sie nur in dem Umfang als zulässig ansehen wollen, in dem Berlin solche auch mit beliebigen dritten Staaten herstellen könnte. Diese Tendenz findet ihren Höhepunkt in Artikel 7 des Freundschafts- und Beistandspaktes zwischen der Sowjetunion und der DDR vom 7. Oktober 1975; es heißt dort, daß die Vertragsparteien „in Übereinstimmung mit dem vierseitigen Abkommen vom 3. September 1971 ihre Verbindungen zu Westberlin ausgehend davon unterhalten und entwickeln werden, daß es kein Bestandteil der Bundesrepublik ist und auch weiterhin nicht von ihr regiert wird"[6].

Abgesehen davon, daß bei der Übersetzung des Viermächte-Abkommens der westdeutschen Fassung aus den von Schiedermair angeführten Gründen der Vorzug zu geben ist, bietet der Vertragstext für die restriktiven Interpretationsversuche der Sowjetunion und der DDR selbst dann keinen Anhaltspunkt, wenn man entsprechend der russischen Fassung anstelle des Wortes „Bindungen" das Wort „Verbindungen" setzt. M.E. läßt sich nicht feststellen, daß im deutschen Sprachgebrauch dem Wort „Verbindung" eine geringere oder schwächere Bedeutung zukommt, als dem Wort „Bindung"[7]. Entscheidend ist, daß die Vertragsvorschrift einen allgemein gehaltenen Begriff enthält und die zulässigen Bindungen oder Verbindungen nicht, wie es während der Vertragsverhandlun-

mer/Schröder AJIL 67 (1973) S. 59; zustimmend: Mahnke, Deutschland-Archiv 11/1975 S. 1160 (1168).

5 So z.B. Wyssozki a.a.O., S. 219 f.

6 Vgl. Mahnke a.a.O., S. 1166. Mahnke ist zuzustimmen, wenn er annimmt, daß diese Formulierung vor allem gegen die außenpolitische Interessenvertretung der Westsektoren durch den Bund gerichtet sei; vgl. hierzu unten Kapitel 13.

7 A.A. Mahnke a.a.O., S. 1168.

gen zum Teil gefordert wurde, auf bestimmte Lebensbereiche beschränkt worden sind. Nicht nur die wirtschaftlichen, rechtlichen und kulturellen, sondern auch die politischen und alle anderen Bindungen werden also aufrecht erhalten und entwickelt.

Umstritten war auch die deutsche Übersetzung des in den Originaltexten verwendeten Begriffs („constituent part", „élement constitutif", „sostawnaja čast"). Bei diesem Ausdruck wurde schließlich Einigkeit dahingehend erzielt, daß man in der deutschen Übersetzung das Wort „Bestandteil" verwendete und es durch den Klammerzusatz „konstitutiver Teil" ergänze. Der rechtliche Sinn der Formulierung ist weder in den Originaltexten, noch in der deutschen Übersetzung klar; es scheint sich um einen reinen Formelkompromiß zu handeln[8]. Die in den Originaltexten verwendeten Worte können im normalen Sprachgebrauch mit „Bestandteil" übersetzt werden. Andererseits besteht wenigstens in der englischen und französischen Sprache die Verwandtschaft mit dem Wort „constitution = Verfassung"[9]. Im Licht der geregelten Materie kann dies so verstanden werden, daß die Westsektoren nicht vollgültig in die Verfassungsorganisation der Bundesrepublik einbezogen sind und daher nicht die gleiche Rechtsstellung haben wie die anderen Bundesländer[10]. Für die praktische Anwendung des

8 Nach Zeitungsberichten wünschte die Sowjetunion eine Erklärung, daß Berlin kein Teil der Bundesrepublik sei, während die Westmächte ursprünglich nur zusichern wollten, daß es sich nicht um ein Land der Bundesrepublik handele. Vgl. Tagesspiegel vom 17. September 1971.

9 Auch das russische Verbum *sostawitj* und das Substantivum *Sostawlenije* enthalten in ihrem Bedeutungsbereich die deutschen Wörter *verfassen* und *Verfassung*, s. das Lexikon Kratkii Nemezko-Russkii i Russko-Nemezkii Slowar, Moskwa 1962. In diesem Lexikon wird *sostawnaja čast* allerdings nur mit *Bestandteil* übersetzt.

10 So: Die Berlin-Regelung S. 271. Der Wortlaut der Vertragsvorschrift kann so verstanden werden, daß es sich um einen nicht-konstitutiven Teil der Bundesrepublik Deutschland handelt. Vgl. Baumeister, Recht und Politik, Heft 2/1972 S. 66 f. Auch das Interpretationsschreiben II deutet nicht darauf hin, daß durch das Viermächte-Abkommen ein neuer Berlin-Status begründet werden soll. Abgesehen davon, daß dieses Schreiben nur im Verhältnis zwischen den Westmächten und der Bundesrepublik rechtserheblich ist, geben die dort zitierten früheren Erklärungen nur den bekannten Standpunkt der Westmächte wieder, daß Berlin ungeachtet der bestehenden Bindungen kein Land der Bundesrepublik sei. Daraus, daß diese Erklärungen in Erinnerung gerufen werden, folgt weder, daß die bestehenden Bindungen eingeschränkt werden, noch daß die Bundesrepublik gezwungen

Viermächte-Abkommens dürfte sich aus dem Begriff des „konstitutiven Teils" (bzw. der entsprechenden Original-Vokabeln) nicht viel herleiten lassen, weil der Umfang der zulässigen Bindungen zwischen dem Bund und Berlin durch die speziellen Vorschriften des Vertragswerks und die bisherige Praxis weitgehend festgelegt wird und die rechtliche Zulässigkeit dieser Bindungen nicht davon abhängt, daß Berlin ein Land oder ein Bestandteil der Bundesrepublik ist. Nach dem Wortlaut der Vorschrift läßt es sich durchaus vertreten, daß man Berlin zwar nicht als Bestandteil oder konstitutiven Teil, wohl aber als Teil der Bundesrepublik ansieht.

Von größerer Bedeutung als diese umstrittenen Begriffe dürfte in II B Absatz 1 des Abkommens der Ausdruck sein, der in der deutschen Übersetzung mit „wie bisher" und „weiterhin" wiedergegeben wird. Diese Formulierung konkretisiert die in der Präambel und den Allgemeinen Bestimmungen enthaltene Bezugnahme auf den Status quo für den Bereich der Bindungen zwischen dem Bund und den Berliner Westsektoren. Sie läßt erkennen, daß die Beschränkungen, die der Bundesrepublik und dem Land Berlin in diesem Bereich bei Vertragsunterzeichnung auferlegt waren, „wie bisher" bestehen bleiben; andererseits zeigt sie, daß die Bindungen, die bisher als zulässig galten, aufrecht erhalten werden, soweit sich aus den speziellen Vertragsvorschriften nichts anderes ergibt. Der Formulierung, daß die Westsektoren „weiterhin nicht vom Bund regiert werden", kann man auch entnehmen, daß die Funktionen, die der Bund schon bisher in Berlin wahrnehmen durfte und weiterhin wahrnehmen darf, nicht als „regieren" im Sinne der alliierten Vorbehaltsschreiben und des Vertragswerks anzusehen sind[11].

ist, ihren Rechtsstandpunkt zu ändern. Vgl. insoweit auch BVerfG. – Eine weitere denkbare Definition des Begriffs „Konstitutiver Teil" könnte dahingehen, daß Berlin nicht zu den Ländern gehört, die an der Gründung (Konstituierung) der Bundesrepublik beteiligt waren.

11 Das Bundesverfassungsgericht hat angenommen, daß es sich bei der Tätigkeit der Obersten Gerichtshöfe in Berliner Sachen um Regierung („government") im Sinne des Vorbehaltsschreibens handelt, das von den Westmächten im Gegensatz zu ihrem ursprünglichen generellen Verbot in bestimmten Bereichen zugelassen worden sei. Vgl. BVerfGE 7 S. 16; die Ausführungen enthalten nur ein Obiter dictum. Das Verhalten der Westmächte und der Wortlaut des Viermächte-Abkommens deuten eher darauf hin, daß es sich bei den zulässigen Handlungen der Bundesorgane in Berliner Sachen nicht um „government" handelt. Auch Schiedermair weist in „10 Jahre Berlin-Abkommen 1971-1981" (S. 61 – 66 f. –) und in NJW 1982 S.

Die Entwicklungsklausel

Während die Feststellung, daß die bestehenden Bindungen aufrecht erhalten werden, vergleichsweise eindeutig ist, handelt es sich bei der Formulierung, daß diese Bindungen auch entwickelt werden, um eine unbestimmte Rechtsvorschrift, deren Auslegung zu heftigen Kontroversen zwischen den beteiligten Mächten geführt hat. Der Begriff „entwickeln" wird zwar durch keine konkreten Bestimmungen beschränkt, steht aber unter dem Vorbehalt, daß die Westsektoren kein konstitutiver Teil des Bundes sind und weiterhin nicht von ihm regiert werden dürfen. Gegenüber dem allgemeinen Verweis auf den Status quo in I, 4 des Abkommens gebührt dieser Vorschrift als Lex spezialis der Vorrang.

Die Bedeutung der Entwicklungsklausel besteht darin, daß die Bindungen nicht auf dem Umfang „eingefroren" worden sind, in dem sie bei Inkrafttreten des Viermächte-Abkommens standen. Sie können vielmehr auf der rechtlichen und organisatorischen Ebene, auf der sie nach der bisherigen Praxis und den anderen Vertragsvorschriften als zulässig gelten, quantitativ und qualitativ erweitert werden. Insbesondere kann der Bund also auch neue Institutionen in Berlin errichten, die bestehenden ausbauen oder ihnen neue Aufgaben zuweisen.

Die Diskussion über die Tragweite der Entwicklungsklausel sollte aber nicht nur auf diese Möglichkeit zugespitzt werden; wichtig ist auch, daß der Bund seine finanzielle Unterstützung für Berlin erweitern und seine kulturelle, wirtschaftliche und sonstige Aktivität in Berlin intensivieren kann. Weiterhin ist die Entwicklungsklausel von Bedeutung, wenn eine Verfassungs- oder Gesetzesänderung in der Bundesrepublik oder eine Reorganisation des Behördenaufbaues es erforderlich machen, daß die in Berlin tätigen Dienststellen des Bundes oder die Zuständigkeit der Bundesorgane für Berlin neu gestaltet werden. Da der Begriff der Entwicklung von den Vertragsparteien bewußt nicht beschränkt worden ist, soll auch hier auf den Versuch verzichtet werden, diese Entwicklungsmöglichkeiten aufzuzählen.

2842 (2844) auf die Bedeutung der Worte „continue to" hin. Er bezeichnet die Beschränkungen, die das Viermächte-Abkommen Berlin und dem Bund in ihren Bindungen auferlegt, als „Anschlußverbot" (10 Jahre Berlin-Abkommen S. 70); ein Ausdruck, dem meines Erachtens dem von Blumenwitz verwendeten Terminus „Sonderungsgarantie" der Vorzug zu geben ist (vgl. Blumenwitz in „10 Jahre Berlin-Abkommen . . ." S. 77 (88).

Allerdings haben fast alle Schritte, mit denen der Bund von der Entwicklungsmöglichkeit Gebrauch gemacht hat, zu heftigen Reaktionen der Sowjetunion und der DDR geführt. Dies geschah insbesondere in dem bisher einzigen Fall, in dem nach Inkrafttreten des Viermächte-Abkommens eine neue Bundes-Oberbehörde in Berlin errichtet wurde, nämlich das Umweltbundesamt[12].

Die DDR hat sich bei diesem Anlaß nicht auf verbale Proteste beschränkt, sondern – unter Verletzung der im Viermächte-Abkommen und in der Transitvereinbarung gegründeter Rechtspflichten – versucht, die Durchreise von Angehörigen des Bundesumweltamtes und den Transport von Material dieser Behörde auf den Transitstrecken zu unterbinden. Die dahingehenden Versuche wurden allerdings nach kurzer Zeit stillschweigend wieder eingestellt.

Die rechtlichen Argumente, mit denen die Sowjetunion und die DDR ihr Vorgehen sowie ihre Proteste gegen fast alle anderen Aktivitäten des Bundes in Berlin zu rechtfertigen suchen, beschränken sich im allgemeinen auf die Behauptung, daß diese Aktivitäten gegen II B und I, 4 des Abkommens verstießen[13]. Die in II B begründete Entwicklungsmöglichkeit versucht man nun, soweit man sie nicht schweigend übergeht, dadurch abzuwerten, daß man behauptet, es dürften nur die „Verbindungen" der Westsektoren mit dem Bund entwickelt werden, nicht aber die Bindungen. Wie bereits festgestellt wurde, kann man aber, selbst wenn man das Wort „Verbindungen" verwendet, aus dem Vertragstext nicht herleiten, daß es dem Bund verboten ist, seine Aktivitäten in Berlin und bezüglich Berlins auf der bisher schon zulässigen Ebene quantitativ und qualitativ zu erweitern.

Die Vorschrift, daß die bestehenden Bindungen Berlins an die Bundesrepublik aufrechterhalten und entwickelt werden, gilt nicht nur für die Fälle, in denen diese Bindungen mit ausdrücklicher Zustimmung der Westmächte hergestellt worden sind; sie umfaßt auch Praktiken, die die deutschen Staatsorgane bei Inktrafttreten des Viermächte-Abkommens mit stillschweigender Duldung

12 Vgl. Gesetz über das Umweltbundesamt vom 22.7.1974 BGBl. I S. 1505 GVBl. S. 394.

13 Vgl. u.a. die Erklärungen des Außenministeriums der UdSSR und der Regierung der DDR vom 20.7.1974 (Neues Deutschland vom 21.7.1974) und die Erklärungen der Regierung der DDR und der Botschaft der UdSSR in der DDR vom 31.7.1974 (Neues Deutschland vom 1.8.1974).

der Westmächte befolgt haben. Hierher gehören u.a. verschiedene Verfahren bei der Mitwirkung Berlins in den Verfassungsorganen des Bundes sowie die Praxis, nach der Entscheidungen des Bundesverfassungsgerichts von den Berliner Gerichten und Behörden als verbindlich behandelt werden (vgl. Teil II, S. 118 ff.). Insoweit kann das Viermächte-Abkommen als eine nachträglich abgegebene ausdrückliche besatzungsrechtliche Grundlage für alle derartigen Verfahren und Praktiken angesehen werden, die bis zum Inkrafttreten des Vertrages eingeführt waren, aber von den Westmächten bis dahin nur stillschweigend akzeptiert wurden.

Soweit sich aus den speziellen Vorschriften des Vertragswerks nichts anderes ergibt, wird also an den Bindungen zwischen dem Bund und Berlin nichts geändert. Eine Änderung der Rechtslage ist freilich dadurch eingetreten, daß die Beschränkung der Bindungen, die bisher nur in dem Verhältnis zwischen den Westmächten einerseits und der Bundesrepublik und den West-Berliner Staatsorganen andererseits rechtsverbindlich war, nunmehr zum Gegenstand eines völkerrechtlichen Vertrages zwischen den Westmächten und der Sowjetunion geworden ist. Genauso hat aber auch die Sowjetunion die Bindungen, die nach dem Abkommen aufrechterhalten und entwickelt werden dürfen, als zulässig anerkannt.

Ein neuer Rechtsstatus für die Berliner Westsektoren wird durch das Vertragswerk also nicht begründet[14] ; vielmehr ist der bestehende Rechtsstatus vertraglich bestätigt worden. Die Westmächte haben gegenüber der Sowjetunion lediglich eine rein obligatorische Verpflichtung übernommen, diesen Status nicht einseitig zu ändern. Sie garantieren ferner, daß in Zukunft auf bestimmte Formen der Bundespräsenz verzichtet wird, die unter rechtlichen Aspekten für den Status der Westsektoren nicht erheblich sind. Demgegenüber konzediert die Sowjetunion, daß alle Bindungen der Westsektoren an die Bundesrepublik, die durch das Vertragswerk nicht ausdrücklich ausgeschlossen werden, bestehen bleiben und entwickelt werden können.

14 Vgl. S. 173, Fußnote 1.

Konkrete Regelungen: die Suspendierung von Verfassungsvorschriften

Konkrete Regelungen, die das Verhältnis zwischen den Westsektoren und dem Bund betreffen, sind nach II B, Absatz 2 des Abkommens in Anlage II enthalten. Diese Anlage wird wiederum durch den Notenwechsel zwischen den Westmächten und der Sowjetunion ergänzt, dem das Interpretationsschreiben der Westmächte an den deutschen Bundeskanzler beigefügt ist. In Anlage II werden zunächst die Formulierungen wiederholt, die in II B, Absatz 1 des Abkommens enthalten sind. Der erste Satz von Nr. 1 der Anlage II unterscheidet sich von II B des Abkommens nur dadurch, daß die Westmächte die betreffenden Erklärungen ausdrücklich „in Ausübung ihrer Rechte und Verantwortlichkeiten" abgeben. Sodann wird erklärt, daß die Bestimmungen des Grundgesetzes und der Verfassung von Berlin, die zu dem Vorstehenden in Widerspruch stehen, suspendiert worden und auch weiterhin nicht in Kraft sind. Welche Vorschriften hiermit gemeint sind, geht aus dem Vertragstext nicht hervor; aus den Worten „sind suspendiert" und „weiterhin nicht in Kraft" ist zu entnehmen, daß auch insoweit auf den Status quo verwiesen werden soll. Es handelt sich um Artikel 1, Absatz 2 und 3 der Verfassung von Berlin und den Artikel 23 GG, soweit er Berlin betrifft. Artikel 87 der Verfassung von Berlin ist nicht suspendiert worden und wird daher von dieser Vertragsbestimmung nicht erfaßt. Aus der allgemeinen Bezugnahme auf den Status quo folgt aber, daß die Vorbehalte der Westmächte, die diese Verfassungsvorschrift betreffen, ebenfalls aufrecht erhalten werden. Artikel 1 der Verfassung von Berlin und Artikel 23 GG (soweit er Berlin betrifft) bleiben suspendiert, das heißt: vorläufig außer Kraft gesetzt; diese Vorschriften sind aber weiterhin Bestandteil der deutschen Verfassungstexte und potentiell geltendes Recht. Wenn die Alliierten-Vorbehalte entfielen, könnten diese Bestimmungen des Grundgesetzes und der Verfassung von Berlin angewandt werden, ohne daß ein weiterer Gesetzgebungsakt auf deutscher Seite notwendig wäre; es versteht sich allerdings, daß dies nach Inkrafttreten des Abkommens nur noch mit Zustimmung der Sowjetunion möglich ist, so daß es sich hierbei um eine rein hypothetische Möglichkeit handelt.

Die Aktivität von Bundesorganen in Berlin

In Nr. 2 der Anlage II wird die Aktivität von Bundesorganen in Berlin beschränkt; diese Vertragsvorschrift normiert auch Abweichungen vom Status quo. Die Einzelheiten ergeben sich zum Teil nicht aus der Anlage II selbst, sondern aus dem Interpretationsschreiben I, das durch den Notenwechsel zwischen der Sowjetunion und den Westmächten in das Vertragswerk einbezogen ist. Nr. 2 der Anlage II und das Interpretationsschreiben sind nur verständlich, wenn man sie im Zusammenhang liest. Aus Anlage II Nr. 2 geht hervor, daß der Bundespräsident, die Bundesregierung, die Bundesversammlung, der Bundesrat und der Bundestag, einschließlich ihrer Ausschüsse und Fraktionen, sowie sonstige staatliche Organe der Bundesrepublik von den einschränkenden Bestimmungen erfaßt werden. Was unter „sonstigen staatlichen Organen" zu verstehen ist, ist aus Absatz e des Interpretationsschreibens zu entnehmen. Es handelt sich um den Bundeskanzler, das Bundeskabinett, die Bundesminister und die Bundesministerien, einschließlich ihrer Zweigstellen, sowie um alle Bundesgerichte. Der Bundespräsident, der Bundestag und der Bundesrat werden sowohl in der Anlage als auch in dem Interpretationsschreiben aufgeführt; ferner müssen die Begriffe „Bundesregierung" in der Anlage und „Bundeskabinett" in dem Interpretationsschreiben als bedeutungsgleich angesehen werden.

Aus b des Interpretationsschreibens ergibt sich, daß eine Tätigkeit der betroffenen Bundesorgane in Berlin zum Teil vollständig ausgeschlossen, zum Teil aber nur beschränkt wird. Ausgeschlossen sind Sitzungen der Bundesversammlung und Plenarsitzungen des Bundestages und des Bundesrates. Einzelne Ausschüsse des Bundesrates oder des Bundestages können in Berlin tagen, wenn ein Zusammenhang mit der Aufrechterhaltung und Entwicklung der Bindungen zwischen den Westsektoren und der Bundesrepublik besteht. Dieses Erfordernis ist bereits erfüllt, wenn ein Gesetz beraten wird, das in Berlin übernommen werden soll; das gleiche gilt, wenn der Ausschuß die Tätigkeit einer Bundesbehörde in Berlin oder die Verwendung von Bundesmitteln durch Berliner Behörden kontrolliert. Unklar ist dagegen, ob die Formulierung, daß „einzelne" Ausschüsse in Berlin tagen können, die gleichzeitige Tagung mehrerer Ausschüsse zuläßt. Die Praxis und verschiedene Äußerungen der Westmächte nach Inkrafttreten des Abkommens deuten darauf hin, daß grundsätzlich jeweils nur ein Ausschuß in Berlin tagen darf, daß Ausnahmen hiervon aber zulässig sind, wenn mehrere Ausschüsse einen gemeinsamen, Berlin betreffenden Gegenstand behandeln[15]. Die Mitgliederzahl der Ausschüsse wird durch die Vertragsbestimmungen nicht beschränkt; sie richtet sich nach der Geschäftsordnung des Bundestages und des Bundesrates.

Für Parlamentsfraktionen ist in b des Interpretationsschreibens klargestellt, daß sie nicht gleichzeitig in Berlin tagen dürfen; dagegen ist für ihre Sitzungen kein besonderer sachlicher Anlaß erforderlich.

Für die übrigen Staatsorgane der Bundesrepublik, die von den einschränkenden Bestimmungen betroffen werden, bestimmt Nr. 2 der Anlage II, daß sie in den Westsektoren Berlins keine Verfassungs- oder Amtsakte vornehmen werden, die im Widerspruch zu Nr. 1 der Anlage II stehen. Damit wird auf die Bestimmung des vorhergehenden Absatzes verwiesen, nach der die Westsektoren unbeschadet der bestehenden Bindungen wie bisher kein Bestandteil (konstitutiver Teil) der Bundesrepublik Deutschland sind und auch weiterhin nicht von ihr regiert werden. In a des Interpretationsschreibens wird Nr. 2 der Anlage II dann dahingehend ausgelegt, daß unter den Verfassungs- oder Amtsakten, „die den Bestimmungen von Absatz 1 widersprechen". Akte in Ausübung unmittelbarer Staatsgewalt über die Westsektoren Berlins verstanden werden. Diese Formulierung ist allerdings ebenfalls interpretationsbedürftig. Zunächst ist festzuhalten, daß sie sich ausdrücklich nur auf Nr. 2 der Anlage II bezieht, sie betrifft also nur Verfassungs- oder Amtsakte, die die in der Anlage II und in e des Interpretationsschreibens aufgezählten Staatsorgane in den Berliner Westsektoren vornehmen. Keineswegs wird Nr. 1 der Anlage II dahingehend interpretiert, daß jede Ausübung unmittelbarer Staatsgewalt durch Organe der Bundesrepublik in Berlin unzulässig sein soll. Verfassungs- oder Amtsakte, die die Bundesorgane außerhalb der Berliner Westsektoren vornehmen, werden von a des Interpretationsschreibens nicht erfaßt; sie unterliegen nur den Beschränkungen, die sich aus der allgemeinen Bezugnahme auf den Status quo ergeben. Das gleiche gilt für alle Bundesorgane, die weder in der Anlage II, noch in dem Interpretationsschreiben ausdrücklich genannt werden, insbesondere also für die Bundesoberbehörden

15 Vgl. Hennig S. 214 ff.

und bundesunmittelbaren Körperschaften, auch wenn sie ihren Sitz in den Berliner Westsektoren haben. Im übrigen muß der Begriff „unmittelbare Staatsgewalt über die Westsektoren" (direct state authority over, compétence étatique directe sur) in a des Interpretationsschreibens im Zusammenhang mit Nr. 1 der Anlage II so verstanden werden, daß nur solche Amtshandlungen ausgeschlossen werden sollen, die so verstanden werden könnten, als ob das betreffende Bundesorgan die Regierungsgewalt oder die Souveränität über die Berliner Westsektoren für sich in Anspruch nähme[16]. Die Erwähnung der Bundesgerichte in e des Interpretationsschreibens besagt nicht, daß die Tätigkeit des Bundesverwaltungsgerichts und des V. (Berliner) Strafsenats des BGH in Berliner Sachen gegenüber dem Status quo eingeschränkt werden soll[17]. Im Bereich der Rechtsprechung wird, wie die Praxis nach Inkrafttreten des Viermächte-Abkommens zeigt, also der bisherige Zustand aufrechterhalten; das bedeutet, daß die Zuständigkeit des Bundesverfassungsgerichts für Berlin weiterhin ausgeschlossen ist, während die Zuständigkeit der Obersten Gerichtshöfe, in Berliner Sachen zu entscheiden, bestehen bleibt.

Nach Nr. 3 der Anlage II in Verbindung mit c des Interpretationsschreibens wird die Bundesregierung bei den Behörden der drei Westmächte in Berlin und beim Senat durch eine ständige Verbindungsbehörde vertreten sein; diese umfaßt Abteilungen, denen in ihrem jeweiligen Bereich die Verbindungsfunktionen obliegen. Die Rechtskonstruktion einer Verbindungsbehörde ermöglicht es, daß das Amt des Bundesbevollmächtigten in Berlin sowie die Berliner Zweigstellen der Bundesministerien in der Substanz aufrechterhalten werden können, gleichzeitig aber der Eindruck vermieden wird, als ob Berlin entgegen den Vorschriften des Vertrages durch den Bund regiert würde. Nur die Berliner Zweigstellen der Bundesministerien werden als Abteilungen in die Verbindungsbehörde eingegliedert, nicht aber die sonstigen Bundesbehörden in Berlin, die diesen Ministerien nachgeordnet sind.

Im Bereich der Legislative bleiben nach d des Interpretationsschreibens die geltenden Verfahren bezüglich der Anwendbarkeit der Gesetzgebung der Bundesrepublik Deutschland auf die West-

16 Ähnlich: Die Berlin-Regelung S. 375.

17 Das Bundesverwaltungsgericht und der V. Strafsenat des Bundesgerichtshofs können also auch in Berlin über Berliner Sachen entscheiden.

sektoren Berlins unverändert. Wichtig an dieser Formulierung ist, daß sie nicht nur das Übernahmeverfahren für Bundesgesetze und Verordnungen umfaßt, sondern das gesamte Verfahren bei der Anwendung von Bundesrecht in Berlin, insbesondere also die Vorrangigkeit der übernommenen Bundesgesetze gegenüber dem Berliner Landesrecht und Nichtanwendung von Bundesgesetzen, die das Bundesverfassungsgericht für nichtig erklärt hat (vgl. Teil II, Kapitel 7). Auch insoweit kann das Viermächte-Abkommen als nachträgliche ausdrückliche Billigung verschiedener Verfahren angesehen werden, die bis dahin von den Westmächten nur stillschweigend akzeptiert worden waren.

DREIZEHNTES KAPITEL
AUSSENBEZIEHUNGEN

Grundlagen

Die Fragen, die die außenpolitische Vertretung der Berliner Westsektoren betreffen, sind in II D des Abkommens in Verbindung mit der Anlage IV geregelt. Ferner enthält das vereinbarte Verhandlungsprotokoll I einschlägige Vorschriften. II D des Abkommens selbst verweist nur auf Anlage IV. Diese Anlage besteht aus zwei reziproken Mitteilungen, die von den Westmächten an die Sowjetunion und von der Sowjetunion an die Westmächte gerichtet werden (Anlage IV A und IV B). Die Bezeichnung als „Mitteilungen" (Communications) ändert nichts daran, daß es sich um rechtsverbindliche Erklärungen handelt. Dadurch, daß man sie in einer Anlage zusammengefaßt hat, auf die das Abkommen selbst Bezug nimmt, ist klargestellt, daß sie Bestandteil des Vertragswerks sind. Die Sowjetunion nimmt die entsprechende Mitteilung der Westmächte nicht nur entgegen, sie erklärt sich vielmehr ausdrücklich damit einverstanden, daß die Bundesrepublik unter den in der Anlage näher umschriebenen Voraussetzungen die Interessen der Berliner Westsektoren und ihrer Bewohner im Ausland vertritt.

In II D des Abkommens wird ebenso wie in Nr. 1 der Anlagen IV A und B von einer „Vertretung der Interessen der Westsektoren", und nicht von einer „Vertretung der Westsektoren" gesprochen. Wäre von einer „Vertretung der Westsektoren" die Rede, so hätte man daraus schließen können, daß es sich um ein selbständiges (wenn auch nur beschränkt handlungsfähiges) Völkerrechtssubjekt handelt, das sich im internationalen Verkehr durch andere Staaten vertreten läßt. Die gewählte Formulierung läßt diesen Schluß nicht zu; die unterschiedlichen Rechtsauffassungen zum Status Berlins werden also nicht präjudiziert.

Durch die Anlagen IV A und B wird im wesentlichen die Regelung der außenpolitischen Vertretung Berlins bestätigt, die die

Westmächte bereits durch das Kleine Besatzungsstatut (III C) in Verbindung mit BK/L (52) 6 eingeführt hatten. Auch aus der Formulierung, daß die Westmächte die außenpolitische Vertretung in Angelegenheiten der Sicherheit und des Status „beibehalten", sich im übrigen aber mit einer weitgehenden Vertretung durch die Bundesrepublik „einverstanden erklärt haben", ist zu entnehmen, daß durch das Abkommen die Vertretungsbefugnisse der Bundesrepublik nicht begründet werden, sondern lediglich der bereits bestehende Rechtszustand vertraglich fixiert werden soll. Neu an der Regelung ist allein, daß sich auch die Sowjetunion mit einer Vertretung der Interessen der Westsektoren durch die Bundesrepublik einverstanden erklärt. Aber auch im Verhältnis zur Sowjetunion sind die Vertretungsbefugnisse der Bundesrepublik nicht etwa durch das Viermächte-Abkommen erworben worden; sie beruhen vielmehr auch insoweit auf den oben zitierten Ermächtigungsakten der Westmächte.

Nach Nr. 1 der Anlagen IV A und B behalten die Regierungen der Westmächte ihre Rechte und Verantwortlichkeiten hinsichtlich der außenpolitischen Interessenvertretung bei „einschließlich der Rechte und Verantwortlichkeiten, die Angelegenheiten der Sicherheit und des Status betreffen . . .". Der Wortlaut läßt die Möglichkeit offen, daß im außenpolitischen Bereich auch andere Befugnisse, also solche, die Sicherheit oder Status nicht betreffen, unter den Alliierten-Vorbehalt fallen; das Viermächte-Abkommen enthält aber keinen Anhaltspunkt dafür, worum es sich hierbei handeln könnte. Durch die Formulierung wird vor allem klargestellt, daß die Westmächte die aus ihrer Gebietshoheit erwachsende grundsätzliche Zuständigkeit der außenpolitischen Vertretung der Westsektoren beibehalten[1].

Unter „Sicherheit" ist in diesem Zusammenhang die militärische Sicherheit zu verstehen[2]. Schwieriger ist der Begriff „Status" zu definieren. Sinn der Vorschrift ist es, daß durch außenpolitische Handlungen der Bundesrepublik der Rechtsstatus Berlins, so wie er sich aus der bisherigen Entwicklung und aus den Viermächte-Vereinbarungen ergibt, nicht unmittelbar geändert werden kann. Die

1 So Schiedermair S. 135. Trotzdem handelt die Bundesrepublik auch im Bereich der außenpolitischen Interessenvertretung meines Erachtens aus eigenem Recht, und nicht als Beauftragte der Westmächte. Vgl. hierzu S. 131.

2 Nach Schiedermair S. 137, Fußnote 372 umfaßt der Begriff nicht nur den militärischen Bereich, sondern die gesamte Sicherheit Berlins.

Bundesrepublik kann also – was an sich eine Selbstverständlichkeit ist – gegenüber dritten Staaten oder internationalen Organisationen nicht über die Befugnisse der Besatzungsmächte verfügen, und sie kann im Rahmen der außenpolitischen Interessenvertretung auch nicht in die Vorbehaltsrechte der Westmächte eingreifen[3].

Soweit Angelegenheiten des Status und der Sicherheit nicht berührt werden, kann die Bundesrepublik die außenpolitische Vertretung der Interessen der Berliner Westsektoren jetzt auch gegenüber der Sowjetunion wahrnehmen. Aufgrund der politischen Zusammenhänge kann man annehmen, daß die in dem Vertragswerk vorgesehenen Regelungen auch von den anderen Ostblockstaaten akzeptiert werden[4]. Die Sowjetunion hat sich jedenfalls durch ihre in Nr. II der Anlage IV B abgegebene Erklärung, daß sie gegen die dort vorgesehenen Regelungen „keine Einwände haben wird" vertraglich verpflichtet, jede Einflußnahme auf dritte Staaten und internationale Organisationen zu unterlassen, die sich gegen eine zulässige außenpolitische Interessenvertretung der Berliner Westsektoren durch den Bund richtet[5]. Allerdings haben gerade die Auslegung und Anwendung von II D und Anlage IV des Abkommens zu erheblichen Kontroversen und Enttäuschungen Anlaß gegeben[6].

3 Vgl. Schiedermair S. 136 ff. Der Sinn der Vertragsvorschrift ist also nur im Zusammenhang mit den Anordnungen und Verlautbarungen der Westmächte zu verstehen, aus denen sich der Umfang ihrer Vorbehaltsrechte ergibt.

4 Vgl. hierzu Schiedermair S. 138 ff.

5 Allerdings erstreckt sich dieses ausdrückliche Einverständnis der Sowjetunion nur auf die Bereiche, die in Anlage IV Nr. 2 unter a bis d aufgezählt sind. Andererseits können die Westmächte, ohne gegen das Abkommen zu verstoßen, eine außenpolitische Interessenvertretung der Westsektoren durch den Bund auch in anderen Bereichen zulassen, soweit Angelegenheiten des Status oder der Sicherheit nicht berührt werden. Die Regelung des Viermächte-Abkommens ist insoweit also unvollkommen. Es gibt Bereiche, in denen eine außenpolitische Interessenvertretung durch den Bund weder verboten, noch ausdrücklich vorgesehen ist.

6 Vgl. hierzu Mahnke, Deutschland-Archiv 1975 S. 1160 (1167). Mahnke weist darauf hin, daß Art. 7 des Freundschafts- und Beistandspaktes zwischen der UdSSR und der DDR vor allem darauf gerichtet ist, „Westberlin" als besonderes Völkerrechtssubjekt mit eigenen Außenbeziehungen darzustellen und damit die im Viermächte-Abkommen vorgesehene Interessenvertretung durch die Bundesrepublik zu unterlaufen.

Konsularische Aufgaben

Wie in allen anderen Bereichen der außenpolitischen Interessenvertretung wird die Befugnis der Bundesrepublik, Personen mit ständigem Wohnsitz in den Berliner Westsektoren konsularisch zu betreuen, durch das Viermächte-Abkommen nicht begründet, sondern nur bestätigt. Rechtsgrundlage hierfür sind die Bestimmungen der Westmächte über die außenpolitische Interessenvertretung der Berliner Westsektoren durch den Bund (vgl. Teil II, S. 127) sowie die Einbeziehung Berlins in das Wiener Übereinkommen über konsularische Beziehungen und zahlreiche bilaterale Konsularverträge des Bundes [7]. Das Viermächte-Abkommen hat insoweit nur klarstellende (deklaratorische) Bedeutung; schon aus diesem Grunde kann man daher aus der vorgesehenen Regelung auch keine Rückschlüsse auf eine besondere Staatsangehörigkeit der Bewohner West-Berlins ziehen.

Die Regelung hat sich im wesentlichen insoweit bewährt, als es um die Betreuung natürlicher Personen mit Wohnsitz in den Berliner Westsektoren geht. Dagegen ist zwischen der Bundesrepublik und den Ostblockstaaten streitig, ob sich die konsularische Betreuung auch auf juristische Personen mit dem Sitz in den Berliner Westsektoren erstrecken kann. Als ein noch größeres Hindernis bei Verhandlungen mit Ostblockstaaten hat sich die Frage erwiesen, ob Behörden und Gerichte der Berliner Westsektoren in den Rechts- und Amtshilfeverkehr der Bundesrepublik einbezogen werden können.

Für die Annahme, daß die Berliner Westsektoren nach dem Viermächte-Abkommen auch in diesem Bereich in die auswärtigen Beziehungen der Bundesrepublik einzubeziehen sind, spricht, daß die Vermittlung von Rechts- und Amtshilfeverkehr sowohl nach Völkergewohnheitsrecht wie nach der Wiener Konsularkonvention (der die meisten Ostblockstaaten allerdings nicht beigetreten sind) zu den Aufgaben der Konsulate gehört und daß bei Rechts- und Amtshilfeersuchen von Berliner Behörden und Gerichten im Normalfall auch die Interessen von Personen berührt sein dürften, die ihren Wohnsitz in Berlin haben [8].

7 Zur Erstreckung der Wiener Konventionen über diplomatische und über konsularische Beziehungen sowie die Alliierten-Vorbehalte hierzu vgl. Schiedermair S. 136 ff.

8 Vgl. Schiedermair S. 141 ff.

Allerdings braucht der Rechts- und Amtshilfeverkehr nicht notwendig von Konsulaten vermittelt zu werden; er kann auch „kurzgeschlossen" von Behörde zu Behörde oder durch Vermittlung anderer Stellen erfolgen. Die entscheidende Frage ist also nicht, ob es sich hier um eine Tätigkeit handelt, die in den traditionellen Aufgabenbereich der Konsulate fällt, sondern ob die Einbeziehung Berlins in die Verträge der Bundesrepublik über den Rechts- und Amtshilfeverkehr mit dem Viermächte-Abkommen vereinbar ist und auch gegenüber den Ostblockstaaten durchgesetzt werden kann. Da es sich um einen Gegenstand handelt, der Sicherheit und Status nicht berührt, ist kein rechtlicher Grund ersichtlich, der einer Einbeziehung Berlins entgegenstehen könnte. Es besteht insoweit kein Anlaß, einen Vertrag über diesen Bereich anders zu behandeln als einen beliebigen anderen völkerrechtlichen Vertrag, den die Bundesrepublik unter Einbeziehung Berlins schließen könnte (z.B. über den Ausbau der Handelsbeziehungen, Post- und Fernmeldeverkehr, Zahlungsverkehr usw.). Die Staatsorgane der Bundesrepublik sind bei dieser Rechtslage nach den vom Bundesverfassungsgericht entwickelten Grundsätzen gehalten, einen Vertrag über den Rechts- und Amtshilfeverkehr nur abzuschließen, wenn eine Einbeziehung der Berliner Westsektoren gewährleistet ist.

Reisedokumente

Hinsichtlich der Reisedokumente enthält das vereinbarte Verhandlungsprotokoll I eine Sonderregelung für die Sowjetunion selbst. Im Schlußabsatz des Protokolls ist lediglich vorgesehen, daß ein Teilaspekt dieser Regelung, nämlich die Kennzeichnung der für die Bewohner West-Berlins ausgegebenen Bundespässe, in allen Ländern angewandt werden soll, die dies ausdrücklich verlangen. In der Praxis ist diese Vertragsklausel ohne Bedeutung geblieben. Soweit ersichtlich, verlangen alle Ostblockstaaten (mit Ausnahme der Sowjetunion) von Reisenden aus den Berliner Westsektoren den behelfsmäßigen Berliner Personalausweis; Staaten außerhalb des Ostblocks akzeptieren den von der Bundesrepublik ausgestellten Reisepaß ohne besondere Kennzeichnung. Im einzelnen sieht das Verhandlungsprotokoll vor, daß Personen mit ständigem Wohnsitz in den Berliner Westsektoren, um ein Einreisevisum für die Sowjetunion zu erlangen, zwei Dokumente benötigen, nämlich einen Reisepaß und einen Personalausweis. Maßgeblich für die Ausstellung beider Dokumente ist die melderechtliche Wohnung, und nicht der bürgerlich-rechtliche Wohnsitz nach § 7 ff BGB. Die Personalausweise werden in den Berliner Westsektoren von dem Polizeipräsidenten aufgrund besatzungsrechtlicher Vorschriften ausgestellt[9].

Bei Staatenlosen, heimatlosen Ausländern und Ausländern mit Fremdenpaß tritt an die Stelle des Personalausweises ein entsprechend abgefaßtes Dokument, weil die in den Berliner Westsektoren für diesen Personenkreis ausgestellten Fremdenpässe und sonstigen Reisedokumente von der Sowjetunion und der DDR nicht anerkannt werden. Die Reisepässe werden in den Berliner Westsektoren gemäß dem in Berlin übernommenen Paßgesetz der Bundesrepublik[10] vom Bundesminister des Innern ausgestellt. Sie werden nach dem Protokoll für die Einreise in die Sowjetunion oder in andere Staaten, die dies verlangen, mit einem Stempel versehen, der den Wortlaut hat: „Ausgestellt in Übereinstimmung mit dem Viermächte-Abkommen vom 3. September 1971". Auch dieser Wortlaut läßt die unterschiedlichen Auffassungen über den Rechtsstatus Berlins unberührt; der Formulierung läßt sich insbesondere nicht entnehmen, daß die Bundesrepublik bei Ausstellung der Reisepässe nur als Vertreterin der Westmächte tätig wird oder daß ihre Befugnis, die Reisepässe auszustellen, erst durch das Viermächte-Abkommen begründet worden ist.

Sobald eine Person mit ständigem Wohnsitz in West-Berlin das Einreisevisum hat, steht es ihr frei, während ihres Aufenthaltes in der Sowjetunion nur den Reisepaß, nur den Personalausweis oder beide Dokumente mit sich zu führen. Beide Dokumente werden als Grundlage für die konsularische Betreuung durch die Bundesrepublik anerkannt. Die Möglichkeit der Einreise und die konsularische Betreuung in dritten Staaten wird durch diese Bestimmungen nur insoweit berührt, als andere Staaten verlangen können, daß die Reisepässe von Personen mit ständigem Wohnsitz in den Westsektoren durch den oben erwähnten Stempel gekennzeichnet werden.

9 Zur Ausstellung der behelfsmäßigen Personalausweise: BK/O (63) 9, GVBl. 1963 S. 789; BK/O (65) 8, GVBl. 1965 S. 848; vgl. auch Erlaß des Senators für Inneres vom 1.11.1968 Amtsblatt I S. 1452 und vom 21.2.1972, Amtsblatt I S. 275.

10 Bundesgesetz vom 4. März 1952, zuletzt geändert durch Gesetz vom 23. Juni 1970, BGBl. III, Nr. 210-2, GVBl. S. 1109.

Nr. 2 b der Anlagen IV A und B behandelt die Ausdehnung völkerrechtlicher Verträge der Bundesrepublik auf die Berliner Westsektoren. An dem in dem Kleinen Besatzungsstatut und in BKC/L (52) 6 vorgesehenen Verfahren ändert sich soweit nichts. Die Formulierung, daß völkerrechtliche Vereinbarungen und Abmachungen der Bundesrepublik auf die Westsektoren ausgedehnt (extended) werden können, spricht ebenfalls gegen die Annahme, daß es sich um einen Fall der völkerrechtlichen Vertretung handelt[11].

Trotzdem ist gerade die Einbeziehung Berlins in außenpolitische Verträge auch nach Inkrafttreten des Viermächte-Abkommens Gegenstand zahlreicher Kontroversen gewesen. Die Sowjetunion und die DDR wenden sich vor allem dagegen, daß die Bundesrepublik ein „umfassendes" oder „globales" Recht zur Einbeziehung Berlins in ihre außenpolitischen Verträge in Anspruch nimmt, und versuchen, die Einbeziehung Berlins in Verträge der Bundesrepublik davon abhängig zu machen, daß das jeweilige Abkommen eine unmittelbare praktische Bedeutung für die Berliner Westsektoren hat[12]. Für die Staatsorgane der Bundesrepublik kommt eine Einbeziehung Berlins zwar nicht in Betracht, wenn die Bestimmungen des Viermächte-Abkommens oder andere Vorbehalte der Westmächte dem entgegenstehen; ist dies nicht der Fall, so sind sie jedoch aus verfassungsrechtlichen Gründen verpflichtet, den Vertrag nur abzuschließen, wenn die Einbeziehung Berlins gewährleistet

11 Zum Verhalten der Sowjetunion und anderer Ostblockstaaten bei der Einbeziehung Berlins in außenpolitische Verträge der Bundesrepublik vgl. u.a. Schiedermair, S. 146 ff., Wettig, Fünf Jahre Berlin-Abkommen, Aus Politik und Zeitgeschichte (Beilage zur Wochenzeitung „Das Parlament") B 4276 S. 33 f. – Ders. in Berichte des Instituts für ostwissenschaftliche und internationale Studien, 31-1976, S. 25 ff. Zu dieser Frage sowie zur Auseinandersetzung über die Außenvertretung der Berliner Westsektoren vgl. auch van Well, Europa-Archiv 1976 S. 647 sowie FAZ vom 2.11.1976.

12 Vgl. Wettig a.a.O., S. 33. Die Frage, ob die Einbeziehung Berlins durchgesetzt werden kann, hängt oft von dem politischen und wirtschaftlichen Interesse der Ostblockstaaten ab. Vgl. die Aufstellung bei Wettig a.a.O., S. 33f. Für die Einbeziehung Berlins in Verträge der Bundesrepublik mit Ostblockstaaten wird im allgemeinen die „Frank-Falin-Formel" verwandt: „Entsprechend dem Viermächte-Abkommen vom 3. September 1971 wird dieses Abkommen in Übereinstimmung mit den festgelegten Verfahren auf Berlin (West) ausgedehnt". Vgl. z.B. das Deutsch-Sowjetische Abkommen über den Handel und die Wirtschaftliche Zusammenarbeit vom 5.7.1972.

ist[13]. Erzielen sie mit den Vertragspartnern keine Einigung, so kann das Abkommen nicht abgeschlossen werden.

Sonstiger internationaler Verkehr

In Nr. 2 c der Anlage IV A und B ist klargestellt, daß die Bundesrepublik mit den sich aus Nr. 1 ergebenden Einschränkungen die Interessen der Westsektoren in internationalen Organisationen und auf internationalen Konferenzen vertreten kann. Nr. 2 d der Anlage IV enthält schließlich Bestimmungen über die Einbeziehung Berlins in den internationalen Austausch der Bundesrepublik und über internationale Veranstaltungen in den Berliner Westsektoren. Auch diese Vertragsvorschrift ist nicht umfassend; es werden lediglich verschiedene Einzelfragen geregelt.

Klargestellt ist, daß Personen mit ständigem Wohnsitz in den Westsektoren gemeinsam mit Teilnehmern aus der Bundesrepublik Deutschland am internationalen Austausch und an internationalen Ausstellungen teilnehmen können. Kontroversen ergaben sich daraus, daß bei Ausstellungen und Messen in verschiedenen Ostblockstaaten der Versuch gemacht wurde, West-Berlin durch entsprechende Plazierung der Ausstellungsstände, besondere Fahnen usw., als selbständigen Teilnehmer darzustellen. Insoweit scheint sich ein für alle Seiten annehmbarer Kompromiß gefunden zu haben, der darin besteht, daß bei osteuropäischen Messen und Ausstellungen in geeigneter Form auf die entsprechende Vorschrift des Viermächte-Abkommens hingewiesen wird[14]. Für Tagungen internationaler Organisationen und internationaler Konferenzen oder Ausstellungen in den Berliner Westsektoren ist vorgesehen, daß die Einladung hierzu entweder nur vom Senat oder vom Senat gemeinsam mit der Bundesrepublik Deutschland ausgesprochen wird. Dieses Verfahren kann sich nach dem Sinn der Vorschrift nur auf Veranstaltungen mit amtlichem (staatlichem) Charakter beziehen[15]. Die Ostblockstaaten verlangen dagegen auch bei solchen Veranstaltungen, die von einem nicht staatlichen Verband getragen werden, eine Einladung des Berliner Senats[16].

13 Van Well, Europa-Archiv 1976, S. 647 ff., insbesondere S. 655.

14 Vgl. Wettig a.a.O., S. 26.

15 Vgl. hierzu: Hennig, Die Bundespräsenz in West-Berlin, S. 108 f.

16 Vor allem bei internationalen Sportveranstaltungen in den Berliner Westsektoren ist es über die Frage der Einladungspraxis zu Kontroversen ge-

Zu unbefriedigenden Ergebnissen hat diese Regelung gelegentlich in den Fällen geführt, in denen internationale Sportveranstaltungen (Meisterschaften) nicht an eine bestimmte Stadt, sondern an einen Sportverband der Bundesrepublik vergeben wurden. So ist bei den Fußball-Europameisterschaften 1988 in der Bundesrepublik Berlin nicht als Austragungsort vorgesehen. In anderen Fällen, z.B. bei den Fußball-Weltmeisterschaften 1974, konnte eine Einbeziehung Berlins wenigstens bei den Ausscheidungsspielen durchgesetzt werden. Die unbefriedigende Entwicklung bei den Europameisterschaften dürfte eher auf das geringe Durchsetzungsvermögen oder das mangelnde Interesse der zuständigen westdeutschen Sportverbände als auf das Viermächte-Abkommen zurückzuführen sein[16a].

Vereinte Nationen

In einem Briefwechsel, der den Abschluß des Grundvertrages zwischen der Bundesrepublik Deutschland und der DDR begleitete, und in ergänzenden Erklärungen der Delegationsleiter war vorgesehen, daß die Bundesrepublik und die DDR etwa gleichzeitig den Beitritt zu den Vereinten Nationen beantragen. Die DDR stellte den Antrag am 12. Juni 1973, die Bundesrepublik am 15. Juni 1973. Die innerstaatlichen Voraussetzungen für den Beitritt der Bundesrepublik wurden durch das Gesetz zum Beitritt der Bundesrepublik Deutschland zur Charta der Vereinten Nationen vom 6. Juni 1973 geschaffen[17]. Am 18. September 1973 wurden beide Staaten in die Vereinten Nationen aufgenommen.

Der Aufnahmeantrag der Bundesrepublik enthält keinen Hinweis auf die außenpolitische Vertretung Berlins; jedoch wird in einem Zirkularschreiben des Außenministers der Bundesrepublik auf

kommen, die oft zu einem Boykott der Veranstaltung durch die Ostblockstaaten führten (vgl. hierzu u.a. Knecht, Deutschland-Archiv 1972 S. 1129, 1975 S. 233, 1976 S. 305; Cramer, Deutschland-Archiv 1976 S. 639 ff.).

16a Vergleiche auch Krebs, Berlin – ein sportliches Handelsobjekt? Deutschland-Archiv 1985, Heft 4, S. 346.

17 Die Berlin-Klausel dieses Gesetzes lautet:
Dieses Gesetz gilt auch im Land Berlin, sofern das Land Berlin die Anwendung dieses Gesetzes feststellt, wobei die Rechte und Verantwortlichkeiten der alliierten Behörden einschließlich derjenigen, die Angelegenheiten der Sicherheit und des Status betreffen, unberührt bleiben.

ein Schreiben der Kommandantur verwiesen, in dem diese zur Übernahme des Gesetzes über den Beitritt der Bundesrepublik zur Charta der VN in Berlin Stellung genommen hat[18]. Die Westmächte bringen in diesem Schreiben zum Ausdruck, daß sie im Rahmen des Viermächte-Abkommens, insbesondere soweit Sicherheits- und Statusangelegenheiten nicht berührt werden, keine Einwendungen dagegen haben, daß die in der Charta der Vereinten Nationen enthaltenen Rechte und Verantwortlichkeiten durch die Bundesrepublik auch in bezug auf die Westsektoren Berlins übernommen werden, und daß sie der Vertretung der Interessen der Westsektoren in den Vereinten Nationen und in ihren untergeordneten Organen durch die Bundesrepublik zustimmen.

Europäische Gemeinschaften

Das Vertragswerk enthält keine speziellen Vorschriften über die Einbeziehung Berlins in die EG-Mitgliedschaft der Bundesrepublik. Die Mitgliedschaft ist dem Bereich der auswärtigen Beziehungen zuzuordnen, der in II D in Verbindung mit Anlage IV des Abkommens geregelt ist. Unrichtig wäre es, im Hinblick auf die weitgehenden Kompetenzen der EG-Organe, insbesondere auf die unmittelbare Geltung des sekundären Gemeinschaftsrechts, hierin eine „Bindung" der Berliner Westsektoren an die Bundesrepublik zu sehen und (zusätzlich) II B in Verbindung mit Anlage II des Viermächte-Abkommens auf den EG-Bereich anzuwenden. II B des Abkommens regelt und begrenzt nur die Zuständigkeit von Bundesorganen für Berlin, nicht aber die Kompetenzen internationaler oder supranationaler Einrichtungen. In zukünftige Verträge und Rechtsetzungsakte der EG, durch die die europäischen Gemeinschaften reorganisiert oder ihre Befugnisse erweitert werden, kann Berlin unter den gleichen Voraussetzungen einbezogen werden wie in andere auswärtige Verträge des Bundes; d.h., daß eine Erstrekkung auf Berlin in allen Fällen möglich ist, in denen Sicherheit und Status nicht berührt werden. Das grundsätzliche Einspruchsrecht, das sich die Westmächte hinsichtlich der Erstreckung von EG-Verordnungen auf Berlin vorbehalten haben (vgl. Teil II, S. 123) gehört zum besatzungsrechtlichen Status der Stadt und kann daher nicht einseitig aufgehoben oder aufgegeben werden.

18 BK C/L (73) 1 vom 13. April 1973, Dokument S. 293; vgl. auch Mahnke, Vereinte Nationen 4/1973 S. 112 (115 f.).

Allerdings haben nach Inkrafttreten des Viermächte-Abkommens alle Aktivitäten, die auf eine verstärkte Einbeziehung der Berliner Westsektoren in die EG abzielten, bei der Sowjetunion und der DDR unfreundliche, zum Teil heftige Reaktionen ausgelöst.

Vergleichsweise zurückhaltend waren die Stellungnahmen, die sich gegen die am 20. Januar 1975 vom Ministerrat der Europäischen Gemeinschaft beschlossene Errichtung eines Europäischen Zentrums für Berufsbildung in Berlin richteten. Der Protest hiergegen wurde vor allem damit begründet, daß die Einrichtung einer internationalen Organisation gegen den allgemeinen Status quo-Vorbehalt (I 4 des Abkommens) verstoße. Außerdem wurde in sowjetischen Äußerungen die Auffassung vertreten, daß Berlin nicht zur EG gehöre[19].

Wesentlich heftiger waren die östlichen Äußerungen, die die Beteiligung Berlins an den Direktwahlen zum Europäischen Parlament betreffen. Dies ist um so bemerkenswerter, als bereits im Verlauf der Verhandlungen deutlich wurde, daß die auf Berlin entfallenden Abgeordneten nicht unmittelbar gewählt werden.

Die Mitglieder des Europäischen Parlaments wurden bis 1979 von den Parlamenten der Mitgliedstaaten gewählt, wobei sich unter den auf die Bundesrepublik entfallenden Abgeordneten regelmäßig auch Berliner Bundestagsabgeordnete befanden. Eine unmittelbare Volkswahl der Abgeordneten ist von verschiedenen politischen Gruppen wiederholt verlangt worden. In ein konkretes Stadium traten diese Bestrebungen aber erst, als in den sog. Pariser Beschlüssen der europäischen Staats- und Regierungschefs vom 9. und 10. Dezember 1974 die Direktwahl des Europäischen Parlaments ab 1978 gefordert wurde.

19 Die Bundesregierung hat zu dem Akt des EG-Ministerrats über die Einführung direkter Wahlen zum Europäischen Parlament folgende Erklärung abgegeben:
„Die Regierung der Bundesrepublik Deutschland erklärt, daß der Akt zur Einführung allgemeiner unmittelbarer Wahlen der Mitglieder des Europäischen Parlaments auch für das Land Berlin gilt".
Mit Rücksicht auf die bestehenden Rechte und Verantwortlichkeiten Frankreichs, des Vereinigten Königreichs Großbritannien und Nordirland und der Vereinigten Staaten von Amerika wird das Berliner Abgeordnetenhaus die Abgeordneten für diejenigen Sitze wählen, welche innerhalb des Kontingents der Bundesrepublik Deutschland auf das Land Berlin entfallen.

In den folgenden Verhandlungen ließen die Westmächte erkennen, daß sie wohl einer indirekten Einbeziehung Berlins in die europäischen Wahlen, nicht aber einer Teilnahme der Westsektoren an der allgemeinen unmittelbaren Wahl zustimmen würden[20]. Diese Entscheidung muß als politische Rücksichtnahme gegenüber der DDR und der Sowjetunion gewertet werden. Rechtlich wäre eine Teilnahme Berlins an der allgemeinen unmittelbaren Wahl der auf die Bundesrepublik entfallenden Abgeordneten zum Europäischen Parlament zulässig; es würde sich um die Einbeziehung Berlins in einen internationalen Vertrag des Bundes handeln, durch den weder Fragen der Sicherheit berührt, noch der Status der Stadt verändert würde. Bei den Wahlen zum Europäischen Parlament 1979 und 1984 ist entsprechend dieser Regelung verfahren worden.

Trotzdem hat das sowjetische Außenministerium am 3. August 1976 gegenüber den Botschaftern der drei Westmächte eine Erklärung abgegeben, in der es heißt, daß die direkte oder indirekte Teilnahme West-Berlins an den Wahlen zum Europa-Parlament eine grobe Verletzung des vierseitigen Abkommens bedeuten würde und mit der darin festgelegten Absicht der Parteien, Komplikationen im Geltungsbereich des Abkommens zu vermeiden, unvereinbar wäre. In der Erklärung heißt es ferner u.a., daß die Länder der Europäischen Gemeinschaft ein einheitliches Parlament schaffen wollen, das nach und nach mit supranationalen gesetzgeberischen Vollmachten ausgestattet werden soll. Die Berliner Westsektoren seien kein Bestandteil der BRD und könnten auch den Organen der EG nicht unterstellt sein. Die Ausdehnung der Kompetenz der Europäischen Gemeinschaft auf die Westsektoren würde eine Revision der Position dieser Stadt bedeuten, wie sie durch das vierseitige Abkommen und andere vierseitige Entscheidungen und Übereinkünfte festgelegt worden sei.

Ein noch schärfer formulierter Kommentar des Moskauer Senders wurde am 13. August 1976 im „Neuen Deutschland" abgedruckt; es heißt hier u.a., daß die Bundesrepublik im Jahr 1957 nicht das Recht gehabt habe, den Vertrag über die EWG auf West-Berlin auszudehnen und daß die drei Westmächte auch nicht das Recht gehabt hätten, eine solche Ausdehnung zu akzeptieren. Wenn das Europäische Parlament mit gesetzgebenden Vollmachten ausgestattet würde, würden West-Berliner in dieser Körper-

20 Vgl. Amtsblatt der Europäischen Gemeinschaften vom 8.10.1976, S. 5 (f).

schaft nichts zu suchen haben, und man müsse dann „klipp und klar sagen", daß das Europa-Parlament selber hinsichtlich West-Berlins über keine Kompetenz verfügen könne. Ein Versuch, diese Frage mit Hilfe von Standarderklärungen darüber zu umgehen, daß eine Teilnahme West-Berlins im Europäischen Parlament die Rechte und Verantwortung der verbündeten Mächte nicht antaste, würde in diesem Fall zu nichts führen[21].

Die Bedeutung dieser Ausführungen dürfte im politischen Bereich liegen, ihre rechtliche Unhaltbarkeit liegt auf der Hand: Wie bereits oben festgestellt wurde, gehört die Einbeziehung Berlins in die EG-Mitgliedschaft der Bundesrepublik zu dem Status quo, der bei Abschluß des Viermächte-Abkommens bestand und im Viermächte-Abkommen garantiert wird. Die Kompetenzen der EG – insbesondere auch die Gesetzgebungskompetenz –, die allerdings bis auf weiteres nicht vom Europäischen Parlament wahrgenommen wird, erstreckte sich schon lange vor Inkrafttreten der Berlin-Regelung auf die Westsektoren. Eine Direktwahl des Europäischen Parlaments hat mit der Frage, ob diesem Organ Gesetzgebungsbefugnisse übertragen werden, unmittelbar nichts zu tun. Auch in diesem Fall bestünde kein Grund, warum die von dem Europäischen Parlament erlassenen Rechtsvorschriften nicht genau in derselben Weise auf Berlin angewendet werden sollten, wie es schon jetzt bei den Verordnungen der EG geschieht. Wenn die Kompetenzen der EG erweitert werden, bleibt es bei der Feststellung, daß alle Zuständigkeiten auch auf die Berliner Westsektoren erstreckt werden können, sofern Sicherheit und Status in dem oben definierten Sinn dadurch nicht berührt werden. Ob die Befugnisse im Einzelfall von dem Europäischen Parlament, dem Ministerrat oder einem anderen Gemeinschaftsorgan ausgeübt werden, ist als interne Organisationsfrage der EG anzusehen und für die Einbeziehung Berlins belanglos. Die Westmächte haben die sowjetische Erklärung zur Teilnahme Berlins an den Wahlen zum Europaparlament dann auch explizit zurückgewiesen[22].

21 Zum Wortlaut der sowjetischen Erklärungen vgl. „Neues Deutschland" vom 4.8. und 13.8.1976.

22 Antwort der drei Westmächte vom 20.9.1976 auf den Protest des sowjetischen Außenministeriums vom 3.8.1976; vollständiger Text s. Dok. S. 418.

Das sowjetische Generalkonsulat und die kommerziellen Vertretungen der Sowjetunion

Bis zum Abschluß des Viermächte-Abkommens waren die Bemühungen der Sowjetunion, in den Berliner Westsektoren eine Handelsmission zu errichten, im wesentlichen an den Befürchtungen der Bundesrepublik gescheitert, die Errichtung einer solchen Vertretung werde es ihr erschweren, Berlin in die künftigen Wirtschaftsverhandlungen mit der Sowjetunion einzubeziehen[23]. Seitdem die Einbeziehung der Westsektoren in die außenpolitischen Beziehungen und Verträge der Bundesrepublik durch das Viermächte-Abkommen gesichert ist, ist man in der Frage der konsularischen und kommerziellen Vertretung den Wünschen der Sowjetunion entgegengekommen. In Anlage IV (A 3 und B 3) ist vorgesehen, daß die Sowjetunion in den Berliner Westsektoren ein Generalkonsulat und verschiedene Handelsvertretungen errichten kann. Die Einzelheiten sind in dem vereinbarten Verhandlungsprotokoll II geregelt. Nach Abs. 1 des Verhandlungsprotokolls sind die Tätigkeiten des Generalkonsulats rein konsularischer Natur, sie werden keine mit den Viermächte-Rechten und -Verantwortlichkeiten im Zusammenhang stehenden Angelegenheiten umfassen.

Der Umfang der konsularischen Funktionen ergibt sich aus dem allgemeinen Völkerrecht; sie umfassen vor allem die Betreuung der eigenen Staatsbürger im Konsularbereich und die Förderung wirtschaftlicher Beziehungen. Das sowjetische Generalkonsulat wurde nach Anhang 4 Nr. 3 des Viermächte-Abkommens bei den zuständigen Behörden der drei Westmächte nach dem in den Westsektoren üblichen Verfahren akkreditiert; die alliierten und deutschen Rechtsvorschriften und Regelungen finden auf das Generalkonsulat Anwendung[24]. Der Umfang der zugelassenen sowjetischen Handelsvertretungen und die technischen Einzelheiten ergeben sich aus dem vereinbarten Verhandlungsprotokoll II.

23 Die Berlin-Regelung S. 248 f.

24 Aus dieser Formulierung geht nicht eindeutig hervor, ob die Vorschriften des Wiener Abkommens über konsularische Beziehungen, das in den Berliner Westsektoren in Kraft gesetzt worden ist (vgl. Teil II, Kapitel 7, S. 129), auf das sowjetische Generalkonsulat anwendbar sein sollen. Die Sowjetunion ist diesem Abkommen nicht beigetreten; vgl. hierzu auch S. 250 f.

VIERZEHNTES KAPITEL
TRANSITVERKEHR UND FERNMELDEWESEN

Vertragliche und vorvertragliche Grundlagen des zivilen Durchgangsverkehrs

Die grundlegenden Bestimmungen des Vertragswerks, die den Durchgangsverkehr von und nach Berlin betreffen, sind in dem Viermächte-Abkommen (II A und Anlage I) enthalten. Die Einzelregelungen ergeben sich aus dem Transitabkommen zwischen den Regierungen der Bundesrepublik Deutschland und der Deutschen Demokratischen Republik vom 17. Dezember 1971, das mit seinen Begleitdokumenten in das Schlußprotokoll zum Viermächte-Abkommen aufgenommen und damit von den vier Hauptsiegermächten sanktioniert und garantiert worden ist.

Das Land Berlin tritt nicht als Partner des innerdeutschen Transitabkommens in Erscheinung – weder in der Weise, daß ein Vertreter des Senats bei den Verhandlungen oder dem Vertragsabschluß mitgewirkt hat, noch in der Weise, daß die Delegation der Bundesrepublik zur Vertretung des Landes Berlin ermächtigt wurde. Vielmehr erstreckt sich die Rechtswirkung des Abkommens mit seinem Abschluß durch die Bundesrepublik und seiner Sanktionierung durch die Alliierten auch auf die Berliner Westsektoren[1].

Das Recht auf ungehinderten Durchgangsverkehr von und nach Berlin (auch im Bereich des zivilen Landverkehrs) beruht dem Grunde nach weiterhin auf dem originären Besatzungsrecht der Westmächte; es wird durch das Vertragswerk weder neu begründet noch abgelöst, sondern anerkannt. Unberührt bleiben als Vier-

1 Vgl. oben Kapitel 10, S. 206 f.

mächte-Vereinbarungen aus der Nachkriegszeit auch die früheren Vereinbarungen über den Durchgangsverkehr, insbesondere das Jessup-Malik-Abkommen und die Schlußerklärung der Pariser Außenministerkonferenz vom 20. Juni 1949[2]. Diese Abkommen werden von den weitergehenden Bestimmungen des Vertragswerkes überdeckt, bleiben aber als potentiell geltendes Vertragsrecht in Kraft.

Durch das Vertragswerk wird das Recht auf Durchgangsverkehr von und nach Berlin von der Sowjetunion und der DDR ausdrücklich anerkannt und garantiert[3]. Neu ist vor allem, daß der zivile Durchgangsverkehr auf den Land- und Binnenschiffahrtswegen zum ersten Mal eingehend und rechtsverbindlich geregelt wird, während das Jessup-Malik-Abkommen und die Schlußerklärung der Pariser Außenministerkonferenz nur auf den Status quo ante vor Beginn der Blockade verweisen. Ferner werden durch das Vertragswerk eine Reihe von konkreten Verbesserungen gegenüber der vorhergehenden Zeit begründet.

Obgleich der verhältnismäßig reibungslose Ablauf des Transitverkehrs unstreitig zu den Positivseiten der Berlin-Regelung gehört, hat es auch in diesem Bereich verschiedene Kontroversen gegeben. Von Bedeutung sind vor allem die – vorübergehenden – Äußerungen und Maßnahmen, mit denen sich die DDR im Juli/August 1974 gegen die Durchreise von Angehörigen und von Material des in Berlin errichteten Bundesumweltamtes wandte. Eine weitere schwerwiegende Verletzung des Abkommens bestand darin, daß im August 1976 die Angehörigen einer der CDU nahestehenden Jugendorganisation, die am 13. August in den Berliner Westsektoren eine Protestdemonstration veranstalten wollten, an der Durchfahrt gehindert wurden[4].

2 Vgl. oben Kapitel 11, S. 217.

3 Mahnke, Deutschland-Archiv 1972, Heft 4, S. 364 ff. (S. 383).

4 Zu beiden Ereignissen vgl. Wettig a.a.O., Seite 36 ff. Die Vertragswidrigkeit der Behinderung ergibt sich daraus, daß Zurückweisungen von Reisenden und Fahrzeugen nach Art. 9 Abs. 4 in Verbindung mit Art. 16 des Transit-Abkommens nur vorgenommen werden können, wenn Mißbrauchshandlungen im Sinne von Art. 16 auf den Transitstrecken begangen worden sind (vgl. unten S. 270 ff.). Presseberichten ist zu entnehmen, daß das von den DDR-Behörden insoweit vorgelegte Beweismaterial offensichtlich unzulänglich war. Die Aktion richtete sich offensichtlich gegen die beabsichtigte politische Aktivität in den Berliner Westsektoren. Die drei Westmächte haben in einer gemeinsamen Erklärung vom 14.8.1976 ihre Besorgnis über

Der Gegenstand der Regelungen

Die Bestimmungen des Vertragswerkes betreffen ausdrücklich nur den Transitverkehr von zivilen Personen und Gütern zwischen den Westsektoren Berlins und der Bundesrepublik auf Straßen-, Schienen- und Wasserwegen durch das Territorium der DDR. Der Militärverkehr der Westmächte wird durch die Verkehrsbestimmungen nicht berührt; insoweit gelten Abs. 4 der Präambel und der in I, 4 der Allgemeinen Bestimmungen enthaltene Hinweis auf die bestehende Lage, die nicht einseitig verändert werden darf. Der Verkehr der Westalliierten-Truppen findet also (aufgrund ihres Besatzungsrechts und in Übereinstimmung mit den Viermächte-Vereinbarungen aus der Kriegs- und Nachkriegszeit) in der bisher üblichen Form statt; er wird nur von den in der DDR stationierten sowjetischen Truppen kontrolliert[5].

Aus der oben zitierten Formel des Viermächte-Abkommens ergibt sich ferner, daß militärische Transporte anderer Staaten, insbesondere der Bundesrepublik, von und nach Berlin weiterhin nicht in Betracht kommen.

Die Verkehrsbestimmungen betreffen schließlich nur den Land- und Binnenschiffahrtsverkehr. Hinsichtlich des Verkehrs in den Luftkorridoren und in der Kontrollzone Berlin verbleibt es ebenfalls bei der bestehenden Lage, das heißt, daß in diesem Bereich der zivile und militärische Luftverkehr der Siegermächte weiterhin gemäß den geltenden Luftsicherheitsvorschriften stattfindet. Die Frage, ob den Flugzeugen dritter Staaten ein Flug- oder Landungsrecht in diesem Gebiet eingeräumt werden kann, ist nicht Gegenstand des Vertragswerks.

Der Begriff des Transitverkehrs

Es ist fraglich, ob durch die Verwendung des Wortes „Transit”, das an verschiedenen Stellen des Vertragswerkes in verschiedenen

die Behinderungen ausgedrückt und mit bemerkenswerter Klarheit darauf hingewiesen, daß das Transit-Abkommen integraler Bestandteil des Viermächte-Abkommens ist (Text der Erklärung: Die Welt vom 15.8.1976).

5 Vgl. das Schreiben des Außenministers der DDR an den Außenminister der Sowjetunion vom 20. September 1955, Dokumente zur Berlin-Frage Nr. 199.

Wortzusammensetzungen erscheint, Rückschlüsse auf den völkerrechtlichen Status Berlins gezogen werden können. Während der Vertragsverhandlungen und während der Verhandlungen über die deutsche Übersetzung wurde zum Teil die Auffassung vertreten, daß unter „Transit" nur der Verkehr zwischen zwei selbständigen Staaten über das Gebiet eines dritten Staates zu verstehen sei, so daß in der Verwendung dieses Wortes eine implizierte Anerkennung der Berliner Westsektoren als selbständige oder besondere politische Einheit gesehen werden könnte. Aus diesem Grunde legten die westlichen Verhandlungspartner Wert darauf, daß zur Bezeichnung des Durchgangsverkehrs verschiedene gleichbedeutende Ausdrücke (z.B. Transitverkehr, Verkehr, Durchgangsverkehr) verwendet wurden und das Wort Transit nur in Verbindung mit anderen Wörtern – in der deutschen Übersetzung in Wortzusammensetzungen – erscheint, z.B. Transitverkehr, Transitwege. Die internationale Praxis zeigt aber, daß das Wort Transit in völkerrechtlichen Verträgen nicht nur für den Verkehr zwischen zwei selbständigen Völkerrechtssubjekten über den Boden eines dritten Staates verwendet wird; z.B. heißt es in Art. 39 des Vertrages von Versailles, in den maßgeblichen englischen und französischen Texten, daß Polen die Transitfreiheit (freedom of transit, liberté de transit) zwischen Ostpreußen und dem übrigen Deutschland garantiere.

Die Transitbestimmungen des Viermächte-Abkommens und das innerdeutsche Transit-Abkommen

Der Abschluß des innerdeutschen Transit-Abkommens ist in Anlage I zum Viermächte-Abkommen unter Nr. 3 vorgesehen. Es heißt dort, daß Regelungen zur Durchführung und Ergänzung der in den Absätzen 1 und 2 genannten Bestimmungen zwischen den zuständigen deutschen Behörden vereinbart werden. Nr. II A und insbesondere die Anlage I des Viermächte-Abkommens enthalten aber keine bloßen Generalklauseln, die die Einzelheiten des Transitverkehrs den deutschen Verhandlungspartnern überlassen. Es handelt sich zwar um Rahmenvorschriften, die durch innerdeutsche Regelungen konkretisiert werden mußten; die DDR und die Bundesrepublik waren aber durch das Viermächte-Abkommen auf einen engen Verhandlungsspielraum begrenzt. Die deutschen Verhandlungspartner erfüllten bei Abschluß des Transit-Abkommens vom 17. Dezember 1971 einen Auftrag, den ihnen die vier Hauptsiegermächte kraft ihrer fortbestehenden Rechte für Berlin und ganz Deutschland erteilt hatten[6].

In einzelnen Punkten scheinen die innerdeutschen Regelungen den Vorschriften in II A und Anlage I des Viermächte-Abkommens allerdings nicht voll zu entsprechen. So ist es z.B. zumindest zweifelhaft, ob die Beibehaltung des Visumzwanges mit der Formulierung in Anlage I Abs. 1 des Viermächte-Abkommens vereinbar ist, wonach der Transitverkehr in der einfachsten, schnellsten und günstigsten Weise erfolgen wird, wie es in der internationalen Praxis vorzufinden ist. Insoweit haben die vier Hauptsiegermächte aber durch die Aufnahme des innerdeutschen Transit-Abkommens in das Schlußprotokoll zu erkennen gegeben, daß die von den zuständigen deutschen Stellen gefundene Lösung dem in dem Viermächte-Abkommen erteilten Auftrag entspricht. Sie haben das Viermächte-Abkommen insoweit authentisch interpretiert. Soweit das innerdeutsche Abkommen unklar oder lückenhaft ist, muß es aber stets so interpretiert werden, daß es dem Wortlaut und dem Sinn der Viermächte-Vereinbarungen entspricht. Überdies muß in allen Fällen, in denen das innerdeutsche Abkommen keine Regelung enthält, unmittelbar auf die Bestimmungen des Viermächte-Abkommens zurückgegriffen werden.

Die allgemeinen Bestimmungen über den Transitverkehr

Die allgemeinen Bestimmungen des Viermächte-Abkommens über den Transitverkehr sind in II A des Abkommens selbst und in Nr. 1 der Anlage I enthalten. Liest man die beiden Vertragsvorschriften, die zum Teil wörtlich übereinstimmen, zum Teil aber auch voneinander abweichen, im Zusammenhang, so ergibt sich, daß die Sowjetunion „nach Konsultation und in Übereinkunft mit der Regierung der Deutschen Demokratischen Republik"[7] folgen-

6 Abs. 3 der Anlage I könnte nach seinem Wortlaut so verstanden werden, als ob den deutschen Verhandlungspartnern bei den Regelungen zur „Ergänzung" (supplementation) des Viermächte-Abkommens ein größerer Verhandlungsspielraum zugestanden hätte als bei den Regelungen zur Durchführung (implementation) des Abkommens. Das innerdeutsche Transit-Abkommen bietet aber keinen Anhaltspunkt für einen solchen Unterschied.

7 Die Formulierung, daß die Sowjetunion die betreffenden Erklärungen „nach Konsultation und in Übereinkunft mit der Regierung der DDR" abgegeben hat, findet sich nur in den Anlagen, nicht in dem Abkommen selbst.

de Garantien hinsichtlich des zivilen Transitverkehrs auf den Land- und Binnenschiffahrtswegen übernimmt: „Der Verkehr wird erleichtert werden und ohne Behinderungen sein; er wird in der einfachsten, schnellsten und günstigsten Weise erfolgen, wie es in der internationalen Praxis vorzufinden ist, und Begünstigungen erfahren". Eine entsprechende Formulierung, in der jedoch der Begriff der Begünstigungen nicht erscheint, enthält Art. 2 Abs. 1 des innerdeutschen Transitabkommens.

Die Allgemeinen Bestimmungen bilden den Rahmen, in dem die speziellen Vorschriften über den Transitverkehr auszulegen und anzuwenden sind.

Die Zusicherung, daß der Verkehr erleichtert werden wird, bedeutet, daß gegenüber dem Zustand vor Inkrafttreten der Vereinbarungen ein Status quo plus garantiert wird. Soweit die speziellen Vorschriften des Vertragswerks keine Regelung enthalten, muß also wenigstens der bisherige Zustand als Minimum aufrechterhalten werden. Der Begriff der Erleichterung ist nicht auf das Abfertigungsverfahren beschränkt, er umfaßt auch die Verpflichtung, den Bestand der Transitwege im Bereich des Straßen-, Schienen- und Binnenschiffahrtsverkehrs gegenüber dem bisherigen Zustand zu verbessern und zu erweitern. Tatsächlich sind Erleichterungen sowohl im Bereich des Abfertigungsverfahrens als auch im Bestand der Zufahrtswege eingeführt worden.

Das Verbot der Behinderung ist vor allem auch in den Bereichen von Bedeutung, in denen die Einzelvorschriften keine eindeutige Regelung enthalten oder den Behörden der DDR gewisse Entscheidungsbefugnisse einräumen. Bei der Ausübung ihrer Kontrollbefugnisse (Art. 5 des innerdeutschen Transit-Abkommens) bei der Anordnung von Umleitungen (Art. 15 a.a.O.), aber auch bei Entscheidungen, die von den Vereinbarungen nicht betroffen werden (z.B. Bauarbeiten, Geschwindigkeitsbegrenzungen oder sonstige Maßnahmen der Verkehrsregelung), muß jede unnötige oder nach der Natur der Sache vermeidbare Beeinträchtigung des Transitverkehrs unterbleiben.

Ein enger Zusammenhang besteht zwischen dem Verbot der Behinderung und dem Gebot der Begünstigung. Diese Bestimmung privilegiert den Verkehr von und nach Berlin sowohl gegenüber dem Binnenverkehr der DDR als auch gegenüber anderen Arten des Transitverkehrs. Die DDR ist nicht nur verpflichtet, alle Handlungen zu unterlassen, die den Durchgangsverkehr von und nach

Berlin beeinträchtigen, sie ist auch zu positivem Tun verpflichtet, um einen möglichst schnellen und reibungslosen Ablauf dieses Verkehrs, notfalls unter Zurücksetzung ihres eigenen Binnenverkehrs, zu gewährleisten. Das Gebot der Begünstigung betrifft ebenso wie das Verbot der Behinderung nicht nur das Abfertigungs- und Kontrollverfahren, es umfaßt z.B. auch eine Verpflichtung, für einen guten Zustand der Straßen und Eisenbahnstrecken zu sorgen und bei der Vereinbarung der Eisenbahnfahrpläne (§ 11 des innerdeutschen Transit-Abkommens) sowie bei Verkehrsregelungen die Bedürfnisse des Durchgangsverkehrs bevorzugt zu berücksichtigen. Ebenso müssen bei Verkehrsbehinderungen durch Unfälle, Strassenschäden, Naturereignisse usw. sowie bei unvermeidlichen Umleitungen die Bedürfnisse des Durchgangsverkehrs bevorzugt berücksichtigt werden.

Schließlich wird in den Allgemeinen Bestimmungen zugesichert, daß der Durchgangsverkehr in der einfachsten, schnellsten und günstigsten Weise erfolgen wird, wie es in der internationalen Praxis vorzufinden ist. Diese Bestimmung könnte so ausgelegt werden, daß das günstigste Verfahren angewandt werden soll, das in der internationalen Praxis überhaupt vorzufinden ist. Aus dem Inhalt des innerdeutschen Transit-Abkommens, das die Vier Mächte durch Unterzeichnung des Schlußprotokolls sanktioniert haben, folgt, daß diese Auslegung, die die Rechte und Pflichten der Vertragspartner von dem Verhalten dritter Staaten abhängig machen würde, nicht von den vier Hauptsiegermächten beabsichtigt ist. Die Bestimmung muß so verstanden werden, daß das günstigste Verfahren angewandt werden soll, das im internationalen Verkehr allgemein üblich ist. Selbst wenn man diesen Maßstab anlegt, ist es zweifelhaft, ob die im innerdeutschen Abkommen enthaltenen Regelungen dem Wortlaut und dem Sinn des Viermächte-Abkommens voll entsprechen (vgl. S. 265).

Die Grenzübergangsstellen und Zufahrtswege

Das Viermächte-Abkommen garantiert zwar, wie oben festgestellt wurde, einen Status quo plus auch hinsichtlich der Grenzübergangsstellen und Zufahrtswege, es enthält aber keine Bestimmungen über die Anzahl und den Verlauf dieser Wege oder die Lokalisierung der Kontrollstellen. In Anlage I ist unter Nr. 2b und d von den „vorgesehenen Wegen" die Rede, ohne daß diese Wege näher bezeichnet werden.

Das innerdeutsche Transit-Abkommen bestimmt in Art. 3, daß der Transitverkehr über die vorgesehenen Grenzübergangsstellen und Transitstrecken erfolgt. In den veröffentlichten Protokollvermerken teilt der Delegationsleiter der DDR unter Bezugnahme auf diese Vorschrift mit, daß für den Transitverkehr die derzeitigen Grenzübergangsstellen und Transitstrecken vorgesehen sind und daß nach Inkrafttreten des Abkommens bestimmte Verkehrsverbesserungen ermöglicht werden. Damit ist der Begriff der „vorgesehenen Grenzübergangsstellen und Transitstrecken" definiert. Die bestehenden Grenzübergänge im Eisenbahn-, Straßen- und Binnenschiffahrtsverkehr (vgl. Teil II, Kapitel 8) werden bestätigt und ihr Bestand zugesichert[8]. Auch hinsichtlich der Transitstrecken verbleibt es bei dem bisherigen Bestand, der durch die vereinbarten Verkehrsverbesserungen erweitert wird. Offen bleibt dagegen die Frage, ob auch der derzeitige Verlauf der Transitstrecken Gegenstand der vertraglichen Zusicherungen ist. Insoweit enthält lediglich Art. 15 des innerdeutschen Transit-Abkommens einen Hinweis darauf, daß aus verkehrstechnischen Gründen Umleitungen möglich sind. Ferner ist im letzten Absatz von I der veröffentlichten Protokollvermerke davon die Rede, daß die zuständigen Organe der DDR die zuständigen Behörden der Bundesrepublik rechtzeitig über notwendig werdende Veränderungen unterrichten[8a]. Umleitungen oder Veränderungen sind demnach nur zulässig, wenn sie (insbesondere aus verkehrstechnischen Gründen) notwendig werden; die entsprechenden Befugnisse der DDR finden ihre Grenze in der Zusicherung, daß der Durchgangsverkehr nicht behindert werden wird, und an dem Gebot, diesen Verkehr zu begünstigen.

Die zusätzlichen Verkehrsverbindungen, die durch die Berlin-Regelung geschaffen werden, ergeben sich aus Nr. 1a bis e der veröffentlichten Protokollvermerke sowie aus späteren Vereinbarungen (siehe unten S. 275 f.).

8 Mahnke, a.a.O., S. 385; Die Berlin-Regelung, S. 296.

8a In einem Protokollvermerk zu dem Abkommen über den Bau einer Autobahn Berlin-Hamburg vom 16. November 1978 wird festgestellt, daß mit der Autobahnteilstrecke der Transitverkehr nicht mehr über die entsprechenden Abschnitte der Fernstraße 5 geleitet wird.

Personenverkehr

Im Personenverkehr bleibt der Visumzwang bestehen (Art. 4 des innerdeutschen Abkommens). Ausländer und Westdeutsche benötigen weiterhin einen Reisepaß, Bewohner der Berliner Westsektoren einen Personalausweis. Die Visa nach Art. 4 Abs. 2 sind im Interesse der schnellstmöglichen Durchführung des Verkehrs grundsätzlich am Fahrzeug bzw. im Transportmittel zu erteilen; für Reisende in durchgehenden Autobussen sind Sammelvisa möglich. Die in Art. 4 Abs. 2 enthaltene Zusicherung der schnellstmöglichen Durchführung des Transitverkehrs erstreckt sich auf das gesamte Abfertigungsverfahren[9].

Individuelle Gebühren werden, wie es in Nr. 2d der Anlage I zum Viermächte-Abkommen vorgesehen ist, weder für das Visum noch für die Benutzung der Transitwege erhoben. Nach Art. 18 des innerdeutschen Abkommens werden Abgaben, Gebühren und andere Kosten, die den Verkehr auf den Transitwegen betreffen, von der Bundesrepublik an die DDR in Form einer jährlichen Pauschalsumme gezahlt. Diese Summe umfaßt ausdrücklich die Straßenbenutzungsgebühren, die Steuerausgleichsabgabe, die Visagebühren und den Ausgleich der finanziellen Nachteile, die der DDR durch den Fortfall der Lizenzen im Autobus-Linienverkehr sowie der Erlaubniserteilung im Binnenschiffahrtsverkehr entstanden sind, und weitere finanzielle Nachteile. Durch die Regelung wird die Erhebung individueller Gebühren im Transitverkehr ausgeschlossen; eine Ausnahme hiervon ist nur in Art. 13 Abs. 4 für die Benutzung der Wasserstraßen einschließlich der Schleusen, Schiffshebewerke und Schiffsliegeplätze vorgesehen. Im übrigen kann der in Art. 18 Abs. 1 zugesicherte Grundsatz der Freiheit von individuellen Abgaben und Gebühren nicht dadurch umgangen werden, daß die DDR außer den in Art. 18 Abs. 2 ausdrücklich aufgezählten Abgaben noch neue Gebühren einführt (vgl. auch Nr. 2 der Protokollvermerke). Nach Nr. 11 der Protokollvermerke umfaßt die Pauschalsumme allerdings nicht die Visagebühren für Bürger dritter Staaten, die mit individuellen Transportmitteln am Transitverkehr teilnehmen, sofern sie nicht über eine Aufenthaltserlaubnis für länger als drei Monate verfügen und sich darüber legitimieren können.

Eine wesentliche Neuregelung, durch die nicht nur der bisherige

9 Mahnke, a.a.O., S. 384; Die Berlin-Regelung S. 288.

Zustand geändert, sondern der Transitverkehr auch gegenüber der allgemein üblichen internationalen Praxis privilegiert wird, besteht darin, daß die Transitreisenden nur noch unter bestimmten vertraglich festgesetzten Voraussetzungen von der DDR zurückgewiesen oder anderen Zwangsmaßnahmen unterzogen werden können. Auch zu dieser Frage ist in Anlage I des Viermächte-Abkommens (Nr. 2d) der Grundsatz normiert, während die Einzelheiten in Art. 16 des innerdeutschen Transit-Abkommens geregelt sind. Die zulässigen Zwangsmaßnahmen sind in Art. 16 Abs. 3 aufgezählt. Die Behörden der DDR können

a) einen Verweis oder eine Ordnungsstrafe oder eine Verwarnung mit Ordnungsgeld aussprechen oder Gegenstände einziehen;
b) Gegenstände sicherstellen oder beschlagnahmen;
c) Personen zurückweisen oder zeitweilig von der Benutzung der Transitwege ausschließen oder
d) Personen festnehmen.

Voraussetzung für diese Maßnahmen ist, daß der Transitreisende nach Inkrafttreten des Abkommens während der Benutzung der Transitwege rechtswidrig oder schuldhaft gegen die allgemein üblichen Vorschriften der DDR verstößt, indem er

a) Materialien verbreitet oder aufnimmt,
b) Personen aufnimmt,
c) die vorgesehenen Transitwege verläßt, ohne durch besondere Umstände dazu veranlaßt zu sein,
d) andere Straftaten begeht oder
e) durch Verletzung der Straßenverkehrsvorschriften Ordnungswidrigkeiten begeht.

Eine entsprechende Vorschrift für Reisende, die individuelle Transportmittel benutzen, enthält Art. 9 Abs. 4; hier wird festgestellt, daß eine Durchsuchung, Festnahme oder ein Ausschluß von der Benutzung der Transitwege nur in Betracht kommt, wenn hinreichende Verdachtsgründe bestehen, daß ein Mißbrauch der Transitwege im Sinne des Art. 16 beabsichtigt ist, begangen wird oder begangen worden ist. Ferner wird festgestellt, daß dieser Grundsatz im Einzelfall und individuell anzuwenden ist. Ein Ausschluß bestimmter Personengruppen von der Benutzung der Transitwege ist daher grundsätzlich nicht mehr zulässig[10].

10 Mahnke, a.a.O., S. 384, 386; Die Berlin-Regelung S. 288 f.

Durch den Begriff der „allgemein üblichen Vorschriften bezüglich der öffentlichen Ordnung" in Anlage I des Viermächte-Abkommens (Nr. 2d) und in Art. 9 und 16 des innerdeutschen Abkommens wird klargestellt, daß als Mißbrauchshandlungen im Sinne von Art. 16 Abs. 1d und e nur eine Verletzung von solchen Straf- oder Verkehrsvorschriften in Betracht kommt, die allgemein, d.h. in allen oder zumindest in den meisten Staaten üblich sind. Die DDR darf den Transitverkehr also nicht dadurch behindern, daß sie willkürlich neue Straf- oder Ordnungswidrigkeitstatbestände einführt.

Aus Art. 16 Abs. 1 geht ferner hervor, daß nur solche Mißbrauchshandlungen zu Zwangsmaßnahmen führen dürfen, die während der jeweiligen Benutzung der Transitwege begangen worden sind. Nur bei Straftaten, d.h. bei Taten, die zur Zeit ihrer Begehung mit einer echten Kriminalstrafe bedroht waren, können die Maßnahmen auch dann getroffen werden, wenn die Tat bei einer früheren Benutzung der Transitwege begangen worden war. Taten, die nicht bei der Benutzung der Transitwege begangen wurden, sind grundsätzlich unerheblich, auch wenn die DDR sonst die Strafhoheit für diese Taten in Anspruch nimmt. Gegen Mittäter, Anstifter und Gehilfen von Mißbrauchshandlungen, die von einem Transitreisenden vorgenommen worden sind, kommen Zwangsmaßnahmen allerdings auch in Betracht, wenn sich der Mittäter während der Tat selbst nicht auf den Transitwegen aufgehalten hat[11].

Eine weitere Ausnahme von dem Grundsatz, daß nur Mißbrauchshandlungen bei Benutzung der Transitstrecken in Betracht kommen, besteht darin, daß Personen, die früher in der DDR Straftaten gegen das Leben, vorsätzliche Straftaten gegen die körperliche Unversehrtheit des Menschen oder schwere Straftaten gegen Eigentum und Vermögen begangen haben, von der Benutzung der Transitwege zurückgewiesen werden können. Personen, die die DDR ohne Erlaubnis verlassen haben und von ihr als eigene Staatsangehörige in Anspruch genommen werden, können dagegen unbehelligt am Transitverkehr teilnehmen[12].

In Art. 17 des Transit-Abkommens verpflichtet sich die Regierung der Bundesrepublik, im Rahmen ihrer Möglichkeiten die erforderlichen Vorkehrungen zu treffen, damit ein Mißbrauch der

11 Die Berlin-Regelung S. 303.

12 Die Berlin-Regelung S. 306 f.

Transitwege im Sinne des Art. 16 verhindert wird. Insbesondere ist unter b vorgesehen, daß die zuständigen Behörden der Bundesrepublik, wenn sie von einem beabsichtigten Mißbrauch Kenntnis erhalten, im Rahmen der allgemein üblichen Vorschriften der Bundesrepublik Deutschland bezüglich der öffentlichen Ordnung geeignete Maßnahmen zur Verhinderung des Mißbrauchs treffen werden.

Die Pflicht für die Behörden der Bundesrepublik Deutschland, Mißbrauchshandlungen zu verhindern, wird, wie insbesondere der Wortlaut unter b zeigt, also nicht nur durch ihre faktischen, sondern auch durch ihre rechtlichen Möglichkeiten begrenzt. Die Vertragsvorschrift verweist, mit anderen Worten, auf die Rechtsordnung der Bundesrepublik. Dabei ist zu berücksichtigen, daß alle einschlägigen Rechtsvorschriften in der Bundesrepublik verfassungskonform zu interpretieren sind. Eine Pflicht zur Strafverfolgung wird nicht begründet. Ebensowenig wird die Bundesrepublik verpflichtet, besondere gesetzliche Vorschriften zur Verhinderung von Mißbrauchshandlungen zu schaffen.

Das im Personenverkehr vorgesehene Kontrollverfahren richtet sich nach der Art des Transportmittels. Bei individuellen Transportmitteln (Personenkraftwagen, nicht durchgehenden Autobussen und den gleichgestellten Teilen von Gütertransportmitteln) ist in Art. 9 Abs. 3 des innerdeutschen Abkommens festgelegt, daß das Verfahren keine Verzögerung mit sich bringen und grundsätzlich am Fahrzeug erfolgen wird.

Eine Durchsuchung, Zurückweisung oder Festnahme kommt nach Art. 9 Abs. 4 in Betracht, wenn hinreichende Verdachtsgründe für einen beabsichtigten oder begangenen Mißbrauch der Transitwege besteht. Der Verdacht muß nach Art. 16 Abs. 2 auf bestimmten Tatsachen oder konkreten Anhaltspunkten beruhen; ein subjektiver Verdacht des Kontrollbeamten reicht also nicht aus. Aus Art. 16 Abs. 3 ergibt sich ferner die (an sich selbstverständliche) Feststellung, daß Zwangsmaßnahmen nur in Betracht kommen, wenn sich der Verdacht (insbesondere aufgrund der Kontrolle) bestätigt hat.

Bei durchgehenden Autobussen, d.h. bei Autobussen, die außer an den Grenzübergangsstellen nur an den Rastplätzen anhalten dürfen, die von den Organen der DDR hierfür vorgesehen sind (Art. 9 Abs. 3), beschränkt sich das Kontrollverfahren auf die Identifizierung der Personen. Die Abfertigung erfolgt grundsätzlich in den

Autobussen. Die Bestimmungen des Art. 16 finden nur Anwendung, wenn die Fahrt außerhalb der hierfür vorgesehenen Rastplätze unterbrochen wurde, ohne daß eine der in Abs. 4 vorgesehenen Ausnahmesituationen (Unfälle, Betriebsstörungen, Naturkatastrophen) vorlagen.

Im Eisenbahnverkehr werden praktisch alle Reisezüge einschließlich der Autoreisezüge als durchgehende Züge verkehren, d.h. daß in der DDR zwischen den Grenzübergängen grundsätzlich kein Verkehrshalt stattfindet[13]. Das Kontrollverfahren ist das gleiche wie bei den durchgehenden Autobussen; es findet im Zuge statt und beschränkt sich auf die Identifizierung von Personen. Art. 16 findet nur Anwendung, wenn ein Transitreisender den Zug verlassen hat.

Die Einzelheiten des Eisenbahnverkehrs, insbesondere die Fahrpläne und der Einsatz zusätzlicher Züge, werden nach Art. 11 zwischen den zuständigen Stellen der Bundesrepublik und der DDR unter Berücksichtigung des Verkehrsaufkommens vereinbart.

Güterverkehr

Die wichtigste Neuregelung, die die Berlin-Vereinbarungen im Bereich des Güterverkehrs mit sich bringt, besteht in der Möglichkeit, verplombte Transportmittel (Straßengüterfahrzeuge, Eisenbahngüterwagen, Binnenfrachtschiffe, Behälter) zu verwenden (Anlage 1 Nr. 2a des Viermächte-Abkommens, Art. 6 des innerdeutschen Transit-Abkommens). Die Verplombung ist grundsätzlich Sache der westdeutschen und West-Berliner Dienststellen. In Betracht kommen die Abgangszollstellen, die Deutsche Bundesbahn und die Deutsche Bundespost und bestimmte Unternehmen, die von den zuständigen Zollbehörden dazu ermächtigt werden (Art. 6 Abs. 2). Die zuständigen Organe der DDR können in Fällen, in denen es zur zusätzlichen Sicherung gegen Mißbrauch notwendig erscheint, auch eigene Verschlüsse anlegen, jedoch darf dadurch die Abwicklung des Transitverkehrs nicht verzögert werden (Art. 6 Abs. 6). Die Einzelheiten der Verplombung sind auf seiten der Bundesrepublik durch ein Gesetz geregelt worden, nach dem

13 Mahnke, a.a.O. Nach Art. 12 Abs. I des Abkommens kann jedoch in bestimmten Grenzbahnhöfen der DDR Reisenden, die nicht Transitreisende sind, das Zu- und Aussteigen gestattet werden.

Gütersendungen von und nach Berlin grundsätzlich, soweit keine technischen Hindernisse entgegenstehen, zu verplomben sind[14]. Das Kontrollverfahren in der DDR beschränkt sich bei verplombten Sendungen grundsätzlich auf die Prüfung der Verschlüsse und der Begleitdokumente (Art. 6 Abs. 5).

Bei nicht verplombten Sendungen beschränkt sich die Kontrolle grundsätzlich auf die Prüfung der Begleitdokumente. Nur wenn hinreichende Verdachtsgründe für einen Mißbrauch im Sinne von Art. 16 vorliegen, kann der Inhalt der nicht verplombten Transportmittel geprüft werden.

Ein Warenbegleitschein ist weiterhin erforderlich, jedoch ist das Formular wesentlich einfacher gestaltet worden. Die Übereinstimmung von Waren und Dokumenten ist von den westdeutschen und Berliner Zollstellen zu prüfen (Art. 5 Abs. 4).

Weitere Einzelheiten, die die Durchfuhrerlaubnisse für bestimmte Waren im Reise- und Güterverkehr betreffen, ergeben sich aus der Information über die Bedingungen für das Mitführen und den Transport bestimmter Gegenstände. Die technischen Einzelheiten sind für den Rechtsstatus der Zufahrtswege unerheblich und sollen hier nicht erörtert werden. Erleichterungen gegenüber dem bisherigen Zustand sind vor allem für den Transport von Pflanzen und Pflanzenteilen sowie von lebenden und toten Tieren eingeführt worden.

Kraftfahrzeuge

Nach Art. 8 des innerdeutschen Abkommens müssen die auf den Transitstrecken verkehrenden Fahrzeuge für Haftpflicht versichert sein. Im übrigen werden die Zulassungen für Kraftfahrzeuge und Fahrerlaubnisse für Kraftfahrer gegenseitig anerkannt; eine entsprechende Regelung enthält, wie in Nr. 7 der veröffentlichten Protokollnotizen vorgesehen, der Allgemeine Verkehrsvertrag zwischen der Bundesrepublik und der DDR (Art. 5). Für Bau und Ausrüstung der Fahrzeuge sind grundsätzlich die am Zulassungsort geltenden Vorschriften anzuwenden; eine Ausnahmegenehmigung ist nur erforderlich, wenn Lastkraftwagen die in der DDR vorgeschriebenen Maße und Gewichte überschreiten.

14 Verplombungsgesetz vom 23. Juni 1972, BGBl. S. 985, GVBl. S. 1196.

Die gemeinsame Kommission

Nach Art. 19 bilden die DDR und die Bundesrepublik eine Kommission zur Klärung von Schwierigkeiten und Meinungsverschiedenheiten bei der Anwendung und Auslegung des Abkommens; diese Kommission kann nach Nr. 12 der veröffentlichten Protokollnotizen auch Fragen der Planung und Entwicklung des Transitverkehrs beraten.

In Nr. 12 der Protokollvermerke zum Transit-Abkommen ist vorgesehen, daß die entsprechend Art. 19 zu bildende Kommission auch Fragen der Planung und Entwicklung des Transitverkehrs beraten kann. Tatsächlich haben die DDR und die Bundesrepublik nach Inkrafttreten des Vertragswerks verschiedene praktische Verbesserungen im Bereich des Transitverkehrs vereinbart und durchgeführt[15]. Grundsätzlich muß man davon ausgehen, daß diese späteren Vereinbarungen nur zwischen den deutschen Vertragspartnern rechtsverbindlich sind, und nicht von der besatzungsrechtlichen Garantie des Viermächte-Abkommens erfaßt werden. Eine Verletzung dieser Vereinbarungen kann allenfalls als ein Verstoß gegen die Bestimmungen des Viermächte-Abkommens angesehen werden, nach denen der Transitverkehr nicht behindert werden darf. Unabhängig von der Frage, was die zuständigen deutschen Stellen nachträglich vereinbart haben, wird der Durchgangsverkehr in dem Umfang, in dem er im Transitabkommen vorgesehen ist, als absolutes Minimum besatzungsrechtlich garantiert.

Transit-Abkommen und Allgemeiner Verkehrsvertrag

Das Transit-Abkommen betrifft nur den Durchgangsverkehr zwischen den Berliner Westsektoren und dem Gebiet der ehemaligen Westzonen. Andere Fragen des Verkehrs, insbesondere auch des sonstigen Transitverkehrs, sind außerhalb der Berlin-Regelung durch den Verkehrsvertrag zwischen der Bundesrepublik und der DDR geregelt, der am 26. Mai 1972 unterzeichnet wurde[16]. Die

15 Vgl. insbesondere die am 19.12.1975 vereinbarten Verbesserungen; Bulletin der Bundesregierung vom 22.12.1975.

16 Der Vertrag wurde am 17. Oktober 1972 durch Austausch der entsprechenden Noten in Kraft gesetzt. Die Berlin-Klausel des Zustimmungsgesetzes lautet: „Artikel 3. Dieses Gesetz zu dem Vertrag zwischen den beiden Staaten in Deutschland gilt auch im Land Berlin, sofern das Land Berlin

Bundesrepublik wird im Rahmen des Gesetzgebungsverfahrens die Anwendung auf die Berliner Westsektoren in Übereinstimmung mit dem Viermächte-Abkommen regeln. Demnach wird der Vertrag beispielsweise auch auf den Transitverkehr zwischen den Westsektoren und Polen oder der ČSSR Anwendung finden.

Telefon- und Telegrafenverbindungen

Zu der im Viermächte-Abkommen vorgesehenen Verbesserung der Kommunikation zwischen den Westsektoren einerseits und dem Ostsektor und der DDR andererseits gehört nach Nr. 4 der Anlage III eine Verbesserung u.a. der Telefon- und Telegrafen-Verbindungen.

Die einschlägigen innerdeutschen Vereinbarungen hierzu sind in dem Protokoll enthalten, das am 30. September 1971 von Vertretern der Postministerien der Bundesrepublik und der DDR unterzeichnet wurde. Anders als beispielsweise bei der Transitregelung sind hier innerdeutsche Regelungen, die in dem Viermächte-Abkommen vorgesehen sind, und andere Regelungen, die mit diesen Abkommen nicht zusammenhängen, in einem einheitlichen Dokument zusammengefaßt. Aus dem Inhalt des Protokolls geht hervor, daß sich die von dem Postministerium der Bundesrepublik geschlossene Vereinbarung auch auf die Berliner Westsektoren erstreckt; dies gilt sowohl gemäß Ziff. 2.1 für den an die DDR zu zahlenden Pauschalbetrag, der ausdrücklich auch die Forderung gegen den Berliner Senat umfaßt, als auch für die Ziffern 6ff., die die Verbesserung der Kommunikation betreffen. Umgekehrt gelten die von dem Vertreter der DDR abgegebenen Erklärungen auch für den Ostsektor.

die Anwendung dieses Gesetzes feststellt. Rechtsverordnungen, die aufgrund dieses Gesetzes erlassen werden, gelten im Land Berlin nach § 14 des Dritten Überleitungsgesetzes vom 4. Januar 1952 (Bundesgesetzbl. I S. 1)". – Indirekt kann der Allgemeine Verkehrsvertrag sich dadurch auf den Berlin-Verkehr auswirken, daß die Bundesrepublik und die DDR – wie vorgesehen – den internationalen Übereinkommen über Eisenbahn-Personen- und -Gepäckverkehr (CIV) und Eisenbahn-Frachtverkehr (CIM) beitreten. Auch insoweit als die CIV- und CIM-Vorschriften auf den Berlin-Verkehr Anwendung finden, werden die besatzungsrechtlichen Grundlagen dieses Verkehrs und die Garantien und Regelungen des Viermächte-Abkommens nicht berührt.

Im einzelnen wird vorgesehen, daß im Telefonverkehr zwischen den Westsektoren und dem Ostsektor zusätzlich zu den bestehenden dreißig Leitungen weitere 120 eingerichtet werden. Der Betrieb sollte bis zum 31. Dezember 1974 voll automatisiert werden; dies ist mit einer technisch bedingten Verzögerung im April 1975 geschehen

Im übrigen gewährleistet das Viermächte-Abkommen auch für die Kommunikationsmöglichkeiten einen Status quo plus. In allen Punkten, in denen die innerdeutschen Vereinbarungen keine erweiterten Kommunikationsmöglichkeiten schaffen, wird der Fortbestand der bisherigen Kommunikationsmöglichkeiten daher als Minimum garantiert.

FÜNFZEHNTES KAPITEL
REGELUNGEN ZWISCHEN DEM SENAT UND DER DDR

Besuchs- und Reiseverkehr (Rechtsgrundlagen)

Grundlegende Vorschriften für die Kommunikation zwischen den Berliner Westsektoren einerseits und dem Ostsektor und der DDR andererseits enthält das Viermächte-Abkommen in II C und Anlage III. Die Sowjetunion sichert zu, daß die Kommunikationen zwischen den Westsektoren Berlins und Gebieten, die an diese Sektoren grenzen, sowie denjenigen Gebieten der DDR, die nicht an diese Sektoren grenzen, verbessert werden. Zur Frage des Besuchsrechts heißt es an beiden Stellen, daß Personen mit ständigem Wohnsitz in West-Berlin aus humanitären, familiären, religiösen, kulturellen oder kommerziellen Gründen oder als Touristen in diese Gebiete einreisen und sie besuchen können, und zwar unter Bedingungen, die denen vergleichbar sind, die für andere in diese Gebiete einreisende Personen gelten.

Die innerdeutsche Regelung, die von dem Senat von Berlin und der Regierung der DDR abzuschließen war, kam am 20. Dezember 1971 zustande.

Die angrenzenden und die nicht angrenzenden Gebiete

Nach den zitierten Vorschriften des Viermächte-Abkommens erstreckt sich die Zusicherung besserer Kommunikationen auf die Gebiete, die an die Westsektoren grenzen, sowie auf diejenigen Gebiete der DDR, die nicht an diese Sektoren grenzen. Eine entsprechende Formulierung, in der lediglich statt von den Westsektoren von Berlin (West) die Rede ist, enthält Art. 1 Abs. 1 der innerdeutschen Vereinbarung. Diese Formulierung könnte so aufgefaßt werden, als ob unterschiedliche Besuchsregelungen für den Ostsektor und die an die Westsektoren grenzenden Randgebiete der DDR einerseits und die übrigen Gebiete der DDR andererseits vorgesehen sind. Tatsächlich wurde aber eine einheitliche Regelung vereinbart[1].

Die Formulierung hat nur den Zweck, die unterschiedlichen Rechtsauffassungen der Vertragspartner über den Rechtsstatus des Ostsektors zu wahren. Es bleibt offen, ob sich der Genitiv-Zusatz „der DDR" nur auf die Gebiete bezieht, die nicht an die Westsektoren grenzen, oder auch auf die angrenzenden Gebiete.

Die vergleichbaren Bedingungen

Auslegungsbedürftig sind die Bestimmungen des Viermächte-Abkommens, nach denen die Bewohner der Westsektoren den Ostsektor und die DDR unter Bedingungen besuchen können, die denen vergleichbar sind, die für andere in diese Gebiete einreisende Personen gelten. Maßgeblich für den Vergleich sind die Einreisebedingungen in den Ostsektor und die DDR, die bei Abschluß des Viermächte-Abkommens für Deutsche mit dem Wohnsitz in Westdeutschland und für Ausländer bestanden. Das Wort „vergleichbar" (comparable) ist so zu verstehen, daß eine weitgehende, aber keine vollständige Gleichstellung für die Bewohner der Westsektoren zu fordern ist. Die Frage, wie dieser Begriff im einzelnen auszulegen ist, hat sich ähnlich wie die allgemeinen Begriffe der Transitbestimmungen weitgehend dadurch erledigt, daß die vier Hauptsiegermächte die innerdeutschen Vereinbarungen in das Schlußprotokoll aufgenommen und die in dieser Vereinbarung enthaltenen konkreten Regelungen damit sanktioniert haben. Auch hier ist aber zu berücksichtigen, daß das Gebot der „vergleichbaren Bedingungen" bei der Auslegung der innerdeutschen Vereinbarung zu berücksichtigen ist.

Der Kreis der begünstigten Personen

Der Kreis, der von den einschlägigen Vorschriften des Viermächte-Abkommens und der innerdeutschen Vereinbarung begünstigt

1 Die Erklärung in Nr. 9 der Protokollvermerke I, wonach eine Benutzung von Kraftwagen vordringlich u.a. dann gestattet wird, wenn der Zielort über 100 km von Berlin (West) entfernt ist, hat nur technischen Charakter und kann nicht als unterschiedliche Regelung für die angrenzenden und die nicht angrenzenden Gebiete angesehen werden.

wird, umfaßt alle Personen mit ständigem Wohnsitz in den Westsektoren ohne Rücksicht auf die Staatsangehörigkeit. Der Begriff der Personen mit ständigem Wohnsitz (permanent residence) richtet sich nicht nach den Vorschriften des deutschen bürgerlichen Rechts über den ständigen Wohnsitz, sondern nach der Wohnung im Sinne des Melderechts. Personen, die von den in der Berlin-Regelung vorgesehenen Einreisemöglichkeiten Gebrauch machen wollen, benötigen hierzu den Behelfsmäßigen Personalausweis, der aufgrund der polizeilichen Meldung ausgestellt wird. Personen mit ständigem Wohnsitz in den Westsektoren, die nicht im Besitz eines Personalausweises sind (z.B. Staatenlose, heimatlose Ausländer, Ausländer mit Fremden-Paß), benötigen für die Einreise ein besonderes Ausweisdokument (Art. 2 Abs. 3 der innerdeutschen Vereinbarung). In diesem bestätigen die Behörden der Westsektoren außer der Identität der Person, daß der Ausweisinhaber in den Westsektoren polizeilich gemeldet ist[2].

Ausgeschlossen von der Besuchsmöglichkeit sind Personen, die gegen die Strafgesetze der DDR verstoßen haben, insbesondere solche Personen, nach denen gefahndet wird. Dies betrifft, anders als bei der Transitregelung, auch Personen, die die DDR nach dem 13. August 1961 unter Verstoß gegen die dortigen Gesetze verlassen haben[3].

In Verbindung mit der mündlichen Erklärung, die der Vertreter der DDR hierzu abgegeben hat, muß der Wortlaut der Vereinbarung so verstanden werden, daß Personen mit dem Wohnsitz in den Berliner Westsektoren, die nicht gegen die Gesetze der DDR verstoßen haben, von der DDR nicht zurückgewiesen werden dürfen. Die DDR hat aber seit 1976 in steigendem Umfang auch solchen Bewohnern der Westsektoren die Einreise im Rahmen der Besuchsregelung verweigert, die in den letzten Jahren mit Genehmigung der DDR-Behörden übergesiedelt waren oder die (mit legalen Mitteln) die Familienzusammenführung mit Angehörigen in der DDR anstreben. Dies ist nicht nur als ein Verstoß gegen die Geschäftsgrundlage des Viermächte-Abkommens, sondern auch als eine direkte Verletzung der Vertragsbestimmungen zu werten. Der Be-

2 Vgl. oben Kapitel 13, Fn. 9.

3 Vgl. die mündliche Erklärung des Staatssekretärs Kohrt bei Unterzeichnung der Vereinbarung über den Reise- und Besuchsverkehr. Dokumente S. 377 f.; Die Berlin-Regelung S. 72.

auftragte des Senats für die Besuchsvereinbarung hat am 1.2.1977 gegen die Zurückweisungen protestiert.

Die zeitliche Beschränkung

Die Besuchsmöglichkeit für Bewohner der Westsektoren ist auf 30 Tage im Jahr beschränkt (Art. 1 Abs. 1 der innerdeutschen Vereinbarung). Insoweit besteht ein wesentlicher Unterschied zu den Bedingungen, unter denen andere Personengruppen den Ostsektor oder die DDR besuchen können. Im Rahmen dieser Gesamtaufenthaltsdauer erfolgt jedoch keine Kontingentierung (Nr. 1 des Protokollvermerks I). Die 30 Tage können also für einen zusammenhängenden Besuch verwendet oder beliebig aufgeteilt werden. Bei dringenden Familienangelegenheiten werden Einreisen auch dann gewährt, wenn die allgemeine Besuchsdauer bereits erschöpft ist (Nr. 2 des Protokollvermerks I). Ferner soll in begründeten Ausnahmefällen eine Verlängerung des Aufenthalts über die vorgesehenen Fristen hinaus zugelassen werden (Nr. 3 a.a.O.). Schließlich soll ein Aufenthalt bei Geschäftsreisen, wissenschaftlichen Tagungen und bei anderen offiziellen Reisen nicht auf das Jahreskontingent angerechnet werden[4].

Einreise und Ausreise

Die Ein- und Ausreise erfolgt an den Grenzübergangsstellen, die in dem Briefwechsel der Delegationsleiter aufgezählt sind. Die Besucher müssen ihren West-Berliner Personalausweis bei sich führen und benötigen eine Einreise- und eine Ausreisegenehmigung (Art. 2 Abs. 1 des innerdeutschen Abkommens). Die Ausreisegenehmigung wird jedoch auch dann nicht verweigert, wenn sich während des Aufenthalts in der DDR oder im Ostsektor eine früher begangene Verletzung der dort geltenden Strafgesetze herausstellt. Etwas anderes gilt nur, wenn es sich um eine Straftat gegen das Leben handelt. Straftaten, die während des Aufenthalts begangen werden, werden mit den Sanktionen geahndet, die in den dort geltenden Rechtsvorschriften vorgesehen sind.

Die Einreisegenehmigung wird an den Grenzübergangsstellen aufgrund eines Berechtigungsscheines oder aufgrund eines von den

4 Dies folgt aus Art. 4 Abs. 2. Ab 1.8.1984 ist die Aufenthaltsdauer auf 45 Tage erhöht worden.

zuständigen DDR-Behörden bestätigten Telegramms erteilt. Unterschiedliche Übergänge für die Ein- und Ausreise können nur bei einem Aufenthalt von mehr als zwei Tagen benutzt werden.

Mindestumtausch von Zahlungsmitteln

Meinungsverschiedenheiten bei der Durchführung der Vereinbarung haben sich vor allem daraus ergeben, daß die DDR die sog. Mindestumtauschsätze nach Inkrafttreten der Regelung einseitig erhöht hat. Nach den innerstaatlichen Vorschriften der DDR müssen Besucher aus den Berliner Westsektoren bestimmte Beträge von DM (West) in DDR-Mark eintauschen. Der Umtausch erfolgt im Verhältnis 1 zu 1 ohne Rücktauschmöglichkeit. Entsprechende Regelungen bestehen und bestanden – schon vor Inkrafttreten der Berliner Regelung – für Besucher aus der Bundesrepublik und aus anderen „nicht-sozialistischen Staaten"[5].

Bei Unterzeichnung der Reise- und Besuchsvereinbarung hat die Regierung der DDR dem Senat eine Erklärung übermittelt, nach der der Mindestumtausch bei einem Tagesbesuch in der DDR (einschließlich Ost-Berlin) DM 5,–, bei einem Aufenthalt von zwei Tagen DM 10,– und bei Besuchen von drei und mehr Tagen DM 10,– pro Tag beträgt. Von dem Mindestaustausch ausgenommen waren Alters-, Invaliden- und Unfallrentner sowie Jugendliche unter 16 Jahren[6].

Bereits am Tage des Inkrafttretens der Berliner Regelung erfolgte eine – allerdings vergleichsweise geringfügige – Änderung der einschlägigen Vorschriften. Die Sonderregelung für Tagesaufenthalte und Zweitagebesuche in der DDR (nicht aber im Ostsektor) entfiel. Der Senat drückte der DDR aus diesem Grunde lediglich sein Befremden aus[7].

Durch eine Anordnung des Ministers der Finanzen vom 5. November 1973 wurden die Mindestumtauschsätze dann drastisch er-

5 Anordnung des Ministers der Finanzen der DDR vom 25. November 1964 (GBl. II S. 903) in der Fassung der Änderungsanordnung vom 11. Juni 1968 (GBl. II S. 332), vgl. auch die Dokumentation des Presse- und Informationsamts Berlin vom Januar 1974 S. 19.

6 „Erklärung zur Durchführung des Reise- und Besuchsverkehrs von Personen mit ständigem Wohnsitz in Berlin (West)". Vgl. auch Nr. 4 der Dokumentation des Presse- und Informationsamts Berlin.

7 Nr. 5 der Dokumentation des Presse- und Informationsamts Berlin.

höht; sie betrugen bei einem Tagesaufenthalt in Ost-Berlin DM 10,–, bei allen anderen Besuchen in der DDR oder in Ost-Berlin DM 20,– pro Tag. Die Befreiung für Rentner entfiel[8]. Die Frage war in den folgenden Monaten Gegenstand heftiger politischer Kontroversen und wurde im Rahmen der in Art. 8 der Vereinbarung vorgesehenen Konsultationen erörtert[9]. Nachdem die Regelungen zeitweilig in verschiedenen Punkten gemildert worden waren, erfolgte eine weitere Ausdehnung der Umtauschpflicht und Erhöhung des Mindestsatzes auf 25,– DM im Oktober 1980[10]. Die Befreiung für Personen im Rentenalter entfiel. Diese Anordnung ist trotz beharrlicher westlicher Proteste bis jetzt im wesentlichen aufrechterhalten worden. Es kam lediglich zu einigen Ausnahmeregelungen und Milderungen z.B. für Jugendliche zwischen 6 und 14 Jahren, für Begleitpersonen von Schwerbehinderten (ab 05.02.1981) und zu einer Herabsetzung des Mindestumtauschsatzes für Alters-, Invaliden- und Unfallrentner auf 15,– DM ab 01.08.1984[11].

Wie verschiedene Verlautbarungen gerade auf westlicher Seite zeigen, besteht keine Klarheit darüber, ob die ursprüngliche „Erklärung zur Durchführung des Reise- und Besuchsverkehrs ...” Vertragsbestandteil ist und ob die einseitige Erhöhung der Mindestumtauschsätze als Vertragsverletzung gewertet werden kann[12]. Der in diesem Zusammenhang verwendete Begriff der Geschäftsgrundlage führt jedenfalls dann nicht weiter, wenn man ihn auf die zwischen dem Berliner Senat und der DDR-Regierung geschlossene Besuchsvereinbarung bezieht. Bei einem Fortfall der für den Vertragsschluß maßgeblichen Umstände könnte dem Land Berlin

8 Anordnung über die Durchführung eines verbindlichen Mindestumtausches von Zahlungsmitteln (GBl. I S. 517).

9 Vgl. FAZ vom 16. November 1974.

10 Anordnung vom 9.10.1984.

11 Presse- und Informationsdienst der Bundesregierung vom 25.7.1984.

12 Es ist bemerkenswert, daß die bei Abschluß des Besuchsabkommens von dem Vertreter der DDR abgegebene Erklärung über den Mindestumtauschsatz in westlichen Dokumentationen, die unmittelbar nach Abschluß der Vereinbarung veröffentlicht wurden, nicht enthalten ist. Zur Verwendung des Begriffs „Geschäftsgrundlage” im Zusammenhang mit den Mindestumtauschsätzen vgl. z.B. die Antwort des Regierenden Bürgermeisters auf eine Große Anfrage der CDU – Landespressedienst Berlin vom 4.12.1974, Nr. 234 – und die Erklärung des Regierenden Bürgermeisters vor der Presse – Landespressedienst vom 13.1.1975, Nr.3 – wo es heißt, daß die DDR „im wesentlichen” zur Geschäftsgrundlage zurückgekehrt sei.

nach völkerrechtlichen Grundsätzen zwar ein Recht zustehen, vom Vertrag zurückzutreten oder die Vertragserfüllung zu suspendieren; abgesehen davon, daß dem aber schon die besatzungsrechtliche Garantie des gesamten Vertragswerks entgegenstünde, würde damit die Besuchsregelung zu Fall gebracht werden. Das Land Berlin als der geschädigte Vertragspartner würde damit also seinen Schaden noch vergrößern.

Sinnvoll kann der Begriff der Geschäftsgrundlage nur angewandt werden, wenn man ihn auf das Viermächte-Abkommen selbst bezieht. Die Unterzeichnung des Viermächte-Schlußprotokolls durch die Westmächte hing nicht nur davon ab, daß die vorgesehenen innerdeutschen Ausführungsvereinbarungen überhaupt zustandekamen, sondern auch davon, daß die vereinbarten Regelungen als befriedigend angesehen werden konnten. Maßgeblich für die Entscheidung der Westmächte waren dabei außer den Vertragstexten die gesamten Umstände, unter denen die innerdeutschen Vereinbarungen zu erfüllen waren. Hierzu gehören u.a. die innerstaatlichen Bestimmungen der DDR über die Mindestumtauschsätze.

Richtiger dürfte es allerdings sein, die einseitige Erhöhung der Mindestumtauschsätze nicht als eine Änderung der Geschäftsgrundlage, sondern als einen direkten Verstoß gegen die in II C des Viermächte-Abkommens niedergelegten Vertragsbestimmungen anzusehen, wonach Personen mit ständigem Wohnsitz in den Westsektoren unter Bedingungen einreisen können, die denen vergleichbar sind, die für andere in diese Gebiete einreisende Personen gelten. Obgleich der Wortlaut insoweit nicht eindeutig ist, spricht viel für die Annahme, daß hierunter die Bedingungen zu verstehen sind, unter denen andere Personen bei Inkrafttreten des Vertragswerks in die DDR einreisen konnten. Es ist nicht anzunehmen, daß die Westmächte einer Regelung zustimmen wollten, die es der DDR ermöglicht hätte, die Einreise von West-Berlinern fast beliebig zu erschweren, wenn sie nur gleichzeitig auch die Einreisebedingungen für andere Personengruppen erschwert.

Räumliche Begrenzung – Einreise mit Kraftfahrzeugen

Nach Art. 4 Abs. 3 der Vereinbarung sowie nach Nr. 5 des Protokollvermerks I können Reisen gleichzeitig für mehrere Kreise der DDR beantragt werden. Aufgrund dieser Formulierung mußte in den ersten Jahren nach Inkrafttreten der Vereinbarung die Erlaubnis zur Einreise grundsätzlich für einen bestimmten Kreis der DDR beantragt werden und war dann auf diesen Kreis beschränkt.

Die Einreise mit Kraftfahrzeugen war nach Nr. 9 des Protokollvermerks I „vordringlich möglich", wenn der Einreisende körperbehindert war, wenn es sich um dringende Reisen handelte, wenn die Einreise mit Kindern im Alter bis zu drei Jahren erfolgte oder wenn der Zielort verkehrsungünstig oder über 100 km von Berlin (West) entfernt lag.

Mit Aide-mémoire vom 9.12.1974 hat die Regierung der DDR dem Berliner Senat mitgeteilt, daß mit Wirkung vom 20.12.1974 Erleichterungen im grenzüberschreitenden Personenverkehr wirksam werden. Hiernach wird die Aufenthaltsberechtigung grundsätzlich für das gesamte Gebiet der DDR erteilt; nur bei eintägigen Besuchen im Ostsektor ist die Aufenthaltserlaubnis auf Berlin (Ost) beschränkt. Die Einreise mit Kraftwagen wird „in großzügiger Weise" ohne Vorliegen besonderer Voraussetzungen genehmigt[13].

Die Ausstellung der Berechtigungsscheine

Für die Ausstellung der Berechtigungsscheine sind verschiedene Verfahren möglich.

Bei Reisen aus humanitären, familiären, religiösen oder kulturellen Gründen kann der zu Besuchende bei den zuständigen Behörden in der DDR den Antrag stellen und dem Besucher den Berechtigungsschein übersenden[14]. Der Antragsteller braucht mit dem Besucher nicht verwandt zu sein. Wenn kein familiärer, kultureller oder religiöser Grund für die Reise besteht, reicht der bloße Wunsch, einen Freund oder Bekannten zu besuchen, als humanitärer Anlaß aus. Bei Reisen zu gesellschaftlichen, wissenschaftlichen, wirtschaftlich-kommerziellen oder kulturellen Zwecken wird die Einreisegenehmigung durch die einladende Stelle der DDR beantragt. Nach Art. 3 Abs. 2 des Abkommens kann ein von den zu-

13 Aide-mémoire der Regierung der DDR an den Senat von Berlin vom 9. Dezember 1974. Vgl. „Neues Deutschland" vom 12.11.1975. Das Aide-mémoire enthält außerdem eine Reihe von Verhandlungsangeboten, die allerdings zum Teil nicht in die Zuständigkeit des Senats fallen.

14 Vgl. Nr. 4a Protokollvermerk I.

ständigen DDR-Behörden bestätigtes Telegramm an die Stelle des Berechtigungsscheines treten.

Touristenreisen, die sich über mehrere Tage erstrecken können, werden aufgrund von Vereinbarungen zwischen der Deutschen Reisebüro GmbH (DER) und dem Reisebüro der DDR veranstaltet. Die Einreise- und Ausreiseerlaubnis wird durch Vermittlung des DER bei dem Reisebüro der DDR beantragt.

Schließlich kann die Ein- und Ausreisegenehmigung für einen Aufenthalt bis zu einem Tag ohne Übernachtung von dem Besucher selbst bei den Büros für Besuchs- und Reiseangelegenheiten in den Westsektoren bestellt werden. Nach Nr. 4c des Protokollvermerks I werden die Anträge unverzüglich bearbeitet. Die ausgestellten Berechtigungsscheine werden dem Antragsteller auf dem Postwege übersandt oder sofort ausgehändigt.

Umstritten ist, ob der Antragsteller bei dem zuletzt genannten Verfahren die sofortige Aushändigung des Berechtigungsscheins verlangen kann. Die Praxis der DDR-Angestellten in den Büros für Besuchs- und Reiseangelegenheiten geht dahin, einen solchen Sofortbesuch nur zu gewähren, wenn hierfür ein besonderer Anlaß glaubhaft gemacht wird. Der Wortlaut der innerdeutschen Vereinbarung und des Protokollvermerks ist insoweit nicht eindeutig; zugunsten der Annahme, daß ein Anspruch auf sofortige Aushändigung des Berechtigungsscheins besteht, spricht aber die Formuliegung des Viermächte-Abkommens, daß der Besuch den Bewohnern der Westsektoren zu vergleichbaren Bedingungen ermöglich werde, so wie sie für andere in diese Gebiete einreisende Personen gelten. Da Personen mit dem Wohnsitz in Westdeutschland oder im Ausland den Ostsektor ohne vorherige Antragsverfahren betreten können, ist anzunehmen, daß auch für die Bewohner der Westsektoren wenigstens in diesem Umfang die Möglichkeit eines Sofortbesuchs geschaffen werden sollte. Für einen Sofortbesuch aus besonderem Anlaß enthält Art. 4 Abs. 1 Satz 1 der Vereinbarung eine Sonderregelung (Vorlage eines beglaubigten Telegramms an der Grenzübergangsstelle), so daß in diesen Fällen eine Einschaltung der Besucherbüros ohnehin nicht erforderlich ist[15].

15 Ab 3. Oktober 1972 erteilen die Behörden der DDR Berechtigungsscheine zum mehrmaligen Empfang eines Visums, die insgesamt 9 Besuche innerhalb drei Monaten ermöglichen. Der Termin für die erste Einreise ist in diesem Dokument festgelegt. Die Termine für die acht weiteren Besuche werden aufgrund eines schriftlichen Antrags im Büro für Besuchs- und Reisean-

Die Büros für Besuchs- und Reiseangelegenheiten

Die Einzelheiten über die Büros für Besuchs- und Reiseangelegenheiten sind in dem Protokollvermerk II niedergelegt. Anders als bei den Passierscheinregelungen werden sie nicht in jedem Fall tätig, in dem ein Bewohner der Westsektoren in den Ostsektor oder in die DDR einreisen will, sondern nur, wenn der Besucher den Antrag gemäß Nr. 4c Abs. 3 des Protokollvermerks I selbst stellt. Bei den Angestellten der DDR, die in den Büros tätig sind, handelt es sich auch nicht mehr, wie bei den Passierscheinvereinbarungen, um Postangestellte, die im wesentlichen nur die Anträge entgegennehmen und die in der DDR ausgestellten Passierscheine aushändigen können. Sie sind vielmehr befugt, die Berechtigungsscheine auszustellen (einschließlich der Siegelung und Unterschrift) und sie den Besuchern auszuhändigen oder auf dem Postwege zu übersenden. Im übrigen ähnelt die Regelung in vieler Hinsicht den Passierscheinvereinbarungen; insbesondere wird das Hausrecht in den Büros von den öffentlichen Bediensteten ausgeübt, die der Berliner Senat hierfür bestimmt. Diese können auch Antrags- und sonstige Formulare aushändigen, die Antragsteller bei der Ausfüllung unterstützen und entsprechende Auskünfte erteilen. Obgleich die öffentlichen Bediensteten der DDR bei der Ausstellung der Berechtigungsscheine hoheitliche Tätigkeit ausüben, zeigt die Regelung, daß es sich nicht um eine konsularische oder quasi-konsularische Einrichtung der DDR in den Berliner Westsektoren handelt.

Gemeinsame Kommissionen

Auch in der Vereinbarung über den Besuchsverkehr ist (in Art. 8) vorgesehen, daß beide Seiten (in diesem Fall also die Regierung der DDR und der Berliner Senat) eine gemeinsame Kommission zur Klärung von Meinungsverschiedenheiten und Schwierigkeiten bei der Durchführung bilden.

In Artikel 6 ist vorgesehen, daß auf der Grundlage der Besuchsregelung weitere Erleichterungen vereinbart werden können. Die

gelegenheiten sofort eingetragen. Diese Regelung ermöglicht zwar keinen echten Sofortbesuch, bei dem die Einreisegenehmigung ohne vorherige Antragsverfahren an der Grenze zu erteilen wäre; dem Antragsteller werden aber acht kurzfristige Besuche ermöglicht.

Worte „auf der Grundlage dieser Vereinbarung" deuten darauf hin, daß später vereinbarte Erleichterungen in das ursprüngliche Vertragsverhältnis und damit indirekt auch in die besatzungsrechtliche Garantie des Viermächte-Abkommens einbezogen werden[16].

In einem Protokollvermerk zur Besuchsvereinbarung kommen die Partner überein, ihre Kommunikationen zu verbessern; die hierzu notwendigen Verhandlungen werden zwischen den zuständigen Stellen beider Seiten geführt werden. Durch diese Übereinkunft sollten Verhandlungen zwischen der Regierung der DDR und dem Senat über die Öffnung des Teltowkanals ermöglicht werden. Die Besprechungen zwischen beiden Seiten wurden am 22.12.1975 auf der Grundlage von Absprachen zwischen der Bundesregierung und der Regierung der DDR aufgenommen[17].

Der Gebietsaustausch

Die Grenzen der Berliner Westsektoren, die im wesentlichen auf den im Groß-Berlin-Gesetz festgelegten Kommunal- und Bezirksgrenzen beruhen (vgl. Teil I, Kap. 1), verlaufen an vielen Stellen unzweckmäßig. Durch die Regelung des Londoner Protokolls vom 12. September 1944, das den territorialen Bestand des Berliner Besatzungsgebiets aufgrund der Kommunalgrenzen festgelegt hatte, war eine Anzahl von Exklaven entstanden, die zum britischen und amerikanischen Sektor gehörten, aber vom Territorium der Sowjetischen Besatzungszone (später der DDR) umschlossen waren. Ähnlich war die Lage in der Quasi-Exklave Eiskeller, die zum britischen Sektor gehört, aber nur durch einen unzulänglichen Weg mit den übrigen Teilen dieses Sektors verbunden war. Das Viermächte-Abkommen sieht in II, C Abs. 2 und Anlage III Nr. 3 vor, daß die

16 Dies ist möglicherweise der Grund dafür, daß die DDR gewisse Verbesserungen im Bereich des Reise- und Besuchsverkehrs einseitig, und nicht im Wege der Vereinbarung zugestanden hat. Vgl. z.B. das bereits zitierte Aide-mémoire der Regierung der DDR vom 9.12.1974. Als vereinbarte Verbesserungen sind die Protokollvermerke über die medizinische und gesundheitliche Betreuung vom 12.6.1972 und vom 11.4.1974 anzusehen; vgl. den Bericht der Bundesregierung vom 6.12.1974 BT-Drucksache 7/2933.

17 Vgl. Mitteilung der Bundesregierung über die am 19.12.1975 vereinbarten Verbesserungen im Berlin-Verkehr, Bulletin der Bundesregierung vom 22.12.1975 sowie Tätigkeitsbericht der Bundesregierung über die Arbeit in der siebenten Legislaturperiode, Bulletin der Bundesregierung vom 5.8.76 Randnr. 338.

Probleme der kleinen Exklaven einschließlich Steinstückens und anderer Areale durch Gebietsaustausch gelöst werden können.

Die entsprechende innerdeutsche Vereinbarung wurde am 20. Dezember 1971 geschlossen. Nach Fertigstellung eines Vermessungsprotokolls unterzeichneten die Vertreter der DDR-Regierung und des Senats am 3. Juni 1972 die vorgesehene Schlußerklärung (vgl. Dokum. S. 383). Mit Unterzeichnung des Viermächte-Schlußprotokolls war die vorgesehene Regelung vollzogen. Sie löst die Probleme des Grenzverlaufs nicht in allen Punkten, insbesondere bleiben mehrere Exklaven bestehen, nämlich die zum britischen Sektor gehörenden Gebiete Erlengrund, Fichtewiesen und Laszinswiesen, sowie die zum amerikanischen Sektor gehörende Exklave Wüste Mark. Dagegen erhalten die Exklave Steinstücken und das Gebiet Eiskeller ausreichende Verbindungen mit dem übrigen Gebiet der Westsektoren, während die restlichen Exklaven im Tauschwege an die DDR übergegangen sind. Art. 6 Abs. 1 sieht ausdrücklich vor, daß im Hinblick auf die Exklaven und anderen kleinen Gebiete (mit unzweckmäßigem Grenzverlauf), die noch nicht in diese Vereinbarung einbezogen worden sind, später entsprechende Vereinbarungen getroffen werden können. Die vier Hauptsiegermächte haben durch Unterzeichnung des Schlußprotokolls zu erkennen gegeben, daß die getroffene Vereinbarung den Erfordernissen des Viermächte-Abkommens – das insoweit ohnehin nur eine Kann-Vorschrift enthält – entsprechen.

Da der Berliner Senat bei Abschluß der Vereinbarung im Auftrag der Besatzungsmächte gehandelt hat, ist eine parlamentarische Zustimmung zu dem Gebietsaustausch nicht erforderlich. Die Alliierte Kommandantur hat durch BK/O (72)6 angeordnet[18], daß die erworbenen Gebiete Teile des jeweils angrenzenden Sektors werden. Alle in den betreffenden Sektoren in Kraft befindlichen Gesetze und Beschlüsse (gleichgültig, ob es sich um deutsches Recht oder Besatzungsrecht handelt) finden in den erworbenen Gebieten Anwendung. Der Berliner Senat wurde bei Abschluß der innerdeutschen Vereinbarung sowohl für die Westmächte als auch für die deutsche Gebietskörperschaft Berlin tätig. Vollzogen wurde der Gebietsaustausch allerdings erst durch die Unterzeichnung des

18 BK/O (72)6 vom 3. Juni 1972, GVBl. S. 998, vgl. Dokum. S. 383. Es wäre müßig zu erörtern, ob die Westmächte in den Gebietsteilen, die den Westsektoren zugeschlagen werden, originäres oder abgeleitetes Besatzungsrecht erwerben.

Schlußprotokolls, also durch einen Akt der vier Hauptsiegermächte. Der besatzungsrechtliche Status der betreffenden Sektoren erstreckt sich auf die erworbenen Gebiete und erlischt für die Gebiete, die an die DDR abgetreten worden sind[19]. Zugleich sind die erworbenen Gebiete Territorium der deutschen Gebietskörperschaft Berlin geworden. Umgekehrt sind für die abgetretenen Gebietsteile das Besatzungsrecht der Westmächte und die Zugehörigkeit zum Land Berlin erloschen.

Nach Art. 7 bleibt die Vereinbarung (wie auch die anderen innerdeutschen Abkommen und Vereinbarungen, die zur Berlin-Regelung gehören) zusammen mit dem Viermächte-Abkommen in Kraft. Diese Bestimmung dürfte sich aber nach dem Sinn der Regelung nur auf die obligatorischen Vorschriften der innerdeutschen Vereinbarung beziehen. Sie ist nicht so zu verstehen, daß der vollzogene Gebietsaustausch auflösend bedingt sein soll. Sollten die zugrundeliegenden Vereinbarungen zu einem späteren Zeitpunkt außer Kraft treten, so käme eine Rückgewähr der ausgetauschten Gebiete also nicht in Betracht.

Art. 6 Abs. 2 der innerdeutschen Vereinbarung bestimmt, daß der bestehende Zustand in bezug auf die verbleibenden Exklaven und kleinen Gebiete bis zum Inkrafttreten der vorgesehenen weiteren Vereinbarung nicht verändert wird. Dies bedeutet insbesondere, daß die Zugangsregelung zu den Exklaven Erlengrund, Fichtewiese und Wüste Mark bestehen bleibt und von der DDR nicht einseitig eingeschränkt werden darf[20].

Durch Vereinbarung vom 21. Juli 1972 ist das Gebiet des ehemaligen Potsdamer Bahnhofs in den Gebietstausch einbezogen worden und auf West-Berlin übergegangen (vgl. Dok. S. 387 ff.).

19 Die Berlin-Regelung S. 248 f.

20 Die Exklaven Erlengrund und Fichtewiese können von den Inhabern der dort befindlichen Kleingärten tagsüber mit einem Berliner Personalausweis und einer von den betreffenden Kleingartenvereinen ausgestellten Ausweiskarte betreten werden. Die Exklave Wüste Mark wird landwirtschaftlich genutzt und kann zu diesem Zweck von dem Pächter auf dem dafür vorgesehenen Weg betreten werden.

SECHZEHNTES KAPITEL

AUTONOME INNERDEUTSCHE VERTRÄGE

Ausführungsvereinbarungen zum Viermächte-Abkommen und andere innerdeutsche Verträge

Die Ausführungsvereinbarungen zum Viermächte-Abkommen, die die zuständigen deutschen Behörden zur Durchführung und Ergänzung der in diesem Abkommen und den Begleitdokumenten enthaltenen Regelungen geschlossen haben, unterscheiden sich rechtlich von Verträgen zwischen der Bundesrepublik Deutschland und der DDR, die außerhalb der Berlin-Regelung, also ohne Zusammenhang mit dem Viermächte-Abkommen, zustandegekommen sind. Bei Abschluß der Ausführungsvereinbarungen wurden die deutschen Vertragspartner aufgrund eines von den vier Hauptsiegermächten erteilten Auftrages und im Rahmen eines durch das Viermächte-Abkommen eng umgrenzten Verhandlungsspielraumes tätig[1]. Mit Aufnahme in das Schlußprotokoll sind diese Vereinbarungen von den vier Hauptsiegermächten in Kraft gesetzt und damit der Dispositionsbefugnis der deutschen Verhandlungspartner entzogen worden[2]. Bei Abkommen und Vereinbarungen außerhalb der Berlin-Regelung ist der Verhandlungsspielraum der Bundesrepublik Deutschland und der DDR zwar durch die fortbestehenden Rechte der Siegermächte bezüglich ganz Deutschland und Berlin beschränkt; im übrigen handeln die deutschen Staaten aber bei Abschluß dieser Verträge in eigener souveräner Zuständigkeit.

1 Der besatzungsrechtliche Auftrag ergibt sich aus II A 2 und II C 3 des Viermächte-Abkommens i.V. mit Anlage I Nr. 3 und III Nr. 5.

2 Vgl. Kapitel 10, S. 207 ff.

Die Berliner Westsektoren können auch in Verträge zwischen der Bundesrepublik und der DDR einbezogen werden, die nicht mit dem Viermächte-Abkommen zusammenhängen, soweit die Alliierten-Vorbehalte, deren Umfang in Anlage IV zum Viermächte-Abkommen eingehend umschrieben ist, einer Einbeziehung nicht entgegenstehen. Nach der Entscheidung des Bundesverfassungsgerichts zum Grundvertrag sind die für die Bundesrepublik Deutschland handelnden Organe sogar verpflichtet, bei jedem Abkommen und jeder Vereinbarung mit der DDR, die ihrem Inhalt nach auf das Land Berlin und seine Bürger ausgedehnt werden können, auf der Einbeziehung Berlins zu bestehen[3]. Die innerdeutschen Ausführungsvereinbarungen zum Viermächte-Abkommen sind aber, ebenso wie dieses Abkommen selbst, kraft Sanktion der Siegermächte allen anderen Verträgen zwischen der Bundesrepublik und der DDR übergeordnet. Im Konfliktfall haben also die Bestimmungen der Berlin-Regelung Vorrang vor allen anderen innerdeutschen Vereinbarungen[4].

Eine Sonderstellung nimmt insoweit das Protokoll vom 30. September 1971 über Fragen des Post- und Telefonverkehrs ein, in dem Vereinbarungen zur Durchführung und Ergänzung des Viermächte-Abkommens und andere innerdeutsche Regelungen, die in keinem Zusammenhang mit dem Viermächte-Abkommen stehen, zusammengefaßt sind[5]. Die Punkte 6 (mit allen Teilziffern) und 7 sind durch Aufnahme in das Viermächte-Schlußprotokoll der deutschen Dispositionsbefugnis entzogen und den anderen Regelungen des Protokolls, die ebenfalls für Berlin gelten, übergeordnet. In das Abkommen auf dem Gebiet des Post- und Fernmeldewesens vom 27. Februar 1976 sowie in die ergänzenden Verwaltungsabkommen ist Berlin ebenfalls einbezogen, ohne daß ein Zusammenhang mit dem Viermächte-Abkommen besteht.

Kein wesentlicher Unterschied besteht dagegen zwischen den sog. Folgeverträgen, die in dem Protokoll zu Art. 7 des Grundvertrages vorgesehen sind, und anderen Abkommen zwischen der Bundesrepublik und der DDR, die außerhalb der Berlin-Regelung zustandegekommen sind. Als Beispiel für einen Vertrag, den die

3 Urteil vom 31. Juli 1973. BVerfGE 36, S. 1 ff.

4 Dies gilt auch für vertragliche Bindungen zwischen der Bundesrepublik und der DDR, die sich aus der gemeinsamen Mitgliedschaft der beiden deutschen Staaten in multilateralen internationalen Verträgen ergeben.

5 Vgl. S. 276 f.

Bundesrepublik Deutschland und die DDR außerhalb der Berlin-Regelung geschlossen haben, der aber auf die Berliner Westsektoren anwendbar ist, soweit er nicht von den Bestimmungen der Berlin-Regelung überlagert wird, kann der Allgemeine Verkehrsvertrag vom 26. Mai 1972 angesehen werden[6].

Vereinbarungen zwischen dem Land Berlin und der DDR

Auch bei Abkommen, die zwischen dem Land Berlin und der DDR geschlossen werden[7], ist zu unterscheiden, ob es sich um Regelungen zur Ausführung und Ergänzung des Viermächte-Abkommens oder um Vereinbarungen außerhalb der Berlin-Regelung handelt. Im ersten Fall gilt das gleiche wie bei den entsprechenden Vereinbarungen zwischen der Bundesrepublik und der DDR, d.h., sie sind anderen innerdeutschen Vereinbarungen (gleichgültig ob es sich um Abkommen des Bundes oder des Landes Berlin mit der DDR handelt) kraft besatzungsrechtlicher Sanktionen übergeordnet. Außerhalb der im Viermächte-Abkommen erteilten Aufträge sind Vereinbarungen zwischen dem Land Berlin und der DDR zwar möglich, jedoch wird die Befugnis der Berliner Verfassungsorgane, solche Verträge zu schließen, durch deutsches Verfassungsrecht und durch die besatzungsrechtlichen Befugnisse der Westmächte begrenzt[8].

6 Vgl. S. 275 f. (Kapitel 14). Eine Aufstellung der Vereinbarungen, die zwischen der Bundesrepublik und der DDR während der 7. Legislaturperiode des Deutschen Bundestages zustandegekommen sind (Stand: August 1976), findet sich in dem Tätigkeitsbericht der Bundesregierung über die Arbeit in der 7. Legislaturperiode; Bulletin der Bundesregierung vom 5. August 1976 Nr. 92 S. 934 ff. Vgl. auch die Antwort der Bundesregierung vom 6.12.1974 auf eine Große Anfrage der SPD und der FDP, Bundestagsdrucksache 7/2933.

7 Die betreffenden Verträge werden offiziell als Vereinbarung zwischen dem Senat und der Regierung der DDR oder als Vereinbarung zwischen der Deutschen Demokratischen Republik und dem Senat bezeichnet. Dies hat jedoch nur den Zweck, die unterschiedlichen Rechtsauffassungen der Parteien über den Rechtsstatus des Landes Berlin zu wahren. In der Sache handelt es sich um vertragliche Vereinbarungen, durch die das Land Berlin berechtigt und verpflichtet wird.

8 Zu den zwischen dem Senat und der DDR-Regierung zustandegekommenen Vereinbarungen und den Verhandlungen, die auf dieser Ebene geführt werden, vgl. ebenfalls die Aufstellung in der Antwort der Bundesregierung vom 6.12.1974 auf eine Große Anfrage der SPD und der FDP, Bundestags-

Das Bundesverfassungsgericht hat in seinem Urteil zum Grundvertrag insbesondere darauf hingewiesen, daß die Möglichkeit von „Vereinbarungen zwischen der Deutschen Demokratischen Republik und dem Senat", die in Abs. 3 der bei Abschluß des Grundvertrages abgegebenen Erklärung beider Seiten in bezug auf Berlin (West) ausdrücklich vorgesehen ist, das Land Berlin nicht von der Beachtung der grundgesetzlichen Ordnung befreit[9]. Rechtlich zulässig dürften solche Vereinbarungen nur sein, wenn sie nach Art. 32 Abs. 3 GG auch von einem anderen Bundesland geschlossen werden könnten[10] oder wenn der Berliner Senat aufgrund eines von den westlichen Besatzungsmächten (außerhalb des Viermächte-Abkommens) erteilten Auftrages tätig wird[11].

Berlin-Regelung und Grundvertrag

Unter den innerdeutschen Verträgen, die nicht mit dem Viermächte-Abkommen über Berlin zusammenhängen, kommt dem Vertrag über die Grundlagen der Beziehungen zwischen der Bun-

drucksache 7/2933. Bemerkenswert ist die Erklärung des Senats und der Kommandatura vom 29.10.1976 zu dem Briefwechsel zwischen dem Senat und der DDR-Regierung über Rettungsmaßnahmen bei Unfällen in Grenzgewässern. Vgl. hierzu auch die Gegenstellungnahme im Neuen Deutschland vom 30.10.1976. Der Sinn der westlichen Erklärung dürfte vor allem darin bestehen, daß der eigene Rechtsstandpunkt im Hinblick auf den Status des Berliner Ostsektors gewahrt wird; zugleich wird ein allerdings problematischer Versuch unternommen, die zwischen den deutschen Behörden abgesprochene Verwaltungsvereinbarung unter Hinweis auf das Viermächte-Abkommen in die besatzungsrechtliche Verantwortung der vier Hauptsiegermächte einzubeziehen.

9 Die vom Bundesverfassungsgericht zitierte Erklärung betrifft nicht nur Vereinbarungen, die das Land Berlin in Zukunft mit der DDR schließen kann, sondern auch die Vereinbarungen, die zwischen Berlin und der DDR (insbesondere auch aufgrund des Viermächte-Abkommens) bereits geschlossen worden sind.

10 Auch in diesem Fall ist außer der in Art. 32 Abs. 3 GG vorgesehenen Zustimmung der Bundesregierung die Zustimmung der Westmächte erforderlich, die allerdings für bestimmte Sachbereiche generell erteilt werden könnte.

11 In den in dem Zusatzprotokoll zu Art. 7 des Grundvertrages aufgezählten Sachbereichen dürften Vereinbarungen des Landes Berlin mit der DDR grundsätzlich nicht in Betracht kommen, weil die Möglichkeit einer Erstreckung der in diesen Bereichen zu schließenden Folgeverträge in der zitierten Erklärung ausdrücklich vorgesehen ist.

desrepublik Deutschland und der Deutschen Demokratischen Republik vom 21. Dezember 1972 besondere politische Bedeutung zu. Die Berliner Westsektoren sind in diesen Vertrag nur partiell einbezogen. Der eigentliche Vertragstext enthält keine Berlin-Klausel, jedoch haben beide Seiten im Rahmen des Vertragswerkes eine Erklärung in bezug auf Berlin (West) abgegeben. Hiernach besteht Einvernehmen, daß die Ausdehnung von Abkommen und Regelungen, die im Zusatzprotokoll zu Art. 7 des Vertrages vorgesehen sind (sogenannte Folgeverträge), in Übereinstimmung mit dem Viermächte-Abkommen auf Berlin (West) in jedem Falle vereinbart werden kann und daß die Ständige Vertretung der Bundesrepublik bei der DDR in Übereinstimmung mit dem Viermächte-Abkommen die Interessen von Berlin (West) vertreten wird. Nach einer weiteren Erklärung beider Seiten bei der Paraphierung besteht Einvernehmen, daß die Bestimmungen des zusammen mit dem Grundvertrag unterzeichneten Briefwechsels über die Arbeitsmöglichkeit für Journalisten in Übereinstimmung mit dem Viermächte-Abkommen auf Berlin (West) unter der Voraussetzung sinngemäß anzuwenden sind, daß in Berlin (West) die Einhaltung der Bestimmungen dieses Briefwechsels gewährleistet wird. In beiden Erklärungen wird festgestellt, daß Vereinbarungen zwischen der Deutschen Demokratischen Republik und dem Senat unberührt bleiben.

Das Zustimmungsgesetz zum Grundvertrag enthält in Art. 2 eine von den normalen Berlin-Klauseln abweichende Formulierung mit folgendem Wortlaut:

Dieses Gesetz gilt – soweit sich die Regelungen des Vertragswerkes auf das Land Berlin beziehen – auch im Land Berlin, sofern das Land Berlin die Anwendung dieses Gesetzes feststellt[12].

Das Berliner Anwendungsgesetz zu diesem Gesetz unterscheidet sich dagegen nicht von den entsprechenden Anwendungsgesetzen bei anderen zwischenstaatlichen Verträgen[13]. Das Gesetz über die Gewährung von Erleichterungen, Vorrechten und Befreiungen an die Ständige Vertretung der Deutschen Demokratischen Republik, das in engem sachlichen Zusammenhang mit dem Grundvertrag steht, enthält die übliche Berlin-Klausel[14].

12 Gesetz vom 6. Juni 1973 BGBl. II S. 421.

13 Gesetz vom 13. Juli 1973 GVBl. S. 1015.

14 Gesetz vom 23. Juni 1973, BGBl. I S. 985, GVBl. S. 1196.

Anders als der Allgemeine Verkehrsvertrag, der auf Berlin grundsätzlich anwendbar ist, soweit sich nicht aus dem Vertragswerk selbst oder aus den Bestimmungen der Berlin-Regelung etwas anderes ergibt, ist der Grundvertrag nur in dem Umfang auf die Berliner Westsektoren anwendbar, in dem dies in den zitierten Erklärungen der Vertragsparteien ausdrücklich vorgesehen ist. Nicht auf die Westsektoren anwendbar ist insbesondere die Vorschrift des Art. 6, nach der die Hoheitsgewalt der Vertragsparteien auf ihr jeweiliges Staatsgebiet beschränkt ist. Die Befugnisse, die dem Bund in Berlin (West) zustehen, werden durch den Grundvertrag also nicht berührt; es bedarf keiner Prüfung, ob die Westsektoren insoweit als Staatsgebiet des Bundes i.S. dieser Vertragsvorschrift anzusehen sind.

Die Erklärung beider Seiten in bezug auf Berlin (West) ist in verschiedenen Punkten interpretationsbedürftig. Die Formulierung im ersten Absatz scheint eine Selbstverständlichkeit zu normieren, denn auch ohne eine ausdrückliche Erklärung bestünde kein Zweifel, daß die in dem Protokoll zu Art. 7 vorgesehenen Abkommen und Regelungen ebenso wie andere Verträge zwischen den deutschen Staaten auf die Berliner Westsektoren ausgedehnt werden können, daß dies aber nur in Übereinstimmung mit dem Viermächte-Abkommen möglich ist[15]. Die Erklärung muß als Verpflichtung der Parteien verstanden werden, bei den Verhandlungen über die Folgeverträge auch über die Einbeziehung der Berliner Westsektoren zumindest ernsthaft zu verhandeln. Eine grundsätzliche Weigerung der DDR, Berlin in solche Verträge einzubeziehen, wäre mit der übernommenen Verpflichtung unvereinbar. Andererseits steht seit der Entscheidung des Bundesverfassungsgerichts zum Grundvertrag fest, daß für die Bundesrepublik in allen Fällen, in denen die besatzungsrechtlichen Vorbehalte eine Einbeziehung der Berliner Westsektoren zulassen, an die Stelle des „Kann" ein „Muß" getreten ist[16].

Nicht von der Erklärung in bezug auf Berlin (West) erfaßt werden die Verhandlungsprotokolle der im Zusatzprotokoll zu Art. 3

15 Es können also auch die in Art. 7 selbst, nicht aber im Zusatzprotokoll erwähnten Abkommen „auf anderen Gebieten" und sonstige Verträge zwischen der Bundesrepublik und der DDR, die in keinem Zusammenhang mit dem Grundvertrag stehen, in Übereinstimmung mit dem Viermächte-Abkommen auf Berlin (West) ausgedehnt werden.

16 Vgl. Fußnote 3.

des Grundvertrages vorgesehenen Grenzkommissionen und die Vereinbarungen zwischen der Bundesrepublik und der DDR, die aufgrund von Verhandlungsergebnissen dieser Grenzkommissionen zustandegekommen sind.

Absatz 2 der Erklärung muß so verstanden werden, daß die Ständige Vertretung der Bundesrepublik bei der DDR die Interessenvertretung der Berliner Westsektoren in vollem Umfange wahrnehmen wird, soweit Fragen der Sicherheit und des Status nicht berührt werden. Die Verhandlungen der Vertragsparteien über die Einzelheiten sind noch nicht abgeschlossen.

Die in dem Briefwechsel über die Arbeitsmöglichkeiten für Journalisten enthaltenen Regelungen sind nach der bereits zitierten besonderen Erklärung beider Parteien in Berlin (West) sinngemäß anwendbar, wenn die Einhaltung dieser Bestimmungen in Berlin (West) gewährleistet wird. Die in dem letzten Halbsatz enthaltene Voraussetzung hat nur den Zweck, den Rechtsstandpunkt der DDR zu wahren. Nach dem in den Berliner Westsektoren geltenden Verfassungsrecht versteht es sich von selbst, daß die Erfüllung eines Abkommens gewährleistet wird, sobald die Bundesrepublik das Abkommen mit Wirkung für das Land Berlin beschlossen hat und die Westmächte einer Erstreckung auf Berlin nicht widersprochen haben[17].

Die in den beiden Erklärungen enthaltene Formulierung, daß Vereinbarungen zwischen der Deutschen Demokratischen Republik und dem Senat unberührt bleiben, betrifft sowohl die Vereinbarungen, die das Land Berlin mit der DDR bereits in der Vergangenheit (vor allem zur Ausführung und Ergänzung des Viermächte-Abkommens) geschlossen hat, und Vereinbarungen, die in der Zukunft geschlossen werden. Eine Verpflichtung des Landes Berlin, mit der DDR Verträge zu schließen oder Vertragsverhandlungen zu führen, läßt sich aus den Erklärungen nicht herleiten.

17 Der Regierende Bürgermeister von Berlin hat in einer Rede vor dem Abgeordnetenhaus erklärt, daß West-Berlin Teil aller praktischen Regelungen zwischen den beiden Staaten in Deutschland sein wird, deren Einhaltung in Berlin (West) der Senat von Berlin gewährleisten wird. Vgl. Landespressedienst Nr. 218 vom 19. November 1972. Dieser Erklärung kommt aber nur deklaratorische Bedeutung zu.

DOKUMENTATION

Verzeichnis der Dokumente

A

Protokoll zwischen den Vereinigten Staaten, Großbritannien und der Sowjetunion vom 12. September 1944 über die Besatzungszonen in Deutschland und die Verwaltung von Groß-Berlin 301

Abkommen vom 14. November 1944 über Ergänzungen zu dem Protokoll vom 12. September 1944 (Auszug) 304

Abkommen vom 14. November 1944 über die Kontrolleinrichtungen in Deutschland in der Fassung vom 1. Mai 1945 (Auszug) 304

B

Memorandum der Militärgouverneure der drei Westmächte vom 2. März 1949 zum Entwurf des Grundgesetzes der Bundesrepublik Deutschland (Auszug) 307

Schreiben der Militärgouverneure vom 22. April 1949 (Auszug) 307

Aus dem Grundgesetz der Bundesrepublik Deutschland vom 23. Mai 1949 (Auszug) 308

Aus dem Genehmigungsschreiben zum Grundgesetz vom 12. Mai 1949 308

Aus der Verfassung von Berlin vom 1. September 1950 309

Bestätigungsschreiben zur Verfassung vom 29. August 1950 310

Gesetz über die Stellung des Landes Berlin im Finanzsystem des Bundes vom 4. Januar 1952 311

Aus dem Schreiben der Hohen Kommissare vom 26. Mai 1952 in der Fassung vom 23. Oktober 1954 319

Erklärung über Berlin vom 5. Mai 1955 320

Gesetz zur Regelung der Rechtsverhältnisse der in einzelnen Verwaltungszweigen des Landes Berlin beschäftigten Personen vom 26. April 1957 323

Schreiben der Alliierten Kommandantur vom 24. Mai 1967 (Auszug) 329

C

Viermächte-Abkommen vom 2. September 1971 330

D

Protokoll über Verhandlungen zwischen einer Delegation des Bundesministeriums für das Post- und Fernmeldewesen der Bundesrepublik Deutschland und einer Delegation des Ministeriums für Post- und Fernmeldewesen der Deutschen Demokratischen Republik vom 30. September 1971 345

Abkommen über den Transitverkehr zwischen der Bundesrepublik Deutschland und Berlin (West) vom 17. Dezember 1971 348

Protokollvermerke zum Abkommen (S. 361) – Information (S. 363) – Briefwechsel (S. 365) – Warenbegleitschein (S. 367)

Schreiben der Alliierten Kommandantur vom 18. Dezember 1971 369

Vereinbarung über den Reise- und Besuchsverkehr vom 20. Dezember 1971 370

Protokollvermerke (S. 373) – Mündliche Erklärung des Staatssekretärs Kohrt (S. 377) – Briefwechsel (S. 378) – Protokollvermerk (S. 380)

Vereinbarung über Gebietsaustausch vom 20. Dezember 1971 380

Protokollvermerke (S. 383)

Anordnung der Alliierten Kommandatura vom 3. Juni 1972 386

Ergänzende Vereinbarung über Gebietsaustausch vom 21. Juli 1972 387

Protokollvermerke (S. 388)

Anordnung der Alliierten Kommandatura vom 21. Juli 1972 389

Briefwechsel über Arbeitsmöglichkeiten für Journalisten vom 8. November 1972 389

Erklärungen zu Protokoll (S. 392) – Erklärung beider Seiten (S. 393)

Briefwechsel zum Antrag auf Mitgliedschaft in den Vereinten Nationen vom 8. November 1972 394

Erklärungen zu Protokoll (S. 394)

Erklärung der Vier Mächte vom 9. November 1972 395

Vertrag über die Grundlagen der Beziehungen zwischen der Bundesrepublik Deutschland und der Deutschen Demokratischen Republik vom 21. Dezember 1972 396

Zusatzprotokoll (S. 399) – Vorbehalt zu Staatsangehörigkeitsfragen (S. 401) – Erklärungen beider Staaten (S. 401)

Briefwechsel zu Art. 9 des Vertrages über die Grundlagen der Beziehungen vom 21. Dezember 1972 402

Brief zur deutschen Einheit vom 21. Dezember 1972 403

Schreiben der Alliierten Kommandatura vom 13. April 1973 403

Gesetz zum Beitritt der Bundesrepublik Deutschland zu den Vereinten Nationen vom 6. Juni 1973 404

Schreiben der Bundesregierung an den VN-Generalsekretär vom 13. Juni 1973 405

Schreiben des Ständigen Vertreters der USA bei den Vereinten Nationen vom 16. Juni 1973 405

Anlage (S. 406)

Urteil des Bundesverfassungsgerichts vom 31. Juli 1973 zum Grundvertrag (Auszug) 407

Erklärung zu Rettungsmaßnahmen vom 29. Oktober 1975 414

Botschaft der UdSSR informierte über Standpunkt der sowjetischen Seite zur Westmächte-Erklärung (Rettungsmaßnahmen) 417

Antwort der drei Westmächte auf den Protest des sowjetischen Außenministeriums am 3. August 1976 betreffend Einbeziehung Berlins in die Direktwahl zum Europäischen Parlament 418

Wortlaut der S-Bahn-Vereinbarung vom 9. Januar 1984 419

Protokollvermerk zum Verkehrs- und Baumuseum 426

Zustimmung zur S-Bahn-Vereinbarung durch BK/O (83) 9 vom 28. Dezember 1983 427

Vereinbarungen zwischen dem Senat von Berlin und der Regierung der DDR 428

A

Protokoll zwischen den Vereinigten Staaten, Großbritannien und der Sowjetunion vom 12. September 1944 über die Besatzungszonen in Deutschland und die Verwaltung von Groß-Berlin*

Die Regierungen der Vereinigten Staaten von Amerika, des Vereinigten Königreichs von Großbritannien und Nord-Irland und der Union der Sozialistischen Sowjetrepubliken haben folgendes Übereinkommen im Hinblick auf die Ausführung des Artikels 11 der Urkunde der bedingungslosen Kapitulation Deutschlands erreicht:

1. Deutschland, innerhalb der Grenzen, wie sie am 31. Dezember 1937 bestanden, wird zum Zwecke der Besetzung in drei Zonen eingeteilt, deren je eine einer der drei Mächte zugewiesen wird, und ein besonderes Berliner Gebiet, das gemeinsam von den drei Mächten besetzt wird.

2. Die Grenzen der drei Zonen und des Berliner Gebietes und die Verteilung der drei Zonen unter den USA, dem UK und der UdSSR wird wie folgt sein:

[Ostzone]

Das Gebiet Deutschlands (einschließlich der Provinz Ostpreussen), gelegen östlich einer Linie, die gezogen wird von dem Punkt an der Lübecker Bucht, wo die Grenzen Schleswig-Holsteins und Mecklenburgs zusammentreffen, entlang der Westgrenze Mecklenburgs, bis zu der Grenze der Provinz Hannover, dann entlang der östlichen Grenze von Hannover zur Grenze von Braunschweig; dann längs der westlichen Grenze der preußischen Provinz Sachsen zur westlichen Grenze von Anhalt; dann längs der Westgrenze von Anhalt; dann längs der westlichen Grenze der preußischen Provinz Sachsen und der westlichen Grenze Thüringens bis dahin, wo die letztere die bayerische Grenze trifft; dann ostwärts längs der nördlichen Grenze Bayerns bis zur tschechoslowakischen Grenze bis zum Jahre 1937, wird von den bewaffneten Streitkräften der UdSSR besetzt mit Ausnahme des Berliner Gebietes, für das ein besonderes Besetzungssystem weiter unten vorgesehen ist.

* Fundstelle: Dokumente zur Berlin-Frage Nr. 1.

[Nordwestliche Zone]

Das Gebiet Deutschlands, gelegen westlich der oben bezeichneten Linie und begrenzt im Süden von einer Linie, die von dem Punkt aus gezogen ist, wo die westliche Grenze Thüringens die bayerische Grenze trifft; dann westlich längs der südlichen Grenze der preußischen Provinzen Hessen-Nassau und der Rheinprovinz bis dahin, wo die letztere die Grenze Frankreichs trifft, wird von den bewaffneten Streitkräften von ......* besetzt werden.

[Südwestliche Zone]

Das restliche Gebiet Westdeutschlands, gelegen im Süden von der Linie, wie sie in der Beschreibung der nordwestlichen Zone definiert ist, wird von den bewaffneten Streitkräften von .....* besetzt werden.

Die Grenzen der Länder und Provinzen innerhalb Deutschlands, auf die in den vorhergehenden Beschreibungen der Zonen Bezug genommen wurde, sind diejenigen, die aufgrund des Erlasses vom 25. Juni 1941 (veröffentlicht im Reichsgesetzblatt Teil I Nr. 72 vom 3. Juli 1941) wirksam wurden.

[Berliner Gebiet]

Das Berliner Gebiet (unter welchem Ausdruck das Territorium Groß-Berlins, wie im Gesetz vom 27. April 1920 definiert, zu verstehen ist) wird gemeinsam von den bewaffneten Streitkräften der USA, des UK und der UdSSR, die durch die entsprechenden Oberkommandierenden dazu bestimmt werden, besetzt. Zu diesem Zweck wird das Gebiet von Groß-Berlin in die folgenden drei Teile eingeteilt:

Nordöstlicher Teil Groß-Berlins (Bezirke Pankow, Prenzlauer Berg, Mitte, Weißensee, Friedrichshain, Lichtenberg, Treptow, Köpenick) wird besetzt von den Streitkräften der UdSSR;

Nordwestlicher Teil Groß-Berlins (Bezirke Reinickendorf, Wedding, Tiergarten, Charlottenburg, Spandau, Wilmersdorf) wird besetzt von den Streitkräften der .....*;

Südlicher Teil Groß-Berlins (Bezirke Zehlendorf, Steglitz, Schöneberg, Kreuzberg, Tempelhof, Neukölln) wird besetzt von den Streitkräften der .....*.

Die Grenzen der Bezirke innerhalb Groß-Berlins, auf die in den vorhergehenden Beschreibungen Bezug genommen wurde, sind diejenigen, die aufgrund des am 27. März 1938 veröffentlichten Er-

* Im Original erscheinen Punkte.

lasses (Amtsblatt der Reichshauptstadt Berlin Nr. 13 vom 27. März 1938, Seite 215) wirksam wurden.

3. Die Besatzungsstreitkräfte jeder der drei Zonen, in die Deutschland eingeteilt wird, unterstehen einem Oberkommandierenden, der von der Regierung desjenigen Landes, dessen Streitkräfte die betreffende Zone besetzen, bestimmt wird.

4. Jede der drei Mächte kann nach ihrem Ermessen in die für Besatzungspflichten zugewiesenen Streitkräfte unter dem Kommando ihres Oberkommandierenden Hilfskontingente von Streitkräften anderer alliierter Mächte, die an militärischen Operationen gegen Deutschland teilgenommen haben, einbeziehen.

5. Eine interalliierte Regierungsbehörde (Komendatura), bestehend aus drei Kommandanten, die jeweils von ihren entsprechenden Oberkommandierenden ernannt worden sind, wird gegründet, um eine gemeinsame Verwaltung des Groß-Berliner Gebietes zu errichten.

6. Dieses Protokoll ist in dreifacher Ausfertigung in englischer und russischer Sprache entworfen worden. Beide Texte sind authentisch.

Das Protokoll tritt bei Unterzeichnung der Urkunde der bedingungslosen Kapitulation durch Deutschland in Kraft.

Der obige Text des Protokolls zwischen den Regierungen der Vereinigten Staaten von Amerika, des Vereinigten Königreichs und der Union der Sozialistischen Sowjetrepubliken über die Besatzungszonen von Deutschland und die Verwaltung von Groß-Berlin ist vorbereitet und einstimmig angenommen worden von der Europäischen Beratungskommission bei der am 12. September 1944 abgehaltenen Sitzung mit Ausnahme der Verteilung der nordwestlichen und der südwestlichen Besatzungszonen in Deutschland und der nordwestlichen und südlichen Teile Groß-Berlins, die einer weiteren Prüfung und eines weiteren Übereinkommens der USA, des UK und der UdSSR bedarf.

Abkommen zwischen den Vereinigten Staaten, Großbritannien und der Sowjetunion vom 14. November 1944 über Ergänzungen zu dem Protokoll vom 12. September 1944 über die Besatzungszonen von Deutschland und die Verwaltung von Groß-Berlin[1] (Auszug)*

4. Am Schluß der Beschreibung des nordwestlichen Teiles von Groß-Berlin, wie sie im Absatz 2 des obenerwähnten Protokolls gegeben wird, setze die folgenden Worte ein: „das Vereinigte Königreich".

5. Am Schluß der Beschreibung des südlichen Teiles von Groß-Berlin, wie sie im Absatz 2 des obenerwähnten Protokolls gegeben wird, setze die folgenden Worte ein: „die Vereinigten Staaten von Amerika".

. . . .

Der obige Text des Übereinkommens betreffend die Ergänzungen zu dem Protokoll vom 12. September 1944 zwischen den Regierungen der Vereinigten Staaten von Amerika, des Vereinigten Königreichs und der Union der Sozialistischen Sowjetrepubliken über die Besatzungszonen in Deutschland und die Verwaltung von Groß-Berlin ist vorbereitet und einstimmig angenommen worden durch die Europäische Beratungskommission bei der am 14. November 1944 abgehaltenen Sitzung.

Londoner Abkommen vom 14. November 1944 über die Kontrolleinrichtungen in Deutschland in der durch das Ergänzungsabkommen vom 1. Mai 1945 über den Beitritt der Französischen Republik abgeänderten Fassung (Auszug)**

Die Provisorische Regierung der Französischen Republik und die Regierungen der Vereinigten Staaten von Amerika, des Vereinigten Königreichs von Großbritannien und Nordirland und der Union der Sozialistischen Sowjetrepubliken haben folgendes Ab-

* Fundstelle: Dokumente zur Berlin-Frage Nr. 2.

1 Der Beitritt der Französischen Republik zu dem Protokoll vom 12. September 1944 ist in dem Abkommen vom 26. Juli 1945 geregelt. Vgl. Dokumente zur Berlin-Frage Nr. 19.

** Fundstelle: Dokumente zur Berlin-Frage Nr. 3.

kommen geschlossen bezüglich des Verfahrens der alliierten Kontrolle in Deutschland während der Zeit, in der Deutschland die grundlegenden Forderungen der bedingungslosen Kapitulation erfüllen wird.

Artikel 1

Die Oberste Gewalt in Deutschland wird auf Weisung ihrer jeweiligen Regierungen von den Oberbefehlshabern der militärischen Streitkräfte der Französischen Republik, der Vereinigten Staaten von Amerika, des Vereinigten Königreiches und der Union der Sozialistischen Sowjetrepubliken ausgeübt, von jedem in seiner eigenen Besatzungszone und auch gemeinsam in den Deutschland als Ganzes betreffenden Angelegenheiten als Mitglieder des durch das gegenwärtige Abkommen errichteten Obersten Kontrollorganes.

. . . .

Artikel 3

a) Die vier Oberbefehlshaber bilden, als einheitliches Organ handelnd, das Oberste Kontrollorgan, Kontrollrat (Control Council) genannt.

b) Die Aufgaben des Kontrollrates sind:

1. die gebotene Einheitlichkeit des Vorgehens der Oberbefehlshaber in ihren jeweiligen Besatzungszonen zu gewährleisten;
2. Pläne aufzustellen und gemeinsame Entscheidungen zu treffen über grundsätzliche, ganz Deutschland betreffende militärische, politische, wirtschaftliche und sonstige Fragen, und zwar gemäß den jedem Oberbefehlshaber von seiner Regierung erteilten Weisungen;
3. die deutsche Zentralverwaltung zu überwachen, die unter der Aufsicht des Kontrollrates tätig und ihm für die Ausführung seiner Befehle verantwortlich sein wird;
4. die Verwaltung von Groß-Berlin mit Hilfe der hierzu bestellten Organe zu leiten.

c) Der Kontrollrat tritt mindestens einmal alle zehn Tage und auf Antrag eines seiner Mitglieder zu jeder Zeit zusammen. Die Entscheidungen des Kontrollrates müssen einstimmig gefaßt werden. Der Vorsitz des Kontrollrates wird der Reihe nach von jedem seiner vier Mitglieder wahrgenommen.

. . . .

Artikel 7

a) Es wird eine interalliierte Regierungsbehörde (russisch: Komendatura) errichtet, die sich aus vier von ihren jeweiligen Oberbefehlshabern ernannten Kommandanten – einem von jeder Macht – zusammensetzt, um gemeinsam die Verwaltung des Gebietes von Groß-Berlin zu leiten. Jeder der Kommandanten übernimmt der Reihe nach die Befugnisse des diensttuenden Kommandanten als Leiter der interalliierten Regierungsbehörde.

b) Ein technischer Stab, der sich aus Personal einer jeden der vier Mächte zusammensetzt, wird unter der interalliierten Regierungsbehörde gebildet zu dem Zwecke, die Tätigkeit der örtlichen für die Stadtverwaltung verantwortlichen Behörden von Groß-Berlin zu überwachen und zu kontrollieren.

c) Die interalliierte Regierungsbehörde arbeitet unter der allgemeinen Leitung des Kontrollrates und erhält über den Koordinierungsausschuß Befehle.

. . . . . .

Artikel 10

Die vorstehend beschriebenen alliierten Organe für die Kontrolle und Verwaltung Deutschlands üben ihre Tätigkeit während der Anfangsphase der Besetzung Deutschlands aus, die unmittelbar auf die Kapitulation folgt, d.h. während der Periode, in der Deutschland die grundlegenden Forderungen der bedingungslosen Kapitulation erfüllen wird.

Artikel 11

Die Bestimmung der alliierten Organe, die zur Erfüllung der Kontroll- und Verwaltungsaufgaben in Deutschland in einem späteren Stadium erforderlich sind, soll Gegenstand eines besonderen Abkommens zwischen der Provisorischen Regierung der Französischen Republik und den Regierungen der Vereinigten Staaten von Amerika, des Vereinigten Königreiches und der Union der Sozialistischen Sowjetrepubliken sein.

B

Memorandum der Militärgouverneure der drei Westmächte vom 2. März 1949 zum Entwurf des Grundgesetzes der Bundesrepublik Deutschland

(Auszug)*

. . . . . .

10. Schließlich möchten meine Kollegen und ich Sie wissen lassen, daß wir die sorgende Teilnahme verstehen, die der Parlamentarische Rat für Berlin gezeigt hat. Dennoch muß mit Rücksicht auf die gegenwärtige Lage der Teil des Artikels 22, der sich auf Berlin bezieht, suspendiert werden. Nichtsdestoweniger würden keine Bedenken dagegen bestehen, daß die verantwortlichen Behörden in Berlin eine kleine Zahl von Vertretern dazu bestimmen, den Sitzungen des Parlaments beizuwohnen.

Schreiben der Militärgouverneure der drei Westmächte vom 22. April 1949 über die Auffassungen der Außenminister ihrer Länder zum Entwurf des Grundgesetzes der Bundesrepublik Deutschland

(Auszug)*

Die Militärgouverneure übermitteln hiermit im Auftrage ihrer Regierungen die Auffassungen der Außenminister ihrer Länder zum Grundgesetz. Diese Auffassungen sind die folgenden:

A. Die Außenminister können gegenwärtig nicht zustimmen, daß Berlin als ein Land in die ursprüngliche Organisation der deutschen Bundesrepublik einbezogen wird.

. . . . . .

* Fundstelle: Dokumente zur Berlin-Frage Nr. 84, 85.

Aus dem Grundgesetz für die Bundesrepublik Deutschland
vom 23. Mai 1949[1]

......

Artikel 23

Dieses Grundgesetz gilt zunächst im Gebiet der Länder Baden, Bayern, Bremen, Groß-Berlin, Hamburg, Hessen, Niedersachsen, Nordrhein-Westfalen, Rheinland-Pfalz, Schleswig-Holstein, Württemberg-Baden und Württemberg-Hohenzollern. In anderen Teilen Deutschlands ist es nach deren Beitritt in Kraft zu setzen.

......

Artikel 144

(1) Dieses Grundgesetz bedarf der Annahme durch die Volksvertretung in zwei Dritteln der deutschen Länder, in denen es zunächst gelten soll.

(2) Soweit die Anwendung dieses Grundgesetzes in einem der in Artikel 23 aufgeführten Länder oder in einem Teile eines dieser Länder Beschränkungen unterliegt, hat das Land oder der Teil des Landes das Recht, gemäß Artikel 38 Vertreter in den Bundestag und gemäß Artikel 50 Vertreter in den Bundesrat zu entsenden.

Artikel 145

(1) Der Parlamentarische Rat stellt in öffentlicher Sitzung unter Mitwirkung der Abgeordneten Groß-Berlins die Annahme dieses Grundgesetzes fest, fertigt es aus und verkündet es.

......

Aus dem Genehmigungsschreiben der Militärgouverneure zum Grundgesetz
vom 12. Mai 1949[2]

......

(4) Ein dritter Vorbehalt betrifft die Beteiligung Groß-Berlins am Bunde. Wir interpretieren den Inhalt der Artikel 23 und 144 (2) des Grundgesetzes dahin, daß er die Annahme unseres früheren Ersuchens darstellt, demzufolge Berlin keine stimmberechtigte Ver-

1 Fundstelle: BGBl. 1949 S. 1.

2 Fundstelle: Dokumente zur Berlin-Frage Nr. 124.

tretung im Bundestag oder Bundesrat erhalten und auch nicht durch den Bund regiert werden wird, daß es jedoch eine beschränkte Anzahl von Vertretern zur Teilnahme an den Sitzungen dieser gesetzgebenden Körperschaften benennen darf.

. . . . . .

Aus der Verfassung von Berlin

vom 1. September 1950*

. . . . . .

Artikel 1

(1) Berlin ist ein deutsches Land und zugleich eine Stadt.

(2) Berlin ist ein Land der Bundesrepublik Deutschland.

(3) Grundgesetz und Gesetze der Bundesrepublik Deutschland sind für Berlin bindend.

. . . . . .

Artikel 87

(1) Artikel 1 Abs. 2 und 3 der Verfassung treten in Kraft, sobald die Anwendung des Grundgesetzes für die Bundesrepublik Deutschland in Berlin keinen Beschränkungen unterliegt.

(2) In der Übergangszeit kann das Abgeordnetenhaus durch Gesetz feststellen, daß ein Gesetz der Bundesrepublik Deutschland unverändert auch in Berlin Anwendung findet.

(3) Soweit in der Übergangszeit die Anwendung des Grundgesetzes für die Bundesrepublik Deutschland in Berlin keinen Beschränkungen (Abs. 1) unterliegt, sind die Bestimmungen des Grundgesetzes auch in Berlin geltendes Recht. Sie gehen den Bestimmungen der Verfassung vor. Das Abgeordnetenhaus kann im Einzelfall mit Zweidrittelmehrheit der anwesenden Mitglieder anders beschließen. Artikel 85 der Verfassung findet sinngemäß Anwendung.

(4) In der Übergangszeit sollen die verfassungsmäßig bestellten Organe von Berlin die für das Verhältnis von Bund und Ländern maßgebenden Bestimmungen des Grundgesetzes soweit wie möglich als Richtlinien für die Gesetzgebung und Verwaltung beachten.

. . . . . .

* Fundstelle: VoBL. 1950 S. 433.

Bestätigungsschreiben zur Verfassung

vom 29. August 1950*

Die Alliierte Kommandatura Berlin ordnet an:

1. Die Alliierte Kommandatura Berlin hat den ihr am 22. April 1948 vorgelegten Entwurf der Berliner Verfassung zusammen mit den am 4. August 1950 seitens der Stadtverordnetenversammlung beschlossenen und am gleichen Tage zur Genehmigung vorgelegten Nachträgen und Abänderungen geprüft.

2. Bei der Erteilung ihrer Zustimmung zu dieser Verfassung sowie zu den vorgeschlagenen Abänderungen derselben macht die Alliierte Kommandatura folgende Vorbehalte:

a) Der Stadtregierung durch die Verfassung übertragene Befugnisse sind den am 14. Mai 1949 veröffentlichten Bestimmungen der „Erklärung über die Grundsätze" oder irgendwelchen Abänderungen derselben unterstellt.

b) Absätze 2 und 3 des Artikels 1 werden zurückgestellt.

c) Artikel 87 wird dahingehend aufgefaßt, daß während der Übergangsperiode Berlin keine der Eigenschaften eines zwölften Landes besitzen wird. Die Bestimmungen dieses Artikels betreffend das Grundgesetz finden nur in dem Maße Anwendung, als es zwecks Vorbeugung eines Konfliktes zwischen diesem Gesetz und der Berliner Verfassung erforderlich ist. Ferner finden die Bestimmungen irgendeines Bundesgesetzes in Berlin erst Anwendung, nachdem seitens des Abgeordnetenhauses darüber abgestimmt wurde und dieselben als Berliner Gesetz verabschiedet worden sind.

* Fundstelle: Dokumente zur Berlin-Frage Nr. 121 B.

Gesetz über die Stellung des Landes Berlin im Finanzsystem des Bundes (Drittes Überleitungsgesetz)

vom 4. Januar 1952[1]
Zuletzt geändert durch das Finanzanpassungsgesetz
vom 30. August 1971, BGBl. I 1971 S. 1428,
GVBl. 1971 S. 1745.

Der Bundestag hat mit Zustimmung des Bundesrates das folgende Gesetz beschlossen:

§ 1
Grundsatz

(1) Für die finanziellen Beziehungen des Bundes zum Land Berlin gilt nach Maßgabe dieses Gesetzes dasselbe Recht, das nach dem Grundgesetz und den Bundesgesetzen für die finanziellen Beziehungen des Bundes zu den übrigen Ländern gilt. Für die finanziellen Beziehungen der übrigen Länder zum Land Berlin gilt nach Maßgabe dieses Gesetzes dasselbe Recht, das nach dem Grundgesetz und den Bundesgesetzen für die finanziellen Beziehungen der Länder untereinander gilt.

(2) Sind die finanziellen Beziehungen des Bundes zu den übrigen Ländern auf bestimmten Sachgebieten vertraglich geregelt, so sollen die Bundesregierung und der Senat des Landes Berlin entsprechende Regelungen treffen.

(3) Die Bestimmungen der Absätze 1 und 2 gelten mit Wirkung vom 1. April 1951.

§ 2
Überleitung von Lasten und Deckungsmitteln

(1) Für den Übergang der nach diesem Gesetz vom Bund zu übernehmenden Lasten und Deckungsmitteln ist Stichtag der 1. April 1951.

(2) Das Erste Gesetz zur Überleitung von Lasten und Deckungsmitteln auf den Bund – Erstes Überleitungsgesetz – in der Fassung vom 21. August 1951 (Bundesgesetzbl. I S. 779) und die Artikel II bis V des Zweiten Gesetzes zur Überleitung von Lasten und

1 Die Alliierte Hohe Kommission hat durch Anordnung vom 17. Januar 1952 gemäß § 5 des Besatzungsstatuts einige Bestimmungen des Gesetzes außer Kraft gesetzt. Die aufgehobenen Bestimmungen sind im Gesetzestext durch Kursivdruck kenntlich gemacht; Fundstelle: GVBl. S. 393 mit Änderungen.

Deckungsmitteln auf den Bund – Zweites Überleitungsgesetz – vom 21. August 1951 (Bundesgesetzbl. I S. 774) gelten mit den folgenden Abweichungen:

1. Soweit das Erste und das Zweite Überleitungsgesetz von Tatbeständen oder Rechtsverhältnissen nach dem Stand vom 31. März 1950 oder vom 1. April 1950 ausgehen, tritt im Verhältnis zwischen dem Bund und dem Land Berlin an die Stelle der Jahreszahl 1950 die Jahreszahl 1951; bundesgesetzliche Bestimmungen, nach denen der Bund im Verhältnis zum Land Berlin Aufwendungen vor dem 1. April 1951 übernommen hat, bleiben unberührt.
2. Die Höhe der Aufwendungen, die der Bund nach den Bestimmungen des § 1 Abs. 1 Ziff. 3 bis 6 des Ersten Überleitungsgesetzes trägt, kann durch Vereinbarung zwischen dem Bundesminister der Finanzen und dem Senat des Landes Berlin fest bemessen werden.
3. Die Aufwendungen, die sich aus dem Vollzug des Gesetzes des Landes Berlin über die Versorgung von Kriegs- und Militärdienstbeschädigten sowie ihren Hinterbliebenen vom 24. Juni 1950 (Verordnungsbl. für Berlin I S. 318) ergeben, trägt der Bund in Höhe von 75 vom Hundert.

(3) Das Aufkommen aus der Ausgleichsabgabe aufgrund des Gesetzes des Landes Berlin über eine Ausgleichsabgabe vom 2. März 1950 (Verordnungsbl. für Berlin I S. 91) fließt dem Bund zu.

§ 3

Ausgleichsforderungen

(1) Der Bund erstattet dem Land Berlin 90 vom Hundert der Zinsen für Ausgleichsforderungen, die aufgrund der Durchführungsbestimmung Nr. 19 zur Zweiten Verordnung zur Neuordnung des Geldwesens (Umstellungsverordnung) vom 23. Dezember 1949 (Verordnungsbl. für Berlin I S. 509) aus der Umstellung der überörtlichen Berliner Uraltguthaben gegen das Land Berlin entstehen. Durch Rechtsverordnung der Bundesregierung wird bestimmt, welche Uraltguthaben als überörtlich im Sinne dieses Gesetzes gelten.

(2) Bestimmungen, die zur Anpassung der Währungsgesetzgebung im Land Berlin an die Währungsgesetzgebung im *übrigen* Geltungsbereich des Grundgesetzes für Ausgleichsforderungen oder für Zinsen und Tilgungsbeträge von Ausgleichsforderungen erforderlich werden, bleiben einer besonderen gesetzlichen Regelung vorbehalten.

§ 4
Rechte und Pflichten des Landes Berlin

Trägt der Bund im Verhältnis zum Land Berlin bestimmte Lasten oder fließen ihm bestimmte Deckungsmittel zu, so hat das Land Berlin auf diesen Sachgebieten gegenüber dem Bund die gleichen Rechte und die gleichen Pflichten wie die übrigen Länder.

§ 5
(weggefallen)

§ 6
Bundesrechnungshof

Das Gesetz über Errichtung und Aufgaben des Bundesrechnungshofes vom 27. November 1950 (Bundesgesetzbl. S. 765) tritt im Land Berlin zu dem Zeitpunkt in Kraft, zu dem dieses Gesetz im Land Berlin nach § 19 Abs. 1 in Kraft gesetzt wird.

§ 7
Finanzverwaltung

(1) Im Land Berlin gilt bis auf weiteres nicht das Gesetz über die Errichtung der Bundesmonopolverwaltung für Branntwein vom 8. August 1951 (Bundesgesetzbl. I S. 491).

(2) Soweit und solange die Finanzbehörden des Landes Berlin Abgaben verwalten, die im übrigen Geltungsbereich des Gesetzes von Bundesfinanzbehörden verwaltet werden, unterstehen sie unmittelbar den Weisungen des Bundesministers der Finanzen. Das gleiche gilt, soweit und solange die Finanzbehörden des Landes Berlin Vermögen des Bundes verwalten oder sonstige Aufgaben erfüllen, die im übrigen Geltungsbereich des Gesetzes von Bundesfinanzbehörden wahrgenommen werden.

(3) Soweit und solange Finanzbehörden des Landes Berlin Aufgaben erfüllen, die im übrigen Geltungsbereich des Gesetzes durch Bundesfinanzbehörden wahrgenommen werden, trägt der Bund hierfür die nach Abzug der Verwaltungseinnahmen verbleibenden persönlichen und sachlichen Verwaltungsausgaben.

§ 8
Bundesfinanzhof

(1) Das Gesetz über den Bundesfinanzhof vom 29. Juni 1950 (Bundesgesetzbl. S. 257) tritt im Land Berlin zu dem Zeitpunkt in Kraft, zu dem dieses Gesetz im Land Berlin nach § 19 Abs. 1 in Kraft gesetzt wird; bis zum Inkrafttreten einer bundesgesetzlichen

Regelung der Finanzgerichtsbarkeit (Artikel 108 Abs. 5 des Grundgesetzes) gilt das Verwaltungsgericht Berlin als Finanzgericht.

(2) Die Zuständigkeit des Bundesfinanzhofs erstreckt sich nicht auf die Baunotabgabe (Gesetz über eine Baunotabgabe vom 21. Juli 1949 – Verordnungsbl. für Berlin I S. 273 –, und Gesetz über die Verlängerung der Baunotabgabe vom 15. Dezember 1950 – Verordnungsbl. für Berlin I S. 559 –), die Notabgabe vom Betriebsvermögen in Berlin (West) (Artikel III des Ersten Gesetzes über die Neuordnung der Vermögensbesteuerung in Berlin vom 29. Dezember 1950 – Verordnungsbl. für Berlin 1951 I S. 26 –) und auf Gemeindeabgaben mit Ausnahme der Grundsteuer und der Gewerbesteuer.

§ 9
Reichs- und Staatsvermögen

Das Gesetz zur vorläufigen Regelung der Rechtsverhältnisse des Reichsvermögens und der preußischen Beteiligungen vom 21. Juli 1951 (Bundesgesetzbl. I S. 467) und die Verordnung zur Durchführung des § 6 dieses Gesetzes vom 26. Juli 1951 (Bundesgesetzbl. I S. 471) treten im Land Berlin zu dem Zeitpunkt in Kraft, zu dem dieses Gesetz im Land Berlin nach § 19 Abs. 1 in Kraft gesetzt wird.

§ 10
Post- und Fernmeldewesen

(1) Die Einnahmen und Ausgaben des vom Senat des Landes Berlin verwalteten Post- und Fernmeldewesens gehen mit Wirkung vom 1. April 1951 auf den Bund (Deutsche Bundespost) über.

(2) Der Bundesminister für das Post- und Fernmeldewesen kann den für das Post- und Fernmeldewesen zuständigen Behörden des Landes Berlin nach Anhörung des Senators für das Post- und Fernmeldewesen Weisungen erteilen. Die dem Bundesminister der Finanzen gegenüber der Deutschen Bundespost zustehenden Befugnisse erstrecken sich auch auf die Verwaltung des Post- und Fernmeldewesens in Berlin. Die Überwachung der Haushaltsführung und die Prüfung der Haushaltsrechnung obliegen dem Bundesrechnungshof nach den für die Deutsche Bundespost geltenden Bestimmungen.

(3) Bis zum 31. März 1952 finden Ablieferungen aus den Betriebseinnahmen des Post- und Fernmeldewesens in Berlin an den Bund und an das Land Berlin nicht statt.

(4) Nach Errichtung einer Rundfunkanstalt für das Land Berlin wird ein Teil der Rundfunkgebühren, der nach den im *übrigen* Geltungsbereich des Grundgesetzes geltenden Grundsätzen zu bemessen ist, an diese Anstalt abgeführt. Bis dahin stehen die Rundfunkgebühren nach Absatz 1 der Deutschen Bundespost zu.

§ 11
Fortgeltung alten Rechts

Recht aus der Zeit vor dem Zusammentritt des Bundestages, das im übrigen Geltungsbereich des Grundgesetzes Bundesrecht geworden ist und im Land Berlin fortgilt, wird im Land Berlin Bundesrecht von dem Zeitpunkt ab, zu dem dieses Gesetz im Land Berlin nach § 19 Abs. 1 in Kraft gesetzt wird.

§ 12
Bundesabgabenrecht

(1) Bundesrecht über die im Artikel 105 des Grundgesetzes bezeichneten Abgaben, das für den *übrigen* Geltungsbereich des Grundgesetzes gleichzeitig mit oder nach dem Inkrafttreten dieses Gesetzes verkündet wird, wird im Land Berlin binnen eines Monats nach seiner Verkündung im Bundesgesetzblatt oder im Bundesanzeiger gemäß Artikel 87 Abs. 2 der Verfassung von Berlin in Kraft gesetzt.

(2) Das in der Anlage 1[1] bezeichnete Bundesrecht tritt im Land Berlin mit Wirkung vom 1. Januar 1952 in Kraft.

(3) Das vom Bundesrecht abweichende Recht des Landes Berlin auf dem Gebiet der Einkommensteuer und der Körperschaftsteuer ist für die vor dem 1. Januar 1953 endenden Veranlagungszeiträume, beim Steuerabzug vom Arbeitslohn (Lohnsteuer) für die vor dem 1. Januar 1953 endenden Lohnzahlungszeiträume weiter anzuwenden. Für Veranlagungszeiträume und Lohnzahlungszeiträume, die nach dem 31. Dezember 1952 enden, gilt im Land Berlin das in der Anlage 4 bezeichnete Bundesrecht. Das in der Anlage 2[2] bezeichnete, vom Bundesrecht abweichende Recht des Landes Berlin ist bis auf weiteres anzuwenden.

(4) Auf dem Gebiet der Einheitsbewertung und der Vermögensteuer gelten für die Zeit bis zur nächsten Hauptfeststellung der Einheitswerte des Grundbesitzes die bisherigen Bestimmungen des Landes Berlin weiter; das Land Berlin kann für diese Zeit vom Bundesrecht abweichende Bestimmungen erlassen.

1 Die Anlagen sind hier nicht mitaufgeführt.

2 Die Anlage 2 hat durch das 2. Änderungsgesetz eine neue Fassung erhalten.

(5) Artikel II des Gesetzes zur Änderung des Grundsteuergesetzes vom 10. August 1951 (Bundesgesetzbl. I S. 515) und das Grundsteuergesetz in der Fassung vom 10. August 1951 (Bundesgesetzbl. I S. 519) mit Ausnahme des § 33 treten im Land Berlin mit Wirkung vom 1. April 1951 in Kraft. Der Senat des Landes Berlin wird ermächtigt, in Fällen wesentlicher Ertragsminderungen (Artikel II Nr. 1 Buchstabe k des Gesetzes zur Änderung des Grundsteuergesetzes) vom Bundesrecht abweichende Bestimmungen über den Erlaß der Grundsteuer oder eines Teils der Grundsteuer zu treffen, die bis zu dem Zeitpunkt erhoben wird, von dem an die der nächsten Hauptfeststellung der Einheitswerte des Grundbesitzes folgende Hauptveranlagung der Grundsteuermeßbeträge gilt.

(6) Artikel III des Ersten Gesetzes des Landes Berlin über die Neuordnung der Vermögensbesteuerung in Berlin vom 29. Dezember 1950 (Verordnungsbl. für Berlin 1951 I S. 26) und das Gesetz des Landes Berlin über Abgaben in Vorbereitung eines Lastenausgleichs vom 20. Dezember 1951 (Gesetz- und Verordnungsbl. für Berlin S. 1187) gelten bis zum Schluß des Kalendervierteljahres, in dem die bundesgesetzliche Regelung des Lastenausgleichs im Land Berlin nach Artikel 87 Abs. 2 seiner Verfassung in Kraft gesetzt wird.

§ 13
Sonstiges Bundesrecht

(1) Sonstiges Bundesrecht, das für den *übrigen* Geltungsbereich des Grundgesetzes gleichzeitig mit oder nach dem Inkrafttreten dieses Gesetzes verkündet wird, und dessen Geltung im Gebiet des Landes Berlin ausdrücklich bestimmt ist, wird im Land Berlin binnen eines Monats nach seiner Verkündung im Bundesgesetzblatt oder im Bundesanzeiger gemäß Artikel 87 Abs. 2 der Verfassung von Berlin in Kraft gesetzt.

(2) Das in der Anlage 3 bezeichnete Bundesrecht tritt im Land Berlin zu dem Zeitpunkt in Kraft, zu dem dieses Gesetz im Land Berlin nach § 19 Abs. 1 in Kraft gesetzt wird, soweit sich nicht aus der Anlage etwas anderes ergibt.

(3) *Das Gesetz des Landes Berlin über die Eröffnungsbilanz in Deutscher Mark und die Kapitalneufestsetzung (D-Mark-Bilanzgesetz) vom 12. August 1950 (Verordnungsbl. für Berlin I S. 329), das Gesetz des Landes Berlin zur Änderung und Ergänzung des D-Mark-Bilanzgesetzes (D-Mark-Bilanzergänzungsgesetz) vom 24. Mai 1951 (Gesetz- und Verordnungsbl. für Berlin S. 382) und das Zweite Gesetz des Landes Berlin zur Änderung des D-Mark-Bilanz-*

gesetzes vom 11. Dezember 1951 (Gesetz- und Verordnungsbl. für Berlin S. 1139) werden im Land Berlin Bundesrecht von dem Zeitpunkt ab, zu dem dieses Gesetz im Land Berlin nach § 19 Abs. 1 in Kraft gesetzt wird.

§ 14
Durchführungsverordnungen

Ist im Bundesrecht, das als *solches* im Land Berlin in Kraft tritt, die Ermächtigung zum Erlaß von Durchführungsverordnungen vorgesehen, so gelten die aufgrund dieser Ermächtigung erlassenen Durchführungsverordnungen im Land Berlin von dem Zeitpunkt ab, zu dem die Ermächtigungsvorschrift im Land Berlin *als Bundesrecht* in Kraft tritt. Treten die Durchführungsverordnungen im *übrigen* Geltungsbereich des Grundgesetzes zu einem späteren Zeitpunkt in Kraft, so gelten sie im Land Berlin von diesem Zeitpunkt ab.

§ 15
Allgemeine Bestimmungen
über die Rechtsangleichung

(1) Soweit sich aus diesem Gesetz und seinen Anlagen nicht etwas anderes ergibt, tritt das vom Land Berlin zu übernehmende Bundesrecht mit demselben Wortlaut in Kraft, mit dem es im *übrigen* Geltungsbereich des Grundgesetzes gilt. Abweichungen sind zulässig, soweit sie

1. durch die Bezugnahme auf bisher abweichende Regelungen des Landes Berlin,
2. durch das nach diesem Gesetz zugelassene Sonderrecht des Landes Berlin,
3. durch abweichende Behördenbezeichnungen

im Land Berlin bedingt sind.

(2) Die Bundesregierung wird ermächtigt, den Geltungsbereich von Bundesrecht, dessen Geltung im Gebiet des Landes Berlin noch nicht kraft ausdrücklicher Bestimmung vorgesehen ist, durch Rechtsverordnung auf das Gebiet des Landes Berlin zu erstrecken, sofern es im Land Berlin nach Artikel 87 Abs. 2 seiner Verfassung in Kraft gesetzt wird.

§ 16
Bundeshilfe für das Land Berlin

(1) Solange das Land Berlin am Finanzausgleich unter den Ländern nicht teilnimmt, erhält es zur Deckung eines auf andere Weise

nicht auszugleichenden Haushaltsfehlbedarfs einen Bundeszuschuß. Zur Deckung eines außerordentlichen Bedarfs für den Wiederaufbau Berlins gewährt der Bund Darlehen, wenn eine anderweitige Darlehnsaufnahme dem Land Berlin nicht zugemutet werden kann oder aus sonstigen Gründen nicht möglich ist.

(2) Die Bundeshilfe (Bundeszuschuß und Bundesdarlehen) soll so bemessen sein, daß das Land Berlin befähigt wird, die durch seine besondere Lage bedingten Ausgaben zur wirtschaftlichen und sozialen Sicherung seiner Bevölkerung zu leisten und seine Aufgaben als Hauptstadt eines geeinten Deutschlands zu erfüllen.

(3) Die Höhe der Bundeshilfe wird jährlich durch das Gesetz über die Feststellung des Bundeshaushaltsplans bestimmt. Der Bundeszuschuß ist dem Land Berlin in monatlichen Teilbeträgen zu überweisen.

(4) Solange die Abgabe „Notopfer Berlin" erhoben wird, dient ihr Aufkommen nach Maßgabe des Bundeshaushaltsplans der Deckung der Bundeshilfe.

§ 17
Statistik

Die für den *übrigen* Geltungsbereich des Grundgesetzes angeordneten allgemeinen statistischen Erhebungen werden auch im Land Berlin durchgeführt. Die Bestimmungen des § 4 gelten entsprechend.

§ 18
Durchführung des Gesetzes

Der Bundesminister der Finanzen erläßt die zur Durchführung dieses Gesetzes erforderlichen allgemeinen Verwaltungsvorschriften. Zu § 10 erläßt sie der Bundesminister für das Post- und Fernmeldewesen.

§ 19
Gesetzliche Übernahme durch Berlin[1]

(1) Dieses Gesetz wird wirksam, sobald das Land Berlin nach Artikel 87 Abs. 2 der Verfassung von Berlin seine Anwendung beschließt.

1 Das Gesetz und das Änderungsgesetz sind von Berlin durch Übernahmegesetz vom 12. Juni 1962 (GVBl. S. 393) und vom 22. Dezember 1952 (GVBl. S. 1095) übernommen worden. Das Gesetz ist in Berlin am 27. Juni 1952 in Kraft getreten.

(2) Die Durchführung dieses Gesetzes durch das Land Berlin bildet die Voraussetzung für die finanziellen Leistungen, zu denen der Bund nach den Bestimmungen dieses Gesetzes gegenüber dem Land Berlin verpflichtet ist.

§ 20
Inkrafttreten

Dieses Gesetz tritt am Tage nach seiner Verkündung in Kraft[2].

Aus dem Schreiben der drei Hohen Kommissare an den Bundeskanzler vom 26. Mai 1952 in der Fassung des Briefes X

vom 23. Oktober 1954*

Wie wir Ihnen im Laufe unserer Erörterungen über die Verträge zwischen den Drei Mächten und der Bundesrepublik, die heute unterzeichnet worden sind, schon angekündigt haben, wird nach Inkrafttreten dieser Verträge der von den Militärgouverneuren hinsichtlich der Artikel 23 und 144 Absatz 2 des Grundgesetzes am 12. Mai 1949 ausgesprochene Vorbehalt von den Drei Mächten in Ausübung ihres Rechtes in bezug auf Berlin mit Rücksicht auf die internationale Lage formell aufrechterhalten werden.

Die Drei Mächte erklären in diesem Zusammenhang, daß sie sich deswegen nicht weniger der für die Bundesrepublik bestehenden Notwendigkeit, Berlin Hilfe zu leisten, und der Vorteile bewußt sind, welche mit der Verfolgung einer der Politik der Bundesrepublik gleichartigen Politik durch Berlin verbunden sind.

Sie haben deshalb beschlossen, ihr Recht in bezug auf Berlin in einer Weise auszuüben, welche der Bundesrepublik die Erfüllung ihrer in Abschrift angeschlossenen Erklärung betreffend Hilfeleistung für Berlin erleichtert und den Bundesbehörden gestattet, die Vertretung Berlins und der Berliner Bevölkerung nach außen sicherzustellen.

Gleichermaßen werden sie keine Einwände dagegen erheben, daß Berlin gemäß einem angemessenen, von der Alliierten Kommandatura zugelassenen Verfahren die Gesetzgebung der Bundes-

2 Ausgabetag des BGBl. I: 9. Januar 1952.

* Fundstelle: BGBl. II 1955 S. 500.

republik übernimmt, insbesondere die Gesetzgebung über Währung, Kredit und Devisen, Staatsangehörigkeit, Paßwesen, Ein- und Auswanderung, Auslieferung, Einheit des Zoll- und Handelsgebietes, Handels- und Schiffahrtsverträge, Freizügigkeit des Warenverkehrs und Außenhandels- und -Zahlungsabkommen.

. . . . . .

Erklärung über Berlin

vom 5. Mai 1955*

In Anbetracht der zwischen Frankreich, dem Vereinigten Königreich von Großbritannien und Nordirland, den Vereinigten Staaten von Amerika und der Bundesrepublik Deutschland hergestellten neuen Beziehungen und in dem Wunsch, den Berliner Behörden die größtmögliche Freiheit zu gewähren, die mit der besonderen Lage Berlins vereinbar ist, erklärt die Alliierte Kommandatura:

I

Berlin übt alle seine Rechte, Machtbefugnisse und Verantwortlichkeiten aus, wie sie in seiner im Jahre 1950 angenommenen Verfassung niedergelegt sind, lediglich unter Berücksichtigung der von der Alliierten Kommandatura am 29. August 1950 gemachten Vorbehalte und nach Maßgabe der nachstehenden Bestimmungen.

II

Die alliierten Behörden behalten das Recht, falls sie es für notwendig erachten, solche Maßnahmen zu ergreifen, die zur Erfüllung ihrer internationalen Verpflichtungen, zur Sicherung der öffentlichen Ordnung und zur Erhaltung des Status und der Sicherheit Berlins, seiner Wirtschaft, seines Handels und seiner Verbindungslinien notwendig sind.

III

Die alliierten Behörden werden normalerweise nur auf den folgenden Gebieten Machtbefugnisse ausüben:

a) Sicherheit, Interessen und Immunität der alliierten Streitkräfte, einschließlich deren Vertreter, deren Familienangehörigen und nichtdeutschen Angestellten. Deutsche Angestellte

* Fundstelle: GVBl. 1955 S. 335.

der alliierten Streitkräfte genießen Immunität gegenüber der deutschen Gerichtsbarkeit nur in Sachen, die sich aus oder während der Ausübung von Pflichten und Diensten bei den alliierten Streitkräften ergeben.

b) Abrüstung und Entmilitarisierung, einschließlich verwandter Gebiete der wissenschaftlichen Forschung, zivile Luftfahrt sowie die damit in Beziehung stehenden Verbote und Beschränkungen der Industrie.

c) Beziehungen Berlins zu ausländischen Behörden. Die Alliierte Kommandatura wird jedoch den Berliner Behörden gestatten, die Vertretung der Interessen Berlins und seiner Einwohner im Ausland durch geeignete Maßnahmen zu gewährleisten.

d) Deckung der Besatzungskosten. Diese Kosten werden nach Beratung mit den zuständigen deutschen Behörden auf den niedrigsten Stand festgesetzt, der mit der Erhaltung der Sicherheit Berlins und der dort stationierten alliierten Streitkräfte vereinbar ist.

e) Befehlsbefugnisse über die Berliner Polizei, insoweit dieselbe zur Gewährleistung der Sicherheit Berlins notwendig ist.

IV

Die Alliierte Kommandatura wird, vorbehaltlich der Artikel I und II dieser Erklärung, keine Einwände dagegen erheben, daß Berlin nach einem angemessenen von der Alliierten Kommandatura zugelassenen Verfahren die Gesetzgebung der Bundesrepublik übernimmt, insbesondere in bezug auf Währung, Kredite und Devisen, Staatsangehörigkeit, Reisepässe, Aus- und Einwanderung, Auslieferung, Vereinheitlichung der Zoll- und Handelsgebiete, Handels- und Schiffahrtsabkommen, Freiheit des Güterverkehrs sowie Außenhandels- und -zahlungsabkommen.

V

Auf den folgenden Gebieten:

a) Rückerstattung, Reparationen, Dekartellisierung, Entflechtung, ausländische Interessen in Berlin und Ansprüche gegen Berlin oder seine Einwohner,

b) verschleppte Personen und die Aufnahme von Flüchtlingen,

c) Überwachung der Betreuung und der Behandlung von den vor den alliierten Gerichten oder Tribunalen angeklagten oder von denselben verurteilten Personen in deutschen Gefängnissen; Überwachung der Vollstreckung der gegen solche Personen verhängten Strafen und der Fragen der Amnestie, Begnadigung oder Freilassung in bezug auf diese Personen, werden die alliierten Behörden in Zukunft nur eingreifen, insoweit, als dies mit den Grundsätzen, welche die Grundlage der neuen Beziehungen zwischen Frankreich, dem Vereinigten Königreich und den Vereinigten Staaten einerseits und der Bundesrepublik Deutschland andererseits bilden, oder mit der alliierten Gesetzgebung, die in Berlin in Kraft ist, vereinbar ist, oder wenn die Handlungsweise der Berliner Behörden sich nicht mit diesen Grundsätzen oder dieser Gesetzgebung vereinbaren läßt.

VI

Alle Rechtsvorschriften der alliierten Behörden bleiben solange in Kraft, bis sie aufgehoben, abgeändert oder außer Wirkung gesetzt werden.

Die alliierten Behörden werden alle Rechtsvorschriften aufheben, abändern oder außer Wirkung setzen, die sie angesichts dieser Erklärung nicht mehr für angebracht erachten.

Rechtsvorschriften der alliierten Behörden können auch durch Berliner Gesetzgebung aufgehoben oder abgeändert werden; jedoch benötigt eine solche Aufhebung oder Abänderung vor ihrem Inkrafttreten die Genehmigung der alliierten Behörden.

VII

Die Berliner Gesetzgebung tritt gemäß den Bestimmungen der Berliner Verfassung in Kraft. Im Falle der Nichtübereinstimmung mit alliierter Gesetzgebung oder mit anderen Maßnahmen der alliierten Behörden oder mit den Rechten der alliierten Behörden aufgrund dieser Erklärung, kann die Berliner Gesetzgebung durch die Alliierte Kommandatura aufgehoben oder für nichtig erklärt werden.

VIII

Um ihnen die Erfüllung ihrer aufgrund dieser Erklärung erwachsenden Verpflichtungen zu ermöglichen, haben die alliierten Behörden das Recht, die von ihnen für notwendig erachteten Auskünfte und Statistiken anzufordern und zu erlangen.

IX

Die Alliierte Kommandatura wird, soweit es die Lage in Berlin zuläßt, die Bestimmungen dieser Erklärung abändern.

X

Am Tage des Inkrafttretens dieser Erklärung wird die Erklärung über die Grundsätze der Beziehungen der Stadt Groß-Berlin zu der

Alliierten Kommandatura vom 14. Mai 1949, in der durch die Erste Abänderungsurkunde vom 7. März 1951 revidierten Fassung, aufgehoben.

Gesetz zur Regelung der Rechtsverhältnisse der in einzelnen Verwaltungszweigen des Landes Berlin beschäftigten Personen

vom 26. April 1957*

Der Bundestag hat das folgende Gesetz beschlossen:

§ 1

(1) Auf die Rechtsverhältnisse der Beamten im Dienstbereich der Landespostdirektion Berlin und der Zoll- und Verbrauchsteuerverwaltung einschließlich der Monopolverwaltung für Branntwein und des Devisenüberwachungsdienstes sowie der Sondervermögens- und Bauverwaltung der Oberfinanzdirektion Berlin sind, soweit in diesem Gesetz nicht etwas anderes bestimmt ist, die für die Beamten der entsprechenden Bundesverwaltungen jeweils geltenden Bestimmungen sinngemäß anzuwenden. An die Stelle des § 58 des Bundesbeamtengesetzes tritt § 19 des Berliner Landesbeamtengesetzes.

(2) Dienstherr der Beamten der in Absatz 1 genannten Verwaltungen ist das Land Berlin.

(3) Die Zuständigkeit des Bundespersonalausschusses erstreckt sich auf den Dienstbereich der in Absatz 1 genannten Verwaltungen.

§ 2

(1) Der Präsident der Landespostdirektion Berlin wird vom Senat von Berlin auf Vorschlag des Bundesministers für das Post- und Fernmeldewesen, der Präsident der Oberfinanzdirektion Berlin vom Senat von Berlin im Einvernehmen mit dem Bundesminister der Finanzen ernannt.

(2) Die Präsidenten ernennen innerhalb ihres Dienstbereichs im Namen des Senats von Berlin die übrigen Beamten der in § 1 Abs. 1 genannten Verwaltungen. Sie sind gegenüber diesen Beamten, unbeschadet der Vorschrift des Absatzes 3, für alle beamten-

* Fundstelle: GVBl. 1957 S. 430 mit Änderungen.

rechtlichen Entscheidungen zuständig. Sie üben für ihren Dienstbereich die Befugnisse der obersten Dienstbehörde aus.

(3) Entscheidungen der Präsidenten, die nach beamtenrechtlichen Bestimmungen für Bundesbeamte dem Bundespräsidenten, der Bundesregierung oder Bundesministern obliegen, bedürfen der Zustimmung des für die entsprechende Bundesverwaltung zuständigen Bundesministers; das gleiche gilt für die Abordnung und Versetzung von Beamten anderer Verwaltungszweige des Landes Berlin in den Dienstbereich der in § 1 Abs. 1 genannten Verwaltungen, ferner für die Abordnung und Versetzung von Beamten dieser Verwaltungen in den Dienstbereich der entsprechenden Bundesverwaltungen sowie für die Einstellung von Beamtenbewerbern. Die Zustimmung kann auch allgemein erteilt werden. Soweit die in Satz 1 genannten Befugnisse im Bundesgebiet den Präsidenten der Oberpostdirektionen oder den Präsidenten der Oberfinanzdirektionen übertragen sind oder werden, bedarf es der Zustimmung nicht.

(4) Der zuständige Bundesminister ist berechtigt, Weisungen für die dienstliche Tätigkeit der Beamten der in § 1 Abs. 1 genannten Verwaltungen zu erteilen.

§ 3

(1) Die in § 1 Abs. 1 genannten Verwaltungen können unter ihrem Namen klagen und verklagt werden. Sie werden jeweils durch den Präsidenten der Landespostdirektion oder der Oberfinanzdirektion Berlin vertreten.

(2) Für Klagen, die vor dem Inkrafttreten dieses Gesetzes erhoben worden sind, verbleibt es bei den bisherigen Zuständigkeiten.

§ 4

(1) In Disziplinarverfahren sind die für Bundesbeamte zuständigen Disziplinargerichte und der Bundesdisziplinaranwalt zuständig. Die in § 37 Abs. 4 der Bundesdisziplinarordnung genannten Beamtenbeisitzer müssen ihren Wohnsitz im Dienstbereich der in § 1 Abs. 1 genannten Verwaltungen haben und, soweit auf sie § 37 Abs. 4 Satz 3 der Bundesdisziplinarordnung Anwendung findet, den entsprechenden Dienstbereichen dieser Verwaltungen angehören. Die Listen (§ 36 Abs. 1 Satz 1 der Bundesdisziplinarordnung) stellen der Präsident der Landespostdirektion und der Präsident der Oberfinanzdirektion Berlin auf. Im übrigen gilt § 36 Abs. 1 Satz 2 bis 4, Abs. 2 bis 4 der Bundesdisziplinarordnung entsprechend. In Disziplinarverfahren gegen den Präsidenten der Landespostdirektion Berlin oder gegen den Präsidenten der Oberfinanzdirektion Berlin werden die Befugnisse der Einleitungsbehörde

vom Senat des Landes Berlin und dem zuständigen Bundesminister gemeinsam ausgeübt.

§ 5

(1) Die Abordnung oder Versetzung eines Beamten

1. aus dem Dienstbereich des Bundesministers für das Post- und Fernmeldewesen in den Dienstbereich der Landespostdirektion Berlin,
2. aus dem Dienstbereich des Bundesministers der Finanzen (Zoll- und Verbrauchsteuerverwaltung einschließlich der Bundesmonopolverwaltung für Branntwein sowie der Bundesvermögens- und Bauverwaltung) in den Dienstbereich der Zoll- und Verbrauchsteuerverwaltung einschließlich der Monopolverwaltung für Branntwein und des Devisenüberwachungsdienstes sowie der Sondervermögens- und Bauverwaltung des Landesfinanzamtes Berlin

ist unter den gleichen Voraussetzungen wie die Abordnung oder Versetzung eines Beamten im Bereich desselben Dienstherrn zulässig. Das gleiche gilt für die Abordnung oder Versetzung aus einem der in den Nummern 1 und 2 bezeichneten Berliner Dienstbereiche in den Dienstbereich der entsprechenden Bundesverwaltung.

(2) Vor der Abordnung oder Versetzung ist der Beamte zu hören. Die Abordnung oder Versetzung ist von der obersten Dienstbehörde zu verfügen.

(3) Dem Antrag eines nach den Absätzen 1 und 2 versetzten Beamten auf Rückversetzung soll stattgegeben werden, wenn dies mit Rücksicht auf die persönlichen Verhältnisse des Beamten der Billigkeit entspricht und zwingende dienstliche Gründe nicht entgegenstehen.

§ 6

(1) Nach Beendigung des Beamtenverhältnisses bei den in § 1 Abs. 1 genannten Verwaltungen finden die für die Ruhestandsbeamten, Witwen und Waisen und sonstigen Versorgungsempfänger sowie früheren Beamten und Hinterbliebenen geltenden Bestimmungen des Bundes Anwendung; dies gilt auch, wenn die Beendigung des Beamtenverhältnisses oder eines Beschäftigungsverhältnisses, aufgrund dessen Versorgung nach beamtenrechtlichen Vorschriften gewährt wird, vor dem Inkrafttreten dieses Gesetzes eingetreten ist. Bei Anwendung des Bundesbeamtengesetzes tritt an die Stelle seines Inkrafttretens das Inkrafttreten dieses Gesetzes. Dienstherr ist der Bund; oberste Dienstbehörde ist der für die entsprechende Bundesverwaltung zuständige Bundesminister.

(2) Für Klagen, die vor dem Inkrafttreten dieses Gesetzes erhoben worden sind, verbleibt es bei den bisherigen Zuständigkeiten.

§ 7

(1) Auf die Rechtsverhältnisse der Angestellten und Arbeiter der in § 1 Abs. 1 genannten Verwaltungen sind die für die Angestellten und Arbeiter der entsprechenden Bundesverwaltungen geltenden Gesetze und die zu ihrer Ausführung erlassenen Vorschriften sinngemäß anzuwenden, soweit sie als Bundesrecht einheitlich gelten.

(2) Arbeitgeber der Angestellten und Arbeiter der in § 1 Abs. 1 genannten Verwaltungen ist das Land Berlin. Der Präsident der Landespostdirektion Berlin und der Präsident des Landesfinanzamtes Berlin vertreten insoweit das Land Berlin jeweils für ihren Dienstbereich. Vor dem Abschluß von Tarifverträgen für den Dienstbereich der Landespostdirektion Berlin ist die Zustimmung des Bundesministers für das Post- und Fernmeldewesen, vor dem Abschluß von Tarifverträgen für den Dienstbereich der Oberfinanzdirektion Berlin (Zoll- und Verbrauchsteuerverwaltung einschließlich der Monopolverwaltung für Branntwein und des Devisenüberwachungsdienstes sowie der Sondervermögens- und Bauverwaltung) die Zustimmung des Bundesministers der Finanzen einzuholen. Die geltenden Tarifbestimmungen und Dienstordnungen bleiben bis zum Inkrafttreten neuer Tarifverträge bestehen.

(3) § 1 Abs. 3 und § 2 Abs. 4 gelten sinngemäß. Soweit Entscheidungen nach § 2 Abs. 3 auch nach den arbeitsrechtlichen Vorschriften zulässig sind, gilt § 2 Abs. 3 sinngemäß.

§ 8

Das Personalvertretungsgesetz vom 5. August 1955 (Bundesgesetzbl. I S. 477) findet im Dienstbereich der in § 1 genannten Verwaltungen Anwendung; oberste Dienstbehörde im Sinne des § 51 des Personalvertretungsgesetzes ist der zuständige Bundesminister.

§ 9

(1) Die nach den Bundesgesetzen zur Regelung der Wiedergutmachung nationalsozialistischen Unrechts für Angehörige des öffentlichen Dienstes und zur Regelung der Wiedergutmachung nationalsozialistischen Unrechts für die im Ausland lebenden Angehörigen des öffentlichen Dienstes bestehenden Ansprüche von Personen,

1. die im Bereich von Dienststellen geschädigt worden sind, de-

ren Aufgaben von einer der in § 1 Abs. 1 genannten Verwaltungen ganz oder überwiegend weitergeführt werden, oder

2. bei denen als Angehörigen oder ehemaligen Angehörigen einer der in § 1 Abs. 1 bezeichneten Verwaltungen die Voraussetzungen des § 22 Abs. 3 des Gesetzes zur Regelung der Wiedergutmachung nationalsozialistischen Unrechts für Angehörige des öffentlichen Dienstes gegeben sind,

richten sich gegen den Bund. Dies gilt in den Fällen der Nummer 1 nicht, wenn ein anderer Dienstherr nach § 22 Abs. 3 des vorgenannten Gesetzes zur Wiedergutmachung verpflichtet ist.

(2) Die Vorschriften über das Nachdienrecht (§ 24 Abs. 5 des Berliner Gesetzes über die Entschädigung der Opfer des Nationalsozialismus vom 10. Januar 1951 – Verordnungsblatt für Berlin Teil I S. 85 – in Verbindung mit Artikel III Abs. 2 des Berliner Gesetzes zur Regelung der Wiedergutmachung nationalsozialistischen Unrechts für Angehörige des öffentlichen Dienstes vom 13. Dezember 1951 – Gesetz- und Verordnungsblatt für Berlin S. 1141) sowie über den Wiedergutmachungszuschlag und die Wiedergutmachungsabfindung (Berliner Gesetz über die Zurruhesetzung wiedergutmachungsberechtigter Angehöriger des öffentlichen Dienstes vom 2. Dezember 1954 – Gesetz- und Verordnungsblatt für Berlin S. 677 – in der Fassung des Ersten Gesetzes zur Änderung dieses Gesetzes vom 22. Juni 1956 – Gesetz- und Verordnungsblatt für Berlin S. 685) bleiben unberührt. Die Ansprüche aus diesen Vorschriften richten sich gegen den Bund.

§ 10

Soweit auf Angehörige der früheren Reichsverwaltungen, deren Aufgaben von Dienststellen der in § 1 Abs. 1 dieses Gesetzes genannten Verwaltungen übernommen worden sind, Kapitel II des Bundesgesetzes zur Regelung der Rechtsverhältnisse der unter Artikel 131 des Grundgesetzes fallenden Personen anzuwenden ist, gilt § 62 des Gesetzes. Oberste Dienstbehörde ist der für die entsprechende Bundesverwaltung zuständige Bundesminister.

§ 11

(1) Die Vorschriften der §§ 170, 171 171a und 178 des Berliner Landesbeamtengesetzes in der Fassung der Bekanntmachung vom 10. Dezember 1954 (Gesetz- und Verordnungsblatt für Berlin S. 747) über die Übernahme in das Beamtenverhältnis bleiben unberührt; § 178 Abs. 1 Nr. 1 gilt nicht für die Fälle des § 171a. Die Verpflichtungen gehen auf die in § 1 Abs. 1 dieses Gesetzes genannten entsprechenden Verwaltungen über.

(2) Für Klagen, die vor dem Inkrafttreten dieses Gesetzes erhoben worden sind, verbleibt es bei den bisherigen Zuständigkeiten.

§ 12

Erhält ein bei Inkrafttreten dieses Gesetzes im Dienst befindlicher Beamter nach diesem Gesetz Dienstbezüge, die geringer sind als die ihm bisher nach den §§ 9 bis 15 des Berliner Besoldungsgesetzes vom 2. Dezember 1952 in der Fassung des Sechsten Besoldungsänderungsgesetzes vom 11. Februar 1956 (Gesetz- und Verordnungsblatt für Berlin S. 189) zustehenden Dienstbezüge, so wird ihm eine ruhegehaltsfähige Ausgleichszulage in Höhe des Unterschiedsbetrages so lange gewährt, bis dieser durch Erhöhung der Bezüge ausgeglichen wird; Erhöhungen infolge einer Änderung des Familienstandes oder eines Wechsels der Ortsklasse sowie allgemeine Erhöhungen der Besoldung infolge einer Änderung der wirtschaftlichen Verhältnisse bleiben außer Betracht.

§ 13

Die zur Durchführung dieses Gesetzes erforderlichen allgemeinen Verwaltungsvorschriften erläßt die Bundesregierung.

§ 14

Dieses Gesetz gilt nach Maßgabe des § 13 Abs. 1 des Dritten Überleitungsgesetzes vom 4. Januar 1952 (Bundesgesetzbl. I S. 1) auch im Land Berlin. Das nach § 7 Abs. 2 des Dritten Überleitungsgesetzes dem Bundesminister der Finanzen und das nach § 10 desselben Gesetzes sowie nach § 1 Abs. 3 des Postverwaltungsgesetzes vom 24. Juli 1953 (Bundesgesetzbl. I S. 676) dem Bundesminister für das Post- und Fernmeldewesen zustehende Weisungsrecht wird durch dieses Gesetz nicht eingeschränkt.

§ 15

Dieses Gesetz tritt am 1. Mai 1957 in Kraft. Soweit bereits vor diesem Zeitpunkt nach § 8 verfahren worden ist, behält es hierbei sein Bewenden.

Schreiben der Alliierten Kommandantur vom 24. Mai 1967 zur Entscheidung des Bundesverfassungsgerichts

vom 20. Januar 1966 (Auszug)[1]

... Die Alliierte Kommandatura würdigt die Erklärung des Bundesverfassungsgerichts, daß „der in Nummer 4 des Genehmigungsschriebens der Militärgouverneure zum Grundgesetz vom 12. Mai 1949 enthaltene ... Vorbehalt in bezug auf Berlin von allen Organen der Bundesrepublik im Einzelfall unmittelbar zu beachten ist". Es entspricht nach wie vor der Absicht und der Auffassung der Alliierten, daß Berlin nicht als ein Land der Bundesrepublik anzusehen und auch nicht durch den Bund zu regieren ist. Außerdem ist und bleibt es die Absicht und die Auffassung der Alliierten, daß Berliner Gesetze, durch die bundesrechtliche Bestimmungen übernommen werden, gesetzgebende Handlungen des Abgeordnetenhauses von Berlin darstellen und sich in rechtlicher Hinsicht von den betreffenden Bundesgesetzen unterscheiden.

In seiner Entscheidung vom 20. Januar 1966 hat das Bundesverfassungsgericht auf verschiedene Situationen verwiesen, die sich auf Rechtsverfahren beziehen, die ihren Ursprung in Berlin haben. Die Alliierte Kommandatura ist der Ansicht, daß das Gericht in Beziehung auf Berlin keine Gerichtsbarkeit hat, und daß es demzufolge nicht zuständig ist,

(1) die Verfassungsmäßigkeit von Handlungen Berliner Behörden oder

(2) die Verfassungsmäßigkeit von Berliner Gesetzen, einschließlich von Gesetzen zur Übernahme von Bestimmungen der Bundesgesetzgebung,

zu überprüfen.

Die Alliierte Kommandatura ersucht Sie, sicherzustellen, daß, sollte sich für den Senat oder das Abgeordnetenhaus die Gelegenheit ergeben, dem Bundesverfassungsgericht Stellungnahmen zu unterbreiten, solche Stellungnahmen dem Inhalt dieses Schreibens Rechnung tragen.

1 Zitiert nach Heidelmeyer, in ZaöRV 1968, S. 704 (729). Dieses Schreiben ist an den Regierenden Bürgermeister und an den Präsidenten des Abgeordnetenhauses von Berlin gerichtet. Ein entsprechendes Aide-mémoire der Drei Westmächte ist am 18. April 1967 an die Bundesregierung gerichtet worden.

C
Viermächte-Abkommen vom 3. September 1971*

Die Regierungen der Französischen Republik, der Union der Sozialistischen Sowjetrepubliken, des Vereinigten Königreichs Großbritannien und Nordirland, den Vereinigten Staaten von Amerika,

vertreten durch ihre Botschafter, der in dem früher vom Alliierten Kontrollrat benutzten Gebäude im amerikanischen Sektor Berlins eine Reihe von Sitzungen abgehalten haben,

handelnd auf der Grundlage ihrer Viermächte-Rechte und -Verantwortlichkeiten und der entsprechenden Vereinbarungen und Beschlüsse der Vier Mächte aus der Kriegs- und Nachkriegszeit, die nicht berührt werden,

unter Berücksichtigung der bestehenden Lage in dem betreffenden Gebiet,

von dem Wunsch geleitet, zu praktischen Verbesserungen der Lage beizutragen,

unbeschadet ihrer Rechtspositionen,

haben folgendes vereinbart:

I
Allgemeine Bestimmungen

1. Die Vier Regierungen werden bestrebt sein, die Beseitigung von Spannungen und die Verhütung von Komplikationen in dem betreffenden Gebiet zu fördern.

2. Unter Berücksichtigung ihrer Verpflichtungen nach der Charta der Vereinten Nationen stimmen die Vier Regierungen darin überein, daß in diesem Gebiet keine Anwendung oder Androhung von Gewalt erfolgt und daß Streitigkeiten ausschließlich mit friedlichen Mitteln beizulegen sind.

3. Die Vier Regierungen werden ihre individuellen und gemeinsamen Rechte und Verantwortlichkeiten, die unverändert bleiben, gegenseitig achten.

4. Die Vier Regierungen stimmen darin überein, daß ungeachtet der Unterschiede in den Rechtsauffassungen die Lage, die sich in diesem Gebiet entwickelt hat und wie sie in diesem Abkommen sowie in den anderen in diesem Abkommen genannten Vereinbarungen definiert ist, nicht einseitig verändert wird.

* Fundstelle: Beilage zum Bundesanzeiger Nr. 174, 15. September 1972, S. 50 ff.

II

Bestimmungen, die die Westsektoren Berlins betreffen

A.

Die Regierung der Union der Sozialistischen Sowjetrepubliken erklärt, daß der Transitverkehr von zivilen Personen und Gütern zwischen den Westsektoren Berlins und der Bundesrepublik Deutschland auf Straßen, Schienen- und Wasserwegen durch das Territorium der Deutschen Demokratischen Republik ohne Behinderungen sein wird, daß dieser Verkehr erleichtert werden wird, damit er in der einfachsten und schnellsten Weise vor sich geht und daß er Begünstigung erfahren wird.

Die diesen zivilen Verkehr betreffenden konkreten Regelungen, wie sie in der Anlage I niedergelegt sind, werden von den zuständigen deutschen Behörden vereinbart.

B.

Die Regierungen der Französischen Republik, des Vereinigten Königreichs und der Vereinigten Staaten von Amerika erklären, daß die Bindungen zwischen den Westsektoren Berlins und der Bundesrepublik Deutschland aufrechterhalten und entwickelt werden, wobei sie berücksichtigen, daß diese Sektoren so wie bisher kein Bestandteil (konstitutiver Teil) der Bundesrepublik Deutschland sind und auch weiterhin nicht von ihr regiert werden.

Konkrete Regelungen, die das Verhältnis zwischen den Westsektoren Berlins und der Bundesrepublik Deutschland betreffen, sind in Anlage II niedergelegt.

C.

Die Regierung der Union der Sozialistischen Sowjetrepubliken erklärt, daß die Kommunikationen zwischen den Westsektoren Berlins und Gebieten, die an diese Sektoren grenzen, sowie denjenigen Gebieten der Deutschen Demokratischen Republik, die nicht an diese Sektoren grenzen, verbessert werden. Personen mit ständigem Wohnsitz in den Westsektoren Berlins werden aus humanitären, familiären, religiösen, kulturellen oder kommerziellen Gründen oder als Touristen in diese Gebiete reisen und sie besuchen können, und zwar unter Bedingungen, die denen vergleichbar sind, die für andere in diese Gebiete einreisende Personen gelten.

Die Probleme der kleinen Enklaven einschließlich Steinstückens und anderer kleiner Gebiete können durch Gebietsaustausch gelöst werden.

Konkrete Regelungen, die die Reisen, die Kommunikationen und den Gebietsaustausch betreffen, wie in Anlage III niedergelegt, werden zwischen den zuständigen deutschen Behörden vereinbart.

D.

Die Vertretung der Interessen der Westsektoren Berlins im Ausland und die konsularische Tätigkeit der Union der Sozialistischen Sowjetrepubliken in den Westsektoren Berlins können wie in Anlage IV niedergelegt ausgeübt werden.

III
Schlußbestimmungen

Dieses Viermächte-Abkommen tritt an dem Tage in Kraft, der in einem Viermächte-Schlußprotokoll festgelegt wird, das abzuschließen ist, sobald die in Teil II dieses Viermächte-Abkommens und in seinen Anlagen vorgesehenen Maßnahmen vereinbart worden sind.

Geschehen in dem früher vom Alliierten Kontrollrat benutzten Gebäude im amerikanischen Sektor Berlins am 3. September 1971, in vier Urschriften, jede in englischer, französischer und russischer Sprache, wobei jeder Wortlaut gleichermaßen verbindlich ist.

Anlage I

Mitteilung der Regierung der Union der Sozialistischen Sowjetrepubliken an die Regierung der Französischen Republik, des Vereinigten Königreiches und der Vereinigten Staaten von Amerika

Die Regierung der Union der Sozialistischen Sowjetrepubliken hat die Ehre, unter Bezugnahme auf Teil II Abschnitt A des Viermächte-Abkommens vom heutigen Tage und nach Konsultationen und in Übereinkunft mit der Regierung der Deutschen Demokratischen Republik den Regierungen der Französischen Republik, des Vereinigten Königreiches und der Vereinigten Staaten von Amerika folgendes mitzuteilen:

1. Der Transitverkehr von zivilen Personen und Gütern zwischen den Westsektoren Berlins und der Bundesrepublik Deutschland auf Straßen-, Schienen- und Wasserwegen durch das Territorium der Deutschen Demokratischen Republik wird erleichtert werden und

ohne Behinderungen sein. Er wird in der einfachsten, schnellsten und günstigsten Weise erfolgen, wie es in der internationalen Praxis vorzufinden ist.

2. In Übereinstimmung damit

a) können für die Beförderung von zivilen Gütern auf Strassen, Schienen- und Wasserwegen zwischen den Westsektoren Berlins und der Bundesrepublik Deutschland vor der Abfahrt verplombte Transportmittel benutzt werden. Die Kontrollverfahren werden auf die Prüfung der Plomben und der Begleitdokumente beschränkt werden.

b) werden bei Transportmitteln, die nicht verplombt werden können, wie zum Beispiel offene Lastkraftwagen, die Kontrollverfahren auf die Prüfung der Begleitdokumente beschränkt werden. In besonderen Fällen, in denen hinreichende Verdachtgründe dafür vorliegen, daß nichtverplombte Transportmittel Materialien enthalten, die zur Verbreitung auf den vorgesehenen Wegen bestimmt sind, oder daß sich in ihnen Personen oder Materialien befinden, die auf diesen Wegen aufgenommen worden sind, kann der Inhalt der nichtverplombten Transportmittel geprüft werden. Die Verfahren zur Behandlung derartiger Fälle werden zwischen den zuständigen deutschen Behörden vereinbart.

c) können für Reisen zwischen den Westsektoren Berlins und der Bundesrepublik Deutschland durchgehende Züge und Autobusse benutzt werden. Die Kontrollverfahren umfassen außer der Identifizierung von Personen keine anderen Formalitäten.

d) werden Personen, die als Transitreisende identifiziert sind und individuelle Transportmittel zwischen den Westsektoren Berlins und der Bundesrepublik Deutschland auf den für den Durchgangsverkehr vorgesehenen Wegen benutzen, zu ihrem Bestimmungsort gelangen können, ohne individuelle Gebühren und Abgaben für die Benutzung der Transitwege zu zahlen. Die Verfahren, die auf solche Reisende Anwendung finden, werden keine Verzögerungen mit sich bringen. Die Reisenden, ihre Transportmittel und ihr persönliches Gepäck werden nicht der Durchsuchung und der Festnahme unterliegen oder von der Benutzung der vorgesehenen Wege ausgeschlossen werden, außer in besonderen Fällen, wie das zwischen den zuständigen deutschen Behörden vereinbart werden kann, in denen hinreichende Verdachtsgründe bestehen, daß ein Mißbrauch der Transitwege für Zwecke beabsichtigt ist, die nicht mit der direkten Durchreise von und nach den Westsektoren Berlins in Zusammenhang stehen und die den allgemein üblichen Vorschriften bezüglich der öffentlichen Ordnung zuwiderlaufen.

e) kann eine entsprechende Kompensation für Abgaben, Gebühren und andere Kosten, die den Verkehr auf den Verbindungswegen zwischen den Westsektoren Berlins und der Bundesrepublik Deutschland betreffen, einschließlich der Instandhaltung der entsprechenden Wege, Einrichtungen und Anlagen, die für diesen Verkehr benutzt werden, in Form einer jährlichen Pauschalsumme erfolgen, die von der Bundesrepublik Deutschland an die Deutsche Demokratische Republik gezahlt wird.

3. Regelungen zur Durchführung und Ergänzung der in den Absätzen 1 und 2 genannten Bestimmungen werden zwischen den zuständigen deutschen Behörden vereinbart.

Anlage II

Mitteilung der Regierung der Französischen Republik, des Vereinigten Königreichs und der Vereinigten Staaten von Amerika an die Regierung der Union der Sozialistischen Sowjetrepubliken

Die Regierungen der Französischen Republik, des Vereinigten Königreichs und der Vereinigten Staaten von Amerika beehren sich, unter Bezugnahme auf Teil II Abschnitt B des Viermächte-Abkommens vom heutigen Tage und nach Konsultation mit der Regierung der Bundesrepublik Deutschland der Regierung der Union der Sozialistischen Sowjetrepubliken folgendes mitzuteilen:

1. In Ausübung ihrer Rechte und Verantwortlichkeiten erklären sie, daß die Bindungen zwischen den Westsektoren Berlins und der Bundesrepublik Deutschland aufrechterhalten und entwickelt werden wobei sie berücksichtigen, daß diese Sektoren wie bisher kein Bestandteil (konstitutiver Teil) der Bundesrepublik Deutschland sind und auch weiterhin nicht von ihr regiert werden. Die Bestimmungen des Grundgesetzes der Bundesrepublik Deutschland und der in den Westsektoren Berlins in Kraft befindlichen Verfassung, die zu dem Vorstehenden in Widerspruch stehen, sind suspendiert worden und auch weiterhin nicht in Kraft.

2. Der Bundespräsident, die Bundesregierung, die Bundesversammlung, der Bundesrat und der Bundestag, einschließlich ihrer Ausschüsse und Fraktionen, sowie sonstige staatliche Organe der Bundesrepublik Deutschland werden in den Westsektoren Berlins keine Verfassungs- oder Amtsakte vornehmen, die in Widerspruch zu Absatz 1 stehen.

3. Die Regierung der Bundesrepublik Deutschland wird in den Westsektoren Berlins bei den Behörden der Drei Regierungen und beim Senat durch eine ständige Verbindungsbehörde vertreten sein.

Anlage III

Mitteilung der Regierung der Union der Sozialistischen Sowjetrepubliken an die Regierungen der Französischen Republik, des Vereinigten Königreiches und der Vereinigten Staaten von Amerika

Die Regierung der Union der Sozialistischen Sowjetrepubliken hat die Ehre, unter Bezugnahme auf Teil II Abschnitt C des Viermächte-Abkommens vom heutigen Tage und nach Konsultationen und in Übereinkunft mit der Regierung der Deutschen Demokratischen Republik den Regierungen der Französischen Republik, des Vereinigten Königreiches und der Vereinigten Staaten von Amerika folgendes mitzuteilen:

1. Die Kommunikationen zwischen den Westsektoren Berlins und Gebieten, die an diese Sektoren grenzen, sowie denjenigen Gebieten der Deutschen Demokratischen Republik, die nicht an diese Sektoren grenzen, werden verbessert werden.

2. Personen mit ständigem Wohnsitz in den Westsektoren Berlins werden aus humanitären, familiären, religiösen, kulturellen oder kommerziellen Gründen oder als Touristen in diese Gebiete reisen und sie besuchen können, und zwar unter Bedingungen, die denen vergleichbar sind, die für andere in diese Gebiete einreisende Personen gelten. Zur Erleichterung der oben beschriebenen Besuche und Reisen von Personen mit ständigem Wohnsitz in den Westsektoren Berlins werden zusätzliche Übergangsstellen eröffnet.

3. Die Probleme der kleinen Enklaven einschließlich Steinstükkens und anderer kleiner Gebiete können durch Gebietsaustausch gelöst werden.

4. Die Telefon-, Telegrafen-, Transport- und anderen Verbindungen der Westsektoren Berlins nach außen werden erweitert werden.

5. Regelungen zur Durchführung und Ergänzung der Bestimmungen der Absätze 1 bis 4 werden zwischen den zuständigen deutschen Behörden vereinbart.

Anlage IV

A

Mitteilung der Regierungen der Französischen Republik, des Vereinigten Königreiches und der Vereinigten Staaten von Amerika an die Regierung der Sozialistischen Sowjetrepubliken

Die Regierungen der Französischen Republik, des Vereinigten Königreiches und der Vereinigten Staaten von Amerika beehren sich, unter Bezugnahme auf Teil II D des Viermächte-Abkommens vom heutigen Tage und nach Konsultation mit der Regierung der Bundesrepublik Deutschland, der Regierung der Union der Sozialistischen Sowjetrepubliken folgendes mitzuteilen:

1. Die Regierungen der Französischen Republik, des Vereinigten Königreiches und der Vereinigten Staaten von Amerika behalten ihre Rechte und Verantwortlichkeiten hinsichtlich der Vertretung im Ausland der Interessen der Westsektoren Berlins und der Personen mit ständigem Wohnsitz in den Westsektoren einschließlich der Rechte und Verantwortlichkeiten, die Angelegenheiten der Sicherheit und des Status betreffen, sowohl in internationalen Organisationen als auch in Beziehungen zu anderen Ländern bei.

2. Unbeschadet des Vorstehenden und unter der Voraussetzung, daß Angelegenheiten der Sicherheit und des Status nicht berührt werden, haben sie sich einverstanden erklärt, daß

a) die Bundesrepublik Deutschland die konsularische Betreuung für Personen mit ständigem Wohnsitz in den Westsektoren Berlins ausüben kann;

b) in Übereinstimmung mit den festgelegten Verfahren völkerrechtliche Vereinbarungen und Abmachungen, die die Bundesrepublik Deutschland schließt, auf die Westsektoren Berlins ausgedehnt werden können, vorausgesetzt, daß die Ausdehnung solcher Vereinbarungen und Abmachungen jeweils ausdrücklich erwähnt wird;

c) die Bundesrepublik Deutschland die Interessen der Westsektoren Berlins in internationalen Organisationen und auf internationalen Konferenzen vertreten kann;

d) Personen mit ständigem Wohnsitz in den Westsektoren Berlins gemeinsam mit Teilnehmern aus der Bundesrepublik Deutschland am internationalen Austausch und an internationalen Ausstellungen teilnehmen können. Tagungen internationaler Organisationen und internationale Konferenzen sowie Ausstellungen mit internationaler Beteiligung können in den Westsektoren Berlins durchgeführt werden. Einladungen werden vom Senat oder gemeinsam von der Bundesrepublik Deutschland und dem Senat ausgesprochen.

3. Die Drei Regierungen genehmigen die Errichtung eines Generalkonsulates der Union der Sozialistischen Sowjetrepubliken in den Westsektoren Berlins, das gemäß den üblichen in diesen Sektoren geltenden Verfahren bei den entsprechenden Behörden der Drei Regierungen zum Zwecke der Ausübung konsularischer Betreuung nach Maßgabe der in einem gesonderten Dokument vom heutigen Tage niedergelegten Bestimmungen akkreditiert wird.

B

Mitteilung der Regierung der Union der Sozialistischen Sowjetrepubliken an die Regierungen der Französischen Republik, des Vereinigten Königreichs und der Vereinigten Staaten von Amerika

Die Regierung der Union der Sozialistischen Sowjetrepubliken hat die Ehre, unter Bezugnahme auf Teil II D des Viermächte-Abkommens vom heutigen Tage und auf die Mitteilung der Regierungen der Französischen Republik, des Vereinigten Königreichs und der Vereinigten Staaten von Amerika, die die Vertretung im Ausland der Interessen der Westsektoren Berlins und der Personen mit ständigem Wohnsitz in den Westsektoren betreffen, den Regierungen der Französischen Republik, des Vereinigten Königreichs und der Vereinigten Staaten von Amerika folgendes mitzuteilen:

1. Die Regierung der Union der Sozialistischen Sowjetrepubliken nimmt die Tatsache zur Kenntnis, daß die Drei Regierungen ihre Rechte und Verantwortlichkeiten in bezug auf die Vertretung im Ausland der Interessen der Westsektoren Berlins und der Personen mit ständigem Wohnsitz in den Westsektoren einschließlich der Rechte und Verantwortlichkeiten, die Angelegenheiten der Sicherheit und des Status betreffen, sowohl in internationalen Orga-

nisationen als auch in Beziehungen zu anderen Ländern beibehalten.

2. Unter der Voraussetzung, daß Angelegenheiten der Sicherheit und des Status nicht berührt werden, wird sie ihrerseits keine Einwände haben gegen

a) die Ausübung der konsularischen Betreuung für Personen mit ständigem Wohnsitz in den Westsektoren Berlins durch die Bundesrepublik Deutschland;

b) die Ausdehnung von völkerrechtlichen Vereinbarungen und Abmachungen, die die Bundesrepublik Deutschland schließt, auf die Westsektoren Berlins in Übereinstimmung mit den festgelegten Verfahren, vorausgesetzt, daß die Ausdehnung solcher Vereinbarungen jeweils ausdrücklich erwähnt wird;

c) die Vertretung der Interessen der Westsektoren Berlins durch die Bundesrepublik Deutschland in internationalen Organisationen und auf internationalen Konferenzen;

d) die Teilnahme von Personen mit ständigem Wohnsitz in den Westsektoren Berlins gemeinsam mit Teilnehmern aus der Bundesrepublik Deutschland am internationalen Austausch und an internationalen Ausstellungen, oder die Abhaltung von Tagungen internationaler Organisationen und von internationalen Konferenzen sowie Ausstellungen mit internationaler Beteiligung in diesen Sektoren, wobei berücksichtigt wird, daß Einladungen durch den Senat oder gemeinsam durch die Bundesrepublik Deutschland und den Senat ausgesprochen werden.

3. Die Regierung der Union der Sozialistischen Sowjetrepubliken nimmt die Tatsache zur Kenntnis, daß die Drei Regierungen der Errichtung eines Generalkonsulates der Union der Sozialistischen Sowjetrepubliken in den Westsektoren Berlins zugestimmt haben. Es wird bei den entsprechenden Behörden der Drei Regierungen für die Zwecke und in Übereinstimmung mit den Bestimmungen akkreditiert, die in ihrer Mitteilung genannt und in einem gesonderten Dokument vom heutigen Tage niedergelegt sind.

Viermächte-Schlußprotokoll

Die Regierungen der Französischen Republik, der Union der Sozialistischen Sowjetrepubliken, des Vereinigten Königreichs Großbritannien und Nordirland und der Vereinigten Staaten von Amerika, eingedenk des Teils III des Viermächte-Abkommens vom 3. September 1971 und mit Befriedigung davon Kenntnis nehmend, daß die nachstehend genannten Vereinbarungen und Regelungen getroffen wurden,

sind wie folgt übereingekommen:

1. Die Vier Regierungen setzen mittels dieses Protokolls das Viermächte-Abkommen in Kraft, das ebenso wie dieses Protokoll die Viermächte-Vereinbarungen oder -Beschlüsse, die früher abgeschlossen oder gefaßt wurden, nicht berührt.

2. Die Vier Regierungen gehen davon aus, daß die Vereinbarungen und Regelungen, die zwischen den zuständigen deutschen Behörden getroffen wurden:

„Abkommen zwischen der Regierung der Bundesrepublik Deutschland und der Regierung der Deutschen Demokratischen Republik über den Transitverkehr von zivilen Personen und Gütern zwischen der Bundesrepublik Deutschland und Berlin (West)" vom 17. Dezember 1971,

„Vereinbarung zwischen dem Senat und der Regierung der Deutschen Demokratischen Republik über Erleichterungen und Verbesserungen des Reise- und Besuchsverkehrs" vom 20. Dezember 1971,

„Vereinbarung zwischen dem Senat und der Regierung der Deutschen Demokratischen Republik über die Regelung der Frage von Enklaven durch Gebietsaustausch" vom 20. Dezember 1971,

Punkt 6 und 7 des „Protokolls über Verhandlungen zwischen einer Delegation des Bundesministeriums für das Post- und Fernmeldewesen der Bundesrepublik Deutschland und einer Delegation des Ministeriums für Post- und Fernmeldewesen der Deutschen Demokratischen Republik" vom 30. September 1971

gleichzeitig mit dem Viermächte-Abkommen in Kraft treten.

3. Das Viermächte-Abkommen und die nachfolgenden Vereinbarungen und Regelungen zwischen den zuständigen deutschen Behörden, die in diesem Protokoll erwähnt werden, regeln wichtige Fragen, die im Verlaufe der Verhandlungen erörtert wurden, und bleiben zusammen in Kraft.

4. Bei Schwierigkeiten in der Anwendung des Viermächte-Abkommens oder einer der oben erwähnten Vereinbarungen oder Regelungen, die eine der Vier Regierungen als ernst ansieht, oder bei Nichtdurchführung eines Teils des Viermächte-Abkommens oder der Vereinbarungen und Regelungen hat diese Regierung das Recht, die drei anderen Regierungen auf die Bestimmungen des Viermächte-Abkommens und dieses Protokolls aufmerksam zu ma-

chen und die erforderlichen Viermächte-Konsultationen zu führen, um die Einhaltung der eingegangenen Verpflichtungen sicherzustellen und die Situation mit dem Viermächte-Abkommen und diesem Protokoll in Einklang zu bringen.

5. Dieses Protokoll tritt am Tage der Unterzeichnung in Kraft.

Geschehen in dem früher vom Alliierten Kontrollrat benutzten Gebäude, im amerikanischen Sektor Berlins am 3. Juni 1972, in vier Urschriften, jede in englischer, französischer und in russischer Sprache, wobei jeder Wortlaut gleichermaßen verbindlich ist.

Note der drei Botschafter an den sowjetischen Botschafter

Die Botschafter der Französischen Republik, des Vereinigten Königreichs Großbritannien und Nordirland und der Vereinigten Staaten von Amerika beehren sich, unter Bezugnahme auf die Erklärungen bezüglich des Verhältnisses zwischen der Bundesrepublik Deutschland und den Westsektoren Berlins, die in der Anlage II des am heutigen Tage zu unterzeichnenden Viermächte-Abkommens enthalten sind, den Botschafter der Union der Sozialistischen Sowjetrepubliken von ihrer Absicht zu unterrichten, dem Bundeskanzler der Bundesrepublik Deutschland unmittelbar nach Unterzeichnung des Viermächte-Abkommens einen Brief zu senden, der Klarstellungen und Interpretationen enthält, die das wiedergeben, was ihre Regierungen unter den in Anlage II des Viermächte-Abkommens enthaltenen Erklärungen verstehen. Ein Doppel des Briefes, der an den Bundeskanzler der Bundesrepublik Deutschland gesandt werden wird, ist dieser Note beigefügt.

Die Botschafter benutzen diesen Anlaß, den Botschafter der UdSSR erneut ihrer ausgezeichnetsten Hochachtung zu versichern.

Sowjetische Antwortnote

Der Botschafter der Union der Sozialistischen Sowjetrepubliken beehrt sich, den Empfang der Note der Botschafter der Französischen Republik, des Vereinigten Königreichs Großbritannien und Nordirland und der Vereinigten Staaten von Amerika vom 3. September 1971 zu bestätigen, und nimmt von der Mitteilung der drei Botschafter Kenntnis.

Schlußformel.

Brief der drei Botschafter an den Bundeskanzler

Exzellenz,

unter Bezugnahme auf das am 3. September 1971 unterzeichnete Viermächte-Abkommen möchten unsere Regierungen mit diesem Brief die Regierung der Bundesrepublik Deutschland von folgenden Klarstellungen und Interpretationen der Erklärungen unterrichten, welche in Anlage II enthalten sind, die während der Viermächte-Verhandlungen Gegenstand von Konsultationen mit der Regierung der Bundesrepublik Deutschland waren.

Diese Klarstellungen und Interpretationen geben das wieder, was unsere Regierungen unter dem Teil des Viermächte-Abkommens verstehen, nämlich:

a. Der Satz in Anlage II Absatz 2 des Viermächte-Abkommens, der lautet „. . . werden in den Westsektoren Berlins keine Verfassungs- oder Amtsakte vornehmen, die den Bestimmungen von Absatz 1 widersprechen", ist so auszulegen, daß darunter Akte in Ausübung unmittelbarer Staatsgewalt über die Westsektoren Berlins verstanden werden.

b. In den Westsektoren Berlins werden keine Sitzungen der Bundesversammlung und weiterhin keine Plenarsitzungen des Bundesrats und des Bundestags stattfinden. Einzelne Ausschüsse des Bundesrats und des Bundestags können in den Westsektoren Berlins im Zusammenhang mit der Aufrechterhaltung und Entwicklung der Bindungen zwischen diesen Sektoren und der Bundesrepublik Deutschland tagen. Im Falle der Fraktionen werden Sitzungen nicht gleichzeitig abgehalten werden.

c. Die Verbindungsbehörde der Bundesregierung in den Westsektoren Berlins umfaßt Abteilungen, denen in ihren jeweiligen Bereichen Verbindungsfunktionen obliegen.

d. Geltende Verfahren bezüglich der Anwendbarkeit der Gesetzgebung der Bundesrepublik Deutschland auf die Westsektoren Berlins bleiben unverändert.

e. Der Ausdruck „staatliche Organe" in Anlage II Absatz 2 bedeutet: der Bundespräsident, der Bundeskanzler, das Bundeskabinett, die Bundesminister und die Bundesministerien sowie die Zweigstellen dieser Ministerien, der Bundesrat und der Bundestag sowie alle Bundesgerichte.

Genehmigen Sie, Exzellenz, die erneute Versicherung unserer ausgezeichneten Hochachtung.

Vereinbartes Verhandlungsprotokoll I

Es wird davon ausgegangen, daß Personen mit ständigem Wohnsitz in den Westsektoren Berlins zur Erlangung eines Visums für die Einreise in die Union der Sozialistischen Sowjetrepubliken bei entsprechenden sowjetischen Stellen vorzulegen haben

a) einen Paß, der mit dem Stempel „ausgestellt in Übereinstimmung mit dem Viermächte-Abkommen vom 3. September 1971" versehen ist;

b) einen Personalausweis oder ein anderes entsprechend abgefaßtes Dokument, das bestätigt, daß die das Visum beantragende Person ihren ständigen Wohnsitz in den Westsektoren Berlins hat, und das die genaue Adresse des Inhabers und dessen Lichtbild enthält.

Personen mit ständigem Wohnsitz in den Westsektoren Berlins, die auf diese Weise ein Visum erhalten haben, steht es frei, während ihres Aufenthaltes in der Union der Sozialistischen Sowjetrepubliken entweder beide Dokumente oder eines von beiden mit sich zu führen. Das von einer sowjetischen Stelle ausgestellte Visum wird als Grundlage für die Einreise in die Union der Sozialistischen Sowjetrepubliken und der Paß oder der Personalausweis als Grundlage für die konsularische Betreuung nach Maßgabe des Viermächte-Abkommens während des Aufenthalts solcher Personen im Gebiet der Union der Sozialistischen Sowjetrepubliken dienen.

Der oben erwähnte Stempel wird in allen Pässen erscheinen, die von Personen mit ständigem Wohnsitz in den Westsektoren Berlins für Reisen in Länder benutzt werden, die dies verlangen.

Vereinbartes Verhandlungsprotokoll II

Hiermit werden Vorkehrungen für die Errichtung eines Generalkonsulats der UdSSR in den Westsektoren Berlins getroffen. Es wird davon ausgegangen, daß die Einzelheiten bezüglich dieses Generalkonsulats Nachstehendes umfassen. Das Generalkonsulat wird bei den entsprechenden Behörden der Drei Regierungen gemäß den üblichen in diesen Sektoren geltenden Verfahren akkreditiert. Die geltenden alliierten und deutschen Rechtsvorschriften und Regelungen werden auf das Generalkonsulat Anwendung finden. Die Tätigkeiten des Generalkonsulats werden konsularischer Natur sein und keine politischen Funktionen sowie keine mit den Viermächte-Rechten und Verantwortlichkeiten in Zusammenhang stehende Angelegenheiten umfassen.

Die Drei Regierungen sind bereit, eine Erweiterung der sowjetischen kommerziellen Aktivitäten in den Westsektoren Berlins wie nachfolgend beschrieben zu genehmigen. Es wird davon ausgegangen, daß die einschlägigen alliierten und deutschen Rechtsvorschriften und Regelungen auf diese Aktivitäten Anwendung finden. Diese Genehmigung wird unbefristet erteilt, vorbehaltlich der Beachtung der in diesem Verhandlungsprotokoll umrissenen Bestimmungen. Es werden angemessene Vorkehrungen für Konsultationen getroffen. Diese Erweiterung wird die Errichtung eines „Büros der Sowjetischen Außenhandelsvereinigungen in den Westsektoren Berlins" mit kommerziellem Status umfassen, das ermächtigt ist, Ankäufe und Verkäufe für Außenhandelsvereinigungen der Union der Sozialistischen Sowjetrepubliken zu tätigen. Sojuspuschnina, Prodintorg und Nowoexport können je ein Konsignationslager in den Westsektoren Berlins zur Lagerung und Ausstellung ihrer Waren errichten. Die Tätigkeiten des Intourist-Büros im britischen Sektor Berlins können auf den Verkauf von Fahrkarten und Gutscheinen für Reisen und Rundreisen in der Union der Sozialistischen Sowjetrepubliken und anderen Ländern ausgedehnt werden. Ein Aeroflot-Büro kann für den Verkauf von Flugkarten für Personen und für Luftfrachtdienste errichtet werden.

Die Zuweisung von Bediensteten an das Generalkonsulat und an zugelassene sowjetische kommerzielle Organisationen bedarf der Vereinbarung mit den entsprechenden Behörden der Drei Regierungen. Die Zahl dieser Bediensteten wird nicht mehr als 20 sowjetische Staatsangehörige in dem Generalkonsulat, 20 in dem Büro der Sowjetischen Außenhandelsvereinigungen, je einen in den Konsignationslager, 6 in dem Intourist-Büro und 5 in dem Aeroflot-Büro betragen. Die Bediensteten des Generalkonsulats und zugelassener sowjetischer kommerzieller Organisationen sowie ihre Angehörigen können aufgrund von Einzelgenehmigungen in den Westsektoren Berlins ihren Wohnsitz nehmen.

Das Eigentum der Union der Sozialistischen Sowjetrepubliken in der Lietzenburger Straße 11 und Am Sandwerder 1 kann für Zwecke benutzt werden, die zwischen entsprechenden Vertretern der Drei Regierungen und der Regierung der Union der Sozialistischen Sowjetrepubliken zu vereinbaren sind.

Einzelheiten der Durchführung der oben genannten Maßnahmen und ein Zeitplan für ihre Durchführung werden zwischen den vier Botschaftern in der Zeit zwischen der Unterzeichnung des Viermächte-Abkommens und der Unterzeichnung des in dem Abkommen vorgesehenen Viermächte-Schlußprotokolls vereinbart.

Schreiben der drei Botschafter an den Bundeskanzler

Herr Bundeskanzler,

wir beehren uns, mit diesem Brief der Regierung der Bundesrepublik Deutschland den Wortlaut des am heutigen Tage in Berlin unterzeichneten Viermächte-Abkommens zu übermitteln. Das Viermächte-Abkommen wurde von den Vier Mächten in Ausübung ihrer Rechte und Verantwortlichkeiten in bezug auf Berlin geschlossen.

Wir stellen fest, daß im Einklang mit den ausdrücklichen Formulierungen des Abkommens und des Viermächte-Schlußprotokolls, welches das Abkommen endgültig in Kraft setzen wird und über dessen Text Einigung hergestellt worden ist, diese Rechte und Verantwortlichkeiten nicht berührt werden und unverändert bleiben. Unsere Regierungen werden weiterhin, wie bisher im Rahmen der getragenen Viermächte-Verantwortung für Berlin als Ganzes, an der wir teilhaben, die oberste Gewalt in den Westsektoren Berlins ausüben.

Gemäß Teil II, Abschnitt A, des Viermächte-Abkommens werden Regelungen zur Durchführung und Ergänzung der Bestimmungen bezüglich des zivilen Verkehrs von den zuständigen deutschen Behörden vereinbart. Teil III des Viermächte-Abkommens bestimmt, daß das Abkommen an dem Tage in Kraft tritt, der in einem Viermächte-Schlußprotokoll festgelegt wird, das abgeschlossen wird, sobald die vorgesehenen Regelungen zwischen den zuständigen deutschen Behörden vereinbart worden sind. Unsere Regierungen bitten, daß die vorgesehenen Verhandlungen zwischen Behörden der Bundesrepublik Deutschland, die auch im Namen des Senats handeln, und Behörden der Deutschen Demokratischen Republik nunmehr stattfinden.

Teil II, Abschnitte B und C und Anlagen II und IV des Viermächte-Abkommens betreffen das Verhältnis zwischen den Westsektoren Berlins und der Bundesrepublik. In diesem Zusammenhang wird unter anderem an folgendes erinnert:

– die Mitteilungen der Drei Westlichen Militärgouverneure an den Parlamentarischen Rat vom 2. März, 22. April und 12. Mai 1949;
– das Schreiben der Drei Hohen Kommissare an den Bundeskanzler betreffend die Ausübung der alliierten Vorbehaltsrechte in bezug auf Berlin vom 26. Mai 1952 in der Fassung des Briefes X vom 23. Oktober 1954;
– das Aide-mémoire der Drei Regierungen vom 18. April 1967 be-

treffend die Entscheidung des Bundesverfassungsgerichts vom 20. Januar 1966 im Fall Niekisch.

Unsere Regierungen nehmen diese Gelegenheit zum Anlaß, in Ausübung der Rechte und Verantwortlichkeiten in bezug auf Berlin, die sie in Artikel 2 des Vertrags über die Beziehungen zwischen der Bundesrepublik Deutschland und den Drei Mächten vom 26. Mai 1952 in der Fassung vom 23. Oktober 1954 behalten haben, festzustellen, daß Teil II, Abschnitte B und D, und Anlagen II und IV des Viermächte-Abkommens betreffend das Verhältnis zwischen der Bundesrepublik Deutschland und den Westsektoren Berlins mit der Position in den genannten Dokumenten, die unberührt bleibt, übereinstimmen.

Bezüglich der bestehenden Bindungen zwischen der Bundesrepublik und den Westsektoren Berlins ist es die feste Absicht unserer Regierungen, daß wie in Teil II, Abschnitt B, Absatz 1, des Viermächte-Abkommens erklärt, diese Bindungen gemäß dem Schreiben der Drei Hohen Kommissare an den Bundeskanzler über die Ausübung der Vorbehaltsrechte in bezug auf Berlin vom 26. Mai 1952 in der Fassung des Briefes X vom 23. Oktober 1954 und gemäß den einschlägigen Entscheidungen der Alliierten Kommandatura Berlin, aufrechterhalten und entwickelt werden.

D

Protokoll über Verhandlungen zwischen einer Delegation des Bundesministeriums für das Post- und Fernmeldewesen der Bundesrepublik Deutschland und einer Delegation des Ministeriums für Post- und Fernmeldewesen der Deutschen Demokratischen Republik vom 30. September 1971*

1 Am 30. September 1971 verhandelte eine Delegation des Bundesministeriums für das Post- und Fernmeldewesen der Bundesrepublik Deutschland und eine Delegation des Ministeriums für Post- und Fernmeldewesen der Deutschen Demokratischen Republik.

Die Delegation des Bundesministeriums für das Post- und Fernmeldewesen der Bundesrepublik Deuschland wurde von Herrn Ministerialdirigent Dr. Eckner geleitet.

* Fundstelle: Bulletin der Bundesregierung vom 2. Oktober 1971.

Die Delegation des Ministeriums für Post- und Fernmeldewesen der Deutschen Demokratischen Republik leitete Herr Oberdirektor Dr. Lemke.

Die Verhandlungen hatten folgendes Ergebnis:

2 Die im Post- und Fernmeldeverkehr von der Deutschen Post der Deutschen Demokratischen Republik bis zum 31. Dezember 1966 erbrachten Mehrleistungen werden von der Bundesrepublik Deutschland durch Zahlung eines einmaligen Pauschalbetrages abgegolten.

Die Höhe dieses Pauschalbetrages beträgt für den genannten Zeitraum 250 Mill. DM.

Dieser Betrag wird bis zum 15. Dezember 1971 auf das Konto der Staatsbank der Deutschen Demokratischen Republik bei der Deutschen Bundesbank 4003/UK 3 zugunsten des Ministeriums für Post- und Fernmeldewesen der Deutschen Demokratischen Republik überwiesen.

2.1 Der Leiter der Delegation des Ministeriums für Post- und Fernmeldewesen der Deutschen Demokratischen Republik erklärt:

Wir gehen davon aus, daß mit der Pauschalzahlung die Forderungen der Deutschen Post gegenüber dem Senat mitabgegolten werden.

3 Der Leiter der Delegation des Ministeriums für Post- und Fernmeldewesen der Deutschen Demokratischen Republik gibt zur Kenntnis, daß die Deutsche Demokratische Republik zur Verbesserung des Post- und Fernmeldeverkehrs folgende Maßnahmen durchführen wird:

3.1 Bis zum 31. Dezember 1971 werden für den Fernsprechverkehr weitere 30 Fernsprechanlagen in jeder Richtung geschaltet und die halbautomatische Betriebsweise eingeführt.

3.2 Bis zum 31. März 1972 werden weitere 16 Fernsprechleitungen in jeder Richtung in Betrieb genommen.

3.3 Der Telegrammverkehr wird bis zum 31. Dezember 1971 automatisiert. Dafür werden bis zu 45 Leitungen in jeder Richtung geschaltet.

3.4 Bis zum 30. Juni 1972 wird im Telexverkehr die Zahl der Leitungen um 12 in jeder Richtung erhöht.

3.5 Die Frequenznutzung wird koordiniert.

3.6 Der vollautomatische Fernsprechverkehr wird bis zum 31. Dezember 1974 schrittweise aufgenommen. Die dafür erforderlichen Leitungen werden geschaltet.

3.7 Es werden neue Fernmeldeanlagen errichtet und in Betrieb genommen. (Eine Richtfunkverbindung für Fernsprechen bis zum 31. Dezember 1973 und ein Trägerfrequenzkabel bis zum 31. Dezember 1976.)

3.8 Die Übertragungsqualität der Tonrundfunkleitungen wird verbessert und die Leitungsführung verändert.

3.9 Die Laufzeiten für Briefe, Päckchen und Pakete werden verkürzt.

3.10 Der Delegationsleiter des Bundesministeriums für das Post- und Fernmeldewesen der Bundesrepublik Deutschland nimmt die in den Punkten 2.1 und 3 genannten Erklärungen des Delegationsleiters des Ministeriums für Post- und Fernmeldewesen der Deutschen Demokratischen Republik zustimmend zur Kenntnis.

4 Über die Errichtung einer farbtüchtigen Richtfunkstrecke zwischen der Bundesrepublik Deutschland und der Deutschen Demokratischen Republik wurde eine Vereinbarung unterzeichnet.

5 Der Leiter der Delegation des Ministeriums für Post- und Fernmeldewesen der Deutschen Demokratischen Republik erklärt:
Die Versandbestimmungen für Geschenksendungen auf dem Postwege sind Gegenstand der inneren Gesetzgebung der Deutschen Demokratischen Republik. An der Lösung wird mit dem Ziel einer positiven Regelung gearbeitet.

6 Der Leiter der Delegation des Ministeriums für Post- und Fernmeldewesen der Deutschen Demokratischen Republik gibt zu Kenntnis, daß die Deutsche Demokratische Republik zur Verbesserung des Post- und Fernmeldeverkehrs bezüglich der Westsektoren Berlins folgende Maßnahmen durchführen wird:

6.1 Bis zum 15. Dezember 1971 werden weitere 60 Fernsprechleitungen in jeder Richtung geschaltet, so daß insgesamt 150 Fernsprechleitungen betrieben werden. Die Deutsche Post der Deutschen Demokratischen Republik wird teilweise zur vollautomatischen Betriebsweise übergehen.

6.2 Der Telegrammverkehr wird bis zum 31. Dezember 1971 automatisiert. Dafür werden in jeder Richtung bis zu 12 Leitungen geschaltet.

6.3 Bis zum 31. Dezember 1971 werden für den Telexverkehr in jeder Richtung 6 Leitungen zusätzlich in Betrieb genommen.

6.4 Die Frequenznutzung wird koordiniert.

6.5 Der Fernsprechverkehr wird vollautomatisiert. Die dafür notwendigen Leitungen und Kabelverbindungen werden bis zum 31. Dezember 1974 bereitgestellt.

7 Der Delegationsleiter des Bundesministeriums für das Post- und Fernmeldewesen der Bundesrepublik Deutschland nimmt die im Punkt 6 genannte Erklärung des Delegationsleiters des Ministeriums für Post- und Fernmeldewesen der Deutschen Demokratischen Republik zustimmend zur Kenntnis.

8 Die Leiter der Delegationen stellen fest, daß die Maßnahmen zu den genannten Terminen durchgeführt werden.
Die zur Durchführung der technischen Maßnahmen erforderlichen Gespräche auf technischer Ebene werden binnen einer Woche nach Unterzeichnung des Protokolls zwischen Vertretern beider Seiten aufgenommen.

9 Die in der am 29. April 1970 in Bonn abgeschlossenen Vereinbarung über die Berechnung und Verrechnung der im Post- und Fernmeldeverkehr zwischen der Bundesrepublik Deutschland und der Deutschen Demokratischen Republik gegenseitig erbrachten Leistungen vereinbarte Höhe der Pauschale gilt zunächst weiter bis einschließlich 1976.

Abkommen zwischen der Regierung der Bundesrepublik Deutschland und der Regierung der Deutschen Demokratischen Republik über den Transitverkehr von zivilen Personen und Gütern zwischen der Bundesrepublik Deutschland und Berlin (West) vom 17. Dezember 1971*

Die Regierung der Bundesrepublik Deutschland und die Regierung der Deutschen Demokratischen Republik sind, in dem Bestreben, einen Beitrag zur Entspannung in Europa zu leisten, und in Übereinstimmung mit den Regelungen des Abkommens zwischen den Regierungen der Französischen Republik, der Union der Sozialistischen Sowjetrepubliken, des Vereinigten Königreichs von Großbritannien und Nordirland und der Vereinigten Staaten von Amerika vom 3. September 1971 übereingekommen, dieses Abkommen abzuschließen:

Artikel 1

Gegenstand dieses Abkommens ist der Transitverkehr von zivilen Personen und Gütern auf Straßen, Schienen- und Wasserwegen

* Fundstelle: Beilage zum Bundesanzeiger Nr. 174, 15. September 1972, S. 7 ff.

zwischen der Bundesrepublik Deutschland und den Westsektoren Berlins – Berlin (West) – durch das Hoheitsgebiet der Deutschen Demokratischen Republik – im folgenden Transitverkehr genannt.

Artikel 2

1. Der Transitverkehr wird erleichtert werden und ohne Behinderung sein. Er wird in der einfachsten, schnellsten und günstigsten Weise erfolgen, wie es in der internationalen Praxis vorzufinden ist.

2. Im Transitverkehr finden die allgemein üblichen Vorschriften der Deutschen Demokratischen Republik bezüglich der öffentlichen Ordnung Anwendung, soweit dieses Abkommen nichts anderes bestimmt.

Artikel 3

Der Transitverkehr erfolgt über die vorgesehenen Grenzübergangsstellen und Transitstrecken.

Artikel 4

Für Transitreisende werden Visa an den Grenzübergangsstellen der Deutschen Demokratischen Republik erteilt.

Dies geschieht im Interesse der schnellstmöglichen Durchführung des Transitverkehrs, von Ausnahmen abgesehen, die sich aus der Anwendung der Bestimmungen dieses Abkommens ergeben, am Fahrzeug beziehungsweise bei durchgehenden Autobussen und durchgehenden Zügen im Transportmittel. Für Transitreisende in durchgehenden Autobussen können Sammelvisa erteilt werden, wenn von den jeweiligen Autobusunternehmen oder ihren Beauftragten die erforderlichen Sammelreiselisten vorgelegt werden.

Artikel 5

1. Beim Transitverkehr von Gütern sind die erforderlichen amtlichen Begleitdokumente sowie die bei bestimmten Gütern vorgesehenen amtlichen Zeugnisse, Bescheinigungen und Erlaubnisse vorzulegen.

2. Die Kontrollverfahren der zuständigen Organe der Deutschen Demokratischen Republik für Gütertransportmittel sowie für die Güter selbst erfolgen, von Ausnahmen abgesehen, die sich aus der Anwendung der Bestimmungen dieses Abkommens ergeben, am Transportmittel.

3. Gütertransporte können von den zuständigen Organen der Deutschen Demokratischen Republik in den Fällen, in denen das in den allgemein üblichen Vorschriften der Deutschen Demokrati-

schen Republik bezüglich der öffentlichen Ordnung vorgesehen ist, auf Kosten des Transportunternehmens begleitet werden, wenn das wegen der besonderen Beschaffenheit des Transportmittels oder der Ladung zur Gewährleistung der öffentlichen Sicherheit auf den Transitstrecken erforderlich ist.

4. Die zuständigen Abgangszollstellen prüfen bei Gütertransporten in dem Umfange und in der Weise, wie es in den allgemein üblichen Vorschriften der Bundesrepublik Deutschland vorgesehen ist, ob die Güter mit den Angaben in den Begleitdokumenten übereinstimmen. Mit der Anbringung des Dienststempelabdruckes bestätigt die Abgangszollstelle, daß dieser Verpflichtung Genüge getan ist.

Bei mehreren Begleitdokumenten genügt die Anbringung des Dienststempelabdruckes auf einem Begleitdokument, wenn auf diesem die Anzahl der übrigen Begleitdokumente vermerkt wird.

Werden Verschlüsse durch ein nach Artikel 6 Ziffer 2 ermächtigtes Unternehmen angelegt, so steht der Abdruck des diesem Unternehmen amtlich zur Verfügung gestellten Stempels dem Dienststempelabdruck der Abgangszollstelle gleich.

Artikel 6

1. Für die Beförderung von zivilen Gütern im Transitverkehr können Transportmittel (Straßengüterfahrzeuge, Eisenbahngüterwagen, Binnenfrachtschiffe, Behälter) benutzt werden, die vor der Abfahrt mit Zollverschlüssen, Bahn- oder Postplomben oder mit zur Verfügung gestellten amtlichen Verschlüssen (im folgenden Verschlüsse genannt) versehen worden sind.

Die Beförderung unter Verschluß ist insbesondere für den Transport solcher Güter bestimmt, deren Transit erlaubnispflichtig oder deren Einfuhr in die Deutsche Demokratische Republik verboten ist.

Transportmittel, die keine Güter enthalten, können ebenfalls mit Verschlüssen versehen werden.

Im Interesse der einfachsten, schnellsten und sichersten Abwicklung des Transitverkehrs werden die zuständigen Behörden der Bundesrepublik Deutschland darauf hinwirken, daß die Transportmittel, die nach ihrem Bautyp zollverschlußsicher eingerichtet werden können, in größtmöglichem Umfange zollverschlußsicher eingerichtet und, soweit ihr Verwendungszweck das im Einzelfalle nicht ausschließt, mit Verschlüssen versehen werden.

Die zuständigen Organe der Deutschen Demokratischen Republik sehen für diese Transportmittel ein besonders günstiges Abfertigungsverfahren vor.

2. Die Verschlüsse werden an allen nach den technischen Bedingungen vorgesehenen Stellen in der erforderlichen Anzahl angelegt durch:

a) die Abgangszollstellen;

b) die Deutsche Bundesbahn und die Deutsche Bundespost im Schienenverkehr;

c) bestimmte Unternehmen, die von den zuständigen Zollbehörden dazu ermächtigt werden. Die zuständigen Zollbehörden erteilen den ermächtigten Unternehmen die erforderlichen Auflagen zur ordnungsgemäßen Durchführung des Verfahrens und der Bestimmungen dieses Abkommens und überwachen die ordnungsgemäße Verwendung der den Unternehmen zugeteilten amtlichen Verschlüsse.

Die zuständigen Zolldienststellen übernehmen die sich aus diesem Abkommen ergebenden Verpflichtungen in den Fällen, in denen die Verschlüsse von der Deutschen Bundesbahn, der Deutschen Bundespost oder den ermächtigten Unternehmen angelegt werden, in gleicher Weise, wie wenn sie die Verschlüsse selbst angelegt hätten.

3. Die nach Ziffer 2 zur Anlegung von Verschlüssen Berechtigten (außer der Deutschen Bundespost) vermerken Anzahl und Merkmale der angelegten Verschlüsse mit Unterschrift, Datum und Abdruck eines amtlichen oder amtlich zur Verfügung gestellten Stempels auf dem Begleitdokument.

Bei mehreren Begleitdokumenten genügt ein Vermerk auf einem Begleitdokument, wenn auf diesem die Anzahl der übrigen Begleitdokumente vermerkt wird.

4. Als zollverschlußsicher werden Transportmittel anerkannt, die entsprechend der allgemein üblichen internationalen Praxis zum Transport von Gütern unter Zollverschluß zugelassen sind.

Als Nachweis der Verschlußsicherheit werden bei Straßenfahrzeugen und Binnenschiffen die Zollverschlußanerkenntnisse, bei Behältern auch die Zulassungstafeln anerkannt.

Die zur Anlegung von Verschlüssen Berechtigten überwachen im Rahmen ihrer Möglichkeiten, daß das Transportmittel zollverschlußsicher eingerichtet ist. Sie achten dabei darauf, daß keine Zollverschlußanerkenntnisse benutzt werden, deren Gültigkeit abgelaufen ist, und daß das Transportmittel noch den für seine Verschlußsicherheit maßgebenden Vorschriften entspricht.

5. Die Kontrollverfahren der zuständigen Organe der Deutschen Demokratischen Republik beschränken sich auf die Prüfung der Verschlüsse und der Begleitdokumente.

6. Die zuständigen Organe der Deutschen Demokratischen Re-

publik können in Fällen, in denen es zur zusätzlichen Sicherung gegen Mißbrauch notwendig erscheint, auch eigene Verschlüsse anlegen. Dadurch wird die Abwicklung des Transitverkehrs nicht verzögert werden.

7. Die Verletzung angelegter Verschlüsse oder die Beeinträchtigung der Verschlußsicherheit in anderer Weise ist vom Transportführer unverzüglich den zuständigen Organen der Deutschen Demokratischen Republik zu melden.

Wird bei einem Unfall oder aus anderen dringenden Gründen das Umladen der Güter auf ein anderes Transportmittel erforderlich, so ist das den zuständigen Organen der Deutschen Demokratischen Republik zu melden. Die Umladung darf nur in ihrer Gegenwart erfolgen.

Zwingt eine drohende Gefahr zum sofortigen Entladen oder zum Betreten des Laderaumes, so hat der Transportführer unverzüglich nach Vornahme der dringlichsten Sicherungsmaßnahmen und ohne die Fahrt fortzusetzen, die zuständigen Organe der Deutschen Demokratischen Republik zu unterrichten.

In den vorgenannten Fällen fertigen die zuständigen Organe der Deutschen Demokratischen Republik ein Protokoll, in dem die Personalien des Transportführers, das Transportmittel, der Sachverhalt, die getroffenen Maßnahmen sowie eventuell angelegte Verschlüsse aufgeführt werden. Der Transportführer erhält ein Exemplar des Protokolls. Im übrigen gilt Artikel 7 entsprechend.

Artikel 7

1. Bei Transportmitteln, die nicht nach Artikel 6 Ziffer 1 unter Verschluß genommen werden können, wie zum Beispiel offene Lastkraftwagen, werden die Kontrollverfahren auf die Prüfung der Begleitdokumente beschränkt.

2. In besonderen Fällen, in denen hinreichende Verdachtsgründe dafür vorliegen, daß Transportmittel nach Ziffer 1 Materialien enthalten, die zur Verbreitung auf den vorgesehenen Wegen bestimmt sind, oder daß sich in ihnen Personen oder Materialien befinden, die auf diesen Wegen aufgenommen worden sind, kann der Inhalt der nicht verplombten Transportmittel geprüft werden. Die Prüfung erfolgt im erforderlichen Umfang durch die zuständigen Organe der Deutschen Demokratischen Republik nach den allgemein üblichen Vorschriften der Deutschen Demokratischen Republik bezüglich der öffentlichen Ordnung. Die entsprechenden Bestimmungen des Artikels 16 finden Anwendung.

Artikel 8

1. Die auf den Transitwegen verkehrenden Kraftfahrzeuge müssen haftpflichtversichert sein.

2. Die Zulassungen für Kraftfahrzeuge und Anhänger sowie Fahrerlaubnisse für Kraftfahrer werden gegenseitig anerkannt.

3. Soweit Bau und Ausrüstung der Fahrzeuge den am Zulassungsort geltenden Vorschriften entsprechen, werden sie als ausreichend anerkannt. Kraftfahrzeuge und Anhänger, die einschließlich ihrer Ladung die in der Deutschen Demokratischen Republik vorgeschriebenen Maße oder Gewichte überschreiten, bedürfen einer Ausnahmegenehmigung der zuständigen Organe der Deutschen Demokratischen Republik.

Artikel 9

1. Im Transitverkehr können individuelle Transportmittel benutzt werden.

2. Individuelle Transportmittel im Sinne dieses Abkommens sind ordnungsgemäß zugelassene Kraftfahrzeuge, die nicht zum Transport von Gütern bestimmt oder nicht durchgehende Autobusse sind. Individuellen Transportmitteln gleichgestellt sind die nicht zur Aufnahme von Gütern bestimmten Teile von Gütertransportmitteln auf Straßen, Schienen- und Wasserwegen sowie die nicht zur Beförderung von Personen bestimmten Teile von durchgehenden Autobussen.

3. Die Verfahren für Reisende in individuellen Transportmitteln werden keine Verzögerungen mit sich bringen und erfolgen, von Ausnahmen abgesehen, die sich aus der Anwendung der Bestimmungen dieses Abkommens ergeben, am Fahrzeug.

4. Die Reisenden, ihre Transportmittel und ihr persönliches Gepäck werden nicht der Durchsuchung und der Festnahme unterliegen oder von der Benutzung der vorgesehenen Wege ausgeschlossen werden, außer in besonderen Fällen, wie in Artikel 16 niedergelegt, in denen hinreichende Verdachtsgründe bestehen, daß ein Mißbrauch der Transitwege für Zwecke beabsichtigt ist, begangen wird oder begangen worden ist, die nicht mit der direkten Durchreise nach und von Berlin (West) im Zusammenhang stehen und die den allgemein üblichen Vorschriften bezüglich der öffentlichen Ordnung zuwiderlaufen.

Dieser Grundsatz wird im Einzelfall und individuell angewandt.

5. Die Verfahren für Reisende in individuellen Transportmitteln werden auch auf das Fahrpersonal von Gütertransportmitteln und ihr persönliches Gepäck angewandt.

Artikel 10

1. Im Transitverkehr können durchgehende Autobusse benutzt werden. Autobusse im Sinne dieses Abkommens sind Kraftfahrzeuge, die nach ihrer Bauart und Ausstattung zur Beförderung von mehr als 9 Personen – einschließlich Fahrer – geeignet und bestimmt sind. Durchgehende Autobusse verkehren auf dem Gebiet der Deutschen Demokratischen Republik zwischen den Grenzübergängen mit Ausnahme der in Ziffer 4 genannten Fälle ohne Fahrtunterbrechung.

2. Die Kontrollverfahren durch die zuständigen Organe der Deutschen Demokratischen Republik umfassen außer der Identifizierung von Personen keine anderen Formalitäten. Die Abfertigung der Insassen erfolgt, von Ausnahmen abgesehen, die sich aus der Anwendung der Bestimmungen dieses Abkommens ergeben, in diesen Autobussen.

3. Bei langen Transitstrecken werden die zuständigen Organe der Deutschen Demokratischen Republik für durchgehende Autobusse bestimmte Rastplätze vorsehen und die zuständigen Behörden der Bundesrepublik Deutschland hierüber sowie über die auf diesen Rastplätzen einzuhaltende Ordnung unterrichten.

4. Das Fahrpersonal und die Reisenden dürfen durchgehende Autobusse nur nach Aufforderung oder mit Genehmigung der zuständigen Organe der Deutschen Demokratischen Republik, bei Fahrtunterbrechungen wegen außergewöhnlicher Ereignisse wie Unfälle, Betriebsstörungen oder Naturkatastrophen oder an den dafür gekennzeichneten Rastplätzen verlassen. Der Autobusführer hat die zuständigen Organe der Deutschen Demokratischen Republik über eine Fahrtunterbrechung wegen außergewöhnlicher Ereignisse und die dafür maßgebenden Gründe zu unterrichten. Die zuständigen Organe der Deutschen Demokratischen Republik sind berechtigt, in diesen Fällen das Vorliegen der für eine Fahrtunterbrechung maßgebenden Gründe und die Identität der Reisenden und des Fahrpersonals nachzuprüfen.

5. Hält ein durchgehender Autobus aus anderen als in Ziffer 4 genannten Gründen, so unterliegen die Insassen, ihr Gepäck und der Autobus ebenfalls den entsprechenden Bestimmungen des Artikels 16 dieses Abkommens.

Artikel 11

1. Im Eisenbahnverkehr werden die Fahrpläne der Regel- und Bedarfszüge unter Berücksichtigung des Verkehrsaufkommens zwischen den zuständigen zentralen Stellen der Abkommenspartner vereinbart.

2. Bei außergewöhnlich umfangreichen Verkehrsaufkommen wird im Rahmen der betrieblichen Möglichkeiten der Eisenbahnen der Einsatz zusätzlicher Züge vereinbart.

3. Für die Durchführung des Eisenbahnverkehrs zwischen den Grenzbahnhöfen der Bundesrepublik Deutschland und der Deutschen Demokratischen Republik werden die entsprechenden Betriebsvorschriften zwischen den zuständigen zentralen Stellen der Abkommenspartner vereinbart.

4. Die Abkommenspartner erkennen auf der Basis der Gegenseitigkeit die Ausweise für das Fahr- und Zugbegleitpersonal der Eisenbahnzüge an.

Artikel 12

1. Im Transitverkehr können durchgehende Züge benutzt werden. Diese Reisezüge – einschließlich der Autoreisezüge – verkehren auf dem Gebiet der Deutschen Demokratischen Republik zwischen den Grenzübergängen ohne Verkehrshalt; auf bestimmten, in den öffentlichen Fahrplänen kenntlich gemachten Grenzbahnhöfen der Deutschen Demokratischen Republik kann das Zu- beziehungsweise Aussteigen von Reisenden, die nicht Transitreisende sind, gestattet werden. Die Halte an den Grenzübergängen sowie eventuelle Betriebshalte werden auf das notwendige Maß beschränkt.

2. Die Kontrollverfahren durch die zuständigen Organe der Deutschen Demokratischen Republik umfassen außer der Identifizierung von Personen keine anderen Formalitäten. Die Kontrolle der Reisenden erfolgt, von Ausnahmen abgesehen, die sich aus der Anwendung der Bestimmungen dieses Abkommens ergeben, im Zuge.

3. Die Transitreisenden dürfen durchgehende Züge nur nach Aufforderung oder mit Genehmigung der zuständigen Organe der Deutschen Demokratischen Republik sowie bei außergewöhnlichen Ereignissen wie Unfällen, Betriebsstörungen oder Naturkatastrophen verlassen. Die zuständigen Organe der Deutschen Demokratischen Republik sind berechtigt, in diesen Fällen die Identität der Reisenden nachzuprüfen.

4. Verläßt ein Transitreisender den durchgehenden Zug aus anderen als in Ziffer 3 genannten Gründen, so unterliegen dieser Reisende und sein Gepäck ebenfalls den entsprechenden Bestimmungen des Artikels 16 dieses Abkommens.

Artikel 13

1. Für den Gütertransport können Binnenschiffe eingesetzt wer-

den. Im Transit verkehrende Binnenschiffe müssen den in der Binnenwasserstraßen-Verkehrsordnung der Deutschen Demokratischen Republik festgelegten technischen Anforderungen entsprechen. Das trifft auch für Spezialfahrzeuge, schwimmende Geräte sowie für Überführungen von Schiffsneubauten zu. Sportboote, Rennboote und andere individuelle Wasserfahrzeuge können als Deckladung oder im Schlepp befördert werden.

2. Die Schiffsdokumente sowie die für Elbe und Mittellandkanal ausgestellten Befähigungszeugnisse und die Dokumente über die personelle Besetzung der Binnenschiffe werden anerkannt.

3. Binnenschiffe gemäß Ziffer 1 können an den von den zuständigen Organen der Deutschen Demokratischen Republik festgelegten Liegeplätzen Feierabend machen.

An besonders hierfür zugelassenen Liegeplätzen wird den Besatzungen der Binnenschiffe Landgang gewährt.

Bei außergewöhnlichen Ereignissen wie Unfällen, Betriebsstörungen, Erkrankungen oder Naturkatastrophen sowie nach Aufforderung oder mit Genehmigung der zuständigen Organe der Deutschen Demokratischen Republik sind Fahrtunterbrechung und Landgang auch an anderen geeigneten Plätzen gestattet. Der Schiffsführer hat die zuständigen Organe der Deutschen Demokratischen Republik über die Fahrtunterbrechung bei außergewöhnlichen Ereignissen und die dafür maßgebenden Gründe zu unterrichten.

4. Für die Benutzung der Wasserstraßen einschließlich der Schleusen, Schiffshebewerke sowie Schiffsliegeplätze werden entsprechend den Vorschriften der Deutschen Demokratischen Republik Abgaben und Gebühren erhoben.

Artikel 14

1. Die Deutsche Demokratische Republik gewährleistet, daß bei Unfällen, Betriebsstörungen und Havarien auf ihrem Gebiet, an denen Transitreisende und ihre Transportmittel beteiligt sind, die notwendige Hilfe einschließlich Pannen- und Abschleppdienste, medizinischer Betreuung sowie Werft- und Werkstatthilfe geleistet wird.

2. Bei Havarien und Unfällen gelten für deren Untersuchung sowie für die Ausfertigung der erforderlichen Protokolle die Vorschriften der Deutschen Demokratischen Republik. Die zuständigen Organe der Deutschen Demokratischen Republik übermitteln die Protokolle, die für die Schadensregulierung erforderlich sind, den zuständigen Behörden der Bundesrepublik Deutschland.

Artikel 15

Die zuständigen Organe der Deutschen Demokratischen Republik werden den zuständigen Behörden der Bundesrepublik Deutschland übliche Informationen über den Straßenzustand, über Tauchtiefen, Pegelstände, Schleusenbetriebszeiten, Schiffahrtssperren sowie andere Nachrichten, die den Verkehrsablauf betreffen, einschließlich entsprechender Umleitungen, übermitteln.

Artikel 16

1. Ein Mißbrauch im Sinne dieses Abkommens liegt vor, wenn ein Transitreisender nach Inkrafttreten dieses Abkommens während der jeweiligen Benutzung der Transitwege rechtswidrig und schuldhaft gegen die allgemein üblichen Vorschriften der Deutschen Demokratischen Republik bezüglich der öffentlichen Ordnung verstößt, indem er

a) Materialien verbreitet oder aufnimmt;
b) Personen aufnimmt;
c) die vorgesehenen Transitwege verläßt, ohne durch besondere Umstände, wie Unfall oder Krankheit, oder durch Erlaubnis der zuständigen Organe der Deutschen Demokratischen Republik dazu veranlaßt zu sein;
d) andere Straftaten begeht oder
e) durch Verletzung von Straßenverkehrsvorschriften Ordnungswidrigkeiten begeht.

Ein Mißbrauch liegt auch vor, wenn eine Person an der Mißbrauchshandlung eines Transitreisenden, die dieser nach Inkrafttreten dieses Abkommens während der jeweiligen Benutzung der Transitwege rechtswidrig und schuldhaft begeht oder begangen hat, als Mittäter, Anstifter oder Gehilfe teilnimmt.

2. Hinreichende Verdachtsgründe im Sinne dieses Abkommens liegen vor, wenn im gegebenen Falle aufgrund bestimmter Tatsachen oder konkreter Anhaltspunkte eine gewisse Wahrscheinlichkeit besteht, daß ein Mißbrauch der Transitwege für die obengenannten Zwecke beabsichtigt ist, begangen wird oder begangen worden ist.

Im Falle hinreichenden Verdachts eines Mißbrauchs werden die zuständigen Organe der Deutschen Demokratischen Republik die Durchsuchung von Reisenden, der von ihnen benutzten Transportmittel sowie ihres persönlichen Gepäcks nach den allgemein üblichen Vorschriften der Deutschen Demokratischen Republik bezüglich der öffentlichen Ordnung durchführen oder die Reisenden zurückweisen.

3. Bestätigt sich der Verdacht, so werden die zuständigen Orga-

ne der Deutschen Demokratischen Republik im angemessenen Verhältnis zur Schwere der Mißbrauchshandlung entsprechend den allgemein üblichen Vorschriften der Deutschen Demokratischen Republik bezüglich der öffentlichen Ordnung

a) einen Verweis oder eine Ordnungsstrafe oder eine Verwarnung mit Ordnungsgeld aussprechen oder Gegenstände einziehen;
b) Gegenstände sicherstellen oder beschlagnahmen;
c) Personen zurückweisen oder zeitweilig von der Benutzung der Transitwege ausschließen oder
d) Personen festnehmen.

4. Bei Straftaten können die in Ziffer 3 genannten Maßnahmen auch dann getroffen werden, wenn die Straftaten bei einer früheren Benutzung der Transitwege begangen wurden.

5. Über Maßnahmen im Sinne der Ziffer 3 werden dem Betroffenen die nach den allgemein üblichen Vorschriften der Deutschen Demokratischen Republik bezüglich der öffentlichen Ordnung vorgesehenen Dokumente ausgehändigt. Sind Gegenstände beschlagnahmt, sichergestellt oder eingezogen worden, so ist dem Betroffenen ein Verzeichnis der Gegenstände zu übergeben.

Über Festnahmen, den Ausschluß von Personen von der Benutzung der Transitwege und Zurückweisung sowie über die dafür maßgebenden Gründe werden die zuständigen Organe der Deutschen Demokratischen Republik alsbald die zuständigen Behörden der Bundesrepublik Deutschland unterrichten.

6. Wenn eine Mißbrauchshandlung entdeckt worden ist, nachdem der dafür verantwortliche Reisende die Transitstrecken der Deutschen Demokratischen Republik verlassen hat, so können die zuständigen Organe der Deutschen Demokratischen Republik die zuständigen Behörden der Bundesrepublik Deutschland über die Mißbrauchshandlung, die Beweismittel und die Person des Beschuldigten unterrichten. Die zuständigen Behörden der Bundesrepublik Deutschland werden die den allgemein üblichen Vorschriften der Bundesrepublik Deutschland bezüglich der öffentlichen Ordnung entsprechenden Maßnahmen treffen und können die zuständigen Organe der Deutschen Demokratischen Republik darüber unterrichten.

Artikel 17

Die Regierung der Bundesrepublik Deutschland wird im Rahmen ihrer Möglichkeiten die erforderlichen Vorkehrungen treffen, damit ein Mißbrauch der Transitwege im Sinne von Artikel 16 dieses Abkommens verhindert wird. Die Regierung der Bundesrepublik Deutschland wird insbesondere Sorge dafür tragen, daß

a) die am Transitverkehr beteiligten Personen und Unternehmen in geeigneter Weise über die Bestimmungen dieses Abkommens informiert werden;
b) die zuständigen Behörden der Bundesrepublik Deutschland, wenn sie von einem beabsichtigten Mißbrauch der Transitwege Kenntnis erhalten, im Rahmen der allgemein üblichen Vorschriften der Bundesrepublik Deutschland bezüglich der öffentlichen Ordnung geeignete Maßnahmen zur Verhinderung des Mißbrauchs treffen werden;
c) der Grenzübertritt von Transportmitteln dann nicht gestattet wird, wenn die Transportmittel offensichtlich nicht betriebs- oder verkehrssicher sind.

Artikel 18

1. Abgaben, Gebühren und andere Kosten, die den Verkehr auf den Transitwegen betreffen, einschließlich der Instandhaltung der entsprechenden Wege, Einrichtungen und Anlagen, die für diesen Verkehr benutzt werden, werden von der Bundesrepublik Deutschland an die Deutsche Demokratische Republik in Form einer jährlichen Pauschalsumme gezahlt.

2. Die von der Bundesrepublik Deutschland zu zahlende Pauschalsumme umfaßt:
a) die Straßenbenutzungsgebühren;
b) die Steuerausgleichsabgabe;
c) die Visagebühren;
d) den Ausgleich der finanziellen Nachteile der Deutschen Demokratischen Republik durch den Wegfall der Lizenzen im Linienverkehr mit Autobussen und der Erlaubniserteilung im Binnenschiffsverkehr sowie entsprechender weiterer finanzieller Nachteile.

Die Pauschalsumme wird für die Jahre 1972 bis 1975 auf 234,9 Millionen DM pro Jahr festgelegt.

3. Die Bundesrepublik Deutschland überweist die Pauschalsumme jährlich bis zum 31. März, erstmalig bis zum 31. März 1972, auf ein Konto bei einer von der Deutschen Demokratischen Republik zu bestimmenden Bank in der Bundesrepublik Deutschland zugunsten der Deutschen Außenhandelsbank AG in Berlin.

4. Die Höhe der ab 1976 zu zahlenden Pauschalsumme und die Bestimmung des Zeitraumes, für den diese Pauschalsumme gültig sein soll, werden im zweiten Halbjahr 1975 unter Berücksichtigung der Entwicklung des Transitverkehrs festgelegt.

Artikel 19

1. Die Abkommenspartner bilden eine Kommission zur Klärung von Schwierigkeiten und Meinungsverschiedenheiten bei der Anwendung oder Auslegung dieses Abkommens.

2. Die Delegation jedes Abkommenspartners wird in der Kommission durch einen bevollmächtigten Vertreter des Bundesministers für Verkehr der Bundesrepublik Deutschland beziehungsweise des Ministers für Verkehrswesen der Deutschen Demokratischen Republik geleitet.

3. Die Kommission tritt auf Ersuchen eines der beiden Abkommenspartner zusammen.

4. Einzelheiten des Verfahrens werden durch die Kommission festgelegt.

5. Kann die Kommission eine ihr zur Behandlung vorgelegte Meinungsverschiedenheit nicht regeln, wird diese Frage von beiden Seiten ihren Regierungen unterbreitet, die sie auf dem Verhandlungswege beilegen.

Artikel 20

Auf Transportmittel, die noch nicht unter Verschluß genommen worden sind, obwohl sie verschlußsicher eingerichtet und unter Verschluß genommen werden können, finden die Bestimmungen des Artikels 7 keine Anwendung.

Artikel 21

Dieses Abkommen tritt gleichzeitig mit dem Abkommen zwischen den Regierungen der Französischen Republik, der Union der Sozialistischen Sowjetrepubliken, des Vereinigten Königreichs von Großbritannien und Nordirland und der Vereinigten Staaten von Amerika vom 3. September 1971 in Kraft und bleibt zusammen mit ihm in Kraft.

ANLAGE

I

Der Bundesminister für Wirtschaft und Finanzen der Bundesrepublik Deutschland wird die Zollverwaltung der Deutschen Demokratischen Republik informieren über

1. die nach Artikel 6 Ziffer 2 ermächtigten Unternehmen sowie die dazu erlassenen Verwaltungsanweisungen;
2. die Muster der in Artikel 6 Ziffer 3 und 4 vorgesehenen Verschlüsse, der amtlichen Stempel und der Zollverschlußaner-

kenntnisse. Die Muster werden vor Aufnahme des Transitverkehrs auf der Grundlage dieses Abkommens rechtzeitig bekanntgegeben. Die Zollverwaltung der Deutschen Demokratischen Republik wird von jeder beabsichtigten Änderung der Verschlüsse, Stempel oder Zollverschlußanerkenntnisse der Bundesrepublik Deutschland rechtzeitig unterrichtet.

II

Die Grenzkontrollstellen der Bundesrepublik Deutschland werden im Rahmen ihrer Möglichkeiten darauf achten, daß bereits vorher angelegte Verschlüsse unversehrt sind.

III

Die Zollverwaltung der Deutschen Demokratischen Republik unterrichtet den Bundesminister für Wirtschaft und Finanzen der Bundesrepublik Deutschland über die bei Inkrafttreten dieses Abkommens gültigen Bedingungen für das Mitführen und den Transit bestimmter Gegenstände sowie lebender Tiere.

Die Zollverwaltung der Deutschen Demokratischen Republik wird den Bundesminister für Wirtschaft und Finanzen der Bundesrepublik Deutschland über künftig notwendig werdende Änderungen rechtzeitig unterrichten; sie werden mit Geist und Buchstaben des Transitabkommens übereinstimmen.

Protokollvermerke zum Abkommen zwischen der Regierung der Bundesrepublik Deutschland und der Regierung der Deutschen Demokratischen Republik über den Transitverkehr von zivilen Personen und Gütern zwischen der Bundesrepublik Deutschland und Berlin (West)

1. Unter Bezugnahme auf Artikel 3 teilt der Delegationsleiter der Deutschen Demokratischen Republik mit, daß für den Transitverkehr die derzeitigen Grenzübergangsstellen und Transitstrecken vorgesehen sind. Nach Inkrafttreten des Abkommens werden folgende Verkehrsverbesserungen ermöglicht werden:

Im Eisenbahnverkehr:

a) über den Grenzübergang Gutenfürst Regel- und Sonderreisezüge sowie der Transport lebender Tiere und Durchgangsgüterzüge, wenn das Verkehrsaufkommen dies rechtfertigt;

b) über den Grenzübergang Gerstungen der Transport lebender Tiere;
c) über den Grenzübergang Oebisfelde Ganzzüge unter der Voraussetzung, daß die Zugtrassen über den Grenzübergang Marienborn entsprechend verringert werden;
d) über den Grenzübergang Schwanheide Durchgangsgüterzüge, wenn das Verkehrsaufkommen dies rechtfertigt,
e) Beförderung von Expreßgutsendungen mit Regelreisezügen, soweit sie Packwagen führen.

Im Straßenverkehr:
Über die Grenzübergangsstelle Wartha der gewerbliche Personen- und Güterkraftverkehr einschließlich Tiertransporte.

Im Binnenschiffsverkehr:
Aufhebung der Zwangsroute über die Untere-Havel-Wasserstraße für Schiffsverbände über 90 m Länge.

Die zuständigen Organe der Deutschen Demokratischen Republik werden die zuständigen Behörden der Bundesrepublik Deutschland rechtzeitig über notwendig werdende Veränderungen unterrichten.

2. Im Transitverkehr werden für Transportmittel, transportierte Güter sowie für mitgeführte Gegenstände keine Transitzölle, -abgaben oder ähnliche Gebühren erhoben sowie keine Sicherheitsleistungen gefordert.

3. Beide Seiten stimmen darin überein, daß der in Artikel 6 Ziffer 4 Absatz 1 und 2 erwähnte Grundsatz auf der Grundlage der Gegenseitigkeit gilt. Eine entsprechende Regelung wird auch in den Vertrag zwischen der Bundesrepublik Deutschland und der Deutschen Demokratischen Republik über Fragen des Verkehrs aufgenommen werden.

4. Die Bestimmungen des Artikels 7 schließen die besonderen Untersuchungshandlungen nicht aus, die in Abschnitt III Ziffer 2, 4 und in Abschnitt IV Ziffer 2 der Information über die Bedingungen für das Mitführen und den Transport bestimmter Gegenstände sowie lebender Tiere im Transitverkehr (gemäß Abschnitt III Absatz 1 der Anlage zum Abkommen) vorgesehen sind.

5. Beide Seiten stimmen darin überein, daß alle Gütertransportmittel im Transitverkehr nur nach Artikel 6 oder 7 behandelt werden. Die Bestimmungen des Artikels 20 bleiben unberührt.

6. Die Abkommenspartner erklären ihr Einverständnis, daß sobald wie möglich zwischen den zuständigen Stellen der Bundesrepublik Deutschland und der Deutschen Demokratischen Republik eine Regelung der Haftpflichtversicherungsfragen in interna-

tional üblicher Form vereinbart wird. Bis zu dieser Neuregelung wird das bisherige Verfahren fortgeführt.

7. Die Bundesrepublik Deutschland erklärt ihr Einverständnis, daß in den Vertrag zwischen der Bundesrepublik Deutschland und der Deutschen Demokratischen Republik über Fragen des Verkehrs auf der Grundlage der Gegenseitigkeit eine Regelung aufgenommen wird, wonach die Bundesrepublik Deutschland die von den zuständigen Organen der Deutschen Demokratischen Republik ausgestellten Zulassungen für Kraftfahrzeuge und Anhänger sowie Fahrerlaubnisse für Kraftfahrer anerkennt.

8. Es besteht Einverständnis, daß auch Wohnwagen sowie Anhänger und ähnliche Transportmittel, die nicht für den Gütertransport bestimmt sind, von Artikel 9 Ziffer 2 erfaßt werden.

9. Das Mitführen von Büchern, Zeitungen und anderen Druckerzeugnissen, die nur für den persönlichen Gebrauch der Transitreisenden genutzt werden und nicht zur Verteilung auf den Transitwegen bestimmt sind, wird nicht als Mißbrauch ausgelegt.

10. Die Regierung der Bundesrepublik Deutschland erklärt, daß mit Inkrafttreten des Transitabkommens das Permitverfahren für Binnenschiffe der Deutschen Demokratischen Republik entfallen wird.

11. In den in Artikel 18 Ziffer 2 genannten Visagebühren sind die Visagebühren für Bürger dritter Staaten nicht enthalten, die mit individuellen Transportmitteln am Transitverkehr teilnehmen. Hiervon ausgenommen sind die Bürger dritter Staaten, die eine entsprechende Aufenthaltserlaubnis für länger als drei Monate besitzen und sich darüber legitimieren können.

12. Es besteht Übereinstimmung, daß die entsprechend Artikel 19 zu bildende Kommission zu gegebener Zeit auch Fragen der Planung und Entwicklung des Transitverkehrs beraten kann.

Information über die Bedingungen für das Mitführen und den Transport bestimmter Gegenstände sowie lebender Tiere im Transitverkehr

Vom Tage des Inkrafttretens des Abkommens zwischen der Regierung der Deutschen Demokratischen Republik und der Regierung der Bundesrepublik Deutschland über den Transitverkehr von zivilen Personen und Gütern zwischen der Bundesrepublik Deutschland und Berlin (West) an wird die DDR eine Reihe bedeutsamer Erleichterungen für den Transitverkehr erlaubnispflichtiger Gegenstände und lebender Tiere einführen.

I

Für Schußwaffen oder wesentliche Teile davon, Munition, Kartuschen und Platzpatronen ...[1]

II

Für Sprengstoffe aller Art, sprengkräftige Zündmittel (Sprengkapseln, Sprengzünder, detonierende Sprengschnüre) und pyrotechnische Erzeugnisse ...[1]

III

Für lebende und tote Tiere, Tierteile, von Tieren stammende Produkte sowie Gegenstände, die Träger von Ansteckungsstoffen sein können ...[1]

IV

Für Pflanzen, Pflanzenteile und Pflanzenerzeugnisse ...[1]

V

Für gefährliche Güter und Betäubungsmittel einschließlich Suchtmittel ...[1]

VI

Großraum (Lademaßüberschreitung)- und Schwerlasttransporte ...[1]

VII

Funkanlagen aller Art einschließlich Kurzwellensender, Autofunksprechgeräte, Funksteuersender, Taschenfunksendeanlagen und Radareinrichtungen ...[1]

VIII

Sonstige Fragen

1. Im Reiseverkehr werden

1.1 Schußwaffen oder wesentliche Teile davon, Munition;

1.2 Kartuschen und Platzpatronen;

1.3 Luftdruckwaffen;

1.4 Startpistolen, Gaspistolen und -sprühgeräte sowie

1.5 Bolzenschuß- und andere Schußgeräte

für die Dauer des Transits von den zuständigen Organen der DDR in gegen Gebühr bereitgestellten Behältnissen mit Verschluß versehen.

1 Es folgen technische Einzelheiten.

In durchgehenden Zügen und Bussen gilt dies nur für die Ziffern 1.1 und 1.3.

Werden Gegenstände der vorgenannten Art durch Transportführer persönlich mitgeführt, werden sie ebenfalls nach den Grundsätzen für den Reiseverkehr behandelt.

2. Das Mitführen erlaubnispflichtiger Gegenstände ist den zuständigen Organen der DDR unaufgefordert anzugeben. Für attestpflichtige Gegenstände sind die Atteste unaufgefordert vorzulegen.

Briefwechsel der Staatssekretäre Egon Bahr und Dr. Michael Kohl

Sehr geehrter Herr Bahr!

Ich beehre mich, Ihnen im Auftrag der Regierung der Deutschen Demokratischen Republik mitzuteilen, daß die Deutsche Demokratische Republik bereit ist, unbeschadet des Zeitpunktes des Inkrafttretens des am heutigen Tage unterzeichneten Abkommens zwischen der Regierung der Deutschen Demokratischen Republik und der Regierung der Bundesrepublik Deutschland über den Transitverkehr von zivilen Personen und Gütern zwischen der Bundesrepublik Deutschland und Berlin (West) die Bestimmungen des Artikel 18 dieses Abkommens mit Wirkung vom 1. Januar 1972 anzuwenden.

Dabei geht die Regierung der Deutschen Demokratischen Republik davon aus, daß die gemäß Artikel 18 Ziffer 3 durch die Bundesrepublik Deutschland an die Deutsche Demokratische Republik zu zahlende jährliche Pauschalsumme in Höhe von 234,9 Millionen DM bis zum 31. März 1972 an die Deutsche Demokratische Republik gezahlt wird. Damit werden die in Artikel 18 genannten Ansprüche der Deutschen Demokratischen Republik für das Jahr 1972 abgegolten sein.

Mit vorzüglicher Hochachtung
Dr. Michael Kohl

Sehr geehrter Herr Kohl!

Ich bestätige den Erhalt Ihres Schreibens, welches wie folgt lautet:

„Ich beehre mich, Ihnen im Auftrag der Regierung der Deutschen Demokratischen Republik mitzuteilen, daß die Deutsche Demokratische Republik bereit ist, unbeschadet des Zeitpunktes des Inkrafttretens des am heutigen Tage unterzeichneten Abkommens zwischen der Regierung der Deutschen Demokratischen Republik und der Regierung der Bundesrepublik Deutschland über den Transitverkehr von zivilen Personen und Gütern zwischen der Bundesrepublik Deutschland und Berlin (West) die Bestimmungen des Artikel 18 dieses Abkommens mit Wirkung vom 1. Januar 1972 anzuwenden.

Dabei geht die Regierung der Deutschen Demokratischen Republik davon aus, daß die gemäß Artikel 18 Ziffer 3 durch die Bundesrepublik Deutschland an die Deutsche Demokratische Republik zu zahlende jährliche Pauschalsumme in Höhe von 234,9 Millionen DM bis zum 31. März 1972 an die Deutsche Demokratische Republik gezahlt wird. Damit werden die in Artikel 18 genannten Ansprüche der Deutschen Demokratischen Republik für das Jahr 1972 abgegolten sein".

Ich beehre mich, das Einverständnis der Regierung der Bundesrepublik Deutschland mit der in Ihrem Schreiben vorgeschlagenen Regelung mitzuteilen.

Mit vorzüglicher Hochachtung
Egon Bahr

Briefwechsel des Abteilungsleiters im Bundeskanzleramt der Bundesrepublik Deutschland, Dr. Ulrich Sahm, und des Abteilungsleiters beim Ministerrat der Deutschen Demokratischen Republik, Karl Seidel vom 15. Dezember 1971

Sehr geehrter Herr Seidel!

Ich bin ermächtigt, Ihnen unter Bezugnahme auf das Ergebnis unserer Verhandlungen das Einverständnis der Regierung der Bundesrepublik Deutschland mit folgendem mitzuteilen:

1. Mit Wirkung vom 1. März 1972 wird für den Transitverkehr ziviler Güter zwischen der Bundesrepublik Deutschland und Berlin (West) der diesem Schreiben als Muster beigefügte Warenbegleitschein verwendet. Für die Ausfertigung und Behandlung von Warenbegleitscheinen gilt das in der Anlage dargelegte Verfahren.
2. Veränderungen bedürfen der Vereinbarung.

Mit vorzüglicher Hochachtung
Dr. Ulrich Sahm

WARENBEGLEITSCHEIN
für zivile Güter im Transitverkehr zwischen der Bundesrepublik Deutschland und Berlin (West)

Für die Kontrollbehörden des Empfangsgebietes

Blatt 1

I. Anmeldung

Lfd. Nr.	Zahl und Art, Zeichen und Nr. der Packstücke oder Behältnisse	Handelsübliche Bezeichnung der Waren	Rohgewicht in kg	Rechnungsbetrag in DM	Nr. der stat. Warengruppe
1	2	3	4	5	6

7. Name des Lieferers:
Anschrift

8. Name des Empfängers:
Anschrift

9. Der Anmelder erklärt verbindlich, daß die vorgenommene Anmeldung gemäß Spalten 1-8 der Wahrheit entspricht. Er verpflichtet sich, die für den Transitverkehr geltenden Vorschriften einzuhalten.

Datum Unterschrift und — bei Unternehmen — Firmenstempel

10. Der Transporteur verpflichtet sich, die für den Transitverkehr geltenden Vorschriften einzuhalten.

Datum Unterschrift und — bei Unternehmen — Firmenstempel

11. Beförderungsmittel

II. .... Verschlüsse
Nr. ....
angelegt

III. Abgefertigt:

Abgangszollstelle

Durchgangszollstelle

Durchgangszollstelle

Erläuterungen zum Warenbegleitschein

Alle Eintragungen sind mit Schreibmaschine oder in Druckschrift zu vollziehen.

Zu Spalte 3:

Die handelsübliche Bezeichnung erfolgt in erforderlichem Umfang in Anlehnung an die Warenarten des systematischen Warenverzeichnisses für die Industriestatistik oder der allgemeinen Erzeugnisgliederung der Land-, Forst- und Jagdwirtschaft, Fischerei.

Soweit es sich um Waren handelt, für die die jeweils gültigen Bedingungen für das Mitführen und den Transport bestimmter Gegenstände sowie lebender Tiere im Transitverkehr zutreffen, sind sie unter Beachtung dieser Bedingungen zu bezeichnen.

Sammelbezeichnungen sind mit Ausnahme der in den vorgenannten Bedingungen aufgeführten Waren zulässig beim Versand von

1. leeren Verpackungsmitteln,
2. persönlichen Gegenständen (einschl. Umzugs- und Erbschaftsgut); hier genügen Bezeichnungen wie Bekleidung, Geschirr, Möbel, Druckerzeugnisse und ähnliches,
3. Messegut,
4. anderen Gütern, wenn dem Warenbegleitschein eine Spezifikation beigefügt ist, aus der die handelsübliche Bezeichnung der Güter sowie der Lieferer und der Adressat der Sendung ersichtlich sind. Als Spezifikation werden auch Duplikate der betrieblichen Lieferscheine anerkannt, soweit sie die obengenannten Angaben enthalten,
5. Druckerzeugnissen, soweit sie in Transportmitteln befördert werden, die mit Verschlüssen versehen sind.

Bei mit Verschlüssen versehenen leeren Transportmitteln ist in Spalte 3 die Bezeichnung „leer" einzutragen.

Zu Spalten 5 und 6:

Die Spalten dienen der Statistik des Empfangsgebietes und sind nur bei Handelswaren auszufüllen.

Es ist die zweistellige Nummer der Warengruppe entsprechend der untenstehenden Aufstellung einzutragen.

Zu Spalte 7:

Name und Anschrift des Lieferers sind in jedem Falle einzutragen. Lieferer ist eine natürliche oder juristische Person, die eine Sendung selbst zum Versand bringt oder durch Dritte zum Versand bringen läßt.

Zu Spalten 9 und 10:

Anmelder im Sinne der Spalte 9 ist der Lieferer oder der Transporteur, der vom Lieferer nach den allgemein üblichen zivilrechtlichen Vorschriften dazu bevollmächtigt und in die Lage versetzt worden ist

Soweit der Anmelder zugleich Transporteur ist, entfällt die Ausfüllung der Spalte 10. Er unterzeichnet in Spalte 9.

Die Spalte 10 ist nur dann auszufüllen, wenn der Transporteur nicht bereits in Vollmacht des Lieferers die Spalte 9 ausgefüllt hat. Handelt es sich um Sammelguttransporte mit mehreren Warenbegleitscheinen, genügt die Ausfüllung der Spalte 10 auf einem Warenbegleitschein, wenn die Zahl der weiteren Warenbegleitscheine daneben vermerkt wird.

Wenn die Eisenbahn als Transporteur auftritt, entfällt die Ausfüllung der Spalte 10.

Zu Spalte 11:

Es ist das Beförderungsmittel einzutragen; bei LKW-Transporten auch die Zulassungsnummer des Motorwagens und ggf. auch des Anhängers. Bei Bahntransporten (Wagenladung) ist die Wagennummer anzugeben; bei Schiffstransporten der Name oder die Bezeichnung des Schiffes.

Zu Ziffer III:

Der Stempelabdruck der Abgangszollstelle entfällt, wenn ihr Stempelabdruck oder ein gleichgestellter Stempelabdruck in Ziffer II angebracht ist.

Warengruppen der Industriestatistik

21 = Bergbauliche Erzeugnisse
22 = Mineralölerzeugnisse
25 = Steine und Erden
27 = Eisen und Stahl (Erzeugnisse der Eisen schaffenden und Ferrolegierungs-Industrie)
28 = NE-Metalle und -Metallhalbzeug (einschl. Edelmetalle und deren Halbzeug)
29 = Gießereierzeugnisse
30 = Erzeugnisse der Ziehereien und Kaltwalzwerke und der Stahlverformung
31 = Stahlbauerzeugnisse
32 = Maschinenbauerzeugnisse (einschl. Lokomotiven und Ackerschlepper)
33 = Straßenfahrzeuge (ohne Ackerschlepper und Elektrofahrzeuge)
34 = Wasserfahrzeuge
35 = Luftfahrzeuge (einschl. Flugbetriebs-, Rettungs-, Sicherheits -und Bodengeräte)
36 = Elektrotechnische Erzeugnisse
37 = Feinmechanische und optische Erzeugnisse; Uhren
38 = Eisen-, Blech- und Metallwaren
39 = Musikinstrumente, Spielwaren, Turn- und Sportgeräte, Schmuckwaren, bearbeitete Edelsteine
40 = Chemische Erzeugnisse
50 = Büromaschinen; Datenverarbeitungsgeräte und -einrichtungen
51 = Feinkeramische Erzeugnisse
52 = Glas und Glaswaren
53 = Schnittholz, Sperrholz und sonstiges bearbeitetes Holz
54 = Holzwaren (einschl. Erzeugnisse aus natürlichen Schnitz- und Formstoffen)
55 = Holzschliff, Zellstoff, Papier und Pappe
56 = Papier- und Pappewaren
57 = Druckereierzeugnisse, Lichtpaus- und verwandte Waren
58 = Kunststofferzeugnisse
59 = Gummi- und Asbestwaren
61 = Leder
62 = Lederwaren und Schuhe
63 = Textilien
64 = Bekleidung
68 = Erzeugnisse der Ernährungsindustrie
69 = Tabakwaren

Warengruppen der allgemeinen Erzeugnisgliederung der Land-, Forst- und Jagdwirtschaft, Fischerei

01 = Landwirtschaft (ohne Gärtnerei, Baumschulen und gewerbliche Tierzucht)
02 = Landwirtschaftliche Gärtnerei und Baumschulen
04 = Forst- und Jagdwirtschaft
07 = Nichtlandwirtschaftliche (gewerbliche) Tierzucht
08 = Hochsee-, Küsten- und Haffischerei
09 = Binnenfischerei und Fischzucht

Sehr geehrter Herr Sahm!

Ich bin ermächtigt, Ihnen unter Bezugnahme auf das Ergebnis unserer Verhandlungen das Einverständnis der Regierung der Deutschen Demokratischen Republik mit folgendem mitzuteilen:

1. Mit Wirkung vom 1. März 1972 wird für den Transitverkehr ziviler Güter zwischen der Bundesrepublik Deutschland und Berlin (West) der diesem Schreiben als Muster beigefügte Warenbegleitschein verwendet. Für die Ausfertigung und Behandlung von Warenbegleitscheinen gilt das in der Anlage dargelegte Verfahren.

2. Veränderungen bedürfen der Vereinbarung.

Mit vorzüglicher Hochachtung
Karl Seidel

Schreiben der Alliierten Kommandatura vom 18. Dezember 1971* BKC/L (71) 3

Sehr geehrter Herr Regierender Bürgermeister!

Die Alliierte Kommandatura nimmt Bezug auf das Viermächte-Abkommen vom 3. September 1971.

Teil II A und Anlage 1 Absatz 3 des Viermächte-Abkommens bestimmen, daß die zuständigen deutschen Behörden Vereinbarungen zur Durchführung und Ergänzung der Bestimmungen über den Transitverkehr zwischen den Westsektoren Berlins und der Bundesrepublik Deutschland abschließen. Gemäß dem Schreiben der Drei Alliierten Botschafter vom 3. September 1971 an den Bundeskanzler, in dem die Behörden der Bundesrepublik Deutschland aufgefordert worden waren, Verhandlungen aufzunehmen und diese auch für den Senat von Berlin zu führen, hat der Beauftragte der Bundesregierung das Abkommen vom 17. Dezember 1971 ausgehandelt. In seinem Schreiben an die Drei Botschafter vom 14. Dezember 1971 hat der Bundeskanzler ihnen den Text dieses Abkommens unterbreitet. In ihrer Antwort vom 16. Dezember 1971 haben die Drei Botschafter erklärt, daß ihre Regierungen die Bestimmungen des Abkommens als mit dem Viermächte-Abkommen vom 3. September 1971 übereinstimmend betrachten, das die Grundlage für seine Auslegung und seine Durchführung bildet.

* Fundstelle: Beilage zum Bundesanzeiger Nr. 174, 15. September 1972, S. 19.

Da das Abkommen vom 17. Dezember 1971 in den Westsektoren Berlins vom Tage der Unterzeichnung des Viermächte-Schlußprotokolls an in Kraft tritt, wird der Senat von Berlin hiermit ermächtigt und aufgefordert, soweit erforderlich, bei der Durchführung dieses Abkommens in den Westsektoren mitzuwirken.

Ein Exemplar des Abkommens vom 17. Dezember 1971 mit den dazugehörigen Anlagen wird beiliegend übermittelt.

Vereinbarung zwischen dem Senat und der Regierung der Deutschen Demokratischen Republik über Erleichterungen und Verbesserungen des Reise- und Besuchsverkehrs vom 20. Dezember 1971*

In Übereinstimmung mit den Regelungen des Abkommens zwischen den Regierungen der Französischen Republik, der Union der Sozialistischen Sowjetrepubliken, des Vereinigten Königreiches von Großbritannien und Nordirland und der Vereinigten Staaten von Amerika vom 3. September 1971 und in dem Bestreben, einen Beitrag zur Entspannung zu leisten, sind der Senat und die Regierung der Deutschen Demokratischen Republik übereingekommen, den Reise- und Besuchsverkehr von Personen mit ständigem Wohnsitz in den Westsektoren Berlins/Berlin (West) wie folgt zu erleichtern und zu verbessern:

Artikel 1

1. Personen mit ständigem Wohnsitz in Berlin (West) wird einmal oder mehrmals die Einreise zu Besuchen von insgesamt 30 Tagen Dauer im Jahre in die an Berlin (West) grenzenden Gebiete sowie diejenigen Gebiete der Deutschen Demokratischen Republik, die nicht an Berlin (West) grenzen, gewährt.

2. Die Einreise nach Absatz 1 wird aus humanitären, familiären, religiösen, kulturellen und touristischen Gründen genehmigt.

* Fundstelle: Verträge, Abkommen und Vereinbarungen zwischen der Bundesrepublik Deutschland und der Deutschen Demokratischen Republik, S. 237 ff.

Artikel 2

1. Für die Einreise benötigen Personen mit ständigem Wohnsitz in Berlin (West) ihren gültigen Personalausweis und die Einreisegenehmigung der Deutschen Demokratischen Republik. Die erforderlichen Genehmigungen sind bei den zuständigen Organen nach den Bestimmungen der Deutschen Demokratischen Republik zu beantragen.

2. Mitreisende Kinder müssen im Personalausweis eines Erziehungsberechtigten eingetragen sein oder einen eigenen Personalausweis oder eine Kinderlichtbildbescheinigung besitzen. In Ausnahmefällen (familiäre Gründe, Ferienaufenthalt) kann Kindern bis zum 16. Lebensjahr die Einreise auch ohne Begleitung erwachsener Personen gestattet werden.

3. Personen mit ständigem Wohnsitz in Berlin (West), die nicht im Besitz eines Personalausweises sind, benötigen für die Einreise ein ordnungsgemäß ausgestelltes Ausweisdokument von Berlin (West). Ein entsprechendes Dokument kann auch von den zuständigen Organen der Deutschen Demokratischen Republik auf Antrag und gegen Entrichtung einer Gebühr ausgestellt werden, wenn die Identität des Einreisenden festgestellt ist.

Artikel 3

1. Die Einreise von Personen mit ständigem Wohnsitz in Berlin (West) erfolgt über die dafür vorgesehenen Grenzübergangsstellen.

2. Aufgrund von Berechtigungsscheinen oder von den zuständigen Organen der Deutschen Demokratischen Republik bestätigter Telegramme erhalten Personen mit ständigem Wohnsitz in Berlin (West) die Einreisegenehmigungen an den Grenzübergangsstellen.

Artikel 4

1. Personen mit ständigem Wohnsitz in Berlin (West) können aus dringenden familiären und humanitären Gründen, auch wenn sie die in Artikel 1 erwähnte Besuchsdauer bereits erschöpft haben, Einreisen gewährt werden. Die für die Einreise erforderlichen Genehmigungen können auf der Grundlage behördlich bestätigter Telegramme an den Grenzübergangsstellen erteilt werden.

2. Über die in Artikel 1 erwähnten Möglichkeiten hinaus können Einreisen zu gesellschaftlichen, wissenschaftlichen, wirtschaftlich-kommerziellen oder kulturellen Zwecken erfolgen.

3. Reisen gemäß Artikel 1 können gleichzeitig für mehrere Kreise der Deutschen Demokratischen Republik beantragt werden. Weiterhin können mehrere Reisen gleichzeitig beantragt werden, wenn diese innerhalb einer Zeitspanne von drei Monaten durchgeführt werden.

Artikel 5

1. Personen mit ständigem Wohnsitz in Berlin (West) können auf der Grundlage entsprechender Vereinbarungen zwischen dem Reisebüro der Deutschen Demokratischen Republik und dem DER – Deutsches Reisebüro GmbH – als Touristen einzeln oder in Gruppen einreisen. Sie haben die Möglichkeit, auch an mehrtägigen Rundreisen, an Tagesfahrten oder Wochenendfahrten sowie an Rundfahrten teilzunehmen. Erholungsreisen, Kuraufenthalte sowie Fahrten zu Sonderveranstaltungen können vereinbart werden.

2. Personen mit ständigem Wohnsitz in Berlin (West), die nur für einen Tag ohne Übernachtung und ohne Inanspruchnahme eines Reisebüros als Touristen einzureisen wünschen, können Anträge auf Erteilung von Berechtigungsscheinen auf dem Postwege oder persönlich direkt bei den Büros für Besuchs- und Reiseangelegenheiten in Berlin (West) stellen. Die Büros stellen Berechtigungsscheine aus und übersenden sie den Empfängern auf dem Postwege oder händigen sie den Antragstellern direkt aus.

3. Personen mit ständigem Wohnsitz in Berlin (West) können die für Rundfahrten zugelassenen Autobusse benutzen.

4. Zur Durchführung können in Berlin (West) ansässige Omnibus-Unternehmen zugelassen werden.

Artikel 6

Unter Berücksichtigung der Erfahrungen bei der Durchführung dieser Vereinbarung und im Zusammenhang mit einer weiteren Verbesserung der Lage können auf der Grundlage dieser Vereinbarung zwischen beiden Seiten weitere Erleichterungen vereinbart werden.

Artikel 7

Beide Seiten werden die getroffene Vereinbarung und die für ihre Durchführung geltenden Bestimmungen auf ihrem Gebiet in dem erforderlichen Maße bekanntgeben und für die ordnungsmäßige Durchführung der Vereinbarung und der Bestimmung Sorge tragen.

Artikel 8

1. Beide Seiten werden Beauftragte benennen, deren Aufgabe es ist, Meinungsverschiedenheiten und Schwierigkeiten, die sich im einzelnen aus der Anwendung und Durchführung dieser Vereinbarung ergeben, zu klären.

2. Die Beauftragten treten auf Ersuchen einer Seite zusammen. Sie können sich durch Mitarbeiter begleiten oder vertreten lassen.

3. Fragen, die von den Beauftragten nicht geklärt werden können, werden der Regierung der Deutschen Demokratischen Republik und dem Senat unterbreitet, die sie auf dem Verhandlungswege klären.

Artikel 9

Die vorliegende Vereinbarung tritt gleichzeitig mit dem Abkommen zwischen den Regierungen der Französischen Republik, der Union der Sozialistischen Sowjetrepubliken, des Vereinigten Königreiches von Großbritannien und Nordirland und der Vereinigten Staaten von Amerika vom 3. September 1971 in Kraft und bleibt zusammen mit ihm in Kraft.

Protokollvermerk zur Vereinbarung zwischen dem Senat und der Regierung der Deutschen Demokratischen Republik über Erleichterungen und Verbesserungen des Reise- und Besuchsverkehrs

1. Im Rahmen der Gesamtaufenthaltsdauer von 30 Tagen im Jahr (Artikel 1 Absatz 1 der Vereinbarung) erfolgt keine Kontingentierung der Einreisen von Personen mit ständigem Wohnsitz in Berlin (West).

2. Bei dringenden Familienangelegenheiten werden Einreisen auch dann gewährt, wenn die allgemeine Besuchsdauer von insgesamt 30 Tagen im Jahr bereits erschöpft ist.

3. In Ausnahmefällen werden die zuständigen Stellen der Deutschen Demokratischen Republik den Aufenthalt über die in der Vereinbarung zwischen der Regierung der Deutschen Demokratischen Republik und dem Senat über Erleichterungen und Verbesserungen des Reise- und Besuchsverkehrs (Artikel 1 Absatz 1) enthaltenen Fristen hinaus verlängern.

4. Die Antragstellung für die Einreisen von Personen mit ständigem Wohnsitz in Berlin (West) ist möglich

a) bei Reisen aus humanitären, familiären, religiösen oder kulturellen Gründen durch die zu Besuchenden bei den zuständigen Räten der Städte oder Gemeinden bzw. bei den zuständigen Dienststellen des Paß- und Meldewesens der Deutschen Demokratischen Republik;

b) bei Reisen zu gesellschaftlichen, wissenschaftlichen, wirtschaftlich-kommerziellen oder kulturellen Zwecken durch die einladenden Stellen der Deutschen Demokratischen Republik bei den zuständigen Dienststellen des Paß- und Meldewesens;

c) bei Touristenreisen durch Personen mit ständigem Wohnsitz in Berlin (West)
   - bei der Generaldirektion des Reisebüros der Deutschen Demokratischen Republik über das DER – Deutsches Reisebüro GmbH – in Berlin (West) bzw.
   - bei Büros für Besuchs- und Reiseangelegenheiten in Berlin (West), wenn die Einreise für einen Tag ohne Übernachtung erfolgt und keine Leistungen des Reisebüros in Anspruch genommen werden. Die Anträge können auf dem Postwege oder persönlich gestellt werden. Sie werden unverzüglich bearbeitet. Ausgestellte Berechtigungsscheine werden dem Antragsteller auf dem Postwege oder sofort ausgehändigt;

d) bei Einreisen mit einem Aufenthalt bis zu zwei Tagen wird die Ausreisegenehmigung bei der Einreise an der Übergangsstelle erteilt.

5. Anträge können gleichzeitig für den Aufenthalt in mehreren Kreisen der Deutschen Demokratischen Republik sowie für mehrere Einreisen gestellt werden, wenn die Einreisetermine nicht mehr als drei Monate auseinanderliegen.

6. Für die Antragstellung sind zwei gleichlautende Antragsformulare erforderlich. Die Antragstellung ist frühestens drei Monate vor dem beabsichtigten Reisetermin möglich. Zur Bearbeitung der Anträge werden in der Regel 6 Tage benötigt.

7. Bei einem Aufenthalt von mehr als zwei Tagen können für die Ein- und Ausreise unterschiedliche Übergangsstellen benutzt werden.

8. Die Mitnahme von Blindenhunden bei der Einreise ist gestattet. Ein tierärztliches Attest ist erforderlich.

9. Die Einreise mit Kraftfahrzeugen ist vordringlich möglich, wenn
- Einreisende wegen Körperbehinderung auf die Benutzung von Kraftfahrzeugen angewiesen sind,
- es sich um dringende Einreisen handelt und das Reiseziel mit öffentlichen Verkehrsmitteln nicht rechtzeitig erreicht werden kann,
- die Einreise mit Kindern im Alter bis zu 3 Jahren erfolgt oder
- der Zielort verkehrsungünstig oder über 100 km von Berlin (West) entfernt liegt.

Außerdem wird die Benutzung von Kraftfahrzeugen beim Vorliegen der in der Vereinbarung zwischen der Regierung der Deutschen Demokratischen Republik und dem Senat über Erleichterungen und Verbesserungen des Reise- und Besuchsverkehrs (Artikel 4 Absatz 2) genannten Gründe gestattet.

10. Krankentransporte erfolgen wie bisher durch die beiderseitigen Rot-Kreuz-Gesellschaften.

11. Eine pauschale Abgeltung der Einreisegenehmigungsgebühren kann zur Zeit nicht vereinbart werden, da auf beiden Seiten keine Erfahrungen über die zu erwartende Anzahl der Einreisen vorliegen. Beide Seiten werden sich jedoch darüber verständigen, wie die Gebühren für Kurzreisen (einen Tag) abgerechnet werden.

Protokollvermerk

Beide Seiten stimmen bezüglich der Tätigkeit der Büros für Besuchs- und Reiseangelegenheiten in folgendem überein:

1. Auf der Grundlage des Artikel 5 (2) der Vereinbarung richtet der Senat 5 Büros für Besuchs- und Reiseangelegenheiten ein.

Das Hausrecht in diesen Büros wird durch die Angehörigen des öffentlichen Dienstes, die der Senat hierfür bestimmt, ausgeübt.

2.a) Der Senat informiert die Regierung der Deutschen Demokratischen Republik bis 8 Wochen nach Paraphierung der Vereinbarung über die für die Büros vorgesehenen Räumlichkeiten.

b) Vor der Eröffnung der Büros erfolgt eine gemeinsame Besichtigung durch beauftragte Vertreter beider Seiten, bei der etwa bestehende Zweifelsfragen erörtert und geklärt werden.

c) Über die Auswahl der Standorte der Büros und ihre Einrichtung sowie über eventuelle Veränderungen ist eine Abstimmung beider Seiten erforderlich.

3. Der Senat bringt an den Eingängen der Büros gut sichtbar Schilder mit der Bezeichnung „Büro für Besuchs- und Reiseangelegenheiten" an. Die postalische Bezeichnung der Büros lautet „Büro für Besuchs- und Reiseangelegenheiten" mit der jeweiligen postamtlichen Anschrift.

4.a) Die Anzahl der Angestellten der Deutschen Demokratischen Republik beträgt je Büro 6 Personen. Die Anzahl der Angestellten kann je nach Erfordernis vermindert oder erhöht werden. Der Leiter dieser Angestellten wird den zuständigen

Angehörigen des öffentlichen Dienstes, den der Senat hierfür bestimmt, in diesen Fällen rechtzeitig informieren.

b) Der Transport der Angestellten und der erforderlichen Unterlagen erfolgt mit zivilen Kraftfahrzeugen der Deutschen Demokratischen Republik.

5. Die Büros sind (außer an arbeitsfreien Tagen) montags, dienstags, donnerstags und freitags in der Zeit von 9.00 bis 13.00 Uhr und 14.00 bis 17.00 Uhr sowie mittwochs in der Zeit von 10.00 bis 13.00 Uhr und 14.00 bis 18.00 Uhr geöffnet. An Samstagen, Sonn- und Feiertagen werden zwei Büros mindestens für 3 Stunden geöffnet.

6. Die Antragstellung bei den Büros kann unabhängig vom Wohnsitz des Antragstellers in Berlin (West) erfolgen.

Ehegatten können für ihre Ehepartner sowie ihre Kinder bis zum vollendeten 16. Lebensjahr unter Vorlage deren Personalausweise Anträge stellen bzw. Berechtigungsscheine in Empfang nehmen.

Von Dritten, die eine formlose Vollmacht vorlegen, werden ebenfalls Anträge entgegengenommen bzw. an diese Berechtigungsscheine ausgegeben.

7. Die Angestellten der Deutschen Demokratischen Republik in den Büros handeln im Auftrag der zuständigen Organe der Deutschen Demokratischen Republik. Während ihrer Tätigkeit tragen sie einheitliche Dienstkleidung, die sie als Angestellte in den Büros für Besuchs- und Reiseangelegenheiten ausweist.

Sie sind befugt,

- Antrags- und andere Formulare zur Einreise auszugeben bzw. diese Formulare den Angehörigen des öffentlichen Dienstes, die der Senat hierfür bestimmt, zur Ausgabe zur Verfügung zu stellen;
- Besuchern im Zusammenhang mit dem Besuchs- und Reiseverkehr Auskünfte zu erteilen;
- Anträge für die Einreise entgegenzunehmen und sie mit den Angaben im Personalausweis des Antragstellers zu vergleichen;
- Berechtigungsscheine auszustellen (einschließlich der Siegelung und Unterschrift);
- Berechtigungsscheine und andere für die Einreise erforderliche Formulare und Hinweise den Antragstellern bzw. bevollmächtigten Personen auszuhändigen bzw. auf dem Postwege zu übersenden.

8. Den Angehörigen des öffentlichen Dienstes, die der Senat hierfür bestimmt, obliegt es,

– den Einlaß in die Büros zu regeln und
– den Besucherverkehr zu lenken.

Sie können
– Antrags- und sonstige Formulare aushändigen;
– die Antragsteller bei der Ausfüllung der Formulare unterstützen und
– entsprechende Auskünfte erteilen.

9. Die in den Büros Tätigen beider Seiten sind nicht befugt, in die Arbeitsvorgänge der anderen Seite einzugreifen.

10. Der Senat gewährleistet im Interesse der reibungslosen Tätigkeit der Büros
– die Sicherheit und Ordnung in den Büros und im Bereich der Büros; er unterbindet jede Tätigkeit, die gegen die Einrichtung und Arbeit der Büros gerichtet ist;
– die Sicherung des Transportes der Angestellten der Deutschen Demokratischen Republik und deren Unterlagen;
– die angemessene Einrichtung und sachliche Ausstattung der Büros einschließlich der entsprechenden Leistungen (z.B. Heizung, Elektrizität und Reinigung);
– die Einrichtung von Telefonverbindungen, die zwischen beiden Seiten abgestimmt werden.

11. Jede Seite trägt die Kosten für die von ihr zu erbringenden Leistungen.

Mündliche Erklärung des Staatssekretärs Kohrt

Voraussetzung für die Genehmigung von Einreisen in die Deutsche Demokratische Republik ist, außer den in der Erklärung der Deutschen Demokratischen Republik enthaltenen Bedingungen, daß der Einreisende nicht gegen die Gesetze der Deutschen Demokratischen Republik verstoßen hat. Das heißt, Personen, die nach den Gesetzen der Deutschen Demokratischen Republik Straftaten begangen haben, insbesondere solche Personen, die in Fahndung stehen, erhalten keine Genehmigung zur Einreise in die Deutsche Demokratische Republik.

Das betrifft auch Bürger, die die Deutsche Demokratische Republik unter Verletzung ihrer Rechtsordnung nach den Maßnahmen zur Sicherung der Staatsgrenze der Deutschen Demokratischen Republik im August 1961 ungesetzlich verlassen haben. Stellt sich im Einzelfall erst nach der Einreise eine früher begangene Straftat heraus, wird die Wiederausreise gestattet, wenn es sich bei dieser

Straftat nicht um eine Straftat gegen das Leben handelt. Die Rechtsauffassung der Deutschen Demokratischen Republik wird hierdurch nicht berührt.

In diesem Zusammenhang wird auf Nr. 10 der Erklärung der Deutschen Demokratischen Republik verwiesen.

Danach werden gegen Personen, die während ihres Aufenthaltes in der Deutschen Demokratischen Republik die Rechtsvorschriften der Deutschen Demokratischen Republik verletzen, die in diesen Rechtsvorschriften vorgesehenen Sanktionen angewendet.

Schreiben des Staatssekretärs Günter Kohrt an Senatsdirektor Ulrich Müller

Ministerrat der Deutschen Demokratischen Republik
Ministerium für Auswärtige Angelegenheiten
Staatssekretär
Berlin, den 20. Dezember 1971

Regierender Bürgermeister von Berlin (West)
Chef der Senatskanzlei, Herrn Senatsdirektor Ulrich Müller
Berlin (West), Rathaus Schöneberg

Sehr geehrter Herr Senatsdirektor!

Im Zusammenhang mit dem Abschluß der „Vereinbarung zwischen der Regierung der Deutschen Demokratischen Republik und dem Senat über Erleichterungen und Verbesserungen des Reise- und Besuchsverkehrs" bin ich bevollmächtigt, Sie über folgendes in Kenntnis zu setzen: Die Deutsche Demokratische Republik wird zur Durchführung des Reise- und Besuchsverkehrs von Personen mit ständigem Wohnsitz in Berlin (West) folgende Grenzübergangsstellen zulassen:

Für die Einreise mit der Eisenbahn, der U-Bahn oder der S-Bahn:

die Übergangsstelle	Bahnhof Friedrichstraße

Für die Einreise als Fußgänger:

die Grenzübergangsstellen	Bornholmer Straße,
	Chausseestraße,
	Invalidenstraße,
	Oberbaumbrücke,
	Sonnenallee,
	Drewitz,
	Staaken,
	Rudower Chaussee.

Für die Einreise mit Kraftfahrzeugen:
die Grenzübergangsstellen Bornholmer Straße,
Chausseestraße,
Invalidenstraße,
Sonnenallee,
Drewitz,
Staaken,
Rudower Chaussee.

Mit vorzüglicher Hochachtung
KOHRT

Schreiben des Senatsdirektors Ulrich Müller an Staatssekretär Günter Kohrt

Chef der Senatskanzlei
1 Berlin 62 – Schöneberg
20. Dezember 1971

Herrn Staatssekretär
Günter Kohrt
X Berlin 108
Klosterstraße 47

Sehr geehrter Herr Staatssekretär!

Im Zusammenhang mit dem Abschluß der „Vereinbarung zwischen dem Senat und der Regierung der Deutschen Demokratischen Republik über Erleichterungen und Verbesserungen des Reise- und Besuchsverkehrs" bestätige ich Ihnen hiermit den Erhalt Ihres Schreibens vom heutigen Tage.

Ich habe davon Kenntnis genommen, daß zur Durchführung des Reise- und Besuchsverkehrs von Personen mit ständigem Wohnsitz in Berlin (West) folgende Übergangsstellen geöffnet sind:

Für die Einreise mit der Eisenbahn, der U-Bahn oder der S-Bahn:
die Übergangsstelle Bahnhof Friedrichstraße

Für die Einreise als Fußgänger:
die Grenzübergangsstellen Bornholmer Straße,
Chausseestraße,
Invalidenstraße,
Oberbaumbrücke,
Sonnenallee,
Drewitz,
Staaken,
Rudower Chaussee.

Für die Einreise mit Kraftfahrzeugen:
die Grenzübergangsstellen Bornholmer Straße,
Chausseestraße,
Invalidenstraße,
Sonnenallee,
Drewitz,
Staaken,
Rudower Chaussee.

Ich gehe davon aus, daß sich die Zahl der Übergangsstellen in der Zukunft nicht vermindert.

Mit vorzüglicher Hochachtung
ULRICH MÜLLER
Senatsdirektor

Protokollvermerk

Beide Seiten kommen überein, die Kommunikationen zu verbessern. Die hierzu notwendigen Verhandlungen werden zwischen den zuständigen Stellen der Regierung der Deutschen Demokratischen Republik und des Senats geführt werden.

Vereinbarung zwischen dem Senat und der Regierung der Deutschen Demokratischen Republik über Gebietsaustausch vom 20. Dezember 1971*

Zur Lösung der Frage kleiner Enklaven einschließlich Steinstükkens und anderer kleiner Gebiete sind der Senat und die Regierung der Deutschen Demokratischen Republik in Übereinstimmung mit den Regelungen des Abkommens zwischen den Regierungen der Französischen Republik, der Union der Sozialistischen Sowjetrepubliken, des Vereinigten Königreichs von Großbritannien und Nordirland und der Vereinigten Staaten von Amerika vom 3. September 1971 übereingekommen, folgenden Gebietsaustausch durchzuführen:

* Fundstelle: Beilage zum Bundesanzeiger Nr. 174, 15. September 1972, S. 33 ff.

Artikel 1

1. Vom Vollzug dieser Vereinbarung an gehören

a) zu dem Gebiet der Deutschen Demokratischen Republik

– das Gebiet im Ortsteil Finkenkrug der Gemeinde Falkensee (Kreis Nauen)	ca. 3,4 ha
– Gebietsstreifen im Teufelsbruch/Eiskeller (Kreis Nauen)	ca. 0,3 ha
– von Klein-Glienicke (Potsdam) umschlossene Gebiete am Böttcherberg	ca. 0,3 ha
– das Gebiet Große Kuhlade im Forst Falkenhagen	ca. 8,0 ha
– Gebietsteil im Raum Nuthewiesen bei Drewitz (Kreis Potsdam Land)	ca. 3,6 ha
	ca. 15,6 ha

b) zu den Westsektoren Berlins

– ein Gebietsstreifen entlang der Eisenbahnstrecke Seddin-Berlin (West) von ca. 1 km Länge und 20 m Breite sowie die von diesem Gebietsstreifen vor Steinstücken nach Westen abzweigende Straße bis zur westlichen Strassengrenze der Teltower Straße in der Breite der Fahrbahn von ca. 3 m einschließlich der Brücke als Zugänge nach Steinstücken	ca. 2,3 ha
– der nördliche Teil des Frohnauer Friedhofes einschließlich eines sich östlich anschließenden Gebietsstreifens	ca. 4,1 ha
– Gebiete im Raum Teufelsbruch/Eiskeller (Kreis Nauen)	ca. 10,7 ha
	ca. 17,1 ha

2. Die Lage der entsprechend dieser Vereinbarung auszutauschenden Gebiete ist in den beigefügten Karten dargestellt (Anlagen 1 - 8; hier nicht abgedruckt).

Artikel 2

1. Da eine völlige flächen- und wertmäßige Gleichheit der auszutauschenden Gebiete insgesamt nicht gegeben ist, wird der Senat an die Regierung der Deutschen Demokratischen Republik einen Wertausgleich in Höhe von 4 Millionen DM (in Worten: vier Millionen Deutsche Mark) zahlen.

2. Die Zahlung erfolgt innerhalb von 2 Wochen nach vollzogenem Gebietsaustausch.

Artikel 3

1. Die Ergebnisse der erforderlichen Vermessungen der auszutauschenden Gebiete sowie der genaue Verlauf und die Markierung der neuen Grenzen werden von Vertretern beider Seiten in einem Protokoll festgestellt, das mit seiner Unterzeichnung integrierender Bestandteil dieser Vereinbarung wird.

2. Jede Seite trägt die Kosten, die ihr durch die Vermessungs- und Markierungsarbeiten entstehen.

Artikel 4

1. Rechte von natürlichen Personen oder privaten juristischen Personen an Grundstücken, Gebäuden und baulichen Anlagen in den auszutauschenden Gebieten werden durch diese Vereinbarung nicht berührt.

2. Andere Grundstücke, Gebäude und bauliche Anlagen in den auszutauschenden Gebieten gelten mit dem Vollzug des Gebietsaustausches als lastenfrei und mit rechtlich endgültiger Wirkung an die jeweils andere Seite übergegangen. Ausgleichsansprüche zwischen beiden Seiten, die sich daraus ergeben, sind durch die Zahlung nach Artikel 2 dieser Vereinbarung abgegolten.

3. Andere Rechte und Rechtsverhältnisse regelt jede der beiden Seiten in eigener Zuständigkeit.

4. Entschädigungsansprüche, die natürliche oder juristische Personen im Zusammenhang mit dem Gebietsaustausch geltend machen, werden jeweils von der Seite nach Maßgabe ihrer Rechtsvorschriften reguliert, auf deren Gebiet die Grundstücke, Gebäude und baulichen Anlagen bis zum Vollzug des Gebietsaustausches gelegen waren.

Artikel 5

1. Vorhandene Grundbücher, Grundakten, Nachweise und Unterlagen des Liegenschaftskatasters sowie alle weiteren Akten und Urkunden, die sich auf die auszutauschenden Gebietsteile beziehen, werden innerhalb von 3 Monaten nach Unterzeichnung des Protokolls gemäß Artikel 3 (1) ausgetauscht.

2. Der Vollzug des Gebietsaustausches gemäß dieser Vereinbarung wird in einer gemeinsamen Schlußerklärung festgestellt.

Artikel 6

1. Im Hinblick auf die Enklaven und anderen kleinen Gebiete,

die noch nicht in diese Vereinbarung einbezogen wurden, werden zu gegebener Zeit weitere Erörterungen stattfinden und entsprechende Vereinbarungen getroffen.

2. Der bestehende Zustand in bezug auf die verbleibenden Enklaven und anderen kleinen Gebiete wird bis zum Inkrafttreten der von beiden Seiten vorgesehenen Vereinbarungen nicht verändert.

Artikel 7

1. Diese Vereinbarung tritt gleichzeitig mit dem Abkommen zwischen den Regierungen der Französischen Republik, der Union der Sozialistischen Sowjetrepubliken, des Vereinigten Königreiches von Großbritannien und Nordirland und der Vereinigten Staaten von Amerika vom 3. September 1971 in Kraft und bleibt zusammen mit ihm in Kraft.

2. Diese Vereinbarung gilt mit ihrer Durchführung als vollzogen.

Protokollvermerke zu Artikel 1, Artikel 2, Artikel 3 und Artikel 5 der Vereinbarung zwischen dem Senat und der Regierung der Deutschen Demokratischen Republik über die Regelung der Frage von Enklaven durch Gebietsaustausch

Zu Artikel 1

1. In dem als Zugang nach Steinstücken vorgesehenen Gebietsstreifen entlang der Eisenbahnstrecke Seddin-Berlin (West) baut der Senat eine Straße.

Für die Zeit dieses Straßenbaus gewährt die Regierung der Deutschen Demokratischen Republik den Zugang nach Steinstücken zu den gegenwärtig bestehenden Bedingungen.

2. Zur Gewährleistung der Baufreiheit wird für die Dauer der Bauzeit auf jeder Seite des vereinbarten Zugangs nach Steinstücken ein 5 - 10 m breiter Geländestreifen zur Verfügung gestellt, in dem gleichfalls die für den Straßenbau notwendigen Erdarbeiten durchgeführt werden können.

3. Die Straßenachse wird von Vertretern beider Seiten festgelegt.

4. Die Bauzeit beginnt mit Inkrafttreten der Vereinbarung. Sie endet 5 Monate danach. Die Regierung der Deutschen Demokrati-

schen Republik kann den Beginn der Bauarbeiten vor Inkrafttreten der Vereinbarung gestatten. In diesem Falle
- endet der Lauf der Bauzeit entsprechend früher;
- gewährleistet der Senat, daß bis zum Vollzug des Gebietsaustausches nur solche Personen die Baustelle betreten, die mit dem Baugeschehen zu tun haben;
- behalten sich die zuständigen Dienststellen der Deutschen Demokratischen Republik vor, bis zum Vollzug des Gebietsaustausches das Betreten und Verlassen des Gebietsstreifens zu kontrollieren.

5. Bei einem Baubeginn vor Vollzug des Gebietsaustausches wird innerhalb von 2 Wochen nach Baubeginn ein Betrag in Höhe von 1 Million DM (in Worten: eine Million Deutsche Mark) als Anteil der in Artikel 2 vereinbarten Summe gezahlt.

Zu Artikel 2

Die vereinbarte Summe setzt sich zusammen aus dem Ausgleich für den Gebietsaustausch und dem Ausgleich gemäß Artikel 4 (2).

Zu Artikel 3

1. Der Vergleich der auszutauschenden Gebiete erfolgt anhand von Auszügen aus dem Liegenschaftskataster (Kartenauszüge, Registerauszüge, Maßauszüge).

2. Ergeben sich bei dem Vergleich der Auszüge aus dem Liegenschaftskataster wesentliche Abweichungen, wird von Vertretern beider Seiten gemeinsam geprüft und entschieden, ob und an welchen Abschnitten diese Abweichungen durch örtliche Vermessungen zu klären sind.

3. Die Vermessungsarbeiten gemäß Ziffer 2 erfolgen unter Beteiligung von Vertretern der Seite, die die Einwände geltend gemacht hat.

4. Sind in den Gebietsaustausch ganze Flurstücke einbezogen, erfolgt eine örtliche Vermessung in der Regel nicht. Soweit die Grenzen von Flurstücken mit den künftigen Gebietsgrenzen identisch sind, werden sie örtlich gemeinsam festgestellt und an den Brechpunkten vermarkt.

5. Sind im Zusammenhang mit der Festlegung der künftigen Gebietsgrenzen Flurstücke zu teilen, laufen die dazu erforderlichen Arbeiten in der Regel wie folgt ab:
- Feststellung der bisherigen Grenzen; soweit hiervon das Gebiet der anderen Seite betroffen wird, unter Mitwirkung von Vertretern der anderen Seite;

– Übertragung des neuen Grenzverlaufs in die Örtlichkeit und provisorische Kennzeichnung der den Grenzverlauf bestimmenden Punkte durch beide Seiten, wobei jede Seite die Interessen der anderen Seite berücksichtigt;
– Vermarkung der Grenzpunkte durch Vertreter beider Seiten;
– örtliche Vermessung;
– Bestätigung des neuen Grenzverlaufs durch Vertreter beider Seiten.

Im Anschluß an die Bestätigung des neuen Grenzverlaufs erfolgen Kartierung, Flächenberechnung und weitere damit zusammenhängende Arbeiten.

6. Die Beschaffung und Bereitstellung des Vermarkungsmaterials erfolgt durch die Seite, auf deren Gebiet die Vermarkung stattfindet.

7. Die Kosten für die Vermarkung des neuen Grenzverlaufs, einschließlich der Kosten für die Beschaffung und den Transport des dazu erforderlichen Vermarkungsmaterials, trägt jede Seite zur Hälfte.

Zu Artikel 5

1. Beide Seiten gehen davon aus, daß die Schlußerklärung gemäß Artikel 5 (2) bis zum Zeitpunkt des Inkrafttretens der Vereinbarung zwischen dem Senat und der Regierung der Deutschen Demokratischen Republik über die Regelung der Frage von Enklaven durch Gebietsaustausch abgegeben wird.

2. Die Schlußerklärung soll nachstehenden Wortlaut erhalten:

„SCHLUSSERKLÄRUNG

Der Senat und die Regierung der Deutschen Demokratischen Republik stellen fest, daß

nachdem die Vereinbarung zwischen dem Senat und der Regierung der Deutschen Demokratischen Republik über die Regelung der Frage von Enklaven durch Gebietsaustausch vom 20. Dezember 1971 am 3. Juni 1972 in Kraft getreten ist und das Protokoll gemäß Artikel 3 (1) dieser Vereinbarung am 2. Juni 1972 unterzeichnet wurde,

der Austausch der in Artikel 1 (1) der Vereinbarung genannten Gebiete mit Wirkung vom 3. Juni 1972 vollzogen ist.

Ausgefertigt in Berlin am 3. Juni 1972 in zwei Urschriften in deutscher Sprache."

Anordnung der Alliierten Kommandatura über den Gebietsaustausch BK/O (72) 6 vom 3. Juni 1972*

Die Alliierte Kommandatura ordnet an:

1. Die Gebiete, die in Artikel I § 1 b der Vereinbarung aufgezählt sind, auf die in § 2 des Schlußprotokolls zum Viermächte-Abkommen vom 3. September 1971 Bezug genommen wird, werden nach Durchführung des vorgesehenen Gebietsaustausches Teil der anschließenden Sektoren von Groß-Berlin, und zwar:

a) der Gebietsstreifen zwischen Kohlhasenbrück und Steinstücken: zum amerikanischen Sektor, Bezirk Zehlendorf,

b) der Gebietsstreifen in der Nachbarschaft von Eiskeller: zum britischen Sektor, Bezirk Spandau,

c) das Gebiet nördlich von Frohnau: zum französischen Sektor, Bezirk Reinickendorf.

2. Alle in den obengenannten Sektoren in Kraft befindlichen Gesetze und Beschlüsse finden in den obengenannten Gebieten Anwendung.

3. Das Eigentum der Rechtspersonen des öffentlichen Rechts in den obengenannten Gebieten wird Eigentum der entsprechenden Rechtspersonen des öffentlichen Rechts in den obengenannten Sektoren. Privates Eigentum in den obenerwähnten Gebieten wird vorübergehend vom Senat von Berlin als Treuhänder verwaltet.

Der Senat von Berlin trifft in bezug auf das Privateigentum alle Maßnahmen, die für die sofortige Durchführung der in § 2 des Viermächte-Schlußprotokolls erwähnten Vereinbarungen notwendig sind.

* Fundstelle: Beilage zum Bundesanzeiger Nr. 174, 15. September 1972, S. 37.

Vereinbarung zwischen dem Senat und der Regierung der Deutschen Demokratischen Republik über die Einbeziehung des Gebietes am ehemaligen Potsdamer Bahnhof in die Vereinbarung vom 20. Dezember 1971 über die Regelung der Frage von Enklaven durch Gebietsaustausch vom 21. Juli 1972*

Aufgrund des Artikels 6 Absatz 1 der Vereinbarung zwischen dem Senat und der Regierung der Deutschen Demokratischen Republik über die Regelung der Frage von Enklaven durch Gebietsaustausch vom 20. Dezember 1971 und in Übereinstimmung mit den Regelungen des Abkommens zwischen den Regierungen der Französischen Republik, der Union der Sozialistischen Sowjetrepubliken, des Vereinigten Königreiches von Großbritannien und Nordirland und der Vereinigten Staaten von Amerika vom 3. September 1971 sind der Senat und die Regierung der Deutschen Demokratischen Republik übereingekommen, folgenden weiteren Gebietsaustausch durchzuführen:

Artikel 1

Vom Vollzug dieser Vereinbarung an gehört zu den Westsektoren Berlins das auf der dieser Vereinbarung beigefügten Karte (Anlage 1) dargestellte Gebiet am ehemaligen Potsdamer Bahnhof.

Artikel 2

(1) Der Senat wird innerhalb von 10 Tagen nach Vollzug dieser Vereinbarung als Wertausgleich einen Gesamtbetrag in Höhe von 31 Mio. DM (in Worten: Einunddreißig Millionen Deutsche Mark) zahlen.

(2) Die vereinbarte Summe setzt sich zusammen aus dem Ausgleich für den Gebietsaustausch und dem Ausgleich gemäß Artikel 4 Absatz 2 der Vereinbarung vom 20. Dezember 1971.

Artikel 3

(1) Die von Vertretern beider Seiten erarbeitete Beschreibung des Verlaufs und der Vermarkung der Grenze (Anlage 2) bildet einen Bestandteil dieser Vereinbarung.

* Fundstelle: Beilage zum Bundesanzeiger Nr. 174, 15. September 1972, S. 38.

(2) Die Ergebnisse der erforderlichen Vermessung und der Markierung der neuen Grenze sowie ihr Verlauf werden hiermit bestätigt.

Artikel 4

Im Rahmen der gemäß Artikel 6 Absatz 1 der Vereinbarung vom 20. Dezember 1971 vorgesehenen weiteren Regelungen sind beide Seiten bereit, den Austausch des Gebietes von Enklaven und anderer kleiner Gebiete zu vereinbaren.

Artikel 5

Im übrigen finden auf den Gebietsaustausch gemäß dieser Vereinbarung die Bestimmungen der Vereinbarung vom 20. Dezember 1971 Anwendung.

Artikel 6

Der durch diese Vereinbarung vorgesehene Gebietsaustausch gilt mit Wirkung vom Tage der Unterzeichnung als vollzogen.

Berlin, den 21. Juli 1972

Protokollvermerk zu Artikel 1

1. Von dem Gebietsaustausch bleibt die unterirdische U-Bahn-Anlage, wie sie auf der diesem Vermerk beigefügten Karte (Anlage A) dargestellt ist, bis zu ihrer Verlegung gemäß Ziffer 3, jedoch längstens auf die Dauer von 3 Jahren, ausgenommen.

Die Benutzung und Unterhaltung des genannten U-Bahn-Geländes erfolgt in dieser Zeit in der bisherigen Weise und ohne Beeinträchtigung des angrenzenden Gebietes.

2. Der Senat gewährleistet, daß in der genannten Zeit die zu diesem Gelände gehörenden Umfassungswände und Deckenkonstruktionen in keiner Weise beeinträchtigt werden. Soweit sich durch erforderliche Baumaßnahmen Auswirkungen auf dieses Gelände oder das in Artikel 1 genannte Gebiet ergeben können, wird eine vorherige gegenseitige Abstimmung erfolgen, um Beeinträchtigungen zu vermeiden.

3. Spätestens innerhalb von 3 Jahren vom Tage der Unterzeichnung der Vereinbarung an wird die obengenannte U-Bahn-Anlage aus dem in Artikel 1 (Anlage 1) bezeichneten Gebiet verlegt. Als

Beitrag zu den Kosten der Verlegung zahlt der Senat nach Abschluß der Verlegung einen Betrag in Höhe von 300000,– DM (in Worten: Dreihunderttausend Deutsche Mark).

Anordnung der Alliierten Kommandatura über den Gebietsaustausch BK/O (72) 9 vom 21. Juli 1972*

Betrifft: Gebietsaustausch

Die Alliierte Kommandatura ordnet an:

1. Mit Wirkung vom heutigen Tage wird das Gebiet am ehemaligen Potsdamer Bahnhof, das in Artikel 1 der Vereinbarung über die Einbeziehung des Gebietes am ehemaligen Potsdamer Bahnhof in die Vereinbarung vom 20. Dezember 1971 über die Regelung der Frage von Enklaven durch Gebietsaustausch erwähnt ist, Teil des britischen Sektors von Groß-Berlin (Bezirk Tiergarten).
2. Das Eigentum der Rechtspersonen des öffentlichen Rechts in dem obengenannten Gebiet wird Eigentum des Landes Berlin.
3. Im übrigen gelten die Bestimmungen der BK/O (72) 6 auch für das obengenannte Gebiet.

Briefwechsel vom 8. November 1972 über die Arbeitsmöglichkeiten für Journalisten**

Sehr geehrter Herr Kohl!

Ich habe die Ehre, Ihnen im Auftrag der Regierung der Bundesrepublik Deutschland über die Arbeitsmöglichkeiten für Journalisten der Deutschen Demokratischen Republik in der Bundesrepublik Deutschland folgendes mitzuteilen:

Die Bundesrepublik Deutschland gewährt im Rahmen ihrer gelten-

* Fundstelle: Beilage zum Bundesanzeiger Nr. 174, 15. September 1972, S. 41.

** Fundstelle: Verträge, Abkommen und Vereinbarungen zwischen der Bundesrepublik Deutschland und der Deutschen Demokratischen Republik, S. 69 ff.

den Rechtsordnung Journalisten aus der Deutschen Demokratischen Republik und deren Hilfspersonen das Recht zur Ausübung der beruflichen Tätigkeit und der freien Information und Berichterstattung. Sie ermöglicht bei rechtmäßiger Ausübung des Berufs die Tätigkeit als Reisekorrespondent sowie unter Beachtung der Gegenseitigkeit die berufliche Niederlassung als ständiger Korrespondent.

Für ständige Korrespondenten wird zugesichert:

- Das Recht auf gleiche Behandlung wie Korrespondenten anderer Staaten;
- bei beruflicher Niederlassung das Recht der jederzeitigen Ein- und Ausreise mit allen üblichen Verkehrsmitteln;
- Arbeits- und Bewegungsmöglichkeiten in der Bundesrepublik Deutschland einschließlich der unverzüglichen Übermittlung von Nachrichten, Meinungen und Kommentaren;
- die Benutzung der Mittel der Nachrichtenübertragung, welche normalerweise der Öffentlichkeit zur Verfügung stehen;
- das Recht, die der Öffentlichkeit und den Publikationsmedien allgemein zugänglich gemachten amtlichen Informationen zu erlangen und Auskünfte von den dazu beauftragten Personen und Behörden bzw. Organen einzuholen;
- das Recht zum Mitführen der zur persönlichen Berufsausübung notwendigen Gegenstände, Materialien und Unterlagen.

Für die Tätigkeit als ständiger Korrespondent der Deutschen Demokratischen Republik in der Bundesrepublik Deutschland ist Voraussetzung:

- Die Akkreditierung bzw. Niederlassung entsprechend den in der Bundesrepublik Deutschland geltenden Modalitäten;
- die Einhaltung von gesetzlichen Bestimmungen und Verordnungen, die im Interesse der Sicherheit, Verbrechensbekämpfung, zum Schutz der öffentlichen Gesundheit und zum Schutz der Rechte und Freiheiten anderer erlassen wurden.

Journalisten im Sinne dieser Mitteilung sind Personen, die regelmäßig und berufsmäßig als Reporter, Fotografen, Kameraleute oder Techniker der Presse, des Hörfunks, des Fernsehens oder einer Wochenschau der Deutschen Demokratischen Republik damit beschäftigt sind, Informationen einschließlich Meinungen und Kommentare für tägliche oder periodische Publikationen, Presseagenturen, Rundfunk- und Fernsehanstalten oder Wochenschauen der Deutschen Demokratischen Republik einzuholen, zu empfangen oder weiterzugeben.

Mit vorzüglicher Hochachtung
Bahr

Sehr geehrter Herr Bahr!

Ich habe die Ehre, Ihnen im Auftrag der Regierung der Deutschen Demokratischen Republik über die Arbeitsmöglichkeiten für Journalisten der Bundesrepublik Deutschland in der Deutschen Demokratischen Republik folgendes mitzuteilen:
Die Deutsche Demokratische Republik gewährt im Rahmen ihrer geltenden Rechtsordnung Journalisten aus der Bundesrepublik Deutschland und deren Hilfspersonen das Recht zur Ausübung der beruflichen Tätigkeit und der freien Information und Berichterstattung. Sie ermöglicht bei rechtmäßiger Ausübung des Berufs die Tätigkeit als Reisekorrespondent sowie unter Beachtung der Gegenseitigkeit die berufliche Niederlassung als ständiger Korrespondent.
Für ständige Korrespondenten wird zugesichert:
- Das Recht auf gleiche Behandlung wie Korrespondenten anderer Staaten;
- bei beruflicher Niederlassung das Recht der jederzeitigen Ein- und Ausreise mit allen üblichen Verkehrsmitteln;
- Arbeits- und Bewegungsmöglichkeiten in der Deutschen Demokratischen Republik einschließlich der unverzüglichen Übermittlung von Nachrichten, Meinungen und Kommentaren;
- die Benutzung der Mittel der Nachrichtenübertragung, welche normalerweise der Öffentlichkeit zur Verfügung stehen;
- das Recht, die der Öffentlichkeit und den Publikationsmedien allgemein zugänglich gemachten amtlichen Informationen zu erlangen und Auskünfte von den dazu beauftragten Personen und Behörden bzw. Organen einzuholen;
- das Recht zum Mitführen der zur persönlichen Berufsausübung notwendigen Gegenstände, Materialien und Unterlagen.

Für die Tätigkeit als ständiger Korrespondent der Bundesrepublik Deutschland in der Deutschen Demokratischen Republik ist Voraussetzung:
- Die Akkreditierung bzw. Niederlassung entsprechend den in der Deutschen Demokratischen Republik geltenden Modalitäten;
- die Einhaltung von gesetzlichen Bestimmungen und Verordnungen, die im Interesse der Sicherheit, Verbrechensbekämpfung, zum Schutz der öffentlichen Gesundheit und zum Schutz der Rechte und Freiheiten anderer erlassen wurden.

Journalisten im Sinne dieser Mitteilung sind Personen, die regelmäßig und berufsmäßig als Reporter, Fotografen, Kameraleute oder Techniker der Presse, des Hörfunks, des Fernsehens oder einer Wochenschau der Bundesrepublik Deutschland damit beschäftigt sind, Informationen einschließlich Meinungen und Kommentare für tägliche oder periodische Publikationen, Presseagenturen, Rundfunk- und Fernsehanstalten oder Wochenschauen der Bundesrepublik Deutschland einzuholen, zu empfangen oder weiterzugeben.

Mit vorzüglicher Hochachtung
Dr. Kohl

Erklärungen zu Protokoll

im Zusammenhang mit dem Briefwechsel über Arbeitsmöglichkeiten für Journalisten

I.

Erklärungen der Deutschen Demokratischen Republik

1. Zur Tätigkeit von Reisekorrespondenten stellt die Deutsche Demokratische Republik folgendes fest:

Reisekorrespondenten der Bundesrepublik Deutschland erhalten in der Deutschen Demokratischen Republik Arbeits- und Bewegungsmöglichkeiten wie Reisekorrespondenten anderer Staaten einschließlich der Ein- und Ausreise mit allen üblichen Verkehrsmitteln und der unverzüglichen Übermittlung von Nachrichten, Meinungen und Kommentaren. Sie können die Mittel der Nachrichtenübertragung benutzen, welche normalerweise der Öffentlichkeit zur Verfügung stehen. Sie haben weiterhin das Recht, die der Öffentlichkeit und den Publikationsmedien allgemein zugänglich gemachten amtlichen Informationen zu erlangen und Auskünfte von den dazu beauftragten Personen und Organen einzuholen. Nach Genehmigung der zuständigen Organe zur beruflichen Tätigkeit in der Deutschen Demokratischen Republik können sie die zur persönlichen Berufsausübung notwendigen Gegenstände, Materialien und Unterlagen mitführen.

2. Die nach den Rechtsvorschriften der Deutschen Demokratischen Republik für die Akkreditierung und die Tätigkeit ständiger Korrespondenten in der Regel erforderliche Wohnsitznahme wird von den Organen der Deutschen Demokratischen Republik entgegenkommend gehandhabt.

3. Die Deutsche Demokratische Republik erklärt ihren Wunsch, daß ihre ständigen Korrespondenten in der Bundesrepublik Deutschland Mitglieder des „Vereins der ausländischen Presse in der Bundesrepublik Deutschland e.V." werden.

II.
Erklärungen der Bundesrepublik Deutschland

1. Zu dem Wunsch der Deutschen Demokratischen Republik, daß ihre ständigen Korrespondenten Mitglieder des „Vereins der ausländischen Presse in der Bundesrepublik Deutschland e.V." werden, stellt die Bundesregierung fest, daß sie keinen Einfluß auf die Entscheidung des Vereins nehmen kann, d.h. die Entscheidung liegt in der alleinigen Zuständigkeit dieses Vereins.

2. Unbeschadet davon garantiert die Bundesregierung ständigen Korrespondenten der Deutschen Demokratischen Republik dieselben Arbeitsmöglichkeiten wie Korrespondenten anderer Staaten, dies heißt auch, wie Mitgliedern des „Vereins der ausländischen Presse in der Bundesrepublik Deutschland e.V.". Sie wird ihnen insbesondere alle Informationen zugänglich machen, wie sie Korrespondenten im allgemeinen erhalten. Sie wird sie bei Einladungen zu offiziellen Informationsveranstaltungen nicht diskriminieren.

3. Die Bundesregierung wird alles in ihren Möglichkeiten Stehende tun, damit die ständigen Korrespondenten der Deutschen Demokratischen Republik in der Bundesrepublik Deutschland auch das Fragerecht auf Pressekonferenzen erhalten.

Erklärung beider Seiten über Ausdehnung der Vereinbarung über Arbeitsmöglichkeiten für Journalisten auf Berlin (West) bei der Paraphierung

Ich möchte auf das Einvernehmen verweisen, die Bestimmungen des heute unterzeichneten Briefwechsels über die Arbeitsmöglichkeiten für Journalisten in Übereinstimmung mit dem Viermächte-Abkommen vom 3. September 1971 auf Berlin (West) unter der Voraussetzung sinngemäß anzuwenden, daß in Berlin (West) die Einhaltung der Bestimmungen dieses Briefwechsels gewährleistet wird.

Vereinbarungen zwischen der Deutschen Demokratischen Republik und dem Senat bleiben unberührt.

Briefwechsel vom 8. November 1972 zum Antrag auf Mitgliedschaft in den Vereinten Nationen*

Sehr geehrter Herr Kohl!

Ich beehre mich, Ihnen folgendes mitzuteilen: Die Regierung der Bundesrepublik Deutschland hat zur Kenntnis genommen, daß die Regierung der Deutschen Demokratischen Republik in Übereinstimmung mit dem innerstaatlichen Recht der Deutschen Demokratischen Republik die notwendigen Schritte zur Erlangung der Mitgliedschaft in der Organisation der Vereinten Nationen einleitet.

Beide Regierungen werden sich über den Zeitpunkt der Antragstellung informieren.

Mit vorzüglicher Hochachtung
Bahr

Sehr geehrter Herr Bahr!

Ich beehre mich, Ihnen folgendes mitzuteilen: Die Regierung der Deutschen Demokratischen Republik hat zur Kenntnis genommen, daß die Regierung der Bundesrepublik Deutschland in Übereinstimmung mit dem innerstaatlichen Recht der Bundesrepublik Deutschland die notwendigen Schritte zur Erlangung der Mitgliedschaft in der Organisation der Vereinten Nationen einleitet.

Beide Regierungen werden sich über den Zeitpunkt der Antragstellung informieren.

Mit vorzüglicher Hochachtung
Dr. Kohl

Erklärungen zu Protokoll zum Antrag auf Mitgliedschaft in den Vereinten Nationen

Erklärung der Bundesrepublik Deutschland zu Protokoll:

Die Regierung der Bundesrepublik Deutschland wird nach Zusammentreten des Bundestages die notwendigen Schritte zur

* Fundstelle: Kurzdokumentation zum Beitritt der Bundesrepublik Deutschland zu den Vereinten Nationen, S. 99 ff.

Schaffung der innerstaatlichen Voraussetzungen für die Antragstellung auf Mitgliedschaft der Bundesrepublik Deutschland in den Vereinten Nationen einleiten.

Erklärung der beiden Delegationsleiter zu Protokoll:
Die gegenseitige Information hat zum Ziel, daß die Antragstellung etwa zum gleichen Zeitpunkt erfolgt.

Erklärung der Vier Mächte vom 9. November 1972*

Die Botschaften Frankreichs, Großbritanniens und der Vereinigten Staaten haben der Bundesregierung am 9. November 1972 folgende am gleichen Tage in den vier Hauptstädten herausgegebene Erklärung der Regierungen Frankreichs, Großbritanniens, der Sowjetunion und der Vereinigten Staaten übermittelt:

„Die Regierungen der Französischen Republik, der Union der Sozialistischen Sowjetrepubliken und des Vereinigten Königreichs Großbritannien und Nordirland und der Vereinigten Staaten von Amerika, die durch ihre Botschafter vertreten waren, die in dem früher durch den Alliierten Kontrollrat benutzten Gebäude eine Reihe von Sitzungen abgehalten haben, stimmen überein, daß sie die Anträge auf Mitgliedschaft in den Vereinten Nationen, wenn diese durch die Bundesrepublik Deutschland und die Deutsche Demokratische Republik gestellt werden, unterstützen werden und stellen in diesem Zusammenhang fest, daß diese Mitgliedschaft die Rechte und Verantwortlichkeiten der Vier Mächte und die bestehenden diesbezüglichen vierseitigen Regelungen, Beschlüsse und Praktiken in keiner Weise berührt."

* Fundstelle: Kurzdokumentation zum Beitritt der Bundesrepublik Deutschland zu den Vereinten Nationen, S. 102.

** Fundstelle: Verträge, Abkommen und Vereinbarungen zwischen der Bundesrepublik Deutschland und der Deutschen Demokratischen Republik, S. 17 ff.

Vertrag über die Grundlagen der Beziehungen zwischen der Bundesrepublik Deutschland und der Deutschen Demokratischen Republik

vom
21. Dezember 1972*

Die Hohen Vertragschließenden Seiten
eingedenk ihrer Verantwortung für die Erhaltung des Friedens,

in dem Bestreben, einen Beitrag zur Entspannung und Sicherheit in Europa zu leisten,

in dem Bewußtsein, daß die Unverletzlichkeit der Grenzen und die Achtung der territorialen Integrität und der Souveränität aller Staaten in Europa in ihren gegenwärtigen Grenzen eine grundlegende Bedingung für den Frieden sind,

in der Erkenntnis, daß sich daher die beiden deutschen Staaten in ihren Beziehungen der Androhung oder Anwendung von Gewalt zu enthalten haben,

ausgehend von den historischen Gegebenheiten und unbeschadet der unterschiedlichen Auffassungen der Bundesrepublik Deutschland und der Deutschen Demokratischen Republik zu grundsätzlichen Fragen, darunter zur nationalen Frage,

geleitet von dem Wunsch, zum Wohle der Menschen in den beiden deutschen Staaten die Voraussetzungen für die Zusammenarbeit zwischen der Bundesrepublik Deutschland und der Deutschen Demokratischen Republik zu schaffen,

sind wie folgt übereingekommen:

* Quelle: BGBl 1973 II S. 423 f.

Art. 1

Die Bundesrepublik Deutschland und die Deutsche Demokratische Republik entwickeln normale gutnachbarliche Beziehungen zueinander auf der Grundlage der Gleichberechtigung.

Art. 2

Die Bundesrepublik Deutschland und die Deutsche Demokratische Republik werden sich von den Zielen und Prinzipien leiten lassen, die in der Charta der Vereinten Nationen niedergelegt sind, insbesondere der souveränen Gleichheit aller Staaten, der Achtung der Unabhängigkeit, Selbständigkeit und territorialen Integrität, dem Selbstbestimmungsrecht, der Wahrung der Menschenrechte und der Nichtdiskriminierung.

Art. 3

Entsprechend der Charta der Vereinten Nationen werden die Bundesrepublik Deutschland und die Deutsche Demokratische Republik ihre Streitfragen ausschließlich mit friedlichen Mitteln lösen und sich der Drohung mit Gewalt oder der Anwendung von Gewalt enthalten.

Sie bekräftigen die Unverletzlichkeit der zwischen ihnen bestehenden Grenze jetzt und in der Zukunft und verpflichten sich zur uneingeschränkten Achtung ihrer territorialen Integrität.

Art. 4

Die Bundesrepublik Deutschland und die Deutsche Demokratische Republik gehen davon aus, daß keiner der beiden Staaten den anderen international vertreten oder in seinem Namen handeln kann.

Art. 5

Die Bundesrepublik Deutschland und die Deutsche Demokratische Republik werden friedliche Beziehungen zwischen den europäischen Staaten fördern und zur Sicherheit und Zusammenarbeit in Europa beitragen. Sie unterstützen die Bemühungen um eine Verminderung der Streitkräfte und Rüstungen in Europa, ohne daß dadurch Nachteile für die Sicherheit der Beteiligten entstehen dürfen.

Die Bundesrepublik Deutschland und die Deutsche Demokratische Republik werden mit dem Ziel einer allgemeinen und vollständigen Abrüstung unter wirksamer internationaler Kontrolle der internationalen Sicherheit dienende Bemühungen um Rüstungsbegrenzung und Abrüstung, insbesondere auf dem Gebiet der Kernwaffen und anderen Massenvernichtungswaffen, unterstützen.

Art. 6

Die Bundesrepublik Deutschland und die Deutsche Demokratische Republik gehen von dem Grundsatz aus, daß die Hoheitsgewalt jedes der beiden Staaten sich auf sein Staatsgebiet beschränkt. Sie respektieren die Unabhängigkeit und Selbständigkeit jedes der beiden Staaten in seinen inneren und äußeren Angelegenheiten.

Art. 7

Die Bundesrepublik Deutschland und die Deutsche Demokratische Republik erklären ihre Bereitschaft, im Zuge der Normalisierung ihrer Beziehungen praktische und humanitäre Fragen zu regeln. Sie werden Abkommen schließen, um auf der Grundlage dieses Vertrages und zum beiderseitigen Vorteil die Zusammenarbeit auf dem Gebiet der Wirtschaft, der Wissenschaft und Technik, des Verkehrs, des Rechtsverkehrs, des Post- und Fernmeldewesens, des Gesundheitswesens, der Kultur, des Sports, des Umweltschutzes und auf anderen Gebieten zu entwickeln und zu fördern. Einzelheiten sind in dem Zusatzprotokoll geregelt.

Art. 8

Die Bundesrepublik Deutschland und die Deutsche Demokratische Republik werden ständige Vertretungen austauschen. Sie werden am Sitz der jeweiligen Regierung errichtet.

Die praktischen Fragen, die mit der Errichtung der Vertretungen zusammenhängen, werden zusätzlich geregelt.

Art. 9

Die Bundesrepublik Deutschland und die Deutsche Demokratische Republik stimmen darin überein, daß durch diesen Vertrag die von ihnen früher abgeschlossenen oder sie betreffenden zweiseitigen und mehrseitigen internationalen Verträge und Vereinbarungen nicht berührt werden.

Art. 10

Dieser Vertrag bedarf der Ratifikation und tritt am Tage nach dem Austausch entsprechender Noten in Kraft.

Zu urkund dessen haben die Bevollmächtigten der Hohen Vertragschließenden Seiten diesen Vertrag unterzeichnet.

Geschehen in Berlin, am 21. Dezember 1972, in zwei Urschriften in deutscher Sprache.

Zusatzprotokoll zum Vertrag über die Grundlagen der Beziehungen zwischen der Bundesrepublik Deutschland und der Deutschen Demokratischen Republik

I.
Zu Artikel 3:

Die Bundesrepublik Deutschland und die Deutsche Demokratische Republik kommen überein, eine Kommission aus Beauftragten der Regierungen beider Staaten zu bilden. Sie wird die Markierung der zwischen den beiden Staaten bestehenden Grenze überprüfen und, soweit erforderlich, erneuern oder ergänzen sowie die erforderlichen Dokumentationen über den Grenzverlauf erarbeiten. Gleichermaßen wird sie zur Regelung sonstiger mit dem Grenzverlauf im Zusammenhang stehender Probleme, zum Beispiel der Wasserwirtschaft, der Energieversorgung und der Schadensbekämpfung, beitragen.

Die Kommission nimmt nach Unterzeichnung des Vertrages ihre Arbeit auf.

II.
Zu Artikel 7:

1. Der Handel zwischen der Bundesrepublik Deutschland und der Deutschen Demokratischen Republik wird auf der Grundlage der bestehenden Abkommen entwickelt.

Die Bundesrepublik Deutschland und die Deutsche Demokratische Republik werden langfristige Vereinbarungen mit dem Ziel abschließen, eine kontinuierliche Entwicklung der wirtschaftlichen Beziehungen zu fördern, überholte Regelungen anzupassen und die Struktur des Handels zu verbessern.

2. Die Bundesrepublik Deutschland und die Deutsche Demokratische Republik bekunden ihren Willen, zum beiderseitigen Nutzen die Zusammenarbeit auf den Gebieten der Wissenschaft und Technik zu entwickeln und die hierzu erforderlichen Verträge abzuschließen.

3. Die mit dem Vertrag vom 26. Mai 1972 begonnene Zusammenarbeit auf dem Gebiet des Verkehrs wird erweitert und vertieft.

4. Die Bundesrepublik Deutschland und die Deutsche Demokratische Republik erklären ihre Bereitschaft, im Interesse der Rechtsuchenden den Rechtsverkehr, insbesondere in den Bereichen des Zivil- und des Strafrechts, vertraglich so einfach und zweckmäßig wie möglich zu regeln.

5. Die Bundesrepublik Deutschland und die Deutsche Demokratische Republik stimmen überein, auf der Grundlage der Satzung des Weltpostvereins und des Internationalen Fernmeldevertrages ein Post- und Fernmeldeabkommen abzuschließen. Sie werden dieses Abkommen dem Weltpostverein (UPU) und der Internationalen Fernmelde-Union (UIT) notifizieren. In dieses Abkommen werden die bestehenden Vereinbarungen und die für beide Seiten vorteilhaften Verfahren übernommen werden.

6. Die Bundesrepublik Deutschland und die Deutsche Demokratische Republik erklären ihr Interesse an einer Zusammenarbeit auf dem Gebiet des Gesundheitswesens. Sie stimmen überein, daß in dem entsprechenden Vertrag auch der Austausch von Medikamenten sowie die Behandlung in Spezialkliniken und Kuranstalten im Rahmen der gegebenen Möglichkeiten geregelt werden.

7. Die Bundesrepublik Deutschland und die Deutsche Demokratische Republik beabsichtigen, die kulturelle Zusammenarbeit zu entwickeln. Zu diesem Zweck werden sie Verhandlungen über den Abschluß von Regierungsabkommen aufnehmen.

8. Die Bundesrepublik Deutschland und die Deutsche Demokratische Republik bekräftigen ihre Bereitschaft, nach Unterzeichnung des Vertrages die zuständigen Sportorganisationen bei den Absprachen zur Förderung der Sportbeziehungen zu unterstützen.

9. Auf dem Gebiet des Umweltschutzes sollen zwischen der Bundesrepublik Deutschland und der Deutschen Demokratischen Republik Vereinbarungen geschlossen werden, um zur Abwen-

dung von Schäden und Gefahren für die jeweils andere Seite beizutragen.

10. Die Bundesrepublik Deutschland und die Deutsche Demokratische Republik werden Verhandlungen mit dem Ziel führen, den gegenseitigen Bezug von Büchern, Zeitschriften, Rundfunk- und Fernsehproduktionen zu erweitern.

11. Die Bundesrepublik Deutschland und die Deutsche Demokratische Republik werden im Interesse der beteiligten Menschen Verhandlungen zur Regelung des nichtkommerziellen Zahlungs- und Verrechnungsverkehrs aufnehmen. Dabei werden sie im gegenseitigen Interesse vorrangig für den kurzfristigen Abschluß von Vereinbarungen unter sozialen Gesichtspunkten Sorge tragen.

Vorbehalt zu Staatsangehörigkeitsfragen

Die Bundesrepublik Deutschland erklärt:

„Staatsangehörigkeitsfragen sind durch den Vertrag nicht geregelt worden".

Die Deutsche Demokratische Republik erklärt:

„Die Deutsche Demokratische Republik geht davon aus, daß der Vertrag eine Regelung der Staatsangehörigkeitsfragen erleichtern wird".

Erklärungen beider Seiten in bezug auf Berlin (West)

Es besteht Einvernehmen, daß die Ausdehnung von Abkommen und Regelungen, die im Zusatzprotokoll zu Artikel 7 vorgesehen sind, in Übereinstimmung mit dem Viermächte-Abkommen vom 3. September 1971 auf Berlin (West) im jeweiligen Fall vereinbart werden kann.

Die ständige Vertretung der Bundesrepublik Deutschland in der Deutschen Demokratischen Republik wird in Übereinstimmung mit dem Viermächte-Abkommen vom 3. September 1971 die Interessen von Berlin (West) vertreten.

Vereinbarungen zwischen der Deutschen Demokratischen Republik und dem Senat bleiben unberührt.

Briefwechsel vom 21. Dezember 1972 mit Noten der Regierung der Bundesrepublik Deutschland und der Regierung der Deutschen Demokratischen Republik zu Artikel 9 des Vertrages über die Grundlagen der Beziehungen*

Sehr geehrter Herr Kohl!

Ich beehre mich, Ihnen mitzuteilen, daß das Auswärtige Amt den Botschaftern der Französischen Republik, des Vereinigten Königreichs von Großbritannien und Nordirland und der Vereinigten Staaten von Amerika in der Bundesrepublik Deutschland heute folgenden Text in einer Note übermitteln wird:

„Die Bundesrepublik Deutschland und die Deutsche Demokratische Republik stellen unter Bezugnahme auf Artikel 9 des Vertrages über die Grundlagen der Beziehungen vom 21. Dezember 1972 fest, daß die Rechte und Verantwortlichkeiten der Vier Mächte und die entsprechenden diesbezüglichen vierseitigen Vereinbarungen, Beschlüsse und Praktiken durch diesen Vertrag nicht berührt werden können".

Mit vorzüglicher Hochachtung
Bahr

Sehr geehrter Herr Bahr!

Ich beehre mich, Ihnen mitzuteilen, daß das Ministerium für Auswärtige Angelegenheiten dem Botschafter der Union der Sozialistischen Sowjetrepubliken in der Deutschen Demokratischen Republik heute folgenden Text in einer Note übermitteln wird:

„Die Deutsche Demokratische Republik und die Bundesrepublik Deutschland stellen unter Bezugnahme auf Artikel 9 des Vertrages über die Grundlagen der Beziehungen vom 21. Dezember 1972 fest, daß die Rechte und Verantwortlichkeiten der Vier Mächte und die entsprechenden diesbezüglichen vierseitigen Vereinbarungen, Beschlüsse und Praktiken durch diesen Vertrag nicht berührt werden können".

Mit vorzüglicher Hochachtung
Kohl

* Fundstelle: Verträge, Abkommen und Vereinbarungen zwischen der Bundesrepublik Deutschland und der Deutschen Demokratischen Republik, S. 38 ff.

Brief der Regierung der Bundesrepublik Deutschland zur deutschen Einheit an die Regierung der Deutschen Demokratischen Republik vom 21. Dezember 1972*

Sehr geehrter Herr Kohl!

Im Zusammenhang mit der heutigen Unterzeichnung des Vertrages über die Grundlagen der Beziehungen zwischen der Bundesrepublik Deutschland und der Deutschen Demokratischen Republik beehrt sich die Regierung der Bundesrepublik Deutschland festzustellen, daß dieser Vertrag nicht im Widerspruch zu dem politischen Ziel der Bundesrepublik Deutschland steht, auf einen Zustand des Friedens in Europa hinzuwirken, in dem das deutsche Volk in freier Selbstbestimmung seine Einheit wiedererlangt.

Schreiben der Alliierten Kommandatura vom 13. April 1973 zur Berlin-Vertretung**

BKC/L (73) 1
13. April 1973

Betr.: Beitritt der Bundesrepublik Deutschland zur Charta der Vereinten Nationen
An: Den Regierenden Bürgermeister, Berlin

Sehr geehrter Herr Regierender Bürgermeister,

die Alliierte Kommandatura bezieht sich auf das Schreiben des Senats vom 2. Februar 1973, Nr. 16, mit dem der Alliierten Kommandatura der Entwurf des Gesetzes zum Beitritt der Bundesrepublik zur Charta der Vereinten Nationen übersandt wurde. Dieser Entwurf enthält eine Berlin-Klausel.

* Fundstelle: Verträge, Abkommen und Vereinbarungen zwischen der Bundesrepublik Deutschland und der Deutschen Demokratischen Republik, S. 22.

** Fundstelle: Kurzdokumentation zum Beitritt der Bundesrepublik Deutschland zu den Vereinten Nationen, S. 103.

Im Einklang mit den in der Anlage IV A des Viermächte-Abkommens vom 3. September 1971 genannten Regelungen und im besonderen mit Ausnahme von Angelegenheiten der Sicherheit und des Status

a) hat die Alliierte Kommandatura keinen Einwand dagegen, daß die Bundesrepublik Deutschland die in der Charta der Vereinten Nationen enthaltenen Rechte und Verpflichtungen auch in bezug auf die Westsektoren Berlins übernimmt;
b) genehmigt die Alliierte Kommandatura die Vertretung der Interessen der Westsektoren Berlins in den Vereinten Nationen und ihren Nebenorganen durch die Bundesrepublik.

Mit vorzüglicher Hochachtung
gez. Cathcart
Generalmajor
Vorsitzführender Kommandant

Gesetz vom 6. Juni 1973 zum Beitritt der Bundesrepublik Deutschland zu den Vereinten Nationen*

Der Bundestag hat das folgende Gesetz beschlossen:

Artikel 1

Dem Beitritt der Bundesrepublik Deutschland zu der Charta der Vereinten Nationen wird zugestimmt.

Die Charta der Vereinten Nationen und das Statut des Internationalen Gerichtshofs, das Bestandteil der Charta ist, werden in der gegenwärtig gültigen Fassung nachstehend veröffentlicht.

Artikel 2

Dieses Gesetz gilt auch im Land Berlin, sofern das Land Berlin die Anwendung dieses Gesetzes feststellt, wobei die Rechte und Verantwortlichkeiten der alliierten Behörden, einschließlich derjenigen, die Angelegenheiten der Sicherheit und des Status betreffen, unberührt bleiben.

Artikel 3

1. Dieses Gesetz tritt am Tage nach seiner Verkündung in Kraft.
2. Der Tag, an dem die Charta der Vereinten Nationen für die Bundesrepublik Deutschland in Kraft tritt, ist im Bundesgesetzblatt bekanntzugeben.

* Fundstelle: BGBl. II 1973 S. 430.

Schreiben der Bundesregierung an den VN-Generalsekretär vom 13. Juni 1973 zur Vertretung der Interessen Berlin (West) in den Vereinten Nationen*

Bonn, den 13. Juni 1973

Herr Generalsekretär,

im Zusammenhang mit dem heute eingereichten Antrag auf Mitgliedschaft der Bundesrepublik Deutschland in die Vereinten Nationen beehre ich mich hinsichtlich der Geltung der Charta der Vereinten Nationen für Berlin (West) zu erklären, daß, außer in Fragen der Sicherheit und des Status und in Übereinstimmung mit der dem Senat mit Schreiben BKC/L (73) 1 der Alliierten Kommandantur vom 13. April 1973 erteilten Genehmigung, die Bundesrepublik Deutschland von dem Tag an, an dem sie als Mitglied in die Vereinten Nationen aufgenommen wird, die Rechte und Pflichten aus der Charta der Vereinten Nationen auch für Berlin (West) übernimmt und die Interessen von Berlin (West) in den Vereinten Nationen und ihren Unterorganisationen vertreten wird.

Ich beehre mich, um die Zirkulierung dieses Schreibens als offizielles Dokument der Vereinten Nationen zu ersuchen.

Walter Scheel
Bundesminister des Auswärtigen
der Bundesrepublik Deutschland

Schreiben des Ständigen Vertreters der Vereinigten Staaten von Amerika bei den Vereinten Nationen an den Generalsekretär vom 16. Juni 1973**

Ich beehre mich, in Zusammenhang mit den von der Bundesrepublik Deutschland (A/9070-S/10949) und von der Deutschen De-

* Fundstelle: Kurzdokumentation zum Beitritt der Bundesrepublik Deutschland zu den Vereinten Nationen, S. 106 f.

** Fundstelle: Kurzdokumentation zum Beitritt der Bundesrepublik Deutschland zu den Vereinten Nationen, S. 108; das Schreiben wurde am 18. Juni 1973 als UN-Dokument S/10955 verbreitet.

mokratischen Republik (A/9069-S/10945) eingereichten Anträgen auf Mitgliedschaft in den Vereinten Nationen, hiermit den Text einer am 9. November 1972 abgegebenen Erklärung der Französischen Republik, der Union der Sozialistischen Sowjetrepubliken, des Vereinigten Königreichs Großbritannien und Nordirland und der Vereinigten Staaten von Amerika zu übersenden und Ihnen mitzuteilen, daß eine Abschrift dieser Erklärung durch die Botschaft der Vereinigten Staaten in der Bundesrepublik Deutschland an das Auswärtige Amt der Bundesrepublik Deutschland übersandt wurde, das deren Eingang am 10. November 1972 bestätigt hat.

Ich bitte, dieses Schreiben und seine Anlage als amtliches Dokument des Sicherheitsrats zu verteilen.

gez. John A. Scali
Ständiger Vertreter der
Vereinigten Staaten von Amerika
bei den Vereinten Nationen

ANLAGE

Erklärung der Regierungen der Vereinigten Staaten von Amerika, der Französischen Republik, der Union der Sozialistischen Sowjetrepubliken und des Vereinigten Königreichs Großbritannien und Nordirland

Die Regierungen der Vereinigten Staaten von Amerika, der Französischen Republik, der Union der Sozialistischen Sowjetrepubliken und des Vereinigten Königreichs Großbritannien und Nordirland, vertreten durch ihre Botschafter, die in dem früher vom Alliierten Kontrollrat benutzten Gebäude eine Reihe von Sitzungen abgehalten haben, sind sich darüber einig, daß sie die Anträge auf Mitgliedschaft in den Vereinten Nationen unterstützen werden, wenn diese von der Bundesrepublik Deutschland und der Deutschen Demokratischen Republik eingereicht werden; sie bekräftigen in diesem Zusammenhang, daß diese Mitgliedschaft die Rechte und Verantwortlichkeiten der Vier Mächte und die entsprechenden diesbezüglichen Viermächte-Vereinbarungen, -Beschlüsse und -Praktiken in keiner Weise berührt.

Urteil des Bundesverfassungsgerichts vom 31. Juli 1973 zum Grundvertrag (Auszug)*

4.[1] Aus dem Wiedervereinigungsgebot folgt: Kein Verfassungsorgan der Bundesrepublik Deutschland darf die Wiederherstellung der staatlichen Einheit als politisches Ziel aufgeben, alle Verfassungsorgane sind verpflichtet, in ihrer Politik auf die Erreichung dieses Zieles hinzuwirken – das schließt die Forderung ein, den Wiedervereinigungsanspruch im Inneren wachzuhalten und nach Außen beharrlich zu vertreten – und alles zu unterlassen, was die Wiedervereinigung vereiteln würde.

5. Die Verfassung verbietet, daß die Bundesrepublik Deutschland auf einen Rechtstitel aus dem Grundgesetz verzichtet, mittels dessen sie in Richtung auf Verwirklichung der Wiedervereinigung und der Selbstbestimmung wirken kann, oder einen mit dem Grundgesetz unvereinbaren Rechtstitel schafft oder sich an der Begründung eines solchen Rechtstitels beteiligt, der ihr bei ihrem Streben nach diesem Ziel entgegengehalten werden kann.

6. Der Vertrag hat einen Doppelcharakter; er ist seiner Art nach ein völkerrechtlicher Vertrag, seinem spezifischen Inhalt nach ein Vertrag, der vor allem inter-se-Beziehungen regelt.

7. Art. 23 verbietet, daß sich die Bundesregierung vertraglich in eine Abhängigkeit begibt, nach der sie rechtlich nicht mehr allein, sondern nur noch im Einverständnis mit dem Vertragspartner die Aufnahme anderer Teile Deutschlands verwirklichen kann.

8. Art. 16 GG geht davon aus, daß die „deutsche Staatsangehörigkeit", die auch in Art. 116 Abs. 1 GG in Bezug genommen ist, zugleich die Staatsangehörigkeit der Bundesrepublik Deutschland ist. Deutscher Staatsangehöriger im Sinne des Grundgesetzes ist also nicht nur der Bürger der Bundesrepublik Deutschland.

9. Ein Deutscher hat, wann immer er in den Schutzbereich der staatlichen Ordnung der Bundesrepublik Deutschland gelangt, einen Anspruch auf den vollen Schutz der Gerichte der Bundesrepublik Deutschland und aller Garantien der Grundrechte des Grundgesetzes.

* Fundstelle: BVerfGE 36 S. 1 ff. Das Urteil wurde auch als Sonderdruck des Gesamtdeutschen Instituts - Bundesanstalt für gesamtdeutsche Aufgaben, Bonn, veröffentlicht.

1 Die Absätze 1 - 3 enthalten Ausführungen zur verfassungsgerichtlichen Überprüfung von zwischenstaatlichen Verträgen.

URTEIL

Das Gesetz zu dem Vertrag vom 21. Dezember 1972 zwischen der Bundesrepublik Deutschland und der Deutschen Demokratischen Republik über die Grundlagen der Beziehungen zwischen der Bundesrepublik Deutschland und der Deutschen Demokratischen Republik vom 6. Juni 1973 (Bundesgesetzbl. Teil II S. 421) ist in der sich aus den Gründen ergebenden Auslegung mit dem Grundgesetz vereinbar.

GRÜNDE

III.

Der Vertrag regelt die *Grundlagen* der Beziehungen zwischen der Bundesrepublik Deutschland und der Deutschen Demokratischen Republik. Seine Beurteilung macht erforderlich, sich mit den Aussagen des Grundgesetzes über den Rechtsstatus Deutschlands auseinanderzusetzen:

1. Das Grundgesetz – nicht nur eine These der Völkerrechtslehre und der Staatsrechtslehre – geht davon aus, daß das Deutsche Reich den Zusammenbruch 1945 überdauert hat und weder mit der Kapitulation noch durch Ausübung fremder Staatsgewalt in Deutschland durch die alliierten Okkupationsmächte noch später untergegangen ist; das ergibt sich aus der Präambel, aus Art. 16, Art. 23, Art. 116 und Art. 146 GG. Das entspricht auch der ständigen Rechtsprechung des Bundesverfassungsgerichts, an der der Senat festhält. Das Deutsche Reich existiert fort [BVerfGE 2, 266 [277]; 3, 288 [319 f.]; 5, 85 [126]; 6, 309 [338, 363]), besitzt nach wie vor Rechtsfähigkeit, ist allerdings als Gesamtstaat mangels Organisation, insbesondere mangels institutionalisierter Organe selbst nicht handlungsfähig. Im Grundgesetz ist auch die Auffassung vom gesamtdeutschen Staatsvolk und von der gesamtdeutschen Staatsgewalt „verankert" (BVerfGE 2, 266 [277]). Verantwortung für „Deutschland als Ganzes" tragen – auch – die Vier Mächte (BVerfGE 1, 351 [362 f., 367]).

Mit der Errichtung der Bundesrepublik Deutschland wurde nicht ein neuer westdeutscher Staat gegründet, sondern ein Teil Deutschlands neu organisiert (vgl. Carlo Schmid in der 6. Sitzung des Parlamentarischen Rates – StenBer. S. 70). Die Bundesrepublik Deutschland ist also nicht „Rechtsnachfolger" des Deutschen Reiches, sondern als Staat identisch mit dem Staat „Deutsches Reich", – in bezug auf seine räumliche Ausdehnung allerdings

„teilidentisch", so daß insoweit die Identität keine Ausschließlichkeit beansprucht. Die Bundesrepublik umfaßt also, was ihr Staatsvolk und ihr Staatsgebiet anlangt, nicht das ganze Deutschland, unbeschadet dessen, daß sie ein einheitliches Staatsvolk des Völkerrechtssubjekts „Deutschland" (Deutsches Reich), zu dem die eigene Bevölkerung als untrennbarer Teil gehört, und ein einheitliches Staatsgebiet „Deutschland" (Deutsches Reich), zu dem ihr eigenes Staatsgebiet als ebenfalls nicht abtrennbarer Teil gehört, anerkennt. Sie beschränkt staatsrechtlich ihre Hoheitsgewalt auf den „Geltungsbereich des Grundgesetzes" (vgl. BVerfGE 3, 288 [319 f.]; 6, 309 [338, 363]), fühlt sich aber auch verantwortlich für das ganze Deutschland (vgl. Präambel des Grundgesetzes). Derzeit besteht die Bundesrepublik aus den in Art. 23 GG genannten Ländern, einschließlich Berlin; der Status des Landes Berlin der Bundesrepublik Deutschland ist nur gemindert und belastet durch den sog. Vorbehalt der Gouverneure der Westmächte (BVerfGE 7, 1 [7 ff.]; 19, 377 [388]; 20, 257 [266]). Die Deutsche Demokratische Republik gehört zu Deutschland und kann im Verhältnis zur Bundesrepublik Deutschland nicht als Ausland angesehen werden (BVerfGE 11, 150 [158]). Deshalb war z.B. der Interzonenhandel und ist der ihm entsprechende innerdeutsche Handel nicht Außenhandel (BVerfGE 18, 353 [354]).

IV.

2. Der Vertrag ist eingebettet in umgreifendere und speziellere Rechtsverhältnisse, die ebenfalls bei seiner rechtlichen Würdigung zu beachten sind: Das wird besonders deutlich durch die Bezugnahme auf die Charta der Vereinten Nationen in Art. 2 und Art. 3 des Vertrags und durch die Regelung in Artikel 9, wonach „durch diesen Vertrag" die von den Vertragspartnern „früher abgeschlossenen oder sie betreffenden zweiseitigen und mehrseitigen internationalen Verträge und Vereinbarungen nicht berührt werden"; das sind insbesondere die von der Bundesrepublik abgeschlossenen „Westverträge" – es bleibt also vor allem auch unberührt Art. 7 des Deutschlandvertrags, nach dem die Bundesrepublik und die Drei Mächte nach wie vor vertraglich verpflichtet bleiben (Abs. 2), zusammenzuwirken, „um mit friedlichen Mitteln ihr gemeinsames Ziel zu verwirklichen: ein wiedervereinigtes Deutschland, das eine freiheitlich-demokratische Verfassung ähnlich wie die Bundesrepublik besitzt und das in die europäische Gemeinschaft integriert ist" – sowie die Verträge von Moskau und Warschau und die Deutschland als Ganzes betreffenden Viermächte-Vereinbarungen, aber auch beispielsweise der zwischen der Deutschen Demokrati-

schen Republik und der Volksrepublik Polen abgeschlossene Grenz- und Freundschaftsvertrag, soweit er Deutschland (als Ganzes) berührt. Die Bedeutung der Klausel des Art. 9 des Vertrags wird auch sichtbar in dem Briefwechsel zwischen den beiden Unterhändlern, in dem sie sich wechselseitig unterrichten über die Noten an die Botschafter Frankreichs, Englands und der Vereinigten Staaten sowie an den Botschafter der Sowjetunion, und in den „Erklärungen beider Seiten in bezug auf Berlin (West)", in denen auf das Viermächte-Abkommen vom 3. September 1971, das Berlin betrifft, Bezug genommen wird.

3. Berücksichtigt man die dargelegten Zusammenhänge, so wird deutlich, welche Bedeutung den in der politischen Diskussion verwendeten Formeln „zwischen den beiden Staaten bestehende besondere Beziehungen" und „der Vertrag besitze einen diesen besonderen Verhältnissen entsprechenden besonderen Charakter" zukommt: Die Deutsche Demokratische Republik ist im Sinne des Völkerrechts ein Staat und als solcher Völkerrechtssubjekt. Diese Feststellung ist unabhängig von einer völkerrechtlichen Anerkennung der Deutschen Demokratischen Republik durch die Bundesrepublik Deutschland. Eine solche Anerkennung hat die Bundesrepublik Deutschland nicht nur nie förmlich ausgesprochen, sondern im Gegenteil wiederholt ausdrücklich abgelehnt. Würdigt man das Verhalten der Bundesrepublik Deutschland gegenüber der Deutschen Demokratischen Republik im Zuge ihrer Entspannungspolitik, insbesondere das Abschließen des Vertrages als faktische Anerkennung, so kann sie nur als eine faktische Anerkennung besonderer Art verstanden werden.

Das Besondere dieses Vertrags ist, daß er zwar ein bilateraler Vertrag zwischen zwei Staaten ist, für den die Regeln des Völkerrechts gelten und der die Geltungskraft wie jeder andere völkerrechtliche Vertrag besitzt, aber zwischen zwei Staaten, die Teile eines noch immer existierenden, wenn auch handlungsunfähigen, weil noch nicht reorganisierten umfassenden Staates Gesamtdeutschland mit einem einheitlichen Staatsvolk sind, dessen Grenzen genauer zu bestimmen hier nicht nötig ist. Daraus ergibt sich die besondere rechtliche Nähe, in der die beiden Staaten zueinander stehen, daraus ergibt sich folgerichtig die Regelung in Artikel 8, wonach beide Staaten nicht Botschafter, sondern ständige Vertretungen am Sitz der jeweiligen Regierung austauschen, daraus ergibt sich die Besonderheit des Ratifikationsverfahrens, das nicht endet mit dem Austausch von Ratifikationsurkunden aufgrund Vollmacht des Bundespräsidenten, sondern mit dem Austausch „entsprechender Noten", von denen die eine auf Seite der Bundesrepublik Deutschland von der Bundesregierung ausgefertigt wird, und ergibt sich schließlich die Gesamttendenz des Vertrags, zu einer möglichst engen Zusammenarbeit zwischen den Vertragspartnern mit dem Ziele einer Verbesserung der menschlichen Beziehungen über die gemeinsame Grenze hinweg zu gelangen (6. Absatz der Präambel, Art. 7 des Vertrags und Zusatzprotokoll). Die Erklärung in Nr. 1 des Zusatzprotokolls zu Artikel 7, daß der Handel zwischen der Bundesrepublik Deutschland und der Deutschen Demokratischen Republik auf der Grundlage der bestehenden Abkommen entwickelt wird, macht außerdem deutlich, daß dieser Handel von den Vertragspartnern übereinstimmend nicht als Aussenhandel betrachtet wird. Insofern läßt sich das Besondere dieses Vertrags auch durch die Formel verdeutlichen, daß er „inter-se-Beziehungen" regelt. Er regelt aber nicht ausschließlich solche Beziehungen und fällt deshalb nicht aus der Ordnung des allgemeinen Völkerrechts heraus, gehört also nicht einer spezifischen, erst durch ihn geschaffenen, gegenständlich beschränkten Sonderrechtsordnung an. Diese Deutung verbietet sich durch die Regelungen in Art. 2 und Art. 3 des Vertrags, die als für das Verhältnis zwischen den Partnern wesentlich ausdrücklich die Charta der Vereinten Nationen nennen. Der Vertrag hat also einen *Doppelcharakter*; er ist seiner Art nach ein völkerrechtlicher Vertrag, seinem spezifischen Inhalt nach ein Vertrag, der vor allem inter-se-Beziehungen regelt. Inter-se-Beziehungen in einem völkerrechtlichen Vertrag zu regeln, kann vor allem dann nötig sein, wenn eine staatsrechtliche Ordnung, wie hier wegen der Desorganisation des Gesamtstaats, fehlt. Selbst im Bundesstaat bemessen sich, falls eine Regelung in der Bundesverfassung fehlt, die Beziehungen zwischen den Gliedstaaten nach den Regeln des Völkerrechts (vgl. die Entscheidung des Staatsgerichtshofs für das Deutsche Reich, Lammers-Simons, I, 178 ff.; 207 ff.; dazu die Fortentwicklung nach dem Recht des Grundgesetzes: BVerfGE 1, 14 [51]; 34, 216 [230 ff.]). Unrichtig ist also die Auffassung, *jedes* „Zwei-Staaten-Modell" sei mit der grundgesetzlichen Ordnung unvereinbar.

V.

5. Was die Vereinbarkeit des Vertrags mit den grundgesetzlichen Regelungen der Staatsangehörigkeit in Art. 16 und 116 Abs. 1 GG angeht, so gilt folgendes: Die Bundesrepublik hat zu Protokoll erklärt: „Staatsangehörigkeitsfragen sind durch den Vertrag nicht geregelt worden". Aber damit, daß eine *Regelung* der Staatsangehörigkeitsfragen nicht getroffen worden ist, ist die Frage nicht ausgeräumt, ob der Vertrag nicht *Auswirkungen* auf die Staatsangehö-

rigkeit im Sinne des Art. 16 und des Art. 116 Abs. 1 GG hat und welche dieser Auswirkungen im Widerspruch mit den genannten grundgesetzlichen Vorschriften steht.

Art. 16 GG geht davon aus, daß die „deutsche Staatsangehörigkeit", die auch in Art. 116 Abs. 1 GG in Bezug genommen ist, zugleich die Staatsangehörigkeit der Bundesrepublik Deutschland ist. Deutscher Staatsangehöriger im Sinne des Grundgesetzes ist also nicht nur der Bürger der Bundesrepublik Deutschland. Für die Bundesrepublik Deutschland verliert ein Deutscher diese deutsche Staatsangehörigkeit nicht dadurch, daß sie ein *anderer* Staat aberkennt. Eine solche Aberkennung darf die Bundesrepublik Deutschland nicht rechtlich anerkennen; sie ist für sie ohne Wirkung.

Der Status des Deutschen im Sinne des Grundgesetzes, der die in diesem Grundgesetz statuierte deutsche Staatsangehörigkeit besitzt, darf durch keine Maßnahme, die der Bundesrepublik Deutschland zuzurechnen ist, gemindert oder verkürzt werden. Das folgt aus der mit dem Status des Staatsangehörigen verbundenen Schutzpflicht des Heimatstaates. Dazu gehört insbesondere, daß ein Deutscher, wann immer er in den Schutzbereich der staatlichen Ordnung der Bundesrepublik Deutschland gelangt – solange er nicht darauf verzichtet –, einen Anspruch darauf hat, nach dem Recht der Bundesrepublik Deutschland vor deren Gerichten sein Recht zu suchen. Deshalb hat das Bundesverfassungsgericht auch gegenüber Urteilen von Gerichten der Deutschen Demokratischen Republik, die kein Ausland ist, den ordre public durchgreifen lassen (BVerfGE 11, 150 [160 f.]). Die weiteren Konsequenzen können hier auf sich beruhen. Jedenfalls: Müßte der Vertrag dahin verstanden werden, daß die Bürger der Deutschen Demokratischen Republik im Geltungsbereich des Grundgesetzes nicht mehr als Deutsche im Sinne des Art. 16 und des Art. 116 Abs. 1 GG behandelt werden dürften, so stünde er eindeutig im Widerspruch zum Grundgesetz. Der Vertrag bedarf daher, um verfassungskonform zu sein, der Auslegung, daß die Deutsche Demokratische Republik auch in dieser Beziehung nach dem Inkrafttreten des Vertrags für die Bundesrepublik Deutschland nicht Ausland geworden ist. Der Vertrag bedarf weiter der Auslegung, daß – unbeschadet jeder Regelung des Staatsangehörigkeitsrechts in der Deutschen Demokratischen Republik – die Bundesrepublik Deutschland jeden Bürger der Deutschen Demokratischen Republik, der in den Schutzbereich der Bundesrepublik und ihrer Verfassung gerät, gemäß Art. 116 Abs. 1 und 16 GG als Deutschen wie jeden Bürger der Bundesrepublik behandelt. Er genießt deshalb, soweit er in den Geltungsbereich des Grundgesetzes gerät, auch den vollen Schutz der Gerichte der Bundesrepublik und alle Garantien der Grundrechte des Grundgesetzes, einschließlich des Grundrechts aus Art. 14 GG. Jede Verkürzung des verfassungsrechtlichen Schutzes, den das Grundgesetz gewährt, durch den Vertrag oder eine Vereinbarung zur Ausfüllung des Vertrags, wäre grundgesetzwidrig.

8. Der Vertrag ändert nichts an der Rechtslage Berlins, wie sie seit je von Bundestag, Bundesrat und Bundesregierung, den Ländern der Bundesrepublik und dem Bundesverfassungsgericht gemeinsam unter Berufung auf das Grundgesetz verteidigt worden ist. Das Grundgesetz verpflichtet auch für die Zukunft alle Verfassungsorgane in Bund und Ländern, diese Rechtsposition ohne Einschränkung geltend zu machen und dafür einzutreten. Nur in diesem Kontext dürfen die Erklärungen beider Seiten in bezug auf Berlin (West) ausgelegt und verstanden werden.

Das bedeutet u.a., das Einvernehmen in Absatz 1 der Erklärungen, wonach die Ausdehnung von Abkommen und Regelungen, die im Zusatzprotokoll zu Artikel 7 vorgesehen sind, in Übereinstimmung mit dem Viermächte-Abkommen vom 3. September 1971 auf Berlin (West) im jeweiligen Fall vereinbart werden *kann*, schränkt in keiner Weise die grundgesetzliche Pflicht der für die Bundesrepublik Deutschland handelnden Organe ein, bei *jedem* Abkommen und bei *jeder* Vereinbarung mit der Deutschen Demokratischen Republik, die ihrem Inhalt nach auf das Land Berlin und seine Bürger ausgedehnt werden können, auf der Ausdehnung auf Berlin zu bestehen und nur abzuschließen, wenn der Rechtsstand Berlins und seiner Bürger gegenüber dem für den Geltungsbereich des Grundgesetzes geltenden Rechtsstand – vorbehaltlich des für Berlin geltenden alliierten Vorbehalts und „in Übereinstimmung mit dem Viermächte-Abkommen vom 3. September 1971" – nicht gekürzt wird.

Entsprechendes gilt für die Vereinbarung in Absatz 2, wonach die ständige Vertretung der Bundesrepublik Deutschland in der Deutschen Demokratischen Republik die „Interessen" von Berlin (West) vertreten wird. Schließlich ist festzuhalten, daß die in Absatz 3 vorgesehene Möglichkeit von „Vereinbarungen zwischen der Deutschen Demokratischen Republik und dem Senat", das Land Berlin nicht von der Beachtung der grundgesetzlichen Ordnung befreit.

VI.

2. Aus dem bisher Dargelegten ergibt sich, daß der Vertrag als ein Vertrag, der auf Ausfüllung angelegt ist, rechtlich außerordentlich bedeutsam ist nicht nur durch seine Existenz und durch seinen

Inhalt, sondern vor allem auch als Rahmen für die künftigen Folgeverträge. Alle Ausführungen der Urteilsbegründung, auch die, die sich nicht ausschließlich auf den Inhalt des Vertrags selbst beziehen, sind nötig, also im Sinne der Rechtsprechung des Bundesverfassungsgerichts Teil der die Entscheidung tragenden Gründe.

3. Die Deutsche Demokratische Republik hatte vor Inkraftsetzen des Vertrags (20. Juni 1973) volle Kenntnis von dem beim Bundesverfassungsgericht anhängigen Verfahren, von der Kompetenz des Bundesverfassungsgerichts, von der Bindung der Bundesregierung und aller Verfassungsorgane, Gerichte und Behörden des Bundes und der Länder an die Entscheidungen des Bundesverfassungsgerichts, kannte die rechtlichen Darlegungen der Bundesregierung im Gesetzgebungsverfahren, die in der Substanz mit der durch dieses Urteil verbindlich gewordenen Rechtsauffassung nicht in Widerspruch stehen, und den vollen, im Bundesgesetzblatt veröffentlichten Text des Vertragsgesetzes einschließlich des schon bei der Paraphierung des Vertrags angekündigten Briefes zur deutschen Einheit und war von der Bundesregierung – ohne daß ihr von der anderen Seite widersprochen wurde – immer wieder darauf hingewiesen worden, daß sie den Vertrag nur abschließen könne so, wie er mit dem Grundgesetz vereinbar sei. Diese Umstände sind geeignet auch in der völkerrechtlichen Auseinandersetzung, insbesondere auch gegenüber dem Vertragspartner, dem Vertrag die Auslegung zu geben, die nach dem Grundgesetz erforderlich ist. Das steht im Einklang mit einem Satz des allgemeinen Völkergewohnheitsrechts, der in der Staatenpraxis Bedeutung hat, wenn es darum geht, ob ausnahmsweise ein Vertragsteil sich dem anderen gegenüber darauf berufen kann, dieser hätte erkennen können und müssen, daß dem Vertrag in einer bestimmten Auslegung das innerstaatliche Verfassungsrecht entgegensteht.

Erklärung zu Rettungsmaßnahmen

vom 29.10.1975

Erklärung des Senats von Berlin und der Alliierten Kommandatura zu Rettungsmaßnahmen an den Sektorengrenzen vom 29. Oktober 1975.

1. Bei der vor vier Jahren am 3. September 1971 erfolgten Unterzeichnung des Viermächte-Abkommens erklärten die vier beteilig-

ten Regierungen, daß sie es sich zur Aufgabe machen würden, die Beseitigung von Spannungen und die Vermeidung von Komplikationen in dem betreffenden Gebiet zu fördern. Sie wiesen deshalb die betreffenden deutschen Behörden an, detaillierte Regelungen zu treffen, um praktische Verbesserungen für die Berliner zwischen den westlichen Sektoren Berlins und den daran angrenzenden Gebieten herbeizuführen.

2. In diesem Geiste äußerte der Senat vor mehr als zwei Jahren den Wunsch, daß die zuständigen Stellen im sowjetischen Sektor Berlins davon absehen sollten, etwaigen Maßnahmen im Notfall entgegenzutreten, die Helfer aus den Westsektoren der Stadt unternehmen könnten, um zur Rettung menschlichen Lebens vor Eintreffen von Helfern aus dem Ostteil der Stadt in nützlicher Weise einzugreifen.

3. Im gleichen Geiste ermächtigte die Alliierte Kommandantur den Senat, jede Verpflichtung, die die Sicherheit der Helfer gewährleisten und die Erleichterung ihrer Aufgabe bedeuten könnte, zu akzeptieren und – falls erforderlich – zur Kenntnis zu nehmen. Nachdem es nun sicher ist, daß die sowjetischen Stellen ihrerseits praktische Maßnahmen dieser Art nicht behindern würden, hegen die Kommandantur und der Senat die Hoffnung, daß in Zukunft Helfer aller Seiten imstande sein werden, einen gemeinsamen Beitrag zu ihrem natürlichen menschlichen Auftrag zu leisten.

Erläuterungen

Von sofort an sind auf dem

- Berlin-Spandauer Schiffahrtskanal, Humboldt-Hafen und Spree von Kieler Brücke (km 10,6) bis westlich Marschallbrücke (km 15,1) und
- Spree von Schillingbrücke (km 19,3) bis Einmündung Flutgraben (km 21,3) für von Berlin (West) aus in eine akute Notlage geratene Personen auch von Berlin (West) aus Rettungsmaßnahmen möglich, sofern nicht bereits Kräfte aus Ostberlin am Unglücksort eingetroffen sind.

1. In erster Linie ist die Berliner Feuerwehr befugt, Rettungsmaßnahmen durchzuführen. Sie darf dazu auf und in den Gewässern auch ein Rettungsboot, Taucher und sonstige Hilfsmittel zur Rettung Verunglückter einsetzen.

2. Auch Angehörige der Polizei und des Zolls sowie Passanten dürfen vom Ufer aus durch das Zuwerfen von Rettungsringen, Leinen

und anderen Hilfsmitteln Hilfe leisten. Sofern derartige Hilfeleistungen nicht zum Erfolg führen oder erkennbar nicht zum Erfolg führen können und die Berliner Feuerwehr noch nicht am Unglücksort eingetroffen ist, dürfen diese Personen auf und in den Gewässern auch erste Rettungsmaßnahmen durchführen.

3. Rettungsmaßnahmen sind kenntlich zu machen bzw. anzukündigen. Hierfür werden innerhalb eines halben Jahres am West-Berliner Ufer Rettungssäulen aufgestellt werden, die mit einem elektro-akustischen und einem optischen Signal ausgerüstet sowie mit einem Rettungsring mit Leine versehen werden.

4. Bis zur Inbetriebnahme der Rettungssäulen sind die Rettungsmaßnahmen durch Signale mit blauer Rundumleuchte und Einsatzhorn sowie einer Mitteilung durch Megaphon kenntlich zu machen bzw. anzukündigen.

Privatpersonen alarmieren deshalb bei Wahrnehmung eines Unglücks – sofern möglich – sofort
die Berliner Feuerwehr – Notruf 112 – oder
den Polizeipräsidenten in Berlin – Notruf 110 –.

Bis die Rettungssäulen in Betrieb gesetzt werden können, ist es daher Privatpersonen praktisch nicht möglich, über die Hilfeleistungen vom Ufer aus hinausgehende Rettungsmaßnahmen durchzuführen.

5. Bei Eintreffen von Kräften aus Ostberlin am Unfallort sind diese – sofern bereits Rettungsmaßnahmen durchgeführt wurden – über die Lage am Unfallort in Kenntnis zu setzen. Sie werden Mitteilung machen, wenn sie im Einzelfall eine Unterstützung bei eigenen Rettungsmaßnahmen für erforderlich halten. Auf ihre Aufforderung hin haben sich zu Rettungsmaßnahmen befugte Personen vom Unglücksort zurückzuziehen. Gerettete Personen dürfen mit Zustimmung der Kräfte aus Ostberlin – wenn diese am Unglücksort nicht anwesend sind, auch ohne eine solche Zustimmung – sofort nach Berlin (West) transportiert werden.

Quelle: Bundesministerium für innerdeutsche Beziehungen in Zusammenarbeit mit dem Gesamtdeutschen Institut – Bundesanstalt für Gesamtdeutsche Aufgaben –.

Botschaft der UdSSR informierte über Standpunkt der sowjetischen Seite zu Westmächte-Erklärung

Berlin (ADN). Im Zusammenhang mit der in der Westpresse veröffentlichten Erklärung des Westberliner Senats und der Behörden der drei Mächte in Westberlin anläßlich des Briefwechsels zwischen der Regierung der DDR und dem Senat von Berlin (West) über die Maßnahmen zur Rettung bei Unfällen in den Grenzgewässern der DDR zu Westberlin wurde ein Korrespondent des ADN in der Botschaft der UdSSR in der DDR über den Standpunkt der sowjetischen Seite zu dieser Erklärung informiert.

Die sowjetische Seite schätzt die konstruktiven Anstrengungen der DDR hoch ein, die in Ausübung ihrer souveränen Rechte und ausgehend von humanitären Überlegungen guten Willen für die Erreichung der oben erwähnten Vereinbarung mit dem Senat von Westberlin gezeigt hat. Damit hat die Regierung der DDR erneut ihr Bestreben demonstriert, in sachlichem Geiste die Entspannung und Normalisierung ihrer Beziehungen zu Westberlin zu fördern.

Die Botschaft der UdSSR in der DDR kann diese Entscheidung der Regierung der DDR, die unzweifelhaft Billigung auch bei der Bevölkerung Westberlins finden wird, nur begrüßen.

Jedoch müssen die naiven Versuche der westlichen Seite Verwunderung hervorrufen, in ihrer oben erwähnten Erklärung die Verwirklichung der Vereinbarung zwischen der Regierung der DDR und dem Senat von Westberlin von irgendeiner Zustimmung der sowjetischen Organe des bekanntlich längst nicht mehr existierenden „sowjetischen Sektors" abhängig zu machen. Diese Versuche können nichts an der unbestreitbaren Tatsache ändern, daß Berlin die Hauptstadt der DDR war und bleibt.

Quelle: ND vom 30.10.1975.

Antwort der drei Westmächte auf den Protest des sowjetischen Außenministeriums am 3. August 1976 betreffend Einbeziehung Berlins in die Direktwahl zum Europäischen Parlament

Die drei Mächte haben, in Übereinstimmung mit den festgelegten Verfahren und soweit wie mit alliierten Rechten und Verantwortlichkeiten vereinbar, 1957 die Erstreckung des Vertrages zur Gründung der Europäischen Wirtschaftsgemeinschaft auf die Westsektoren Berlins gebilligt. Auf der gleichen Grundlage haben sie in der Folgezeit die Erstreckung anderer Gründungsverträge der Europäischen Gemeinschaft auf die Westsektoren gebilligt. Folglich sind die Westsektoren Berlins seit 1957 in den Anwendungsbereich dieser Verträge einbezogen.

Die drei Mächte haben seitdem stets sichergestellt, daß alliierte Rechte und Verantwortlichkeiten, einschließlich solcher, die Angelegenheiten von Sicherheit und Status betreffen, nicht durch Entwicklungen in der Europäischen Gemeinschaft berührt wurden. Das Viermächte-Abkommen hat in keiner Weise die Anwendung der EG-Verträge in den Westsektoren Berlins berührt.

Direktwahlen zum Europäischen Parlament, an dessen Arbeit Abgeordnete aus den Westsektoren Berlins seit seinem Bestehen beteiligt sind, waren im EWG-Vertrag von 1957 festgelegt. Die drei Mächte haben entschieden, daß bei Durchführung der Direktwahlen Abgeordnete aus den Westsektoren Berlins dem Kontingent der Bundesrepublik am Parlament weiterhin angehören. Sie werden nicht unmittelbar gewählt, sondern durch das Berliner Abgeordnetenhaus bestimmt werden.

Unter diesen Umständen ist es offensichtlich, daß die weitere Beteiligung Berliner Abgeordneter am Europäischen Parlament den Status von Berlin nicht berühren wird. Eine derartige Beteiligung kann daher keine Verletzung des Viermächte-Abkommens darstellen.

Die Regierung der Vereinigten Staaten wird ihrerseits weiterhin eine Politik verfolgen, die darauf gerichtet ist, Komplikationen in und um Berlin zu verhindern.

Quelle: „Die Welt" vom 22.9.1976.

Der Wortlaut der S-Bahn-Vereinbarung*

Die von ihren Vorgesetzten beauftragten Senatsrat Hinkefuß und Hauptabteilungsleiter Reichsbahn-Hauptdirektor Dr. Meißner haben im Zusammenhang mit der künftigen Durchführung des S-Bahnverkehrs in Berlin (West) folgendes vereinbart:

I.

1. Die Deutsche Reichsbahn – Reichsbahndirektion Berlin – wird den Betrieb der S-Bahn in Berlin (West) am 9. Januar 1984, 3 Uhr, einstellen.

Die Betriebsdurchführung der S-Bahn einschließlich Unterhaltung, Verkehrssicherung oder Nutzung aller S-Bahnstrecken nebst den dazugehörigen Anlagen, Einrichtungen und Betriebsmitteln wird vom gleichen Zeitpunkt an von einer vom Senat zu bestimmenden Stelle aus Berlin (West) wahrgenommen.

Der Bereich der S-Bahn ist in Plänen dargestellt, die Bestandteil dieser Vereinbarung sind.

Auf dem Streckenabschnitt Lehrter Stadtbahnhof–Friedrichstraße werden die S-Bahnzüge mit Zugpersonal der Deutschen Reichsbahn besetzt.

2. Statusfragen bleiben durch diese Vereinbarung unberührt.

II.

1. Die vom Senat zu bestimmende Stelle aus Berlin (West) übernimmt die bei der Deutschen Reichsbahn zum Zeitpunkt der Änderung der Betriebsdurchführung für die S-Bahn beschäftigten S-Bahn-Arbeitskräfte mit Wohnsitz in Berlin (West).

2. Anlagen und Einrichtungen aus dem Betriebsbereich des einen, die für den Betrieb des anderen erforderlich sind, werden entsprechend dem Bedarf auch für den anderen vorgehalten und betrieben.

Diese Anlagen und Einrichtungen sind in den Beschreibungen zu den in I. 1. genannten Plänen aufgeführt.

Änderungen und Ergänzungen werden durch die Beauftragten gemäß V. vereinbart.

* Fundstelle: Der Tagesspiegel vom 30.12.1983.

3. Die gegenseitigen Arbeitsleistungen einschließlich der Leistungen für die Instandsetzung und Unterhaltung dieser Anlagen und Einrichtungen werden nach dem Protokollvermerk Nr. 4 berechnet.

III.

An den der Deutschen Reichsbahn entstehenden Kosten des S-Bahnverkehrs zwischen den Bahnhöfen Lehrter Stadtbahnhof und Friedrichstraße beteiligt sich die vom Senat zu bestimmende Stelle aus Berlin (West) mit einem Betrag von 1,1 Mio DM für das Jahr 1984, der jährlich entsprechend den Veränderungen des in Berlin (West) amtlich veröffentlichten „Preisindex für die Lebenshaltung aller privaten Haushalte" gegenüber dem Vorjahr anzupassen ist.

IV.

Die Zahlungen an die Deutsche Reichsbahn für Leistungen gemäß II. 3. erfolgen auf ein freiverfügbares DM-Konto der Deutschen Reichsbahn in Berlin (West).

Die Zahlungen an die Deutsche Reichsbahn für Leistungen gemäß III. erfolgen im Rahmen des Berliner Abkommens.

Die Zahlungen sind jährlich jeweils bis zum 15. April, erstmalig bis 15. April 1984, zu leisten.

V.

Beide Seiten werden Beauftragte benennen, deren Aufgabe es ist,

die zur Durchführung dieser Vereinbarung notwendigen Maßnahmen abzustimmen und Meinungsverschiedenheiten und Schwierigkeiten, die sich im einzelnen ergeben, zu klären,

die Zusammenarbeit zwischen der S-Bahn und der Deutschen Reichsbahn sicherzustellen sowie

die Pläne nach I. 1. zu aktualisieren.

Die Beauftragten kommen auf Ersuchen einer Seite zusammen. Sie werden zur Lösung technischer Fragen Mitarbeiter benennen, die regelmäßige Besprechungen in beiderseitigen Dienstgebäuden in Berlin (West) durchführen. Der Austausch von Informationen und Unterlagen kann in den Besprechungen erfolgen.

VI.

Die Vereinbarung tritt am 9. Januar 1984, 3 Uhr, in Kraft.

Protokollvermerk Nr. 1

1. Die S-Bahnfahrkarten, die von der Deutschen Reichsbahn auf dem Bahnhof Friedrichstraße verkauft werden, gelten auf dem gesamten S-Bahnnetz in Berlin (West).

Die daraus erzielten Einnahmen sind bei der Berechnung des Nutzungsentgeltes gemäß III. berücksichtigt.

Fahrausweise des S-Bahnbetreibers in Berlin (West) werden bei Fahrtantritt auf dem Bahnhof Friedrichstraße anerkannt.

2. Die Deutsche Reichsbahn erklärt sich bereit, gegen Bezahlung nach dem dafür geltenden Tarif Überführungsfahrten zum Anschlußgleis der Firma Waggon-Union und zurück durchzuführen. Dabei werden die Überführungswagen des S-Bahnbetriebswerkes Wannsee benutzt.

Protokollvermerk Nr. 2

1. Anlagen, die im Betriebsbereich des anderen liegen, werden kostenlos von diesem bis zu ihrer Beseitigung geduldet und der Zugang gewährleistet. Verkehrssicherungspflicht, Unterhaltungslast (Reparatur und Werterhaltung), Erneuerung oder Beseitigung solcher Anlagen obliegen dem Nutzer.

2. Jede Seite kann die Beseitigung von unter 1. fallenden Anlagen verlangen. Die Kostentragung richtet sich nach 7. dieses Protokollvermerkes.

3. Jede Seite wird der anderen – nach Abstimmung – zur Realisierung von Bauabsichten an Verkehrsanlagen, auch für Kreuzungen oder sonstige Überschneidungen, die Inanspruchnahme von Teilflächen kostenlos und ohne Aufrechnung ermöglichen und dem Kreuzen mit Leitungstrassen zustimmen. Dies gilt auch für zeitlich befristete Maßnahmen.

4. Baumaßnahmen, die Auswirkungen auf den Betriebsbereich des anderen haben, werden schriftlich angekündigt und in Form von Beschreibungen und Plänen dargestellt. Die Maßnahmen werden abgestimmt.

5. Jede Seite führt bauliche Maßnahmen, die sie veranlaßt, auch im Betriebsbereich des anderen selbst durch, soweit nicht darauf verzichtet wird.

Die einzubauenden Bauteile müssen die jeweiligen Anforderungen der eisenbahntechnischen Sicherheit des Betreibers erfüllen. Werden diese Anforderungen unter Beachtung der Kompatibilität zu den vorhandenen Anlagen nachweisbar erfüllt, besteht die freie Wahl der Fabrikate.

Beide Seiten können bei Baumaßnahmen an der Grenze zwischen den Bereichen an die andere Seite Forderungen stellen, die über den vorhandenen Zustand hinausgehen, wenn dies – nach Abstimmung – durch die technische Weiterentwicklung begründet und sowohl technisch als auch wirtschaftlich vertretbar ist.

6. Für die Deutsche Reichsbahn errichtete oder umgebaute Anlagen werden binnen 12 Werktagen nach Mitteilung über die Fertigstellung übernommen. Die Übernahme kann nach eisenbahntechnischer Schlußkontrolle wegen begründeter wesentlicher Mängel bis zu deren Beseitigung verweigert werden.

Gewährleistungsfristen werden schriftlich mitgeteilt; Mängelanzeigen, die Gewährleistungsansprüche begründen können, müssen schriftlich einen Monat vor Fristablauf dem anderen vorliegen.

7. Die Kosten für abgestimmte bauliche Maßnahmen trägt der Veranlasser.

Eine gegenseitige Kostenerstattung für erhöhte Unterhaltungskosten wird ausgeschlossen.

Wenn Anlagen des anderen zu beseitigen sind, die zu diesem Zeitpunkt nicht betriebsfähig oder außer Betrieb sind, umfaßt die Kostentragung nur deren Beseitigung.

8. Bei der Änderung von Anlagen des anderen kann nach Zustimmung durch den anderen geeignetes Material aus abzubauenden Anlagen weiter verwendet werden. Über nicht verwendbares Material verfügt der Kostenträger der Maßnahme.

Beide Seiten verzichten darauf, den Ersatz von Aufwendungen geltend zu machen, die aus der Abstimmung von Maßnahmen des anderen, technischen Bearbeitungen sowie aus Maßnahmen und Vorkehrungen zur Bau- und Betriebssicherheit entstehen.

Betriebserschwernisse sind von beiden Seiten nach Möglichkeit zu vermeiden.

Die Kosten für unvermeidliche Betriebserschwernisse werden vom Veranlasser getragen.

9. Jede Seite haftet für Schäden, die vorsätzlich oder grob fahrlässig von einem ihrer Angehörigen verursacht werden. Dies gilt auch dann, wenn sich das Verschulden darauf beschränkt, daß eine Seite es unterlassen hat, den anderen auf die Gefahr eines Schadens aufmerksam zu machen, die dieser weder kannte noch ken-

nen mußte, oder daß sie es unterlassen hat, den Schaden abzuwenden oder zu mindern.

10. Die Festlegungen unter 1. bis 9. beziehen sich nur auf den Vereinbarungsgegenstand.

11. Für Flächen hinter den Endbahnhöfen ist der Senat zuständig für Unterhaltung und Verkehrssicherungspflicht.

Protokollvermerk Nr. 3

1. Der Tunnel der Nord-Süd-Bahn zwischen km 0,9 + .61 und km 4,0 + 24 einschließlich des Haltepunktes Friedrichstraße sowie die Strecke der Nordbahn zwischen km 2,7 und 2,9 werden für den Betreiber der S-Bahn in Berlin (West) betriebsfähig konserviert. Die S-Bahn-Fläche der Nord-Bahn zwischen km 2,9 + 0 bis km 3,2 + 4,6 und zwischen km 1,6 + 39,9 bis km 3,1 + 95 einschließlich des Haltepunktes Wollankstraße wird konserviert.

2. Auf Wunsch des Betreibers der S-Bahn in Berlin (West) können durch Absprache zwischen den Beauftragten betriebsfähig konservierte Strecken auch betrieben oder konserviert bzw. konservierte Strecken auch betrieben werden. Die Kosten für die betriebsfähige Herstellung konservierter Strecken und Anlagen trägt der Betreiber der S-Bahn in Berlin (West).

Weiter kann auf Nutzung, betriebsfähige Konservierung oder Konservierung ganz oder teilweise verzichtet werden. Der Verzicht ist bis zum 30. Juni zum Ende des Kalenderjahres zu erklären.

3. Für die Nutzung aller oben genannten Strecken ist ein Betrag von 4,7 Mio DM pro Jahr, für die betriebsfähige Konservierung von 2 Mio DM pro Jahr und für die Konservierung von 1,1 Mio DM pro Jahr nach dem Stand vom 1.1.1984 zu entrichten. Bei teilweiser Nutzung, betriebsfähiger Konservierung oder Konservierung der oben genannten Strecken werden die an die Deutsche Reichsbahn zu zahlenden Kosten anteilig berechnet.

Die Kosten gemäß 1. betragen 1,8 Mio DM pro Jahr.

Für die Zahlungsmodalitäten gelten III. und IV. der Vereinbarung.

Protokollvermerk Nr. 4

1. Mitbenutzung von Stellwerken der Deutschen Reichsbahn auf Strecken mit S-Bahnverkehr.

Die Arbeitsleistungen (Stellwerkshandlungen), die auf Stellwerken der Deutschen Reichsbahn für den S-Bahnverkehr erbracht werden, werden nach Anteilen und Verrechnungsstundensätzen gemäß der diesem Protokollvermerk beigefügten Anlage abgerechnet.

Nach dem gleichen Anteil und den gleichen Verrechnungsstundensätzen werden auch die anfallenden Kosten für Unterhaltungs- und Instandhaltungsmaßnahmen der oben genannten Stellwerke vergütet. Die Instandhaltungsmaßnahmen sind vorher abzustimmen.

Bei der Beseitigung von Störungen bei den dem S-Bahnverkehr dienenden Stellwerkseinrichtungen erfolgt die Abrechnung nach den anfallenden Arbeitsstunden gemäß Anlage zuzüglich der Kosten für das verwendete Material auf der Grundlage spezifizierter Rechnungen.

2. Mitbenutzung von Strecken

Die Abrechnung für die Mitbenutzung von Strecken erfolgt nach Achskilometern, wobei je Achskilometer 0,40 DM angesetzt werden.

3. Mitbenutzung von Ver- und Entsorgungseinrichtungen

Rechnungen der Versorgungsunternehmen für Strom-, Wasserbezug und Abwasserbeseitigung werden entsprechend dem Verbrauch aufgeteilt. Aufwendungen für gemeinschaftlich genutzte Teile der Versorgungsanlagen werden entsprechend verteilt, worüber sich die Beauftragten abstimmen werden.

Protokollvermerk Nr. 5

1. Die Abgrenzung zwischen den Bereichen wird durch Linien getroffen, die durch Punkte bestimmt werden.

Die Punkte werden örtlich markiert. Dies erfolgt durch Rohrpfosten (alternativ: Betonfertigteile, Meißelzeichen), die ca. 10 cm aus dem Boden herausragen und mit hellblauer Farbe gekennzeichnet sind.

2. Die örtliche Festlegung der Markierung erfolgt einvernehmlich bei gemeinsamen Begehungen auf der Grundlage der abgestimmten Pläne. Abweichungen, die sich bei der Übertragung in die Örtlichkeit ergeben können, werden bei den gemeinsamen Begehungen im Zusammenhang mit der örtlichen Markierung bereinigt.

Der Senator für Bau- und Wohnungswesen wird danach die Rohrpfosten (alternativ: Betonfertigteile, Meißelzeichen) liefern, setzen, numerieren, aufmessen, vermessungstechnisch in das Lagefestpunktfeld der Deutschen Reichsbahn und in das Lagefestpunktfeld von Berlin (West) einrechnen und in Übersichtspläne eintragen. Hierfür stellt die Deutsche Reichsbahn auf Anforderung ihre vermessungstechnischen Unterlagen, wie Einrechnungsunterlagen, Feldrisse usw., zur Verfügung.

Die Übersichtspläne mit vermessungstechnischen Eintragungen und die Koordinatenverzeichnisse erhält die Deutsche Reichsbahn nach Abstimmung zwischen den Beauftragten entsprechend dem Bearbeitungsfortschritt.

3. Die Änderung von Markierungen sowie das Setzen zusätzlicher Zwischenpunkte erfolgt, soweit eine Stelle dies wünscht. Es gilt 2.

4. Die Unterhaltung der Markierung einschließlich der Wiederherstellung obliegt dem Senator für Bau- und Wohnungswesen.

5. Beide Seiten verzichten auf den Ersatz von Aufwendungen aus 1.-4. Hierzu gehören auch die Personal- und Sachleistungen sowie die Vorkehrungen zur Bau- und Betriebssicherung.

Mündliche Erklärung Meißners

1. Über die genannten 672 S-Bahn-Arbeitskräfte hinaus gibt es im Zeitpunkt des Inkrafttretens dieser Vereinbarung keine weiteren S-Bahn-Mitarbeiter.

2. Die betriebenen S-Bahnanlagen und -einrichtungen in Berlin (West) sind im Zeitpunkt des Inkrafttretens dieser Vereinbarung entsprechend den Bestimmungen der Deutschen Reichsbahn betriebssicher.

3. Beim Umsteigen zwischen der U-Bahnlinie C und der S-Bahn sowie zwischen den S-Bahnlinien wird auf dem Bahnhof Friedrichstraße kein zusätzliches Fahrgeld erhoben.

Für die von der Deutschen Reichsbahn auf dem Bahnhof Friedrichstraße verkauften S-Bahnfahrkarten gelten die Fahrpreise, die auf den S-Bahnstrecken in Berlin (West) Anwendung finden.

Protokollvermerk zum Verkehrs- und Baumuseum*

Es wurde Einvernehmen zu folgendem erzielt:

1. Das Verkehrs- und Baumuseum wird ab 1.2.1984 durch eine Stelle aus Berlin (West) verwaltet.

2. Ausgewählte Exponate des Verkehrs- und Baumuseums werden dem Verkehrsmuseum der DDR in Dresden als Dauerleihgabe überlassen.

Die Auswahl ist durch Beauftragte beider Seiten bis zum oben genannten Zeitpunkt vorzunehmen.

3. Der Senat beteiligt sich an den Aufwendungen der Deutschen Reichsbahn zur Erhaltung des Museums mit einem Betrag in Höhe von 3,0 Mio. DM, der auf ein freiverfügbares Konto der Deutschen Reichsbahn in Berlin (West) eingezahlt wird.

4. Statusfragen bleiben durch diese Regelung unberührt.

* Fundstelle: Der Tagesspiegel vom 30.12.1983.

BK/O (83) 9 vom 28. Dezember 1983*

Betrifft: **S-Bahn**

1. Die Alliierte Kommandatura hat den Entwurf einer Vereinbarung über die Voraussetzungen der Integration der S-Bahn-Linien in das öffentliche Nahverkehrsnetz geprüft, die nach Gesprächen zwischen dem Senat und der Deutschen Reichsbahn auf der Grundlage und im Rahmen der durch BK/O (83) 7 erteilten Ermächtigung ausgearbeitet wurde.

2. Sie erteilt durch vorliegende BK/O die gemäß den Bestimmungen von Nr. 2 (2) der oben genannten BK/O (83) 7 erforderliche Ermächtigung.

3. Dabei weist sie nochmals darauf hin, daß:

(A) diese Vereinbarung, die lediglich technischer Natur ist, die Rechte und Verantwortlichkeiten der Alliierten, insbesondere auf dem Gebiet der Kontrolle der betroffenen Einrichtungen und des Vermögens, deren Status unverändert bleibt, nicht berühren darf;

(B) das in den Westsektoren Berlins befindliche Reichseisenbahnvermögen demzufolge weiterhin der Kontrolle des jeweiligen Sektoren-Kommandanten unterliegt.

4. In Anbetracht der erwähnten Rechte und Verantwortlichkeiten ist die vorherige Ermächtigung der Alliierten Kommandatura vor der Verkündung etwaiger Rechtsvorschriften über den Betrieb der S-Bahn durch eine vom Senat zu bestimmende Stelle erforderlich.

Für die Alliierte Kommandatura Berlin
Jean Fargue
Vorsitzführender
Amtierender Stellvertretender Kommandant

* GVBl. 1984, S. 56.

Vereinbarungen zwischen dem Senat von Berlin und der Regierung der DDR

Reise- und Besuchsregelung

1. 20.12.1971

Vereinbarung zwischen dem Senat und der Regierung der DDR über Erleichterungen und Verbesserungen des Reise- und Besucherverkehrs.

1.1 16.12.1971

BKC/L (71)2 – Genehmigung der Reise- und Besuchsvereinbarung, Genehmigung der Vereinbarung über den Gebietsaustausch und Genehmigung des Protokollvermerks betreffend Verbesserung von Kommunikationen.

1.2 20.12.1971

Protokollvermerk zur Vereinbarung zwischen dem Senat und der Regierung der DDR über Erleichterungen und Verbesserungen des Reise- und Besucherverkehrs.

1.3 20.12.1971

Protokollvermerk betreffend die Tätigkeit der Büros für Besuchs- und Reiseangelegenheiten.

1.4 20.12.1971

Briefwechsel betreffend die Öffnung von Übergangsstellen.

1.5 20.12.1971

Mündliche Erklärung von StS Kohrt betr. Einreiseverweigerungen und persönliche Sicherheit.

1.6 20.12.1971

Erklärung der Regierung der DDR zur Durchführung des Reise- und Besucherverkehrs von Personen mit ständigem Wohnsitz in Berlin (West).

1.7 12.6.1972

Protokollvermerk über die medizinische und gesundheitliche Betreuung sowie den Krankentransport von Personen mit ständigem Wohnsitz in Berlin (West).

1.8 3.10.1972

Briefwechsel betr. die globale Abrechnung der Einreisegenehmigungsgebühren.

1.9 11.4.1974

Protokollvermerk über die Änderung des Protokollvermerks vom 12.6.1972 betr. die medizinische und gesundheitliche Betreuung von Personen mit ständigem Wohnsitz in Berlin (West).

1.10 19.12.1975

Briefwechsel betr. die Öffnung eines Überganges in nördlicher Richtung.

1.11 16.11.1978

Schreiben des Ministerrats der Deutschen Demokratischen Republik, Ministerium für Auswärtige Angelegenheiten, an den Beauftragten des Senats, Herrn Senatsrat Gerhard Kunze, betr. Zulassung der Grenzübergangsstelle bei Stolpe-Dorf für die Einreise mit Kraftfahrzeugen im Reise- und Besucherverkehr.

1.12 16.11.1978

Antwortschreiben des Regierenden Bürgermeisters von Berlin, Senatskanzlei, an den Beauftragten der Regierung der Deutschen Demokratischen Republik für den Reise- und Besucherverkehr, Herrn Abteilungsleiter Dr. Walter Müller, betr. Zulassung der Grenzübergangsstelle bei Stolpe-Dorf für die Einreise mit Kraftfahrzeugen im Reise- und Besucherverkehr.

1.13 31.10.1979

Briefwechsel über die Pauschalabgeltung von Straßenbenutzungsgebühren für Pkw bei der Einreise im Reise- und Besucherverkehr zwischen dem Beauftragten des Senats für den Reise- und Besucherverkehr, Herrn Senatsrat Gerhard Kunze, und dem Beauftragten der Regierung der Deutschen Demokratischen Republik für den

Reise- und Besucherverkehr, Herrn Abteilungsleiter Dr. Walter Müller.

1.14 18.6.1982

Briefwechsel über die Grenzübergangsstelle bei Stolpe-Dorf (Einreise als Fußgänger und per Bus) zwischen dem Beauftragten des Senats für den Reise- und Besucherverkehr, Herrn Senatsrat Gerhard Kunze, und dem Beauftragten der Regierung der Deutschen Demokratischen Republik für den Reise- und Besucherverkehr, Herrn Abteilungsleiter Dr. Walter Müller.

1.15 18.6.1982

Einseitige Mitteilung (mündliche Erklärung, schriftlich übergeben) über die Verlängerung der Aufenthaltsdauer bei Einreisen für einen Tag bis 2.00 Uhr des Beauftragten der Regierung der Deutschen Demokratischen Republik für den Reise- und Besucherverkehr, Herrn Dr. Walter Müller, gegenüber dem Beauftragten des Senats für den Reise- und Besucherverkehr, Herrn Senatsrat Gerhard Kunze.

Gebietsaustausch

2. 20.12.1971

Vereinbarung zwischen dem Senat und der Regierung der DDR über die Regelung der Frage von Enklaven durch Gebietsaustausch.

2.1 20.12.1971

Protokollvermerke zu Art. 1, 2, 3 und 5 der Vereinbarung zwischen dem Senat und der Regierung der DDR über die Regelung der Frage von Enklaven durch Gebietsaustausch.

2.2 2.6.1972

Protokollerklärungen vom 31.5., 1. und 2.6.1972 zum Protokoll über die Durchführung der Vereinbarung vom 20.12.1971 zwischen dem Senat und der Regierung der DDR über die Regelung der Frage von Enklaven durch Gebietsaustausch.

2.3 2.6.1972

Protokoll über die Durchführung der Vereinbarung zwischen dem Senat und der Regierung der DDR über die Regelung der Frage von Enklaven durch Gebietsaustausch vom 20.12.1971.

2.4 3.6.1972

Schlußerklärung über den Vollzug des Gebietsaustausches.

2.5 3.6.1972

BK/O (72) 6 vom 3.6.1972 – Zuordnung der durch Gebietsaustausch erworbenen Gebiete zum amerikanischen, britischen und französischen Sektor.

2.6 9.4.1974

Übergabeprotokoll betr. Übergabe der vorhandenen Grundbücher, Grundakten, Nachweise und Unterlagen des Liegenschaftskatasters sowie alle weiteren Akten und Urkunden.

2.7 9.4.1974

Protokoll über die Wiederherstellung von Grenzsteinen.

2.8 3.6.1984

Protokoll über die Wiederherstellung von Grenzmarkierungen (Brücke Steinstücken).

Kommunikation

3. 20.12.1971

Protokollvermerk betr. die Verbesserung von Kommunikationen.

Abwässervereinbarungen

4. 31.7.1968

Briefwechsel betr. die Verbringung von Abwässern (BauWohn – Amt für Wasserwirtschaft).

5. 12.12.1974

1. Vereinbarung über die Fortleitung und Behandlung von Abwasser aus Berlin (West) (BauWohn/MfV).

5.1 12.12.1974

Protokollvermerk zur Vereinbarung über die Fortleitung und Behandlung von Abwasser aus Berlin (West) betr. die Verrechnung von Forderungen aus Entwässerungsleistungen für die Deutsche Reichsbahn.

5.2 18.3.1980

2. Vereinbarung über die Fortleitung und Behandlung von Abwasser aus Berlin (West) (SenBauWohn/MfV).

5.3 28.9.1982

Vereinbarung über Gewässerschutz zwischen SenStadtUm und MfUW).

Gebiet am ehemaligen Potsdamer Bahnhof

6. 21.7.1972

Vereinbarung zwischen dem Senat und der Regierung der DDR über die Einbeziehung des Gebietes am ehemaligen Potsdamer Bahnhof in die Vereinbarung vom 20.12.1971 über die Regelung der Frage von Enklaven durch Gebietsaustausch.

6.1 20.7.1972

BKC/L (72) 1 – Genehmigung der Vereinbarung über den Gebietsaustausch am ehemaligen Potsdamer Bahnhof.

6.2 21.7.1972

Protokollvermerk zu Artikel 1.

6.3 21.7.1972

Protokollvermerk zu Artikel 3.

6.4 21.7.1972

BK/O (72) 9 – Zuordnung des Gebietes am ehemaligen Potsdamer Bahnhof zum britischen Sektor; Eigentumsübertragung auf das Land Berlin.

Nutzungsvereinbarung U-Bahn-Wendeanlage

7. 3.6.1975

Nutzungsvereinbarung betr. U-Bahn-Wendeanlage im Gebiet des ehemaligen Potsdamer Bahnhofs.

7.1 3.6.1975

Protokollnotiz vom 3.6.1975 zur Nutzungsvereinbarung.

Rettungsmaßnahmen an der Sektorengrenze

8. 29.10.1975

Briefwechsel betr. Rettungsmaßnahmen auf Grenzgewässern (Sen Inn/MfAA).

Südgelände

9. 21.2.1974

Grundsatzvereinbarung betr. die Umgestaltung von Verkehrsanlagen im Südbereich Berlins (Bau/Wohn/MfV).

9.1 21.2.1974

Briefwechsel vom 21.2.1974 zur Grundsatzvereinbarung betr. die die Umgestaltung von Verkehrsanlagen im Südbereich Berlins.

9.2 24.1.1980

Festlegungen betr. die Umgestaltung von Verkehrsanlagen im Südbereich Berlins (SenBauWohn/MfV).

10.1 19.12.1975

Mitteilung der DDR über die Führung der Reisezüge über den Übergang Staaken und die Einrichtung von Verkehrshalten in Wannsee, Charlottenburg und Spandau.

10.2 19.12.1975

BK/O (75) 15 – Genehmigung von vorgesehenen Änderungen im Betrieb der DR in den Westsektoren von Berlin und an den diesem Betrieb dienenden Einrichtungen.

10.3 1.12.1977

Vereinbarung über den Neubau einer Schleusenkammer der Schleuse Spandau.

10.4 16.11.1978

Schreiben des Ministerrats der Deutschen Demokratischen Republik, Ministerium für Verkehrswesen, Hauptverwaltung der Wasserstraßen und der Binnenschiffahrt, an den Senator für Bau- und Wohnungswesen, z.Hd. Herrn Senatsrat Dr. Klaus Melsheimer, betreffend die Schaffung der technischen Voraussetzungen für die Öffnung des Teltow-Kanals

10.5 16.11.1978

Antwortschreiben des Senators für Bau- und Wohnungswesen an das Ministerium für Verkehrswesen der Deutschen Demokratischen Republik, Hauptverwaltung der Wasserstraßen und der Binnenschiffahrt, z.Hd. des Hauptverwaltungsleiters Herrn Klaus Sommer, betreffend die Schaffung der technischen Voraussetzungen für die Öffnung des Teltow-Kanals.

10.6 16.11.1978

Mündliche Erklärung des Leiters der Hauptverwaltung der Wasserstraßen und der Binnenschiffahrt im Ministerium für Verkehrswesen der Deutschen Demokratischen Republik, Klaus Sommer, gegenüber dem Senatsrat beim Senator für Bau- und Wohnungswesen, Dr. Klaus Melsheimer, zu Fragen der Unterhaltung des Teltow-Kanals.

10.7 16.11.1978

Mündliche Erklärung des Senatsrats beim Senator für Bau- und Wohnungswesen, Dr. Klaus Melsheimer, gegenüber dem Leiter der Hauptverwaltung der Wasserstraßen und der Binnenschiffahrt im Ministerium für Verkehrswesen, Klaus Sommer, zu Fragen der Unterhaltung des Teltow-Kanals.

10.8 16.11.1978

BK/O (78) 9 betr. Genehmigung des Briefwechsels Teltow-Kanal und Erklärung über Unterhaltungsmaßnahmen.

10.9 30.4.1980

Briefwechsel über Verbesserungen für den Betrieb der DR im Bereich Wannsee (SenBauWohn/DR/MfV).

10.10 30.12.1983

S-Bahn-Vereinbarung zwischen Senatskanzlei und DR/MfV.

ABKÜRZUNGEN

AJIL	The American Journal of International Law
AÖR	Archiv des öffentlichen Rechts
BGBl.	Bundesgesetzblatt
BKC/L	Anordnung der Alliierten Kommandantur in schriftlicher Form
BK/L	Schreiben der Alliierten Kommandantur
BK/O	Befehl der Alliierten Kommandantur
BVerfGE	Entscheidung des Bundesverfassungsgerichts
DAP	Deutsche Außenpolitik
DÖV	Die öffentliche Verwaltung
GVBl.	Gesetz- und Verordnungsblatt für Berlin
JR	Juristische Rundschau
VvB	Verfassung von Berlin
VOBl.	Verordnungsblatt
ZaöRV	Zeitschrift für ausländisches öffentliches Recht und Völkerrecht

LITERATURVERZEICHNIS*

Die Berlin-Regelung. Das Viermächte-Abkommen über Berlin und die ergänzenden Vereinbarungen. Hrsg. v. Presse- und Informationsamt der Bundesregierung. Bonn 1972.

Berlin – Quellen und Dokumente von 1945-1951. Heinz Spitzing Verlag. Berlin 1964.

Catudal, Honore M.: The Diplomacy of the Quadripartite Agreement on Berlin. Berlin Verlag Arno Spitz. Berlin 1978.

Czermak, Jan Michael: Die Stellung Berlins in der Rechts-, Gerichts- und Finanzordnung der Bundesrepublik Deutschland. Diss. Bonn 1967.

Doehring, Karl u. Georg Ress: Staats- und völkerrechtliche Aspekte der Berlin-Regelung. Athenäum Verlag. Frankfurt/M. 1972.

Elias, T.O.: The Modern Law of Treaties. Leiden 1974.

Fahrni, Peter: Die Assoziation von Staaten mit anderen Staaten. Zürich (Polygraphischer Verlag) 1968.

Fijalkowski, Jürgen u.a.: Berlin, Hauptstadtanspruch und Westintegration. Westdeutscher Verlag. Köln, Opladen 1967.

Hacker, Jens: Der Rechtsstatus Deutschlands aus der Sicht der DDR. Verlag Wissenschaft und Politik. Köln 1974.

Heidelmeyer, Wolfgang und Günter Hindrichs: Dokumente zur Berlin-Frage 1944-1962. München (R. Oldenbourg Verlag) 1962.

Hennig, Ottfried: Die Bundespräsenz in West-Berlin. Verlag Wissenschaft und Politik. Köln 1976.

Klein, A.A.: Statusverträge im Völkerrecht. Springer Verlag. Berlin–Heidelberg–New York 1980.

Krülle, Siegrid: Die völkerrechtlichen Aspekte des Oder-Neiße-Problems. Berlin (Duncker & Humblot) 1970.

Kurzdokumentation zum Beitritt der Bundesrepublik Deutschland zu den Vereinten Nationen, in: Bundeskanzler Brandt / Bundesaußenminister Scheel, Zur Aufnahme in die Vereinten Nationen. Hrsg. v. Presse- und Informationsamt der Bundesregierung. Bonn 1973.

* Beiträge in Zeitschriften und Sammelordnern sind nicht gesondert aufgeführt.

Legien, Roman: Die Viermächtevereinbarungen über Berlin. 2. Aufl. Berlin 1961.

Magen, Rolf Peter: Staatsrecht. 4. Aufl. Bad Godesberg (Deutscher Beamten Verlag) 1970.

Mahncke, Dieter: Berlin im geteilten Deutschland. R. Oldenbourg Verlag. München, Wien.

Makarow, Alexander N.: Deutsches Staatsangehörigkeitsrecht. 2. Aufl. Frankfurt/M., Berlin 1971.

Mampel, Siegfried: Der Sowjetsektor von Berlin. Frankfurt/M. und Berlin (A. Metzner Verlag) 1963.

Maresca, Adolfo: Il Dritto dei Trattati. Milano 1971.

Maunz, Theodor: Deutsches Staatsrecht. 18. Aufl. München (C.H. Beck Verlag) 1971.

v. Münch, Ingo: Dokumente des geteilten Deutschland. Stuttgart (Kröner) 1968.

Nagel, Willi: Die rechtliche Lage West-Berlins. Diss. Würzburg 1964.

Nawiaski, Hans, Klaus Leusser und Hans Lechner: Die Verfassung des Freistaats Bayern. Ergänzungsband. München 1953.

Nawiaski, Hans: Grundgedanken des Grundgesetzes für Deutschland. Stuttgart und Köln 1950.

Posth, Johannes: Rechtliche Grundlagen der Deutschen Reichsbahn in West-Berlin. Göttingen 1973.

Riklin, Alois: Das Berlinproblem. Köln 1964.

Rottmann, Joachim: Der Viermächte-Status Berlins. Hrsg. v. Bundesministerium f. gesamtdt. Fragen. 2. Aufl. Bonn und Berlin 1959.

Schiedermair, Hartmut: Der völkerrechtliche Status Berlins nach dem Viermächte-Abkommen vom 3. September 1971. Springer-Verlag. Berlin–Heidelberg–New York 1975.

Schröder, Dieter: Die ausländischen Vertretungen in Berlin. Nomos Verlagsgesellschaft. Baden-Baden 1983.

Stern, Herbert J.: Judgement in Berlin. Universe Books. New York 1985. (Deutsche Übersetzung: Ein Richter für Berlin. Roitmann Verlag. München 1984).

Verdross, Alfred: Völkerrecht. 5. Aufl. Berlin–Heidelberg–New York (J. Springer Verlag) 1964.

Verträge, Abkommen und Vereinbarungen zwischen der Bundesrepublik Deutschland und der Deutschen Demokratischen Republik. Mit einem Anhang: Das Viermächte-Abkommen über Berlin vom 3. September 1971. Hrsg. v. Presse- und Informationsamt der Bundesregierung. Bonn 1973.

Virally, Michel: L'administration internationale de l'Allemagne du 8 mai 1945 au 24 avril 1947. Baden-Baden 1948.

Wengler, Wilhelm: Völkerrecht. Berlin–Heidelberg–New York (J. Springer Verlag) 1964.

Wyssozki, V.N.: Westberlin. Verlag Progress. Moskau 1974. Deutsche Übersetzung: Verlag Progress. Moskau 1975.

Zieger, Gottfried (Hrsg.): 10 Jahre Berlin-Abkommen. Schriften zur Rechtslage Deutschlands, Band V. Carl Heymanns Verlag. Köln–Berlin–Bonn–München 1983.

Zivier, Ernst R.: Die Nichtanerkennung im modernen Völkerrecht. 2. Aufl. Berlin (Berlin Verlag Arno Spitz) 1969.

AUTORENREGISTER

Abrassimow, Piotr, 48, 219
Arzinger, Rudolf, 63

Bathurst, Maurice Edward, 144
Baumeister, Dieter, 49, 58, 66, 237
Blumenwitz, Dieter, 239
Boldyriew, Viktor, 55, 62 f., 167, 232
Bothe, Michael, 127, 129
Buschbeck, Konrad, 129

Castren, Erik, 197
Catudal, Honoré M., 48
Czermak, Jan Michael, 124, 160

Doehring, Karl, 193, 211
Doeker, Günther, 220, 235
Draht, Martin, 142

Fahrni, Peter, 143
Fijalkowski, Jürgen, 28, 122, 125, 149
Finkelnburg, Klaus, 87, 112, 143

Hacker, Jens, 49, 148
Hauck, Peter, 28
Heidelmeyer, Wolfgang, 72
Hennig, Ottfried, 136 ff., 244, 254
Hillenbrand, Martin J., 195
Hindrichs, Günter, 14
Holst, Axel, 28

Ipsen, Knut, 149 f., 172

Jung, Otmar, 222
Jurina, Josef, 128

Kaul, Friedrich Karl, 185
Kelsen, Hans, 148
Kemper, Gerd-Heinrich, 28
Kimminich, Otto, 154
Klein, Eckart, 216
Knecht, Willi, 255
Krebs, Hans-Dieter, 255
Kreutzer, Heinz, 142 ff.
Kriele, Martin, 154, 202
Krülle, Siegrid, 148

Lampe, Gisela von, 142, 162
Legien, Roman, 66
Lerche, Peter, 111 f.
Lush, Christopher D., 77, 79, 107, 126 f., 138, 144, 162

Magen, Rolf Peter, 27
Mahnke, Hans-Heinrich, 35 f., 40, 45, 53, 56, 173, 176, 180, 220, 236, 249, 256, 262, 268 ff., 273
Makarow, Alexander N., 169
Mampel, Siegfried, 72, 88 ff., 95 f., 98, 223
Maresca, Adolfo, 197
Maunz, Theodor, 143
Meessen, Karl Matthias, 168, 170
Menzel, Eberhard, 72, 143, 145, 211
Mintzel, Alf, 28
Mußgnug, Reinhard, 103, 119 f., 160, 164

Nagel, Willi, 143

Pestalozza, Christian Graf von, 119, 145, 151
Petrenkow, J. 55
Pfennig, Gero, 142, 162
Poeggel, Walter, 63
Posth, Johannes, 184

Ress, Georg, 193, 211 f.
Riklin, Alois, 14, 18 ff., 27, 30, 33 f., 36, 38, 54, 58 f., 66, 68 f., 74, 95, 139

Rschewski, Juri, 66
Rush, Kenneth, 219 f.

Schiedermair, Hartmut, 53, 195 ff., 209 ff., 220, 226, 228, 230, 232 f., 235 f., 238, 248 f., 253
Schröder, Dieter, 72, 80, 84, 175, 184 ff., 220, 236
Schweisfurth, Theodor, 49, 53, 63, 220, 232
Seiffert, Wolfgang, 189
Sendler, Horst, 145, 151, 156, 158
Silagi, Michael, 223
Stern, Herbert J., 80, 84

Uhlitz, Otto, 143, 159

Verdross, Alfred, 197
Virally, Michel, 148

Well, Günther van, 253 f.
Wengler, Wilhelm, 74, 115, 117, 144, 159, 184, 186 ff.
Werbke, Axel, 128
Wettig, Gerhard, 49, 54 f., 60, 232, 253 f., 262
Wyssozki (Vysocki, V.N.), 54 f., 63, 208, 234, 236

Zivier, Ernst R., 17, 44, 49, 98, 139

SACHREGISTER

A

Aberkennung v. Grundrechten und Parteiverbote, 114
Abgeleitetes Besatzungsrecht, 216
Abgeordnete Berlins im Bundestag, 134 ff.
Abrüstung, 76, 85
Adenauer, Konrad, 63
Agreement not to agree, 220
Alleinvertretungsanspruch, 33
Allgemeiner Verkehrsvertrag, 275 f., 293, 296
Allgemeines Eisenbahngesetz, 191
Alliierte Kommandantur, 289
Als-ob-Theorie, 142 f., 146, 164
Amtsakt, 201
Amtshilfe, 110
Anlage zum Transitabkommen, 204
Annäherungstheorie, 212
Annexion d. Ostsektors durch die DDR, 92
Anschlußverbot, 212, 239
Anwendung d. Grundgesetzes in Berlin, 102
Anwendungsgesetz, 105, 295
Appellationsgerichtshof in Washington, 81
Attorney General, 82
Aufsicht s. Bundesaufsicht
Ausführung d. Bundesgesetze durch bundeseigene Behörden, 121
Ausführung d. Bundesgesetze durch d. Länder, 120
Ausländische Interessen in Berlin, 76
Auslegung, souveränitätsfreundliche 223
Ausnahmezustand, 89
Ausschluß, 270
Ausschluß aus d. Besuchsregelung, 280
Ausschüsse, 243 f.
Austausch, internationaler, 254
Ausweisdokument, besonderes, 280
Außenministerkonferenzen von
– London (1947), 18, 23
– Moskau (1947), 18
– Paris (1946), 18
Außenministerkonferenz v. Paris 1949 (s.a. Pariser Konferenz v. 1949), 25, 202
Außenpolitische Interessenvertretung, 247 ff.
Autobahn Berlin - Hamburg, 268

B

Bahnpolizei, 188
Befehl Nr. 111, 20, 64
Befehlsbefugnis über die Berliner Polizei, 76
Begleitdokumente, 193 ff., 199 f.
Behelfsmäßiger Personalausweis, 252, 269, 280 f., 290
Behinderung, Verbot d., 267
Benutzung v. Kraftwagen, 279
Berechtigungsschein, 281, 285 f.
Berlin-Klausel, 107 f., 161, 255, 295
Berlin-Krise, zweite, 31, 34, 90, 175
Berlin-Wochen des Bundestages, 137
Berliner Außenministerkonferenz 1954 (s.a. Berliner Konferenz 1954), 31 ff.
Berliner Mauer, 38 f.
Berliner Personalausweis, 251 f.
Berliner Polizei, 77

Berliner Sachen, 110 ff., 115, 118, 125, 144
Berliner Verfassungsgerichtshof, 110
Berliner Zollverwaltung, 78
Berzarin, Gen. Oberst, 14
Besatzungsrecht, originäres u. abgeleitetes, 225
Besatzungsstatut f. Berlin (s.a. Kl. Besatzungsstatut), 30
Beschlagnahmebeschluß, 113
Besondere Gerichte f. Berlin (s.a. S. 70 ff.), 79
Beteiligung d. Ostsektors an d. Wahl zur Volkskammer, 95
Betreuung, konsularische, 129, 170
Betriebsrecht, 59
Betriebsvermögen, 187 f.
Bezirksgericht in Washington D.C. s. Distriktgericht in Washington D.C.
Bindungswirkung v. Entscheidungen d. Bundesverfassungsgerichts, 118
Bizone, 19
BKC/L, 52, 131
BK/CL, 77, 253, 256
BK/L, 77, 104 f., 121, 248
BK/O, 16, 76 ff., 101, 104, 107 f., 109 f., 111, 119, 121 f., 129, 289
Blockade, 22-25, 41, 60, 68, 262
Bonsal, Dudley, 80
Brandt-Breznev-Formel, 51
Briefwechsel über d. Arbeitsmöglichkeiten f. Journalisten, 295, 297
Briefwechsel zwischen d. Senat und d. DDR-Regierung über Rettungsmaßnahmen bei Unfällen in Grenzgewässern, 294
Brückmann-Entscheidung, 116
Bürgermeisterkrise, 18
Büro f. Besuchs- und Reiseangelegenheiten, 286 f.
Bundesanstalt f. Arbeit, 125
Bundesaufsicht (s.a. Aufsicht), 121
Bundesbehörden, 244
Bundesbevollmächtigter in Berlin, 245
Bundesgerichte, 243, 245
Bundesgerichtshof, 110, 118, 138, 245
Bundesgesetze über Abgaben (Zölle, Monopole, sonst. Steuern), 108
Bundeskabinett, 243
Bundeskanzler, 243
Bundeskartellamt, 113, 125, 138
Bundesminister, 243
Bundesministerium, 243, 245
bundesmittelbare Körperschaften, 245
Bundesoberbehörde, 125, 138
Bundespaß s. Paßgesetz der BRD
Bundespaßgesetz, 78, 144
Bundespatentamt, 125
Bundespräsenz, 136
Bundespräsident, 42, 45, 243
Bundesrat, 28, 101, 121, 134, 243
Bundesregierung, 45, 243, 257
Bundestag, 28, 43, 48, 101, 134, 243
Bundesumweltamt, 262
Bundesversammlung, 42, 45, 135, 243
Bundesversicherungsanstalt f. Angestellte, 125
Bundesverwaltungsgericht (BVG), 138
Bundesverwaltungsgesetz, 245
Bundeswahlgesetz, 134
Bundeszuschuß, 108
BVerfGE 20 (Salamander-Entscheidung), 116, 157, 271
BVG (Verkehrsbetriebe), 190

C

Camp David, 37
Charta der Vereinten Nationen, 216, 229 ff., 255
Chruschtschow, Nikita, 37
Churchill, Winston, 58

clausula rebus sic stantibus (veränderte Umstände), 66, 68
Crown Proceeding Act, 82 f.

D

Dachtheorie, 150 (s.a. Teilordnungstheorie)
Debellationstheorie, 148
Deckung d. Besatzungskosten, 76
Dehnhard, 161
DDR-Verfassungen (s.a. Verfassung v. 6. April 1968), 28, 91
DDR-Verfassung von 1949 (erste), 27 f., 90 f., 93
Dekartellisierung, 76
Delegation d. Besatzungsmächte, 75
Deutsche Bundesbahn, Dienststelle in Berlin, 184
Deutscher Volkskongreß, 26
Deutsches Reich (s.a. Völkerrechtssubjekt Deutschland), 148 ff.
Deutschland als Ganzes, 99, 218, 291
Deutschland-Vertrag (s.a. Pariser Verträge), 98, 99 f., 218
Devisenüberwachungsdienst, 124
Direktwahlen zum Europäischen Parlament, 258
Dismembration, 149
Dispositionsbefugnis d. deutschen Verhandlungspartner, 291 f.
Dissens, vereinbarter, 220 f., 223
Distriktgericht in Washington D.C., 81
Dreimächte-Verwaltung d. Westsektoren, 72
dringende Familienangelegenheiten, 281
Drittes Überleitungsgesetz, 106 ff., 123, 157, 162, 191, 276
durchgehende Autobusse, 269, 272
durchgehende Züge, 273
Durchreisevisum, 45
Durchsuchung auf d. Transitwegen, 270, 272

E

Ebert, Fritz, 22
EG-Verordnungen, 256
Eigenbetriebe, 190
Einwirkungspflicht, 201
Ehrenmal im Tiergarten, 90
Einbeziehung Berlins, 126 ff.
Einreise mit Kraftfahrzeugen, 284
Einreise in d. Ostsektor, 95
Einreiserecht v. Militärpersonal d. Westmächte in d. Ostsektor, 96
Einreisevisum, 252
Einstellung d. Verordnungsblatts f. Groß-Berlin s. Verordnungsblatt f. Groß-Berlin (Einstellung)
Eisenbahn (Reichsbahn), 184 ff.
Eisenbahnfahrpläne, Vereinbarung der, 267
Eisenbahnerstreik, 188
Eisenhower, Dwight D., 37
Eiskeller, 288
Entflechtung, 76
entmilitarisierte freie Stadt, 35, 37, 39, 62
Entmilitarisierung, 76, 85
Entwicklungsklausel d. Bindungen Berlins an d. Bund, 239 ff.
Erhard, Ludwig, 63
Erklärung in Anbetracht der Niederlage Deutschlands, 14, 54, 217
Erklärung über Berlin v. 5.5.1955, 85
Erklärung in bezug auf Berlin, 295 f.
Erklärung d. Bundesregierung über Hilfeleistung f. Berlin, 99
Erklärung d. Kommandanten d. Westsektoren v. 21.12.1948, 54, 72, 74
Erklärung über d. Übernahme d. Regierungsgewalt (= Erklärung in Anbetracht d. Niederlage Deutschlands), 217
Erlengrund, 289 f.
Europäische Gemeinschaften, 50, 129 ff., 256

Europäische Verteidigungsgemeinschaft, 33
Europäisches Parlament, 50, 193, 257 ff.
Europäisches Zentrum f. Berufsbildung in Berlin, 257
Exklaven, 288, 289 f.,
Exklavenrecht, 174 f.

F

Familienzusammenführung, 280
Feindstaatenklausel, 216, 229
Fernstraße 5, 268
Festnahme auf d. Transitwegen, 270, 272
Feststellung über d. Besatzungszonen, 14, 217
Feststellung über die Kontrollverfahren in Deutschland, 56, 217
Fichtewiesen, 289 f.
Finanzverwaltung, 122
Fisheries Jurisdiction Case, 194
Florin, Peter, 205
Flugsicherheitsabkommen, 202
Flugvorschriften, 217
Folgeverträge, 292, 295
Formelkompromiß s. Kompromißformel
Fraktionen, 244
Frank-Falin-Formel, 253
Freie Stadt s. entmilitarisierte Freie Stadt, 63
Freiheit von individuellen Abgaben u. Gebühren auf d. Transitwegen, 269
Fremdenpaß, 252, 280
Freundschafts- u. Beistandspakt zwischen d. DDR u. d. UdSSR 1975, 63, 236
Freundschaftsvertrag zwischen d. DDR u. d. UdSSR 1964, 42, 62
Friedensvertrag zwischen d. UdSSR u. d. DDR, 62

G

Gatow, 15, 233
Gebiete
– angrenzende, 278
– nicht angrenzende, 278
Gebietsaustausch, 288
Gebietshoheit (s.a. supreme power), 34, 74, 248
Gebietskörperschaft Berlin, 13, 16, 97, 289 f.
Gebot d. Begünstigung, 266 f.
Gebühren, 269
Gefängnis für d. vom Nürnberger Tribunal verurteilten Hauptkriegsverbrecher, 72
Geltung einer Völkerrechtsnorm, 118
gemeinsame Kommission, 275, 287
Genehmigungsschreiben d. Alliierten Kommandantur (= Genehmigungsschreiben zur Verfassung v. Berlin), 30, 101 ff.
Genehmigungsschreiben z. Grundgesetz, 28, 101 ff., 134, 144 f.
Generalkonsulat (sowjetisches), 260
Genfer Außenministerkonferenz 1959, 36
Genfer Konferenz, 37
Gericht f. Übertretungssachen, 79
Gerichtsverfassungsgesetz, 108 ff.
Gesamtaufenthaltsdauer, 281
Geschäftsgrundlage, 196 ff., 280, 283
Geschke, Ottomar, 22
Gesetz z. Beitritt d. BRD, 255 f.
Gesetz über d. Bildung einer Stadtgemeinde Berlin 1920, 13
Gesetz über d. Bundesverfassungsgericht, 107, 109 ff.
Gesetz über d. Gewährung von Erleichterungen, Vorrechten u. Befreiungen an d. ständige Vertretung d. DDR, 295
Gesetz über d. Rechte u. Pflichten d. Volkskammer, 91

Gesetz über d. Stellung d. Landes Berlin im Finanzsystem d. Bundes (s.a. Drittes Überleitungsgesetz), 106, 108
Gesetz- u. Verordnungsblatt, Berliner, 105 f.
Gesetze d. Kontrollrats
– Gesetz Nr. 2, 85
– Gesetz Nr. 7, 81 f.
– Gesetz Nr. 8, 85
Goodman, Leo, 80
Grawert, Rolf, 171
Grenzaufsichtsdienst, 78
Grenzkommission, 297
Grenzübergangsstellen, 281
Gromyko, Andrej, 46
Groß-Berlin, 58
Großglienicke-Ost, 15
Grundvertrag zwischen d. BRD u. d. DDR (s.a. Vertrag über d. Grundlagen d. Beziehungen zwischen d. BRD u. d. DDR v. Dez. 1972), 52, 153 ff., 166, 294, 296 f.
Grundvertragsurteil d. Bundesverfassungsgerichts, 292, 294, 296
Grundvertragsurteil d. Kammergerichts, 153

H

Haager Landkriegsordnung, 54, 176
Haftbefehle, 110, 113
Hallstein-Doktrin, 34
Handelsvertretungen, 260
Hauptverwaltungen d. SBZ, 59
Hausrecht in d. Büros f. Besuchs- u. Reiseangelegenheiten, 287
heimatlose Ausländer, 252, 280
Hess, Rudolf, 72
High Court of Justice (= High Court in London), 82 f., 151
Hohe Kommissare, 27, 100
Hoher Kommissar, sowjetischer, 32
Honecker, Erich, 63

I

Identitätstheorie, 150
Immunität d. Alliierten Streitkräfte, 76, 85
Immunity Act, 83
In dubio contra stipulatorem, 223
Integrationstheorie, 143 ff.
Interessenvertretung, 126 ff.
Internationale Ausstellungen, 245
Internationale Organisationen, 129, 249, 257
Internationale Praxis, 265, 267
Internationale Sportveranstaltungen, 255
Internationale u. supranationale Einrichtungen, 256
Internationaler Gerichtshof, 171
Internationales Übereinkommen über Eisenbahn-Personen- u. Gepäckverkehr u. Eisenbahn-Frachtverkehr, 276
Interpretario in favorem debitoris, 223
Interpretationsschreiben, 203

J

Jessup-Malik-Abkommen (s.a. New Yorker Abkommen v. 1949), 25, 67 f., 177 f., 217, 262
Junktim zwischen Moskauer Vertrag u. Berlin Regelung, 46 ff.

K

Kammergericht, 116
Kapitulation Deutschlands, bedingungslose, 53 f., 216
Kennedy, John F., 38
Kernwaffenversuche, Verbot v., 127
Kiesinger, Kurt-Goerg, 63
Kleines Besatzungsstatut s. Besatzungsstatut f. Berlin (S. 30), 34, 75, 248, 253

Körperschaften d. öffentlichen Rechts (bundesunmittelbare), 125
Kohrt, Günter, 280
Kommandantur (Kommandatura), 14, 16, 18 ff., 29 f., 56, 59, 64, 72 f., 74, 77 f., 83 f., 86, 104, 106, 122, 126, 132, 256
Kommandanturgesetz Nr. 7, 78
Kompromißformeln, 49, 220 ff., 223
Konferenzen, internationale, 254
Konfliktkommission, 188
Konstitutiver Teil, 145, 167, 234, 237 f.
Konsularische Aufgaben, 250
Konsularische Betreuung, 252
Konsularverträge d. Bundes, 250
Konsulate, 129
Konsultationspflicht, 100, 197, 204
Konsultationsverfahren s.a. Streitbeteiligungsverfahren, 231 f.
Kontrolle d. alliierten Militärtransporte, 90
Kontrollkommission, 27, 89
Kontrollrat, 14 ff., 19, 20, 29, 56, 58 f., 72, 86
Kontrollratsgesetze s. Gesetze d. Kontrollrats
Kontrollzone, 71, 77, 96, 177, 217, 263
Koordinierungsausschuß, 14, 19, 56

L

Landesarbeitsamt Berlin, 125
Landesbeamte, 104
Landespostdirektion, 122 f.
Laszinswiesen, 289
Londoner Abkommen über d. Kontrolleinrichtungen in Deutschland, 56, 58, 65 f. (s.a. Londoner Protokoll), 66
Londoner Konferenz v. 1871, 66
Londoner Protokoll, 13, 22, 54 f., 57, 65, 69, 174, 217
Londoner Sechsmächte-Konferenz v. 1948, 26
Londoner Vereinbarungen, 69 (s.a. Londoner Protokoll)
Luftbrücke, 23 f.
Luftkorridore, 35, 71, 130, 217, 263, 177
Luftsicherheitsvorschriften, 71, 263
Luftsicherheitszentrale, 20, 64, 71, 180
Luftverkehr, 23

M

Magistrat, 18, 20, 21, 22, 91
Magistrat, Ostberliner, 28
Magistrat, provisorischer, 22, 88
Mantelgesetz, 104 f., 106, 108, 121, 157, 161
Mauer, 62, 94
Mehlsheimer, Klaus, 220, 235
Militärgesetz d. DDR, 93
Militärgouverneure, 27 f., 101, 144
Militärische Besatzung (s.a. Originäres Besatzungsrecht), 69
Militärmission, 72, 129
Militärtransporte, 90
Militärverkehr d. Westmächte, 263
Mindestumtausch, 205, 282 ff.
Ministerrat d. DDR, 39
Mißbrauch d. Transitwege, 270 ff.
Mitropa-Personal, 181
Modifizierte Berlin-Klausel, 107
Monopolverwaltung f. Branntwein, 124
Moskauer Außenministerkonferenz 1947, 59
Moskauer Direktive, 24, 60
Moskauer Vertrag zwischen d. UdSSR u. d. BRD 1970, 46
Moskauer Vertrag zwischen d. UdSSR u. d. DDR 1955, 32 f,, 68, 89, 174 f., 201, 219

N

Nationale Volksarmee, 86, 93
Nawiaski, Hans, 148
Negativkatalog, 107
Neuköllner Schleuse, 192
New Yorker Abkommen v. 1949 s. Jessup-Malik-Abkommen
Niekisch-Entscheidung, 115, 117, 157
Nixon, Richard M., 46, 219
Nordatlantisches Verteidigungsbündnis (NATO), 33
Normenkontrolle (Inzidentnormenkontrolle) durch Berliner Gerichte, 111, 161
Notstandsbestimmungen, 104
Nullum- oder Substratstheorie (s.a. Substrats-Theorie), 113 f., 119, 163 f.
Nottebohm-Fall, 171

O

Oberbürgermeister, 91
Oberfinanzdirektion Berlin, 122, 124
Oberste Gerichtshöfe, 109 f., 111, 114 f.
Oberste Gewalt, 74, 76, 102
Obiter dictum, 117
Obligatorische Verpflichtung, 241
Österreichische Mission, 72
Organisation (internationale), 254
Organstreitigkeiten, 120
Originäres Besatzungsrecht (s.a. militärische Besatzung), 69, 176, 216
Ostrowski, Otto, 18

P

Pactum de negotiando, 232
Parallelgesetzgebung, 104
Pariser Außenministerkonferenz v. 1949, 67 f., 178, 217, 262
Pariser Konferenz v. 1949 s. Außenministerkonferenz v. Paris 1949
Pariser Verträge v. 1954, 33, 68, 74, 99, 127, 149
Parlamentarische Zustimmung zum Gebietsaustausch, 289
Parlamentarischer Rat, 26 f.
Parteiverbote, 120
Passierscheinregelungen, 43, 207, 287
Passierscheinverhandlungen, 43
Paß, 251, 269
Paßgesetz
— d. BRD, 129, 252
— d. DDR, 96
Paßzwang, 45
Pauschalsumme f. Abgaben u. Gebühren auf d. Transitwegen, 269
Personalausweis, behelfsmäßiger, 78
Pflicht z. Einbeziehung, 251, 253
Plenarsitzung d. Bundesrates, 243
Plenarsitzung d. Bundestages, 243
Politische Einheit
— selbständige, 62, 264
— besondere, 62, 264
Post, 122
Potsdamer Abkommen (s.a. Potsdamer Konferenz), 55, 65 f., 69, 85 f., 89, 185
Potsdamer Bahnhof, 290
Potsdamer Konferenz (s.a. Potsdamer Abkommen), 55
Präsident d. Republik, 92
Preußen, 16
Prozeßordnungen, 109
Protokoll über den Post- und Fernmeldeverkehr, 204 ff., 276, 292
Protokoll zur Vereinbarung über d. Reise- u. Besuchsverkehr, 205 f.

Q

Quasi-Exklave, 288
quia timet action, 82

R

Rahmengesetz, 109
Ratifikation d. deutsch-sowjetischen Vertrages, 48
Ratifizierungsgesetz, 126
Rechtshilfe, 110
Rechts- u. Amtshilfeverkehr, 250 f.
Rechtseinheit, 157
Rechtspflicht, 200
Rechtsverordnungen, 105, 109
Rechtsvorschriften d. Besatzungsmächte, 77
Regieren Berlins durch d. Bund, 103, 121, 234 ff., 238
Registrierung d. Berliner Einwohner, 78
Reichsbahn (s.a. Eisenbahn), 17, 59, 185 ff.
Reisedokumente, 78
Reisepässe, 78, 251 f.
Relikte d. Viermächte-Verwaltung, 71 f.
Reparation, 76
Repressalie, 139
Repressalien-Theorie, 139
Reuter, Ernst, 19
Römische Verträge s. EG
Rückerstattung, 76
Rücktrittserklärung, 65
Rücktrittsrecht, 65, 67, 232

S

Saar-Urteil, 212 f.
S-Bahn, 183 ff.
Sahm, Ulrich, 205
Salamander-Entscheidung (s.a. BVerfGE 20, 157, 271), 116
Sammelvisa, 269
Schießplatz Gatow, 82
Schleusen, 17, 59, 192 ff.
Schlußerklärung d. Pariser Außenministerkonferenz v. 1949, 262
Schlußprotokoll, 200
Schreiben s. Genehmigungsschreiben z. Verfassung v. Berlin
Schreiben d. Alliierten Kommandantur v. 14.5.1949, 75
Schreiben d. Drei Hohen Kommissare an d. Bundeskanzler, 99
Schroeder, Louise, 19
Schrumpfstaat-Theorie, 152
Seidel, Karl, 205
Sektorenkommandanten, 78 f.
Selbständige politische Einheit s. Politische Einheit, 264
Sicherheit, 248
Siebzehnter Juni 1953 s.a. Volksaufstand vom, 89
Sonderbeziehungen mit der SBZ, 17, 59
Sonderungsgarantie, 209
Sondervermögen, 123 f.
Sowjetische Zone, 183
Spandauer Gefängnis, 90
Staaken, 15 f.
Staatenlose, 233, 252, 280
Staatsrat, 92
Staatsgebiet, 154
Staatskerntheorie, 150 ff.
Stadtbezirksversammlung, 92
Stadtkommandant, sowjetischer, 40
Staatsangehörigkeit, 168, 170 f., 280
Staatsbürgerschaftsgesetz d. DDR, 169
Stadtverordnetenversammlung, 17, 20 ff., 27, 29 f., 90, 92
Stadtverordnetenversammlung, außerordentliche, 22
Ständige Vertretung, 52, 295, 297
Stalin, Josef, 58
Status quo, 167, 180, 189, 210, 220, 223, 235, 239, 242 f., 259, 277
State Immunity Act, 83
Statusvertrag, 216
Steiniger, Peter, 174
Steinstücken, 289
Straßenbenutzungsgebühren, 182
Streitbeilegungsverfahren s. Konsultationsverfahren, 231 f.

Substrats-Theorie (s.a. Nullum-Theorie), 113, 119
Südgüterbahnhof, 191
Supreme power s. Gebietshoheit

T

Teilidentität, 150
Teilordnungstheorie s.a. Dachtheorie, 150
Teltowkanal, 192, 288
Territorien, 63
Three Essentials, 38
Touristenreisen, 286
Transit(visum), 181
Transitverkehr, 205
Transportmittel, verplombte, 273
Truman, Harry S., 58
"Tu quoque", 64, 74, 86, 139

U

Übernahmeverordnung, 106
Überleitungsgesetz, 161
Übernahme d. Regierungsgewalt, 216
Übersetzung, deutsche, d. Viermächte-Abkommens, 47, 235 f.
Überwachung d. Aufenthalts von Ausländern, 78
Umleitung, 266
Umweltbundesamt, 240
Urabstimmung d. SPD, 17

V

Veränderte Umstände, 66 ff.
Verbindungsbehörde, 137, 245
Verbot d. Behinderung, 266
Vereinsverbote, 125
Vereinte Nationen, 52, 220, 222, 255
Vereinte Nationen (Satzung), 229 f.
Verfassung v. 6. April 1968 s. DDR-Verfassung v. 6. April 1968
Verfassung v. Berlin, Vorläufige, 16, 29
Verfassung d. DDR v. 13.8.1946 s. DDR Verfassung
Verfassungsbeschwerde, 114, 118
Verfassungsgerichtshof, 161
verfassungskonforme Interpretation eines in Berlin übernommenen Bundesgesetzes, 117
Verhandlungsspielraum, 291
Verhandlungsspielraum d. deutschen Staatsorgane bei Abschluß d. Transitabkommens, 264
Verkehrs- u. Baumuseum, 190
Verkehrsservitut, 176
Verlängerung d. Aufenthaltes, 281
Verlauf d. Transitstrecken, 268
Vermessungsprotokoll, 289
Verordnungsblatt f. Groß-Berlin, 91 ff., 227
Verplombung, 273 f.
Verteidigungsgesetz d. DDR, 93
Verträge d. Europäischen Gemeinschaften, 133
Vertrag über d. Grundlagen d. Beziehungen zwischen d. BRD u. d. DDR v. Dez. 1972 s. Grundlagenvertrag zwischen d. BRD u. d. DDR
Vertragsverletzung, 64 f.
Verwaltungsvorschriften, 106, 121
Verwaltungszession, 55
Visum, 96, 269
Visumszwang, 227, 265, 269
Völkerrechtssubjekt Deutschland, 148 f., 150 ff.
Volksaufstand vom 17. Juni 1953, 89
Volksentscheid, 160
Volkskammer, 27, 94
Volkskammer, provisorische, 27
Volkskongreß, Zweiter, 26
Volksrat, 27
Vorbehaltene Gebiete, 75 f.
Vorbehaltsschreiben der Alliierten

Kommandantur s. Genehmigungsschreiben, 102
Vorlage nach Artikel 100 GG, 114, 118
Vorratsvermögen, 185

W

Währungsgebiet, 126
Währungsreform, 20 f.
Währungsunion, 60
Wahlprüfungsgericht, 111
Warenbegleitschein, 181 f., 274
Warschauer Pakt, 32
Wasserstraßenhauptamt, 192
Wehrpflichtgesetz d. DDR, 93
"weiterhin", 235, 238
Weimarer Reichsverfassung, 183
Weinmeisterhöhe, 15
Weisungen d. Bundes, 121
Westmächte, die Drei, 139
"wie bisher", 235, 238
Wiedervereinigung, 210, 213
Wiener Abkommen über diplomatische u. konsularische Beziehungen, 129
Wiener Gipfeltreffen, 37
Wiener Konsularkonvention, 250
Wiener Konvention über d. Recht d. Verträge (= Wiener Vertragsrechtskonvention), 194 ff., 202, 215, 223 f.
Wüste Mark, 289 f.

Z

Zahlungsmittel s. Mindestumtausch, 283
Zeitablauf, 61, 64, 69
Zentralverwaltung, deutsche, 58
Zentralverwaltung d. SBZ, 17, 98
Zirkularschreiben d. Außenministers d. BRD, 255
Zoll- u. Verbrauchssteuerverwaltung, 124
Zollverwaltung, 124
Zurückweisung auf d. Transitwegen, 270
Zustimmungsgesetz z. Grundvertrag, 295
Zwangsmaßnahmen auf d. Transitwegen, 270 f.
Zwangsumtausch, s.a. Mindestumtausch, 283
Zweite Berlin-Krise, 61, 68